Anders Jørgen Bjørndalen

Untersuchungen zur allegorischen Rede
der Propheten Amos und Jesaja

Anders Jørgen Bjørndalen

Untersuchungen zur allegorischen Rede der Propheten Amos und Jesaja

Walter de Gruyter · Berlin · New York
1986

Beiheft zur Zeitschrift für die alttestamentliche Wissenschaft

Herausgegeben von Otto Kaiser

165

CIP-Kurztitelaufnahme der Deutschen Bibliothek

Bjørndalen, Anders Jørgen:

Untersuchungen zur allegorischen Rede der Propheten Amos und Jesaja / Anders Jørgen Bjørndalen. – Berlin ; New York : de Gruyter, 1986.
  (Beiheft zur Zeitschrift für die alttestamentliche Wissenschaft ; 165)
  ISBN 3-11-010105-X

NE: Zeitschrift für die alttestamentliche Wissenschaft / Beiheft

Für Anne.

Vorwort

An dieser Untersuchung habe ich zur Hauptsache in drei Schüben gearbeitet. Die Anregung zu meinen ersten Versuchen auf dem Feld, das hier beackert wird, gab Prof. D. Hans Walter Wolff. Wichtige kritische Bemerkungen erhielt ich von ihm und später von Prof. D. Walther Zimmerli, Prof. Dr. Gillis Gerleman, Prof. Carl Hjalmar Borgstrøm, Doz. Dr. Inger Ljung, Prof. Dr. Svend Holm-Nielsen und Prof. Dr. Arvid S. Kapelrud, der auch die Arbeit in ihrer letzten Phase mit förderlichen Ratschlägen begleitet hat. Universitätsbibliothekar Knut E. Sparre steuerte manche wertvolle Hinweise bei. Ihnen allen danke ich herzlich, besonders aber auch meinem ersten Lehrer des Alten Testaments, Prof. Dr. Ivar P. Seierstad. Das Interesse am Alten Testament, das mir durch seinen Unterricht geschenkt wurde, ist eine Voraussetzung der Arbeit.

Dem World Council of Churches, dem Deutschen Akademischen Austauschdienst und der Alexander von Humboldt-Stiftung habe ich zu danken für je ein Studienjahr mit Stipendium am Anfang dieses Unternehmens; dem Norwegischen Allgemeinwissenschaftlichen Forschungsrat und der Theologischen Gemeindefakultät zu Oslo für weitere Stipendienjahre, der Gemeindefakultät auch für die freundliche Gewährung eines Sabbat-Jahres 1980–81.

Der Norwegische Allgemeinwissenschaftliche Forschungsrat hat einen Zuschuß für die sprachliche Bearbeitung der Abhandlung sowie einen Druckkostenzuschuß bereitgestellt.

Die Untersuchung gilt der allegorischen Rede bei Amos und – in Auswahl – bei Jesaja. Diese Allegorien fanden bisher, im Vergleich zu der reichen Bildrede Hoseas und Ezechiels (von dem es nicht zufällig hieß: הלא ממשל משלים הוא), etwas weniger Beachtung. Auf dem Hintergrund von linguistischen Erwägungen zum Phänomen der Metapher im engeren Sinne versuche ich, das allegorische Reden zu erfassen und zu beschreiben. Es wäre hier, über diese Ansätze hinaus, in verschiedenen Richtungen selbstverständlich noch viel zu tun. Durchaus zu Recht hat Richard Brinkmann kürzlich festgestellt: „Eine Domäne, auf der Linguistik und Literaturwissenschaft kollaborieren konnten, ist der ganze Problemkomplex, der mit dem Terminus ‚Metapher‘, ‚Metaphor‘ – im engsten und weitesten Sinne – bezeichnet ist." (Deutsche Literaturwissenschaft in der Bundesrepublik Deutschland, in: Alexander von Humboldt-Stiftung. Mitteilungen, Heft 40, 1982, 23–30: 27.)

Für unermüdliche Tatkraft und Akribie bei der Herstellung des Manuskriptes danke ich meiner Frau, Anne Bjørndalen, sowie Frau Randi Bjørndalen Larsen und Frau Henny Tångberg.

Eine sorgfältige, mühsame Korrektur meines deutschen Ausdrucks haben die Herren Professor Otto Kaiser und vor allem cand.theol. Matthias Mißfeldt durchgeführt, wofür ich ihnen sehr zu Dank verpflichtet bin.

Für die bereitwillige Aufnahme der Untersuchung in die Reihe der Beihefte zur Zeitschrift für die alttestamentliche Wissenschaft danke ich Herrn Professor Kaiser herzlich.

Oslo, im Dezember 1983   Anders Jørgen Bjørndalen

Inhalt

2

Die Aufgabe

preten Tür und Tor öffnet, sondern eben streng textgebunden sein sollte, ohne daß die Intuition des Interpreten gegenüber den Metaphern dabei ausgeschaltet werden kann oder darf. Grundzüge einer textgemäßen semantischen Interpretation werden angegeben.

In der Allegorie-Forschung ist die Frage nach Funktionen von Allegorien viel beachtet, meistens jeweils für Epochen oder auch verschiedene Arten. Wir haben beschlossen, dieser Frage keinen großen Platz einzuräumen. Sie wäre bei den meisten hier untersuchten Texten weniger gut angebracht, sofern der jeweils unter die Lupe genommene allegorische Text keine selbständige Einheit sondern Teil einer solchen ist. Anders verhält es sich bei Jes 5,1–7, dessen Funktion im Verlaufe der Arbeit erörtert werden wird. – In allen untersuchten Texten funktioniert immerhin das Metaphorisch-Allegorische im Rahmen prophetischer Verkündigung. Damit wären die Koordinaten für weitere Arbeit zu diesem Fragenkomplex angegeben.

Das Ziel der vorliegenden Arbeit ist, die in Frage kommenden Stücke historisch vollzogener Sprachverwendung allegorischer Art unter den zunächst angedeuteten Aspekten zu beschreiben. Das Besondere dieser Beschreibung liegt darin, daß sie auf das Metaphorisch-Allegorische als eine bestimmte, besondere Art von Sprachverwendung abzielt.

Hinzu kommt freilich auch, daß das, was hier Allegorie oder allegorische Rede genannt wird, weithin als ein spätes Phänomen in Israel angesehen wird, das besonders bei Ezechiel und nach ihm hervortritt[2].

Eine Reihe von Forschern stimmen darin überein, – allerdings nicht indem sie auch ein und denselben Begriff der sprachlichen Allegorie verwendeten –, daß sie in Überlieferungen, die wir als vorezechielisch ansehen möchten, keine oder allenfalls vereinzelte Beispiele von Allegorien angeben, oder auch behaupten, die Allegorie sei im AT ein spätes Phänomen.
E. König, Stilistik, Rhetorik, Poetik in bezug auf die biblische Litteratur komparativisch dargestellt, 1900, 109 gibt unter Belegen sicherer Beispiele allegorischer Darstellungsweise keine Stelle aus den Büchern Amos, Hosea oder Micha an, aus dem Buch Jesaja (1–39) 1,5 f.; 11,1; 14,29; 28,20; 30,33; 32,20; 38,12 b, wovon jedoch 11,1; 32,20 literarkritisch schwerlich zu halten sind, 28,20 wie ein modifiziertes, nicht-metaphorisches Sprichwort anmutet und 38,12 b nicht auf einen Propheten zurückzuführen ist. Es bliebe somit Jes 1,5 f.; 14,29; 30,33. Hinzu kämen nach ders., Hermeneutik des Alten Testaments, 1916, 101 f. scheinbar »die Erzählungen in Hos 1 und 3«, damit wäre jedoch Königs eigener Allegoriebegriff (daß »die metaphorische Ausdrucksweise sich durch einen ganzen Redezusammenhang hinzieht«, Stilistik, 1900, 109, vgl. ders., Hermeneutik, 1916, 101) überfordert.
H. Gunkel, Art. Allegorie im AT und Judentum, RGG¹, I 354, findet zwar allegorisch erklärte Gesichte Am 7,7 f.; 8,1 f. (wie an Stellen des Jeremiabuches und in den Nacht-

Die Aufgabe

Das Substantiv »Allegorie« bezeichnet hier Texte
oder, mehr bildhaft gesagt, eine Kette von in gewisser
der bezogenen Metaphern bieten. Das ist von der Gesc
tes »Allegorie«/ἀλληγορία her nicht seine einzig mögl
auch keineswegs so etwas wie »ein wahrer Sinn« des W
ein einfacher und gut brauchbarer Sinn.

Die Aufgabe, der sich diese Untersuchung stell
umrissen werden. Es ist zu klären, ob einzelne amosis
sche Einheiten mit Bildrede Allegorien sind im obigen
tuell allegorische Textteile umfassen, und wie sie da
sicht näher zu beschreiben sind. Zuvor müssen lingui
Metapher-Problems und Fragen einer Metaphorik
ders aber auch der hier zunächst nur angedeutete Be
kommentiert werden.

Bei der Untersuchung wird von Texten abzus
mehr beiläufig einige Metaphern verwenden, ohne d
das betreffende Glied des Textes als Ganzes dadur
Wo notwendig, wird auf die Frage der Echtheit d
gen. Die Beobachtungen, die jeweils zur Annahme
anleiten, werden weithin expliziert werden. Es s
werden, in welcher Weise Ketten aufeinander bezo
weils zu erkennen sind.

Die allegorischen Texte werden auf die in ihn
schen Gestaltungsmittel hin befragt werden, wie a
Stelle innerhalb einer Allegorie oft recht variable
Bild – Sache nachgegangen werden soll.

Eine volle semantische Interpretation einer A
rer wirksamen Metaphern, im Prinzip unerreichb
auch nicht angestrebt. Es ist aber von Wichtigkei
mäße Interpretation einer Allegorie keineswegs d

---

[1] Dieses Kriterium ist weder auf Exaktheit angelegt noch m
wird innerhalb des Textes Am 2,6–16 der Textteil V. 9b
Untersuchung mit einbezogen, und zwar weil Amos, der
nur noch 5,2 mit allegorischer Rede in der auf ihn zurü
hervortritt. Vgl. unten, S. 107 und Anm. 437.

Mit dem Nachweis allegorischer Rede bei Amos und Jesaja wird die
Möglichkeit einer differenzierteren Sicht erneut erwiesen³.

gesichten des Sacharjabuches), spricht jedoch auch von der »Neigung einiger Propheten, besonders der späteren, die Kunstform der A. ... in ihren Reden anzuwenden".
Als Beispiel prophetischer Allegorie aus der Zeit vor Jeremia wird nur auf Hos 1–3
verwiesen (a.a.O., 355). Vgl. ebenfalls ders., Art. Allegorie 1, RGG², I 219f.: »Im Ge-
samtverlauf der Literaturgeschichte der Völker gehört die Pflege der A. jeweils der
späteren und spätesten Zeit an« (a.a.O., 220). – In seinem Aufsatz »Die israelitische Literatur«, in: Die Kultur der Gegenwart I 7, 1925, 90 erwähnt H. Gunkel bei der Übersicht über die Propheten erst unter Ezechiel Allegorien, vgl. auch a.a.O., 86 und noch
ders., Einleitungen, in: SAT, II 2 1923², XLVII.
Nach A. Bertholet, Kulturgeschichte Israels, 1919, 247 gehört die Allegorie innerhalb
des Alten Testaments als Kunstform »mehr der späteren Literatur an ... Mit Vorliebe
hat sie Ezechiel angewendet.«
Für H. Gressmann war die allegorische *Auslegung* »überall ›epigonenhaft‹« (Art. Allegorie. 2. Allegorische Auslegung, RGG², I 220). – B. Duhm, Israels Propheten, 1922²,
423 ff. findet allegorische Rede bei Deuterosacharja, und visuell allegorische Darstellung bei Tritojesaja (a.a.O., 369) und in den Visionen Sacharjas (a.a.O., 322 ff.). –
Nach J. Hempel, Jahwegleichnisse der israelitischen Propheten, ZAW 42 (1924), 84
(Nachdr. BZAW 81, 1961, 10) war die Allegorie die von den Propheten bevorzugte
Form kunstvoller Gleichnisse, allerdings »vor allem bei Ezechiel«. Vgl. ders., Die althebräische Literatur und ihr hellenistisch-jüdisches Nachleben, 1930, 48. 100; s. auch
J. Kaufmann, Art. Allegorie, EJ, II 1928, 335 f.: Allegorie im AT »besonders bei Eze-
chiel«, sonst in Ps 80 und in späten Texten.
G. Hylmö, Gamla testamentets litteraturhistoria, 1938, 54 ff. *nennt* als Allegorie keine
Stelle der Überlieferungen Am Hos Jes I, findet jedoch eine Verwandtschaft zwischen
»allegorien och den s.k. tydningsvisioner«, wobei er u.a. auf Am 8,1–3; Jer 1,11f.
13 ff.; 24,1 ff. verweist (a.a.O., 56). Hos 1–3 sei in allegorischem Stil überarbeitet
(a.a.O., 57).
M. Hermaniuk, La parabole évangélique, 1947, 47 nennt als Allegorie neben allegorischen *mᵉšalîm* des Ezechielbuches (a.a.O., 92 ff.) nur Jes 5,1–7, vgl. a.a.O., 119.
Th. H. Robinson, Prophecy and the Prophets in Ancient Israel, 1948⁷, 147 bemerkt zu
den Erzählungen Ez 18 f. »that these are real parables, or rather almost fables, and are
very different from the nature-similes of earlier prophets. The nearest parallel from
any of the predecessors of Ezekiel is to be found in Isaiah's Song of the Vineyard.« –
Die Begriffe »parable« und »nature-simile« werden hier nicht erläutert. Die Aussage
läßt »parable« als Gegensatz zu »nature-simile« verstehen. Es könnte dann sein, daß
»parable« hier umfaßt, was man auch Allegorie nennen könnte.
Nach L. H. K. Bleeker, Hermeneutiek van het Oude Testament, 1948, 81 kommt die
Allegorie »in het O.T. *slechts sporadisch* voor«. Er erwähnt außer einer Reihe von Texten des Ezechielbuches nur Jes 5,1–6 und »de vraag, of niet reeds het tragische huwe-
lijk van den profeet Hosea met Gomer Bath Diblaim allegorie is« (a.a.O., 80). Vgl.
dazu oben zu E. König, Hermeneutik, 1916, 101 f.
Nach L. Goppelt, Art. Allegorie II, RGG³, I 239 »begegnen uns erst bei Ez« Allegorien
im AT. – O. Eißfeldt, Einleitung in das Alte Testament, 1964³, 48.71 spricht von Allegorien im AT nur bei Ezechiel, ebenfalls G. Rinaldi in seiner Allgemeinen Einleitung
zu den Propheten, s. ders., I Profeti Minori, I 1963, 92. – R. A. Stewart, The Parable

Form in the Old Testament and the Rabbinic Literature, EvQ 36 (1964), 140 berichtet
von »abundance of pure allegory in the Old Testament«, erwähnt als Beispiele jedoch
nur Koh 12,1–7; Ps 80 (Hinweis auf Jer 2,21); Ez 17; 19; 23.
W. Zimmerli, Ezechiel, I 1969, 343 verwahrt sich gegen die Auffassung, Ezechiel sei
»unter den at.lichen Propheten … der eigentliche Vater der Allegorie«, nicht aber
durch Hinweise auf frühere Allegorien sondern durch die These, daß bei Ez 16 und 23
zu sehen sei »wie die Form gesteigerter Bildrede ganz unmittelbar aus einer Israel
(und seiner Umwelt) ganz geläufigen Anschauungsform, die mit der Allegorie zunächst nichts zu tun hat, herauswächst«, nämlich der Vorstellung von der korporativen
Person. (Jahr der betr. Lieferung des Ez.-Kommentars: 1958.) – Zum Allegoriebegriff
Zimmerlis in diesen Ausführungen vgl. A. J. Bjørndalen, Metodiske bemerkninger til
spørsmålet etter allegorier i Det gamle testamente, TTK 37 (1966), 155 f. Auf die Frage
der Bildhaftigkeit individualisierender Rede kommen wir zurück.
Nach E. Biser, Theologische Sprachtheorie und Hermeneutik, 1970, 148 sind die allegorischen Formen »in der Hauptsache dem späteren Prophetismus zugeordnet«, wenn
auch »die Grenze zur Allegorie hin fließend« ist in II Reg 14,8 ff. (und weiter u. a. in
Hos 10,1; Jes 1,29 f.; Jer 2,21; 17,6 ff., s. a.a.O., 149). »Explizite« Allegorien seien offenbar erst Jes 5,1–7; Jer 13,1–11. 12 ff. geboten (a.a.O., 150). Biser hat mit diesen Daten angedeutet, daß er die Texte einer differenzierenden Prüfung unterzogen hat oder
zu unterziehen bereit ist.
J. T. Willis, The Genre of Isaiah 5:1–7, JBL 96 (1977), 356 meint zur Frage, ob Jes 5,1–7
allegorisch zu interpretieren sei (dann aber auch einschließlich der Frage, ob dieser
Text eine Allegorie sei): »Allegory in the true sense of the word is of Greek origin and
thus later than the time of Isaiah … to speak of Isaiah as having delivered an allegory
is anachronistic.«
[3] Vgl. oben, Anm. 2 zu E. Bisers differenzierenden Angaben. Etwas mehr an allegorischer Rede vor Jeremia und Ezechiel findet D. Buzy, Introduction aux paraboles évangéliques, 1912, 114 ff., wonach Jes 5,1–7 allegorisch ist mit parabolischen Elementen,
wie umgekehrt die Parabeln Jdc 9,7 f.; II Sam 12,1 ff. allegorische Elemente enthalten,
vgl. a.a.O., 121 ff. Zu Jes 5,1–7 vgl. ebenfalls ders., Le Cantique des Cantiques. Exégèse allégorique ou parabolique? RSR 39 (1951–52), 107 ff. In seiner Abhandlung
L'allégorie matrimoniale de Jahvé et d'Israël et le Cantique des Cantiques, VivPen 3
(1945), 81 f. nennt Buzy Hos 2,4–9. 13–15. 18–22 allégorie.
A. M. Brouwer, Metaphoor, allegorie en allegorese, NThS 25 [1942], 21 ff. nennt als
Allegorien Jes 5,1–7; II Sam 12,1–4; Jes 28,22–29.
J. Lindblom, The Servant Songs in Deutero-Isaiah, 1951, 88 sagt: »That allegorical pic-
tures were familiar in Hebrew speech is a fact, attested by many passages in Old Testament literature«. Er erwähnt a.a.O., 88 ff. als Beispiele die Ebed-Jahwe-Lieder sowie
Jdc 9,8 ff.; I Reg 20,39 f.; II Reg 14,9; Jes 5,1–6; Jer 13,1 ff. neben Jes 27,2 b ff.; 63,1 ff.
Die Ehegeschichte Hoseas sei eine allegorische Erzählung, unabhängig davon, ob sie
»historical facts« berichtet oder reine Dichtung ist (a.a.O., 92). Es gelte im ganzen,
daß »the prophets make very extensive use of allegorical speech«, a.a.O., 89, vgl. noch
ders., Wisdom in the Old Testament Prophets, in: VT. S 3, 1955, 201.
Aa. Bentzen, Introduction to the Old Testament, I 1957[3], 180 nennt vor Ezechiel
Jes 10,15; 5,1–7; Am 5,1 ff. Allegorien.
Einen offenen Blick für Beispiele allegorischer Redeweise im Hoseabuch hat H. W.
Wolff, Dodekapropheton 1. Hosea, 1965[2], XVI u. passim. Vgl. noch J. L. Mays, Hosea,
1969, 7. 35; auch J. M. Ward, Hosea, 1966, 27 ff.

Zum Gang der Arbeit

Mit der Übernahme der traditionellen Sicht der Allegorie als einer
Reihung von Metaphern, und angesichts einer nur schwer überschauba-
ren Fülle an Theorien besonders zum Phänomen der Metapher erscheint es zweckmäßig, im ersten Hauptteil der Arbeit zunächst einmal
die sprachliche Erscheinung der Metapher zu erörtern. Diese Erscheinung ist vielschichtig und unter verschiedenen Aspekten zugänglich.
Was hier unternommen wird, führt nur auf kleine Ausschnitte der umfassenden Problematik. Es wird einerseits darum gehen, wie das Metaphorische zweckmäßig zu beschreiben sei, d.h. was man als Metapher
anzusprechen hat, andererseits darum, wie Metaphern in semantischer
Hinsicht zu interpretieren sind. Dabei erweist es sich als notwendig, die
traditionelle Sicht der Metapher als einer Übertragung aufzugeben. Ein
bedeutungstheoretischer Zugang hat sich uns als wünschenswert, freilich auch als erschwerend erwiesen. »Mit dem Termin ›Bedeutung‹ haben wir ja schon sowieso viele Schwierigkeiten, weil die arme Bedeutung jedem Forscher etwas anderes bedeutet« (Ladislav Zgusta)[4].

Eine bedeutsame Person in den hier zu behandelnden Allegorien
ist Jahwe. Sofern Jahwe nicht im gewöhnlichen Sinne sichtbar und hör-
bar ist, mag man fragen, ob die Rede von ihm generell bildhaft oder gar
metaphorisch ist. Diese Frage wird behandelt. Sodann erweist es sich,
um metaphorische und nicht-metaphorische Rede unterscheiden zu
können, als notwendig, an Textbeispielen genau zu untersuchen, inwieweit die Rede von Jahwes Gedanken, Empfindungen, Gestalt, Körperteilen und Handlungen metaphorisch ist.

Es folgen Erwägungen zur metaphorischen Allegorie: ihre Kennzeichen, ihre innere Kohärenz, ihre verschiedenen Bezüge zwischen
Bild und Sache, ihre semantischen Funktionen.

Im Zweiten Hauptteil der Arbeit werden die verschiedenen allegorischen Texte einzeln behandelt. Der Gang der Untersuchungen wird
in Grundzügen von Text zu Text der gleiche sein, wird sich aber auch

---

[4] L.Zgusta, Zwei Bemerkungen zu Ernst Otto's allgemeiner Sprachwissenschaft. 1,
   ArOr 29 (1961), 662.

nach besonderen Umständen des einzelnen Textes richten müssen, was sich dann besonders bei der Untersuchung von Jes 5, 1–7 in erheblichem Ausmaß auswirkt.

Ein forschungsgeschichtlicher Teil hat in dieser Darstellung keinen Platz. Die meisten der hier behandelten Texte sind zuvor nicht als Allegorien angesprochen oder darauf hin untersucht worden. Nur bei einem der Texte, eben Jes 5, 1–7, ist die Frage, ob er allegorisch sei, gestellt und dann z. T. auch ausführlich behandelt worden. Das wird in der Untersuchung dieses Textes zum Vorschein kommen.

Die Metapher

Es ist das Ziel dieses Kapitels, Probleme und Eigenschaften sprachlicher Metaphern zu erörtern, die für unsere Untersuchung von metaphorischen Allegorien von besonderer Wichtigkeit sind. Man kann sich dabei durch verschiedene Theorien orientieren lassen[5]. Worauf es ankommt ist, daß die Theorien, sofern sie Werkzeug anbieten, das für unsere Untersuchung brauchbar sein sollte, jeweils eine zufriedenstellende innere logische Kohärenz besitzen und auch eine Fähigkeit, sich Problemen der Beschreibung und der Interpretation von Metaphern in fruchtbarer Weise zu stellen. Es ist hier nicht notwendig, die nach *allen* Seiten hin best möglichen linguistischen Beschreibungen des Phänomens der Metapher zu suchen.

Eine Theorie der Metapher, die unter den genannten Aspekten nicht versagt, wenn sie auch Grenzen ihres Funktionsbereichs und ihrer Möglichkeiten aufweist, ist die von A.J.B.N.Reichling[6]. Wir werden diese Theorie referieren und sie, kritisch modifiziert, unserer Untersuchung der metaphorischen Allegorien zugrundelegen. Auf die Darstellung der kritischen Überprüfung weiterer Metapherntheorien[7] muß

---

[5] An Übersichten über Metapherntheorien seien besonders hervorgehoben J.J.A.Mooij, A Study of Metaphor. On the Nature of Metaphorical Expressions, with Special Reference to Their Reference, 1976; J.Nieraad, »Bildgesegnet und bildverflucht«. Forschungen zur sprachlichen Metaphorik, 1977 – beide auf je verschiedene Weise kritische Forschungsübersichten, die Arbeit von Mooij ist in höherem Maß durch Diskussionen geprägt. – S. auch A.Haverkamp, Einleitung in die *Theorie der Metapher,* in: ders., Hrsg., Theorie der Metapher, 1983, 1–27.

[6] A.J.B.N.Reichling, Het woord, 1935; ders., Verzamelde studies over hedendaagsé problemen der taalwetenschap, 1966[4]. J.J.A.Mooij hat beobachtet, daß viele Autoren, die über die Metapher schreiben, anscheinend nicht die Arbeiten vieler anderer Verfasser über die Metapher kennen (a.a.O., 38). An bemerkenswerten Ausnahmen ist nicht zuletzt J.Nieraad zu nennen, der jedoch Reichlings Arbeiten in seiner Übersicht nicht erwähnt. Daß Reichlings Verzamelde Studies nicht von Mooij berücksichtigt wird, mag von der Anlage seiner Diskussion her mit bedingt sein.

[7] Dafür sei hier wenigstens verwiesen auf die folgenden Untersuchungen: Im Rahmen der rhetorischen Tradition C.Brooke-Rose, A Grammar of Metaphor, 1958 (dazu s. A.J.Bjørndalen, Metodiske bemerkninger til spørsmålet etter allegorier i Det gamle testamente, TTK 37 [1966], 159–161); St.Ullmann, Grundzüge der Semantik, 1967, bes.

hier aus Gründen der thematischen Ökonomie verzichtet werden, mit
Ausnahme der eigenständigen, breit entfalteten und schwer klassifizier-
baren[8], aber äußerst wirksamen[9] Theorien von H. Weinrich[10]. Wir werden zentrale Momente explizit prüfen. – Im übrigen lassen sich hilfrei-
che Anstöße von verschiedenen Seiten verwenden.

Der Terminus »Metapher« ist bekanntlich griechischen Ur-
sprungs[11]. Das alttestamentliche Hebräisch bietet keine besondere Bezeichnung für das Phänomen Metapher und schon gar nicht für Texte,
wo mehrere aufeinander so oder so bezogenen Metaphern wirksam
sind. Vielmehr konnten Denotate des einen Wortes משל Texte sein, die
für uns, und vermutlich auch für die Israeliten, z. T. sehr verschiedener
Art sind bzw. waren, gerade auch in bezug auf ihre Bildhaftigkeit.
Diese einheitliche Terminologie der משלים kann jedoch nicht schon besagen, es wäre in gar keiner Hinsicht im Sinne derer, die den Terminus
משל verwendeten, zwischen Arten von משלים zu unterscheiden[12]. Diese

---

S. 204 ff.; A. Henry, Métonymie et métaphore, 1971, 65 ff. – Die Metapher als ein Synkretismus im Sinne der Glossematik behaupten T. Pavel, Notes pour une description
structurale de la métaphore poétique, in: Cahiers de linguistique théorique et appliquée 1 (1962), 185–207 sowie G. F. Pasini, Lo studio delle metafore, Lingua e stile 3
(1968), 71–89. – Eigenständigere Theorien bieten E. Leisi, Der Wortinhalt, 1967[3]; L.
Antal, Questions of Meaning, 1963; ders., Content, Meaning, and Understanding,
1964; F. G. Droste, Taal en betekenis, 1967; M. J. Reddy, A Semantic Approach to Metaphor, in: Papers from the Fifth Regional Meeting of the Chicago Linguistic Society
April 18–19, 1969, Chicago (cop.) 1969, 240–251. Reddy verwirft die Auffassung, die
Metapher sei zu beschreiben als eine Abweichung von Selektionsregeln, vgl. a. a. O.,
242 f. (zur Frage vgl. J. Nieraad, a. a. O., 56 ff.; s. auch J. J. A. Mooij, a. a. O., 92 ff.), und
möchte statt dessen das entscheidende Kennzeichen der Metapher in deren Referenz-
funktion suchen, a. a. O., 246 ff. Dem dürfte soweit zuzustimmen sein. – Von einzelnen,
kurzen Stellungnahmen im folgenden abgesehen, kann eine kritische Diskussion mit
diesen Autoren hier nicht aufgenommen werden.

[8] Vgl. J. J. A. Mooij, a. a. O., 85 Anm. 17.

[9] Vgl. Th. Gardner, Zum Problem der Metapher, DVfLG 44 (1970), 727: »Im Augenblick werden in der Metaphernforschung, die sich im allgemeinen gleichsam im Leer-
lauf befindet, fast nur in der von H. Weinrich vertretenen Richtung bemerkenswerte
Fortschritte verzeichnet.«

[10] Eine kurze Präsentation bei J. Nieraad, a. a. O., 65 f., jedoch beschränkt auf die Perspektive der Textlinguistik. A. a. O., 132 sind die literarischen Beiträge H. Weinrichs
zur Metapher bis dahin verzeichnet. An sich hätte auch noch die kleine populäre
Schrift Linguistik der Lüge, 1966, ihren Platz haben können. Diese

[11] Vgl. C. F. P. Stutterheim, Het begrip metaphoor, 1941, 60 ff.

[12] Gewiß haben die Israeliten nicht in der Weise heutiger Forscher über Formen oder
Gattungen reflektiert (vgl. H.-J. Hermisson, Studien zur israelitischen Spruchweisheit,
1968, 38). משל wäre mithin eben kaum als Gattungsbegriff anzusehen. Daß die Israeliten verschiedenartige Texte משל genannt haben (dazu s. auch A. George, Art. Para-

Unterscheidung braucht nicht terminologisch ausgeführt zu sein, sondern geschieht eventuell durch die Sprachverwendung selbst.

Die Sprüche der Sammlungen Prov 10–15 und 25–27 werden, um jetzt ein Beispiel zu erwähnen, als משלים bezeichnet, vgl. 10,1; 25,1. In Prov 25–27 finden sich mehrere motivierenden Mahnsprüche[13] neben einer Reihe Aussagesprüche[14]. Eine terminologische Unterscheidung

---

bole, DBS 6, 1960, 1149f.), könnte entweder darauf beruhen, daß dieses Wort in der altisraelitischen Verwendung überhaupt keine einheitliche Bedeutung hatte sondern polysemisch war, oder darauf, daß mit der Bedeutung des Wortes משל keineswegs immer alle damals bekannten Eigenschaften des jeweils gemeinten Textes angezeigt oder gedacht wurden (exakter: daß in der Wortbedeutung nicht jede damals bekannte Eigenschaft des Textes im Sinne A. Reichlings »wiedergegeben« wurden). Es ist also aus der einheitlichen Benennung der משלים nicht mit Notwendigkeit zu schließen, die in dieser Weise genannten Texte seien nach Ermessen der Israeliten *in jeder Hinsicht*, außer im Wortlaut, gleich.

J. Jeremias bietet mithin eine bedeutungstheoretisch unzulängliche Begründung, wenn er zu der These, es sei »letztlich doch ein unfruchtbares Bemühen«, die Gleichnisse der neutestamentlichen Überlieferung in u. a. Gleichnis, Parabel, Allegorie einzuteilen, anführt, »hebr. *mašal*/aram. *mathla* umfaßt alle diese Kategorien und noch viel mehr, ohne jede Scheidung.« (J. Jeremias, Die Gleichnisse Jesu, 1956[4], 13 f. Ähnlich wie J. Jeremias urteilt G. Eichholz, Einführung in die Gleichnisse, 1963, 8. Dagegen s. E. Linnemann, Gleichnisse Jesu. Einführung und Auslegung, 1961, 137 Anm. 1.)

Sucht man eine Einheitlichkeit des Begriffs משל durch Konzentration auf eine einzige oder einige wenige Eigenschaften herzustellen, die allen משלים gemeinsam wären, so liegt die zweite der hier angedeuteten Möglichkeiten vor: nur diese Eigenschaften würden dann in der Wortbedeutung wiedergegeben sein. Vgl. A. S. Herbert, The ›Parable‹ (*Māšāl*) in the Old Testament, SJTh 7 (1954), 196. Ob eine sehr straffe Einheitlichkeit vorliegt, mag nun allerdings zweifelhaft erscheinen, jedoch ist hier nicht der Ort, in die Diskussion über die genauere Bestimmung der altisraelitischen Bedeutung des Wortes משל einzusteigen. Dazu vgl. bes. A. R. Johnson, מָשָׁל, in: VT. S. 3, 1955, 162–169; vor ihm u.a. O. Eißfeldt, Der Maschal im Alten Testament, 1913, bes. S. 15. 33 ff.; A. H. Godbey, The Hebrew *mašal*, AJSL 39 (1922–23), 89–108; G. Boström, Paronomasi i den äldre hebreiska maschallitteraturen, 1928, 22; J. Hempel, Die althebräische Literatur und ihr hellenistisch-jüdisches Nachleben, 1930, 44; M. Hermaniuk, La parabole évangélique, 1947, 64–101; J. Pirot, Le »mâšâl« dans l'Ancien Testament, RSR 37 (1950), 565–580; F. Hauck, Art. παραβολή, ThWNT V, 744–746; neuerdings noch W. Zimmerli, Ezechiel, I 1969, 377 f. 559 f.; H.-J. Hermisson, a.a.O., 44. – W. McKane, Proverbs. A New Approach, 1970, 24 ff. untersucht die Bedeutung des Wortes משל in den Fällen, wo das Bezeichnete ein »popular proverb« ist.

[13] Prov 25, 6 f. 8. 9 f. 16. 17. 21 f.; 26, 4. 5. 24 f.; 27, 1. 2. 10. Zur Gattung vgl. A. J. Bjørndalen, »Form« und »Inhalt« des motivierenden Mahnspruches, ZAW 82 (1970), 347–361; W. Richter, Recht und Ethos, 1966, 37–39.

[14] Zur Sonderung und Kennzeichnung von Mahnwort (Mahnspruch) und Aussagewort vgl. W. Baumgartner, Die literarischen Gattungen in der Weisheit des Jesus Sirach, ZAW 34 (1914), 165 f.; H. Gressmann, Die neugefundene Lehre des Amen-em-ope

zwischen diesen Arten von Sprüchen deutet das AT nirgends an. Israel hat u.W. nicht sprachbetrachtend, reflektierend zwischen ihnen unterschieden, wohl aber in der Sprachverwendung, wo jede Spruchart ihre eigenen Funktionsmöglichkeiten hat.

Das Fehlen von Sonderbezeichnungen für Metaphern und Metaphernreihen bedeutet entsprechend keineswegs, daß es in der alttestamentlich-hebräischen Sprachverwendung keine Rede mit wirksamer Metaphorik gegeben haben könnte, oder daß es keine sachgemäße und damit auch besondere Weise der Interpretation dieser Metaphorik gegeben haben könnte. Wirksame Metaphorik ist bewußt, und setzt irgendwie ein besonderes Interpretationsverfahren voraus[15], letzteres allerdings unabhängig davon, ob die Kommunikationsteilnehmer es überlegen oder nicht.

Eine grundlegende Voraussetzung der Verwendung und des Verstehens metaphorischer Rede haben die Israeliten nachweislich gehabt: die Fähigkeit, bei Bildrede zwischen »Bild« und dem, was man »Sache« benennen könnte, zu unterscheiden. Das geht eindeutig aus vielen Vergleichen hervor, wo es durchaus unwahrscheinlich ist, daß nach Ermessen der Israeliten das, was die klassische Rhetorik Metonymie nennt[16], vorgelegen haben könnte[17]. Vgl. Ps 1,3:

וְהָיָה כְּעֵץ שָׁתוּל

oder Hos 5,12:

וַאֲנִי כָעָשׁ לְאֶפְרָיִם וְכָרָקָב לְבֵית יְהוּדָה,

---

und die vorexilische Spruchdichtung Israels, ZAW 42 (1924), 289f.; G.Boström, a.a.O., 30; W.Zimmerli, Zur Struktur der alttestamentlichen Weisheit, ZAW 51 (1933), 183ff.; H.Gese, Lehre und Wirklichkeit in der alten Weisheit, 1958, 5f.; W.Richter, a.a.O., 15. Zum Mahnspruch vgl. A.J.Bjørndalen, a.a.O., passim; zu Formen des Aussagewortes bes. H.-J.Hermisson, a.a.O., 141ff.

[15] Das ist in der Eigenart der sprachlichen Erscheinung der Metapher begründet, vgl. dazu unten, S.27ff. Dieser Umstand besagt, daß die Erfassung und sachgemäße Interpretation von Metaphernketten ein hermeneutisches Anliegen eigener Bedeutsamkeit ist, vgl. A.J.Bjørndalen, Metodiske bemerkninger til spørsmålet etter allegorier i Det gamle testamente, TTK 37 (1966), 146f.; M.Weiss, Methodologisches über die Behandlung der Metapher dargelegt an Am.1,2, ThZ 23 (1967), 3.

[16] Zum Begriff der Metonymie vgl. H.Lausberg, Handbuch der literarischen Rhetorik, 1960, 292ff. §§ 565ff.

[17] Zum Prinzip dieses Arguments vgl. K.Bühler, Sprachtheorie, 1934, 354; A.Rosetti, Le mot, 1947, 43f.; auch J.Gonda, Remarks on Similes in Sanskrit Literature, 1949, 108. – Zur Unterscheidung von »Bild« und »Sache« in bildlicher Rede vgl. unten, S.108f., Anm.442.

oder auch etwa Hos 4,16; 5,14 a; 13,7; Jes 1,8.9 b.18 b.30; 5,24 a. Es ist denn auch, in bestimmten Fällen von scheinbaren Identitätsaussagen, klar zwischen »Bild« und »Sache« geschieden, vgl. z. B. Ps 84,12 a:

שמש ומגן יהוה,

auch Hos 7,8 b; 10,1 a.11 aα; Am 2,9 b. Die Israeliten haben hier, was wir Metaphern nennen möchten, verwendet und interpretiert[18]. Daran ändert nichts, daß für die Israeliten, wie W. Rudolph wohl zu Recht vermutet, »Bild und Sache näher zusammengehen und stärker ineinanderfließen können als für uns«[19].

Was ist aber das – eine Metapher? Wer methodisch nach Ketten von aufeinander bezogenen Metaphern fragen möchte, könnte wohl einen ein Stück weit begründeten Begriff der Metapher brauchen[20], einmal um Metaphern zu finden, eventuell auch um deren semantische

---

[18] Übersichten – in unterschiedlicher Ausführlichkeit – über Metaphern im Alten Testament bieten R. Lowth, Lectures on the Sacred Poetry of the Hebrews, I 1787, bes. 129 ff. 148 ff.; I. A. Dathe, Salomonis Glassii philologia sacra, I 1776, 916–921; C. G. Montefiore, A Tentative Catalogue of Biblical Metaphors, JQR 3 (1891), 623–681; E. W. Bullinger, Figures of Speech Used in the Bible: Explained and Illustrated, 1898, passim (S. 748–750 Allegorien). Vgl. weiter E. König, Stilistik, 1900, 95–109; unter bes. Gesichtspunkt auch E. Dhorme, L'emploi métaphorique des noms de parties du corps en hébreu et en akkadien (1923), 1963, passim. Betr. außeratl. Texte vgl. noch A. F. Mehren, Die Rhetorik der Araber, 1853, 31 ff.; T. Sabbagh, La métaphore dans le Coran, 1943, 65 ff. 78 ff.; H. Grapow, Die bildlichen Ausdrücke des Aegyptischen, 1924, passim; W. Heimpel, Tierbilder in der sumerischen Literatur, 1968, passim; hauptsächlich Vergleiche führen an A. Schott, Die Vergleiche in den akkadischen Königsinschriften, 1926 (aber s. S. 6 f. 187–201); S. N. Kramer, Sumerian Similes, JAOS 89 (1969), 1–10 (aber s. S. 2.4.6.9).

[19] W. Rudolph, Hosea, 1966, 60. Die Aussage Rudolphs ist bildhaft und nicht ganz eindeutig. Sie ist hier in diesem vermuteten Sinne zustimmend angeführt worden: daß die Israeliten, mehr als wir es tun, Ähnlichkeiten, Übereinstimmungen zwischen Bild und Sache wahrnahmen. Um so mehr ist es uns aufgetragen, auf solche mögliche Übereinstimmungen zu achten.

[20] Dieses Problem wird als solches auch nicht gestellt von M. Weiss, a.a.O., 1–25. Es wird nur mit H. Weinrich (s. M. Weiss, a.a.O., 4 Anm. 12.13) als »genaue Definition« der Metapher dies angesehen: »Eine Metapher ... ist ein Wort in einem Kontext, durch den es so determiniert wird, daß es etwas anderes meint, als es bedeutet« (nach H. Weinrich, Semantik der kühnen Metapher, DVfLG 37 [1963], 340). – Beachtenswert daran ist, daß die Metapher als semantische und gewissermaßen kontextbedingte Erscheinung aufgefaßt wird. Die Differenzierung von »Meinen« und »Bedeuten« wird aber von M. Weiss nicht erläutert. – Zu den Theorien H. Weinrichs vgl. unten, S. 20 ff.

»Bedeutung« in einer womöglich etwas reflektierten Weise zu erfassen suchen[21].

Die Geschichte des Begriffs Metapher seit der Antike bis zur Psychologie, Linguistik und Philosophie der Neuzeit hat sich in der Untersuchung von C. F. P. Stutterheim[22] als sehr kompliziert erwiesen. Das Wesen der Metapher scheint schwer greifbar zu sein[23], und die Auffassungen über die Metapher gehen oft etwas auseinander.

---

[21] M. Weiss, a.a.O., 14 will das »Gemeinte« (vgl. ders., a.a.O., 13) am Verb יִשְׁאַג Am 1,2 erläutern. Er erkennt an, daß das Verb hier »Bezeichnung für Gottes Tätigkeit« ist. Das Verb *meint* aber »den ganzen Assoziationskomplex, der beim Brüllen des Löwen in der Seele des Hörers auftaucht«. Weiter: Die Aussage »Der Herr ... brüllt ... gibt aus seine Stimme« *drücke aus* »die Seelenstimmung angesichts des Furchtbaren, Furchterregenden, Drohenden in der Kundgebung Gottes«. Es bleibt unklar, *woran* das Metaphorische hier zu erkennen ist. Was hier *gemeint* und *ausgedrückt* wird ist ja nach M. Weiss keine Tätigkeit Gottes (sie ist *bezeichnet*), sondern Reaktionen des Hörers, die sich genau so bei einem wirklichen Löwengebrüll einstellen dürften. Was von all dem hieße »Sinn« der Metapher (vgl. M. Weiss, a.a.O., 5)? Es wird hier, wie so oft, nicht genau genug gefragt, was überhaupt eine Metapher sei, oder was Metapher genannt werden könne. Es wird gefragt nach »›denotation‹ wie nach ›connotation‹« der Metapher (M. Weiss, a.a.O., 13) ohne zu sichern, daß es Denotation oder Konnotation *der Metapher* ist, was man sucht. Das Wort יִשְׁאַג kann ja gerade nicht-metaphorisch ein Löwenbrüllen bezeichnen, und das von M. Weiss angegebene Gemeinte oder Ausgedrückte meinen und ausdrücken.

[22] S. oben S. 8, Anm. 11. – Eine systematische, detaillierte Analyse des Metaphernbegriffs in seiner Verwendung von der Antike bis zur Gegenwart bietet H.-H. Lieb, Der Umfang des historischen Metaphernbegriffs, Diss. Köln 1963, 1964.

[23] Vgl. C. F. P. Stutterheim, a.a.O., 656 f., H.-H. Lieb, a.a.O., 33.

[24] So z. B. bei W. Embler, Metaphor and Meaning, 1966. Nach ihm *ist* etwa die Novelle Heart of Darkness von Joseph Conrad Metapher, »reflecting not the heart of darkest Africa, but the most secret depths of the human heart« (a.a.O., 1). »All overt acts may be thought of as metaphor expressing an inner condition ...« (ders., a.a.O., 2). Es wird nicht unterschieden zwischen Metapher und Allegorie, vgl. ders., a.a.O., 115. Der hier gemeinte Begriff Metapher bezeichnet ganze Texte bzw. Handlungen, bestimmt auch das Woraufhin der literarischen Textinterpretation. – Aber auch Bilder, Form, Farbe, Gestalt sind Metaphern oder metaphorisch, vgl. W. Embler, a.a.O., 12 ff. – »Design is metaphorical, just as language is metaphorical. Patterns, shapes, and outlines express inner thoughts and feelings ...« (ders., a.a.O., 14). »... all design is emblematic of the thought of the designer and says something about him and his society« (ders., a.a.O., 15). In der Sprachverwendung findet Embler jedoch auch Worte oder Wortgruppen, die Metaphern sind und metaphorisch verwendet werden sollen (a.a.O., 27 ff.). Man möchte Embler gerne zustimmen wenn er sagt: »Grammarians have often studied to define what a metaphor *is*. But it is more meaningful in our day to find out what a metaphor *does*« (a.a.O., IV). – Es erscheint allerdings zweifelhaft, ob man das eine gegen das andere in dieser Weise ausspielen sollte. Man kann das Sein, die Vorfindlichkeit einer sprachlichen Metapher in einem bestimmten Kontext schwerlich anders

Auf der Suche nach einem dienlichen Begriff der Metapher orientieren wir uns zunächst an der antiken Rhetorik, von der her der Begriff auf uns gekommen ist. Wir sehen andererseits von der durchgreifenden Erweiterung des Begriffsinhaltes ab, die in der Literaturwissenschaft zu belegen ist[24].

Schon die antike Rhetorik hatte keineswegs eine einheitliche Auffassung von der Metapher. Hinzu kommt, daß das, was innerhalb der rhetorischen Tradition zur Metapher gesagt wird, nicht immer ganz einsichtig ist.

Aristoteles äußert sich mehrmals zur Metapher. Eine Hauptstelle ist Poet 21 (1457 b.6–9): μεταφορὰ δέ ἐστιν ὀνόματος ἀλλοτρίου ἐπιφορά, ἢ ἀπὸ τοῦ γένους ἐπὶ εἶδος ἢ ἀπὸ τοῦ εἴδους ἐπὶ τὸ γένος ἢ ἀπὸ τοῦ εἴδους ἐπὶ εἶδος ἢ κατὰ τὸ ἀνάλογον[25].

Diese Auffassung der Metapher ist innerhalb der Rhetorik nicht die einzige geblieben. Über die Spannweite des Begriffs in der Rhetorik orientieren u. a. C. F. P. Stutterheim[26], K. Barwick[27] und U. Krewitt[28]. In unserem Zusammenhang wichtig ist, auf wesentliche Unklarheiten in den Lehren der Rhetoriker über die Metapher hinzuweisen, die besonders von C. F. P. Stutterheim diskutiert worden sind.

1. In seiner Einteilung der Metaphern nach vier Übertragungsarten arbeitet Aristoteles u. a. mit den Begriffen γένος und εἶδος. Die Kriterien, die damit angezeigt sein sollen, sind nicht eindeutig greifbar an Hand der Beispiele, die Aristoteles im Kontext[29] gibt[30]. Diese Einteilung ist deshalb auch wenig brauchbar.

2. In der Definition μεταφορὰ δὲ ἐστιν ὀνόματος ἀλλοτρίου ἐπιφορά ist ὄνομα sicher mit »Name«, nicht etwa mit »Bedeutung«

erkennen als an dem, was durch sie sprachlich geschieht. Sodann ist es fraglich, ob W. Embler scharf genug gesehen hat, was durch die sprachliche Metapher geschieht, bzw. ob seine Erweiterung des Verwendungsbereichs des Metaphernbegriffs zweckmäßig ist. Es hat den Anschein, als verwende er die Nennworte »Metapher« und »metaphorisch« in metaphorischer Weise, etwa im mehr allgemeinen Sinn eines Zeichens, das über sich selbst bzw. über einen vordergründigen Sinn hinaus auf Anderes, besonders auf Inneres, Unsichtbares verweist.

[25] Zitiert nach Aristotelis de arte poetica liber, rec. R. Kassel, 1965, 34. Das Begriffspaar γένος – εἶδος kann oft mit »Gattung – Art« wiedergegeben werden. Generell ist εἶδος etwas von γένος Unterteiltes, vgl. Aristoteles, Rhet 2.20 (1393 a.23 ff.).

[26] C. F. P. Stutterheim, a.a.O., passim.

[27] K. Barwick, Probleme der stoischen Sprachlehre und Rhetorik, 1957, vgl. S. 88–95.

[28] U. Krewitt, Metapher und tropische Rede in der Auffassung des Mittelalters, 1971, 14–76.

[29] Aristoteles, Poet 21 (1457 b.9 ff.).

[30] Vgl. C. F. P. Stutterheim, a.a.O., 72 ff.; H. Konrad, Étude sur la métaphore, 1939, 94 ff.

wiederzugeben[31]. Es ist jedoch unklar, welcher Vorstellungsinhalt dann
mit dem Ausdruck »Übertragung des Namens« zu verbinden ist. Vielleicht dieser: Der Name einer Sache A wird »auf« eine andere Sache B
»übertragen«. Jedoch bleibt noch während der metaphorischen Verwendung des Wortes der Name A's mit der Sache A assoziativ verbunden, und er bleibt nachher in der nicht-metaphorischen Verwendung
des Wortes weiterhin mit der Sache A verknüpft. Die Rede von der Metapher als einer Übertragung bedient sich dann irgendeines außerge-
wöhnlichen Wortsinnes, aber welches, und wozu, scheint in der Rhetorik kaum zu klären zu sein[32].

3. Im Syntagma ὄνομα ἀλλότριον kommt zum Vorschein, daß
das metaphorisch verwendete Wort in der nicht-metaphorischen Verwendung Name einer anderen Sache ist als in der metaphorischen Verwendung. Aristoteles rechnet die Metapher zur Wortklasse der ξενικά
(Gegensatz: die κύρια), vgl. Poet 21 (1457 b.1 ff.); 22 (1458 a.22 f.). Das
heißt: Die Metapher gehört zur individuellen, bewußt neuschöpfenden
Sprachverwendung[33]. In Rhet 3.11 (1413 a.17) werden jedoch auch die
Sprichwörter Metaphern genannt. Und W. Stählin wies darauf hin, daß
die Metaphern üblich werden können, und daß viele, besonders religiöse Metaphern, sehr häufig vorkommen[34]. Das Begriffspaar κύριον –
ξενικόν oder solche wie einerseits »üblich« – andererseits »gelegentlich«, »ungewöhnlich«, »neu« oder »ungebraucht« sind dann schwerlich

---

[31] Vgl. C. F. P. Stutterheim, a.a.O., 69 f.
[32] Vgl. C. F. P. Stutterheim, a.a.O., 577 f. – Eine andere Bezugsmöglichkeit wird sichtbar
an einem Wortlaut Quintilians, Inst or 8. 6. 5 f.: »transfertur ergo nomen aut verbum ex
eo loco, in quo proprium est, in eum, in quo aut proprium deest aut translatum proprio
melius est«. *Locus* könnte an sich »Sache« bezeichnen, aber auch Kontext, oder Position in einem Kontext. Die *translatio*, von der die Rede ist, könnte so im Bereich des
Sprachlichen bleiben. Aber was hieße gerade *transfere ex* einem Kontext oder einer
Position? – Entsprechend ist die Vorstellung einer Übertragung der »Bedeutung« bei
metaphorischer Wortverwendung undurchführbar, vgl. C. F. P. Stutterheim, a.a.O.,
190 f. 492 ff. Es heißt z. B. bei W. Kayser, Das sprachliche Kunstwerk, 1956⁴, 123:
»Metapher heißt Übertragung: eine Wortbedeutung wird in einem ihr von Hause aus
nicht zukommenden Sinne verwendet«. Es ist jedoch kaum einzusehen, wie eine Wort-
bedeutung dabei ihre Identität behielte, so daß in der Äußerung Kaysers von *derselben*
Bedeutung die Rede wäre. – In der Linguistik kann die Metapher noch als Übertragung benannt werden, jedoch mit z. T. zufriedenstellender Umschreibung, vgl. St. Ullmann, Grundzüge der Semantik, 1967, 206.
[33] Vgl. C. F. P. Stutterheim, a.a.O., 66 ff.
[34] W. Stählin, Zur Psychologie und Statistik der Metaphern, Archiv für die gesamte Psychologie 31 (1914), 388.

zur Sonderung zwischen Metaphern und Nicht-Metaphern geeignet[35].
Die Metapher ist nicht sicher daran zu erkennen, daß das Wort nicht
»seine« »übliche«, sondern eine andere Sache benennt.

4. Ansätze zu einem System der Tropen dürften bei Aristoteles in
seiner Lehre von den ξενικά zu finden sein[36]. In der späteren Rhetorik
wurden bekanntlich ganz umfassende Tropenlehren ausgebaut[37]. Besonders wichtig in der nacharistotelischen Rhetorik ist die Sonderung
zwischen den Tropen Metonymie, Synekdoche und Metapher. Meistens werden Synekdoche und Metonymie von der Metapher dadurch
abgehoben, daß es sich bei den ersteren um »natürliche« oder »reale«
Beziehungen zwischen den in Frage stehenden – wie man meint: Bedeutungen handeln soll, während die Metapher nur Beziehungen der Ähnlichkeit, Vergleichsbeziehungen voraussetzt[38]. Es kann sich bei der Metonymie um kausale, räumliche, zeitliche oder logische (Abstraktes für
Konkretes; »Symbolisches«[39]) Beziehungen handeln, bei der Synekdoche um Beziehungen Teil – Ganzes, Gattung – Art (oder Individ) oder
des Numerus. Diese Abgrenzung der Metapher von Metonymie[40] und
Synekdoche scheint jedoch etwas fließend zu sein.

Nach Gerber beruht die Synekdoche »Individ (oder Art) für Gattung« auf einer nicht unmittelbar gegebenen, sondern erst aus »Gemeinsamkeit wesentlicher Merkmale« zu erkennenden Zusammengehörigkeit[41]. Die Zusammengehörigkeit ist durch diese »Gemeinsamkeit
wesentlicher Merkmale« zu erkennen, aber man wird auch sagen müssen, die Zusammengehörigkeit *bestehe* in dieser Gemeinsamkeit wesentlicher Merkmale. Dann kann man aber mit Stutterheim[42] fragen,
warum nicht diese Synekdoche eine Unterart der Metapher sei. Denn
die Ähnlichkeit, auf der die Metapher beruht, ist ja eben auch eine »Gemeinsamkeit von Merkmalen«. Sagt einer von einem Menschen: »Die-

---

35 Vgl. C. F. P. Stutterheim, a.a.O., 77 f.
36 Zum System der ξενικά bei Aristoteles vgl. C. F. P. Stutterheim, a.a.O., 67 f.
37 Vgl. K. Barwick, a.a.O., 88–97; R. Volkmann, Rhetorik der Griechen und Römer,
   1901³, 40 ff.; H. Lausberg, a.a.O., 282 ff.; C. F. P. Stutterheim, a.a.O., 497 ff.; U. Krewitt, a.a.O., 21–24.
38 Vgl. zum folgenden G. Gerber, Die Sprache als Kunst, II. 1 1873, 25 ff. 37 ff. 60 ff.; H.
   Lausberg, a.a.O., 292 ff. §§ 565 ff.
39 Nach H. Lausberg. Zur Beziehung Abstrakt – Konkret und zur Symbolbeziehung vgl.
   ders., a.a.O., 294 § 568.4.
40 S. auch H. Lausberg, a.a.O., 295 § 571.
41 G. Gerber, a.a.O., II. 1 1873, 38.
42 Vgl. C. F. P. Stutterheim, a.a.O., 502 f.

ser Löwe kämpfte ...«, so ist das Wort »Löwe« dabei anerkanntermaßen metaphorisch verwendet. Wenn das Wort hier auf diese Weise
brauchbar ist, beruht das darauf, daß der betreffende kämpfende
Mensch ein oder einige Merkmale mit Löwen gemeinsam hat. Ein Ein-
wand wäre denkbar: Bei der Synekdoche, wie auch bei der Metonymie,
seien die Beziehungen zwischen den Bedeutungen »real«, nicht aber bei
der Metapher. – Was ist aber eigentlich eine »reale« Beziehung? Sagt
einer ohne Ironie: »Dieser Löwe kämpfte ...« – von einem Menschen,
müßte das besagen, die »Gemeinsamkeit der Merkmale«, d.h. die Ähnlichkeit, sei tatsächlich vorfindlich. Das hieße wohl: Die Gemeinsamkeit sei real[43]. Stutterheims Frage bleibt insofern stehen.

Weiter: Nach H. Lausberg[44] sind die Beziehungen, die der Metonymie zugrundeliegen, als real und *qualitativ* zu bestimmen. Dann
kann man wohl fragen, ob nicht die obige Metapher »Löwe« unter der
Metonymie einzuordnen wäre[45].

Eine Analyse der Metapher als ein Wort, dessen Verwendung eben
geradezu metonymisch basiert ist, bietet andererseits A. Henry, hier *in
abstracto* wiedergegeben[46]: Das jeweils metaphorisch verwendete Wort
sei deshalb in Betracht gezogen und verwendet, weil die Sache, deren
Name es sei, *eine* bestimmte, jeweils aktuelle Eigenschaft unter allen ihren Eigenschaften habe, mit Rücksicht auf welche die Metapher verwendet sei. Und diese bestimmte Eigenschaft sei zugleich identisch mit
einer aktuellen unter mehreren Eigenschaften einer anderen, jeweils intendierten Sache. Die Metapher sei in dieser Weise auf einen doppelten
metonymischen Mechanismus gegründet. – Das metaphorisch verwendete Wort ist nach A. Henry noch während seiner metaphorischen Verwendung »Name« einer Sache, und zwar offenbar dcr Sache, deren
»Name« das Wort immer ist: die Übereinstimmung zwischen den jeweils intendierten Eigenschaften »est exprimée par le nom de l'objet qui
possède le caractère en question«[47]. Es scheint somit die Metapher
nach A. Henry diese »ihre« – wenn man will: »übliche« – Sache für die

---

[43] Ohne daß man dabei etwa die Auffassung Homers von dem Löwen, wie sie B. Snell
herausarbeitete, teilen müßte. Vgl. B. Snell, Entdeckung des Geistes, 1948[2], 191 f.

[44] Vgl. H. Lausberg, a.a.O., 292 §§ 565. 568.

[45] Eine z.T. entsprechende Frage findet sich bei C. F. P. Stutterheim, a.a.O., 503. Eventu-
ell wäre die Synekdoche als Unterart der Metapher eine Unterart der Metonymie. –
Die Synekdoche kann in der Tat als Unterart der Metonymie verstanden werden, vgl.
H. Lausberg, a.a.O., 295 § 572; L. Arbusow, Colores rhetorici, 1948, 84.

[46] A. Henry, Métonymie et métaphore, 1971, 65 ff.

[47] A. Henry, a.a.O., 66.

jeweils intendierte Eigenschaft zu *nennen*: als *nom de l'objet*. Es ist dann unklar, inwiefern dieses *Nennen* der üblichen Sache etwas mehr und etwas Anderes als eine gewöhnliche, »buchstäbliche« Wortverwendung ist.

Es erscheint schwer, die Metapher als eigenständiges Phänomen durch ihre Abgrenzung von Synekdoche und Metonymie oder auch durch ihre Einordnung als metonymisch zu erklären[48].

Ähnliche Fragen entstehen angesichts der Klassifikation von sogenannten Namenübertragungen, die St. Ullmann unter Aufnahme und Weiterführung von Einsichten von L. Roudet und Z. Gombocz[49] dargestellt hat[50]. Zwar will Ullmann streng zwischen semantischen und rhetorischen Kriterien unterscheiden[51], es fragt sich jedoch, ob dies ganz gelungen ist. Ullmann kontrastiert betont[52] Namenübertragungen aufgrund von Sinnberührung und Namenübertragungen aufgrund von Sinnähnlichkeit[53]. Die Beschreibung des Vorgangs der sogenannten Übertragung ist in ihrer Begrifflichkeit keineswegs rhetorisch[54], bleibt aber dieselbe für beide Arten der Sinnbeziehung[55] – und *das* ist typisch rhetorisch gedacht. Die Rhetorik sieht bei allen Tropen grundsätzlich dieselbe Struktur des Übertragungsvorgangs[56]. In Ullmanns Darstellung ist bei einer Übertragung aufgrund von Sinnähnlichkeit u. a. an die Metapher zu denken, bei der anderen Art der Sinnbeziehung u. a. an Metonymie und Synekdoche[57]. Der Rhetorik entsprechend kommt bei

---

[48] Noch im Rahmen der rhetorischen Tradition bietet C. Brooke-Rose, A Grammar of Metaphor, 1958, eine gewisse, aber keine ausreichende Klärung der mit der Rhetorik aufgegebenen Probleme der Metapher. Vgl. A. J. Bjørndalen, Metodiske bemerkninger til spørsmålet etter allegorier i Det gamle testamente, TTK 37 (1966), 159–161.

[49] St. Ullmann, a.a.O., 73 f. 200 ff., vgl. noch S. 3.

[50] St. Ullmann, a.a.O., 204–217. »Name« ist bei Ullmann ein Datum psychischen Charakters. Der Name ist als Moment der *langue* wie F. de Saussures *signifiant* »in Form von Engrammen gespeichert«, aktualisiert in der *parole* nimmt er erst eine Lautform *an*. Vgl. St. Ullmann, a.a.O., 64.

[51] Vgl. St. Ullmann, a.a.O., 206. 207.

[52] Vgl. St. Ullmann, a.a.O., 207 zu Ähnlichkeits- und Berührungsübertragungen, »die bei uns klar geschieden bleiben sollen«.

[53] »Sinn« ist hier nicht z. B. »Bedeutung« des Wortes, wie Ullmann diesen Begriff verwendet, sondern die Vorstellung, die der Name kraft seiner Bedeutung vergegenwärtigt, vgl. St. Ullmann, a.a.O., 64 f.

[54] Vgl. St. Ullmann, a.a.O., 206.

[55] Vgl. St. Ullmann, a.a.O., 214 zum in beiden Fällen gültigen Grundschema; auch bei Sinn*berührung* »werden Namen aufgrund von Sinnverbindungen übertragen«.

[56] Vgl. H. Lausberg, a.a.O., 282–285.

[57] Vgl. St. Ullmann, a.a.O., 206. 215.

Ullmann der Unterschied zwischen Metapher und Metonymie bzw. Synekdoche in der Auslegung der Struktur des Übertragungsvorgangs nicht zum Vorschein. Ullmann unterscheidet primär an Hand der Begriffe »Ähnlichkeit« und »Berührung«. Sowohl Sinnähnlichkeit als auch Sinnberührung ereignen sich zwischen Sinnbereichen, die es im Sinn-Assoziationsfeld eines Wortes gibt[58]. Zu »Ähnlichkeit« heißt es: »Ähnlichkeit kann auf übereinstimmenden Einzelmerkmalen oder auf vergleichbarem Gefühlswert beruhen«[59]. – »Sinnberührung« wird wie folgt ausgelegt: »es handelt sich … nicht um eine Ähnlichkeitsbeziehung, sondern entweder um ein räumliches, zeitliches oder kausales Verhältnis"[60], ein Verhältnis im Nebeneinander oder raschem Nacheinander der beiden angrenzenden Sinne[61]. Jedoch ist damit keine klare Grenze zwischen den Beziehungsarten gezogen. Eine Namenübertragung aufgrund von Sinnberührung liegt vor, wenn man »von einem Schiff als ›Segel‹« spricht[62]. Gibt es aber keine »übereinstimmenden Einzelmerkmale« des Segels und des Schiffs? Etwa Merkmale, die Segel und Tischdecke nicht gemeinsam haben? Das heißt: Kann nicht diese Namenübertragung aufgrund von Sinnberührung genauso gut als eine Art der Namenübertragungen aufgrund von Sinnähnlichkeit angesehen werden? Oder umgekehrt: können nicht »übereinstimmende Einzelmerkmale« Momente etwa eines räumlichen, zeitlichen oder kausalen Verhältnisses sein? Trotz der Absicht, zwischen beiden Beziehungsarten klar zu unterscheiden[63], ist zuzugeben, daß zwischen Ähnlichkeit und Berührung »unendlich viele Abarten, Zwischen- und Übergangsformen dazu« vorkommen[64]. Aber darüber hinaus: es ist nicht gelungen, die »reinen« Beziehungsarten Berührung und Ähnlichkeit klar von einander zu unterscheiden. Die Semantik scheint auf der hier verwen-

---

[58] Vgl. St. Ullmann, a.a.O., 204 ff. 124 f. 73–77. – Hierzu vgl. noch H. Meier, Die Metapher. Versuch einer zusammenfassenden Betrachtung ihrer linguistischen Merkmale, 1963, 93 ff. 145.

[59] St. Ullmann, a.a.O., 74.

[60] St. Ullmann, a.a.O., 214. Diese Art des Redens von dem Verhältnis zwischen *Sinnen,* d. h. *Vorstellungen,* scheint einen Bezug zum Verhältnis zwischen den *Objekten* zu implizieren und insofern etwas ungenau zu sein. Denn die Rede von einem räumlichen Verhältnis zwischen Sinnen (Vorstellungen), d. h. aber zwischen psychischen Daten, wäre an sich uneinsichtig. Jedoch ist diesen Fragen hier nicht nachzugehen.

[61] St. Ullmann, a.a.O., 74. 215 nach Z. Gombocz.

[62] St. Ullmann, a.a.O., 214, Beispiel: Eine Flotte von zwanzig Segeln.

[63] St. Ullmann, a.a.O., 207.

[64] Mit St. Ullmann, a.a.O., 74.

deten, teilweise noch rhetorischen Grundlage keine Scheidung von Metapher, Synekdoche und Metonymie begründen zu können[65].

In dieser Lage reicht es noch nicht aus, darauf hinzuweisen, daß nach der Linguistik die Metapher sich auf Bildobjekt und Sachobjekt aus zwei verschiedenen »Sphären« bezieht[66], während bei Metonymie und Synekdoche die Objekte derselben »Sphäre« entstammen sollen, wie z. B. Teil und Ganzes. Stutterheim hat an einer Reihe von Beispielen nachgewiesen, daß der Begriff »Sphäre« sich von Fall zu Fall grundlegend ändert, je nachdem welche Objekte dazugehören. Gehören Art und Gattung zu einer und derselben »Sphäre«, ist die »Sphäre« eine »Sphäre« völlig anderer Art als es eine »Sphäre« der Ursache-Wirkung-Beziehungen ist. Wohl mit Recht meint Stutterheim, daß das identische Moment des Begriffes »Sphäre« bei diesen Änderungen nicht greifbar ist[67]. Das heißt aber: Die Entscheidung, ob dieselbe oder zwei verschiedene »Sphären« vorliegen, wird in einigen Fällen eine nicht voll begründete Wahlhandlung sein.

Das Problem einer Beschreibung der Metapher an Hand ihres Verhältnisses zur Metonymie und zur Synekdoche scheint nach all dem kaum auf der Grundlage der Rhetorik lösbar zu sein[68]. Auch wird die Grenze zwischen ausdrücklichem Vergleich und Metapher in rhetorischer Sicht fließend[69]. Man möchte in dieser Lage andere Wege suchen.

Von Nutzen wäre eine Theorie der Metapher, die aufgrund ihrer – nach Möglichkeit expliziten – Prämissen sagen könnte, was eine Metapher ist. Und zwar wäre es in einer Weise zu sagen, die, soweit möglich

---

[65] Das betrifft entsprechend die Darstellung H. Meiers, a.a.O., vgl. bes. S. 92–95. 144. 147 f. und (zu G. Stern) 230.

[66] Der »Sphären«- oder »Gebiets«-Unterschied kann als ein wesentliches Merkmal der Metapher angesehen werden, so von G. Gerber, a.a.O., II. 1 1873, 80; E. König, Stilistik, Rhetorik, Poetik in Bezug auf die biblische Litteratur, 1900, 93 ff.; vgl. W. Wundt, Völkerpsychologie II. 2 1912³, 585. 551. 568 ff. (»Sinnesgebiete«); W. Stählin, a.a.O., 321 f. 371 ff.; G. Stern, Meaning and Change of Meaning, 1931, 307 f.; K. Bühler, Sprachtheorie, 1934, 343 ff. 355; ausführlich H. Meier, a.a.O., 156 ff. – S. auch W. Kayser, a.a.O., 112.

[67] Vgl. C. F. P. Stutterheim, a.a.O., 556 ff. 573 f. Die Arbeiten zur Metapher, auf die in der letzten vorangehenden Anm. verwiesen wurde, sind insofern unzureichend.

[68] Anders G. F. Pasini, Lo studio delle metafore, Lingua e Stile 3 (1968), 71–89, nach dem die Metapherdefinition der klassischen Rhetorik (seit Aristoteles) von einer strukturalen Linguistik integriert werden kann in der Weise, daß die Metapher als eine lexikalische Neutralisation (Synkretismus) beschrieben wird, vgl. bes. a.a.O., 83 ff. Wir können dem nicht zustimmen; auf die Entfaltung der Begründung dafür muß hier verzichtet werden (vgl. oben, S. 7 f., Anm. 7).

[69] Vgl. C. F. P. Stutterheim, a.a.O., 515 ff.; A. J. Bjørndalen, a.a.O., 159 Anm. 76.

ohne wesentliche Unklarheiten oder Inkonsequenzen, eine Unterscheidung zwischen Metaphern und anderen sprachlichen Erscheinungen in der praktischen Arbeit an Texten methodisch durchführen ließe. Eine solche Theorie könnte möglicherweise auch für die Interpretation von Metaphern von Belang sein.

Die vorliegende Untersuchung beabsichtigt nun nicht, *die* nach allen Seiten hin best mögliche linguistische Beschreibung des Phänomens der Metapher zu suchen. Wenn eine publizierte Analyse der Metapher eine relativ zufriedenstellende Grundlage für die praktische Textarbeit hergibt, ist es in unserem Zusammenhang nicht notwendig, nach einer noch besseren Theorie Ausschau zu halten.

Auf die genannten Ziele hin werden im folgenden die Metapherntheorien von H. Weinrich sowie die Bedeutungstheorie von A. J. B. N. Reichling überprüft.

Nach dem, was oben dargelegt worden ist, scheint die Metapher wenigstens *auch* als ein semantisches Phänomen beschrieben werden zu können[70].

H. Weinrich bedient sich in seinen Äußerungen zur Metapher keiner besonderen, explizit dargestellten Bedeutungstheorie, wohl aber bedeutungstheoretischer, besonders auch informationstheoretischer Begriffe. Die dadurch bedingte Analyse der Metapher, zumal in einer gewissen Breite dargeboten[71], ließe hoffen, daß hier eine für den Zweck der vorliegenden Untersuchung zufriedenstellende Bestimmung dessen gegeben werde, was eine Metapher im Unterschied zu anderen sprachlichen Phänomenen sei.

H. Weinrich benennt als Metapher verschiedene Phänomene: Worte, ganze Texte[72] und die von ihm sogenannte Tempusmetapher[73].

---

[70] Vgl. H. Weinrich in: Die Metapher (Bochumer Diskussion), Poetica 2 (1968), 100. – Nach U. Suerbaum, ebenfalls in: Die Metapher (Bochumer Diskussion), a.a.O., 101 f., genügt diese Bestimmung nicht. – Eine Erfassung der Metapher als eines semantischen Phänomens sucht auch M. J. Reddy, a.a.O., 246 ff. (vgl. oben, Anm. 6).

[71] Vgl. H. Weinrich, Münze und Wort. Untersuchungen an einem Bildfeld (urspr. Fassung 1958), in: ders., Sprache in Texten, 1976, 276–290; ders., Semantik der kühnen Metapher, DVfLG 37 (1963), 325–344; ders., Tempus. Besprochene und erzählte Welt, 1964; ders., Linguistik der Lüge, 1966; ders., Semantik der Metapher, Folia linguistica 1 (1967), 3–17; ders., [Thesen und Diskussionsbeiträge] in: Die Metapher (Bochumer Diskussion), Poetica 2 (1968), 100–130; ders., Streit um Metaphern (Erstabdruck), in: ders., Sprache in Texten, 1976, 328–341.

[72] Damit meint Weinrich hier Texte, die sich, auf ihre Produktions- und Rezeptionsbedingungen hin gesehen, als »Metaphern« erweisen (nach herkömmlichem Sprachgebrauch: als metaphorisch, eventuell allegorisch), vgl. H. Weinrich, Streit um Meta-

Von der Tempusmetapher abgesehen[74], ist das Metaphorische nach Weinrich wesentlich ein *semantisches* Phänomen[75]. Im folgenden geht es um seine Ausführungen zum metaphorischen Wort.

Die Wortmetapher ist ein Wort, oder besser: ein Monem[76] »in einem Kontext, durch den es so determiniert wird, daß es etwas anderes meint, als es bedeutet«[77]. – »Während der gewöhnliche Kontext ein Wort innerhalb seiner Bedeutung determiniert, verläuft bei metaphorischem Kontext die Determination außerhalb der Bedeutung«[78]. Die Metapher ist kurz gesagt ein Wort, oder: ein Monem, »in einem konterdeterminierenden Kontext«[79].

Wenn aber, so fragen wir, die Determination außerhalb der Bedeutung des Wortes stattfindet, so daß die Meinung eben deswegen eine

---

phern (Erstabdruck), in: ders., Sprache in Texten, 1976, 337. 340 f. Der Gesichtspunkt ist bekanntlich keineswegs neu (vgl. etwa unten, *passim,* zu A. Reichling), aber wichtig: ein Text könnte sich unter Umständen erst dadurch als metaphorisch bzw. allegorisch erweisen, daß die kommunikative Situation, in der er seine Funktionen vollzieht, mit berücksichtigt wird. Was in Weinrichs Ausführung auffällt, ist die Verwendung des Begriffes »Metapher« für einen ganzen Text.

[73] Dazu s. H. Weinrich, Tempus, 1964, 108.

[74] Vgl. aber unten, S. 25 f.

[75] H. Weinrich in: Die Metapher (Bochumer Diskussion), Poetica 2 (1968), 100.

[76] H. Weinrich, a.a.O., 107.

[77] H. Weinrich, Semantik der kühnen Metapher DVfLG 37 (1963), 340.

[78] H. Weinrich, Linguistik der Lüge, 1966, 44, vgl. S. 20–24; ders., Semantik der Metapher, Folia linguistica 1 (1967), 6, wo er formuliert: »Um es geometrisch zu verdeutlichen: die durch den Kontext bestimmte Meinung liegt nicht innerhalb, sondern außerhalb des Bedeutungsumkreises« (des je metaphorisch verwendeten Wortes). Auch wenn eine solche geometrische Verdeutlichung gewissermaßen bildhaft verfährt, ist ihr Sinn wichtig und soll hier geprüft werden. Die Distinktion Weinrichs an dieser Stelle scheint Th. Gardner eher übersehen zu haben in seiner Kritik der These, die Metapher sei ein Wort, das »etwas anderes meint, als es bedeutet«. Das tut ja, nach Weinrich, so wie ihn Gardner versteht, »jedes Wort« (Th. Gardner, Zum Problem der Metapher, DVfLG 44 (1970), 734 mit Rücksicht auf H. Weinrich, a.a.O., 9 f.). Was Weinrich a.a.O., 9 f. für alle Worte sagt, kann von Gardner in der Tat zutreffend verstanden worden sein. Man sollte aber nicht diese in ihrer Begrifflichkeit z. T. stark schillernden Ausführungen Weinrichs a.a.O., 9 f. unvermittelt neben seine Aussage zur *Metapher im Kontext* aus dem anderen Zusammenhang in »Semantik der kühnen Metapher« 1963, 340 stellen, sondern eben auch die dazwischentretenden, weiterführenden Aussagen zur Metapher im Kontext, auf die zu Beginn dieser Anm. verwiesen wurde, mit berücksichtigen. Daß die Metapher ein Wort sei, das etwas anderes meine, als es bedeute, war eine unzureichende Bestimmung, blieb aber nicht ohne Vertiefung und Weiterführung durch Weinrich.

[79] H. Weinrich, in: Die Metapher (Bochumer Diskussion), Poetica 2 (1968), 100. 107; ders., Semantik der Metapher, Folia Linguistica 1 (1967), 6.

andere als die Bedeutung ist, ist dann die Metapher notwendig das Wort mit eben dieser Bedeutung, oder nicht eher ein anderes, homonymes Wort? Ist die Meinung eine andere als die Bedeutung, ist dann die Metapher ein Wort, dem sowohl diese Bedeutung als auch diese Meinung eignen, und in welchem Sinne wäre das eventuell zu behaupten? Oder müßte nicht vielmehr die Meinung der betreffenden Wortform im metaphorischen Kontext eine kontextbedingte Einschränkung einer *anderen* Bedeutung sein[80]? Es handelte sich gegebenenfalls um zwei verschiedene homonyme Worte: im nicht-konterdeterminierenden Kontext das eine Wort, im konterdeterminierenden Kontext das Homonym. Wenn die Metapher *außerhalb* der im nicht-konterdeterminierenden Kontext relevanten *Bedeutung* der betreffenden Wortform *determiniert* wird, ist es nicht einsichtig, warum Weinrich nicht sagen will[81], das Wort habe als Metapher eine andere Bedeutung (Weinrich:) angenommen, sondern vielmehr behauptet, »die Bedeutung eines Wortes ist ein und dieselbe, ob das Wort als Metapher verwendet wird oder nicht«[82].

Es verliert hier der Begriff Determination seine Identität[83], und es bleibt ganz ungeklärt, wie ein Wort eine Bedeutung *haben* kann, innerhalb derer die Meinung des Wortes in einem Kontext *nicht*, auch nicht teilweise, determiniert wird. (Ein Phänomen wie die Polysemie braucht dabei nicht erörtert zu werden.)

Weinrich bestimmt nun aber auch die Metapher in bezug auf die jeweils mit der Metapher gemeinte Sache: die Metapher ist eine »widersprüchliche Prädikation«[84]. Die Prädikation durch die Metapher

---

[80] Dann behielte der Begriff Determination in Weinrichs Ausführungen eine Identität, was jetzt trotz seiner gegenteiligen Versicherung schwerlich der Fall ist. Im »gewöhnlichen« Kontext schafft die »Determination ... die Bedeutung nicht ab, sondern schränkt sie ein« (H. Weinrich, Linguistik der Lüge, 1966, 44). Zu Unrecht meint er, grundsätzlich dasselbe geschähe im metaphorischen Kontext (a.a.O., ebda), wenn nämlich die Determination bei der Metapher eine Determination *außerhalb* der (im gewöhnlichen Kontext eingeschränkten) Bedeutung ist. Es ist nicht greifbar, wie dabei noch von *Einschränkung* derselben Bedeutung die Rede sein kann.

[81] So ausdrücklich H. Weinrich, a.a.O., 43.

[82] H. Weinrich, a.a.O., 43 f. – Weinrich schließt nicht prinzipiell das Phänomen Homonymie aus, vgl. ders., Tempus, 1964, 107.

[83] Vgl. oben, Anm. 80. – Eine nur modifizierende Kritik der These der Konterdetermination liefert Th. Gardner, a.a.O., 735.

[84] H. Weinrich, Semantik der kühnen Metapher, DVfLG 37 (1963), 337 (= ders., Sprache in Texten, 1976, 308); ders., Semantik der Metapher, Folia linguistica 1 (1967), 14–16 (betont). – Dieser Auffassung nahe steht diejenige von E. Leisi, Der

weicht ab »von den Erfahrungen der sinnlich erfahrbaren Realität«[85]. Die Prädikation ist wie angedeutet eine Prädikation des jeweils gemeinten Dinges[86], widerspricht aber der Erfahrung vom betreffenden Ding. Es werde ein Wort in einem gegebenen Kontext mit einer determinierten Meinung verwendet, die so oder so der Erfahrung vom Ding, das das Wort hier prädiziert, widerspricht. Wie ist das aber möglich? – Wohl nur dadurch, daß dies Wort mit *dieser* seiner Meinung, ein bestimmtes, *anderes* Ding prädizierend, der Erfahrung *entspräche*. Das Wort prädiziert widersprüchlich, *weil* es *diese* Meinung während der widersprüchlichen Prädikation beibehält. So könnte es verstanden werden, daß Weinrich sagt, »die Bedeutung eines Wortes ist ein und dieselbe, ob das Wort als Metapher verwendet wird oder nicht«[87]. Es bliebe jedoch ungeklärt, wie man diese These aufrechterhalten und dennoch bestreiten kann, daß die Metapher ein *innerhalb* seiner Bedeutung determiniertes Wort ist.

Darüber hinaus läßt es die Bestimmung der Metapher als widersprüchlicher Prädikation nicht zu, zwischen Metaphern und semantischen[88] oder auch grammatischen Fehlern zu unterscheiden. Für Weinrich ist die *contradictio in adiecto* an einer Stelle ganz folgerichtig Metapher[89], aber auch etwa der Artikel in der Wendung »das Mensch«[90].

Wortinhalt, 1967[3], 69ff. zu den nicht übereinstimmenden Klassifizierungen durch metaphorische Rede; vgl. noch H. Weinrich, Semantik der kühnen Metapher, 335 zu den Prädikationen durch die Wendung »quadratischer Kreis«.

[85] H. Weinrich, a.a.O., 335. Mit einem ähnlichen Kriterium der Unvereinbarkeit in bezug auf die Realität kommt F. G. Drostes Sprachtheorie an dieser Stelle in die Nähe der Auffassungen Weinrichs, vgl. F. G. Droste, Taal en betekenis, 1967, 99.

[86] Vgl. H. Weinrich, a.a.O., ebda zu den Prädikationen durch die Wendung »quadratischer Kreis«. – Weinrich bietet jedoch keine linguistische Theorie der Prädikation, vgl. ders. in: Die Metapher (Bochumer Diskussion), Poetica 2, (1968), 128; siehe auch unten, S. 24, Anm. 92.

[87] H. Weinrich, Linguistik der Lüge, 1966, 43f.

[88] An dieser Stelle versagt auch die Theorie E. Leisis, a.a.O., 70f. Was Leisi etwa an der Metapher »Das Reden der Steine« mit seiner Theorie beschreibt, ist nur, was die Theorie auch an einem semantischen Fehler, einer semantischen Inkongruenz beschreiben kann. Er meint zwar, »daß natürlich der falsche Gebrauch eines Wortes an sich noch keine direkte oder indirekte Metapher ist; jede Metapher muß sich gewissermaßen auf einer höheren Ebene als ›richtig‹ erweisen« (E. Leisi, a.a.O., 71). Aber worin dieses Bewähren der direkten Metapher besteht, kann seine Theorie nicht beschreiben. Das Richtige an der direkten Metapher läßt sich mit Leisis Theorie nicht erfassen.

[89] H. Weinrich, Semantik der kühnen Metapher, DVfLG 37 (1963), 335: die contradictio in adiecto sei »eine besondere Art Metapher«; vgl. ders., Semantik der Metapher, Folia

Dagegen wäre an sich nichts einzuwenden, sofern es ja hier offenbar
nicht nur darum geht, zu beschreiben, was herkömmlich als Metapher
gilt, sondern auch festgelegt werden soll, was man Metapher nennen
will[91]. Allerdings kommt Weinrich nicht umhin, semantische und grammatische Fehler als Metaphern zu charakterisieren, sofern sie widersprüchliche Prädikationen sind. Hinzu kommt, daß Weinrich hier unter
dem Begriff Metapher Prädikationen vereint, die gerade in bezug auf
Widersprüchlichkeit sehr ungleich sind. Sagt einer über einen Menschen: »Dieser Löwe kämpfte!«, prädiziert das Wort ›Löwe‹ in dieser
Verwendung bestimmt nicht nur widersprüchlich[92]. Sagt man andererseits von einem Kreis: »Dies Quadrat!«, prädiziert man vermutlich
überhaupt nicht anders als widersprüchlich. Weinrich scheint diesen
Unterschied nicht als bedeutsam zu betrachten; eine linguistische Begründung dafür wird nicht gegeben.

   Wohl z.T. von seiner Bestimmung der Metapher als widersprüchlicher Prädikation her vertritt Weinrich 1976 die Auffassung, daß wer
eine Metapher liest oder hört, sich über den Widerspruch »hinwegset-
zen« muß, ihn »im Verstehensprozeß *tilgen*«, falls er die Metapher »an-

---

linguistica 1 (1967), 15; ders. in: Die Metapher (Bochumer Diskussion), Poetica 2
(1968), 101 These 7.

[90] H. Weinrich, Semantik der Metapher, Folia linguistica 1 (1967), 15 f.; ders. in: Die
Metapher (Bochumer Diskussion), Poetica 2 (1968), 100. 107 f. Weinrich bestimmt
Metaphern, die als grammatische Fehler bzw. als logische Widersprüche geächtet
werden können, als »Metaphern aus Monemen des gleichen Wortfeldes« (a.a.O., 100
These 6, vgl. S. 125). Bei »alltäglichen Metaphern« gehören Bildspender und Bild-
empfänger verschiedenen Wortfeldern an, vgl. ders., a.a.O., 100 These 6 und S. 124 f.;
s. auch noch ders., Semantik der kühnen Metapher, DVfLG 37 (1963), 336. Es wird
hier die alte rhetorische Lehre vom Sphärengegensatz z.T. ins Logische und ins
Semantische transponiert, dabei z.T. aber auch aufgehoben, insofern Metaphern aus
Monemen des *gleichen* Wortfeldes gebildet werden können.

[91] Zu dieser Distinktion vgl. R. Harweg in: Die Metapher (Bochumer Diskussion), Poetica 2 (1968), 105 f.

[92] Insofern löwenhafte Eigenschaften des Mannes, über den gesprochen wird, »gemeint«
sind (ob zu Recht oder Unrecht, mag auf sich beruhen). Es wird allerdings von Weinrich der Begriff »prädizieren« ohne linguistische Begründung verwendet (s. oben, S.
23, Anm. 86). Man könnte den Begriff behelfsmäßig mit »Prädikate, die Eigenschaften
bezeichnen, auf eine ›Sache‹ beziehen« umschreiben, vgl. noch H. Weinrich, Semantik
der kühnen Metapher, DVfLG 37 (1963), 335 f. – Falls mit der Aussage »Dieser Löwe
kämpfte!« dann *nur* solche löwenhaften Eigenschaften gemeint wären, welche der
Mann nach Ansicht des betreffenden Sprachverwenders wirklich hatte, läge überhaupt
keine widersprüchliche Prädikation vor, wohl aber dennoch eine Metapher, was
allerdings der Theorie Weinrichs widerspräche.

nehmen«, »akzeptieren« soll. Der Widerspruch ist dabei differenzierter als Widerspruch unverträglicher Seme des bildspendenden Wortes und des bildempfangenden Elements aufgefaßt. Es gehe darum, nicht passende Seme des bildspendenden Wortes zu »vernachlässigen«, »übergehen«, indem der Leser/Hörer bei der Metapher dennoch gerade (unsere Bestimmungen) semantische Unverträglichkeiten zwischen bildspendendem und bildempfangendem Element »hinnehme«[93]. Weinrich bemängelt in diesem Zusammenhang an den Methoden der Metaphernlesung, die alles auf das metaphorische Wort setzten, daß sie außerstande sind, zu erklären, wieso der eine Leser dazu kommt, den Widerspruch zu »tilgen«, der andere Leser nicht[94].

Es ist nicht leicht, Weinrichs Ausführungen an dieser Stelle sachgerecht zu kommentieren. Die Frage liegt nahe, ob die Metapher überhaupt noch *als solche* vernommen würde, wo die Widersprüchlichkeit, die mit ihrer Verwendung gegeben sein mag, »getilgt«, »vernachlässigt«, ja »übergangen« wäre, – ganz abgesehen davon, daß Weinrich doch wohl kaum diese Widersprüchlichkeit ausreichend analysiert hat. Nun hat aber Weinrich die Metapher und zugleich semantische und grammatische Fehler auf den einen gemeinsamen Nenner der widersprüchlichen Prädikation gebracht. Es ist verständlich, daß die Metapher von daher in der Sicht von Weinrich einer Annahme, einer Hinnahme, einer Akzeptierung bedarf als kommunikationsfähige, verständliche Sprachverwendung[95]. Aber so, wie Weinrich diese Akzeptierung auslegt, ist nicht mehr ersichtlich, inwiefern überhaupt noch Metaphorisches vernommen wird. Es ist eben ein fundamentaler Mangel an Weinrichs Theorien zur Metapher, daß nicht zwischen Metaphern und sprachlichen Fehlern in begründeter Weise unterschieden werden kann, ohne daß das Metaphorische durch die Begründung schon wieder unserem Blick zu entschwinden drohte.

Weinrich bietet wie schon notiert auch noch den Begriff der Tempusmetapher[96]. Die Tempusmetapher ist nach ihm keine semantische

---

[93] Vgl. für alles hier Angegebene H. Weinrich, Streit um Metaphern (Erstabdruck), in ders., Sprache in Texten, 1976, 333.

[94] H. Weinrich, a.a.O., ebda.

[95] Vgl. H. Weinrich, a.a.O., 331: »Kann man sich einen Streit zwischen zwei Lesarten [einer Wendung] denken, bei dem der eine Leser mit dem Lexikon in der Hand darauf pocht, daß die Wörter ... unterschiedliche Bedeutungen haben, während der andere Leser sich über diesen Bedeutungsunterschied hinwegsetzt und aus kommunikativer Erfahrung darauf baut, daß der Satz dennoch verstanden wird?«

[96] Vgl. H. Weinrich, Tempus, 1964, 108.

Metapher[97]. Sieht man also (oder: dennoch[98]) von der wenigstens einigermaßen problematischen Auffassung ab, daß »Tempusmorpheme Bedeutung haben in dem Sinne, wie die Semantik bei Semantemen (Lexe-
men) von Bedeutung spricht«[99], gilt, daß die Kriterien der Tempusmetaphern nicht mit denen anderer Metaphern-Arten identisch sind, die
Weinrich behauptet. Tempusmetapher ist eine Verbalform, die in vollem Ausmaß die ihrem Tempus eigene Funktion beibehält[100], die aber
in einen den Tempus betreffend *fremden* Kontext *übertragen* sei, wo sie
»eigentlich« nicht an »ihrem« Ort sei[101]. Die klassische Rhetorik, der
Weinrich ausdrücklich entgegentritt wo es darum geht, die Metapher
als Prädikation zu erfassen[102], wird hier ebenso ausdrücklich in Anspruch genommen[103]. Es braucht hier nicht die Schwierigkeit erörtert
zu werden, den Begriffen »übertragen« und »eigentlich« einen stringen-
ten, die Metapher erklärenden Sinn abzugewinnen[104]. Es ist vor allem
klar, daß der Begriff »Metapher« bei Weinrich nicht mit sich selbst
identisch bleibt, und jeweils eine zufriedenstellende linguistische Begründung vermissen läßt.

Wertvoll in Weinrichs Theorien ist jedoch seine Betonung der
Relevanz des Kontextes für die Funktion und für das Erkennen der
Metapher, weiter seine Ausführungen zur »Bildspanne«[105] sowie die
Einsicht, daß die Metapher kein abgekürztes Gleichnis ist[106]. Im Prin-
zip wichtig ist auch seine Basierung einer Metapherntheorie auf die
Moneme[107].

---

[97] Vgl. ders. a.a.O., ebda. Weinrich »will« jedoch gleichzeitig eine strenge Analogie zum
semantischen Metaphernbegriff behaupten (a.a.O., ebda).
[98] »Der Begriff der Tempusmetapher setzt voraus«, was hier im folgenden zur *Bedeutung*
der Tempusmorpheme zitiert wird, vgl. H. Weinrich, a.a.O., 109. Es wird nicht ganz
geklärt, warum Weinrich a.a.O., 108 zwischen Tempusmetaphern und semantischen
Metaphern unterscheidet.   [99] H. Weinrich, a.a.O., 109.
[100] Vgl. ders., a.a.O., 107.   [101] S. ders., a.a.O., 108.
[102] H. Weinrich, Semantik der kühnen Metapher, DVfLG 37 (1963), 337.
[103] Vgl. H. Weinrich, Tempus, 1964, 108: »Es ist übertragen, kann man auch sagen. Wir
fassen es daher als *Tempusmetapher* auf.« Vgl. den Hinweis auf die Rhetorik S. 109.
[104] Zum Problem der »Übertragung« vgl. oben, S. 14. Zur Frage des »Eigentlichen« s.
C. F. P. Stutterheim, a.a.O., passim.
[105] H. Weinrich, Semantik der kühnen Metapher, DVfLG 37 (1963), 335. 336.
[106] Vgl. H. Weinrich, a.a.O., 337. Wenn die Metapher stattdessen als Prädikation
bestimmt wird, bleibt jedoch offen, was das, linguistisch gesehen, ist, vgl. H. Weinrich
in: Die Metapher (Bochumer Diskussion), Poetica 2 (1968), 128 u. s. oben S. 24,
Anm. 92.
[107] H. Weinrich, a.a.O., 100 These 4. Daß man, wie es hier heißt, »auch von Morphemen
im Sinne der grammatischen Morphologie« Metaphern bilden kann, impliziert neben

Die Probleme der Beschreibung der Metapher, die die Rhetorik aufgibt, sind nicht mit Hilfe der linguistischen Begriffe »Sinnähnlichkeit« und »Sinnberührung«[108] oder auch »Sphäre« zu lösen[109]. Ebensowenig führte die Bestimmung der Metapher als eines konterdeterminierten Wortes oder Monems bzw. als widersprüchlicher Prädikation an eine Lösung heran[110]. Die Metapherntheorie Hedwig Konrads[111], die auf ihrer Analyse des Verhältnisses zwischen Wortbedeutung, Begriff und Objekt basiert[112], führt auch nicht zum Ziele. Es sei auf die Ausführungen C. F. P. Stutterheims dazu verwiesen[113].

Die Worttheorie Anton J. B. N. Reichlings scheint in dieser Lage eine gewisse Aushilfe bieten zu können – wenigstens in so weit, als sie für das Anliegen, metaphorische und andere Redeweisen methodisch unterscheiden zu können, ausreichende Kriterien hergibt, und ebenfalls eine Anleitung zur Interpretation von Metaphern bietet. Das soll keineswegs bedeuten, diese Worttheorie sei in jeder Hinsicht überzeugend[114], auch nicht hinsichtlich der hier besonders interessierenden Frage der Wortbedeutung[115]. Die Theorie A. Reichlings kann nicht ohne Reservationen unserer Untersuchung zugrundegelegt werden. Auch wäre seine Theorie natürlich nicht die einzig mögliche, die für unsere Untersuchung eine ausreichende Hilfestellung bieten könnte. Eine ihr z. T. nahestehende Theorie wie die von M. C. Beardsley[116]

---

der These von der Tempusmetapher (ders., Tempus, 1964, 107 ff.) eine zusätzliche Erweiterung des Begriffs »Metapher« bzw. eine weitere Einschränkung des identisch bleibenden Moments dieses Begriffs.

[108] Vgl. St. Ullmann, a. a. O., 204 ff., dazu s. oben, S. 17 f.

[109] Vgl. oben, S. 19.

[110] Vgl. die soeben behandelten Arbeiten H. Weinrichs.

[111] H. Konrad, Étude sur la métaphore. Thèse, 1939. – Eine kurze Darstellung wichtiger Züge der Theorie H. Konrads bietet J. J. A. Mooij, a. a. O., 90 ff.

[112] Vgl. bes. die Grundlegung, H. Konrad, a. a. O., 45 ff.

[113] C. F. P. Stutterheim, a. a. O., 325 ff., bes. S. 332 ff. – Andere Metapherntheorien, die sich uns in der Hauptsache kaum dienstbar machen lassen, die wir aber auch nicht, allenfalls nur kurz diskutieren können, sind z. T. oben, S. 7 f., Anm. 7 angegeben.

[114] Vgl. P. A. M. Seuren, Het probleem van de woorddefinitie, Tijdschrift voor nederlandse taal- en letterkunde 82 (1966), 271 ff. Die von Seuren behandelte Problematik betrifft jedoch nicht unmittelbar die besondere Problematik der Metapher, da Metaphorik nach A. Reichling eine besondere Funktion der Bedeutung ist. »Bedeutung« ist dabei zwar Bedeutung dessen, was Reichling »Wort« nennen möchte, ist aber nichts Konstitutives am »Wort«: nicht Worte jeder Art haben »Bedeutung«. – Auf die Beurteilung von Reichlings Theorie durch J. J. A. Mooij, a. a. O., kommen wir unten zurück.

[115] Darauf kommen wir unten zurück.

[116] Vgl. M. C. Beardsley, Aesthetics. Problems in the Philosophy of Criticism, 1958, bes. S. 125 f. 134 ff.; ders., The Metaphorical Twist, Philosophy and Phenomenological

würde wahrscheinlich sehr wohl gute Dienste leisten. Jedoch hat sich uns die in bezug auf *die Metapher* weithin sehr einfache Bedeutungstheorie Reichlings am besten empfohlen, wenn sie auch generell nicht frei von komplizierenden Zügen ist.

Die Wendung »Die Worttheorie A. Reichlings« meint keine seit 1935[117] unverändert gebliebene Größe. So, wie Reichlings Theoriebildung hier als hilfreich empfunden wird, ist sie vor allem in der 4. Ausgabe seiner Verzamelde studies over hedendaagse problemen der taalwetenschap[118] greifbar.

Reichling kommt, wie so viele Forscher, auf die Metapher im Rahmen der Erörterung von Fragen der Wortbedeutung zu sprechen[119]. Er definiert und kommentiert »Bedeutung« wie folgt:

> »Ein unabhängig orientierendes, in einem Worte gegebenes Wissen um dasjenige selbst, worüber mit diesem Worte gesprochen wird, nenne ich eine Bedeutung.«[120] – »Der semantische Aspekt ist dann gegeben, wenn eine Äußerung den Hörer ohne weitere Hilfe durch Daten in der Situation oder im Kontext (also nach außen unabhängig) zu orientieren vermag. Der semantische Aspekt ist auch innerhalb des Wortes unabhängig, wenn er nicht auf Segmente dieses Wortes zurückgeführt werden kann, die ihrerseits auf die gleiche Weise ein Wissen vermitteln. Der semantische Aspekt ist ›im‹ Worte gegeben, weil eine Lautform ohne dieses Wissen auch kein Wissen vermitteln kann.«[121]

Research 22 (1962), 293–307. – Eine kurze Beschreibung der Theorie Beardsley's findet sich bei J. J. A. Mooij, a.a.O., 82 ff., dort S. 184 auch Hinweise auf weitere Arbeiten zur Metapher von Beardsley.

[117] A. J. B. N. Reichling S. J., Het woord. Een studie omtrent de grondslag van taal en taalgebruik, 1935. – Im Hinblick auf das Problem der Metapher wurde Reichlings Theorie des Wortes ausführlich untersucht von C. F. P. Stutterheim, a.a.O., 339 f. 579–589.

[118] Zwolle 1966. – Die erste Ausgabe erschien in Zwolle 1961. Es wird im folgenden abgekürzt »Verzamelde studies« notiert.

[119] Vgl. die Übersicht bei H. Meier, a.a.O., 111 f. – Meier erwähnt Reichling überhaupt nicht, wie auch J. Nieraad, a.a.O., nicht.

[120] Reichlings Übersetzung der Definition aus Verzamelde studies, 1965³, 31 (angeführt nach J. Knobloch (Hrsg.), Art. Bedeutungstheorien, SW, I 286). Die genau entsprechende Definition findet sich in Verzamelde studies, 1966⁴, 31.

[121] Reichling brieflich 17. 02. 1965, angeführt nach J. Knobloch (Hrsg.), a.a.O., ebda. – Im wesentlichen entsprechend: A. Reichling, Verzamelde studies, 1966⁴, 30 f. (Es sei zusätzlich bemerkt, daß es *abhängig* von der außersprachlichen Situation der Äußerung eine abschließende Interpretation gibt, eine Interpretation des unabhängig gege-

Der Terminus »Wissen« stiftet hier Schwierigkeiten. Nach F.G. Droste »suggereert« die Umschreibung von Bedeutung als einem gegebenen Wissen »toch, dat over een begrip gesproken wordt in plaats van de verwijzing naar dat begrip«[122]. Dem entspricht, daß das Sprachwissenschaftliche Wörterbuch, Hrsg. J.Knobloch, gerade zum Terminus »Wissen« in Reichlings Definition L.Antal zitiert: »... meaning is not primarily the knowledge in the speaker's mind but an objective part of the objectively existing language ... a linguistic form of knowledge«[123]. Und: »Meaning ... is knowledge not of the object but of the use of the signs«[124].

---

benen semantischen Aspekts der verwendeten Worte bzw. eine Interpretation des gegebenen semantischen Satzinhaltes, vgl. ders., Das Problem der Bedeutung in der Sprachwissenschaft, 1963, 12 f.). – Eine Seite der Definition des Begriffs »gegeben« bedarf einer auch von Reichling angedeuteten Modifikation. Reichling gibt das Kriterium an, das in einem Wort *gegebene* Wissen orientiere »den Hörer ohne weitere Hilfe durch Daten in der Situation oder im Kontext (also nach außen unabhängig)«. Das kann man jedoch schwerlich sagen, wenn das Wort, um das es jeweils geht, polysemisch oder homonym ist (betr. Reichlings Beschreibung dieser Phänomene vgl. ders., Verzamelde studies, 1966⁴, 41 f.). Der semantische Aspekt eines polysemischen oder homonymen Wortes ist dann in ihm *inhärent,* wenn er »nicht notwendig abhängig ist von dem semantischen Aspekt des damit verbundenen Wortes ..., sondern nur zu den Möglichkeiten des Symbolfeldes der beiden Wörter gehört« (ders., Das Problem der Bedeutung in der Sprachwissenschaft, 1963, 7). Dieses Kriterium des in einem Wort inhärenten Wissens *ersetzt,* so wird man sagen können, das Kriterium »nach außen unabhängig« bei polysemischen und homonymen Nennworten (setzt aber die Unabhängigkeit des betreffenden semantischen Aspekts *innerhalb* des Wortes voraus).
Um Reichlings Begriffsbestimmung zu verdeutlichen, sei seine Erörterung des inhärenten Wissens im Worte »fängt« (von »fangen«) wiedergegeben. Er stellt zwei Äußerungen einander gegenüber: »Es fängt wiederum bald die Katze eine Maus«, und »Es fängt wiederum bald an zu schneien«. Es heißt dann: »Der Sprachverwender weiß um das erste *fängt,* zwar anläßlich des Wortes *Katze,* aber es handelt sich hier doch um ein in *fängt* inhärentes Wissen: wenn der ganze Satz ausgesprochen worden ist, bringt *fängt* das ›Fangen‹ zur Kenntnis. Und ob wir nun ›der Hund‹ statt ›die Katze‹ gesagt hätten, macht für die Interpretation von *fängt* keinen Unterschied aus« (ders., a.a.O., ebda). Der semantische Aspekt im ersten *fängt* orientiert den Hörer nicht *unabhängig* vom Kontext, sondern: »nicht notwendig abhängig« von dem hier vorliegenden besonderen Kontext.

[122] F.G.Droste, a.a.O., 36. – Droste bezieht sich auf die 3. Ausg. der Verzamelde studies (1965), vgl. ders., a.a.O., 15 Anm. 27.

[123] J.Knobloch (Hrsg.), Art. Bedeutungstheorien, SW, I 286 Anm. 1; s. L.Antal, Content, Meaning, and Understanding, 1964, 10.

[124] J.Knobloch (Hrsg.), a.a.O., ebda; s. L.Antal, a.a.O., 48. – »Object« nach Antal ist »that part, that portion or that aspect of reality to which the sign refers ... or, in

Die Aussage F.G.Drostes trifft insofern zu, als Bedeutung des
Wortes nach Reichling Gedachtes ist, ein mehr oder weniger bestimmtes Wissen[125]. Und in der Tat ist nach Reichling nicht, wie nach Droste[126], ein seitens der Wortbedeutung undifferenzierter Begriff Bezugspunkt der Wortbedeutung. Andererseits ist die Bedeutung des Wortes
nach Reichling nicht schlechthin als ein Wissen um das Objekt, das Denotatum, zu bestimmen, wie das eine frühere Terminologie Reichlings[127], aber auch das in Antals Formulierungen gekleidete Bedenken
des Sprachwissenschaftlichen Wörterbuchs annehmen lassen könnten.
Die Bedeutung ist bei der Verwendung des Wortes nach Reichling auf
»dasjenige selbst, worüber mit diesem Worte gesprochen wird«, bezogen[128]. Dieses selbst, worüber mit dem Wort gesprochen wird, ist aber
keineswegs mit dem Objekt, dem Denotatum, identisch, sondern sind
ein einzelner Zug, oder einige Züge, Merkmale davon[129]. Dem entsprechend ist die auf dieses Selbst bezogene, anläßlich der Wortverwendung jeweils gewußte Bedeutung ein im Verhältnis zum Denotatum
mehr oder weniger fragmentarisches Wissen[130]: die auf dasjenige selbst,

short, its denotatum« (ders., Questions of Meaning, 1963, 25). – Z.T. kritisch zu
dieser Auffassung von »knowledge« steht H.Hörmann, Psychologie der Sprache,
1967, 226 f.

[125] Vgl. noch A.Reichling, Het woord, 1935, 227 ff.; ders., Das Problem der Bedeutung
in der Sprachwissenschaft, 1963, 7. Eine ausgearbeitete psychologische Fragestellung
betreffs dieses Wissens liegt fern, vgl. ders., a.a.O., 6.

[126] Vgl. F.G.Droste, a.a.O., 48 f. 60 f.

[127] A.Reichling, Verzamelde studies, 1961[1], 30.

[128] Vgl. ders., a.a.O., 1966[4], 44: »Wanneer we de zin uiten: ›De meubelmaker zal van-
daag de tafel thuisbrengen‹ gebruiken we daarin het woord *tafel* zó, dat alle beteken-
isonderscheidingen betrokken zijn op datgene waarover we spreken.«

[129] Vgl. unten, den Exkurs Datgene zelf waarover gesproken wordt.

[130] Es ist nicht zu verkennen, daß diese Bestimmungen zu der Wortbedeutung *in ihrer
Verwendungsphase* psychologische Implikationen hat. Von der gegenüber der Verwendungsphase gewissermaßen als Abstraktion zu fassenden Bedeutungseinheit, die
alle Bedeutungselemente des Wortes umfaßt (vgl. A.Reichling, Het woord, 1935,
235 ff. 247), ist dabei nicht die Rede. Reichling meint einerseits, daß das fragmenta-
rische Wissen, welches die Wortbedeutung in ihrer Verwendungsphase ist, nicht nur
fragmentarisch ist im Verhältnis zum Denotatum, und von Gebrauchsfall zu
Gebrauchsfall variabel; seine Darstellung scheint andererseits zu implizieren, daß
dieses Wissen auch inhaltlich z.T. unscharf abgegrenzt und nicht invariabel ist
während des Ablaufs des einzelnen Gebrauchsfalles. Entsprechendes vermutet er
nämlich zu den einzelnen Bedeutungselementen, vgl. ders., a.a.O., 359, wonach die
Bedeutungselemente während der Wortverwendung, wie sie augenblicklich jeweils
aktualisiert sind, »fluctueren, oscilleren« (vgl. noch ders., a.a.O., 235).
Dabei bleibt immer noch eine Voraussetzung, daß die betekenis-onderscheidingen
Reichlings als mehr oder wenig distinkte Größen *denkbar* sind und womöglich auch

worüber mit dem Wort gesprochen wird, bezogenen Bedeutungselemente[131].

---

greifbar sind. Die Stelle, wo letzteres sich nach Reichlings Theorie am ehesten ereignet, scheint das Erkennen von beziehbaren, aber besonders von *nicht* beziehbaren
betekenis-onderscheidingen bei *Metaphern* zu sein. Dazu s. unten, S. 38 m. Anm. 162.
– Unter der Voraussetzung der Bedeutungstheorie Reichlings möchten wir unsererseits noch darauf hinweisen, daß die Möglichkeit, mit Metaphern zu *kommunizieren,*
die Annahme wenigstens *einiger* betekenis-onderscheidingen der metaphorisch ver-
wendeten Worte nahelegt, die inter-subjektive Wissenselemente mit einer, sei es auch
sehr begrenzten Stabilität und Füllung wären.
Wie vorsichtig man sich jedoch Vorstellungen von betekenis-onderscheidingen im
Sinne Reichlings bilden sollte, lehrt ein Blick in ältere und neuere Literatur zum
Verstehen von Sprachverwendung.
Nach N. Achs Theorie von der Bewußtheit von einer Wortbedeutung wäre die
Bewußtheit das »Gegenwärtigsein eines unanschaulich gegebenen Wissens«, eine
»Bereitschaftsetzung von Vorstellungen oder Anregung von Reproduktionstenden-
zen«, wobei allerdings viele Personen »zu einer sofortigen visuellen oder akustisch-
kinästhetischen Veranschaulichung des Bedeutungsinhaltes« neigen, etwa so, daß
»eine der assoziierten Vorstellungen in das Bewußtsein treten und als begriffliches
Merkmal angegeben werden« kann (N. Ach, Über die Willenstätigkeit und das
Denken, 1905, 210 ff. Zitate aus S. 210. 216 f.).
H. Hörmann, Psychologie der Sprache, 1967, warnt davor, anzunehmen, daß die Bedeutung, wie er sie als Wissen eines konstanten Zusammenhanges »zwischen einer
konstanten Lautgestalt und einer konstanten Referenz« bestimmt, »immer und von
Anfang an die Transparenz des auf seiner höchsten Leistungsfähigkeit funktionierenden intellektuellen Bewußtseins haben müßte« (a.a.O., 302, vgl. S. 302 f.). Zweifellos zu Recht weist er natürlich die Vorstellung von einer ein für alle Mal im Lexikon
festgelegten, trans-situativen Matrix semantischer Komponenten zurück, welche in
dieser Weise die Bedeutung eines Wortes repräsentieren würden, vgl. ders., Semantische Anomalie, Metapher und Witz, Folia linguistica 5 (1973), 317; ders., Meinen
und Verstehen, 1978, 181.
R. Rommetveit, Words, Meanings, and Messages, 1968, 79–83 kritisiert die Annahme
einer psychischen Verwirklichung wohl definierbarer, distinktiver semantischer Komponenten einer lexikalischen Einheit, besonders im Hinblick auf die Situation der
Verwendung der Einheit zwecks Vermittlung von Botschaften. Er meint, das Semantische einer lexikalischen Einheit sei nicht psychisch realisiert als abschließend und
stabil – und oft auch nicht ganz genau – abgegrenzt.

131 Zu den Bedeutungselementen, betekenis-onderscheidingen in der Worttheorie Reichlings vgl. A. Reichling, Het woord, 1935, 235. 247. 256 f. 359 f.; ders., Verzamelde
studies, 1966[4], 41 ff. – Reichling geht kaum auf die Art des Zusammenhanges
zwischen Bedeutungselementen ein, davon abgesehen, daß sie als Elemente ihrer
jeweiligen Bedeutungseinheit verstanden werden (ders., Het woord, 1935, 235 ff.
247). Wenn er in Verzamelde studies, 1966[4], 41 Bedeutungselemente von »Tisch«
angibt, bilden diese eine ungeordnete Menge: »vlak, bevestigd, blad«, während er für
das niederländische »tafel« im Sinne einer Mahlzeit eine geordnete Menge angibt:
»maaltijd aan een tafel«. So weit bewegt er sich innerhalb des später von U. Weinreich

Datgene zelf waarover gesproken wordt

A.Reichling gibt nicht ausdrücklich eine vollständige, analytische Bestimmung seines Begriffes »dasjenige selbst, worüber mit dem Wort gesprochen wird«. Es werden jedoch wichtige Merkmale dieser Größe genannt, außerdem sonst ausreichende Auskünfte gegeben, so daß der Begriff sich einigermaßen bestimmen läßt.
Es handelt sich um den Bezugspunkt der Wortbedeutung und insofern um eine
wichtige Stelle in der Bedeutungstheorie Reichlings. Im Lichte der obigen Bedenken mag es empfehlenswert erscheinen, dem Begriff etwas nachzugehen.
Es hat sich hinsichtlich des Bezugspunktes oder Bezugsgegenstandes der Bedeutung eine gewisse Änderung der Terminologie Reichlings vollzogen, und damit
auch an bestimmter Stelle eine Änderung der Theorie. In seinem Werk Het woord,
1935, 244 sagt Reichling: »... in het taalgebruik hebben we ... te maken met de
›zaken‹, die we met het woord noemen, d.w.z. met de ›zaken‹ waarop we de betekenis toepassen. Voor het ding of het begrip, die we met het woord noemen, re-
serveren wij de term zaak.« – In der ersten Ausgabe der Verzamelde studies (1961)
heißt es noch, daß wir Sachen nennen, und zwar indem wir »wiedergebend« (s.u.)
auf etwas hinweisen durch Verwendung von Worten in einem Satz, nämlich so, daß
wir im Sprechen die Bedeutung auf die Sachen beziehen[132]. Wir können demnach
eine Sache nennen so, daß wir alle Bedeutungselemente, »die we op het ogenblik in
een bepalde betekenis denken«, auf die Sache beziehen[133]. »Over de zaken spreken
we met behulp van woorden, en we kunnen dat, omdat de woorden ›betekenis‹
hebben«[134].

---

aufgezogenen Rahmens: Weinreich unterschied zwischen clusters und configurations
von semantischen Komponenten (U.Weinreich, Explorations in semantic theory,
1966; deutsch: Erkundungen zur Theorie der Semantik, 1970, 35). Reichling gibt die
genannten Bedeutungselemente an als mögliche Beispiele für Bedeutungselemente der
betreffenden Worte. Er weist auch darauf hin, daß die zuletzt genannte Gruppe von
Bedeutungselementen noch mehr zusammengesetzt ist: »Dat ›maaltijd‹ ... in tafel a[2]
dan weer verschillende facetten heeft is duidelijk« (a.a.O., ebda). So etwas wie eine
Hierarchie der Bedeutungselemente wird andererseits nicht angedeutet. Weit mehr
als für das Verhältnis der Bedeutungselemente zueinander interessiert sich Reichling
für ihre Nennfunktion.
Bei der inhaltlichen Bestimmung von Bedeutungselementen kann man wohl das Verfahren Reichlings als intuitiv bestimmen. Die Bedeutungselemente werden bestimmt
durch Betrachtung der Sprachverwendung, und zwar eben bei Betrachtung der Nennfunktion: Wir können diese Elemente »alleen ›vastleggen‹ door ze als betrokken op 'n
bepaald gebruik, te beschouwen« (ders., Het woord, 1935, 359). Daß er daneben auch
andersartige Methoden verwendet hat, wird nirgends angedeutet. Die Frage einer
Zweiwertigkeit der Bedeutungselemente wird nicht berührt.
Insgesamt halten Reichlings betekenis-onderscheidingen als kleinere und kleinste
Inhaltselemente der Nennwortbedeutung ungefähr das Gebiet besetzt, das in späteren
Theorien von semantischen Zügen, Merkmalen, Komponenten belegt ist – mit den
hier angegebenen Vorbehalten. Vgl. dazu auch J.G.Kooij, Compounds and Idioms,
Lingua 21 (1968), 263f.

[132] Vgl. A.Reichling, Verzamelde studies, 1961[1], 30.
[133] A.Reichling, a.a.O., 1961[1], 38.
[134] Ders., a.a.O., 1961[1], 30.

An einer Stelle in der 4. Ausgabe der Verzamelde studies heißt es noch, an die Redeweise des letzten Zitats anknüpfend, wir »kunnen ... blijven zeggen ...: met behulp van woorden ... spreken over zaken«[135]. Abgesehen noch von einleitenden
Äußerungen wie etwa a. a. O., 1966[4], 24 f. heißt es aber sonst nicht mehr, daß wir
über Sachen sprechen, sondern – gerade auch per definitionem – über »datgene zelf
waarover met dat woord gesproken wordt«[136]. Dabei wird betont, daß »›datgene
waarover gesproken wordt‹ ongetwijfeld met de zaak te maken (heeft), maar het is
daar allerminst identiek mee«[137]. – Es sind denn auch zwei bestimmte Voraussetzungen ausdrücklich geltend gemacht worden bei der Aussage, daß wir »kunnen ...
blijven zeggen ...: met behulp van woorden ... spreken over zaken«. Die *erste* Voraussetzung ist eben, daß »Sache« *nicht* mit »demjenigen selbst, worüber mit dem
Wort gesprochen wird« identisch sei. Das besagt schon: »spreken over zaken«[138]
wäre eine an sich nicht ganz treffende Redeweise. Die *zweite* Voraussetzung ist,
daß »in der Bedeutung« nicht die Sache als Ganzheit, vollständig »wiedergegeben«
wird, sondern nur ein einzelnes, oder einige ihrer Merkmale. »Als we dat maar bedenken kunnen we blijven zeggen dat ›noemen‹ is: met behulp van woorden ›weergevend‹ spreken over zaken«[139].
In »weergevend« kommen Vorbehalte zum Ausdruck. Die Wiedergabe in der Bedeutung müsse die Sache betreffen, vermöge jedoch immer höchstens einige Züge
der Sache wiederzugeben. Irgendwie müßte dieser letztere Umstand einen Hinblick
auf »dasjenige selbst, worüber mit dem Wort gesprochen wird«, mit einschließen.
Es ist nun wichtig, daß die Bedeutung des Wortes keine homogene und unzerleg-
bare, oder auch unzerlegte Wissenseinheit ist. »De ›betekenis‹ heeft in zichzelf verschillende facetten, verschillende ›onderscheidingen‹«[140]. Wir *wissen* jeweils nur
ein oder einige dieser Bedeutungselemente im einzelnen Fall der Wortverwendung
[141]. Die Ganzheit *aller* Bedeutungselemente eines Wortes [als eines Elementes des
Systems *langue*] ist seine Bedeutungseinheit. Die einzelnen Bedeutungselemente,
von denen der Sprachverwender anläßlich seiner Sprachverwendung Wissen hat,
werden bezogen »op datgene waarover we spreken«[142], also eben nicht auf die Sache, wie es Reichling früher gesagt hatte[143]. Dasjenige selbst, worüber gesprochen
wird, ist mithin Bezugspunkt der Bedeutung. Das Beziehen der Bedeutung geschieht dadurch, daß der Sprachverwender von Bedeutungselementen Wissen hat,
welche »trekken weergeven die eigen zijn aan datgene waarover gesproken
wordt«[144]. »Dasjenige selbst, worüber gesprochen wird«, ist also irgendeine Art
Sammlung oder Einheit von Merkmalen, die bei der Verwendung eines Wortes
durch die entsprechenden Bedeutungselemente je und je wiedergegeben werden. Es
sind Züge, die diesem selbst, worüber gesprochen wird, eigen sind.

---

[135] Ders., a.a.O., 1966[4], 31.
[136] Ders., a.a.O., 1966[4], 31, vgl. S. 30. 32. 43 f.
[137] Ders., a.a.O., 1966[4], 31.
[138] A.a.O., 1966[4], ebda.
[139] Ders., a.a.O., 1966[4], ebda.
[140] Ders., a.a.O., 1966[4], 41, vgl. oben, S. 31 f., Anm. 131.
[141] Vgl. ders., a.a.O., 1966[4], 41 ff. sowie ders., Het woord, 1935, 323 f. 360.
[142] Ders., Verzamelde studies, 1966[4], 44, vgl. noch oben, S. 30, Anm. 128.
[143] A.a.O., 1961[1], 38.
[144] Ders., a.a.O., 1966[4], 43.

Wir fragen im Lichte dieser Darlegungen nach dem Verhältnis zwischen »demjenigen selbst, worüber gesprochen wird« und der »Sache«, auf die man sprechend hinweist, d. h. dem Denotatum.

Man kann nicht sagen, »dasjenige selbst, worüber gesprochen wird« umfasse alle
Einzelmerkmale des Denotatums. Dies wäre einmal keine Implikation der Theorie
Reichlings, ist zweitens von Reichling ausdrücklich verneint[145], und drittens wäre
zu fragen, woher man von Nennworten allgemein wüßte, alle Einzelzüge ihrer jeweiligen Denotate seien in der Bedeutung des Wortes wiedergeb*bar*. Das wäre mindestens eine offene Frage[146]. Dasjenige selbst, worüber mit dem Wort gesprochen
wird, wäre dann eher das Ganze aller in der Bedeutung des Wortes kraft deren Bedeutungselemente tatsächlich wiedergebbaren Einzelmerkmale. So käme aber nicht
zum Ausdruck, daß diesjenige selbst kein potentielles Korrelat zur Sprachverwendung ist, sondern etwas, worauf sie sich bezieht, nämlich dasjenige, worüber gesprochen *wird.*

Es besteht auch eine andere Möglichkeit. Dasjenige selbst, worüber mit dem Wort
gesprochen wird, könnte diejenigen Einzelzüge des Denotatums umfassen, die
während einer Kommunikation tatsächlich in der Bedeutung des Wortes *wiedergegeben werden.* Die Wiedergabe dieser Einzelzüge ist, wie die Bedeutungselemente,
kraft derer sie zustande kommt, nun nicht von der Bedeutungseinheit des Wortes
zu abstrahieren[147]. Aber der Sprachverwender kann beim Gebrauch eines Nennwortes Bedeutungselemente aktualisieren, welche »trekken ... die eigen zijn aan
datgene waarover gesproken wordt« *nicht* wiedergeben können, d. h. Bedeutungselemente, die auf dasjenige selbst, worüber gesprochen wird, nicht beziehbar sind
[148]. Das ist der Fall metaphorischer Wortverwendung, demgegenüber die Erläuterung des Begriffes »dasjenige selbst, worüber mit dem Wort gesprochen wird«,
standhalten sollte. Nicht zuletzt deswegen dürfte die letztere Interpretation dieses
Begriffs treffend sein. Sie stimmt auch mit Reichlings Beschreibung des Phänomens
der Polysemie des Wortes überein[149], und sie scheint von ihm vorausgesetzt zu
sein, wenn er anläßlich der metaphorischen Wortverwendung sagt, die Bedeutungselemente, die im gegebenen Fall gewußt, aber nicht beziehbar sind, gäben »ons juist
datgene te weten waaróver niet gesproken wordt«[150].

Es bleibt noch darauf hinzuweisen, daß unter Umständen dasjenige selbst, worüber
mit dem Wort gesprochen wird, ein einzelnes Merkmal des Denotatums sein kann.
– Auf die Frage der Beziehbarkeit von Bedeutungselementen kommen wir noch zurück.

Wie deutlich geworden sein sollte, besagt Reichlings Bedeutungstheorie nicht, daß die Wortbedeutung die Welt, oder genauer jeweils

---

[145] Ders., a.a.O., 1966[4], 31: »Sache« ist nicht mit dem, worüber gesprochen wird, iden-
     tisch.
[146] Vgl. dazu J. G. Kooij, Rez., T. Todorov (éd.), Recherches sémantiques (1966), Lingua
     19 (1967), 80 f.
[147] A. Reichling, Het woord, 1935, 256 f.
[148] Vgl. ders., a.a.O., 256.
[149] Ders., Verzamelde studies, 1966[4], 41 ff.
[150] Ders., a.a.O., 1966[4], 44.

das Denotatum, schlechthin abbilde. Reichlings Beschreibung der Funktion der Bedeutung eines Nennwortes während seiner Verwendung setzt allerdings auch nicht voraus, daß die Bedeutung des Wortes sich auf einen erst von der Sprache systematisch konstituierten Gegenstand des Nennens bezöge[151]. Wenn der Bezugspunkt der Wortbedeutung die bei der Sprachverwendung im Denken des Sprachverwenders jeweils gedachten Merkmale des Denotatums sind, so ist die *Auswahl* der je im Bezugspunkt funktionierenden Merkmale unter denen des Denotatums, die in der Bedeutung des betreffenden Wortes wiedergegeben werden *können,* nicht restlos von der Sprache als System vorbestimmt, sondern u. a. auch von individuellen Voraussetzungen der Teilnehmer am jeweiligen Sprechakt sowie von den Umständen des Sprechaktes abhängig. Wohl aber mag die Auffassung des Sprachverwenders von dem betreffenden Denotatum und von seinen besonderen Merkmalen in erheblichem Ausmaß von der Sprache als System abhängig sein[152]. Sofern es uns hier aber um die bedeutungstheoretische Beschreibung der Verwendung des Nennwortes geht, brauchen wir auf dieses Problem nicht weiter einzugehen.

Natürliche Sprachen sind darauf angelegt, durch Sprachverwendung Kommunikation herbeizuführen. Nach Reichlings Sicht der Wortbedeutung kommt Kommunikation nicht zustande, wenn kein Wissen um dasjenige selbst, worüber mit dem Wort gesprochen wird, bei den Sprachverwendern anläßlich der Verwendung des Wortes vorliegt[153]. Bedeutung muß gewußt sein, als Gewußtes gegenwärtig sein, um orientieren zu können, keineswegs als ein komplettes »Abbild« des Denotatums, aber auch nicht so, daß in einer Kommunikation bei den Teilnehmern dieselben Bedeutungselemente bewußt sein müßten. Es können und brauchen, damit die Kommunikationsteilnehmer kommunizieren, nur einzelne Bedeutungselemente bei der Wortverwendung aktuelles Wissen zu sein, die von Fall zu Fall und vom einen Gesprächsteilnehmer zum anderen *verschiedene* sein können, wenn nur Merkmale eines und desselben Denotates die Bezugspunkte der Bedeutungselemente bilden[154]. Diese Theorie der von Reichling sogenannten disjunk-

---

151 Vgl. vielmehr A. Reichling, Het woord, 1935, 225 Anm. 4* sowie S. 227 ff.
152 Vgl. zur ganzen Frage H. Hörmann, Psychologie der Sprache, 1967, 320 ff.
153 Vgl. A. Reichling, Verzamelde studies, 1966⁴, 31; ders., Das Problem der Bedeutung in der Sprachwissenschaft, 1963, 7.
154 Wir führen an dieser Stelle die Aussage Reichlings zur Kommunikation zwischen zwei oder mehreren Sprachverwendern in Verzamelde studies, 1966⁴, 43 etwas weiter. In der unmittelbaren Fortsetzung ebda vergleicht er diesen Fall mit der Verwen-

tiven (disjunct) Relevanz der Bedeutungselemente eröffnet die Möglichkeit einer hilfreichen Beschreibung der metaphorischen Verwendung eines Wortes. Es geht dabei um das Beziehen der Bedeutungselemente, oder anders gesagt um die Nennfunktion des Wortes.

Worte, die Bedeutung haben[155], werden verwendet, um zu nennen
(benennen). Mittel des Benennens sind die Bedeutungselemente, die
»betrokken zijn op datgene waarover we spreken«. Gerade in diesem
Bezogensein sind sie »gebruikt om te ›noemen‹«[156]. Die Bedeutungselemente, die bezogen sind und damit verwendet, sind nur solche, von denen der Sprachverwender augenblicklich anläßlich der Verwendung des
Wortes Wissen hat. Wenn *alle* Bedeutungselemente, von denen der
Sprachverwender *augenblicklich* und anläßlich dieser Wortverwendung
Wissen hat, auf dasjenige, worüber er spricht, bezogen sind, sind sie, so
Reichling, konjunktiv (conjunct) verwendet[157]. »We kunnen dit ook zo
formuleren, dat we zeggen, dat we de betekenis-eenheid met alle onderscheidingen, waar we op het moment weet van hebben, daarin conjunct
›toepassen‹«[158].

dung von ein und demselben Wort durch *einen* Sprachverwender in *verschiedenen*
Gebrauchsfällen, und stellt *nur dafür* als notwendige Bedingung fest, daß die jeweils
aktualisierten Bedeutungselemente »trekken weergeven die eigen zijn aan datgene
waarover gesproken wordt.« Sofern es aber andererseits um eine Kommunikation mit
zwei oder mehreren Teilnehmern geht, hat jeder Teilnehmer anläßlich seiner Verwendung bzw. Interpretation des betr. Wortes *seinen individuellen* Bezugspunkt (datgene waarover gesproken wordt) der Wortbedeutung. Wenn die Teilnehmer einander
verstehen sollen, ist es notwendig und hinreichend, daß Züge nur ein und derselben
»Sache« die Bezugspunkte der bei den verschiedenen Teilnehmern aktualisierten Bedeutungselemente bilden. Die Bedeutungselemente *brauchen* nicht dieselben zu sein.
– Immerhin mag das Ganze von Bedeutungselementen eines Nennwortes, die von
verschiedenen Sprachverwendern innerhalb ein und derselben Kultur auf Merkmale
einer Sache bezogen werden *können,* »agree rather closely« (Max Black, Models and
Metaphors, 1962, 40).

[155] »Bedeutung« im Sinne Reichlings haben u.a. Substantive und Verben, vgl. A. Reichling, a.a.O., 1966[4], 45; aber auch Adjektive und Adverbien, vgl. ders., Das Problem
der Bedeutung in der Sprachwissenschaft, 1963, 11.

[156] A. Reichling, Verzamelde studies, 1966[4], 44.

[157] Ders., a.a.O., 1966[4], ebda.

[158] Ders., a.a.O., 1966[4], ebda. – Die Bedeutungstheorie Reichlings impliziert, daß die
nennend funktionierende Bedeutung nach ihrem Inhalt an eben dieser Nennfunktion
zu bestimmen ist, d.h. sofern und indem ihre Bedeutungselemente ein oder mehrere
Merkmale des Denotatums – so wie der Sprachverwender sich augenblicklich diese
Merkmale vergegenwärtigt, dazu s. oben, S.30f., Anm.130 – in der Bedeutung wiedergeben, vgl. A. Reichling, Het woord, 1935, 359 sowie oben, S.31f., Anm.131. Insofern
könne die Bedeutung z.T. an Hand von in ihr wiedergebbaren Merkmalen des
Denotatums bestimmt werden. Dies ist kein extralinguistisches Verfahren, wenn auch

Auf dieser Basis wird die Metapher beschrieben [159]. Sind nur einige der Bedeutungselemente, von denen der Sprachverwender augenblicklich Wissen hat, auf dasjenige, worüber er spricht, beziehbar (»toepasselijk«), geschieht folgendes: Bedeutungselemente, die beziehbar sind, werden bezogen, d. h. geben je entsprechende Merkmale, die demjenigen selbst, worüber man spricht, eigen sind, wieder. Dabei wird nur das, worüber man spricht, mit diesen Merkmalen genannt [160]. Dies ist dis-

---

die Merkmale des Denotatums selbst der außersprachlichen Wirklichkeit gehören, denn die Nennfunktion der Bedeutung ist das *esse* der Bedeutung und eine sogar wesentliche Funktion der Sprachverwendung.

Andererseits kann man nicht allgemein voraussetzen, daß die Gesamtheit aller Merkmale desjenigen selbst, worüber mit dem Wort gesprochen werden kann, mit der Gesamtheit der Merkmale des jeweiligen Denotatums des Wortes identisch ist. Ein Denotatum kann bei konjunktiver Bedeutungsverwendung *als* etwas bezeichnet werden, womit es nicht identisch ist, etwa so, daß dasjenige selbst, worüber mit dem betr. Nennwort gesprochen wird, gegebenenfalls nur einzelne bestimmte Merkmale unter allen Merkmalen des Denotatums umfaßt und umfassen *kann*. Z. B. kann man mit dem Wort »Vierbeiner« einen Hund als Vierbeiner bezeichnen, ohne daß die allen Vierbeinern gemeinsamen Merkmale die Totalität der Merkmale des Hundes ausmachen müßten oder könnten. Die *nennend* funktionierende Bedeutung des Wortes »Vierbeiner« ist dabei die Einheit solcher jeweils aktualisierter Bedeutungselemente, die Merkmale aller Vierbeiner in der Bedeutung des Wortes wiedergeben.

Man kann auf diesem Hintergrund und mit den angedeuteten Vorbehalten erwägen, nach jeweils denkbaren und beziehbaren Bedeutungselementen eines verwendeten Nennwortes zu fragen, indem man wiedergebbare Merkmale des *Denotatums* zu finden sucht, auch ohne zunächst etwa eine inhaltliche Abgrenzung des Nennwortes nach es unterscheidenden Semen zu vollziehen. – Man könnte dabei die *Inhalte* der Bedeutungselemente als Wissenselemente im Sinne Reichlings wohl so suchen, daß man diese *Inhalte* als begriffliche, stabile Abstraktionselemente faßte, die sich in den variablen, psychischen Formen der Bedeutungselemente auswirkten.

159 Zum folgenden vgl. A. Reichling, Verzamelde studies, 1966 [4], 44. Dort wird auch ein kommentiertes Beispiel geboten.

160 Genannt wird also auch hier, wie bei der konjunktiven Bedeutungsverwendung, dasjenige selbst, worüber jeweils mit dem betr. Wort gesprochen wird. Dieses ist nicht ohne weiteres mit dem Denotatum identisch, sondern mit einem oder einigen seiner Züge (Merkmale), vgl. oben S. 32 ff. den Exkurs »Datgene zelf waarover gesproken wordt«, s. auch C. F. P. Stutterheim, a.a.O., 586. In metaphorischer Wortverwendung vermögen nur ein oder einige der jeweils gewußten Bedeutungselemente Merkmale des Denotatums wiederzugeben, und eine Einheit, diese Merkmale umfassend, wird genannt. *Das Nennen* ist hier (= A. Reichling, Verzamelde studies, 1966 [4]) wie auch im Falle der konjunktiven Bedeutungsverwendung *vollständig* eine Funktion der Verwendung des Wortes. *Name* ist ein Nennwort nur in der Verwendung, nicht per se (vgl. A. Reichling, a.a.O., 1966 [4], 31). An dieser Stelle bezeichnet das Reden von »demjenigen selbst worüber mit dem Wort gesprochen wird« eine Änderung und Verbesserung der Theorie Reichlings gegenüber den Ausführungen in ders., Het woord, 1935, 340 Anm. 21, wo ein Status des Nennwortes als Name (naam) einer Sache abgesehen

junktive (disjunct) Anwendung der Bedeutung: der Sprachverwender kennt in der Bedeutung gleichzeitig noch andere Bedeutungselemente, die nicht auf dasjenige, worüber er spricht, bezogen werden können [161].

Dieser »rest, die ontoepasselijk is, geeft ons juist datgene te weten waaróver niet gesproken wordt, maar dat een tegenstelling tot de wel toegepaste onderscheidingen vormt. Dit is disjunct, metaforisch, woordgebruik. Dit gebruik is niet altijd opzettelijk, maar het is wel altijd bewust. Het bewustzijn dus, van de tegenstelling tussen de toegepaste en de niet-toepasselijke onderscheidingen binnen de met deze onderscheidingen gebruikte betekenis, maakt een bepaald gebruik tot ›metaforisch‹. De conjuncte toepassing is de gewone, de disjuncte de ongewone, de opvallende« [162].

Es ist hier, will man eine Alternative R. Harwegs aufgreifen, eher ein »Vorschlag zur Regelung des künftigen Sprachgebrauchs« gegeben,

---

von der je aktuellen Verwendung angedeutet wird (dazu vgl. auch C. F. P. Stutterheim, a. a. O., 586).

[161] Ähnliche Kennzeichnung der Metapher behaupten mehrere Autoren. J. J. A. Mooij nennt unter der Rubrik »meaning of metaphorical words taken to be explainable on the basis of part of their literal meaning« neben A. Reichling auch M. C. Beardsley [1958 ff.], Jean Cohen [1966], R. J. Matthews [1971] (J. J. A. Mooij, a. a. O., 37). Hierher gehört u. E. auch G. Stern mit seinem Werk Meaning and Change of Meaning, 1931, 302; vgl. sonst u. a. H. Meier, Die Metapher, 1963, 151: »Von den verschiedenen Elementen, die zum Begriff des Löwen gehören, können natürlich nicht alle auf den Begriff des Helden bezogen werden.« Es ist eben das Wissen um etwas nicht Beziehbares an der Wortbedeutung bei der metaphorischen Verwendung eines Wortes unumgänglich. Es werden innerhalb der Bedeutungseinheit, von der der Sprachverwender augenblicklich Wissen hat, andererseits beziehbare Elemente, Bedeutungselemente, gesucht. Vgl. E. A. Nida, Toward a Science of Translating, 1964, 93 über das Zustandekommen von Bildrede: »selecting one or more components of the meaning of a particular term«. – Nach H. Konrad dagegen sind diejenigen Metaphern »défectueuses«, wo »les attributs secondaires ne peuvent être eliminés dans notre esprit« (H. Konrad, a. a. O., 80). »En prononçant la phrase 'les roses de ses joues ont pâli', il est indispensable que l'on fasse abstraction totale de tous les attributs de la fleur, hormis ceux de la couleur et de la fraîcheur, sans quoi la métaphore serait ridicule« (dies., a. a. O., ebda). – Die Frage, inwiefern bei Metaphern das Wissen um nicht beziehbare Bedeutungselemente psychisch »störend« sein kann (vgl. dazu W. Stählin, a. a. O., 337; G. Stern, a. a. O., 302; H. Konrad, a. a. O., ebda; H. Meier, a. a. O., ebda), liegt außerhalb der Problematik der Theorie Reichlings.

[162] A. Reichling, Verzamelde studies, 1966[4], 44; vgl. ders., Het woord, 1935, 231 f. 245. 329. – J. J. A. Mooij, a. a. O., 88 findet, daß Reichling »seems to hold, not only that every case of metaphor is a case of disjunctive use of words, but also that only a metaphorical use of words is disjunctive.« – Beides ließe sich wohl auch bei Reichling, Verzamelde studies, 1966[4], 44 durchaus bestätigen.

»d. h. eine Antwort auf die Frage: ›Was wollen wir unter einer Metapher verstehen?‹«, als »eine Explikation von bestehendem Sprachgebrauch, also eine Antwort auf die Frage: ›Was ist eine Metapher?‹«[163].
Nicht alles, was Metapher genannt wird, ist mit dem Zitat von Reichling zu beschreiben. Aber immerhin lassen sich verbreitete Metaphern-
typen so erfassen, wie etwa wenn einer von einem Menschen sagt: „Dieser Löwe kämpfte!"

Die Metapher wird von A. Reichling im Rahmen einer allgemeinen
Theorie der Wortbedeutung beschrieben. Nach dieser Theorie wird
dasselbe Wort jeweils nicht-metaphorisch (konjunktiv) und metaphorisch (disjunktiv) verwendet. Das metaphorische Wort ist kein *anderes*
Wort. Dadurch, daß das Metaphorische als eine besondere Möglichkeit
der Nennfunktion des einzelnen Nennwortes greifbar wird, werden einige klassische Probleme der Metaphernforschung gegenstandslos oder
auch, wie gleich zu zeigen ist, gelöst. Das geschieht dann nicht allge-
meingültig verifizierbar, sondern unter Voraussetzung und im Rahmen
des breiteren bedeutungstheoretischen Zusammenhanges, den die
Theorie Reichlings bildet. Es spricht für diese Theorie, daß sie nicht gegenüber dem Phänomen der Metapher *versagt*[164].

Nach Reichlings Theorie können nur Worte, die Bedeutung haben, als Metaphern funktionieren, d. h. Substantive, Verben, Adjektive
und adverbiell verwendete Nennworte[165], indem das Metaphorische als
Funktion der Wortbedeutung erfaßt wird[166].

Die Metapher ist nach Reichlings Theorie kommunikativ, sofern
die metaphorisch funktionierende Wortbedeutung ja immer nur in der
Gebrauchs-Phase nennend funktioniert[167].

---

[163] R. Harweg in: Die Metapher (Bochumer Diskussion), Poetica 2 (1968), 105 f.

[164] »... metaphor might very well be just an extreme case of combinatorial and applica-
tional processes that a semantic theory should be capable of handling«, J. G. Kooij,
Rez., T. Todorov, éd., Recherches sémantiques, Lingua 19 (1967), 82, vgl. noch D.
Bolinger, The Atomization of Meaning, Language 41 (1965), 567.

[165] Vgl. oben, Anm. 136. Statt »Adverbien« möchten wir einschränkend und präzisierend
von »Nennworten, die adverbiell verwendet werden«, reden.

[166] Entsprechend auch W. Ingendahl, Der metaphorische Prozeß, 1971, 39 ff. Er diskutiert ebda die Auffassung von C. Brooke-Rose, a.a.O., 253 ff., wonach Worte aller
Wortarten als Metaphern verwendet werden können.

[167] Vgl. noch oben, S. 37, Anm. 160. – Zur Metapher kommunikativ betrachtet vgl. auch
H. A. Pausch, Hrsg., Kommunikative Metaphorik, 1976, bes. 2 f. H. Hörmann, Semantische Anomalie, Metapher und Witz, Folia linguistica 5 (1973), 320 beschreibt an der
metaphorischen semantischen Anomalie eine »erhöhte Aufnahmebereitschaft« des
Empfängers als psychologische Voraussetzung »für ein Mehr an Informationsauf-
nahme«, vgl. noch S. 321 f.

Zur Beschreibung der Metapher mit Hilfe von Reichlings Theorie sind die Begriffe »Übertragung« [168] und »Sphäre« [169] durchaus überflüssig wie auch die Begriffspaare »eigentlich/uneigentlich« [170] und »üblich/ungewöhnlich« [171]. Die Probleme, die mit der Verwendung dieser Begriffe in einer Theorie der Metapher verbunden sind, entfallen nach Reichlings Theorie als gegenstandslos.

Andere traditionelle Probleme der Metapherntheorie werden durch Reichlings Theorie einer begründeten Lösung zugeführt.

Man hat ausgiebig erörtert, ob eine Metapher Apposition zu einem nicht-metaphorisch verwendeten Wort sein kann, mit dem über dasjenige gesprochen wird, auf das auch einzelne Bedeutungselemente der Metapher bezogen wären [172]. Nach Reichlings Theorie ist das eindeutig möglich. In Jes 41,14:

אל־תיראי [173] תולעת יעקב

und z. B. in Ez 24,6:

אוי עיר הדמים סיר

sind die Worte תולעת und סיר disjunktiv verwendet. Entsprechend kann eine Metapher Prädikatsnomen sein, vgl. Ez 31,3:

הנה אשור ארז בלבנון

und Gen 49,9:

גור אריה יהודה

Wird jedoch eine Identität zwischen dem, worüber mit der Apposition bzw. dem Prädikatsnomen gesprochen werden sollte, und dem, wor-

---

[168] Vgl. oben, S.13f. 17f.

[169] Vgl. oben, S.19.

[170] C.F.P. Stutterheim zeigt in seiner Untersuchung, daß es keinem gelungen war, dem Wort »eigentlich«, in diesem Zusammenhang verwendet, einen begründeten Sinn zu geben und seine Identität aufrechtzuerhalten (a.a.O., 657, vgl. S.281ff. 488ff.).

[171] Vgl. oben, S.14f.

[172] Vgl. C.F.P. Stutterheim, a.a.O., 521ff. Weitere Hinweise bei A.J.Bjørndalen, Metodiske bemerkninger til spørsmålet etter allegorier i Det gamle testamente, TTK 37 (1966), 159 Anm.76.

[173] Dazu vgl. H.S.Nyberg, Hebreisk grammatik, 1952, § 82b. – Die *Übersetzung* »Wurm Jakobs«, die gelegentlich anzutreffen ist (u.a. bei C.Brockelmann, Hebräische Syntax, 1956, § 77b), ist mißverständlich. Es geht bei diesem gen. definitivus um den *Namen,* vgl. C.Brockelmann, a.a.O., ebda; andere Beispiele bei H.S.Nyberg, a.a.O., ebda.

über mit dem Bezugswort gesprochen wird, *geglaubt,* liegt keine disjunktive Bedeutungsverwendung vor[174].

Die Metapher ist in Reichlings Theorie beschrieben ohne Verwendung der Begriffe Metonymie und Synekdoche. Wir erörterten oben die Schwierigkeiten bei Versuchen, die Metapher im Rahmen der Rhetorik als eigenständiges Phänomen durch Abgrenzung von Metonymie und Synekdoche oder auch als metonymisch zu erklären[175], und fragten mit Stutterheim an Hand einer Äußerung Gerbers, warum nicht die Synekdoche genus pro specie (oder umgekehrt) eine Unterart der Metapher sei[176]. Gerber gibt u. a. das Beispiel: »das Getränk« für »das Bier«[177]. Synekdochisches »das Getränk« ist nach Reichlings Theorie konjunktive Bedeutungsverwendung und keine Metapher[178]. Andererseits liegt es nahe, das Wort »Löwe« in der Aussage »Dieser Löwe kämpfte!«, *über einen Menschen ausgesagt,* im Sinne H. Lausbergs als Metonymie zu bestimmen[179]. Die Theorie Reichlings läßt jedoch dies Wort in dieser Verwendung eindeutig nur als Metapher bestimmen.

Metonymie und Synekdoche sind per definitionem[180] nach Reichlings Bedeutungstheorie nicht-metaphorische, konjunktive Bedeutungsverwendung. Die Definitionen setzen das voraus, und die Beispiele bieten von dieser Theorie aus gesehen nicht-metaphorische Rede. Und

---

174 Vgl. zu dieser Frage auch J. Gonda, Remarks on Similes in Sanskrit Literature, 1949, 108; A. Schott, Die Vergleiche in den akkadischen Königsinschriften, 1926, 7; E. R. MacCormac, Metaphor Revisited, JAAC 30 (1971), 241 f. 246 ff. – Eine scheinbar identifizierende Aussage besagt auch bei sogenannten »Primitiven« keineswegs immer, daß eine umfassende substantielle Identität behauptet und geglaubt wird; es kann sich um Analogien, z. T. vielleicht um metaphorische Rede handeln. Vgl. E. E. Evans-Pritchard, A Problem of Nuer Religious Thought, Sociologus 4 (1954), 23–42; ders., Nuer Religion, 1956, bes. 123–143. Zur Frage der Bildhaftigkeit der Rede in mythischen Texten vgl. noch A. J. Bjørndalen, a.a.O., 156 f. Anm. 66.

175 Oben, S. 15 ff.

176 Oben, S. 15.

177 G. Gerber, Die Sprache als Kunst, II. 1 1873, 38.

178 Würde man sagen, die Metapher »nenne eine Sache«, deren Name sie üblicherweise sei, *für* eine der Eigenschaften der Sache, hätte man, von der Bedeutungstheorie Reichlings aus gesehen, die Metapher als einen Fall *konjunktiver,* d. h. nicht-metaphorischer Bedeutungsverwendung bestimmt. Vgl. oben, S. 16 f. zur Theorie A. Henrys.

179 Vgl. oben, S. 16.

180 Metonymie kann definiert werden als »Setzung eines Begriffs oder Hauptworts oder einer Vorstellung für andere auf Grund des Zusammenhanges und der Verwandtschaft der Begriffe«, L. Arbusow, a.a.O., 84; er nennt als Beispiele u. a. Ursache für Wirkung, abstractum pro concreto, Gefäß statt des Inhalts. Arbusow bietet ebda weitere Beispiele. Synekdoche wird von Arbusow als Abart der Metonymie bestimmt, »innerhalb eines und desselben Begriffs«, wie z. B. totum pro parte (a.a.O., ebda).

zwar sind Metonymie und Synekdoche nicht nur *nicht notwendig* metaphorisch, sondern *notwendig nicht* metaphorisch. Würde man in einer
Aussage statt synekdochisches »das Getränk« eine Metapher verwenden, würden *ihre* Bedeutungselemente, soweit sie beziehbar wären, notwendig auf Merkmale der Sache, um die es hier gehen sollte, etwa das
obige Bier, direkt bezogen werden.

Dennoch ist es nicht ausgeschlossen, daß man bei der praktischen
Frage, ob von einem Autor eine Metapher oder etwa eine Metonymie
intendiert sei, eine unsichere Antwort akzeptieren muß. Einen gut ver-
ständlichen Text vorausgesetzt wird man aber mit Reichlings Theorie
vermutlich meistens eine gut, d. h. in der Theorie begründete Entscheidung erreichen können.

Was nun das Verhältnis zwischen Metapher und Ironie, Euphemismus und etwa Polysemie anlangt, ist die Lage eine ähnliche. – Ironie ist
Verwendung eines Wortes *statt* eines anderen, das eine gewissermaßen
entgegengesetzte Bedeutung hat und das der sachlichen Intention des
Redners/Autors entspräche[181]. Die Pointe der Ironie liegt gerade darin,
daß das verwendete Wort seine Bedeutung beibehält und mit ihr konjunktiv verwendet wird. Die Alternative wäre, daß kein Bedeutungselement des ironischen Wortes auf Merkmale des gemeinten Denotats beziehbar wäre, das hieße, daß das ironische Wort überhaupt keine Nennfunktion ausübte. Das ist bei sinnvoller Rede von Reichlings Theorie
aus nicht denkbar. Eine im strengen rhetorischen Sinne ironische Metapher kann es nicht geben[182].

Auch beim Euphemismus wird ein Wort verwendet statt eines an
sich auch treffenden, aber lieber nicht verwendeten Wortes, und zwar
ebenfalls gerade indem das verwendete Wort seine Bedeutung beibehält; mit ihr wird es wohl auch meistens konjunktiv verwendet. Es gibt
aber kein theoretisches Hindernis, daß eine Metapher eine euphemisti-
sche Funktion haben könnte.

Bei Fällen von Sprachverwendung, die man als Polysemie zu bezeichnen pflegt, liegt meistens *fester* Sprachgebrauch vor, und es wird
deshalb meistens auch praktisch klar sein, daß nicht-metaphorische

---

[181] Die rhetorische Erläuterung der Ironie bei L. Arbusow, a.a.O., 87: »Gebrauch von
Wörtern und Bildern im direkten Gegensatz ihrer eigentlichen Bedeutung«, d. h. als
ob das Wort eine andere, entgegengesetzte Bedeutung annehmen würde. Die Theorie
der Wortbedeutung A. Reichlings basiert dagegen darauf, daß das Wort seine Bedeutung in aller Verwendung, auch in der Ironie, beibehält.

[182] Eine Metapher kann dagegen sehr wohl *spöttisch* funktionieren, das impliziert aber
kein hier anstehendes Problem.

Rede vorliegt, m. a. W. daß die Polysemie auf konjunktiver Bedeutungsverwendung beruht[183]. Ein Grenzfall liegt vor, wo eine Metapher vorliegt, die entweder *ganz verblaßt* oder aber eben noch nicht ganz verblaßt ist. Hier werden verschiedene Sprachverwender verschieden urteilen können, je nachdem welche Bedeutung sie *in* dem Wort kennen. Bei
einer ganz verblaßten Metapher wird der Sprachverwender nichts Metaphorisches spüren. Wenn neben dieser fest eingebürgerten Verwendung auch noch eine andere, niemals metaphorische Verwendung des
Wortes weiterhin besteht, wird man von Polysemie reden können. Allerdings ist das Verhältnis zwischen Polysemie und Metaphorik damit
hauptsächlich erst praktisch umrissen.

Die Beschreibung der Polysemie durch A. Reichling[184] läßt einerseits eindeutig sehen, daß *das Phänomen der Polysemie selbst* keine metaphorische Bedeutungsverwendung mit einschließt und nichts mit metaphorischer Bedeutungsverwendung zu tun hat. Wo Polysemie vorliegt,
liegt *nicht notwendig* Metaphorik vor. – Eine durchaus andere Sache ist
es, daß ein polysemisches Wort mit irgendeiner Gruppe von Bedeutungselementen aus seiner Bedeutungseinheit metaphorisch verwendet
werden kann. Die Erscheinungen Polysemie und Metaphorik bleiben
dabei verschiedene Erscheinungen, auch wenn sie zusammen auftreten.

Reichlings Bedeutungstheorie gibt auch eine begründete Lösung
der schwierigen Frage nach dem Metaphorischen in Syntagmen, in denen Abstraktes und Konkretes in besonderer Weise aufeinander bezogen werden, wie z. B. durch בחבלי חטאתו Prov 5,22, wo חטאתו als
Nicht-Metapher zu erkennen ist und חבלים als die Metapher, wie
»Schleier« Metapher ist in dem alten Beispiel »Schleier der Wahrheit«[185]. – In Jes 59,14bα ist אמת nicht metaphorisch verwendet, dagegen das Verbum:

$$\text{כי־כשלה ברחוב אמת :}$$

---

183 Zur Beschreibung der Polysemie durch Reichling vgl. ders., Verzamelde studies,
   1966[4], 41 f. Polysemie liegt danach vor, wenn die Bedeutungseinheit eines Wortes
   verschiedene Gruppen von Bedeutungselementen enthält, die bei der Verwendung des
   Wortes je für sich relevant sind, so daß immer nur eine Gruppe nennend auf dasjenige, worüber gesprochen wird, bezogen wird. Diesen verschiedenen Gruppen von
   Bedeutungselementen innerhalb ein und derselben Bedeutungseinheit ist ein, oder
   sind einige Bedeutungselement(e) gemeinsam, wodurch die Identität des polysemischen Wortes bei jedem Gebrauch gewahrt bleibt, und die Polysemie von der
   Homonymie abgegrenzt wird.
184 Vgl. oben, Anm. 183.
185 Dazu vgl. C. F. P. Stutterheim, a.a.O., 588. – F. Brinkmann, Die Metaphern, I 1878,
   54 f. unterscheidet zwischen dem Gedanken des Verstandes und dem Bild der Phanta-

Schließlich läßt sich auch das z. T. problematische Verhältnis von
Metapher und Vergleich[186] unter dem Aspekt der disjunktiven bzw.
konjunktiven Bedeutungsverwendung bestimmen. Man kann allerdings
der These, die Metapher sei ein abgekürzter Vergleich[187], keineswegs
jedes Recht absprechen. Sie birgt aber in sich mehrere Möglichkeiten
der Entfaltung[188]. Man könnte z. B. eine Äußerung mit einem Vergleich
in eine Äußerung mit einer Metapher ändern, etwa

> Er ist wie ein Löwe in der Schlacht

in

> Er ist ein Löwe in der Schlacht.

Das wäre in solchem Sinne ein abgekürzter Vergleich, wobei *wir* jedoch nicht annehmen, es handle sich noch um dieselbe Äußerung, nur
daß der Vergleich im letzten Fall nicht mehr explizit sei[189]. Man könnte
aber auch auf Vergleiche verweisen, die Metaphern ihres Kontextes
weiterführen und entfalten[190], wie Jes 1,8 a

ונותרה בת־ציון כסכה בכרם

Vgl. in Jes 5,18 V. 18 b cj:

הוי משכי העון בחבלי השוא וכעבות העגלה החטאה

Metaphorische Rede kann auch Vergleichsrede unmittelbar weiterführen, wie in Hos 5,14 b nach V. 14 a:

כי אנכי כשחל לאפרים וככפיר לבית יהודה
אני אני אטרף ואלך אשא ואין מציל:

---

sie. »Das in dem Ausdruck: ›Schleier der Wahrheit‹ liegende Bild besteht ... aus der
eigentlichen Bedeutung von Schleier und aus einer versinnlichenden Metapher von
Wahrheit. Der Gedanke selbst besteht aus einer vergeistigenden Metapher von
Schleier und aus der eigentlichen Bedeutung von Wahrheit« (F. Brinkmann, a.a.O., I
1878, 55, dazu s. C. F. P. Stutterheim, a.a.O., 180 ff.).

[186] Vgl. C. F. P. Stutterheim, a.a.O., 517 ff.; A. J. Bjørndalen, a.a.O., 159 Anm. 76.

[187] Vgl. Aristoteles, Rhet 3.4 (1406 b. 20 ff.); 3.10 (1410 b 17 ff.). Weitere rhetorische Belege bei H. Lausberg, a.a.O., 285.

[188] Vgl. C. F. P. Stutterheim, a.a.O., 523 f.

[189] Zu E. R. MacCormac, a.a.O., 240, der wie folgt schreibt: »We do not wish to distin-
guish between metaphors and similes. To say that there is a major conceptual differ-
ence between the sentences ›Man is a wolf‹ and ›Man is like a wolf‹ is to miss the
point of how the comparison between the two referents takes place. When you say,
›Man is a wolf,‹ you naturally look for those qualities of human beings that are *like*
those of wolves. Adding the word 'like' to the sentence, which changes it to the simile,
merely forces the comparison to become explicit.«

[190] S. auch B. Snell, Die Entdeckung des Geistes, 1948², 189 ff., dazu vgl. I. Christiansen,
Die Technik der allegorischen Auslegungswissenschaft bei Philon von Alexandrien,
1969, 17 f. Anm. 5.

S. auch Am 2,9b nach V.9a:

ואנכי השמדתי את־האמרי מפניהם
אשר כגבה ארזים גבהו וחסן הוא כאלונים
ואשמיד פריו ממעל ושרשיו מתחת:

Vgl. noch Hos 5,12f.; Jes 5,24. – Von diesen Positionen der Metaphern her gesehen läge es nicht fern, ihre Eigenart gegenüber dem Vergleich im Fehlen des Vergleichspartikels und dann in der geminderten Explizität der Vergleichstätigkeit bei der Metapher zu sehen. Von Reichlings Theorie aus gesehen liegen die Dinge aber anders. In einem Vergleich können die Nennworte beider Seiten konjunktiv verwendet sein, dagegen ist die Metapher immer ein Fall disjunktiver Bedeutungsverwendung. Insofern wird die Weise des Interpretierens eine andere[191].

Man kann nach diesem Überblick sagen, daß die Bedeutungstheorie Reichlings sich gut durch die Weise empfiehlt in der sie sich den traditionellen und anderen Problemen stellt, die mit der Frage, was eine Metapher ist, aufkommen.

---

[191] Mit seiner Bestimmung der Metapher als Prädikation (widersprüchlicher Prädikation) wendet sich auch H. Weinrich gegen die Auffassung der Metapher als eines abgekürzten Vergleichs (ders., Semantik der kühnen Metapher, DVfLG 37 [1963], 337). – Vgl. auch A. Jülicher, Die Gleichnisreden Jesu, I 1910³, 52. Kritik gegen die Auffassung der Metapher als eines abgekürzten Vergleichs äußert auch A. Henry, Métonymie et métaphore, 1971, 59ff. – J.J.A. Mooij, a.a.O., 54ff. findet dagegen, daß die neueren Versuche, diese Auffassung der Metapher anzugreifen, nicht gelungen sind.

Zur Interpretation von Metaphern

Wir wollen hier auf einige Fragen der Interpretation von Metaphern eingehen. Zunächst ist die Metapher, so wie die Bedeutungstheorie Reichlings sie zu verstehen vorschlägt, *kommunikativ*. Reichlings Theorie der Bedeutung als eines orientierenden Wissens bei Verwendung von natürlicher Sprache ist in ihrer Art eine Theorie zur sprachlichen Kommunikation, wenn auch die Bedeutung hier nicht als Information im exakten Sinne der Kommunikationsforschung verstanden wird und überhaupt kaum auf Information in diesem Sinne zu reduzieren ist[192]. Die Metapher kann immerhin als ein Mittel natürlich-sprachlicher Kommunikation verstanden werden. Es soll hier nur ein Aspekt dieses Sachverhalts kommentiert werden: Es wäre zu fragen, was die Metapher in ihrem Kontext in solcher Kommunikation bedeutet. Man braucht dabei nicht die semantischen[193] Intentionen des Sprechers (der

---

[192] Vgl. A. Reichling, Verzamelde studies, 1966⁴, 24 ff. 43; ders., Das Problem der Bedeutung in der Sprachwissenschaft, 1963, 6 ff. – Die Schwierigkeit, Verwendung natürlicher Sprache *streng,* d. h. methodisch und restlos auf Information im Sinne der exakten Kommunikationsforschung zu reduzieren, mag z. T. auf die häufige informatorische Defizienz der Verwendung natürlicher Sprache, des weiteren aber vielleicht auf das Fehlen von Konsequenz und Kohärenz der natürlichen Sprachen beruhen. Vgl. zu den damit angeschnittenen Fragen einerseits z. B. M. Bense, Theorie der Texte. Eine Einführung in neuere Auffassungen und Methoden, 1962, 12 f. 18 ff. 89 ff., andererseits u. Anderen A. Reichling, Möglichkeiten und Grenzen der mechanischen Übersetzung, aus der Sicht des Linguisten, Beiträge zur Sprachkunde und Informationsverarbeitung 1 (1963), 23–32; C. F. von Weizsäcker, Sprache als Information, in: Die Sprache. Hrsg. von der Bayerischen Akademie der schönen Künste, 1959, besonders S. 48 ff.; M. Wandruszka, Die maschinelle Übersetzung und die Dichtung, Poetica 1 (1967), 3–7; ders., Esquisse d'une critique comparée de quelques langues européennes, in: TLL V. 1 1967, 169–184; ders., Strukturen unserer Sprachen, in: Mitteilungen der Alexander von Humboldt-Stiftung 17, 1969, 5–15; ders., Sprachen. Vergleichbar und unvergleichlich, 1969, passim.
Daß die exakte Kommunikationsforschung auf Teilgebieten der Semantik jedoch wichtige Hilfe leisten kann, wie es etwa H. Weinrich, Linguistik der Lüge, 1966, 44 f. am Kontextproblem nachweist, soll andererseits natürlich keineswegs bestritten werden.

[193] Eine auf anderer Ebene differenzierte Frage nach Intention bei Metaphern wird dargelegt von F. W. Leakey, Intention in metaphor, Essays in criticism 4 (1954), 191–198: illustrative, dekorative, evokative und emotive Intention. Es geht in der hier vorlie-

Informationsquelle, des Senders) in der Metapher als Norm der Bedeutung anzusehen, gerade auch nicht, insofern als der prophetische Sprecher als Bote mit bestimmtem Redeauftrag verstanden wird, da ja vorausgesetzt werden darf, daß die Metapher als sprachliches Kommunikationsmittel den übrigen Kommunikationsteilnehmern weithin gleicherweise verständlich ist[194], wenn ihre Verwendung in der Kommunikation zweckmäßig sein soll. Es entfiele hier eine Unterscheidung zwischen semantischen Intentionen des Sprechers und dem, was der Empfänger oder Informationsverbraucher an Hand der Kommunikation hat verstehen können – es sei denn, besondere Umstände lägen vor, wenn nicht gerade Störungen, etwa so, daß eine vorübergehende Illusion des Informationsverbrauchers intendiert wäre, wie in II Sam 12, 1–4; Jes 5, 1–6[195].

Es ist allerdings nicht immer ganz sicher, daß das, was dem einen Kommunikationsteilnehmer eine Metapher ist, auch dem anderen eine Metapher sein muß. Ein neuzeitliches Beispiel der Problematik kann am Satz »Her husband was a child« gewonnen werden. Dieser Satz, sagt J. G. Kooij, ist »a common way of saying that somebody is childish«[196].

Vergegenwärtigt man am Wort »child« *nur* das Bedeutungselement »childish«, und zwar nicht als Komponente der Bedeutungseinheit »child« – dann ist das Wort »child« nicht als das bekannte Substantiv »child« aufgefaßt, sondern – so nach der Theorie Reichlings – als

---

genden Untersuchung jedoch ausschließlich um die semantische Intention, wenn es sich um Intention handelt.

[194] Dies heißt nicht, die Metapher werde hier »antimentalistisch« beschrieben. Die Bedeutung der Metapher ist hier vielmehr als ein Wissen bestimmt (s. oben, S. 28 ff.), und darf so bestimmt werden, auch und gerade wenn es ein Wissen der Kommunikationsteilnehmer ist.

[195] Aber auch dann hat der Informationsverbraucher allen Grund zur Frage, was mit der Information »gesagt werden soll« (Formulierung von G. Eichholz, Einführung in die Gleichnisse, 1963, 15). Es ist nicht eine jede Frage nach Intention des Urhebers oder des Tradenten als Quelle einer Information ein Irrtum. Zur Frage der Intention der Rede vgl. noch E. A. Nida, Toward a Science of Translating, 1964, 51–53. Für die Kommunikation wichtig sind besonders die von Nida a.a.O., 53 angegebenen »levels of intent« Nr. 2 und 3: »What ... [the receptor] understands by ... [the message]«; und: »What ... [the message] means to the majority of persons in the S–R [source –receptor] culture.«

[196] J. G. Kooij, Rez., T. Todorov (éd.), Recherches sémantiques (1966), Lingua 19 (1967), 82. Vorausgesetzt ist mit Kooij, a.a.O., ebda daß »communities where people marry at the age of 12 are ruled out«.

ein anderes Wort[197], als Adjektiv mit der Bedeutung »childish«[198]. Jedoch wäre demgegenüber zu fragen, ob die Bedeutungseinheit »child« hier notwendig so völlig außer Acht bleiben wird. Es heißt ja: »Her husband was *a* child«. Welche Bedeutungselemente der Einheit »child« hier auch immer, neben »childish«, gewußt werden könnten, so möglicherweise einige, die auf dasjenige, worüber gesprochen wird, nicht beziehbar sind[199]. Es läge dann metaphorische Verwendung des bekannten Substantivs »child« vor. – Wir stehen hier einem Grenzfall, aber einem typischen Grenzfall gegenüber. Der eine Hörer vernimmt, was man eine »Ex-Metapher« genannt hat[200], der andere Hörer – oder auch der Sprecher – vernimmt eine Metapher. Es bleibt hier ein Spielraum des subjektiven Ermessens.

So, wie wir alttestamentliche Metaphorik vorfinden, liegt sie *schriftlich* vor. Bei authentischen Prophetentexten aus dem 8. Jh. v. Chr. dürften die Texte am ehesten ursprünglich mündlich vorgetragen sein, und die Verschriftung ein sekundärer Vorgang. – Wir brauchen nun nicht auf die mit der Schriftlichkeit zusammenhängende Problematik in ihrer ganzen Breite einzugehen[201]. In bezug auf die semantische Inter-

---

[197] Das ist die Implikation der Ausführungen A. Reichlings, Het woord, 1935, 256, wie auch seiner Theorie im ganzen.

[198] G. Stern, a.a.O., 72 spricht anläßlich eines analogen Beispieles (»What a child you are!«) von einer Spezialisierung der Bedeutung desselben Wortes, sieht aber, daß es sich um eine adjektivische Funktion handelt.

[199] Vgl. A. Reichling, a.a.O., ebda, der mit Sterns Beispiel (s. letzte Anm.) arbeitet.

[200] Der nicht ganz gute Terminus »Ex-Metapher« ist in Anlehnung an u. Anderen W. Stählin, a.a.O., 386 verwendet. Eine »Ex-Metapher« hat ihre Wort*form* mit einer Metapher, die früher wirksam gewesen ist, gemeinsam. Bei Verwendung dieser Wortform in einem Kontext wie für die frühere Metapher relevant kommt jetzt die Gegenüberstellung von beziehbaren und nicht beziehbaren Bedeutungselementen *nicht mehr* vor. Es ist mithin, im Sinne Reichlings gesagt, eine *andere Bedeutung* (Bedeutungseinheit) mit dieser Wortform verknüpft worden. Vgl. hierzu C. F. P. Stutterheim, a.a.O., 586 Anm. 25: es ist nach Reichlings Theorie *ein anderes Wort* entstanden. – Zur Interpretation von Ex-Metaphern vgl. G. Osnes, Metaforer og ex-metaforer i Det nye testamente, TTK 38 (1967), 107 ff.

[201] Wir brauchen dies deshalb nicht, weil wir *den semantischen Inhalt* der Texte (historisch) untersuchen. Für eine solche Untersuchung ist die Schriftlichkeit oder auch das hinsichtlich des Wortbestandes genau fixierte mündliche Tradieren der Überlieferung jedoch keineswegs ohne jeden Belang.
Die Frage der Relevanz der Schriftlichkeit von Texten behandeln u. Anderen H.-G. Gadamer, Wahrheit und Methode, 1960, 367 ff. und in Anschluß an ihn E. Güttgemanns, Offene Fragen zur Formgeschichte des Evangeliums, 1970, 69–166, s. bes. S. 126–153; weiter ders., Sprache des Glaubens – Sprache der Menschen. Probleme einer theologischen Linguistik, VuF 14, 1969, 111 f.; ders., Linguistische Probleme in

pretation von Metaphern in schriftlich überlieferten Texten ergibt sich
jedoch: Diese Metaphern können in weit höherem Maße als in einer

der Theologie 1. Skizze von Plänen und Ergebnissen der Forschung, LB 8, 1970, 24 ff.
Man vermißt allerdings an diesen Darstellungen gerade eine präzise bedeutungstheoretische Komponente.
Nach H.-G. Gadamer ist Schriftlichkeit »die abstrakte Idealität der Sprache. Der Sinn
einer schriftlichen Aufzeichnung ist daher grundsätzlich identifizierbar und wiederholbar. Das in der Wiederholung Identische allein ist es, das in der schriftlichen Aufzeichnung wirklich niedergelegt war« (H.-G. Gadamer, a.a.O., 370). Dabei ist kein
Rückgriff auf ein erstmalig und einmalig Niedergelegtes erforderlich, gemeint ist offenbar das verschiedenen Lesern oder Lesungen an verstandenem Textsinn Gemeinsame, Identische. Gadamer stellt sich »den Sinn« der Überlieferung als einen Sinn
vor, der vom Urheber des Textes mitsamt seinen Intentionen und »allen emotionalen
Momenten des Ausdrucks und der Kundgabe« (a.a.O., ebda) sowie von der ursprünglichen Situation, vom ursprünglichen außersprachlichen Kontext einschließlich des
Adressaten des Textes abgelöst ist (a.a.O., 369 ff.). Was bleibt, ist eine »Sphäre des
Sinnes«, in die sich das Geschriebene »erhebt« und »an der ein jeder gleichen Anteil
hat, der zu lesen versteht« (a.a.O., 370).
Gadamers Darstellung zeigt aber nicht, wieso hier von an Textsinn »*wirklich*« Nie-
dergelegtem, von *dem* Sinn der Überlieferung, gesprochen wird. Das in der Wiederholung Identische reicht ja eben nicht notwendig bis zum Ursprung des Textes zurück, sondern (gegebenenfalls: nur) zum gegenwärtigen sprachlichen Zeichen. Es
müßten sich hier je neue, unterschiedliche Textsinne einstellen und wiederholen können, es sei denn, das *wirklich* Niedergelegte wären die sprachlichen *Zeichen* der
Überlieferung *als* der Sinn, oder aber die Nennworte der Überlieferung als Namen
per se. Keines von beidem bietet sich als überzeugende Lösung der Problematik dar.
Zur Frage des Namens *per se* vgl. oben, S. 37, Anm. 160.
Die Schriftlichkeit der Überlieferung kann übrigens nicht das Interesse an und das
Fragen nach einem ursprünglichen, kommunikativ relevanten Textsinn eines Tradi-
tum gegenstandslos machen. Gadamer will denn auch diesem Interesse nichts mehr
als die alleinige Berechtigung bestreiten (vgl. a.a.O., 372 f.).
E. Güttgemanns lehnt sich an die Ausführungen Gadamers an, bezieht aber weit mehr
an linguistischen Daten ein und spitzt den Bezug der Schriftlichkeit aufs Semantische
sehr scharf zu. Neben seiner allseitigen, das Semantische nicht besonders betreffenden Orientierung zum Gegensatz Schriftlichkeit – Mündlichkeit in Offene Fragen zur
Formgeschichte des Evangeliums, 1970 (vgl. bes. S. 138–140), äußert er in LB 8, 1970,
25 noch *fragend,* daß »der schriftliche Sinn« und der »sensus historicus keineswegs
identisch sind«. Aber zuvor hat er dann behauptet, »daß die Schriftlichkeit (littera)
der Überlieferung die Sprache (langue) von ihrem Vollzug (parole) … ablöst …, insofern objektiviert und in die Sphäre des objektivierten sensus erhebt« (a.a.O., 25, vgl.
ders., VuF 14, 1969, 112). Und zwar wird dies unter Verweis auf P. Bogatyrev und R.
Jakobson behauptet, vgl. noch Güttgemanns, Offene Fragen zur Formgeschichte des
Evangeliums, 1970, 134 Anm. 122 u. s. P. Bogatyrev und R. Jakobson, Die Folklore als
eine besondere Form des Schaffens, in: Donum natalicium Schrijnen. Verzameling
van opstellen … aan Mgr. Prof. Dr. Jos. Schrijnen, 1929, 900–913.
Nach Bogatyrev und Jakobson ist jedoch ein schriftlich verfaßtes Werk der Literatur
in bezug auf den Verfasser »Tatsache der Parole« (dies., a.a.O., 905), wie es auch in

Rede- oder Gesprächssituation Gegenstand einer reflektierenden semantischen Interpretation sein, etwa in einer »sustained process of representation«[202] von relevanten semantischen Komponenten. Dieses interpretierende Nachdenken könnte Bedeutungselemente aufdecken, die
auf dasjenige, worüber mit dem Wort metaphorisch gesprochen wird,
beziehbar sind – ohne daß man wissen könnte, sie wären auch vom Urheber oder Tradenten intendiert oder von den Hörern beim ersten Anhören bedacht. Das ist aber insofern nicht prinzipiell anders als in einer
direkten und etwa raschen mündlichen Kommunikation, wo die Gesprächsteilnehmer mit demselben Wort dasselbe Denotat unter Verwendung je verschiedener Bedeutungselemente des Wortes bezeichnen
können[203]. Die reflektierende semantische Interpretation ist mithin im

---

gewissem Gegensatz zu dem Folklore-Werk bzw. *la langue* konkret existiert, »unabhängig von dem Leser« (dies., a.a.O., ebda, vgl. die Korrelation Parole – schriftliche
Literatur a.a.O., 911). Auch das Schreiben, oder das (mehr oder weniger verstehende)
Lesen eines Textes ist *Sprachverwendung, ist parole,* wenn auch unter z.T. anderen Bedingungen als der mündlichen Sprachverwendung. Daß Sprachverwendung semantischen Sinn hat, ist gewissermaßen einsichtig, es bleibt aber, eben auch unter Heranziehung der Arbeit von Bogatyrev und Jakobson, durchaus uneinsichtig, wie *la langue,*
von *la parole* abgelöst, in die Sphäre irgend eines (doch wohl semantischen) Sinnes erhoben werden könne.

Güttgemanns deutet zwar an, daß der Sinn der Schriftlichkeit »sich im Verlauf ihres
denkgeschichtlichen Verständnisses als prozessuale Teilhabe am das individuelle
›Meinen‹ transzendierenden sprachlichen Gegenstand, also als transmentales und
transintentionales Phänomen, herausgestellt« (LB 8, 1970, 25). Er gelangt zur Hypo-
these von einem »Meinen« als »Funktions*feld*« zwischen »Sender«, »Empfänger« und
(im Sinne des linguistischen Relativitätsprinzips von B.L.Whorf sprachlich konstituierten) »Gegenständen«, so daß »Meinen« »in gewisser Weise« »mit dem sprachlichen Zeichen selbst identisch« werden würde (a.a.O., 26, vgl. S.23). Das kann aber einerseits schwerlich erklären, wie *la langue,* von *la parole* abgelöst, in die Sphäre eines
Sinnes erhoben würde, denn »Sender« und »Empfänger« *funktionieren* als solche immer erst beim Vollzug der Sprache, bei *la parole.* Andererseits wird hier auch nicht
speziell Schriftlichkeit als schon sinnvolle *langue* erklärt. – Zu B.L.Whorfs These der
linguistischen Relativität vgl. zusammenfassend H.Hörmann, Psychologie der Sprache, 1967, 334–351, bes. S.345; mehr kritisch u.A. K.A.Tångberg, Lingvistikk og teologi, TTK 42 (1971), 176ff.

[202] Der Ausdruck ist von R.Rommetveit, vgl. ders., a.a.O., 110ff. Abgrenzung und Inhalt
der vermeintlich beziehbaren Bedeutungselemente einer Metapher sind vor der reflektierenden Interpretation kaum sehr bestimmt, vgl. oben, S.30f., Anm.130 u. s.
noch A.Rosetti, Le mot, 1947, 44. Zur dauernden Interpretation während des Lesens
oder Hörens eines Textes vgl. auch H.Õim, Language, Meaning, and Human Knowledge, Nordic Journal of Linguistics 4 (1981), 80–82. 87.

[203] Vgl. A.Reichling, Verzamelde studies, 1966⁴, 43 u. s. oben, S.35f. mit Anm.154.
Unsere Erwägungen berühren sich hier mit der Betonung dessen, was mit dem *Werk*
gesagt wird gegenüber etwaigen Intentionen des *Urhebers.* Vgl. L.Alonso-Schökel,

wesentlichen nicht textfremd, sofern sie nur dasjenige, worüber mit dem Wort jeweils gesprochen wird, historisch richtig trifft, d. h. sofern der Bezugspunkt der Wortbedeutung bei der Interpretation Merkmale des vom Urheber und frühen Tradenten des Textes intendierten Denotatums aufnimmt.

Es ist bei der Interpretation von Metaphern weiterhin zu beachten, daß Metaphern immer in einem sprachlichen, eventuell auch situativen *Kontext* wirksam sind. Es gibt keine Metapher ohne einen Kontext, durch den sie erst in ihrem Sinn greifbar würde[204]. – Wir sagen von Achilles: »Dieser Löwe kämpfte!« Damit wird ein besonderer, wenn auch repräsentativer Teilaspekt der Lebenswirklichkeit des Löwen hervorgehoben. Nicht alle Eigenschaften des Löwen, die er mit Achilles gemeinsam haben mochte, sind hier in der Nennfunktion der Metapher relevant, sondern besonders diejenigen, die im *Kampf* des Löwen wichtig sind. Unter allen Bedeutungselementen des Wortes »Löwe«, die womöglich auf Eigenschaften des Achilles disjunktiv nennend beziehbar wären, sind hier besonders diejenigen relevant, welche auf für den Kampf relevante Eigenschaften des Achilles nennend bezogen werden. – Es sind hier demnach verschiedene Kontextfaktoren wirksam, einerseits im weiteren sprachlichen, oder im situativen Kontext Momente, anläßlich derer die Deixis »dieser« zu wissen gibt, daß von kei-

---

Sprache Gottes und der Menschen, 1968, 111. 178; E. Güttgemanns, Sprache des Glaubens – Sprache der Menschen, VuF 14, 1969, 88. 112.

[204] Diese Tatsache ist u. a. von H. Weinrich betont, vgl. ders., Linguistik der Lüge, 1966, 44 f.; ders. in: Die Metapher (Bochumer Diskussion), Poetica 2 (1968), 100 These 3; s. auch M. Weiss, Methodologisches über die Behandlung der Metapher dargelegt an Am 1,2, ThZ 23 (1967), 3. Vgl. noch U. Suerbaum a.a.O., 101 These 4; H. Heckhausen in: Die Metapher (Bochumer Diskussion), Poetica 2 (1968), 103 Thesen 5 u. 6. – Zur *Problematik* des Kontextes der Metapher vgl. H. Weinrich, U. Suerbaum und H. Heckhausen a.a.O., 116 f. 117. 117 f. Zu einseitig betont E. Hessler, Die Struktur der Bilder bei Deuterojesaja, EvTh 25 (1965), 349–369 den traditionshistorischen Kontext.
Nach J. Nosek, English colloquial metaphor and the syntax, Philologica pragensia 10 (1967), 175–181 gibt es im Gesprächsstil (seltene) Fälle von metaphorischen Verben »whose metaphorhood is independent of the external syntactic factors, e. g. of the complementing nouns or adverbial modifiers« (Nosek a.a.O. 178). Es ist jedoch in solchen Fällen leicht konjunktive Bedeutungsverwendung möglich, indem die Wortbedeutung spezialisiert sein kann. Oder eine außersprachliche Situation kann vorliegen, in die die Äußerung eingebettet ist, und in der das Verbum als Metapher zu erkennen ist. Zur hermeneutischen Bedeutung der außersprachlichen Situation der Rede vgl. A. Reichling, Das Problem der Bedeutung in der Sprachwissenschaft, 1963, 12 f.

nem Löwen sondern von Achilles die Rede ist, andererseits innerhalb des metaphorischen Satzes das konjunktiv verwendete Wort »kämpfte«. Beides will bei der Interpretation beachtet werden.

Wir wenden uns jetzt der Frage des Woraufhins der semantischen Interpretation von Metaphern zu. Nach verbreiteter Sicht geht es allein darum, die Metapher durch ein anderes Wort zu *ersetzen*[205]. In neuerer Zeit macht J.J.A. Mooij geltend, daß die Metapherntheorien derjenigen Klasse, zu der er auch die Theorie A. Reichlings rechnet[206], anscheinend »are very much like special cases of the substitution view«[207]. Speziell in bezug auf die Theorie Reichlings meint er: »nothing precludes the idea that the metaphorical words in a sentence could be replaced by other words that just have the meaning-aspects of the original word as far as applicable in the context. They could even have more meaning-aspects, provided these would be ruled out by the context«[208]. Er meint andererseits, daß die Interpretation eines metaphorischen Satzes dieser Klasse von Theorien zufolge »apparently should indicate the relevant marginal meanings (or: the applicable meaning-aspects, etc.) of the words which are metaphorically used«[209]. Daraus folgert er nun aber, im Zuge der substitution view, daß diese Interpretation der Metapher zu dem als natürlich angesehenen Endergebnis führe, die interpretierte Metapher werde so durch ein oder durch mehrere Worte in buchstäblicher Verwendung ersetzt[210]. Der Zusammenhang zwischen Prämisse und Folgerung wäre wohl darin zu suchen, daß ein ersetzendes Wort »just ... the meaning-aspects of the original word as far as applicable in the context«[211] habe, oder in etwa entsprechenden Umständen.

---

[205] Z.B. charakterisiert G. Hylmö, Gamla testamentets litteraturhistoria, 1938, 54 die Metapher geradezu als »ersättningsord«. – J.T. Willis, The Genre of Isaiah 5: 1–7, JBL 96 (1977), 353 ff. ist der Meinung, eine Allegorie müßte eventuell interpretiert werden in der Weise, daß man die Metaphern jeweils durch Wörter ersetzt, die buchstäblich verwendet im Kontext den treffenden Sinn ergeben würden, vgl. bes. seine Diskussion der Weinrebe- und Weingartenbilder a.a.O., 355 f. – G.A. Yee deutet eine Interpretation von Jes 5,5 b an durch Ersetzen der Metaphern durch buchstäblich verwendete Wörter, s. dies., A Form-Critical Study of Isaiah 5: 1–7 as a Song and a Juridical Parable, CBQ 43 (1981), 38. – Vgl. unten, S. 97 ff.

[206] J.J.A. Mooij, a.a.O., 37: »Connotation theories: meaning of metaphorical words taken to be explainable on the basis of part of their literal meaning«.

[207] Ders., a.a.O., 88.

[208] Ders., a.a.O., 90.

[209] Ders., a.a.O., 102.

[210] Ders., a.a.O., ebda.

[211] Ders., a.a.O., 90.

Es scheint jedoch mit dieser Folgerung übersehen zu sein, daß Worte, welche Bedeutungselemente, semantische Komponenten, d. h. aber: lexikalische Dimensionen etwa eines Nennwortes *a* bezeichnen, *nicht damit Sachen* auf der Ebene des Denotates von *a* bezeichnen[212]. Diese Anzeiger der Bedeutungselemente können deshalb von ihrer Kategorie her nicht die syntaktische Position des betreffenden Nennwortes *a* einnehmen – wie andererseits Löwen, die Träger löwenhafter Merkmale, sehr wohl kämpfen können, ihre Merkmale aber (auf die sich die Bedeutungselemente des Wortes »Löwe« beziehen) entschieden nicht. Anzeiger für Bedeutungselemente ersetzen dann keine Metapher. Wodurch eine Metapher – aber in schlechter Weise – ersetzt werden könnte, wäre eine konjunktive Nennung der Sache, die mit der Metapher disjunktiv bezeichnet wird. Etwa statt »Dieser Löwe kämpfte« nun »Dieser Mann kämpfte«. Aber das wäre bei weitem keine Entfaltung der *Metapher* »Löwe«[213].

Zweitens wird in Mooijs Formulierungen a. a. O., 90.102 nicht berücksichtigt, daß bei metaphorischer Wortverwendung die Metapher nach Reichling ihre konjunktiv relevante Bedeutung beibehält und daß der Sprachverwender sich eben dessen bewußt ist[214]. Daraus folgt, daß die Metapher nicht ausreichend entfaltet wird durch das von Mooij in bezug auf u. a. Reichlings Theorie vorgeschlagene Ersatz-Verfahren, wo die Perspektive des Ausblicks auf nicht beziehbare Bedeutungselemente der Metapher durchaus entfällt. Es entfällt damit wohl auch etwas von der Wirkung der Metapher[215]. Es ist auch nicht immer so, daß

---

[212] H. Hörmann, Meinen und Verstehen, 1978, 80.

[213] A. a. O., 101 f. interpretiert Mooij die Metaphern »to strip away« und »to bare« allein durch Angabe von dem, was mit ihnen im Kontext metaphorisch bezeichnet wird: »to do away with« und »to take into consideration only ...«, – auch dies ist kaum eine Entfaltung der Metaphern.

[214] Vgl. oben, S. 38. – Mooijs Rücksichtnahme auf dieses Moment in der Bedeutungstheorie Reichlings findet sich a. a. O., 88 f. in anderem Kontext und ist wenig explizit.

[215] Vgl. H. Hörmann, Semantische Anomalie, Metapher und Witz, Folia linguistica 5 (1973), 322: »die Metapher ›wirke‹ nicht so sehr durch das, was ursprüngliches und übertragenes Wort gemeinsam haben, sondern eher durch das, was sie nicht gemeinsam haben. Wird von einem Mann gesagt, er sei ein Löwe, so ist zwar der Mut das gemeinsame, aber wenn es dem Sprecher nur darum ginge, würde es genügen, den Mann schlicht *mutig* zu nennen. Der ›Witz‹ der Metapher liegt darin, daß sich mit dem Wort *Löwe* hinter dem Mann eine zusätzliche Perspektive auftut, die vielleicht um Mut zentriert ist, aber zweifellos weiter geht.« Vgl. A. Reichling, Verzamelde studies, 1966[4], 44: Das Teil der Bedeutung des metaphorisch verwendeten Wortes, »die ontoepasselijk is, geeft ons juist datgene te weten waaróver niet gesproken wordt, ...«. Die auf den Mann bezogenen Bedeutungselemente des Wortes Löwe bleiben

eine Metapher statt eines anderen, auch noch verwendbaren Wortes gebraucht würde[216].

Drittens ist es wenigstens eine offene Frage, inwiefern es sinnvoll ist, sich eine begrenzte Zahl beziehbarer Bedeutungselemente einer Metapher vorzustellen. Es liegt näher, sich vorzustellen, daß diese Zahl nicht notwendig begrenzt ist. Verschiedene Teilnehmer an einer Kommunikation mit Metaphern können intuitiv verschiedene Bedeutungselemente aktualisieren und abgrenzen, wenn auch mehr oder weniger unscharf. Die Metapher erscheint aber in diesem Lichte eher nicht-abschließend-interpretierbar als durch Ersatz übersetzbar[217].

Es geht um das Woraufhin der semantischen Interpretation von Metaphern. Von Reichlings Bedeutungstheorie her, wie auch von verwandten Metaphterntheorien her ergibt sich, daß die Interpretation einerseits nach der Sache, dem Objekt zu fragen hat, von dem einige Merkmale den Bezugspunkt der disjunktiv verwendeten Bedeutungselemente der Metapher bilden. Wir wollen diese Sache Denotat B der Metapher benennen. Sagt einer über Achilles: »Dieser Löwe kämpfte!«, sei Achilles hier das Denotat B der Metapher »Löwe«. Denotat A sei das Denotat des Wortes »Löwe« bei konjunktiver Bedeutungsverwendung: die Sache »Löwe«. – Die Feststellung des Denotats B einer Metapher ist nun aber erst der Anfang einer semantischen Interpretation der Metapher[218]. Andererseits sollte die Interpretation nach auf das Denotat B beziehbaren Bedeutungselementen der Metapher fragen. Damit wäre, so gut es ginge, geklärt, *was* mit der Metapher gesagt sein kann über das Denotat B, wenn zugleich der Kontext[219] gebührend berücksichtigt ist.

---

nun beim Sprachverwender mehr oder wenig deutlich der *Bedeutungseinheit* Löwe assoziativ verbunden. Vgl. unten, S. 59 f.

[216] Vgl. Max Black, Models and Metaphors, 1962, 32 f.

[217] Die Unübersetzbarkeit der Metapher ist in sprachwissenschaftlich orientierten Untersuchungen zur Metapher gelegentlich gesehen; anderswo z. T. mehr geahnt als überzeugend begründet. Wir werden die verschiedenen Auffassungen und Versuche zu diesem Thema hier nicht diskutieren. Es sei nur darauf verwiesen, daß diese fruchtbare Einsicht, wie auch immer begründet, jetzt schon in der Bibelexegese vertreten ist, vgl. H. Weder, Die Gleichnisse Jesu als Metaphern, 1980², 63 f.

[218] Gegen T. Pavel, Notes pour une description structurale de la métaphore poétique, in: Cahiers de linguistique théorique et appliquée 1 (1962), 194: »Le terme marqué est le but du décodage de la métaphore«. Vgl. noch E. Hessler, Die Struktur der Bilder bei Deuterojesaja, EvTh 25 (1965), 357 zur Deutung der Metaphern »Berge« und »Hügel« Jes 41, 15.

[219] Vgl. oben, S. 51 f.

Wir müssen an dieser Stelle auf Probleme der Bedeutungselemente von Nennworten allgemein und von metaphorisch verwendeten Nennworten speziell eingehen.

Wir haben oben schon A. Reichlings Sicht der Bedeutungselemente von Nennworten, wenn auch nur in groben Zügen, dargestellt[220]. Die Fragen der Bedeutungselemente bzw. der *semantischen Komponenten*, Merkmale, markers usw. sind in den letzten Jahren äußerst intensiv verhandelt worden, und zwar unter verschiedenen Aspekten. Es hätte für eine Untersuchung zur Interpretation von metaphorischen Allegorien zweifellos großes Interesse, falls die linguistische Komponentenanalyse *Methoden* herausarbeitete, semantische Komponenten zu bestimmen und somit über das *intuitive* Ermitteln von semantischen Komponenten hinaus führte. Nun bliebe, unter dem Gewicht der Frage nach einer *Struktur* der Lexembedeutung bzw. des Verhältnisses der semantischen Komponenten des Lexems zueinander[221], die Ermittlung des *Inhalts* der Komponenten weithin intuitiv[222]. Jedoch haben mehrere Forscher

---

[220] Vgl. oben, S. 31 f., Anm. 131.

[221] Zu nennen sind u. a. U. Weinreich und A. J. Greimas. Vgl. U. Weinreich, Explorations in Semantic Theory, in: Current Trends in Linguistics, ed. Ths. A. Sebeok, III 1966, 395–477. Deutsch: Erkundungen zur Theorie der Semantik. Ins Deutsche übertr. u. mit einem Vorwort vers. von L. Lipka, 1970. – Zu Weinreichs Theorie über semantische Komponenten und ihre Funktionen in semantischen Prozessen vgl. J. G. Kooij, Rez., T. Todorov (éd.), Recherches sémantiques (1966), Lingua 19 (1967), 82 f.; G. Wotjak, Untersuchungen zur Struktur der Bedeutung, 1971, 122–124. – Weinreich dekomponierte die Bedeutung in Gruppen semantischer Komponenten: ungeordnete Gruppen (clusters, Häufungen) und gewissermaßen geordnete Gruppen (configurations). Das Reden von einer »geordneten« Gruppe semantischer Komponenten will darauf hinweisen, daß die Komponenten in einer jeweils bestimmten Weise syntaktisch aufeinander bezogen sind. Für alles weitere sei auf die Darstellung Weinreichs verwiesen, bes. a.a.O., 419 ff.
Von A. J. Greimas vgl. ders., Sémantique structurale. Recherche de méthode, 1966; deutsch: Strukturale Semantik. Methodologische Untersuchungen. Autorisierte Übers. von J. Ihwe, 1971. Seine Unterscheidung zwischen mehr substantiellen, weniger allgemeinen Kernsemen einerseits und Klassemen andererseits, die jeweils in Strukturen gefaßt und aufeinander bezogen sind, ist von G. Wotjak, a.a.O., 144 ff. kommentiert. Die Klasseme hätten ihre spezifische Funktion in den syntagmatischen Kontextbeziehungen. Sie könnten wohl als Kongruenzmerkmale betrachtet werden (vgl. G. Lüdi, Die Metapher als Funktion der Aktualisierung, 1973, 37 f. mit Betonung auch ihrer Funktion in bezug auf den situativen Kontext). (Diese Distinktion bei Greimas berührt sich m. a. W. keineswegs direkt mit der Unterscheidung zwischen denotativen und konnotativen Merkmalen, die als central meaning vs. marginal meanings von M. C. Beardsley fruchtbar gemacht wurde für seine Theorie der Metapher, vgl. ders., Aesthetics, 1958, 125. 134 ff.)

[222] Vgl. G. Wotjak, a.a.O., 155.

sich um methodische Schritte zur Kontrolle und Verfeinerung der Inhaltsbestimmungen bemüht, wie E. Coseriu[223], D. Bolinger[224], E. H. Bendix[225], P. M. Postal[226], E. A. Nida[227], G. Wotjak[228] und ande-

[223] Vgl. E. Coseriu, Pour une sémantique diachronique structurale, in: TLL II.1 1964, 149 ff.; ders., Lexikalische Solidaritäten, Poetica 1 (1967), 293–303; ders., Les structures lexématiques, in: ZFSL.S NF 1, 1968, 3–16, sowie H. Geckeler, Strukturelle Semantik und Wortfeldtheorie, 1971, 192 ff. 213–217. 233 ff. – Coseriu ermittelt distinktiv relevante Seme an Hand ihrer paradigmatischen Relevanz innerhalb der Wortfelder. Die Seme können wohl, müssen aber, Coseriu zufolge, nicht mit unterscheidenden Merkmalen des für das Wort jeweils relevanten Denotats übereinstimmen (vgl. E. Coseriu, Pour une sémantique diachronique structurale, TLL II.1 1964, 156 f.; H. Geckeler, a.a.O., 179–184. 199). Das heißt jedoch noch nicht, daß die Seme nicht mit der *Kenntnis* des Sprachverwenders zum Denotat übereinstimmten. Und die Seme, die nicht objektiven Merkmalen des Denotates entsprächen, sind »als Strukturierungen aufzufassen, die die menschliche Interpretation durch die Sprache der Realität aufdrängt« (H. Geckeler, a.a.O., 182). Das kommt soweit der »Wiedergabe« eines Merkmals des Denotates in der Wortbedeutung durch ein Bedeutungselement gleich. Entscheidend ist dabei, wie der Sprachverwender dieses Merkmal kennt, nicht, daß diese Kenntnis richtig wäre. Die Wiedergabe in der Bedeutung kann ohne – aber auch mit – Wissen des Sprachverwenders ein nicht existentes Merkmal *behaupten.*

[224] D. Bolinger, The Atomization of Meaning, Language 41 (1965), 555–573. Bolinger gelingt es, mittels feinsinniger Disambiguierung durch Beispielsätze, die semantischen Komponenten (*markers*) etwa von *bachelor* zu ermitteln. Er weist darauf hin, daß der Lexikoneintrag zu einem (Nenn-)wort, wenn sowohl Anomalien als auch Ambiquitäten Rechnung getragen werden solle, »interminable« sein kann wegen der Menge an semantischen *markers* (a.a.O., 564).

[225] E. H. Bendix ermittelt semantische Komponenten durch Test-Sätze, die geeignet sind, durch kundige Beobachtung des Sprachgebrauches voll kompetenter Informanten distinktive semantische Komponenten, in casu von den Verben get, give, lend, take, lose, have, bloßzulegen (The Data of Semantic Description, in: Semantics. Ed. by D. D. Steinberg and L. A. Jakobovits, 1971, 393–409).

[226] P. M. Postal hat syntaktische Kriterien (abzuweisende Korreferenzen zwischen den Nominalen eines dreiwertigen Verbs) angewendet, um eine syntaktisch-semantische Basis für die Verwendung eines bestimmten Nennwortes in einer Oberflächenstruktur wahrscheinlich zu machen und zu beschreiben. (P. M. Postal, On the Surface Verb ›Remind‹, Linguistic Inquiry 1 [1970], 37–120, bes. S. 37–54.) Postal findet zwei Verbale der Basis von *remind: strike,* und in einem abhängigen Satz dazu, *be like/be similar to/resemble,* – wobei die Möglichkeit weiterer Analyse dieser Komponenten offengehalten wird, a.a.O., 118. – Abgesehen von den Fragen transformationeller Implikationen der Observationen und der Theorie von Postal (dazu G. Lakoff, On Generative Semantics, in: Semantics. Ed. by D. D. Steinberg and L. A. Jakobovits, 1971, 270 ff.) führte die z. T. subtile Methodik Postals wohl erst an eine zu wünschende weitere semantische Analyse der angegebenen Komponenten heran.

[227] Vgl. bes. E. A. Nida, Toward a Science of Translating, 1964 (wozu G. Wotjak, a.a.O., 124–128 zu vergl. ist); ders., Componential Analysis of Meaning. An Introduction to Semantic Structures, 1975. Nida legt hier Gewicht auf die Berücksichtigung der

re[229], wobei allerdings bedeutsame Schwierigkeiten methodischer und praktischer Art vorerst keine durchgehende Ermittlung von Merkmalinventaren mehr umfassender Lexembereiche heutiger Sprachen erwarten lassen. Um so mehr bliebe eine methodische Erarbeitung eines semantischen Komponenteninventars des überlieferten althebräischen und aramäischen Wortschatzes des Alten Testaments allenfalls ein richtungsweisendes Desiderat, selbst aber kein erreichbares Ziel, zumal keine fluent and native speakers dieser alten Sprachen mehr erreichbar sind[230]. Es liegt aber auch außerhalb des Zieles der vorliegenden Untersuchungen, eine Komponentenanalyse, sei es nur der metaphorisch verwendeten Nennworte unseres Materials zu versuchen. Wir dürfen uns insofern auf intuitive Ermittlung je relevanter Bedeutungselemente angewiesen sehen.

Dem ist freilich hinzuzufügen, daß unserer Untersuchung sowieso nicht durch eine Aufbereitung der Wortbedeutungen wesentlich geholfen wäre, die den Inhalt der Lexeme *in sie unterscheidende* Seme, d. h. beschränkt auf *distinktiv* relevante semantische Komponenten, faßte[231]. Bei der Nennfunktion eines Wortes, ob konjunktiv oder disjunktiv, können auch *nicht-distinktive* Komponenten nennend bezogen werden, z. B. auch ein Bedeutungselement, das den Wortbedeutungen eines Wortfeldes gemeinsam ist entsprechend einem Archilexem Coserius. Auch scheint es eine offene Frage zu sein, inwiefern der ganze Wortschatz einer natürlichen Sprache in Wortfeldern im Sinne Coserius gefaßt werden kann[232].

---

semantic domains, Gruppen von Bedeutungen, die gewisse semantische Komponenten gemeinsam haben (a.a.O., 174ff.), und die vor allem auf *distinktive* semantische Komponenten führen.

[228] G. Wotjak, a.a.O., bes. 180ff. Wotjak analysiert deutsche Verben der menschlichen Fortbewegung auf ihre semantischen Komponenten hin, mit Ausgangspunkt in einem vorerst intuitiv gewonnenen Merkmalinventar der betr. Verben und unter umfassender Heranziehung verschiedener methodischer Schritte. Vgl. noch ders., Semantische Merkmalanalysen und Valenzmodelle, Vox romanica 34 (1975), 1–26.

[229] Vgl. u.a. R. Pasch, Semantische Komponentenanalyse, Beiträge zur romanischen Philologie 10 (1971), 326–355; W. Kühlwein, Die Komponentenanalyse in der Semantik, Linguistics 96 (1973), 33–55; im wesentlichen methodenkritisch M. Dascal and M. Adler, Rez., A New Look at Componential Analysis, Semiotica 26 (1979), 151–180.

[230] Immerhin erreicht hier E. A. Nida, a.a.O., 174ff. ganz beachtliche Teilergebnisse, wenn auch besonders im Hinblick auf paradigmatisch distinktiv relevante semantische Komponenten.

[231] So u.a. die oben angeführten Arbeiten von E. Coseriu (S. 56, Anm. 223), E. H. Bendix (S. 56, Anm. 225) und E. A. Nida (S. 56f., Anm. 227).

[232] Vgl. H. Geckeler, a.a.O., 117.

Aber auch davon abgesehen wäre der Versuch einer detaillierten Komponentenanalyse der Metaphern unseres Materials vorerst von begrenzter Reichweite. D. Bolinger hat darauf hingewiesen, daß es schwierig ist, Worte für Objektive der natürlichen Welt, deren Inhalt nicht kulturell festgelegt ist, mit semantischen Komponenten (*markers*) zutreffend zu definieren[233], eine Schwierigkeit, die gerade im Hinblick auf die Interpretation von Metaphern von J. Nieraad hervorgehoben wird[234]. Hinzu kommt: Es ist einerseits mit hoher Wahrscheinlichkeit sachgemäß, sich die Bedeutung des Lexems als eine »Menge kleinerer Inhaltseinheiten« vorzustellen[235]. Es erscheint andererseits nicht ratsam, sich diese Inhaltseinheiten als trans-situativ und trans-subjektiv stabil, fest abgegrenzt und der Zahl nach endlich vorzustellen[236]. Die semantische Komponente wäre eher, wohl reichlich behelfsmäßig, als ein unscharf abgegrenzter, allenfalls begrenzt stabiler semantischer Teil-Aspekt des Lexems zu betrachten. Ihre intuitive Ermittlung könnte dem vermutlich sehr wohl entsprechen.

Bei der Interpretation von *Metaphern* geht es schließlich auch nicht darum, semantische Komponenten der Bedeutungseinheit des metaphorisch verwendeten Wortes nach Möglichkeit in einer angenommenen Vollständigkeit zu ermitteln. Der Kontext läßt von Fall zu Fall, an Hand von semantischen Unverträglichkeiten und Verträglichkeiten, je nach Einsichten und sonstigen Interpretationsvoraussetzungen des Interpreten, semantische Komponenten aktualisieren, die auf dasjenige, worüber mit dem metaphorisch verwendeten Wort gesprochen wird, *nicht beziehbar* sind, und andererseits Komponenten, die hier beziehbar sind. Dieser Prozeß läßt einige Komponenten *etwas* schärfer bestimmen.

Wir bleiben nach diesen Erwägungen dabei, uns auf intuitives Ermitteln besonders relevanter Bedeutungselemente der Metaphern zu beschränken.

Eine untere Grenze zu bestimmen, wie wenig spezifisch eine noch beziehbare semantische Komponente sein könnte, damit die Metapher noch ihre Aussagekraft besäße[237], d. h. damit die Metapher noch als

---

[233] D. Bolinger, a. a. O., 568.   [234] J. Nieraad, a. a. O., 58.
[235] G. Wotjak, Untersuchungen zur Struktur der Bedeutung, 1971, 42.
[236] Vgl. H. Hörmann, Semantische Anomalie, Metapher und Witz, Folia linguistica 5 (1973), 315 ff.; ders., Meinen und Verstehen, 1978, 78 ff. u. s. oben, S. 30 f., Anm. 130; S. 56, Anm. 224.
[237] Zu J. Nieraads schwerlich berechtigter Fragestellung angesichts des Umstandes, daß »jedem beliebigen Begriffspaar prinzipiell unendlich viele gemeinsame Merkmale zugeschrieben werden können«, vgl. ders., a. a. O., 62.

Metapher wirksam wäre, läge außerhalb der Thematik dieser Untersuchung.

Bei der Interpretation von Metaphern ist auch noch die Funktion der Bedeutungseinheit des metaphorisch verwendeten Wortes wichtig. Die bei dem Wortgebrauch jeweils aktualisierten Bedeutungselemente werden auf Merkmale des Denotats bezogen und dabei nicht von der Bedeutungseinheit abstrahiert, sie geben entsprechend auch nicht von der Bedeutungseinheit abstrahiert die betr. Merkmale des Denotats in der Bedeutung des Wortes wieder[238]. Der hier verwendete Anzeiger des Inhalts eines Bedeutungselements, z. B. [+ mutig] von der Bedeutungseinheit Löwe, ist insofern freilich nicht ganz sachgemäß gestaltet. Es möge aber das Symbolensemble [+ ...] als Hinweis auf eine umfassende Bedeutungseinheit verstanden werden, die von unserem Kontext jeweils zu wissen gegeben wird. – Das Nennwort *mutig* kann nun, isoliert verwendet, eine Eigenschaft, von allen ihren möglichen Trägern abstrahiert, bezeichnen. Der Anzeiger [+ mutig] von einem Bedeutungselement des Nennwortes *Löwe* wird dagegen nennend auf das *Mutigsein eines Löwen,* auf löwenhaftes Mutigsein, bezogen.

Zum Fall der disjunktiven Bedeutungsverwendung war oben schon davon die Rede, daß (auch) nach Reichling der Sprachverwender anläßlich seiner Sprachverwendung sowohl solche Bedeutungselemente weiß, die auf Merkmale des Denotats bezogen werden, als eben auch nicht beziehbare Bedeutungselemente[239]. Diese Bedeutungselemente gehören aber alle zu der einen und selben Bedeutungseinheit des metaphorisch verwendeten Wortes und werden *nicht von ihr abstrahiert* gewußt.

Es sei nun *a* ein Nennwort und *A* sein Denotat bei konjunktiver Bedeutungsverwendung, *B* aber sein Denotat bei irgend einer disjunktiven Verwendung seiner Bedeutung. Die auf Merkmale des Denotats *B* disjunktiv bezogenen Bedeutungselemente sind *überhaupt nur als Elemente der Bedeutungseinheit der Metapher a relevant* und geben angenommen gemeinsame Merkmale der Denotate *A* und *B* als solche wieder, *die zu der Ganzheit der in der Bedeutungseinheit von a augenblicklich wiedergegebenen Merkmalen gehören,* d. h. als ob die betr. Merkmale *A*'s Merkmale von *B* wären. Es werden *B* Eigenschaften von *A* zugesprochen. In diesem Sinne sagten wir soeben, es würden *angenommen* gemeinsame Merkmale der beiden Denotate in der Bedeutung des metaphorisch verwendeten Wortes wiedergegeben. Das Zusprechen von Ei-

[238] Vgl. A. Reichling, Het woord, 1935, 254–257: Toepasselikheid, zaak en betekenis, bes. S. 256 f.
[239] A. Reichling, Verzamelde studies, 1966[4], 44; vgl. oben S. 38.' 53.

genschaften *A*'s an *B* durch die Nennfunktion der Metapher muß natürlich nicht mit der außersprachlichen Wirklichkeit übereinstimmen
oder als mit ihr übereinstimmend aufgefaßt werden – das hängt u. a.
von der Wirklichkeitskenntnis des Sprachverwenders bzw. von den
Modalitäten der Rede ab und möge hier auf sich beruhen.

Man sage von Achilles: »Dieser Löwe kämpfte!« Es werden Elemente der Bedeutungseinheit Löwe auf Merkmale des Achilles bezogen, nicht abstrahierte Elemente des Inhalts von etwa stark, mutig,
grausam etc., aber [+ stark] im Sinne von löwenstark, [+ mutig] im
Sinne von löwenmutig, [+ aggressiv] im Sinne von löwenhaft aggressiv
usw. Es werden dabei Eigenschaften des Achilles, indem sie Bezugspunkt der disjunktiv verwendeten Bedeutungseinheit Löwe sind, als löwenhafte Eigenschaften gesetzt[240]. Durch Verwendung der Metapher
»Löwe« in bezug auf Achilles werden Achilles in unserem Beispiel löwenhafte Eigenschaften zuerkannt – ob er sie nun hat oder nicht: die
Metapher behauptet in dieser Aussage, er habe sie. – Ein metaphorischer Satz mit dieser Metapher hätte auch nach löwenhaften Eigenschaften fragen können, oder hätte bestreiten können, daß die betr.
Person löwenhaft sei, je nach den erwünschten Modalitäten[241].

Man *kann* die Merkmale eines Denotats *B,* die bei der Verwendung der Metapher *a* als Bezugspunkt ihrer Bedeutung relevant sind,
von dem Denotat *A* und der Bedeutungseinheit *a* ganz abstrahieren, indem man etwa sagt, Achilles sei mutig, stark usw. Dieses Abstrahieren
geschieht aber nicht in der metaphorischen Wortverwendung und sollte
daher auch nicht unbesehen als Interpretation gelten; denn es würde
unter Umständen entschieden weniger als die Metapher selbst zum
Ausdruck bringen[242].

Innerhalb ihrer Bedeutungseinheit kann die Metapher Gewichte
verteilen. Bei der einen Metapher mögen die bezogenen Bedeutungsele-

---

[240] Vgl. B. Snell, a.a.O., 191 f., wo das Stichwort »löwenhaft« sachgerecht fällt bei der
Entfaltung des *Vergleiches* mit Löwen bei Homer. – A. Jülicher, a.a.O., I 1910³, 52
entfaltet die Metapher »der Löwe« in »Der Löwe stürmt los« folgendermaßen: »der
löwenmutige Achill stürmt los«. Vgl. noch U. Suerbaum, a.a.O., 118 zur metaphorischen Funktion des Wortes »Löwe«: ›Objekten eine Löwenartigkeit zuerkennen‹. I.
Christiansen, a.a.O., 17 f. Anm. 5 beobachtet richtig, daß in dieser Hinsicht Vergleich
und Metapher »kaum unterschieden zu werden brauchen«. Jedoch funktionieren die
Worte des Vergleiches und die Metapher semantisch gesehen in verschiedener Weise,
wenn auch die sprachlichen Leistungen nicht notwendig so weit voneinander abwei-
chen.

[241] Vgl. A. J. Bjørndalen, a.a.O., 165.

[242] Vgl. Max Black, a.a.O., 46; auch H. Hörmann (oben, S. 53, Anm. 215).

mente die wichtigsten sein. Die rühmende Aussage »Dieser Löwe kämpfte!« drängt darauf, löwenhafte Eigenschaften des Achilles hervorzuheben, ja herauszusuchen. Auch eine pejorative Metapher läßt nach einer möglichst großen Fülle zu beziehender Bedeutungselemente suchen. Bei ironisch »anerkennender« metaphorischen Rede werden andererseits gerade die nicht beziehbaren Bedeutungselemente der Metapher die wichtigeren sein. Die Metapher hat jedoch in ihrem Kontext »implications, ... left for a suitable reader to educe for himself, with a nice feeling for their relative priorities and degrees of importance«[243]. Auf alle Fälle *prägt* die metaphorische Aussage, kraft der Bedeutungseinheit ihrer Metapher, die Vorstellung vom Denotat B der Metapher. Mit Max Black: Die Metapher »suppresses some details, emphazises others – in short, *organizes* our view« von ihrem Denotat B[244].

Die Interpretation der Metapher a gibt unter aller geforderten Rücksichtnahme auf ihre Kontexte die Sache an, von der einige Merkmale den Bezugspunkt der disjunktiv verwendeten Bedeutungselemente der Metapher bilden: ihr Denotat B; sie bietet des weiteren eine abwägende Schichtung wichtiger beziehbarer Bedeutungselemente der Metapher, soweit das möglich und nützlich ist, und sie behält dabei die Bedeutungseinheit der Metapher im Auge. Außerdem zieht sie die nichtbeziehbaren Bedeutungselemente, soweit diese von besonderem Belang sind, mit in Betracht.

---

[243] Max Black, a.a.O., ebda.

[244] Max Black, a.a.O., 41, vgl. S. 41 f. – Black behauptet auf der anderen Seite auch, daß das, was hier »Denotat B« genannt wird, die Vorstellungen vom Denotat A der Metapher modifiziere: »If to call a man a wolf is to put him in a special light, we must not forget that the metaphor makes the wolf seem more human than he otherwise would« (a.a.O., 44). – Damit jedoch überhaupt metaphorische Wortverwendung vorliegen soll, muß wenigstens *ein* auf den Mann *nicht* beziehbares Bedeutungselement des Wortes »Wolf« neben den beziehbaren Bedeutungselementen desselben Wortes gleichzeitig vergegenwärtigt sein, es sei denn, die Identität des metaphorisch verwendeten Wortes mit sich selbst wäre preisgegeben, was aber bedeutungstheoretisch eher unhaltbar erschiene.

Zur Frage einer Metaphorik über Gott

Gesprochen kann werden über dasjenige, was uns mit unseren Sinnen wahrnehmbar ist, aber auch über das, was uns sensoriell nicht wahrnehmbar ist. Dann – aber nicht nur dann, und bei weitem nicht immer dann – kann es nahe liegen, sich irgendwie bildhafter Redewendungen zu bedienen. So vermutlich auch, wenn ein Israelit der Königszeit über Jahwe, den ich-bewußten, ansprechbaren, aber in vielen Hinsichten unvergleichbaren »Nicht-Menschen« (Hos 11,8 f.) [245] sprach [246]. Aber man darf keineswegs davon ausgehen, daß Rede, die uns bildhaft erscheint, auch den Israeliten bildhaft, und in derselben Weise bildhaft gewesen ist [247]. – Wir wollen jetzt fragen, inwiefern Rede über Gott Israeliten metaphorisch gewesen sein mag.

Nach A. M. Brouwer kann »de geestelijke wereld, de tweede werkelijkheid, ... alleen door ›metaphoren‹ worden aangeduid« [248]. Er bezieht sich dabei auf die Annahme, daß die Nennworte ursprünglich Namen äußerer, mit den Sinnen wahrnehmbaren Sachen gewesen seien [249]. Die »geestelijke wereld«, auf die demnach nur andeutungsweise und metaphorisch mit Worten verwiesen werden könne, umfasse das Innere, das Psychische des Menschen [250] wie auch Gottes Wirklichkeit.

Die Auffassung Brouwers ist für unsere Frage nicht relevant, weil wir mit Metaphern im Sinne A. Reichlings [251] arbeiten, d. h. Metaphern,

---

[245] Vgl. sonst bes. Jes 31,8; 2,11.17; 5,15 f.; 31,3 a α; auch Num 23,19; I Sam 15,29; Jes 55,8 f. Zur Unvergleichlichkeit Jahwes vgl. u. a. Ex 15,11; Dtn 3,24; sowie z. B. Jer 49,19; Hi 36,22 u. s. J. Hempel, Die Grenzen des Anthropomorphismus Jahwes im Alten Testament, ZAW 57 (1939), 75 ff., bes. S. 79 ff.; C. J. Labuschagne, The incomparability of Yahweh in the Old Testament, 1966, bes. S. 66 ff. 86 ff.

[246] Vgl. H. Ringgren, Religionens form och funktion, 1968, 28.

[247] S. Austin Farrer, Inspiration: Poetical and divine, in: Promise and fulfilment. Essays pres. to prof. S. H. Hooke ..., 1963, 96.

[248] A. M. Brouwer, Metaphoor, Allegorie en Allegorese, NThS 25 [1942], 25. Brouwer beschreibt seinen Begriff der Metapher folgendermaßen: »een op grond van gelijkheid of analogie in nieuwe beteekenis gebruikt woord« (a.a.O., 26).

[249] Vgl. A. M. Brouwer, a.a.O., 24 f.; sonst vgl. zu dieser Annahme das Urteil K. Bühlers, Sprachtheorie, 1934, 218. Das Problem in seinem sehr komplexen Kontext kann hier auf sich beruhen.

[250] Vgl. A. M. Brouwer, a.a.O., 24.

[251] Brouwer weist auf die Monographie C. F. P. Stutterheims, Het begrip metaphoor, 1941, hin (Brouwer, a.a.O., 23), aber seine Definition der Metapher (oben, Anm. 248)

die als solche in der jeweils aktuellen Sprachverwendung zu erkennen
sind und nicht erst an Hand ursprünglicher Wortbedeutungen. Wir fragen also, inwiefern Rede über Jahwe Israeliten in diesem Sinne metaphorisch gewesen ist.

Könnten vielleicht Metaphern vorgelegen haben, wo Israeliten der
Königszeit von Jahwes Gestalt, Gliedern, inneren Organen, Handlungen oder auch Empfindungen und Leidenschaften redeten[252]? Nach R.
C. Dentan war »Israel herself ... aware, at least in the minds of her
great religious teachers, that anthropomorphic expressions about God
must not be taken at face value«[253]. »... all thinking about deity must
necessarily be analogical«[254]. Das müßte noch nicht besagen, daß die
Rede über Gott metaphorisch ist, aber Dentan meint, »... if God exists
at all, we have no language adequate to describe him, and must avail
ourselves of the language of analogy – of metaphor and symbol.
Granted that all metaphors are inadequate and misleading, the only
question is which are the least inadequate and misleading«[255].

Auch W. Pannenberg nimmt eine metaphorische Art des Redens
von Gott an, genauer gesagt: des Gott selbst benennenden Redens von
Gott[256]. – Pannenberg bestimmt das von den Eigenschaften seines Tuns

---

zeigt keine Spur der von Stutterheim ausführlich dargestellten und empfohlenen
Theorie Reichlings.

[252] Eine umfassende Aufnahme der alttestamentlichen Stellen, die in diesem Sinne
menschliche Züge an Gott herausstellen, findet sich bei F. Michaeli, Dieu à l'image de
l'homme, 1950. – H. M. Kuitert, Gott in Menschengestalt, 1967, ist der Frage des dog-
matisch-hermeneutischen Wertes solches Anthropomorphismus in der Bibel nachgegangen. Kuitert äußert sich dabei jedoch auch zur Frage des historischen Sinnes biblischer anthropomorphistischer Aussagen, vgl. bes. a.a.O., 164–185, und erkennt einleitungsweise, daß auf diesem Gebiet »die Grenze zwischen der absichtlichen Metapher
und der normalen israelitischen Umgangssprache nicht immer leicht zu ziehen ist«
(a.a.O., 12).

[253] R. C. Dentan, The knowledge of God in ancient Israel, 1968, 144, vgl. S. 145 f.

[254] Ders., a.a.O., 142.

[255] Ders., a.a.O., 233. Dentan erläutert im Zusammenhang nicht seinen Begriff »metaphor«. – Ganz abgesehen von der Frage, ob oder inwiefern Metaphorik unzureichend
sei, unterscheidet Dentan nicht deutlich zwischen einer heutigen, angeblich prinzipiell
notwendigen Auffassung des Seins und der Erscheinung Gottes einerseits und Auffassungen hierüber im alten Israel andererseits, den »great religious teachers« (a.a.O.,
144) zugeschrieben. Das ist bei W. Pannenberg anders, vgl. gleich unten.

[256] Vgl. W. Pannenberg, Analogie und Doxologie. 1963, in: Grundfragen systematischer
Theologie, 1967, 181 ff. Neben dem Gott »selbst benennenden Reden« steht das anthropo*morphistische*, »die Eigenart eines bestimmten göttlichen Tuns bezeichnen(de)«
Reden von Gott (a.a.O., 184), seinem eventuell metaphorischen Charakter wird nicht
so betont nachgegangen (vgl. jedoch a.a.O., 198 zum »kerygmatischen Reden«).

her Gott selbst benennende Reden der biblischen Schriften im Anschluß an E. Schlink als anbetendes Reden von Gott, worin »die begriffliche Eindeutigkeit« des Redens aufgeopfert werde, wie auch »der sonst
übliche Sinn der menschlichen Worte preisgegeben« werde. »Im Akt
der Anbetung werden unsere Worte der erhabenen Unendlichkeit Gottes übereignet« [257]. Das anbetende Reden von Gott sei demnach durch
Unabgeschlossenheit und eine Unbestimmtheit der Bedeutungen der je
verwendeten Nennworte charakterisiert. Es bleibe zugleich »eine Analogie ... zwischen dem alltäglichen Sinn des Wortes und seiner theologischen Verwendung« [258].

Es mag hier angemerkt sein, daß ein »üblicher«, auf nicht-Gott
oder auf nicht-Göttliches bezogener Sinn menschlicher Worte nicht
notwendig eine feste, gut abgegrenzte, bestimmte oder bestimmbare
Größe ist. Die Unbestimmtheit und die Unabgeschlossenheit der Bedeutungsverwendung beim Anbeten von Gott haben ihrerseits als solche nichts schon mit dem Phänomen des Metaphorischen zu tun. Auch
bei nicht-metaphorischer Verwendung eines Wortes kann begriffliche
Eindeutigkeit fehlen und ein nur vorläufig abgegrenzter Sinn aktualisiert sein.

Pannenberg redet aber auch noch davon, daß sich im Akt der Anbetung eine (in ihrem Ausmaß uns nicht mehr überschaubare) »Ver-
wandlung des Inhaltes« des jeweils verwendeten Wortes ereignet [259].
Das besagt jedoch überhaupt nicht, daß – oder in welchem Sinne – es
sich hier um metaphorische Wortverwendung handelt.

Pannenberg weist vor allem aber darauf hin, daß Gott seit der sa-
lomonischen Zeit den Israeliten nur mittelbar, indirekt und andeutend
erkennbar sei [260], woraus sich die Notwendigkeit ergäbe, von Gott nur
»durch Übertragung« [261] zu reden, d. h. durch »Übertragung unserer
Wörter auf Gott« [262]. Ein Nennwort werde dann »für einen andern In-

---

[257] W. Pannenberg, a.a.O., 185
[258] A.a.O., ebda.
[259] A.a.O., ebda, vgl. die schon angeführte These, daß »der sonst übliche Sinn der
menschlichen Worte preisgegeben« werde, und s. unten, S. 70 f., Anm. 291 zur Sicht
H. Gollwitzers.
[260] A.a.O., 181 f. Die Frage, *inwiefern* dies, auch etwa für ein Reden Gottes an Propheten, zutrifft, soll uns hier nicht beschäftigen.
[261] A.a.O., 182.
[262] A.a.O., 193. Damit bezieht Pannenberg eine Position, die, jeweils verschieden ausgebaut, auch von Brouwer und Dentan vertreten wird: Worte sind »eigentlich« auf das
uns so oder so Zugängliche bezogen, und auf uns Unzugängliches nur durch »Übertragung« zu beziehen.

halt« gebraucht[263]. So kann Pannenberg das Reden von Gott, eben auch anbetendes Reden von ihm, unter dem Phänomen des »übertragenen Sprachgebrauchs« subsummieren, wo zugleich Unterschied und Analogie zum »eigentlichen Sinn des betreffenden Wortes« bestehe[264]. Auf diesem Hintergrund kann Pannenberg dann vom »metaphorische(n) Charakter unseres Redens von Gott« sprechen[265]. Zugrunde liegt diesen Ausführungen mithin der herkömmliche Metaphernbegriff der Rhetorik: die Metapher als übertragenes Wort. Dieser Begriff ist schon in sich selbst unbefriedigend[266] und vermag um so weniger den Vorgang zu erhellen, daß Nennworte, die mit konjunktiver Verwendung ihrer Bedeutung auf Denotaten unserer alltäglich »unmittelbar« zugänglichen Umwelt bezogen werden, auch »Gott selbst« irgendwie benennen können.

Es geht auch nicht an, aus dem Umstand, daß Gott nicht »unmittelbar« zugänglich ist, zu deduzieren, daß es sich bei dem Benennen Gottes hinsichtlich Eigenschaften seines Tuns um »einen andern Inhalt« handelt, *auf den die Worte bezogen werden.* Das tut aber Pannenberg: »Die Indirektheit des Redens von Gott bedeutet bereits, daß wir nur analog von ihm reden können, nur durch Übertragung von anderweitig gebildeten Wörtern.« – »Man spricht … von Gott, indem man von etwas anderem redet …«[267]. Pannenberg hat aber nicht nachgewiesen, daß der Inhalt, auf den sich das einzelne Nennwort beim Benennen von Gott selbst von den Eigenschaften seines Tuns her bezieht oder beziehen kann, etwas Anderes, nur Analoges ist. Wenn auch *Gott selbst* ein Anderer ist, heißt das nicht schon, daß unsere Worte, wenn sie Gott selbst von den Eigenschaften seines Tuns her benennen, sich dabei auf »andere« Elemente der Eigenschaften seines Tuns beziehen oder beziehen können als diejenigen, auf die sie sich beim Benennen von uns direkt zugänglichen Denotaten beziehen.

T. Boman findet, daß die Erwähnungen von Körperteilen Jahwes im Alten Testament »nicht als wirkliche Beschreibungen aufzufassen sind, sondern als bildliche Ausdrücke, die … seine Eigenschaften beschreiben«[268]. Er weist dabei auf alttestamentliche Texte hin, die über

---

[263] A.a.O., ebda.
[264] Vgl. a.a.O., ebda.
[265] A.a.O., 199.
[266] Vgl. oben, S. 13–19.
[267] W. Pannenberg, a.a.O., 182 bzw. 181.
[268] T. Boman, Das hebräische Denken im Vergleich mit dem griechischen, 1968[5], 86 (geschrieben im Hinblick auf Jes 40,10 f.; 42,12 ff., vgl. aber a.a.O., 91 und im ganzen a.a.O., 84–92).

Gott reden, kommt aber primär her von seiner Untersuchung alttestamentlicher, vermeintlicher Beschreibungen von Menschen, und meint, aus ihnen schließen zu können: »Wenn es ... richtig ist, daß im ganzen Alten Testament das Aussehen eines Menschen nie beschrieben ist, ist es um so sicherer, daß das Aussehen Jahwes im Alten Testament nie geschildert wird. Die Erwähnung der Gestalt und der Körperteile Jahwes hat also nur den Zweck, die Eigenschaften Jahwes anzudeuten«[269]. – »Es ist eine notwendige Folge unserer Deutung der Bilder im Hohen Liede, daß sowohl das Theriomorphe wie das Anthropomorphe die göttlichen Eigenschaften ausdrücken«[270].

Auf diesen Prämissen kann man dann weiterfragen nach der *Art* der Bildhaftigkeit der Rede von Eigenschaften im Alten Testament. Anscheinend schon weil das Anthropomorphe wie auch das Theriomorphe die göttlichen Eigenschaften ausdrücken, sei es »verfehlt, die anthropomorphen Aussagen über die Körperteile Jahwes buchstäblich zu nehmen«[271]. Das Wort für[272] »Auge«, ob des Menschen oder des Herrn, sei Metapher[273].

Es ist hier notwendig, auf die Reichweite der Argumentationsweise Bomans einzugehen. Daß Körperteile im Alten Testament zu dem Zweck erwähnt werden können, Eigenschaften zu beschreiben, ist keineswegs zu bestreiten. Jedoch schließt die von Boman behauptete Bildlichkeit dieser Rede, die nicht »buchstäblich« zu nehmen sei, durchaus nicht ohne weiteres *konjunktive* Verwendung der Wortbedeutungen aus. Boman betont ja eine Analogie: Die Rede von göttlichen Körperteilen weist auf Eigenschaften hin, wie auch die Rede von menschlichen Körperteilen. Wenn nun ein Körperteil eines Menschen erwähnt würde ausschließlich um eine Eigenschaft dieses Menschen anzudeuten, wäre doch der Körperteil erwähnt – und zwar mit konjunktiver Wortverwendung, wie etwa der Hals des Mädchens Cant 4, 4[274]. Falls dann »die Erwähnung der Gestalt und der Körperteile Jahwes ... nur den Zweck« haben sollte, »die Eigenschaften und Handlungen[275] Jahwes anzudeuten«[276], ist dementsprechend nicht schon *daraus* zu schließen, die Er-

---

[269] Ders., a.a.O., 91. [270] Ders., a.a.O., 85.

[271] Vgl. ders., a.a.O., ebda.

[272] Boman spricht von »der Metapher Auge« a.a.O., 87, im Sinne des metaphorisch verwendeten Wortes für »Auge«.

[273] T. Boman, a.a.O., ebda. Belege: Ps 118,23; Gen 3,7; II Reg 6,17; Hi 29,15; I Reg 1,20; Ps 116,15.

[274] Zu diesem Beispiel vgl. T. Boman, a.a.O., 62.

[275] Vgl. H. M. Kuitert, a.a.O., 177.

[276] T. Boman, a.a.O., 91.

wähnung von Gestalt oder Körperteilen Jahwes geschähe ohne konjunktive Verwendung der Nennwortbedeutungen. Es ist zu beachten, daß beim Menschen im Alten Testament »zwischen dem Organ und seiner Funktion oder dem Körperteil, den der Mensch hat, und der Seins- oder Verhaltensweise, in der der Mensch lebt, nicht scharf unterschieden wird. Vielmehr wird gerade mit dem Organ der Aspekt bestimmt, unter dem der Mensch jeweils erscheint«[277]. Geht es also in den von Boman herangezogenen Texten nicht um Beschreibung des Aussehens sondern um Hervorhebung von Eigenschaften Gottes[278] oder des Menschen, ist *dieser Umstand allein* nicht schon Beleg dafür, daß die Nennworte für die Körperteile nicht konjunktiv verwendet sind. Eine Frage, die Boman nur am Rande berührt[279] ist, wie die Dinge liegen würden unter einer eventuellen, zusätzlichen Bedingung, daß der Sprachverwender Jahwe keine konkrete Körperlichkeit und Körperteile zuschrieb. Hier mag sie zunächst auf sich beruhen.

Unser Begriff »konjunktive Bedeutungsverwendung« ist mit Bomans Begriff des »Buchstäblichen« nicht identisch, und es bleibt in seiner Darstellung etwas unklar, was „bildlich" und „buchstäblich" streng semantisch bezogen heißen sollen. *Dentan* erläutert seinerseits nicht seinen Begriff »metaphor«. Das Alte Testament kann natürlich trotzdem in einem strengen Sinn metaphorisch über Gott und etwa seine Körperlichkeit reden. Man kann aber auch den Hinweis L. Köhlers erwägen, daß die meisten Anthropomorphismen des Alten Testaments »nicht Augenblicksschöpfungen, sondern altes, ständig gebrauchtes und darum bezeichnendes Gut« sind, die »im AT sachgemäß« zu bleiben scheinen[280]. Aber das besagt umgekehrt noch lange nicht, daß diese Anthropomorphismen nicht unter Umständen metaphorisch verwendet sein könnten[281].

---

[277] W.H. Schmidt, Anthropologische Begriffe im Alten Testament, EvTh 24 (1964), 387. Vgl. J. Horst, Art. οὖς, ThW V.546: »die Funktion [des Ohrs] ist ... als solche nie vom sichtbaren Körperglied begrifflich gelöst«. Ähnlich H. M. Kuitert, a.a.O., 176.

[278] Vgl. G. Fohrer, Das Gottesbild des Alten Testaments, BZAW 115, 1969, 166.

[279] Vgl. am Anfang und am Ende der Ausführungen T. Bomans über »Das israelitische Gottesbild« (T. Boman, a.a.O., 84 f. 91 f.). Es spielt jedoch dieser Aspekt der Problematik keine entscheidende Rolle in der Argumentation Bomans. Entscheidende Prämisse wäre nach seiner Darstellung nicht, daß Gott nicht anthropomorph sein könnte, sondern ist, daß das theriomorphe und das anthropomorphe *Reden* Jahwes Wesen und seine Eigenschaften *ausdrücken.*

[280] L. Köhler, Theologie des Alten Testaments, 1953³, 5.6; vgl. H. M. Kuitert, a.a.O., 165.

[281] Vgl. W. Stählin, Zur Psychologie und Statistik der Metaphern, Archiv für die gesamte Psychologie 31 (1914), 388: einige Metaphern können häufig verwendet und doch »jedesmal wieder als Metaphern wirksam werden«.

Die Differenzen und die fehlende Präzision der Auffassungen lassen es geraten erscheinen, an Texten ganz genau zu untersuchen, inwieweit die Rede über Gott, die im Alten Testament begegnet, metaphorisch gewesen ist[282]. Wir ziehen zunächst Texte heran, die von Jahwes Gedanken, Empfindungen usw. reden, sodann Texte, die eine Gestalt Jahwes andeuten oder von seinen Körperteilen bzw. Handlungen reden.

Rede über die Willenstätigkeit Jahwes, seine Beschlüsse, seine Stimmungen und Gefühle, ist bei den Israeliten allem Anschein nach nicht ohne weiteres metaphorisch gewesen. Dies dürfte damit zusammenhängen, daß sie Jahwe als ich-bewußte, ansprechbare, denkende, wollende, empfindende Person aufgefaßt haben[283], wie es u. a. durch

---

[282] Eine linguistische Untersuchung anthropomorphistischer Äußerungen bietet auch W. J. Martin, Anthropomorphic expressions in semitic, in: Trudy dvadcat' pjatogo meždunarodnogo Kongressa vostokovedov, Moskau 9–16 avgusta 1960, I 1962, 381–383. Martin geht jedoch nicht speziell auf den Anthropomorphismus von Gottheiten ein. Er findet, daß anthropomorphistische Äußerungen am Besten »as metaphors, or as extensions of meaning« behandelt werden können (a.a.O., 381).

[283] Vgl. L. Köhler, a.a.O., 6; W. Eichrodt, Theologie des Alten Testaments, I 1957⁵, 131ff. 138; G. von Rad, Theologie des Alten Testaments, I 1957, 207; R. C. Dentan, a.a.O., 139ff.; A. J. Bjørndalen, Jahwe in den Zukunftsaussagen des Amos, in: Die Botschaft und die Boten. Festschrift für H. W. Wolff zum 70. Geburtstag, 1981, 193ff. 196ff. 200. Es ist nun allerdings diese Personhaftigkeit Jahwes, was die gerade genannten Züge betrifft, nicht im ganzen als Moment seiner religionsgeschichtlichen Eigenart anzusehen, wohl aber als Moment seiner *Art.* Auch ursprüngliche Natur-Götter können im Alten Orient als anrufbare Personen aufgefaßt werden, wirksam in der Geschichte der Menschen und der Völker, z. T. mit Zorn, z. T. mit Freundlichkeit und Hilfsbereitschaft. Vgl. u. a. B. Albrektson, History and the Gods, 1967, 16ff. u. passim.

In den ugaritischen Texten treten diese Züge jedoch kaum explizit hervor. Die Götter sind gewissermaßen »personhaft« verstanden im Leben gegen- und für*einander,* vgl. A. S. Kapelrud, The Ras Shamra discoveries and the Old Testament, 1965, 30; gegenüber den Menschen aber sind sie wesentlich durch den mehr oder weniger regelmäßigen Verlauf der Naturbegebenheiten wirksam. S. aber noch J. Gray, The legacy of Canaan, 1965², 204–207!

W. Pannenberg betont an der Personhaftigkeit besonders die wesenhafte Unverfügbarkeit, das selbständige Wesen einem Ich gegenüber, das unvorhersehbare Wirken, vgl. Pannenberg, Analogie und Doxologie, in: Grundfragen systematischer Theologie, 1967, 197. »Nachdem nun einmal die göttliche Macht als handelnde Person verstanden ist« in Israel, findet Pannenberg es »sinnvoll«, wenn Gott »Züge eines menschlichen Verhaltens« wie Barmherzigkeit, Güte, Gnade, Zorn zugesprochen werden, vgl. ders., a.a.O., 198. – Zu den Merkmalen persönlicher Götter in religionsphänomenologischer Sicht vgl. B. Gladigow, Der Sinn der Götter. Zum kognitiven Potential der persönlichen Gottesvorstellung, in: P. Eicher, Hrsg., Gottesvorstellung und Gesellschaftsentwicklung, 1979, 41–62.

die Anrede an ihn als ein Du in Klage und Lob, wie auch durch die Stil-
form der Ich-Rede Jahwes[284] und der prophetischen, auftragsbedingten
Botenrede[285] bezeugt wird. Auch kann diese Personhaftigkeit Jahwes
stark betont werden durch Inhaltselemente lexikalischer Art in der
Rede, vgl. die Klagesätze Hos 4,6; 5,11[286] und die Fragen des betroffenen Gottes an sich selbst Hos 6,4; 11,8 – oder etwa die Strafandrohung
Hos 7,1 f.: Jahwe gedenkt aller Bosheit Ephraims und Samariens, sie
wirkt sich vor seinem Angesicht aus (s. dazu noch Hos 5,12.14 f.;
13,7 f. 9[287]). Aus dem Buche Amos wäre u. a. zu erinnern an 5,21: »ich
hasse, ich verwerfe eure Feste«, vgl. 6,8, oder im Buche Jesaja 1,14. – In
Jes 5,7 sind die Männer Judas Jahwes Lieblingspflanzung genannt. Weitere Belege erübrigen sich wohl.

Dieser intensiven Personhaftigkeit Jahwes in hohem Maße angemessen scheinen in der Sprachverwendung der prophetischen Überlieferungen Verben und Nomina gewesen zu sein, die in konjunktiver
Verwendung »innere«, psychische Zustände und Regungen des Menschen nennen[288]. (Fälle, wo der lexikalische Inhalt eines solchen Wortes
sich einem Sprachverwender nicht auf Gott beziehen ließ, wie etwa
Num 23,19; I Sam 15,29, bilden Ausnahmen, vgl. dazu Jer 18,7–10.) In

---

284 Vgl. *einerseits* die Formelbildung um das Ich Jahwes, u. dazu besonders W. Zimmerli,
    Ich bin Jahwe (1953), jetzt ThB 19, 1963, 11–40; K. Elliger, Ich bin der Herr – euer
    Gott (1954), jetzt ThB 32, 1966, 211–231; W. Zimmerli, Erkenntnis Gottes nach dem
    Buche Ezechiel (1954), jetzt ThB 19, 1963, 41–119; ders., Das Wort des göttlichen
    Selbsterweises (Erweiswort), eine prophetische Gattung (1957), jetzt ThB 19, 1963,
    120–132; R. Rendtorff, Die Offenbarungsvorstellungen im Alten Israel, in: KuD.B 1,
    1965³, 25. 32 ff.; ders., Geschichte und Wort im Alten Testament, EvTh 22 (1962),
    627 f. Anm. 16; A. Jepsen, Beiträge zur Auslegung und Geschichte des Dekalogs, ZAW
    79 (1967), 285–287.
    Vgl. *andererseits* bes. die Ich-Rede Jahwes bei den Propheten. Zu dem speziellen Pro-
    blem der Abgrenzung der Ich-Rede Jahwes im Hoseabuch vgl. M. J. Buss, The pro-
    phetic word of Hosea, 1969, 61 ff.; s. auch H. W. Wolff, Dodekapropheton I. Hosea,
    1965², XIV f.
285 Vgl. für Amos H. W. Wolff, Dodekapropheton II. Joel und Amos, 1969, 109 f.; allge-
    mein C. Westermann, Grundformen prophetischer Rede, 1968³, 70 ff., etwas abwei-
    chend R. Rendtorff, Botenformel und Botenspruch, ZAW 74 (1962), 165–177.
286 Vgl. H. W. Wolff, Dodekapropheton I. Hosea, 1965², zu den Stellen. – Auf das Pro-
    blem des צו Hos 5,11 braucht hier nicht eingegangen zu werden, vgl. zuletzt W. Ru-
    dolph, Hosea, 1966, 124.
287 Vgl. W. Eichrodt, Theologie des Alten Testaments, II–III 1961⁴, 300.
288 Ein Nennwort eines »Inneren« konnte aber auch – nach dem allerdings etwas dürfti-
    gen alttestamentlichen Material – ausschließlich auf Gott bezogen werden, vgl. z. B.
    חרון (Ps 58,10 liegt wohl ein Textfehler vor), vgl. dazu H. Ringgren, Israelitische Re-
    ligion, 1963, 68.

der Regel werden diese Worte auch in bezug auf Gott konjunktiv verwendet worden sein[289]. Andere zu erwägende Anzeichen einer disjunktiven Bedeutungsverwendung, neben dem zur Debatte stehenden Bezug
auf Jahwe, finden sich nicht. Um auf ein Beispiel zurückzugreifen: es
wird anzunehmen sein, daß die Verben »hassen« und »verwerfen«
Am 5,21 konjunktiv verwendet sind. Es ist auf der anderen Seite nicht
auszuschließen, daß einzelne Nennworte, auf Gott bezogen, mit einer
nur in dieser Beziehung relevanten Sonderbedeutung konjunktiv verwendet werden konnten. Weder Am 5,21 noch allgemein[290] dürfte dies
aber der Fall gewesen sein[291].

---

[289] Nach R. C. Dentan a.a.O., 141 ist es die *israelitische* Auffassung von Jahwe als einer
namentlich bekannten Person gewesen, »that made the anthropomorphisms and
anthropopathisms of Scripture seem so natural«. Vgl. ders., a.a.O., 141 f. Indem nun
die Anthropomorphismen und Anthropopathismen Jahwes Handlungen und Verhal-
tensweisen schildern, implizieren sie gewiß, daß Jahwe lebendig ist. Es mag dagegen
etwas zweifelhaft erscheinen, ob diese Auffassung von Jahwe als einem Lebendigen
den alttestamentlichen Anthropomorphismen ein besonderes Gepräge gegeben hat
(vgl. aber E. Jacob, Art. Anthropomorphismus, BHH I 96 f., u. s. ders., Théologie de
l'Ancien Testament, 1955, 30; F. Michaeli, a.a.O., 145 ff.). Die *ausdrückliche* Rede von
Jahwe als einem lebendigen Gott hat eine außerisraelitische Herkunft (vgl. W.
W. Graf Baudissin, Adonis und Esmun, 1911, 450 ff.). Wenn auch eine israelitische
Umprägung festzustellen ist (vgl. W. H. Schmidt, Alttestamentlicher Glaube und seine
Umwelt, 1968, 142 ff. 147), so hat die Rede von Jahwe als Lebendigem im Vergleich
mit den Anthropomorphismen und Anthropopathismen Jahwes im AT eine sehr spezielle Distribution (vgl. H.-J. Kraus, Der lebendige Gott, EvTh 27 [1967], 172 ff.
179 ff. 185; W. H. Schmidt, a.a.O., 140 ff.).

[290] Man könnte zwar sagen, es handle sich Am 5,21 a um ein besonders intensives Has-
sen und Verwerfen, aber das kann es auch im Verhältnis zwischen Menschen geben. –
Es handelt sich Am 5,21 a wohl aber um ein *unvergleichlich* autoritatives und folgen-
schweres Hassen und Verwerfen. Das kommt aber nicht schon durch die (mit ihrer
Bedeutung vollzogene) Nennfunktion der Verben zum Ausdruck, sondern als ein
*Satzinhalts*aspekt, der den Verben als exponentieller, inzidenteller (dazu s. unten,
S. 80, Anm. 338) semantischer Wert in der Verwendung mitgegeben ist (s. unten
S. 79 f. zum Begriff Satzinhalt). Von einer Jahwe als dem Subjekt vorbehaltenen (und
konjunktiv relevanten) Sonderbedeutung der Verben kann in Fällen wie diesem nicht
die Rede sein. Vgl. noch die folgende Anm. – Wir werden jedoch in diesem Kapitel
weiterhin die *Möglichkeit* solcher Sonderbedeutung vor Augen haben.

[291] Helmut Gollwitzer hat stark geltend gemacht, daß (anthropomorphistische Nenn-)-
Worte wie Vater, Herr, Freund usw. Gott nicht durch eine vorher, vom Bezug auf
Gott abgesehen festgestellte Definition ihres Inhaltes bestimmen – man könnte wohl
sagen: prädizieren. »Wie Er Vater, Herr, Freund usw. ist und inwiefern diese Worte
für Ihn Geltung haben, kann nur im Blick auf sein Handeln festgestellt werden, nicht
vorher und abgesehen davon durch eine starre Definition dieser Termini. Das Subjekt entscheidet über das Prädikat, nicht umgekehrt.« Gott »ist wirklich Vater, Herr,
Freund. Er ist es so sehr, dass man sagen kann, nun erst, in der Beziehung auf Ihn,

Etwas anders gelagert ist die Problematik der Frage der disjunktiven oder konjunktiven Bedeutungsverwendung in Texten, in denen Gott dem Wortlaut nach ein menschenähnlicher Körper oder Körperteile, oder Handlungen damit, zugeschrieben wird. Gott sitzt, steht auf, steht, streckt seine Hand aus, schlägt mit ihr, riecht etwas, sieht etwas, hört etwas – oder aber er will dieses oder jenes nicht tun.

Wir wollen jetzt die schon angeschnittene Frage stellen, inwiefern Israeliten des 8. Jh. v. Chr. Jahwe einen konkreten Körper zuschrieben. Die Beantwortung der Frage entschiede hier, ob anthropomorphistische Äußerungen über Jahwe damals metaphorisch – oder sonstwie bildhaft – verstanden wurden, oder nicht.

---

seien diese Worte zu ihrer Eigentlichkeit, zu ihrer uneingeschränkten Geltung gelangt. Aber indem Er sich als Vater, Herr usw. gibt, behält Er sich vor, in welcher Weise Er die damit angegebenen Beziehungen verwirklicht ...« (H. Gollwitzer, Die Existenz Gottes im Bekenntnis des Glaubens, 1963, 130. 131). Man kann nach Gollwitzer sagen, die Begriffe gelten »in dieser neuen und einzigartigen Beziehung« auf Gott »*wörtlich, aber nicht buchstäblich,* – wenn unter ›buchstäblich‹ die Bindung an eine vorher festgelegte Vorstellung verstanden wird« (H. Gollwitzer, a.a.O., 131). Es ist hier nicht der Ort, die Auffassung Gollwitzers in ihrem dogmatischen Gehalt zu überprüfen. Sie hat aber eine klar angezeigte semantische Seite, zu der Stellung genommen werden soll. Zunächst sei angemerkt, daß es nichts Gott Eigentümliches ist, wenn die Prädikate nicht durch einen vorher, und abgesehen vom Bezug auf das Subjekt, festgelegten Sinn dieses Subjekt prädizieren. Das ist vielmehr ganz normal, führt allerdings keinen Bedeutungswechsel herbei, sondern allenfalls eine Auswahl relevanter Bedeutungselemente innerhalb der betr. Bedeutungseinheit. Gollwitzer meint nun, daß anthropomorphistische Nennworte ohne »Bindung an eine vorher festgelegte Vorstellung« verwendet werden, – aber dennoch »wörtlich«. »Wörtlich« hieße dabei wohl linguistisch umgesetzt z. B.: mit konjunktiv relevanter Spezialbedeutung. In diesem Sinne wäre jedoch die Auffassung Gollwitzers *durchaus unzureichend.* Denn die Möglichkeit kann nicht abgewiesen werden, daß einer Gott als Vater anredete mit disjunktiver Verwendung der Bedeutung dieses Wortes »Vater«, indem z. B. die Konfiguration von Bedeutungselementen [+ derjenige, der als Geschlechtspartner der Mutter mich gezeugt hat] gewußt, aber nicht auf den betr. Bezugspunkt (oder überhaupt) bezogen wurde. Das könnte der Fall sein auch wo die betr. Redeweise als Redeweise von Gott traditionell wäre (vgl. oben, S. 67, Anm. 281 zu W. Stählins Untersuchung).

Zum anderen ist auch die Auffassung, anthropomorphistische Nennworte gelangten »erst in der Beziehung auf Ihn [Gott] ... zu ihrer Eigentlichkeit«, linguistisch verstanden unhaltbar. Das *dogmatische* Anliegen Gollwitzers ist hier, »das Maß der Eigentlichkeit von unserer sonstigen Sprache und Wirklichkeit« *nicht* herzunehmen (vgl. ders., a.a.O., 131, Anm. 192). Das führte aber am ehesten auf *zwei* ›eigentliche Bedeutungen‹. Die Rede von *einer* Eigentlichkeit geht linguistisch verstanden zu weit: Es ist, um es linde zu sagen, nicht auszuschließen, daß z. B. das Wort »Vater«, auf Merkmale eines *Menschen* bezogen, konjunktiv verwendet werden kann.

Zur Frage einer Körperlichkeit Jahwes

Es besagt im Zusammenhang dieser Frage kaum unmittelbar etwas, wenn der Elo-
hist dem persönlichen Namen Jahwe die Bezeichnung Elohim zur Seite stellt (vgl.
noch den sonst verbreiteten Gebrauch vom Nomen אדני, oder Lev 24,11 השם), und
daß man allmählich Mittlerwesen im Verkehr zwischen Gott und Mensch ein-
führte, wie יהוה מלאך, כבוד י״, פנים י״ und שם י״ [292]. Man kann schwerlich sagen,
daß der Personencharakter Jahwes hierdurch in Frage gestellt wird, noch wird das
Thema einer etwaigen Körperlichkeit Jahwes berührt. Was erkennbar wird, ist daß
Auffassungen von der Art und Weise des Gegenwärtigseins und des Eingreifens
Jahwes im AT nuanciert sind [293]. Dagegen kann, wenigstens mit der Zeit, das Bilderverbot indirekt der Auffassung, Jahwe habe einen konkreten Körper, widersprochen haben. Diese Möglichkeit legt, wenn nicht Ex 20,4, so doch Dtn 4,12–20
nahe. Die Begründung »eine Gestalt saht ihr nicht« V.12 (vgl. V.15) könnte sehr
wohl [294] besagen, Jahwe sei gestaltlos [295], und eine jede plastische Darstellung von
ihm deswegen schon in dieser Hinsicht unangemessen.
Ob das Bilderverbot eventuell auch ursprünglich im Sinne der Gestaltlosigkeit
Jahwes verstanden wurde, mag eher zweifelhaft erscheinen. Von einer geistigen
Wesensart Jahwes war in Ex 20,4 sicher ursprünglich niemals die Rede [296]. K.-H.
Bernhardt bestreitet aber auch, daß Götterbilder eine die Gottheit abbildende
Funktion hatten [297]. Wenigstens der spätere Zusatz Ex 20,4aβb aber (ab ein-
schließlich וכל־תמונה) rechnet bekanntlich unbefangen damit, daß der verbotene
Körper jeweils Gestalten dieser Welt *abbilden* würde, kennt also eine abbildende
Funktion des פסל. Das Verbot besagt von hierher gelesen kaum, daß es auf dieser
Welt nichts Jahwe Vergleichbares gäbe, daß eine Abbildung Jahwes in keiner Weise
gelingen könnte, eher, daß die Abbildung von ihm nicht statthaft sei. Wichtig in unserem Zusammenhang ist nun aber die Frage, wie sich die *sprachlichen* Anthropomorphismen Jahwes zum Bilderverbot bzw. zu seiner eventuellen – wenn auch späten – Implikation der Gestaltlosigkeit Jahwes verhielten. War, oder wurde das Bilderverbot gegenüber den sprachlichen Anthropomorphismen Jahwes eine Norm,
die sie allenfalls zuließ unter der Bedingung, daß sie keine Vorstellungen eines konkreten Körpers Jahwes implizierten? Die sprachlichen Anthropomorphismen erfuh-
ren nach Ringgren eine Begrenzung vom Bilderverbot her, ja die »denkbar stärkste
Begrenzung ... Der Gott, der nicht abgebildet werden darf, kann nicht wirklich als

---

[292] Vgl. besonders F. Michaeli, Dieu à l'image de l'homme, 1950, 107–111; sonst u.a.
E. Jacob, Art. Anthropomorphismus, BHH, I 97; H. Ringgren, Israelitische Religion,
1963, 79 ff.; R. C. Dentan, a.a.O., 145 f.; W. H. Schmidt, Alttestamentlicher Glaube in
seiner Geschichte, 1975², 266.

[293] Vgl. dazu auch J. Barr, Theophany and Anthropomorphism in the Old Testament, in:
VT.S 7, 1960, 33 f.

[294] Wenn auch nicht abstrakt gedacht in dem Sinne, Jahwe sei ein »Geistwesen, ... aller
irdischen Leiblichkeit entgegen ...« (vgl. W. Zimmerli, Das zweite Gebot, in: Festschrift A. Bertholet zum 80. Geburtstag gewidmet von Kollegen und Freunden, 1950,
563; s. auch W. H. Schmidt, a.a.O., 78).

[295] Vgl. W. H. Schmidt, a.a.O., 80 f.

[296] Vgl. W. Zimmerli, a.a.O., 559 ff. 562 f.; K.-H. Bernhardt, Gott und Bild, 1956, 78–80.

[297] K.-H. Bernhardt, a.a.O., 31 f. 55.

Mensch vorgestellt werden«[298]. Blieben Anthropomorphismen Jahwes verwendbar, weil und insofern sie *nicht* gegen eine Implikation des Bilderverbots verstießen, »that God is so different from man, and so superior to the physical world, that he must never be represented in human form, or by any other physical representation«? – so R. C. Dentan[299]. – Dentan setzt fort: »Anthropomorphic images were limited to literature and language; there they could be instructive and vivifying; in any case, they were always fleeting, changing, only half serious. But anthropomorphism in plastic form was unconditionally forbidden, for there it was fixed, crass, limiting ...«[300].

Es erscheint jedoch fraglich, ob das Bilderverbot bzw. seine Implikationen in dieser Weise im 8. Jh. v. Chr. auf die sprachlichen Anthropomorphismen Jahwes bezogen worden sind. Das Bilderverbot hatte zwar durch die Verkündigung Hoseas und später in bestimmten Hinsichten eine größere Wirkung als zuvor[301], es ist aber bemerkenswert, wie der Text Ex 20 selbst, fern aller reinen Geistigkeit der Vorstellung von Jahwe, dicht neben dem Bilderverbot den Anthropopathismus von seinem Eifer (20,5) bietet[302]. Sofern es um Vorstellungen geht, implizieren die sprachlichen Anthropomorphismen Jahwes in den prophetischen Überlieferungen, die aus dem 8. Jh. v. Chr. herstammen mögen, dem Wortsinn nach eindeutig, daß Jahwe als Menschengestaltiger vorgestellt wird. Das führt gerade nicht auf eine Unvorstellbarkeit Jahwes[303]. Wenn diese Vorstellungen einer Körperlichkeit Jahwes aber nach der Auffassung der Propheten und ihrer Tradenten nicht der Wirklichkeit Jahwes unmittelbar entsprechen sollten, wäre das besser aus ihren Überlieferungen zu belegen als mit dem Bilderverbot, auf das hier nirgends in der Weise von Dtn 4 angespielt wird.

Vielmehr könnte das Bilderverbot, wenn auf die Anfertigung von Jahwebildern bezogen, geradezu übereinstimmen mit der angenommenen Implikation der sprachlichen Anthropomorphismen Jahwes, mit einer Vorstellung von Jahwes Menschengestaltigkeit. »Hätte das Alte Testament Gott, so wie es sich ihn vorstellte, darstellen wollen, so hätte ein solches Gottesbild nur menschliche Züge haben können. Dies Bild hätte aber keinerlei Macht noch Bedeutung«[304]. Ob nicht damit über Jahwes Menschengestaltigkeit und Menschlichkeit hinaus ein Menschsein Jahwes impliziert wäre?

In einer Hinsicht mag jedoch das Bilderverbot dem Anthropomorphismus Jahwes eine Grenze gesetzt haben. Das Verbot »hat entscheidend dazu beigetragen, alle Spekulationen über das Aussehen Jahwes zu unterbinden«[305]. Von derartigen Spekulationen sind auch die sprachlichen Anthropomorphismen Jahwes weit entfernt.

---

[298] H. Ringgren, a.a.O., 62.

[299] R. C. Dentan, a.a.O., 148.

[300] R. C. Dentan, a.a.O., ebda; vgl. H. H. Rowley, The Faith of Israel, 1956, 75 f.

[301] Vgl. W. Zimmerli, Das Bilderverbot in der Geschichte des alten Israel, in: Schalom. Studien zu Glaube und Geschichte Israels A. Jepsen zum 70. Geburtstag dargebracht von Freunden, Schülern und Kollegen, 1971, 86 ff., s. bes. 89 f. 92 f.

[302] Dazu s. W. Zimmerli, Das Zweite Gebot, in: Festschrift A. Bertholet, 1950, 559.

[303] Vgl. G. von Rad, Theologie des Alten Testaments, I 1957, 217 f.; s. auch W. Zimmerli, a.a.O., ebda.

[304] E. Jacob, Grundfragen alttestamentlicher Theologie, 1970, 20 f.

[305] G. Fohrer, Geschichte der israelitischen Religion, 1969, 164.

Immerhin haben sie eine andere Wirkungsweise als die plastischen und überhaupt visuellen Darstellungen. Diese kommen nicht umhin, eben ein gewissermaßen bestimmtes und vollständiges Aussehen, mit mehreren Zügen, darzustellen. Die sprachlichen Äußerungen können freier sein, nur auf vereinzelte Züge verweisen, und können unbestimmter sein[306].

Will man fragen, inwiefern Israeliten im 8. Jh. v. Chr. Jahwe einen konkreten Körper zuschrieben, dürfte man so besonders auf anthropomorphistische Äußerungen aus diesem Zeitraum verwiesen sein. Es ist jedoch in unserem Zusammenhang keine volle Diskussion dieser Frage notwendig. Wir werden nur kurz auf die Bedeutung einiger Visionsberichte hinweisen.

In der Tradition nach Micha ben Jimla (I Reg 22,19) berichtet der Text Jes 6,1:

ואראה את־אדני ישב על־כסא רם ונשא

Und in Am 9,1 heißt es:

ראיתי את־אדני נצב על־המזבח

Man mag über die psychologische Bestimmung der mit diesen Überlieferungen behaupteten Erlebnisse verschiedener Meinung sein[307]. – W. C. Klein[308] weist auf die Schwierigkeiten bei einer psychologischen Nachfrage nach den Propheten hin. – Wie dem nun auch sei: ob die zitierten Texte sensorielle Wahrnehmungserlebnisse oder reine Vorstellungserlebnisse behaupten, und welcher Art immer diese, genauer betrachtet, gewesen sein mögen, es dürfte sich auf jeden Fall um ein »Sehen« handeln, dem morphologisch distinkt Gestaltetes irgendwie visuell oder quasi visuell zugänglich ist. Es wird zwischen Thron und demjenigen, der darauf sitzt, unterschieden, ebenfalls zwischen Altar und demjenigen, der neben ihm steht. Der Herr ist mit Gestalt visualisiert, und zwar in einer sitzenden bzw. stehenden Gestalt. Die Gestalt Jahwes ist damit zunächst nur angedeutet, aber es kann sich im Lichte der sprachlichen Anthropomorphismen Jahwes nur um eine Menschengestalt oder eine menschenähnliche Gestalt handeln.

Später berichtet das Jeremiabuch (1,9):

וישלח יהוה את־ידו ויגע על־פי

Der Text dürfte ein Visionsbericht sein[309]. – Nach Ez 1,26ff. meinte Ezechiel gesehen zu haben die כבוד־יהוה דמות V.28 als דמות כמראה אדם, V.26. Es ist dies alles bestimmt mehr als »Vermenschlichungen in Begriff und Sprache«[310]. Die Sprachverwendung in den Visionsberichten, die hier zitiert wurden, dient dazu, auf in den Visionen angeblich Wahrgenommenes oder Vorgestelltes hinzuweisen.

---

[306] R. C. Dentan, a.a.O., 148: »fleeting«.

[307] Vgl. etwa J. Lindblom, Profetismen i Israel, 1934, 250f. 254–257. 85–90; ders., Die Gesichte der Propheten. Versuch einer Klassifizierung, Studia theologica 1, Rigae 1935, 10ff.; ders., Prophecy in Ancient Israel, 1962, 37f. 123. 126ff., andererseits I. P. Seierstad, Die Offenbarungserlebnisse der Propheten Amos, Jesaja und Jeremia, 1946, 56f. 59–66.

[308] W. C. Klein, The Psychological Pattern of Old Testament Prophecy, 1956, 73.

[309] Vgl. J. Lindblom, Prophecy in Ancient Israel, 1962, 111. 113, s. aber auch I. P. Seierstad, a.a.O., 67.

[310] G. von Rad, a.a.O., I 1957, 218 zu u. a. I Reg 22,19; Ez 1,26.

Es dürfte nun die hier bezeugte Menschengestaltigkeit Jahwes nicht schlechthin als eine von Jahwe (ad hoc) angenommene Erscheinungsform bezeichnet werden[311], wollte man damit die Auffassung der Propheten oder ihrer Tradenten beschreiben. Es scheint vielmehr die Menschengestaltigkeit als die Jahwe *gemäße* Erscheinungsform aufgefaßt zu sein[312]. Das entspräche dem Umstand, daß auch außerhalb der Visionsberichte *anthropo*morphe Rede von Gott im Alten Testament unvermeidbar zu sein scheint, bedingt durch die Begegnungen zwischen Gott und Mensch durch das anredende Wort Gottes und seine geschichtliche Tat[313].

Weiter ist aber sehr zu fragen, ob Jesaja oder Amos bzw. ihre Tradenten zwischen visionär wahrgenommener oder vorgestellter Form der Erscheinung Jahwes und der Wirklichkeit Jahwes unterschieden haben. Es ist zu bedenken, daß Theriomorphismen Jahwes wohl außerhalb (vgl. Jes 31,4f.; Am 3,8, weiter u. a. Hos 5,14; 13,7f.) aber niemals innerhalb prophetischer Visionsberichte vorkommen. Das könnte darauf beruhen, daß die genannte Unterscheidung schwer fiel.

Demgegenüber ist es kaum haltbar, »daß gerade im Alten Testament das Hören auf JHWH die Begegnung mit ihm nicht eine Vorstellung von JHWH ... zur Folge hatte« (H. Gollwitzer)[314]. Gollwitzer bezieht sich hier, wie immer in der vorangehenden Darstellung[315], auf das Hören der göttlichen Anrede, bes. noch auf die »Auditionen«[316], nicht aber auf Visionen.

Es dürfte aber andererseits bezeichnend sein, daß gerade auch die Jesaja- und die Amos-Überlieferungen keinerlei Detailangaben zum Aussehen Jahwes geben. Auf diese Tatsache ist oft hingewiesen worden. *Sollte* die *Hand* Am 7,7b die Hand Jahwes sein (was aber nach texthistorischen Daten bekanntlich kaum ursprünglicher Sinn des Textes gewesen sein dürfte), wäre die Antwort in 7,8 äußerst aufschlußreich: אֲנָךְ. Vgl. aber auch Jes 6: die Seraphen, nicht Jahwe, werden beschrieben. Und bei allem blieb die Sexualität durchaus ausgeschaltet[317].

Wir kehren zur Frage zurück, inwiefern disjunktive oder konjunktive Bedeutungsverwendung vorliegt in alttestamentlichen Texten, wo Jahwe dem Wortlaut nach ein menschenähnlicher Körper oder Körperteile, oder Handlungen damit, zugeschrieben wird.

Das, wovon jeweils die Rede ist, und das so oder so benannt wird, kann eine vom Sprachverwender geglaubte Wirklichkeit Gottes sein, insofern auch als außersprachlich real gegeben angesehen sein. Unter Umständen ist da im konkreten Einzelfall am ehesten konjunktive Bedeutungsverwendung anzunehmen. Wir werden aber auch sehen, daß disjunktive Bedeutungsverwendung in einem solchen Fall einer anthro-

---

[311] S. aber H. H. Rowley, a.a.O., 76.

[312] Vgl. J. Barr, a.a.O., 33.

[313] G. von Rad, Aspekte alttestamentlichen Weltverständnisses, EvTh 24 (1964), 61 mit Verweis auf H. Gollwitzer, a.a.O., 113 ff.

[314] H. Gollwitzer, a.a.O., 129.

[315] H. Gollwitzer, a.a.O., 113. 118. 120. 122 f.

[316] H. Gollwitzer, a.a.O., 122 f.

[317] Vgl. instar omnium J. Hempel, Die Grenzen des Anthropomorphismus Jahwes im Alten Testament, ZAW 57 (1939), 83 ff.

pomorphistischen Äußerung vorliegen kann, durchaus unabhängig
davon, ob der Sprachverwender Gott einen konkreten Körper zuschreibt[318].

Hinzu kommt, daß unter einer bestimmten Bedingung des Satzinhaltes Merkmale eines Körperteils Jahwes konjunktiv benannt werden auch dann, wenn der Sprachverwender Jahwe keinen konkreten
Körper(teil) zuerkennen sollte[319]. Sein Sprechen stiftet dann selbst eine
Art sprachlicher Wirklichkeit des Körperteils, die benannt wird. Das
sollte im Laufe der folgenden Darstellung deutlich werden.

Wir untersuchen zunächst Visionsberichte und eine Theophanie-
schilderung, wo ein visuelles Gepräge der Darstellung kaum ganz zu
bestreiten ist, sodann andere anthropomorphistische Texte. Wir könnten damit Texte mit verschiedenen Bedingungen metaphorischen Redens über Jahwe vor uns haben.

Visionsberichte bieten Amos und Jesaja, dagegen nicht Hosea. Die
Frage ist nun, inwiefern die Nennworte des jeweiligen Berichts mit disjunktiver Bedeutungsverwendung über Jahwes Körper, Körperteile
oder Handlungen reden[320]. Es geht damit um die Nennfunktion der
Worte. Es ist diese Frage scharf zu trennen von der Frage nach der
Funktion des visionären *Erlebnisses*[321]. Die Funktion des Berichts ist es,
mit seinen Worten das in der Vision so oder so Wahrgenommene oder
Vorgestellte anzuzeigen, wodurch erst eine Funktion des visionären Erlebnisses greifbar wird.

Amos und Jesaja erwähnen in den überlieferten Visionsberichten
keinen Körper oder Körperteil[322] Jahwes oder Züge seines Aussehens,
wohl aber Handlungen: Jahwe *sitzt* (Jes 6,1) und *steht* (Am 9,1) und *redet* (Jes 6,8 f.; Am 7,3.6.8; 8,2; 9,1). Sitzen und Stehen setzen am ehesten voraus, daß Jahwe einen menschenähnlichen Körper hat, und die
Propheten haben möglicherweise nicht zwischen der visionär wahrge-
nommenen oder vorgestellten Erscheinung Jahwes und seiner Wirklich-

---

[318] Vgl. unten, S. 87 f. zu der Gruppe וַיַּכֵּהוּ Jes 5,25 a.

[319] Vgl. unten, S. 78, Anm. 330.

[320] Eine etwas breiter angelegte Frage bei F. Horst, Die Visionsschilderungen der alttestamentlichen Propheten, EvTh 20 (1960), 195: »wie sich Verbum und Visio jeweils
zueinander verhalten«.

[321] Zur Frage der Sinndeutung ›visionärer‹ Erlebnisse vgl. u. A. J. Hempel, Jahwegleich-
nisse der israelitischen Propheten, ZAW 42 (1924), 78 ff., jetzt BZAW 81, 1961, 5 ff.;
H. Ahlenstiel [und] ... R. Kaufmann [Mitarbeiter], Vision und Traum, 1962, bes.
S. 39 ff.

[322] Am 7,7 hat ursprünglich wahrscheinlich noch nicht mit der יָד die Hand *Jahwes* gemeint. Das אֲדֹנָי V.7 hat in der Vorlage der LXX gefehlt.

keit unterschieden[323]. Es ist von daher wahrscheinlich, daß die Bedeutungen der Verben ישׁב G Jes 6,1 und נצב N Am 9,1 hier konjunktiv
verwendet worden sind. – Das *Reden* Jahwes seinerseits will in jedem
einzelnen Fall als Kommunikation in natürlicher Sprache zitiert sein.
Das zwingt zu dem Schluß, daß das überall hier verwendete verbum
dicendi אמר G konjunktiv verwendet worden ist[324], vgl. noch das
ואשמע את־קול אדני Jes 6,8.

Wir prüfen sodann einen Ausschnitt aus der Theophanieschilde-
rung Jes 30,27–33[325], V.27 b mit seiner auch historisch gesehen relativ
konkreten und etwas drastischen[326] Schilderung:

שׂפתיו מלאו זעם ולשׁונו כאשׁ אכלת

Daß der Text Jes 30,27–33 Jahwes tödlichen Angriff auf die Feinde Israels, die Assyrer, schildert, und damit eine formgeschichtlich sekundäre Funktion[327] und Form[328] hat, besagt in unserem Zusammenhang
nichts.

Ganz abgesehen von der Frage, ob Jesaja oder seine Tradenten
sich anläßlich dieses Textes vorstellten, daß Jahwe bzw. שׁם יהוה wirklich Lippen und Zunge habe, oder nicht, werden die Nomina, die Merkmale dieser Organe nennen, in V.27 b mit Sicherheit konjunktiv verwendet sein. Denn vorausgesetzt, man würde Jahwe bzw. שׁם יהוה konkrete körperliche Organe zuerkennen, die Nomina wären dann so wie
so konjunktiv verwendet. Setzt man andererseits voraus, daß Jahwe
bzw. שׁם יהוה keine konkrete Körperlichkeit zuerkannt wurde, ergibt
sich diese Lage: Es würde der Sprachverwender dann, nach dem gege-

---

[323] Vgl. oben, S.75.

[324] Vgl. dazu J. Lindblom, Die Vorstellung vom Sprechen Jahwes zu den Menschen im
Alten Testament, ZAW 75 (1963), 283, u. s. unten, S. 90 f. zum Zitat als Kriterium der
konjunktiven Verwendung des verbums dicendi.

[325] Nach der Meinung F. Michaelis dient die Rede von »Mittlerwesen« in alttestamentlichen Texten einem späten Bedürfnis, einen (erzählten) »direkten« Kontakt mit Gott
zu vermeiden, vgl. ders. a.a.O., 107. Als solche Erscheinungsformen Jahwes kämen in
Betracht Jahwes מַלְאָךְ, כָּבוֹד, פָּנִים und שֵׁם (vgl. ders. a.a.O., 107–111). – Dies könnte
u. E. eventuell auf ein Bedürfnis hinweisen, anthropomorphistische Theophanieschilderungen, sofern sie Jahwe »direkt«, unvermittelt in Erscheinung treten ließen, irgendwie bildhaft zu verstehen. Im jetzt zu untersuchenden Text mag שֵׁם Jes 30,27 ein
späterer Zusatz sein. Es wird sich jedoch aber zeigen, daß das Problem: konjunktive
oder disjunktive Bedeutungsverwendung in der Schilderung? von der Verwendung
des Nomens שֵׁם nicht beeinflußt wird.

[326] Vgl. jedoch noch Ps 18,9.

[327] Vgl. J. Jeremias, Theophanie, 1965, 136–138.

[328] Vgl. J. Jeremias, a.a.O., 56. 137 f.

benen Kontext von V. 27 b, nichts wissen, auf dessen Merkmale sich Bedeutungselemente der betr. Nomina beziehen könnten. Was als Bezugspunkt[329] der Nomina übrig bleiben, sind Merkmale einer durch konjunktive Bedeutungsverwendung gestifteten inner-sprachlichen Wirklichkeit: die Nomina werden – wie notwendigerweise immer, wenn sie
verwendet werden – nennend gebraucht, und hier konjunktiv, indem sie
sich selbst ihre rein sprachliche Bezugswirklichkeit der »Lippen« und
der »Zunge« schaffen[330]. Mit anderen Worten: der Sprachverwender
spricht in diesem Fall *als ob* Jahwe konkrete Körperlichkeit hätte. In
beiden Fällen also spräche der Sprachverwender Jes 30,27 b aus mit
konjunktiver Bedeutungsverwendung.

Besonders im zuletzt behandelten Fall möchte man nun gerne fragen, worum es dem Sprecher bei diesem Reden geht, habe doch Jahwe
bzw. שם יהוה seiner Meinung nach keine konkrete Körperlichkeit. Man
kann vermuten, es gehe um den Zorn[331] Jahwes, und zwar ungefähr
darum, wie dieser Zorn leidenschaftlich und schonungslos in Verwünschungen eingesetzt wird. Die Sinninhalte lassen sich kaum genau umschreiben, der Sinn der Textaussage dürfte aber in der angegebenen
Richtung zu suchen sein. Die Frage, die dann gestellt werden muß, ist
diese: *Wie* ist dieser »Sinn« der Textaussage mit seinem Verweis auf
das, worüber gesprochen wird, zustande gekommen? Wie verweist der
Text darauf, worüber er spricht? Zunächst mit absichtlicher Breite der
Terminologie könnte man versuchsweise sagen:

Das einleitende בער אפו Jes 30, 27 a β *zeigt* den Zorn Jahwes *an*[332].
Die Gruppe מלאו זעם V. 27 b α *läßt* das leidenschaftliche, fast hem-
mungslose Gepräge der Verwünschungen *erkennen*. Das verzehrende
Feuer, mit dem Jahwes Zunge V. 27 b β verglichen wird, mag auf die ver-
nichtende Schonungslosigkeit seiner Rede so oder so *hinweisen*.

---

[329] Bezugspunkt: dasjenige Merkmal oder diejenigen Merkmale des Denotates, worauf
sich ein bzw. einige Bedeutungselemente eines Nennwortes bei seiner Verwendung
beziehen; m.a.W.: dasjenige, worüber mit dem Wort gesprochen wird. Vgl. oben,
S. 32 ff.

[330] Spricht einer, der Jahwe keine konkrete Körperlichkeit zuerkennt, von einem Organ
oder Körperteil Jahwes, ohne daß der Kontext eine metaphorische Deutung der verwendeten Nennworte anzeige, kommt man nicht umhin, konjunktive Bedeutungsverwendung anzunehmen. Die damit von dem Sprecher implizit als allein sprachliche
Wirklichkeit behauptete Körperlichkeit Jahwes ist aber ein Mittel, Satzinhaltsaspekte,
die auf Jahwe (auch wenn inkonkret aufgefaßt) beziehbar sind, herzustellen.

[331] Vgl. T. Boman, a.a.O., 88.

[332] Ob אַף hier »Nase« (vgl. zu Vers a β₂, falls וּכְבֹד מַשָּׂאָה zu lesen ist, Ps 18,9) oder
»Zorn« bedeutet, kommt in dieser Hinsicht auf dasselbe heraus.

Was könnte aber dieses Anzeigen, dieses Erkennenlassen oder Hinweisen sein? Es erscheint wünschenswert, diese Frage etwas zu klären, damit die Wirkungsweise und Relevanz konjunktiven Redens Jes 30,27b keine vage Vermutung bleibt. Man könnte ja einwenden: Wieso kann es dem Sprecher V. 27b um die genannten Sachen gehen, wo er sie doch weithin nicht erwähnt und unter Umständen nicht daran glaubt, was er ausdrücklich nennt?

Man kann sofort feststellen: Der Text V. 27 b α stellt keinen Vergleich an zwischen der irgendwie gemeinten Betätigung Jahwes und dem geschilderten Vorgang, denn es ist ja nur von ein und demselben Vorgang die Rede. V. 27 b β bietet einen ausdrücklichen Vergleich, aber es wird eben die Zunge Jahwes verglichen. – Wie kommt dann dasjenige, worum es dem Sprecher geht, und was er dazu sagt, in V. 27 b zum Ausdruck?

Wir wollen hier das Phänomen des semantischen Gruppen- und Satzinhaltes besprechen.

Semantische Gruppen- und Satzinhalte

Mit A. Reichling haben wir in dieser Untersuchung den Terminus »Bedeutung« für eine bestimmte Art semantischer *Wort*aspekte reserviert, während das Semantische an Wortgruppen und Sätzen *Inhalt* genannt wird[333]. Dieser Inhalt ist ein Ganzes, in das die jeweils relevanten semantischen Wortaspekte mit integriert sind (Reichling reserviert den Terminus »Integration« für ein anderes Phänomen[334]). Die Wortaspekte sind verschiedener Art: nennende Wortaspekte, deiktische, und andere. Als Inhaltselemente der Wortgruppe oder des Satzes sind sie schon in den verwendeten Worten in bestimmter Weise vorhanden: sie sind in den verwendeten Worten in dieser Verwendung *gegeben* oder *inhärent*[335]. Bei der Integration der Wortaspekte auf der Ebene der Wortgruppe oder des Satzes geschieht Verschiedenes[336].

Einmal kann ein Bedeutungselement eines verwendeten Nennwortes, hier als Gruppen- oder Satzinhaltsaspekt relevant, als semantischer Wert einem anderen, es exponierendem Wort in der Gruppe oder in dem Satz mit-gegeben werden. Das ist der Fall z. B. mit dem Satzinhaltsaspekt »weiblicher Sexus« in dem Satz: »Sie ist schlank, die Dame.« Dieser Satzinhaltsaspekt ist Bedeutungselement des Wortes *Dame*, wird aber im Satzinhalt auf das Personalpronomen *sie* bezogen als dessen inzidenteller, exponentieller Wortwert[337].

---

[333] Vgl. A. Reichling, Verzamelde Studies, 1966⁴, 41.

[334] Vgl. ders., Das Problem der Bedeutung in der Sprachwissenschaft, 1963, 13.

[335] Zu den Begriffen »gegeben« und »inhärent« vgl. oben, S. 28 f., Anm. 121.

[336] Es sei besonders auf A. Reichling, a.a.O., 10 ff. verwiesen, wie auf F. G. Droste, Taal en betekenis, 1967, 72 ff. 87 ff.

[337] Näheres dazu bei A. Reichling, a.a.O., 9 f., wo es allerdings heißt, die Sexualität sei in der Gruppe *die Dame* inhärent. Es wäre besser, darauf hinzuweisen, daß die Sexualität im Wort *Dame* gegeben ist: als Bedeutungselement des Wortes.

Daß der semantische Wortaspekt inzidentell ist, bezieht sich darauf, daß er seinem Exponenten wohl hier in dieser Verwendung mit-gegeben ist, nicht aber in aller Verwendung[338].

Der Gruppen- oder Satzinhalt wird aber oft Elemente umfassen, die in keinem der in Gruppe oder Satz verwendeten Wortaspekte gegeben, inhärent oder mit-gegeben sind, sondern erst auf der Ebene der Gruppe bzw. des Satzes. Man kann hier zwei verschiedene Phänomene beobachten: die Integration von innerhalb, und die Integration von außerhalb der Gruppe bzw. des Satzes.

Als Beispiel der Integration von innerhalb der Gruppe wählen wir die Gruppe »bestimmter Artikel mit Substantiv«[339]. Die Gruppe hat einen erst auf ihrer Ebene inhärenten (man kann auch sagen: gegebenen) kategorialen Inhaltsaspekt: »Identifikation als bekannt«. Dieser Aspekt kann nicht auf einen Teil der Gruppe zurückgeführt werden, der ihn schon selbst, d. h. abgesehen von der Verwendung in der Gruppe, zu wissen gäbe. Es gibt diesen Aspekt weder im Artikel *der,* noch im Substantiv, sondern erst in der Gruppe, und zwar bei aller Verwendung der Gruppe, d. h. kategorial. Die Gruppe »nennt« diesen Inhaltsaspekt nicht, hat ihn aber dennoch in ihrem semantischen Inhalt. Es können also zum Gruppen- oder Satzinhalt Aspekte gehören, die erst auf dieser Ebene gegeben oder inhärent sind.

In Jes 30,27 b α dürfte so etwas wie »ungehemmte Leidenschaft« [des Verwünschenden] Satzinhaltsaspekt sein, durch מלאו inzidentell exponiert. In Jes 30,27 b β ist ein Gruppeninhaltsaspekt von כאש אכלת gefragt, der im Satzinhalt V. 27 b β auf לשונו zu beziehen ist. Man kann »schonungslos vernichtend« erwägen, von der Gruppe exponiert.

Im Gruppen- oder Satzinhalt kann es aber auch Aspekte geben, die von außerhalb der Gruppe oder des Satzes bedingt sind und in den Inhalt integriert werden. Wir reden dann mit A. Reichling von Gruppen- bzw. Satzinhalts*werten*[340]. Diese Aspekte sind primär in anderen Gruppen oder Sätzen gegeben oder inhärent, wenn nicht schon in einem Einzelwort dort. Sie sind aber bei der Kombination ihrer Gruppe oder ihres Satzes mit anderen syntaktischen Gebilden auf dasjenige syntaktische Gebilde bezogen, dessen eigenem Gruppen- oder Satzinhalt sie als semantische *Werte mit-gegeben* werden. – Als Werte sind diese Inhaltsaspekte u. E. nicht exponentiell, wohl aber als Inhaltsaspekte an ihrem primären Ort[341].

---

[338] Der inzidentelle semantische Wert, z. B., ist seinem Exponenten (etwa einem Pronominalsuffix) in der Verwendung mitgegeben, aber nicht bei aller Verwendung, nur in bestimmten Arten von Verwendungen, wie z. B. die *Information über Determination* in מַלְכִּי. – Auch Satzinhaltsaspekte können inzidentelle Aspekte ihrer Exponenten sein. Zum Begriff des Inzidentellen vgl. A. Reichling, Das Problem der Bedeutung in der Sprachwissenschaft, 1963, 7 f. 10. 12. Der semantische Wert der *Determination als bekannt* ist nicht notwendig dem althebräischen suffigierten, unselbständigen Personalpronomen mitgegeben, sondern nur dann, wenn einem Nomen suffigiert. Dieser Wert ist eine der semantischen Möglichkeiten des unselbständigen Personalpronomens.

[339] Vgl. dazu A. Reichling, a.a.O., 11 f.

[340] Vgl. A. Reichling, a.a.O., 13, wo allerdings die Begriffe nicht erläutert werden.

[341] A. Reichling, a.a.O., 13 erwähnt die Begriffe »Gruppeninhaltswerte« und »Satzinhaltswerte« ohne weitere Erläuterung. Unsere Erklärung der Begriffe ist jedoch maßgeblich durch seine Theorien bedingt.
Es sei an dieser Stelle, wo wir auf das Phänomen des Gruppen- und des Satzinhaltes kurz eingegangen sind, noch hervorgehoben: 1. Es haben auch Sätze oder Gruppen

Zu Jes 30,27 b gibt es einen auf beide Sätze bezogenen Satzinhaltswert: »in Zorn«, der gegebener Satzinhaltsaspekt V. 27 aβ ist und von hierher den Satzinhalten V. 27 b mitgegeben wird.

Die Inhaltsaspekte einschließlich des Inhaltswertes von Jes 30,27 b setzen, wie sie andeutend formuliert wurden, voraus, daß in V. 27 aβb mit konjunktiver Bedeutungsverwendung geredet wird. Es ist nun nicht ohne weiteres der ganze Inhalt von V. 27 b mit allen seinen Aspekten auf Jahwe beziehbar. Der Inhaltswert aber und ein sehr umfassender Teilaspekt von den übrigen Satzinhalten lassen sich so bestimmen: einer läßt in leidenschaftlichem und schonungslosem Zorn Verwünschungen wirksam werden. Das konnte von Jahwe sagen auch wer ihm keine konkrete Körperlichkeit zuerkannte. Es ist also die konjunktive Bedeutungsverwendung Jes 30,27 aβb sinnvoll, auch ungeachtet der Auffassung des jeweiligen Sprachverwenders von einer Körperlichkeit Jahwes.

Es könnte nun aber sein, daß die konjunktive Bedeutungsverwendung in der Rede von Körper, Körperteilen, Organen oder Handlungen Jahwes auf Visionsberichten und Theophanieschilderungen beschränkt wäre. Wir fragen deshalb, wie man in anderen Texten, die nicht diesen Gattungen gehören, über die Körperlichkeit Jahwes redete, und wählen zu dieser Untersuchung die Topoi »Auge Gottes« und »Hand Gottes« aus.

Wenn Boman das Wort für Auge als Metapher herausstellen will, bietet er in Übereinstimmung mit seiner übrigen Darstellung sowohl Belege, die das Auge von Menschen betreffen, als auch Belege für das Auge des Herrn[342]. Wenn es nun etwa in Hi 29,15 heißt: »Augen war ich für den Blinden«, ist das Wort »Augen« in der Tat metaphorisch verwendet. Wie zu erwarten ist das Wort עין im AT manchmal auch konjunktiv verwendet, vgl. z.B. Gen 45,12; 48,10; Ex 21,24.26; Dtn 28,65; 34,4; Jdc 16,21.28; I Sam 11,2; II Reg 9,30. Das sind allerdings Stellen, die von menschlichen Augen sprechen.

Etwa in Hi 34,21 aber (»Seine Augen über den Wegen des Menschen, und alle seine Schritte sieht er«), oder Prov 15,3 (»Überall sind

---

mit Metaphern ihren semantischen Inhalt. In diesem Inhalt sind die jeweils nennend funktionierenden Bedeutungselemente der Metaphern integriert. Der Sprachverwender weiß aber auch den auf konjunktiver Bedeutungsverwendung basierenden Satzinhalt, der auf dasjenige, worüber er spricht, nicht voll zu beziehen ist. 2. Der Satz- oder Gruppeninhalt und ihre Werte sind wohl zu unterscheiden von der Information, die durch die Interpretation einer sprachlichen Äußerung *im Rahmen ihrer Situation* gewonnen wird, vgl. dazu A. Reichling, a.a.O., 13.

[342] T. Bomans Belegstellen sind oben, S. 66, Anm. 273 angegeben.

die Augen Jahwes, überwachen Böse und Gute«), wird von Jahwes Augen gesprochen. Meint dabei der Sprachverwender, Jahwe habe konkrete Augen, ist das Wort עֵינַיִם ohne weitere Begründung als konjunktiv verwendet anzusehen und ist so mit seiner Bedeutung dem Satzinhalt integriert. Aber wie liegen die Dinge, falls der Sprachverwender der gegenteiligen Meinung zur Frage einer konkreten Körperlichkeit Jahwes wäre? Die Äußerungen meinen auch dann eine Gegenwart und ein Sehen, ein Überwachen, das Gegenwart und Handlungen Jahwes sind. Metaphorisch verwendet müßte die Bedeutung des Wortes עֵינַיִם hier (disjunktiv) auf irgendwelche Instrumente dieses Sehens Jahwes bezogen sein, welche keine Augen sind. Jedoch gibt weder der Text noch Kontext Daten zur Bestimmung des Bezugspunktes her. Der Sprachverwender muß deshalb in den zitierten Äußerungen das Wort עֵינַיִם, eventuell gegen seine inkonkrete Gottesauffassung, konjunktiv verwenden[343]. Die Äußerungen sind aber auch dann, mit konjunktiver Bedeutungsverwendung des Wortes עֵינַיִם, durch einen auf Jahwe beziehbaren Satzinhaltsaspekt semantisch relevant: Jahwe nimmt aufmerksam alles zur Kenntnis, was der Mensch tut. Derselbe Satzinhaltsaspekt könnte isoliert werden, wenn der Sprachverwender Jahwe konkrete Augen zuerkennen würde. – Der semantische Unterschied zwischen den beiden Fällen liegt in der Art des Bezugspunktes des Nennwortes עֵינַיִם: Züge der konkreten Augen Jahwes, oder Züge einer sprachlich gestifteten Wirklichkeit von Augen Jahwes.

Zum Topos »Hand Gottes« untersuchen wir die Stellen Jes 8,11 und 5,25a. In Jes 8,11[344] heißt es:

---

[343] Tertium non datur: wird ein Nennwort überhaupt sprachlich verwendet, nennt es, und zwar mit konjunktiver *oder* disjunktiver Bedeutungsverwendung.

[344] Es mag gefragt werden, warum ich gerade diese Stelle ausgewählt habe, da nicht unzweideutig von Jahwes Hand die Rede ist. Es ist jedoch anzunehmen, daß הַיָּד in der Verwendung Jes 8,11 Jahwes Hand meint. Dafür spricht die Einleitung כֹּה אָמַר יהוה אֵלַי, denn hier wird der Empfang des Jahwe-Wortes mit dem daraufhin angedeuteten Sein unter der Kraft der Hand in Beziehung gesetzt. Das erinnert stark an die Motivkorrelation Ez 1,3. 3,22. 33,22, aber sachlich auch an die andere Stichworte verwendenden Stellen Jes 21,2.3f. Jer 4,19.
Die Stelle Jes 8,11 ist andererseits auch nicht zufällig ausgewählt. Es ist anzunehmen, daß sie zur alten Jesajaüberlieferung aus der Zeit des syrisch-ephraimitischen Krieges gehört, zumal die Rede von der Hand sehr kurzgefaßt und »unanschaulich« ist. Welcher Art Geschehen oder Zustand hier gemeint ist, wird nicht *gesagt*. Es erscheint um so mehr einen Versuch wert, den Fragen der Wortbedeutung und der Bedeutungsverwendung von הַיָּד in einem Anthropomorphismus Jahwes gerade an dieser Stelle nachzugehen. Diese semantischen Fragen sind nicht dadurch entschieden, daß die

כֹּה אָמַר יהוה אֵלַי [345] כְּחֶזְקַת הַיָּד

Es liegt nahe, als Bezugspunkt der Bedeutung des Nomens יָד 8,11 Merkmale der Kraft, Macht Jahwes anzunehmen, vgl. nomen regens חֶזְקַת und siehe Jes 10,13, wo es im Munde des Assyrerkönigs heißt: בְּכֹחַ יָדִי עָשִׂיתִי. Vgl. noch Ez 3,14 וְיַד־יהוה עָלַי חָזָקָה und den Parallelismus יָד – גְּבוּרָה in Jer 16,21 sowie יַד חֲזָקָה – כֹּחַ גָּדוֹל in Neh 1,10 [346]. Mit dem Bezugspunkt ist allerdings nicht die Frage der Bedeutung und Bedeutungsverwendung entschieden [347]. Es könnte vielleicht hier ein Wort יָד mit einer spezialisierten Bedeutung »Kraft«, »Macht« konjunktiv verwendet vorliegen. Es könnte aber stattdessen beim hier verwendeten Wort יָד die Bedeutung »Hand« relevant sein, wobei dann prinzipiell zwei Möglichkeiten der Bedeutungsverwendung bestünden: entweder wäre schon die Bedeutung »Hand« disjunktiv auf die Kraft, Macht Jahwes zu beziehen, oder aber erst ein durch konjunktive Bedeutungsverwendung zu wissen gegebener Gruppeninhaltsaspekt wäre auf die Wirksamkeit der Macht Jahwes zu beziehen.

Einleitung Jes 8,11 gewissermaßen eine Situationsangabe bietet: (Einwirkung Jahwes) während des Empfangs seines Wortes; auch nicht dadurch, daß andere Stellen an irgendein körperlich spürbares, machtvolles Eingreifen Jahwes denken lassen, vgl. Ez 33,22. 3,14, auch 37,1. 40,1; I Reg 18,46. Es ist einerseits die Situation hier nicht Bedeutung, nichts Semantisches, und der Wortempfang Jes 8,11 ist ein *Korrelat zum* Geschehen oder Vorgang כְּחֶזְקַת הַיָּד, nicht *identisch damit*. Andererseits, will mit כְּחֶזְקַת הַיָּד auf ein machtvolles Eingreifen Jahwes hingewiesen werden, dann *bleibt* die Frage, wie die hebräischen Worte dabei semantisch funktionieren.

[345] כְּ mit der Handschrift L.

[346] Es bestätigt sich hier, was schon oben, S.66f. hervortrat und etwa auch an den soeben angeführten Stellen Hi 34,21; Prov 15,3 beobachtet werden kann, daß anthropomorphistische Rede von Körperteilen Gottes Rede über Gottes Eigenschaften sein will, Eigenschaften, »die sich in solchen Handlungsweisen ausdrücken, die der Mensch erlebt hat« (G. Fohrer, Das Gottesbild des Alten Testaments, BZAW 115, 1969, 166). Vgl. E. Dhorme, L'emploi métaphorique des noms de parties du corps en hébreu et en akkadien (1923), 1963, 140 sowie AHW, I 365 zu *idu* Nr.6; T. Boman, a.a.O., 84ff.; H. M. Kuitert, a.a.O., 176f.; W. H. Schmidt, Anthropologische Begriffe im Alten Testament, EvTh 24 (1964), 387.

[347] Vgl. auch oben, Anm.344 (Schluß). – Nach W. H. Schmidt, a.a.O., 387 Anm.35 »bedeutet« יָד »Hand« und »zugleich, was die Hand kann und hat: ›Macht‹«. Das wäre mit Reichlings Begriff des Bedeutens als einer »Wiedergabe dessen, worüber jeweils gesprochen wird, in der Bedeutung«, nicht ganz *so* aufrechtzuerhalten. Es wird nach dieser Bestimmung jeweils über Merkmale *eines* Denotatums gesprochen, sei dieses eine Denotatum eine Mehrheit oder nicht. – Aber eine Eigenschaft, ein Merkmal der Hand mag ihre Mächtigkeit sein, und ein Element der Bedeutung »Hand«: [+ mächtig].

Um zu versuchen, zwischen diesen Möglichkeiten zu entscheiden, ist es ratsam, einige andere Fälle von Verwendung der Wortform יָד zu untersuchen.

An mehreren Stellen wo יד verwendet wird und der sprachliche Kontext als Bezugspunkt von יָד »Kraft«, »Macht« erkennen läßt, liegt sicher konjunktive Bedeutungsverwendung von יָד vor. Es mag hier vor allem die Formel נָתַן בְּיַד genannt werden, vgl. u.A. Jos 2,24; 6,2; 8,1.18; 10,8.19; Jdc 3,28; 4,7.14[348]; sonst u.A. Gen 30,35; 32,17; 39,8. 22; Ex 23,31. Vgl. noch die Wendung »aus der Hand des/der X zu retten/ befreien«, u.A. Gen 32,12; Ex 14,30; 18,9f.; Hos 2,12; Jes 36,18ff.; Ps 31,16; 71,4 – aber vor allem Hos 13,14; Ps 49,16; 89,49, wo von dem יַד des שְׁאוֹל die Rede ist. Es ist von da her sehr zu fragen, ob nicht auch dort konjunktive Bedeutungsverwendung vorgelegen hat, wo יד als direktes Objekt ganz unauffällig und gleichsam selbstverständlich verwendet wird und vom Satzganzen her gesehen den Bezugspunkt »Kraft«, »Macht« (vgl. II Sam 8,3; Jer 16,21) oder »Machttat« (mit ראה G Ex 14,31; Ez 39,21; mit ראה H Dtn 3,24; mit זכר G Ps 78,42)[349] haben muß.

Wir befragen auf diesem Hintergrund die Wendung Jes 8,11. Der Ausdruck כְּחֶזְקַת הַיָּד ist nicht als formelhaft zu belegen. Auch ist יָד hier nicht unauffällig und sozusagen selbstverständlich Objekt eines Verbums, wodurch konjunktive Bedeutungsverwendung mit einiger Wahrscheinlichkeit zu vermuten wäre. Eine konjunktive Verwendung der Bedeutung »Kraft«, »Macht« ist aber hier andererseits nicht von der ganzen Äußerung her auszuschließen, wenn sie auch nicht besonders naheliegt[350].

Jes 8,11a gibt auch keine metaphorische Verwendung des Wortes יָד deutlich zu erkennen[351]. Das ist z.B. Jes 10,14aα anders, wo von

---

[348] Zur Frage der militärischen Funktion dieser Formel vgl. bes. G. von Rad, Der heilige Krieg im alten Israel, 1952[2], 6ff.

[349] Vielleicht kommt konjunktive Bedeutungsverwendung gelegentlich außerhalb der genannten Formeln auch ohne Objektstatus des Wortes יד vor, vgl. Dtn 34,12a (עשׂה G im Relativsatz V.12b).

[350] Man würde sachlich eine Tautologie vor sich haben, die etwas blaß wäre: »als die Kraft stark war«, oder dgl. Demgegenüber läßt der Text wenigstens nach etwas reicherem Inhalt fragen.

[351] In Frage kämen als Momente des Bezugspunktes am ehesten Merkmale des Abstraktums Macht, oder Kraft. Man mag aber angesichts des sonstigen alttestamentlichen Sprachgebrauchs, auch wenn wir ihn hier nur fragmentarisch zur Kenntnis genommen haben, fragen, ob die Bedeutung des Wortes יד bei diesem Bezugspunkt anders als konjunktiv verwendet werden kann. Die »Bildspanne« im Sinne H. Weinrichs (Se-

der Hand des Assyrerkönigs die Rede ist: sie habe die Habe der Völker als ein Nest gefunden, d. h. wohl: gegriffen, vgl. V. 14 aβγ und siehe V. 10 a; Ps 21,9; I Sam 23,17. Das Verbum, und der Vergleich mit dem Nest, erfordern Jes 10,14 aα die Bedeutung »Hand« des Wortes יָד. Nun ist zwar vorauszusetzen, daß der König Hände hat, sie werden aber nicht konkret ein jedes Stück Beute ergriffen haben. Das Wort יָד ist in seiner Verwendung hier also wohl disjunktiv auf die militärische Exekutive des Assyrerkönigs bezogen. Entsprechendes gilt I Sam 23,17[352], ist aber Jes 8,11 a nicht angedeutet.

Zur Erklärung von Jes 8,11 ist aber noch auf den Ausdruck בְּיַד חֲזָקָה hinzuweisen. Er ist oft eine adverbielle Bestimmung zu Jahwes Taten, besonders zur Herausführung aus Ägypten (Ex 13,9; 32,11; Dtn 6,21; 7,8; 9,26; Dan 9,15[353]; vgl. Ex 6,1), z.T. auch in der Verbindung בְּיַד חֲזָקָה וּבִזְרֹעַ נְטוּיָה (Dtn 4,34; 5,15; 26,8; Jer 32,21; Ps 136,12, vgl. Dtn 7,19)[354]. Diese Formeln sind u. a. dadurch adverbiell relevant, daß sie auf Basis der konjunktiv verwendeten Nomina (»Hand«, »stark«, »Arm«, »ausgestreckt«) einen Gruppeninhaltsaspekt zu wissen geben, ungefähr so: mit tatkräftiger, einsatzwilliger, großer Macht. Es ist möglich, in Jes 8,11 a einen ähnlichen semantischen Gruppeninhalts- aspekt, auf die konjunktive Verwendung der Bedeutung »Hand« ba- siert, zu wissen bekommen: als die Kraft sich stark wirksam geltend machte. Die gemeinsame Topik der starken Hand könnte dies nahele- gen. Dagegen erfordert nichts in V.11 a eine disjunktive Bedeutungs- verwendung, wie auch eine spezialisierte, eventuell konjunktiv verwen- dete Bedeutung »Kraft«, »Macht« von יָד hier nicht naheliegt[355].

Wir wenden uns jetzt der Stelle Jes 5,25 aα zu:

עַל־כֵּן חָרָה אַף־יהוה בְּעַמּוֹ וַיֵּט יָדוֹ עָלָיו וַיַּכֵּהוּ

Hier ist es ausgeschlossen, das Wort יָד als eine konjunktiv verwendete Bezeichnung für Gottes Kraft oder Macht zu verstehen. Die Verben der aus 5,25 a α₂ zitierten Äußerung haben in ihrer Beziehung aufeinan- der wohl die Bedeutung »ausstrecken« bzw. »schlagen« (ganz abgese-

---

mantik der kühnen Metapher, DVfLG 37 [1963], 336f.) wäre sehr klein, aber eben vom Kontext (V.11 a) her kaum merkbar.

352 Es mag hier eine öfters verwendete metaphorische Redewendung vorliegen. Es würde sie dann auch Ps 21,9 geben.

353 Ohne Bezug auf den Exodus Ex 3,19; Num 20,20; Jos 4,24 auch nicht adverbiell (יָד = Macht).

354 Ohne Bezug auf den Exodus Ez 20,33f.; noch anders in Form und sonstiger Funk- tion Dtn 11,2; I Reg 8,42; II Chr 6,32; Jer 21,5; Neh 1,10.

355 Vgl. oben, Anm. 351.

hen von der Frage, wie diese Bedeutungen verwendet werden), und fordern so die gewöhnliche, physisch-konkrete Bedeutung des Nomens יָד.
Jahwe habe also, dem Wortlaut nach, seine Hand gegen sein Volk ausgestreckt und es geschlagen. Hiermit ist aber nicht schon die Verwendungs*weise* der Nominalbedeutung (»Hand«) geklärt. Das, worauf in jedem Fall verwiesen wird, ist eine Handlung Jahwes gegen sein Volk. Zu fragen ist jetzt: In welcher Weise werden die hier relevanten Nennwortbedeutungen auf dasjenige, worauf verwiesen wird, bezogen?

Hier ist nicht etwa ein menschengestaltiges Gesicht von Jahwe mit konjunktiv verwendeten Worten geschildert, sondern es ist von Jahwe unmittelbar die Rede.

Die mit dem Text bezeichnete Handlung ist auch nicht mit der Handlung Jahwes gegen sein Volk zu vergleichen, denn der Text bezeichnet keine andere Handlung, es ist in ihm schon von der Hand und der Handlung *Jahwes* gegen *sein* Volk die Rede. So ist zu fragen, ob das Nomen יָד im Text metaphorisch verwendet wird.

Man ist jedoch gezwungen, eine konjunktive Bedeutungsverwendung anzunehmen. Das Verbum נטה G läßt nicht zu יָד als Metapher zu verstehen, es sei denn, das Verbum selbst wäre zum Nomen passend metaphorisch zu verstehen: Als Bezugspunkt des Nomens kämen Züge des Abstraktums »Macht« in Betracht, welches Denotatum Züge eines Ausbreitens, eines weiten Verbreitens als Bezugspunkt des Verbums verlangen würde, etwa so: Jahwe breitete seine Macht weit aus (vgl. die Vorstellung II Sam 8,3). Dieser Sinn paßt aber überhaupt nicht zur Fortsetzung עָלָיו, und schlecht genug zu נטה G.

Man kommt somit nicht umhin, einen auf konjunktiver Bedeutungsverwendung (»ausstrecken«, »Hand«) basierten Satzinhalt des וַיֵּט יָדוֹ anzunehmen. Meint nun der Sprachverwender, Jahwe habe keine konkrete Hand, ist der Satzinhalt nicht voll auf die Tätigkeit Jahwes beziehbar. Ein Aspekt des Satzinhaltes jedoch bleibt auch dann noch beziehbar, ungefähr so: Jahwe machte sich bereit ... Im Zusammenhang mit dem unmittelbar vorhergehenden Kontext in V. 25 a trägt der Satz den Satzinhaltswert »in Zorn«.

Die hier angenommenen Satzinhaltsaspekte liegen offenkundig auch vor in der Formel בְּכָל־זֹאת לֹא־שָׁב אַפּוֹ וְעוֹד יָדוֹ נְטוּיָה Jes 5,25 b; 9,11.16.20; (10,4), vgl. den jeweiligen Kontext.

Jes 5,25 a bietet nun zu וַיֵּט יָדוֹ wie schon bemerkt die Bestimmung עָלָיו. Damit ist ein zusätzliches Element des Satzinhaltes geschaffen: (Jahwe machte sich in Zorn bereit,) es ... Mit dieser Anaphorie wird auf das Wort עַמּוֹ V. a α₁ verwiesen.

Zu beachten ist, daß dieser auf konjunktiver Bedeutungsverwendung basierte Teilaspekt des Satzinhaltes sich als solcher mit Notwendigkeit ergibt, wenn nur erkannt wird, daß der Satz וַיֵּט יָדוֹ עָלָיו, unter
Berücksichtigung seines Kontextes zur Kenntnis genommen, eine metaphorische Verwendung der Nennworte ausschließt[356]. Die Auffassung
des betreffenden Sprachverwenders von einer Körperlichkeit Jahwes
spielt dagegen in dieser Hinsicht keine Rolle, allenfalls für den Umfang
der beziehbaren Satzinhaltselemente.

Mit dem Satz וַיַּכֵּהוּ verhält es sich jedoch wieder ganz anders. Das
Verb נכה Ha wird hier, um diese Möglichkeit sofort auszuschließen,
nicht in einer spezialisierten, konjunktiv relevanten Bedeutung verwendet[357]. Konjunktiv und nicht-spezialisiert wäre aber mit der Verbalbedeutung ein Schlagen genannt, das Schlagen mit der Hand ist, vgl.
Jes 9,11 f. Nun kann eine konkrete Hand nicht ein *Volk* schlagen. Unabhängig davon, ob das angeblich schlagende Subjekt nach Meinung
der Sprachverwender konkrete Hände hat oder nicht, wird deshalb das
Verbum נכה Ha hier metaphorisch verwendet sein, etwa mit disjunktiv
relevanten Bedeutungselementen wie »vergewaltigen«, »töten«, »sterben
lassen«. Vielleicht ist überraschenderweise der Satz וַיַּכֵּהוּ nicht mit einem konjunktiv basierten Satzinhaltsaspekt in Bezug auf das gemeinte Vorgehen Jahwes gegen sein Volk semantisch relevant[358].

---

[356] Auch trotz der verhaltenen, etwas unanschaulichen Art, in der die Jesajaüberlieferung
über Jahwe redet (vgl. Jes 2,11 ff. 19 ff.; 5,14–17 und die Negationen 31,8), wird man
also in וַיֵּט יָדוֹ עָלָיו 5,25 konjunktive Bedeutungsverwendung annehmen müssen.

[357] Eine solche liegt aber wohl im Partizip Jes 10,20 vor (מַכֵּהוּ), wo die Äußerung im Unterschied zu 5,25 *kein Instrument des Schlagens* nennt. Man kann als Bedeutung vermuten: verheeren, töten, vgl. Jes 11,4 b; Gen 8,21.

[358] Dieser *Gegensatz* zwischen den mit einander kombinierten Sätzen וַיֵּט יָדוֹ עָלָיו und
וַיַּכֵּהוּ soll etwas näher kommentiert werden. Warum kann man nicht die konjunktiv
verwendete, nicht spezialisierte Bedeutung des Verbums נכה H akt. hier als wirksam
vermuten, und sie dann in einem Satzinhaltsaspekt, der auf das gemeinte Vorgehen
Jahwes gegen sein Volk beziehbar wäre, belassen?
Es handelt sich hier um eine einzige Nennwortbedeutung: die des Verbums נכה H
akt. Es ist gerade *im* Inhalt des Satzes וַיַּכֵּהוּ nicht zu vermeiden, daß die Bedeutung
dieses einzigen Nennwortes des Satzes Merkmale der gemeinten Aktion Jahwes wiedergibt, also das Ganze dieser jeweils aktualisierten Züge nennt. – Nennworte sind in
ihrer Verwendung überhaupt unvermeidbar dadurch relevant, daß sie etwas, worüber
mit ihnen gesprochen wird, nennen. – Entscheidend ist nun, daß das Nennen hier nur
disjunktiv geschehen kann, weil wie gezeigt ein Schlagen mit der Hand, sei diese nach
Gestalt und Substanz auch ganz menschlich, nicht ein *Volk* treffen kann. Könnte die
Nennfunktion konjunktiv geschehen, brauchte die Frage gar nicht erst aufzutauchen,
ob das Wort metaphorisch verwendet ist.

Es mag an dieser Stelle einen Augenblick der nicht uninteressante Umstand bedacht sein, daß in einer und derselben Satzkombination wie die in Jes 5,25 a α$_2$, in dem einen Satz (יָדוֹ וַיֵּט עָלָיו) ein auf konjunktiver Bedeutungsverwendung basierter Satzinhalt in Bezug auf die gemeinte Sache semantisch relevant ist, und zwar ohne Verwendung von Vergleichen, während in dem anderen, damit verknüpften Satz (וַיַּכֵּהוּ) die Wortbedeutung metaphorisch relevant ist, gerade auch ohne daß man sagen könnte, der innere Zusammenhang der Bildhaftigkeit der Rede sei gebrochen, oder gar, das Bild sei abgeändert oder verlassen [359].

Wir wollen noch einige Beispiele der im Alten Testament sehr häufig vorkommenden und wichtigen Rede von dem *Sprechen* Jahwes an Menschen untersuchen. Ihr hat J. Lindblom eine umfassende Untersuchung gewidmet [360], allerdings ohne eine genaue Bestimmung der verschiedenen, relevanten semantischen Aspekte durchzuführen.

Das Alte Testament redet meistens vom Sprechen Jahwes ohne Nennung irgendeines göttlichen Körperteiles. Es kann wohl heißen: כִּי פִּי יהוה דִּבֵּר [361], diese Wendung ist aber selten. Gewöhnlich wird ein Instrument des Sprechens Jahwes im Alten Testament nicht erwähnt.

Es kann vom Sprechen Jahwes ohne Angabe eines unmittelbar Angeredeten die Rede sein (vgl. z.B. Jes 1,2; Am 3,8), oder von seiner Rede an Tiere (vgl. Am 9,3, Befehl; Gen 3,14f.) oder Sachen (vgl. Am 9,4, Befehl).

Dieser Sachverhalt kann z.T. an Ex 3,20a demonstriert werden. Die gemeinte Sache ist dort ein feindliches Vorgehen Jahwes gegen die Ägypter. Ob nun Jahwe konkrete Hände hat oder nicht, der Satz וְשָׁלַחְתִּי אֶת־יָדִי gibt, im Zusammenhang mit dem folgenden וְהִכֵּיתִי verstanden, durch konjunktive Bedeutungsverwendung einen Satzinhaltsaspekt zu wissen, etwa: Ich werde mich zu einem energischen Vorgehen bereit machen. – In וְהִכֵּיתִי aber führt die Nennfunktion des Verbums sofort zu disjunktiver Bedeutungsverwendung innerhalb des Satzinhaltes וְהִכֵּיתִי אֶת־מִצְרַיִם. Und der Text selbst deutet in der Tat וְהִכֵּיתִי (aber nicht וְשָׁלַחְתִּי אֶת־יָדִי!) explizit metaphorisch durch die adverbielle Erläuterung: בְּכֹל נִפְלְאֹתַי אֲשֶׁר אֶעֱשֶׂה בְּקִרְבּוֹ. Vgl. Ex 9,15.

[359] Im Hinblick auf die semantische Funktionsart der Nennwortbedeutung weicht die Bildrede וַיַּכֵּהוּ durchaus vom vorhergehenden Satz ab, aber sie bieten beide Momente ein und desselben *Bild*vorganges wenn man sich diesen vergegenwärtigt. Keiner der Sätze, auch nicht der erste, ist die eine Seite eines Vergleichs, wie etwa in einem »Gleichnis«. Sie handeln, wie sie hier verwendet werden, schon vom *gemeinten* Vorgang, nicht von einem anderen Vorgang, mit dem der gemeinte Vorgang erst zu vergleichen wäre. Beide Sätze sind so in gleicher Weise grundlegend vom vergleichenden Reden verschieden.

[360] Die Vorstellung vom Sprechen Jahwes zu den Menschen im Alten Testament, ZAW 75 (1963), 263–288.

[361] Vgl. u.a. Jes 1,20, dazu s. unten, S.92f.

Man kann auch mit Gültigkeit für das AT den Akt »reden«, »sprechen« in Anlehnung an Leisi bestimmen als »Laute hervorbringen, die die Typen irgendeiner Sprache verkörpern«[362]. Heißt es dann z. B., daß Jahwe einer Sache etwas befiehlt, wie einem Schwert Am 9,4 (צוה D akt.), liegt jedenfalls keine konjunktive Verwendung der gewöhnlichen Bedeutung dieses Verbums vor, denn ein Schwert wird – gleich, ob Jahwe oder ein Mensch Subjekt des Befehls ist – auch nach Ermessen von Israeliten kaum ein Befehlen, also ein gewöhnliches Wort, vernehmen. Man könnte dann eine metaphorische Verwendung dieser Bedeutung erwägen, wie König sie behauptete[363]. Doch es lassen sich kaum Bedeutungselemente des Verbums finden, die auf Züge des gemeinten Vorgangs beziehbar wären. König gibt an: den »uneigentlichen Sinn von ›anregen oder irgendwie beeinflussen‹«[364]. Aber wie regt man ein Schwert an? »Beeinflussen« ist wohl kaum ein Bedeutungselement von »befehlen«, allenfalls ein weit hergeholtes. Damit ist praktisch auch die Frage entschieden, ob sich für das Verbum in dieser Verwendung eine konjunktiv relevante, spezialisierte Bedeutung finden ließe: das ist genau so schwer, wie disjunktiv relevante Bedeutungs*elemente* ausfindig zu machen. Und zwar liegt die Schwierigkeit in beiden Fällen darin, daß das Schwert nicht als selbständiges Subjekt der befohlenen Handlung erkannt werden kann. Es muß einer dazwischen kommen, *er* wird angeregt und beeinflußt[365], wenn man so will. Der Text besagt jedoch, *dem Schwert* werde befohlen werden. Es muß dann ein Satzinhaltsaspekt von אֲצַוֶּה אֶת־הַחֶרֶב, auf der konjunktiven Verwendung der Bedeutungen basierend, relevant sein: verfügen, daß das Schwert … (tötend gebraucht wird).

Schon Am 9,3 liegen die Dinge anders, wo Jahwe einen Befehl an die Schlange[366] ankündigt (vgl. I Reg 17,4). Israeliten konnten anscheinend wenigstens in Ausnahmefällen Tieren die Fähigkeit zutrauen, Rede zu verstehen (vgl. Gen 3,1–5.14f.; Num 22,28ff.). Das braucht jedoch nicht notwendig für Am 9,3 vorausgesetzt zu werden. Es mag sein, daß hier eine disjunktive Verwendung der Bedeutung »befehlen« vorliegen sollte, etwa mit dem relevanten Bedeutungselement »unausweichlich anregen«. Denn das Tier ist selbst Subjekt der ihm befohle-

---

[362] E. Leisi, Der Wortinhalt, 1967³, 70.

[363] E. König, Hermeneutik des Alten Testaments, 1916, 114. König erwähnt keinen in semantischer Hinsicht relevanten Unterschied zwischen Am 9,3 und 9,4.

[364] E. König, a.a.O., ebda.

[365] Von E. König a.a.O., ebda. übersehen?

[366] Oder: der Drachen, vgl. LXX z. St.

nen Handlung. Es liegt aber auch eine andere Möglichkeit vor: daß das
»unausweichliche Anregen« durch eine konjunktiv relevante, spezialisierte Bedeutung des Verbums benannt wurde, wie es in I Reg 17,4.9
der Fall sein mag[367]. Wie dem auch sei, es ist in diesen Fällen das Verbum (צוה D akt.) schon in seiner Nennfunktion unmittelbar in Bezug
auf die gemeinte Handlung Gottes semantisch relevant, nicht *erst* durch
einen Satzinhaltsaspekt (den es natürlich hier auch gibt).

Wieder anders liegen die Dinge an Stellen, wo eine Rede Gottes an
Tiere zitiert wird, wie z.B. Gen 3,14f. Das Zitat zeigt, daß das Reden
hier als sprachliche Kommunikation bestimmt werden muß. Das ver-
bum dicendi (אמר G) ist mithin konjunktiv verwendet. Das *Subjekt* der
Rede spielt insofern keine entscheidende Rolle, auch Gen 3,2 wird die
Bedeutung von אמר G konjunktiv verwendet.

Wir wenden uns dann Stellen zu, die das Sprechen Jahwes an Menschen betreffen.

Z.B. in Gen 3,9.16ff.; Ex 33,11, vgl. Num 12,6–8; Dtn 4,12.33;
5,4 wird das Sprechen Gottes „durchaus realistisch gemeint sein"[368].
Dtn 4,12 will betont sein, daß es sich um eine verbale, akustisch vermittelte Kommunikation handele; Ex 33,11; Num 12,6–8 wird die Analogie zu einer sprachlichen Kommunikation zwischen Menschen mit
allem Nachdruck hervorgehoben. Allerdings geben die beiden letzten
Stellen zu bedenken, daß es nicht jedermanns Sache sei, mit Jahwe in
dieser Weise zu kommunizieren (vgl. aber Dtn 5,4!) – In Gen 3,9.16f.
ist das Kriterium einer gewöhnlichen, verbalen Kommunikation sehr
einfach: das Zitat. An allen diesen Stellen wird das verbum dicendi konjunktiv verwendet sein.

Als akustisch wahrgenommene, verbale Kommunikation ist Gottes
Anrede mit Sicherheit auch zu verstehen in I Sam 3, wo der Anruf zitiert wird und Samuel wiederholt Eli als Sprecher vermutet, oder
Jes 5,9, wonach Jahwe sich »in Jesajas Ohren« (hat hören lassen), vgl.
Jes 22,14[369]; 21,10 und in Visionsberichten Jes 6,8[370]; Ez 1,28–2,3.8;
3,10. Verba dicendi, soweit sie an diesen Stellen vorkommen, sind mit
konjunktiver Bedeutungsverwendung gebraucht.

---

[367] Es besteht hier die Möglichkeit, daß das Befehlen V.9 keine verbale Kommunikation
impliziert, da die Witwe sich mit ihrem Auftrag nicht eindeutig bekannt zeigt. Andererseits erwartet man in Bezug auf sie keine *Metapher* צוה D akt.

[368] Vgl. J.Lindblom, a.a.O., 264ff.

[369] Dazu s. J.Lindblom, a.a.O., 282.

[370] Zur akustischen Erscheinungsweise der Erlebnisinhalte Jes 6 vgl. I.P.Seierstad, a.a.O.,
64ff.

In einer Reihe Stellen heißt es aber einfach, mit אמר G oder דבר D, »Gott sprach zu« dem oder dem, obwohl ein akustisches Moment nicht besonders und explizit erwähnt wird und ein Gegenüber von Kommunikationsteilnehmern nicht angedeutet wird. Vgl. u. a. Gen 12,1; 31,3 [371]. Lindblom behauptet zu einigen dieser Stellen außerhalb des prophetischen Schrifttums, daß mit dem Sprechen Jahwes seine Eingebung gemeint ist: »daß Gott ... einen Menschen durch innere Eingebungen anregt, das und das zu denken, das und das zu tun« [372]. Das erscheint jedoch zweifelhaft. Die jeweils mitgeteilten Inhalte der »Ansprachen« haben an diesen Stellen *Anrede*form. Das weicht einmal betont ab von dem Beispiel einer göttlichen Eingebung, wie es Esr 7,27 angegeben wird. Demnach hat Gott dem König bestimmte Gedanken und Willensentscheidungen בלב eingegeben, womit auf den Brief 7,12–26 verwiesen wird. Dieser Brief erwähnt aber keine Anrede Gottes an den König oder an sonst einen. Die Gedanken und Beschlüsse des Königs werden als seine eigenen dargestellt. Weiter ist zu beachten, daß etwa Gen 12,1 ff.; 13,14 f.; 31,3; 35,1; Ex 4,27 – es sind Stellen, welche Lindblom unter anderen in diesem Zusammenhang angibt – die Anrede als eine verbale Kommunikation zitiert wird. – Inwiefern Tradenten und Hörer sich andererseits bestimmte Gedanken machten über die Art und die Situation, wie Jahwe an diesen Stellen redet, mag dahingestellt sein. Im Hinblick auf die Bedeutungsverwendung des verbums dicendi wird man auf jeden Fall sagen müssen: Wenn auch das lautliche Element sowie die Situation einer Kommunikation vom Text unbeachtet bleiben [373], ist das verbum dicendi in Verbindung mit dem Zitat mit Sicherheit konjunktiv verwendet, und zwar mit gewöhnlicher, nicht spezialisierter Bedeutung [374].

Dasselbe wird dann (vgl. jeweils das Zitat) in den Formeln כה אָמַר יהוה und נְאָם יהוה der Fall sein, ob man die erstgenannte Formel

---

[371] Vgl. J. Lindblom, a.a.O., 284.

[372] J. Lindblom, a.a.O., ebda.

[373] Gen 31,11 dürfte auf die Anrede V. 3 als Traumrede anspielen, kann aber auf einer sekundären Interpretation beruhen (בַּחֲלוֹם für יהוה, מַלְאַךְ הָאֱלֹהִים statt keiner Situationsangabe).

[374] Eine späte Reflexion über die Verwendung des Verbums אמר wird beim Vergleich von II Sam 24,1 mit I Chr 21,1 greifbar. Das לֵאמֹר der Samuelstelle ist I Chr 21,1 entfallen, es bleibt beim Subjektwechsel das וַיָּסֶת. Bezeichnender Weise ist dann aber auch nicht *das Zitat* aus II Sam 24,1 – und wäre es auch abgewandelt – übernommen worden!

auf den Botschaftsempfang[375] oder auf die Ausrichtung[376] der Botschaft durch den Propheten bezieht.

Am Ende sei noch gefragt, ob metaphorische Wortverwendung vorliegt in der ein körperliches Organ nennenden Redewendung כִּי פִי יהוה דִּבֵּר[377].

Es ist hier nicht ratsam, פֶּה als Metapher für den Propheten zu verstehen, etwa in Analogie zur Redeweise Ex 4,16, vgl. Hos 6,5. Der Kontext, auf den die zitierte Wendung zurückblickt in Jes 1,20 – ob sie dort ursprünglich ist oder eine späte Hinzufügung – will Jahwe selbst reden lassen, vgl. 1,18 aβ, und siehe auch 40,1 f. sowie Jer 9,9 f.[378].

Falls der Sprachverwender glaubt, Jahwe habe einen konkreten Mund, wird er die Bedeutung des Wortes פֶּה konjunktiv verwenden. Die Äußerung enthält dann keine Metapher, und das Wort פֶּה nennt Züge des vermeintlich konkreten Mundes Jahwes. Es ist aber zugleich ein Satzinhalt wirksam, vermutlich mit einem emphatischen Aspekt[379]: Jahwe *selbst* habe geredet, er habe *sein* Wort geredet.

Was für eine semantische Funktion haben aber die Worte dieser Äußerung, falls das Wort פֶּה nicht den Mund eines Menschen meint oder Metapher für einen Menschen ist und die Äußerung außerdem ausgesprochen wird unter der Voraussetzung, Jahwe habe keinen konkreten Mund? – Dann ist das Wort פֶּה auch nicht metaphorisch verwendet, da ein Bezugspunkt des Wortes unter diesen Voraussetzungen nicht zu finden ist, auf dessen Züge Bedeutungselemente des Wortes überhaupt beziehbar sind. Die Äußerung wird sich also vielmehr selbst den Bezugspunkt des Wortes פֶּה schaffen als eine rein innersprachliche Wirklichkeit eines Mundes Jahwes, und zwar durch konjunktive Verwendung der Wortbedeutung – gewissermaßen gegen die Voraussetzung des Sprechers, Jahwe habe keinen Mund[380]. Dafür wird jedoch

---

[375] W. Zimmerli, Ezechiel, I 1969, 73; H. W. Wolff, Dodekapropheton 2. Joel und Amos, 1969, 166; K. Elliger, Deuterojesaja. 1. Teilbd., 1978, 464.

[376] Vgl. R. Rendtorff, Botenformel und Botenspruch, ZAW 74 (1962), 167 Anm. 8; K. Koch, Was ist Formgeschichte? Neue Wege der Bibelexegese, 1964, 216; A. J. Bjørndalen, Zu den Zeitstufen der Zitatformel ... כה אמר im Botenverkehr, ZAW 86 (1974), 396 f.; *thetisch* wohl auch C. Hardmeier, Texttheorie und biblische Exegese, 1978, 309 Anm. 82, dazu s. freilich A. J. Bjørndalen, Så sier Herren, in: Israel – Kristus – Kirken. Festskrift til professor dr. theol. Sverre Aalen, 1979, 44 f.
C. Westermann, Grundformen prophetischer Rede, 1968³, 72 läßt beide Möglichkeiten der Bezugnahme durch die Botenformel offen.

[377] Vgl. Jes 1,20. 40,5. 58,14; Mi 4,4, s. auch Jer 9,11.

[378] Wozu V. 11 ff. nachgetragen sein dürften, vgl. W. Rudolph, Jeremia, 1958², z. St.

[379] Andeutung in dieser Richtung bei E. J. Young, The book of Isaiah, I 1965, z. St.

[380] Vgl. oben S. 78, Anm. 330.

nicht der gesamte Satzinhalt auf dasjenige, worüber gesprochen wird, zu beziehen sein, wohl aber u. a. ein semantischer Wert des Wortes פֶּה, wie auch der schon oben isolierte Satzinhaltsaspekt: Jahwe selbst habe sein eigenstes Wort geredet.

Die Untersuchung, wie das AT vom Sprechen Jahwes redet, bestätigt somit die Ergebnisse unserer vorhergehenden Untersuchungen über das Reden von menschenähnlichen Körperteilen Jahwes und seinen Handlungen damit in der Überlieferung der Propheten Amos, Hosea und Jesaja.

Die Nennworte dürften damaligen Hörern und Tradenten gegenüber *nicht notwendig* metaphorisch im Sinne A. Reichlings funktioniert haben. Eine metaphorische Funktion ist, wo sie festgestellt wurde, nicht darin begründet gewesen, daß der Sprachverwender Jahwe keine konkrete Körperteile mit deren Funktionen zuerkannte, sondern in besonderen, sprachlichen Gegebenheiten der jeweiligen Äußerung. Des öfteren ist eine anthropomorphistische Äußerung erst durch einen auf konjunktiver Bedeutungsverwendung beruhenden Gruppen- oder Satzinhaltsaspekt in bezug auf die gemeinte Tätigkeit Jahwes semantisch relevant gewesen.

Wir haben nicht alle relevante Stellen untersucht. Abgesehen von Visionsberichten wurden zu den Anthropomorphismen besonders Stellen der Jesajaüberlieferung abgehört. Dieses linguistische Ergebnis dürfte jedoch wenigstens für die Überlieferung der Propheten Amos, Hosea und Jesaja insgesamt zutreffend sein, was das Sprechen Jahwes aber anbelangt repräsentativ für größere Bereiche der alttestamentlichen Literatur.

Da, wo Jahwe irgend etwas typisch Menschliches beigelegt wird, entstehen ähnliche Verhältnisse. Solche Rede kann metaphorisch sein, muß es aber nicht sein, und wo sie es ist, ist das nicht notwendig speziell in Gottes Gottsein zu begründen.

In יהוה רֹעִי Ps 23, 1 oder אִישִׁי הָרִאשׁוֹן Hos 2, 9, vgl. אִישִׁי Hos 2, 18, ist das prädizierende Nomen metaphorisch verwendet. Das liegt nicht schon daran, daß (Jahwe) hier *prädiziert* wird, sondern ist darüber hinaus in der jeweiligen, besonderen Nominalbedeutung (Hirt, Ehemann) begründet: sie ist, Jahwe nennend, nicht konjunktiv verwendbar. Etwa das Nomen אָדוֹן ist, Jahwe prädizierend, dagegen nicht Metapher (vgl. u. a. Jes 1, 24; Ps 114, 7; Jos 3, 11.13), sondern die Bedeutung »Herr« ist auf ihn konjunktiv beziehbar. Wenn einer Jahwe דּוֹדִי, »mein Freund« nennen würde, wäre das auch nicht notwendig eine metaphorische Wortverwendung.

Wo aber die Prädikation Gottes metaphorisch ist, würde sie mitunter auch, falls Menschen prädizierend, metaphorisch sein. Man muß sehen, daß die metaphorische Funktion des Nomens רֹעֶה Ps 23,1 ebensosehr davon gefordert ist, daß das *Objekt* des Weidens ein Mensch ist, und daß in Hos 2,9.18 die metaphorische Funktion des Nomens אִישׁ schon dadurch mit bedingt ist, daß die Partnerin des sogenannten Ehemannes ein *Volk* ist. Es ist im AT auch davon die Rede, daß Jahwe sein Volk weidet (weiden wird)[381]. Das Verbum רעה G wird dabei metaphorisch verwendet, aber das wäre auch der Fall gewesen, wenn das Subjekt an diesen Stellen ein Mensch wäre – weil das *Objekt* Menschen sind (vgl. z.B. רעה G metaphorisch verwendet Ez 34,23). – In anthropomorphistischer Rede über Gott kann es, wie wir sahen, Metaphern geben ganz unabhängig davon, daß über Gott geredet wird, sondern etwa weil eine Hand nicht ein Volk »schlagen« kann (Jes 5,25a[382]) oder eventuell weil eine Schlange nicht ein sprachliches »Befehlen« vernehmen könnte (Am 9,3[383]).

Neben Anthropomorphismen Jahwes und Texten mit seiner Rede sowie Darstellungen von Jahwe in typisch menschlichen Rollen, finden sich im Alten Testament auch *therio*morphistische Äußerungen über ihn. Man mag schon fragen, besonders angesichts I Reg 12,28.32; Ex 32,1 ff., ob sich in israelitischen Kreisen zeitweise eine Vorstellung fand von Jahwe als Jungstier (»Kalb«) oder von ihm in der Gestalt eines Jungstiers[384]. Wie dem auch sei, es kann für die Hoseaüberlieferung als durchaus sicher gelten, daß auf ihrer Basis Jahwe nicht in diesen Weisen vorgestellt werden konnte, vgl. Hos 8,5f.[385]; 10,5; 13,2. Das kann mit aller Wahrscheinlichkeit, wenn auch die Zeugnisse direkter Art fehlen[386], auch für die Amos- und die Jesajaüberlieferungen angenommen

---

[381] Hos 4,16; Ez 34,13; Jes 40,11; Ps 28,9; Mi 7,14.

[382] Dazu s. oben, S. 87.

[383] Dazu s. oben, S. 89f.

[384] Vgl. M. Weippert, Gott und Stier, ZDPV 77 (1961), 97ff., bes. S. 103–107, dazu noch M. Noth, Könige, I 1968, 283.

[385] Ob diese Stelle historisch zutreffend einen Stierkult in Samarien bezeugen will (vgl. M. Noth, Geschichte Israels, 1959⁴, 212), nicht *will* (H. W. Wolff, Dodekapropheton 1. Hosea, 1965² z. St.) oder nicht kann (A. Alt, Der Stadtstaat Samaria (1954), jetzt KlSchr, III 295 Anm. 2), mag hier auf sich beruhen. Die *Polemik* bezeugt in ihrer Weise, wie Jahwe dieser Überlieferung zufolge nicht vorgestellt und verehrt werden durfte.

[386] Vgl. jedoch in der Amosüberlieferung die Anklage 8,14: וְאָמְרוּ חַי אֱלֹהֶיךָ דָּן. Dazu s. H. W. Wolff, Dodekapropheton 2. Joel und Amos, 1969, 381f. und s. Jes 31,3a, wo der Parallelismus V.aα/V.aβ besagt, daß Jahwe als אֵל Nicht-Fleisch, d.h. hier aber auch noch: Nicht-Tier ist.

werden. Es wäre auch in keiner Weise von diesen Überlieferungen herzuleiten, Jahwe sich mit einem anderen, konkreten theriomorphen Körper vorzustellen. Es lagen *insofern* hier Möglichkeiten einer theriomor-
phistischen Metaphorik über Gott vor, und es müßte auch, noch außerhalb der Vergleichsrede, auf konjunktiver Bedeutungsverwendung beruhende und auf Jahwe beziehbare theriomorphistische Satzinhalts-
aspekte gegeben haben können. Jedoch ist das uns überlieferte Material
in diesen Hinsichten außerordentlich dürftig.

Im Buche Amos findet sich nur, auf Jahwe bezogen, die theriomorphistische Metapher יִשְׁאָג [387]. – In der Jahwerede Hos 5,14a ist Jahwe
כַּשַּׁחַל und כַּכְּפִיר gegen Ephraim und das Haus Juda, wonach dann Metaphern folgen: אֶטְרֹף וְאֵלֵךְ אֶשָּׂא וְאֵין מַצִּיל . Hos 13,7 vergleicht sich
Jahwe wieder mit dem שַׁחַל, aber weiter mit dem נָמֵר, woraufhin die
Metapher אַשּׁוּר folgt. In 13,8 ähnlich: Jahwe vergleicht sich mit der
דֹב שַׁכּוּל, wonach das folgende וְאֶקְרַע metaphorisch sein wird. Von Jesaja ist nichts derartiges auf uns zu gekommen. Theriomorphistische
Satzinhaltsaspekte außerhalb der Vergleichsrede gibt es auf Jahwe bezogen in diesen Überlieferungen überhaupt nicht.

Auf dem Hintergrund dessen, was wir soweit gesehen haben, wollen wir jetzt das von G. B. Caird isolierte, sogenannte Metaphern-Sy-
stem der Gerichtshof-Sprache heranziehen. G. B. Caird [388] findet unter
verschiedenen Metaphern-Systemen in der Bibel auch ein Metaphern-
System der Gerichtshof-Sprache, wo Jahwe Richter (I Sam 24,16;
Mi 7,9), Ankläger oder Verteidiger (Prov 23,11) oder auch selbst strei-
tender Rechtspartner sein kann; hier führt Caird die Stellen Ps 103,9;
Jes 3,13–15; Jer 2,9; Hos 4,1–4; 12,3 und Mi 6,1–5 an.

Es scheint schwierig zu sein, hier generell von Metaphorik zu reden. Die sprachlichen Verhältnisse sind von Fall zu Fall anders. Wir gehen hier nur auf einige der in Frage stehenden Texte ein.

In Ps 103,9 mag das Verb רִיב G in Parallele zu נטר G ohne jeden
Hinblick auf ein Gerichtsforum, mit konjunktiver Bedeutungsverwendung gebraucht sein. – רִיב G mit der Präposition אֵת Jer 2,9 ließe wohl
eher noch an das Führen eines Rechtsstreites denken, so daß das Verb
in diesem Fall metaphorisch verwendet wäre.

---

[387] In 1,2, möglicherweise von einer frühen judäischen Redaktion herrührend, vgl. H.
W. Wolff a.a.O. 151.
Die Stelle wurde ausführlich erörtert von M. Weiss, Methodologisches über die Behandlung der Metapher dargelegt an Am 1,2, ThZ 23 (1967), 1–25.
[388] G. B. Caird, The Language and Imagery of the Bible, 1980, 157.

In Jes 3,13 bezeichnet das Verb רִיב G zunächst, d.h. bei versuchter konjunktiver Bedeutungsverwendung, sicher eine Tätigkeit in einem Rechtsstreit, vgl. V.14a: "בְּמִשְׁפָּט יָבוֹא עִם und in V.13 die Pt. נצב und עמד[389]. Wie die Denotate der Verben רִיב G und דִין G bei konjunktiver Bedeutungsverwendung auch immer zu bestimmen sind[390], vermittelt die Ausdrucksweise V.13.14a ein konkret-anschauliches Bild von Elementen eines Gerichtsverfahrens[391]. Falls nun zur Ausdrucksweise V.13.14a ein traditionsgeschichtlicher Hintergrund vom Erscheinen Jahwes zum Gericht im Kult anzunehmen sein sollte[392], sind die Verben V.13.14a schwerlich metaphorisch verstanden worden. Allerdings könnte man hier weitere theophane Elemente neben dem Verb בוא vermissen[393]. Möchte man dann zu dieser Stelle die angedeutete Möglichkeit eines kultischen Traditionshintergrundes lieber auf sich beruhen lassen, ließen sich die Pt. נצב und עמד sowieso nicht metaphorisch verstehen, sondern müßten mit konjunktiver Bedeutungsverwendung gelesen werden, *als ob* Jahwe tatsächlich dagestanden habe. Denn es ließe sich wohl kein Bezugspunkt der nur disjunktiv verwendeten Bedeutungen der Partizipien finden, und zwar auch dann nicht, wenn der Sprachverwender Jahwe keine Körperlichkeit zuerkennen sollte. Wie nun die Pt. נצב und עמד bei konjunktiver Bedeutungsverwendung deutlich auf das Vorgehen bei einem Gerichtsverfahren anspielen, werden die Verben רִיב G und דִין G V.13 mit ihnen konjunktiv verwendet sein. Den Partizipien entsprechend werden auch die Nennworte in der Wendung בְּמִשְׁפָּט יָבוֹא V.14aα mit konjunktiver Bedeutungsverwendung verwendet sein.

Eine Zusammenfassung unserer Erwägungen zur Frage einer Metaphorik über Gott im Alten Testament kann kurz sein: Aussagen über Jahwe im Alten Testament müssen keineswegs notwendig metaphorisch im Sinne A.Reichlings gewesen sein, und die im Alten Testament tatsächlich vorkommende Metaphorik über Jahwe ist nicht notwendig speziell in seinem Gottsein begründet, sondern in seiner Zuwendung zu Israel hin und zur Welt, in seinem Bezug auf Israel und die Welt. Jede möglicherweise metaphorische Aussage ist auf ihre eigene semantische Wirkungsweise und auf ihren eigenen semantischen Inhalt hin zu befragen.

---

[389] Vgl. H.J.Boecker, Redeformen des Rechtslebens im Alten Testament, 1964, 84–86.
[390] Nach H.J.Boecker, a.a.O., 85 als Anklagen bzw. als Richten.
[391] Vgl. H.J.Boecker, a.a.O., ebda; H.Wildberger, Jesaja, I 1972, 132.
[392] So H.Wildberger, a.a.O., ebda.
[393] J.Jeremias, Theophanie, 1977², 62.

The word allegory, sometimes the medi-
aeval term for what we would call symbol
and sometimes a term for sign, appears to
be a principal trouble.
W. Y. Tindall, The Literary Symbol, 1955,
32.

Die Metaphorische Allegorie

Für einen Text, der eine Reihe von aufeinander bezogenen Metaphern aufweist, konnte die Rhetorik der Antike die Bezeichnungen
ἀλληγορία, allegoria verwenden[394]. Jedoch kannte die Rhetorik auch
andersartige Allegorien[395], die nicht notwendig Metaphern enthal-

---

[394] *a.* Vgl. Tiberios Rhetor, Περὶ σχημάτων, 24 (s. L. Spengel, ed., Rhetores Graeci, III
1856, 70. 3–5): Ἀλληγορία μὲν οὖν ἐστὶν ὅταν τῶν κυρίων τι ἑρμηνεύῃ τις ἐν μετα-
φοραῖς τὸ κύριον σημαίνειν δυναμέναις. Vgl. R. Hahn, Die Allegorie in der antiken
Rhetorik, 1967, 24.
b. Cicero, Orator, 27. 94: iam cum fluxerunt continuae plures tralationes, alia plane
fit oratio; itaque genus hoc Graeci appellant ἀλληγορίαν: nomine recte, genere melius ille qui ista omnia tralationes vocat. – Vgl. R. Hahn a.a.O., 57. Cicero ist also
wohl auch selbst bereit gewesen, einen Text mit einer Reihe von Metaphern eine Allegorie zu nennen, aber vermutlich auch, ihn als Ganzheit eine Metapher zu nennen.
Vgl. K. Barwick, Probleme der stoischen Sprachlehre und Rhetorik, 1957, 96; U. Krewitt, Metapher und tropische Rede in der Auffassung des Mittelalters, 1971, 42.
c. Cicero, De oratore, 3. 41. 166: ... illud quod ex hoc genere [translatio] profluit non
est in uno verbo translato sed ex pluribus continuatis connectitur, ut aliud dicatur,
aliud intellegendum sit. – Hier verwendet Cicero allerdings nicht den Terminus »allegoria«, jedoch kann man annehmen, daß »aliud dicatur« eine Umschreibung für »allegoria« ist, vgl. R. Hahn a.a.O., 58; U. Krewitt, a.a.O., 42f.; auch noch Cicero, a.a.O.,
2.65.261, wozu R. Hahn, a.a.O., ebda heranzuziehen ist.
d. Quintilian, Inst or 8.6.44: Ἀλληγορία, quam inversionem interpretantur, aut aliud
verbis, aliud sensu ostendit, aut etiam interim contrarium. prius fit genus plerumque
continuatis translationibus ... – Vgl. ders. a.a.O., 8.6.14; 9.2.46 und dazu R. Hahn
a.a.O., 60.
[395] Vgl. etwa den Wortlaut Quintilians in der letzten Anm. Die Belege aufzuzählen er-
übrigt sich hier. Es sei auf die Untersuchung R. Hahns verwiesen, a.a.O., 17 ff. 25 ff.
u. passim. Vgl. noch unten, die nächst folgende Anm.

ten[396]. Begriffsgeschichtlich gesehen stellt sich die sprachliche Allegorie
nicht notwendig als eine Reihe von Metaphern dar[397], aber eine Reihe

---

[396] Eine der Allegorie-Arten, die Quintilian bespricht (a.a.O., 8.6.46f.) enthält nicht notwendig Metaphern, sondern notwendig wenigstens einen Decknamen: praeter nomen
cetera propriis decisa sunt verbis. Vgl. J. Cousin, Études sur Quintilien, II 1936, 32;
R. Hahn a.a.O., 61; H.-J. Klauck, Allegorie und Allegorese in synoptischen Gleichnistexten, 1978, 41 f. Eine Decknamenallegorie liegt Hos 2,25 aβ. bα vor: Die Kinderna-
men sind keine Metaphern (gegen A. J. Bjørndalen, TTK 34 (1963), 112). – R. Hahn
bestimmt, neben der Allegorie als Folge von Metaphern, »Allegorie als Oberbegriff
für Redeweisen, bei denen sich das, was der Autor meint, vom ›Wortsinn‹ des Gesag-
ten unterscheidet« (a.a.O., 129, vgl. die Übersicht von J. Cousin a.a.O., 32 f.).
Zwei rhetorische Allegoriedefinitionen, die nicht ausdrücklich von Metaphern sprechen, sind von I. Christiansen a.a.O., 135 ff. ausführlich analysiert worden: Ps. Heraklit, Ὁμηρικῶν Προβλημάτων εἰς ἃ περὶ θεῶν Ὅμηρος ἠλληγόρησεν, c. 5 (vgl.
Heracliti quaestiones homericae ed. Societatis philologae Bonnensis sodales, 1910,
S. 5. 15–6. 1) und Kokondrius, Περὶ τρόπων, 9 (vgl. L. Spengel, ed., Rhetores Graeci,
III 1856, S. 234. 28 f.). Vgl. zu diesen Stellen auch R. Hahn a.a.O., 25. 18 f.; zur Stelle
bei Ps. Heraklit bes. auch noch H.-J. Klauck, a.a.O., 45 ff.
Auch die Analyse Christiansens spricht hier nicht von Metaphern (vgl. dies a.a.O.,
15), im Gegenteil sie findet, daß in der Entfaltung dieser Allegorien bzw. in diesen Al-
legoresen nach bestimmten Prinzipien »dem einen Begriff des Textes ein gleicher Begriff danebengestellt wird« (dies. a.a.O., 138), was gerade nicht der von ihr früher
besprochenen, gewissermaßen herkömmlichen Methode der Deutung *metaphorischer*
Texte entspricht: den Wortlaut des Textes zu ersetzen, vgl. dies. a.a.O., 14. 19 ff.
Ganz abgesehen von der damit angedeuteten Auffassung, wie *metaphorische* Texte zu
verstehen seien (vgl. dazu aber unten S. 115 ff.), ist in der Tat festzustellen, daß Ps.
Heraklit in seinen der Definition folgenden Bemerkungen zu Beispielen der Allegorie
(a.a.O., c. 5) nirgends eine Metapher oder eine Folge von Metaphern herausstellt (vgl.
zu den Ausführungen Ps. Heraklits noch R. Hahn a.a.O., 35 ff.), so ebenfalls auch
nicht die kurzen Bemerkungen des Kokondrius a.a.O. 9–11 (dazu vgl. R. Hahn
a.a.O., 18 ff.). Die Metapher oder die Metaphernfolge ist diesen z. T. verschiedene
Formen von »Allegorie« umfassenden Definitionen nicht relevant als Kennzeichen
oder konstitutives Element der Allegorie. Ob die *Beispiele* Metaphern enthalten oder
von Ps. Heraklit und Kokondrius in dieser Hinsicht vollständig interpretiert sind, ist
eine durchaus andere und hier nicht zu erörternde Frage.

[397] Mit einem weiten Begriff der Allegorie, in dem die Metapher keine konstitutive Rolle
hat, arbeitet A. Fletcher, Allegory, 1964, 2: »In the simplest terms, allegory says one
thing and means another«; vgl. ders. a.a.O., 4: »... allegorical or partly allegorical
works – by which we mean primarily that as they go along they are usually saying one
thing in order to mean something beyond that one thing.« Vgl. noch R. Bultmann,
Die Geschichte der synoptischen Tradition, 1958[4], 214: »In der Allegorie handelt es
sich nicht um Urteilsübertragung, sondern um geheimnisvolle oder phantastisch spie-
lende Verkleidung eines Sachverhalts«. Nach E. Fuchs, Hermeneutik, 1963[3], 212 f. sei
die Allegorie dadurch gekennzeichnet, daß sie »einen geheimen Sinn des von ihr Aus-
gelegten« voraussetze. In der Metapher stecke insofern ein allegorisierender Zug, als
sie »leicht zur Schlüsselsprache eines besonderen Kreises von Menschen werden«
kann (E. Fuchs a.a.O., 212).

von aufeinander bezogenen Metaphern kann als solche nach der Rhetorik Allegorie benannt werden[398].

Hierher gehören auch C.-M. Edsman, Art. Allegorie I. Religionsgeschichtlich, RGG³,
I 238; R. A. Stewart, The parable form in the Old Testament and the rabbinic literature, EvQ 36 (1964), 134 (jedoch auch: »artistic extension of a metaphor«). E. Biser,
Theologische Sprachtheorie und Hermeneutik, 1970, 428 f. leitet die Allegorie ab vom
Vergleich. Darauf gehen wir wieder etwas genauer ein.
Biser schreibt: »Der zu einer Mehrzahl von Bildbeziehungen fortentwickelte Vergleich ergibt als die ihm unmittelbar entsprechende Großform ... die *Allegorie*«
(a.a.O., ebda). Die Allegorie ist gerade nicht von der Metapher herzuleiten, s. ders.
a.a.O., 429 Anm. 203. Diese Auffassung will sprachtheoretisch begründet sein, vgl.
dazu den Titel von Bisers Untersuchung sowie ders. a.a.O., 26 und S. 424 Anm. 187. –
Das entscheidende Gemeinsame der Allegorie und des Vergleichs sei darin begründet,
daß das, was in der Allegorie »›anders‹ ... ›ausgesagt‹« wird »als im Fall des direkten
Bezeichnens«, »in dieser Andersheit jedoch auf ebenso direkte Weise« – ausgesagt
werde (Biser a.a.O., 429. Zum »direkten Bezeichnen« im Vergleich s. ders. a.a.O.,
426). Es werde mithin in der Allegorie etwas anders als beim direkten Bezeichnen
ausgesagt, jedoch gerade so auf ebenso direkte Weise [wie beim direkten Bezeichnen
etwa im Vergleich]. Es wird leider nicht geklärt, wie dies möglich sei. Die Allegorie
rückt andernorts in der Darstellung von Biser in eine gewisse Nähe zur Metapher:
»der Allegorie ist es als der Großform des Vergleichs wesentlich, den intendierten
Sinn durch ein bildhaftes Äquivalent zu ersetzen« (ders. a.a.O., 150). Auch die Metapher ersetze die Sache durch das Bild, so ders. a.a.O., 138. Einen Ausdruck, wo wir
auf der Basis der Bedeutungstheorie A. Reichlings eine *Metapher* zu finden glauben
(»*Licht* der Gerechtigkeit«), bestimmt Biser (als »reinen Vergleich« und, mit Vergleichen sonst,) in den meisten Hinsichten als Grundform der Allegorie (ders. a.a.O.,
427). – Biser meint aber, daß der Allegorie – offenbar *immer* – »ein starres Verhältnis
von Bild und Sache zugrunde« liegt (ders. a.a.O., 429), was vielleicht zu der These eines »direkten« Bezeichnens mit relativ festen Bildern in der Allegorie beigetragen hat.
Die ganze Überlegung Bisers ist aber in diesem Punkt gerade sprachtheoretisch vage
und unzulänglich.
Nach einer bes. in der ntl. Forschung verbreiteten Sicht, artikuliert u. a. von G. Sellin,
Allegorie und »Gleichnis«. Zur Formenlehre der synoptischen Gleichnisse, ZThK 75
(1978), 287. 300 ff., ist *der* Baustein der Allegorie eben nicht die Metapher. Sellin
nennt als Baustein der Allegorie in Anschluß an Ph. Wheelwright das Steno-Symbol
im Sinne von einem Zeichen, dem »auf eindeutige Weise eine Größe als Bezeichnetes
zugeordnet« ist und das daher keine Interpretation zuläßt (a.a.O., 301). – Wenn die
Allegorie in dieser Weise bestimmt wird, so steht dahinter einerseits die Auffassung,
zur Interpretation einer Allegorie genüge es, die Bildwörter durch bestimmte andere
Wörter zu *ersetzen* (dazu s. unten, S. 115 ff.), andererseits aber auch die in der Theologie immer noch gängige abwertende Differenzierung zwischen Allegorie und Symbol (dazu s. unten, S. 102 f., Anm. 406).

[398] Vorwiegend als Reihung (Folge, Kette) von Metaphern wird die Allegorie bestimmt
u. A. von G. Gerber a.a.O., II. 1 1873, 98–100; H. Lausberg a.a.O., 441 f. § 895;
J. Knobloch [Hrsg.], Art. Allegorie, SW, I 92; s. noch R. Hahn a.a.O., 57 Anm. 70 a.
Hier wäre auch P. Pickrel, Religious allegory in medieval England, Diss. Yale 1944,
13 anzuführen – der Struktur der von ihm definierten Allegorie nach. Jedoch sind als

Der Begriff der Allegorie, der hier zugrundegelegt wird, ist nun näher zu bestimmen. Im Lichte bisheriger Bemühungen um Allegorien mag es sich empfehlen, zunächst einmal gewisse traditionelle Kennzeichen zu nennen, die hier nicht mehr als notwendige Kennzeichen der Allegorie oder deren Wert geltend gemacht werden. Das betrifft sowohl die »Übereinstimmung« der Metaphern untereinander[399] als auch die *Un*stimmigkeit der Metaphern, die ihrerseits unter Umständen Texte, die allegorisiert werden, kennzeichnen kann[400], weiter die Forderung, daß Nennworte im allegorischen Text fehlen sollten, sofern sie in nicht-metaphorischer Weise über die sonst metaphorisch besprochene

---

Strukturelemente der Allegorie nach Pickrel nicht nur Metaphern möglich, vgl. ders. a.a.O., 19 Anm. 41. (M. W. Bloomfield beschreibt »dynamische« (narrative) Personifikations-Allegorien mit metaphorischem Prädikat, vgl. ders., A grammatical approach to personification allegory, Modern Philology 60 (1962-1963), bes. S. 165. 169. Es wird hier allerdings nicht notwendig mehr als eine Metapher der Allegorie von ihm gefordert.)

Die Allegorie als Reihung von Metaphern sehen auch A. Jülicher, Die Gleichnisreden Jesu, I 1910³, 58; E. König, Stilistik, Rhetorik, Poetik in Bezug auf die biblische Litteratur, 1900, 109; ders., Hermeneutik des Alten Testaments, 1916, 101; H. Gunkel, Art. Allegorie im AT und Judentum, RGG¹, I 354; G. Hylmö, Gamla testamentets litteraturhistoria, 1938, 54; A. M. Brouwer, Metaphoor, allegorie en allegorese, NThS 25 [1942], 21; D. Buzy, Les paraboles, 1948, VI; ders., Le cantique des cantiques. Exégèse allégorique ou parabolique? RSR 39 (1951–1952), 109; L. H. K. Bleeker, Hermeneutiek van het Oude Testament, 1948, 79; z. T. wohl auch J. Lindblom, The servant songs in Deutero-Isaiah, 1951, 80 (betrifft den Begriff der »metaphorical description« und dessen Nähe zum Begriff der Allegorie); s. noch Aa. Bentzen, Introduction to the Old Testament, I 1957³, 180; L. Goppelt, Art. Allegorie II. Im AT und NT, RGG³, I 239; G. Rinaldi, I profeti minori, I 1963, 92.

[399] Vgl. E. König, Stilistik, Rhetorik, Poetik in Bezug auf die biblische Litteratur, 1900, 275: »Eine Allegorie ist nur dann koncinn, wenn die Darstellung in ebenderselben Metapher beharrt und so in allen ihren Teilen harmonisch zusammenstimmt. Aber wenn verschiedene Metaphern verknüpft ... werden, so ist die Allegorie unrein oder gemischt«. Die Metaphern sind dann nicht »von ebenderselben Sphäre entlehnt« (a.a.O., ebda). Nach König war dann das »Ideal« der »Harmonie des schönen Stils« nicht erreicht, was jedoch »kein aussergewöhnlicher Mangel« sei (a.a.O., 274 f.). – Bei A. Jülicher aber ist es ein entscheidendes Kennzeichen der Allegorie, daß »deren konstitutive Elemente zwar lauter Metaphern sind, aber unter einander zusammenhängende, demselben Gebiet entnommene« (a.a.O., I 1910³, 58). Es bleibt, wenn man diesen Anspruch auf Einheit der Allegorie stellt, die Schwierigkeit, methodisch entscheiden zu können, ob »ebendieselbe Sphäre«, »dasselbe Gebiet« vorliege (vgl. oben, S. 19).

[400] Vgl. H.-J. Klauck, a.a.O., 41–53, auf S. 53 bes. Pkt. 4. Die Unstimmigkeit der Allegorie ist noch bei J. T. Willis, a.a.O., 357 ein Kriterium der Allegorie. Dem entspricht, wie *pure allegory* per definitionem nicht »simple and credible in itself« sei, so E. Lipinski, Art. Allegory. In the Bible, EJ II 1971, 641.

Sache redeten[401]. Damit wird hier auch nicht als notwendiges Kennzeichen der Allegorie geltend gemacht, daß in ihr *jede* »Einzelheit« der Darstellung ein eigenes Moment der intendierten Wirklichkeit bildhaft verträte[402]. Dieser Kennzeichnung der Allegorie entspricht, daß die Notwendigkeit, einen Text in *jedem* Einzelzug allegorisch zu deuten,

---

[401] Die Definition der Allegorie von ihren Metaphern her läßt allerdings, wenn man so will, auf nicht-metaphorische Nennwörter im Text achten, vgl. bei Quintilian die Differenzierung zwischen allegoria tota und allegoria permixta, Inst or 8. 6. 47 f. Die allegoria permixta liegt vor, wo ein nicht-metaphorisches Nennwort (vgl. contionum in dem Beispiel Quintilians) Teil der sonst metaphorischen Kette wird. Genau so auch E. König, a.a.O., 275: »wenn … mit den metaphorischen Ausdrücken auch eigentliche verbunden werden, so ist die Allegorie unrein oder gemischt«. Bei Jülicher wäre ein ähnlicher Begriff kaum zu erwarten, denn er nennt eine Allegorie den Text wo »alle maßgebenden Begriffe einer Vertauschung gegen andre ähnliche bedürfen«, »eine Rede, deren konstitutive Elemente … lauter Metaphern sind« (a.a.O., I 1910³, 58). Dementsprechend liege »eine von Metaphern durchsetzte Rede« vor, wo »fortwährend allegorische und eigentliche Sätze ineinanderspielen« (a.a.O., I 1910³, 115 zu Joh 15,1 ff.). Also keine Allegorie in diesem Fall? Jülicher konnte jedoch einen ähnlichen Text eine »mangelhafte Allegorie« nennen (a.a.O., I 1910³, ebda zu Joh 10,1–16). J. Lindblom aber unterscheidet zwischen »real allegories«, denen »unity and consistency« charakteristisch seien, und der mit Jülicher »von Metaphern durchsetzte Rede« genannten Darstellungsart, wo »allegorical words and expressions, not always coherent one with another, are mingled with elements belonging to the reality which was to be depicted« (The servant songs in Deutero-Isaiah, 1951, 80; vgl. ders., Profetiskt bildspråk, in: AAAbo. H 18, 1949, 211). Lindblom sagt jedoch auch, es sei »quite typical of the allegories [!] of the Old Testament« daß die allegorischen Elemente gemischt werden »with elements belonging to the reality which is to be illustrated by the allegorical picture« (The servant songs in Deutero-Isaiah, 1951, 93). Gegen eine Forderung, eine Allegorie solle keine Nennworte enthalten, die in nicht-metaphorischer Weise über die sonst metaphorisch besprochene Sache redeten, wäre einzuwenden, daß eine Allegorie schwerlich solche Nennworte vollständig entbehren kann. Schränkt man die Forderung so ein, daß eine Allegorie keine nicht-metaphorisch verwendeten »maßgebenden Begriffe« oder »Hauptbegriffe« enthalten dürfe (vgl. A. Jülicher, a.a.O., I 1910³, 58 f.), läßt die Frage sich kaum beantworten, wo denn die Grenze liege zwischen »maßgebenden Begriffen« und in der Allegorie nicht zuzulassenden Nennworten, die alle durchaus auf die jeweils relevanten Sachen bezogen werden könnten.

[402] Dieses Kennzeichen behaupten aber u. a. A. Jülicher, a.a.O., I 1910³, 79 f. 58 f. 107; D. Buzy, vgl. ders., Le cantique des cantiques. Exégèse allégorique ou parabolique? RSR 39 (1951–52), 99; A. S. Herbert, The ›Parable‹ (*Māšāl*) in the Old Testament, SJTh 7 (1954), 191; L. Goppelt, Art. Allegorie II. Im AT und NT, RGG³, I 239; B. Wiberg, Art. Allegori, Gads Danske Bibel Leksikon, I 1965, 56; E. M. Good, Ezekiel's Ship: some Extended Metaphors in the Old Testament, Semitics 1 (1970), 103; W. Schottroff, Das Weinberglied Jesajas (Jes 5,1–7), ZAW 82 (1970), 72; J. T. Willis, The Genre of Isaiah 5:1–7, JBL 96 (1977), 353; A. Graffy, The Literary Genre of Isaiah 5,1–7, Bib. 60 (1979), 402.

ein entscheidendes Kriterium der Allegorie wird [403]. Dieses Deuten eines jeden Einzelzuges des Textes kann hin und wieder bei allegorisierender Interpretation von Texten begegnen, die nicht allegorisch gemeint sind [404].

Bei dieser Auffassung, was als entscheidendes Kriterium einer Allegorie zu gelten
hat, wird das interpretierende Verfahren leicht reduziert. Statt auch noch auf Übereinstimmungen und Nicht-Übereinstimmungen, auf Kompatibilität und auf Span-
nungen im Verhältnis zwischen Bild und Sache zu achten, besteht die Interpretation
zur Hauptsache darin, die Einzelheiten der Bildrede durch je mutmaßlich gemeinte
Sachen zu *ersetzen*.

Man sieht dabei von Texten ab, die zwar streckenweise allegorisch sind, wo aber
die Allegorie aufrechterhalten und weitergeführt wird durch einen Zusammenfall
von Sache und Bild oder durch unvollziehbare Metaphorik.

Der Allegorist wird in dieser Sicht unter der Hand leicht als einer dastehen, der sein
Publikum herabwürdigt: pedantisch identifiziert er jede einzeln gemeinte Sache,
ohne daß auch nur ein Bißchen der Imagination des Publikums überlassen würde.
Umgekehrt spräche dann »the generality of verse 7« in Jes 5 stark gegen die Annahme, Jes 5,1–6 sei eine Allegorie [405]. Der Prophet hätte, wäre der Text eine Allegorie, am besten alle Einzelheiten ausdeuten müssen, zumal das dem Leser dieses
Textes anerkanntermaßen schwierig ist.

Vor allem bestimmt man in dieser Weise nicht die Sorte des Textes unmittelbar,
sondern primär die Weise seiner Interpretation: der Text sei, oder sei nicht, in jedem Einzelzug der bildlichen Darstellung durch das besagte Ersatzverfahren zu interpretieren. Die Zahl der alttestamentlichen Texte, wo diese auffallend eng gefaßte
Fragestellung von Interesse wäre, dürfte schwerlich besonders groß sein. Fänden
sich solche Texte, möchte man sie gerne mit Texten vergleichen, die diesen Anforderungen nur in der Annäherung oder zum Teil entsprechen. Das ihnen allen dennoch gemeinsam Spezifische wäre aber eine besondere Weise der *Sprachverwendung* bei zwei oder mehreren Nennworten des Textes: die metaphorische. Im Anschluß an die rhetorische Tradition nehmen wir die metaphorische Sprachverwendung als ein entscheidendes Kriterium der Allegorie, nicht aber, inwiefern diese
Sprachverwendung jede Einzelheit der bildlichen Darstellung betrifft.

Des weiteren soll als Kennzeichen der Allegorie hier nicht ein Gegensatz zwischen Allegorie und Symbol verwendet werden [406], wie auch

---

[403] So ausdrücklich A. Graffy, a.a.O., ebda; vgl. aber auch J. T. Willis, a.a.O., 356 Punkt 2.

[404] Vgl. H.-J. Klauck, a.a.O., 5. 106. 108.

[405] A. Graffy, a.a.O., ebda.

[406] Zur begriffsgeschichtlich späten Unterscheidung von Symbol und Allegorie in der
Kunsttheorie seit Schelling und Goethe sowie auch zur Unterscheidung von Symbol
und Allegorie in Philosophie und in alttestamentlicher Forschung, vgl. einige Hinweise bei A. J. Bjørndalen, Metodiske bemerkninger til spørsmålet etter allegorier i
Det gamle testamente, TTK 37 (1966), 153–155. – Zum Gebrauch in der heutigen Alt-
philologie vgl. R. Hahn, a.a.O., 1–5; zur literaturwissenschaftlichen Wertung von
Symbol und Allegorie vgl. A. Fletcher, a.a.O., 13 f.; B. A. Sørensen, Symbol und Symbolismus in den ästhetischen Theorien des 18. Jahrhunderts und der deutschen Ro-

die meisten der von A. Jülicher geltend gemachten Unterschiede zwischen Allegorie und Gleichnis(erzählung) als Kriterien der Allegorie hier entfallen.

Die folgende Übersicht zielt nicht darauf ab, Jülichers Sicht der neutestamentlichen Gleichnisse zu umreißen, sondern darauf, seine Kriterien der Allegorie zu beurteilen. Die Distinktion zwischen Gleichnis(erzählung) und Allegorie ist bei Jülicher bekanntlich grundlegend[407]. Es ist indiskutabel, eine metaphorische Allegorie in folgender Hinsicht von einem Gleichnis wie von der breiter ausgeführten Gleichniserzählung zu unterscheiden: Die Allegorie wird durch die Reihe von aufeinander bezogenen Metaphern gebildet, die Gleichnis(erzählung) kann, aber muß nicht Metaphern enthalten. Damit ist aber nichts, was für die gleichnishafte Darstellung konstitutiv wäre, angegeben, und wir haben die metaphorische Allegorie ihrerseits von allen anderen Textarten unterschieden, nicht speziell von dem gleichnishaften Text, wie es seit Jülicher immer wieder geschieht. Die Bestimmung der metaphorischen Allegorie eben mittels ihrer Metaphern ist, mit geeigneten Einschränkungen, auf die wir unten eingehen werden, in sich klar und umfassend genug und trifft das für die metaphorische Allegorie Konstitutive. – Die Herausarbeitung der Eigenständigkeit des gleichnishaften Textes gerade an Hand seines Gegenübers zur Allegorie erscheint andererseits sehr problematisch, wie die Versuche A. Jülichers zeigen[408]. E. Jüngel hat Jülichers Bestimmung des »Wesens« der Gleichniserzählung einer eingehenden kritischen Analyse unterzogen[409]. Nach Jüngel hat Jülicher »die Verwechslung der Gleichnisse

mantik, 1963, passim, ders., Allegorie und Symbol, 1972, passim. – Zur *Überwindung* der Abwertung der Allegorie gegenüber dem Symbol vgl. bes. H.-G. Gadamer, Wahrheit und Methode, 1960, 66–77; G. Hess, Allegorie und Historismus, in: Verbum et signum 1, 1975, 555 f.; C. Meier, Überlegungen zum gegenwärtigen Stand der Allegorie-Forschung, in: FMSt 10, 1976, 1 f. 47.
Es bestehen einige grundlegende Unterschiede zwischen Symbol und metaphorischer Allegorie. Ein konkretes Ding kann Symbol sein, ein Symbol ist also keineswegs notwendig eine sprachliche Erscheinung, wie die metaphorische Allegorie es aber ist. Weiter: Will man über ein Symbol sprechen, kann man ein Nennwort nicht-metaphorisch verwenden, d. h.: die Bedeutung des Nennwortes gibt, konjunktiv verwendet, Merkmale des symbolischen Denotatums wieder. Die metaphorische Allegorie aber ist notwendig mit disjunktiver Bedeutungsverwendung wirksam. Vgl. A. J. Bjørndalen, a.a.O., 164; s. auch M. W. Bloomfield, a.a.O., 168 ff. Man kann deshalb, sofern das Symbol mit konjunktiver Bedeutungsverwendung des Nennwortes besprochen wird, die Allegorie am Gegensatz zum Nennwort des Symbols definieren. Aber die primäre, oder eine ausreichende Definition der Allegorie wäre das nicht. Anderseits kann die informative Leistung einer Metapher oder einer metaphorischen Allegorie weithin derjenigen eines Nennwortes eines Symbols entsprechen, vgl. A. J. Bjørndalen, a.a.O., 164 f.; weiter K. Skollerud bei D. Haakonsen [Rez.], A. Kittang og A. Aarseth, Lyriske strukturer. Innføring i diktanalyse (1968), Edda 69 (1969), 142.

[407] Vgl. zuletzt u. a. H.-J. Klauck, a.a.O., 4 ff.

[408] A. Jülicher, Die Gleichnisreden Jesu, I 1910[3], 70 ff.

[409] E. Jüngel, Paulus und Jesus. Eine Untersuchung zur Präzisierung der Frage nach dem Ursprung der Christologie, 1967[3], 88–102.

mit Allegorien ... ausgeschlossen«[410], *jedoch ohne* dabei »das *Wesen* der Gleichnisrede Jesu getroffen« zu haben[411].

Jülicher ist z.T. im Recht, wenn er Gleichnisrede und Allegorie unterscheidet als »eigentliche« und »uneigentliche« Rede[412]. Das deutet, sieht man von der Unzulänglichkeit der Begriffe »eigentlich/uneigentlich« ab, einerseits zwar das Wesentliche der metaphorischen Allegorie an, trifft aber auf der anderen Seite nicht das Konstitutive der Gleichnisrede. Vieles Andere ist ja auch eigentliche Rede. – Es ist weiter kein notwendiger Gegensatz, wo Jülicher schreibt: »in der Allegorie soll das Bildliche gedeutet werden, im Gleichnisse soll es deuten, oder richtiger durch seine überströmende Deutlichkeit auch sein Parallelon deutlicher machen«[413]. Auch die allegorische Darstellung wird darauf aus sein können, ihr »Parallelon« deutlicher zu machen. Um nur ein Beispiel zu nennen: die gefallene Jungfrau Am 5,2. Andererseits kann ein Gleichnis einer Erläuterung bedürfen[414]. – Unbedeutend ist eine von Jülichers stilistischen Charakterisierungen dieser beiden Textarten: »Eine Allegorie ist um so kunstvoller, je weiter ausgesponnen sie ist, ein Gleichnis um so pakkender, je kürzer und knapper es ist«[415]. Er gibt zu, die Allegorie könne »auf einen kurzen Satz beschränkt sein oder ein dickes Buch ausmachen«[416]. – Wichtiger wäre der Versuch einer praktisch-stilistischen Kennzeichnung: »Das ist wohl das sicherste Erkennungszeichen einer Allegorie und eines Gleichnisses, daß jene das ›Bild‹ auf den ›Gedanken‹ zuschneidet, dies das ›Bild‹ in seiner Naturfarbe und allein um derselben willen unverletzt erhält«[417]. Jedoch ist diese Differenzierung zwischen Gleichnisrede und Allegorie nicht immer zutreffend. Jülicher gibt selbst zu erkennen, daß die Allegorie »Cheirisophos' Reise durch Böotien« ein »amüsantes Buch« ist, auch wenn man alles »wörtlich nimmt«[418]. H. Gunkel hat dargelegt, wie eine vorgegebene, in sich zusammenhängende und ohne jeden Gedanken auf allegorische Verwendung geformte Erzählung sekundär als Allegorie verwendet werden kann[419].

Andererseits kann man eben auch an Texten, die als *Gleichnis*erzählungen verstanden werden, beobachten, wie sie bewußt geformt sind unter genauer Berück-

---

[410] E.Jüngel, a.a.O., 95, vgl. S.96, Anm. 1: die Gleichnisse Jesu »enthalten keine allegorischen Züge«.

[411] Vgl. ders., a.a.O., 95 f.

[412] A.Jülicher, a.a.O., I 1910³, 73.

[413] Ders., a.a.O., I 1910³, ebda.

[414] Vgl. D.Flusser, Die rabbinischen Gleichnisse und der Gleichniserzähler Jesus, I 1981, 130 ff.

[415] A.Jülicher, a.a.O., I 1910³, 74.

[416] Ders., a.a.O., I 1910³, 59.

[417] Ders., a.a.O., I 1910³, 81, vgl. S.65 f. – Entsprechende Charakterisierungen der Allegorie finden sich bei R.Bultmann, Die Geschichte der synoptischen Tradition, 1958⁴, 214; M.Dibelius, Die Formgeschichte des Evangeliums,1961⁴, 254; betont bei E.Linnemann, Gleichnisse Jesu, 1961, 16; D.O.Via, Jr., The Parables. Their Literary and Existential Dimension, 1967, 5 ff.; H.Weder, Die Gleichnisse Jesu als Metaphern, 1980², 71 Anm.46.

[418] A.Jülicher, a.a.O., I 1910³, 59, vgl. M.Hermaniuk, a.a.O., 60 f.

[419] H.Gunkel, Schöpfung und Chaos in Urzeit und Endzeit, 1895, 73 f.

sichtigung gerade dessen, was auf der Sachseite *gesagt werden soll*[420]. – Ein Gegensatz zwischen Gleichniserzählung und Allegorie auf dieser Ebene scheint also gegebenenfalls zufällig zu sein.

Einen Ansatz zu einer scharfen Differenzierung zwischen Gleichnisrede und Allegorie bietet Jülicher aber indem er behauptet, das aus zwei nebeneinandergestellten Sätzen bestehende Gleichnis sei immer auf *ein* tertium comparationis aus, nicht auf mehrere[421]. Diese Auffassung hat Jülicher nahegelegen, sofern er hier das Wesentliche am Gleichnis als Ähnlichkeit zwischen zwei und nur zwei Verhältnissen von Begriffen bestimmt (»a:b = α:β«)[422]. Doch gibt Jülicher zu, ein »Gleichnisredner« könne «ausser dem notwendigen tertium comparationis seiner beiden Sätze noch eine Aehnlichkeit der Einzelbegriffe ins Auge« fassen[423]. Und er sieht, daß man nicht bestreiten kann, »dass Jesus ähnlich wie Stesichoros in Anlehnung an seine Erzählungen eine oder die andre Metapher gebraucht habe«[424]. Nach H.G. Klemm wollte Jülicher denn auch mit seiner Betonung des einen tertium comparationis als mit einer Faustregel »den Blick öffnen für die Einheit und Ganzheit der Bildhälfte«[425].

Immerhin differenziert Jülicher so scharf, daß er schon die *Möglichkeit* sogenannter Mischformen von Gleichnisrede und Allegorie bestreitet: Allegorie und Gleichnis seien »so verschieden, dass sie eine Vermengung gar nicht ertragen; so leicht sonst in Dichtung und Rede die Arten ineinander übergehen, diese beiden stehen sich doch zu fern, als dass Mischformen von ihnen möglich wären«[426]. Jülicher wendet sich hier schwerlich nur gegen die Auffassung, eine Bildrede könne als Ganzes sowohl als Parabel als auch als Allegorie zu verstehen sein[427]. Er scheint noch gegen jede metaphorische Deutung einzelner Begriffe einer Gleichnisrede vorzugehen, so kategorisch und vorbehaltlos setzt er das soeben zitierte Stück fort[428]. Der Gegensatz zwischen dem »eigentlichen« und dem »uneigentlichen« Verstehen vertrage »keine Vermischung der Arten«[429]. Dies mag vor allem auf Jülichers *Begriff* der Allegorie zurückzuführen sein. Er fordert von einer Allegorie, daß sie in jedem Einzelzug allegorisch deutbar sein soll[430].

Jülichers Forderung hat auch noch eine andere Seite: Es darf in einer Allegorie keine »Hauptbegriffe« geben, die nicht-metaphorisch verwendet ein Denotat nur in der »Bild-Seite« hätten. Wir kommen unten darauf zurück.

---

[420] Vgl. G. Eichholz, Gleichnisse der Evangelien. Form, Überlieferung, Auslegung, 1971, 20 f. 28 ff. (dort weitere Hinweise).

[421] A. Jülicher, a.a.O., I 1910³, 70; vgl. noch, in bezug auf Parabeln, W. Schottroff, Das Weinberglied Jesajas (Jes 5,1–7). Ein Beitrag zur Geschichte der Parabel, ZAW 82 (1970), 72. 89; H. Weder, a.a.O., 70 f.; J. T. Willis, a.a.O., 356.

[422] Vgl. A. Jülicher, a.a.O., I 1910³, 69 f., dazu kritisch E. Jüngel, a.a.O., 92 f.

[423] A. Jülicher, a.a.O., I 1910³, 78.

[424] Ders., a.a.O., I 1910³, 107.

[425] H. G. Klemm, Die Gleichnisauslegung Ad. Jülichers im Bannkreis der Fabeltheorie Lessings, ZNW 60 (1969), 165, vgl. S. 162.

[426] A. Jülicher, a.a.O., I 1910³, 74 f.

[427] So M. Hermaniuk, a.a.O., 56 ff., vgl. A. Jülicher, a.a.O., I 1910³, 105.

[428] A. Jülicher, a.a.O., I 1910³, 75.

[429] Ders., a.a.O., I 1910³, 76, vgl. S. 80.

[430] Vgl. ders., a.a.O., I 1910³, 79 f. 58 f. 107, dazu s. oben, S. 101 f..

Auch H. Gunkel hat die Allegorie z. T. an einem Gegensatz zur, wie er sagt, Parabel bestimmt[431], ähnlich mehrere seiner Nachfolger[432].

E. Jüngel bestimmt erst sekundär den Begriff des Gleichnisses an einem Unterschied zur Allegorie: In der Allegorie bleiben, so geht aus Jüngels Formulierung hervor, die Metaphern nicht *streng* auf eine sammelnde Pointe des Textes bezogen, von der her sie ihre Bedeutung hätten[433]. Das mag sich als Beobachtung an einem Material von gegebenen Allegorien verteidigen lassen, empfiehlt sich aber nicht als Ausgangspunkt einer Untersuchung. Denn es ist im Prinzip sehr wohl denkbar, daß eine Reihe aufeinander bezogener Metaphern auf *eine* sammelnde, erzählerische Pointe hin ausgerichtet ist.

Es erscheint nicht ratsam, die Allegorie grundlegend durch eine Abgrenzung gegenüber der Gleichnisrede zu definieren. Andererseits kann ein Korpus von Allegorien im Sinne aufeinander bezogener Metaphern sehr wohl mit Rücksicht auf Eigenschaften empirisch untersucht werden, die diese Allegorien möglicherweise *nicht* mit Gleichnisrede gemeinsam hätten. Dieser umfassenden Aufgabe wird hier nicht nachgegangen werden.

Die metaphorische Allegorie ist nun aber in anderer Richtung genauer zu bestimmen. Wir wollen Texte untersuchen, worin mehrere aufeinander bezogenen Metaphern wirksam sind. Die eine Allegorie konstituierende Metaphernfolge muß innerhalb *eines* Textes, ob einer Redeeinheit oder andersartiger, kompositionellen Einheit[434] vorliegen, und die Metaphern sollten in gewisser Weise »aufeinander bezogen« sein. Das ist der Fall in Beispielen bei Cicero und Quintilian[435], und in diesem Sinn werden wir die von uns zu behandelnden Texte Allegorien nennen. Wir kommen gleich darauf zurück. Eine bestimmte kleinste Anzahl von aufeinander bezogenen Metaphern wird dagegen hier nicht

---

[431] H. Gunkel, Art. Allegorie im AT und Judentum, RGG¹, I 1909, 354.

[432] Vgl. D. Buzy, Les symboles de l'Ancien Testament, 1923, 406 f.; J. Lindblom, The Servant Songs in Deutero-Isaiah, 1951, 92; Aa. Bentzen, Introduction to the Old Testament, I 1957³, 180; B. Wiberg, Art. Lignelser, in: Gads Danske Bibel Leksikon II 1966, 40; W. Schottroff, a.a.O., 72. 89; D. O. Via, Jr., a.a.O., 2–25 (dazu A. J. Bjørndalen, Rez., TTK 42 [1971], 149 f.); J. T. Willis, a.a.O., 353. 356, und noch – mit Vorbehalt – D. Flusser, a.a.O., I 1981, 121. 137.

[433] E. Jüngel, a.a.O., 137.

[434] Es wäre denkbar, daß eine Allegorie über einer Redeeinheit hinaus in den nächsten, damit verknüpften Text hinein fortgesetzt würde. Vgl. Hos 2, 4–17, wo mehrere Einheiten mit einander kompositionell verbunden sein mögen – wie sie auch im Einzelnen abgegrenzt werden. Es wird überall die Metaphorik der teils untreuen, teils unwissenden Frau festgehalten, außer in V. 10 bβ. 13 aβ. b.

[435] Das Beispiel Ciceros in De oratore 3. 41. 166: »... neque me patiar iterum ad unum scopulum ut olim classem Achivum offendere« bietet die Metaphern scopulus und offendere; bei Quintilian finden sich im Beispiel Inst or 8. 6. 44 die Metaphern navis, mare, fluctus, portus: »O navis, referent in mare te novi fluctus: o quid agis? fortiter accipe portum« (über den Staat gesagt).

gefordert, um einen Text Allegorie zu nennen. Man müßte gegebenenfalls begründen, daß z. B. 4, aber nicht 3, oder eben 3, aber nicht schon
2 Metaphern Allegorisches bildeten, wobei Texte mit 2 und Texte mit 3
oder 4 aufeinander bezogenen Metaphern ein wichtiges Merkmal gemeinsam haben: Metaphern, die in gewisser Weise aufeinander bezogen
sind[436]. – Etwas anderes ist es, daß wir hier aus praktischen Gründen
von der Untersuchung kleinerer Allegorien meistens absehen, sofern sie
nicht innerhalb ihrer Einheit oder ihres Kontextes oder auch redak-
tionsgeschichtlich von besonderer Wichtigkeit sind[437].

Sonst mag Länge oder Kürze einer Allegorie ihre Bedeutung haben. Nach A. Jülicher wäre eine Allegorie »um so kunstvoller, je
weiter ausgesponnen sie ist«[438], während A. Fletcher darauf hinweist, daß das Moment der Überraschung an einer guten Metapher[439] verringert wird wenn »metaphors are deliberately tied into
each other ... The addition of every new figure diminishes the sur-
prise for the reader«[440]. – Beide Gesichtspunkte verweisen auf
Möglichkeiten, nicht auf Notwendigkeiten der metaphorischen Allegorie.

Was heißt es aber, daß die Metaphern einer Allegorie, wie sie hier
gesucht wird, »aufeinander bezogen« sind?

Es handelt sich um einen sprachlichen Zusammenhang zwischen
den Metaphern. Dieser Zusammenhang wird nicht notwendig aufgehoben oder abgerissen durch Sätze ohne Metaphern, wenn diese im Fluß
der Rede zwischen den Metaphern erscheinen[441]. Der Zusammenhang
wird andererseits auch nicht notwendig dadurch konstituiert, daß zwei
Metaphern etwa innerhalb einer Äußerung syntaktisch in Beziehung
zueinander gesetzt sind. Die von uns gemeinte Bezogenheit allegori-

---

[436] G. Gerber a.a.O., II. 1 1873, 98 nennt es eine Allegorie wenn einer zu seinem Sohn,
und zwar über ihn, sagt: »Man muß die Bäume biegen, während sie noch jung sind.«
Wenn diese Äußerung als Allegorie angesehen wird, hat die Allegorie hier nur 2 Metaphern.

[437] Vgl. oben, S. 1. – Es entfallen damit, außer vermeintlich unechten Texten, u.a.
Jes 1,14.16; 3,14; 5,18.24; 14,29.

[438] A. Jülicher, a.a.O., I 1910³, 74.

[439] A. Fletcher, a.a.O., 76.

[440] A. Fletcher, a.a.O., 77.

[441] Sei es, daß diese nicht-metaphorische Rede hinsichtlich ihrer Motive von der intendierten Sache der Bildrede her bedingt ist (vgl. oben, S. 101, Anm. 401), sei es, daß die
Motive vom Bildstoff her bedingt sind. Vgl. noch H. Gunkel, Schöpfung und Chaos
in Urzeit und Endzeit, 1895, 73 f.

scher Metaphern aufeinander entspricht einem Bezug zwischen Momenten in dem Ding, Vorgang oder Zustand, den die Rede unter Absehen von ihrer metaphorischen Funktion darstellen soll, d. h. zwischen Momenten im »Bild«[442]. Die Metaphern sind also aufeinander bezogen

---

[442] Jülicher hat zwischen »Sache« und »Bild« bzw. »Sachhälfte« und »Bildhälfte« des Gleichnisses unterschieden, vgl. a.a.O., I 1910[3], 70 ff. Er konnte auch von »Bildhälfte« der Allegorie reden (a.a.O., I 1910[3], 76, vgl. noch W. Schottroff, a.a.O., 89). Von einer »Hälfte« einer Allegorie in diesem Sinne zu sprechen ist aber unter Umständen irreführend. Die Allegorie kann mit ihrer letzten Metapher zu Ende gekommen sein, ohne daß eine Deutung noch explizit geboten werden müßte. (Vgl. in bezug auf neutestamentliche Gleichnisse E. Fuchs, Hermeneutik, 1963[3], 221 ff.) Man kann stattdessen von dem *Bild* der Allegorie und von ihrer *Sache* oder besser ihrer (ob intendierten oder nicht) Interpretation sprechen. – »Bild« einer metaphorischen Allegorie kann nicht nur ein Vorgang sein, auch ein Zustand kann im Prinzip ihr »Bild« sein. Vgl. E. Douglass Leyburn, Satiric allegory: Mirror of man, 1956, 5; ebenfalls P. Pickrel a.a.O., 17 f.
Die Unterscheidung zwischen »Bild« und etwa »Sache« einer Bildrede ist auf der Ebene des semantischen Textinhalts linguistisch notwendig sofern der Bildvorgang (Bildzustand) *nicht identisch ist* mit dem so oder so greifbaren Sachvorgang (Sachzustand), den der Text zur Sprache bringt. Das mag als grobes Kriterium für »Bildrede« angesehen werden und wird nicht durch eine etwaige »Einheit« von Bild und Sache auf *anderer* Ebene aufgehoben. E. Jüngel wendet sich gegen die Unterscheidung von Bild und Sache der Gleichnisse Jesu weil das, »was in ihnen zur Sprache gekommen ist, *ganz* da ist, indem es *als* Gleichnis da ist« (a.a.O.[3], 138, vgl. S. 134–137). Diese Bestimmung der Gleichnisse Jesu impliziert vor allem, daß die Gottesherrschaft, welche Jesus verkündigt, als ein Sprachereignis bestimmter Art gewissermaßen vollständig zur Sprache kommt: das Ereignis, daß Jesus in Gleichnissen über die Gottesherrschaft redet. – Immerhin redet Jesus dann eben in Gleichnissen, d. h. in angenommen bestimmter Weise bildhaft. Versteht man nun die betreffenden Texte als Beispiele nicht bildhafter Sprachverwendung, dann lasse man auch die Unterscheidung Bild/Sache auf der Ebene des semantischen Textinhaltes fallen. Ist aber der Vorgang oder Zustand, über den der Text nach nicht bildhaftem Verstehen redet, nicht mit demjenigen identisch, worüber letzten Endes gesprochen wird, erkenne man besser eine Unterscheidung zwischen Bild und Sache an auf dieser Ebene. Die Gottesherrschaft *ist* z. B. kein Weingartenbetrieb, die Bildrede kann aber Analogien zwischen ihnen sehen lassen oder behaupten. Vgl. zur Kritik an Jüngel an diesem Punkt auch G. Sellin, a.a.O., 284 f.
Ein Anliegen Jüngels bei der Zurückhaltung gegenüber dem Reden von Bild und Sache der Gleichnisse Jesu ist aber, die Gleichnisse nicht als literarische Konstruktionen aufzufassen, die zwecks Veranschaulichung von etwas, von einer »Sache«, einen »Identitätskern« in einer der Sache »wesentlich fremden Anschauung (Bildhälfte) ausdrücken sollen« (a.a.O.[3], 136). Das zu vermeidende erinnert dabei sehr an den Begriff der als Gegensatzes zum Symbol verstandenen, *gesuchten* Allegorie (s. dazu die Übersicht bei A. J. Bjørndalen, Metodiske bemerkninger til spørsmålet etter allegorier i Det gamle testamente, TTK 37 [1966], 153 f.). Aber auch im Symbol kommt zweier-

sofern sie konjunktiv verwendet auf *verschiedene* Momente *eines und desselben* Dinges, Vorganges oder Zustandes nennend zu beziehen sind[443].

Um ein Beispiel der Problematik zu geben: in der Anklagerede Hos 5,1b werden drei Metaphern verwendet: פח, רשת und פרושה. Dieser Halbvers als Ganzes ist keine Allegorie, sondern stellt als »Bild« zwei verschiedene Vorgänge dar. Auf V.2a kommen wir noch gleich zurück. In der Darstellung V.1b zeigt der Text nicht den einen Vorgang als von dem anderen Vorgang bedingt, sie sind beide auch nicht als Teilaspekte eines übergeordneten, sie bedingenden Vorganges dargestellt[444]. Die Metaphern Hos 5,1bβ sind nicht primär auf die Metapher in 5,1bα zu beziehen. Die Metaphern in 5,1bβ sind vielmehr »aufeinander bezogen«. Sie betreffen verschiedene Momente *eines* und desselben Bildvorganges. Der Bezug zwischen den Metaphern ent-

lei zusammen: Symbolisierendes und Symbolisiertes. Andererseits stellt Jüngel nicht die Unterscheidung von Bild und Sache als speziell der Allegorie gemäß dar. Das ist bei H. G. Klemm anders. In einer wohl diskutablen Entfaltung einer Aussage Jülichers über die Gleichnisverkündigung Jesu (»sie kam ihm von selber in den Mund, weil sein Auge alles, was es sah, seinem Geiste zutrug als Mittel, Andre Grösseres sehen zu lassen«, A. Jülicher, a.a.O., I 1910³, 145) sagt Klemm: »Jesus mußte sich nicht erst um kunstvolle Illustrationen für seine Botschaft bemühen; er hat nicht zu allgemeinen Wahrheiten passende Exempel ersonnen, sondern beides, das Bild und seine Idee, das Gleichnis und sein Grundgedanke waren ihm stets als lebendige Einheit gegenwärtig« (H. G. Klemm, Die Gleichnisauslegung Ad. Jülichers im Bannkreis der Fabeltheorie Lessings, ZNW 60 [1969], 173, – vgl. jedoch dazu Jülichers Anschluß an Herders Auffassung von der Fabel a.a.O., I 1910³, 294). Wohl auf diesem Hintergrund dürfte die Auffassung Klemms zu verstehen sein, dem Parallelismus Sachhälfte – Bildhälfte bei Jülicher liege »recht wohl ein allegorisches Prinzip zugrunde« (H. G. Klemm, a.a.O., 164 Anm. 52): allegorisch sei das gesuchte, das ad hoc ersonnene Bild, das von der Sache zu unterscheiden ist. Aber auch abgesehen von diesem besonderen Begriff des Allegorischen bleibt die Unterscheidung von Bild und Sache einer Bildrede auf der Ebene des semantischen Textinhaltes linguistisch notwendig.

[443] Konjunktiv verwendet: wenn man sich den Bildvorgang (Bildzustand) vergegenwärtigt. – Es ist hier der innere Zusammenhang der Allegorie, die Beziehungen zwischen ihren Metaphern, gewissermaßen erst außersprachlich greifbar. Das darf so sein: Die Metapher ist hier an ihrer Nennfunktion definiert.

[444] Es sind allerdings die Bilder V.1bαβ (sowie auch V.2a cj.) alle »aus dem Jagdleben« (H. W. Wolff, Dodekapropheton I. Hosea, 1965², 124, vgl. AOB² Nr. 181. 182; BRL 289f.). Die Herkunft und der allgemeine Rahmen der Bilder entscheiden hier aber nichts, sondern ob und wie sie einander jeweils zugeordnet sind. Hier bedingt, so wie die Darstellung ist, der eine Vorgang den anderen nicht. Auch eventuell ein gemeinsames Subjekt besagte nicht schon, es handele sich um ein und denselben Vorgang. Es scheint ratsam, Geschehnisse auf Tabor und in Mizpa als verschiedene Vorgänge anzusehen.

spricht dem Bezug zwischen diesen Momenten des Bildes. Dieser Redeteil ist mithin allegorisch: zwei Metaphern sind im besagten Sinne »aufeinander bezogen«.

Allerdings ist einzig das Bild an diesem Redeteil relativ selbständig und in sich abgeschlossen, der Text ist Teil eines größeren Ganzen[445]. Und dieses größere Ganze bietet im nächsten Kontext zu V.1bβ andere Metaphern. Man kann hier unter bestimmten Prämissen den ganzen metaphorischen Text 5,1b–2a (V.2a cj.) Allegorie nennen. Erforderlich ist dann eine Einheit der Bildrede V.1b–2a cj. Diese Einheit besteht nicht im Bild, es sind vielmehr drei verschiedene, wenn auch nicht ganz verschiedenartige Bilder verwendet. Man kann jedoch in anderen Hinsichten eine Einheit des Textes vermuten: Es kann sich um einen Teil *eines* Rede-Aktes handeln, der sich als Ganzes an dieselben Angesprochenen richtet und auf sie sich bezieht. Nennt man V.1b–2a cj. eine Allegorie, ist ein Bezug der Metaphern aufeinander nicht im Bild begründet (das es als *ein* Bild hier nicht gibt), sondern im andersartigen, inneren Zusammenhang der Bildrede selbst. Es können dann Hos 5,1bα/bβ/2a cj. als drei Teile *einer* Allegorie, einer Allegorie mit »image-shifting«[446], angesehen werden. Und gewiß muß der Exeget die ganze Folge 5,1b–2a in ihrem inneren Zusammenhang interpretieren. Es ist aber unbestreitbar, daß in dieser Folge V.1bα hinsichtlich der Metaphorik eine Größe eigener Art ist gegenüber V.1bβ, wohl auch gegenüber V.2a[447]. Und es erscheint sinnvoll, die Einheit einer Allegorie, d.h. den Bezug ihrer Metaphern aufeinander, unter Einbeziehung der Nennfunktion der Metaphern zu begründen, d.h. auf der Ebene, wo uns das Essentielle an der Allegorie überhaupt erst greifbar wird:

---

[445] Zur Frage der Einheitlichkeit wenigstens von Hos 5,1–2 vgl. W.Rudolph, Hosea, 1966, 118.

[446] Der Terminus ist von M.Murrin benutzt und kann, wie er ihn verwendet, Phänomene etwas verschiedener Art bezeichnen. Vgl. M.Murrin, The veil of allegory. Some notes toward a theory of allegorical rhetoric in the english renaissance, 1969, 141ff., bes. S.143f. u. dazu unten, S.243, Anm.31. – Ich bezeichne mit diesem Terminus zunächst das Phänomen, daß die Darstellung des *einen Bildes,* wie man dann sagen muß, einer Bildrede beendet wird während das bildhafte Reden jedoch weitergeht mit einem *anderen* Bild. Ich meinte früher, Hos 5,1bβ.2a als *eine* Allegorie ansehen zu sollen, vgl. TTK 34 (1963), 112. Es wäre dann eine Allegorie mit »image-shifting«. Vgl. dazu noch unten, Anm.448.

[447] Mit nur einer Metapher in V.1bα gegenüber zwei Metaphern in V.1bβ, und nach Umbreit-Wellhausens Konjektur (siehe unten, Anm.449) auch in V.2a zwei Metaphern.

auf der Ebene des Bildes[448]. Es kann deshalb Hos 5,1 b β als eine Allegorie angesehen werden. Dasselbe gilt aber von Hos 5,2 a, Umbreit-Wellhausens Konjektur[449] vorausgesetzt. Die Bildrede Hos 5,1 b–2 a cj. bietet dann in Nebenordnung eine Einzelmetapher und zwei Kurzallegorien[450].

Metaphern, die in syntaktischem Bezug aufeinander ständen, aber konjunktiv verwendet Synonyme wären, wären auf ein und dasselbe Element eines Dinges, Vorganges oder Zustandes zu beziehen. Dem syntaktischen Bezug würde nicht ein Bezug *verschiedener* Elemente des Bildes aufeinander entsprechen. Dasselbe gilt von einer in einem Text wiederholten Metapher, wie z. B. Hos 2,21.22 a. Wir werden derartige Metaphernfolgen hier nicht als Allegorien untersuchen.

In Jes 14,25 a liegt andererseits ein synthetischer Parallelismus der Metaphern vor – hinsichtlich des Bildes. Wenn die Metaphern auch kaum auf verschiedene Momente *in der Interpretation* zu beziehen sind, bilden sie hier doch eine kurze Allegorie.

Mit diesen Erwägungen haben wir die Möglichkeiten einer inneren Einheit der Allegorie erörtert, und wenden uns jetzt der Frage der

---

[448] Auf dieser Ebene reicht aber eben nicht schon eine gemeinsame Herkunft oder ein gemeinsamer Hintergrund der verwendeten Metaphern aus, um die Einheit der Allegorie zu begründen, vgl. oben, S. 109, Anm. 444. – Daß »image-shifting« innerhalb ein und derselben »Allegorie« im Material M. Murrins vorkommen kann, ohne die Allegorie zu zerteilen, beruht darauf, daß die literarischen Theorien, welche Murrin untersucht, neben einer Allegorie einer (!) »fortgesetzten Metapher« und Allegorie als Sammelbegriff für Reihen von Figuren auch die Poesie selbst, das poetische Werk als Allegorie ansehen konnten, vgl. M. Murrin a.a.O., 55. 66 ff. Das Werk, das eine Allegorie ist (vgl. noch den Allegoriebegriff E. Honigs, Dark conceit. The making of allegory, 1960, 11) bietet eventuell »image-shifting«.

[449] וְשַׁחַת הַשֵּׁטִים (darauf folgend הֶעְמִיקוּ, verstanden als asyndetischer Relativsatz). Die genannte Konjektur wird gelegentlich F. Umbreit zugeschrieben, so von W. R. Harper, A critical and exegetical commentary on Amos and Hosea, 1905, 267 und zuletzt W. Rudolph, Hosea, 1966, 116. – F. Umbreit, Praktischer Commentar über die kleinen Propheten, I 1845, 34 (Anm.) ändert zwar וּשְׁחֹטָה in שַׁחְתָּה »für שַׁחַת, Grube«, aber weiter nichts in V. 2 a und übersetzt dann »wörtlich: ›die Grube neigend, d. i. senkend haben sie tief gemacht ...« (a.a.O., ebda), weist dann aber doch auf den »Gegensatz zu den auf Mizpa und Thabor hoch angelegten Netzen und Fallen« hin, es handle sich um »Fall- und Fanggruben«. – Die Änderung in שַׁחַת הַשֵּׁטִים liegt aber, wenn ich recht sehe, erstmals bei J. Wellhausen, Prolegomena zur Geschichte Israels. Zweite Ausg. der Geschichte Israels, I 1883, 169 Anm. 1 vor.

[450] Der relativen Selbständigkeit der Bildstoffe der drei Teile der Bildrede steht die stilistische Unselbständigkeit derselben Teile gegenüber. Eine Allegorie im hier befürworteten Sinne ist nicht notwendig eine eigenständige Rede- oder Texteinheit, sondern kann Teil derselben sein.

hermeneutischen Relevanz der Allegorie als eines Ganzen für die Interpretation seiner Metaphern zu.

Es sollen Texteinheiten gesucht werden, innerhalb derer mehrere im oben dargelegten Sinne aufeinander bezogenen Metaphern wirksam sind. Das ist »the traditional account« von der Allegorie als einer Reihe Metaphern, zu der A.Fletcher kritisch bemerkt, »it asserts, I think somewhat uncritically, that allegory is metaphoric in a ›normal‹ way«[451]. Das ist jedoch hier mit unserer Definition der Allegorie keineswegs vorausgesetzt. Daß die gesuchten Texte aufeinander bezogene Metaphern im Sinne A.Reichlings, d.h. u.a. »wirksame« Metaphern, bieten, besagt durchaus nicht schon, daß diese Metaphern in jeder Hinsicht in der Weise einer Einzelmetapher wirksam wären. Die semantische Relevanz einer Metapher ist gar nicht eine Konstante.

Es werden in verschiedenen Fällen konjunktiver Verwendung eines und desselben Nennwortes die jeweils verwendeten Bedeutungselemente z.T. verschieden sein[452]. Die verwendeten Bedeutungselemente mögen während der Sprachverwendung mehr, oder am ehesten weniger präzise erkannt sein[453]. Dies wird bei metaphorischer Wortverwendung nicht weniger der Fall sein können[454]. Aber bei der *Reflexion* über die Beziehbarkeit einer Metapher können einerseits bezieh*bare* Bedeutungselemente abgegrenzt werden[455], andererseits die Metapher nach einer möglichst großen Zahl von beziehbaren Bedeutungselementen suchen lassen[456], – eine möglichst viele Eigenschaften umfassende Ähnlichkeit zwischen Sachen behaupten, eventuell insinuieren[457].

Nun geht es hier aber um aufeinander bezogene Metaphern, wie sie semantisch zu interpretieren seien. Die informative Leistung der Metaphernreihe ist keine bloße Summe der Information, die jedes Einzelglied für sich vernommen zu vermitteln vermöchte. Jede Metapher einer Reihe kann zwar in der Interpretation auf möglichst umfassende informative Geltung hin befragt werden, jedoch können die Meta-

---

[451] A.Fletcher, a.a.O., 73.

[452] Vgl. G.Stern, a.a.O., 41f.; A.Reichling, Verzamelde studies, 1966[4], 43.

[453] Vgl. J.Knobloch, Art. Bedeutungstheorien, SW, I 283 (nach N.Ach) sowie oben, S. 30f., Anm.130 u. bes. R.Rommetveit, a.a.O., 81f., auch G.Stern, a.a.O., 63ff.

[454] Vgl. W.Stählin, Zur Psychologie und Statistik der Metaphern, Archiv für die gesamte Psychologie 31 (1914), 329–333.

[455] Vgl. G.Stern, a.a.O., 305; E.Blattmann in: Die Metapher (Bochumer Diskussion), Poetica 2 (1968), 118; s. auch oben, S.48ff.

[456] Vgl. auch Max Black, Models and metaphors, 1962, 41.

[457] Vgl. H.Weinrich, Semantik der kühnen Metapher, DVfLG 37 (1963), 337f.; A.J. Bjørndalen, a.a.O., 165; auch oben, S.60f.

phernreihe und der sie umfassende Text die informative Leistung der Metaphern stark beeinflussen[458]. Indem verschiedene Metaphern einer Äußerung auf verschiedene Züge oder Elemente eines und desselben Dinges, Vorganges oder Zustandes bezogen werden, kann die Auswahl der *relevanten,* auf dasjenige, worüber mit der jeweiligen Metapher gesprochen wird, beziehbaren Bedeutungselemente eingeschränkt werden. Unter den an sich auf den Bezugspunkt[459] einer allegorischen Metapher beziehbaren Bedeutungselementen können einige, wegen anderer Metaphern der Reihe, als irrelevant ausscheiden, und zwar weil sie sich auf Eigenschaften beziehen, die für den Verlauf der allegorischen Darstellung irrelevant sind[460]. Wie weit diese Aussonderung irrelevanter Bedeutungselemente in einer Allegorie gehen kann, ist eine Frage für sich. Der Endpunkt ist erreicht, wo die Relevanz einer allegorischen Metapher darin besteht, Ersatzwort, d. h. Ersatz für ein anderes Wort zu sein, das konjunktiv verwendet den Bezugspunkt der Metapher hat[461]. So kann auch das Befremdende, Überraschende einer Einzelmetapher innerhalb einer Metaphernreihe vermindert werden oder gar verloren gehen[462].

Soweit ist auch Fletcher in seiner kritischen Bemerkung Recht zu geben, wenn auch andererseits die Metaphern einer metaphorischen Allegorie *insofern* metaphorisch in einer normalen Weise funktionieren, als ihre Bedeutungen disjunktiv verwendet werden. Das allegorische Textganze bestimmt weithin den Sinn der metaphorischen Textteile[463].

---

[458] Vgl. H. Heckhausen in: Die Metapher (Bochumer Diskussion), Poetica 2 (1968), 103 These 6; A. Fletcher, a.a.O., 84 ff.

[459] Bezugspunkt der Wortbedeutung = »dasjenige, worüber mit dem Wort gesprochen wird«, vgl. dazu oben, S. 32 ff.

[460] A. J. Bjørndalen, a.a.O., ebda, vgl. auch oben, S. 51 u. s. A. Fletcher, a.a.O., 73 f. sowie M. Hermaniuk, a.a.O., 46: »La notion d'allégorie ne comporte donc pas seulement une accumulation de métaphores, elle exige en plus une cohésion, un enchaînement logique, une suite d'idées donnant à chaque membre du récit sa place, sa valeur, son importance. Image par image, le récit doit manifester toutes les nuances d'une pensée qui, à travers cette luxuriante variété, ne cherche qu'à mieux réaliser son unité.«

[461] Zur Frage einer Einzelmetapher als eines Ersatzwortes vgl. oben, S. 52 ff., zur Deutung von allegorischen Metaphern als Ersatzworten kommen wir gleich unten.

[462] Vgl. A. Fletcher, a.a.O., 75–84.

[463] A. Fletcher, a.a.O., 85 ff. sucht, das Verhältnis zwischen Allegorie und allegorischem Textteil im Lichte der Synekdoke und der Metonymie zu veranschaulichen. Relevant an der Synekdoke ist dabei das Verhältnis zwischen dem betreffenden, synekdokisch verwendeten Wort und einer psychischen Wirkung: »it would always call to the reader's mind some larger organization of symbols to which system it bore an integral relationship« (a.a.O., 85). Das Wort »symbols« ist hier schwerlich glücklich verwen-

(Umgekehrt gilt auch, daß der Inhalt dieses Textganzen von seinen aufeinander bezogenen metaphorischen Teilen mit bedingt ist[464].) Die Me-

det, wie das Beispiel zu zeigen scheint: »If a man says, ›My hand on it, then,‹ we un-
derstand a larger engagement of the whole self, signified by the gesture of a hand-
shake« (a.a.O., ebda). – »Symbols« wären hier die Äußerung und die Geste, aber das
Synekdokische an der Äußerung ist nicht im Verhältnis zwischen Äußerung und der
Erkenntnis von der Totalität von Äußerung und Geste begründet, sondern darin, daß
das Denotatum des synekdokisch verwendeten Wortes – »Hand« – integraler Teil eines größeren Ganzen ist: das »engagement of the whole self«, welches hier Symbolisiertes ist, nicht Symbolisierendes. Relevant ist also das Verhältnis zwischen dem synekdokisch verwendeten Wort und der Ganzheit, wovon das Denotatum des Wortes
integraler Teil ist. Es ist aber schwer zu sehen, wie damit auch notwendig Allegorisches beschrieben wäre. Weder wird schon »an element of an allegory«, d. h. wohl besonders eine Metapher, »always call to the reader's mind some larger organization of
symbols« (d. h. wohl die Allegorie) »to which system it bore an integral relationship«
im Sinne einer im Voraus gegebenen, gewissermaßen notwendigen Beziehung, noch
muß das Denotatum A der Metapher schon seine Ganzheit, der es jeweils gehört, erkennen lassen: den Bildvorgang (-Zustand).

Man kann aber das Verhältnis zwischen Allegorie und allegorischem Textteil veranschaulichen mit den *Zusammenhängen,* die Synekdoke und Metonymie voraussetzen:
Der Teil ist etwa integrierter Teil seiner Ganzheit, der er zugehört; die Wirkung ist
von ihrer Ursache bedingt. So ist auch eine allegorische Metapher integrierter Teil ihrer Allegorie, in ihrer semantischen Funktion von der Allegorie her mit bestimmt.
Und in der Tat kann die weitere Darstellung von Fletcher auch so verstanden werden:
»Taken together synecdoche and metonymy appear to contain the full range of *allegorical part-whole relationships*« (a.a.O., 87) (von mir kursiv.). Von daher bietet sich
ihm die Gelegenheit, Statisches und Dynamisches an den Denotaten der Teile einer
Allegorie zu unterscheiden (vgl. a.a.O., ebda). Die Rolle des Denotatums (A) des einzelnen Nennwortes der Äußerung kann eine aktive, auf andere Denotaten der Äußerung einwirkende oder mit ihnen zusammenwirkende sein: eine »dynamische« Funktion. Oder sie kann eine passive, oder isolierte, »statische« Rolle sein.

[464] Das Geschehen, daß sich ein »Inhalt« einer ganzen, komplexen Äußerung mittels
Verwendung natürlicher Sprache bildet, generiert, wird in der vorliegenden Untersuchung nach den kurzen Erwägungen zum semantischen Gruppen- und Satzinhalt
oben S. 79 f. nicht weiter sprachwissenschaftlich analysiert, und zwar deshalb, weil die
theoretisch linguistische Einsicht in solches Geschehen nicht für das Erfassen des Inhaltes, d. h. für die semantische Interpretation der Äußerung unerläßlich sein kann,
sofern auch Sprachverwender ohne theorethisch-linguistische Bildung sprachliche
Äußerungen »richtig« verstehen können. Wir haben die theoretische Analyse von semantischen Funktionen von Wortbedeutungen und Äußerungen nur getrieben um
zwischen metaphorischer und nicht-metaphorischer Rede unterscheiden zu können,
so gut es geht, und um wichtige *Besonderheiten* bei der sprachlichen Funktion allegorischer Texte in den Blick zu bekommen. Die Interpretation ist Sprachverwendung,
die theoretische Einsicht in das semantische Funktionieren von Äußerungen ist
Sprachbetrachtung (zur notwendigen Unterscheidung dieser Tätigkeiten vgl. u. a.
A. Reichling, Verzamelde studies, 1966[4], 46; ders., Das Problem der Bedeutung in der
Sprachwissenschaft, 1963, 8 f.). Die hier gesteckten Grenzen der theoretisch linguisti-

taphern einer Allegorie sind so oder so gesehen unter strenger Beachtung ihres nächsten Kontextes[465], d. h. der anderen Metaphern und der
Allegorie als eines Ganzen, zu interpretieren.

Wir wären damit an eine Hauptfrage unserer Untersuchung gelangt: in welcher Weise metaphorische Allegorien in den auf Amos und
Jesaja zurückzuführenden massoretischen Überlieferungen semantisch
zu interpretieren seien, besonders eben was ihre Metaphernreihen betrifft. Zunächst sollen jedoch bestimmte grundsätzliche Aspekte und
Möglichkeiten dieser Frage erwogen werden an Hand unserer theoretischen Beschreibung der metaphorischen Allegorie.

Die Interpretation von metaphorischen Allegorien wird nicht selten etwas unproblematisch verstanden als *Ersetzen* der Metaphern
durch andere Worte, welche jeweils die Deutung der einzelnen Metapher angeben[466], d. h. durch Nennworte, die mit konjunktiver Bedeu-

---

schen Analysen sind also zweckbedingt, und es soll mithin keineswegs die große Hilfe
verneint werden, welche die theoretische Linguistik bei z. B. Übersetzung fremdspra-
chiger Texte bieten kann (vgl. dazu etwa E. A. Nida and C. R. Taber, The theory and
practice of translation, 1969).

[465] Vgl. oben S. 51 f.

[466] So A. Jülicher, a.a.O., I 1910³, 58: »Wenn in einem Satze nicht nur ein einzelnes Wort
metaphorisch gebraucht, und also durch ein andres ähnliches zu ersetzen ist, sondern
alle massgebenden Begriffe einer Vertauschung gegen andre ähnliche bedürfen, so
liegt nicht mehr blos eine Metapher vor, sondern eine Allegorie« (es folgt eine Einschränkung: die Forderung, daß die Metaphern »demselben Gebiet« entnommen
seien). Die Allegorie ersetze einen Vorgang durch einen ihm ähnlichen (a.a.O., I
1910³, ebda), der Leser habe den ersetzten Vorgang zu erraten (vgl. a.a.O., I 1910³,
ebda u. S. 65). Dementsprechend sei das Rätsel »ein Kind der Metapher« (a.a.O., I
1910³, 58).
Ähnlich urteilt G. Ebeling, Evangelische Evangelienauslegung, 1942, 48: Die Deutung,
derer die Allegorie bedarf, geschehe »in der Weise, daß die eigentlichen Worte und
Glieder des Textes mehr oder weniger vollständig in vergleichender Übertragung
durch Begriffe ersetzt werden, die einem dem Wortlaut des Textes fremden, von ihm
unabhängigen Sinnzusammenhang angehören«. Dem schließt sich G. Eichholz, Einführung in die Gleichnisse, 1963, 109 betont an, vgl. noch E. Biser, Theologische
Sprachtheorie und Hermeneutik, 1970, 150. 407. 429. 454. 469. – I. Christiansen
a.a.O., 20 versteht diese Sicht der Deutung der Allegorie als von der Auffassung der
Allegorie selbst als *metaphorischer* Allegorie abhängig, vgl. noch dies., a.a.O., 14, während E. Biser mit derselben Auffassung von der Deutung der Allegorie die Allegorie
als »Großform des Vergleichs« ansieht, a.a.O., 150. 427 ff. – Nach G. Sellin, a.a.O.,
287. 301 besteht die Allegorie aus Elementen, die jeweils einen gemeinten Begriff *sub-
stituieren*: sogenannte Steno-Symbole (a.a.O., 300 ff., vgl. oben, S. 99, Anm. 397). Die
Semantik der Allegorie sei daher auf dem semantischen Modell der Substitution zu
basieren (wenigstens prinzipiell, jede Allegorie enthalte auch »Momente der Analogie«, die keine Steno-Symbole sind, a.a.O., 302).

tungsverwendung die Denotaten *B* der einzelnen Metaphern haben.
Diese Auffassung scheint z. T. auf einer Sicht der Metapher als eines
Ersatzwortes[467], d. h. aber auch als eines durchaus »übersetzbaren«
Wortes zu beruhen, während wir gesehen haben, daß die Interpretation
von Metaphern vor allem auch das Erkennen aller bzw. möglichst vieler
verwendbarer Bedeutungselemente der Metapher, so wie diese jeweils
gebraucht ist, mit umfassen soll[468]. Wir haben zwar auf die Möglichkeit
hingewiesen, daß die Beziehungen einer allegorischen Metapher zu ihrer Allegorie und zu anderen Metaphern dieser Allegorie eine Reduk-
tion der Zahl der relevanten, beziehbaren Bedeutungselemente der Metapher zur Folge haben können. Es ist keineswegs eine nur theoretische
Möglichkeit, daß eine allegorische Metapher verwendet wird mit nur
einem auf ein Merkmal des Denotates *B* der Metapher bezogenen Bedeutungselement. Dieses Bedeutungselement wird in der Interpretation
mit eben einem konjunktiv verwendeten Nennwort anzuzeigen sein,
das in der relevanten Verwendung dieses Bedeutungselement als Bedeutung auf sein Denotat *A* bezieht. Das geschieht dann über die Anzeige
des Denotates *B* der Metapher hinaus.

Interpretationen durch einfaches Ersetzen von Metaphern mit je
einem konjunktiv verwendeten Nennwort des Denotates *B* der Metapher ist etwa einem metaphorischen Rätsel angemessen, besonders
wenn nach der Identifizierung von einer Größe der Darstellung gefragt
wird[469]. Das heißt allerdings eben nicht umgekehrt, daß hier notwendig
nur ein Bedeutungselement der Metapher bei der Verwendung der Rätselfrage bezogen würde. Verwendet einer die Rätselfrage »Wer hat einen Fuß und kann doch nicht gehen?«[470] können dabei sehr wohl mehrere Bedeutungselemente der Metapher »Fuß« bezogen werden, z. B.
[+ unterster Teil], [+ stützt], [+ trägt], gerade auch wenn die Frage
auf die einzige Antwort »der Berg« aus ist[471]. – Eine Allegorie nur zum

---

[467] Vgl. G. Hylmö, Gamla testamentets litteraturhistoria, 1938, 54: die Allegorie bestehe
»av en serie *bildliga ersättningsord* eller *metaforer,* som man måste tyda var för sig för
att överhuvud kunna förstå allegorien.« Zur Interpretation durch Ersetzen, vgl. oben,
S. 52 ff., auch oben, S. 99, Anm. 397 (zu G. Sellin).

[468] Vgl. oben, S. 54. 60 f. 112.

[469] Vgl. S. H. Blank, Art. Riddle, IDB, IV 78: »the challenger hints at a concealed meaning which the contestant is to discover.« – Zum [Ersetzen beim] Rätselraten vgl.
A. Jolles, Einfache Formen, 1958², 141 ff. 131 ff., zur Form der Rätselfrage s. ders.,
a.a.O., 145.

[470] Vgl. dazu A. Jolles, a.a.O., 144.

[471] Insofern ist die bloße Identifizierung dessen, wonach im Rätsel gefragt wird, keine
volle *semantische Interpretation* des Rätsels, wenn auch eine richtige *Antwort.* Entspre-

Ersetzen von Nennworten, eine wirkliche Ersatzallegorie, ist aber die
»Decknamenallegorie«, wo allerdings das entscheidende Merkmal, der
Deckname, keine Metapher ist sondern ein Eigenname[472].

War hier ein Problem der Interpretation der Allegorie von der semantischen Funktionsweise der Metaphern her zu erörtern, so kann andererseits auch die *Einheit* der Allegorie, wie sie oben als eine bestimmte Art von Bezogenheit der Metaphern aufeinander dargestellt
wurde[473], Probleme der Allegorie-Interpretation beleuchten helfen: Die
Rolle von identifizierenden Deutesätzen zu Bildreden, sowie die semantische Funktion von Teilen einer Bildrede, die im Gegensatz zu anderen Teilen des Textes nicht metaphorisch deutbar sind, obwohl der
Text einen einzigen Vorgang schildert.

Zur Exemplifizierung der Problematik untersuchen wir einen Text
G. E. Lessings, der unter teilweise entsprechenden Gesichtspunkten von
A. Jülicher diskutiert wurde und uns die Gelegenheit bietet, die Bestim-
mung der Einheitlichkeit der Allegorie zu präzisieren:

> »Wenn ein Fuhrmann, der in einem grundlosen Wege mit seinem
> schwerbeladenen Wagen festgefahren, nach mancherlei vergebli-
> chen Versuchen, sich loszuarbeiten, endlich sagt: ›Wenn alle
> Stränge reissen, so muss ich abladen‹, wäre es billig, aus die-
> ser seiner Rede zu schliessen, dass er gern abladen wollen, dass er
> mit Fleiss die schwächsten, mürbesten Stränge vorgebunden, um
> mit guter Art abladen zu dürfen? Wäre der Befrachter nicht unge-
> recht, der aus diesem Grunde die Vergütung alles Schadens, selbst
> alles innern, von aussen unmerklichen Schadens, an welchem eben-
> sowohl der Einpacker Schuld könnte gehabt haben, von dem Fuhr-
> manne verlangen wollte?

---

chendes würde den beiden prophetischen, eventuell mehr oder weniger metaphori-
schen Bildreden gelten, die von der Form des Rätsels mit geprägt sein mögen,
Jes 5,1–7 und Ez 17,2–10 (zum Einfluß der Rätselform hier vgl. K. von Rabenau, Die
Form des Rätsels im Buche Hesekiel, WZ Halle-Wittenberg. Ges.- u. sprachwiss. R.7
(1957/1958), 1056 f.; S. H. Blank a.a.O., 78 f.; W. Zimmerli, Ezechiel, I 1969, 378;
C. Westermann, Art. Rätsel, BHH III 1553). Man hat sich nach Ausweis der genann-
ten Texte denn auch nicht mit einer bloßen Identifizierung begnügt, vgl. Jes 5,7 aγ.b
Ez 17,9 f.

[472] Zur Decknamenallegorie vgl. oben, S. 98, Anm. 396, 1. Absatz.

[473] Vgl. oben S. 107 ff. Die Bezogenheit der Metaphern einer Allegorie aufeinander ist
dort ihrerseits z. T. auf Basis der semantischen Funktionsweise der Metapher dargestellt. Es trat als Bedingung jedoch die Einheit des Vorganges oder Zustandes, worüber jeweils die Rede ist, hinzu.

Dieser Fuhrmann bin ich, dieser Befrachter sind Sie, ehrwürdiger Mann ...« (G. E. Lessing gegen Pastor Goeze) [474].

Jülicher schreibt hierzu:

> »Hebt hiermit nicht eine Deutung des Gleichnisses an, um kein Haar anders, als sie hinter jeder Allegorie stehen könnte? Wie bei Rückert: Der Drache ist der Tod, der Mann bist Du? Müssen wir nicht nach Anweisung des Verfassers im Gleichnis wie in einer Allegorie, um hinter den wahren Sinn zu kommen, statt Fuhrmann Lessing denken und statt Befrachter Göze? Freilich dürften wir bei diesen zwei Deutungen nicht stehen bleiben; denn wo hat Lessing einen Wagen durch grundlose Wege geführt, dass er in Angst geriet, abladen zu müssen? Wann hat Göze Einpacker beschäftigt und Fuhrleute gemietet? Wir müssten mithin die Uebertragung fortsetzen, auch den Wagen, die Stränge, die Waren, die schlechten Wege, die Einpacker ›deuten‹ – würden aber bald selber im grundlosen Wege versinken. Nie würde die Umschreibung des Eigentlichen ein leserliches Ganze ergeben; als Allegorie wäre die Schilderung spottschlecht« [475].

Das Problem entsteht dadurch, daß nach Lessings Angaben die Worte »Fuhrmann« und »Befrachter« in der zitierten Darstellung – Jülicher zufolge – Metaphern zu sein scheinen [476], daß aber die weitere metaphorische Deutung von einzelnen Nennworten willkürlich werden würde. Was zwischen Lessing und Goeze passiert ist, scheint keine Möglichkeit einer weiteren, metaphorischen Einzeldeutung zu bieten.

Jülicher betont ferner das Fehlen einer jeden Ähnlichkeit zwischen einem Fuhrmann und Lessing bzw. zwischen einem Befrachter und Goeze; er meint »dass die Aehnlichkeit ... gleich Null ist« [477] und sich auf das Benehmen beschränkt [478]. Sodann legt er darauf Gewicht, daß Lessing »denn auch die begonnene Deutung nicht etwa weitergeführt«

---

[474] G. E. Lessing, Eine Parabel. Nebst einer kleinen Bitte und einem eventualen Absagungsschreiben an den Herrn Pastor Goeze in Hamburg, 1778. – Das hier zitierte Stück findet sich in der »Bitte« und ist angeführt nach Lessings Werke. Hrsg. von L. Zscharnak, XXIII 1925, 157. Vgl. A. Jülicher, a.a.O., I 1910³, 79, und zum Streit zwischen Goeze und Lessing L. Zscharnaks Einleitung a.a.O., XXIII 1925, 19ff.

[475] A. Jülicher, a.a.O., I 1910³, 79.

[476] A. Jülicher, a.a.O., I 1910³, 89, vgl. auch ders., a.a.O., I 1910³, 60 zum Gedicht »Es ging ein Mann im Syrerland« sowie die Einleitung des letzten Zitats.

[477] A. Jülicher, a.a.O., I 1910³, 79.

[478] Ders., a.a.O., I 1910³, ebda.

hat[479]. Jülicher erkennt dieser Tatsache Bedeutung zu, weil er von einer Allegorie fordert, daß sie in *jedem* »Zug« allegorisch deutbar sein sollte[480]. Abschließend versteht er dann den Sinn des kleinen Textes folgendermaßen:

Lessing habe »einfach die Lage des Streits, seine That und Göze's Vorwürfe expliziert, mithin ist sein: ›Dieser Fuhrmann bin ich, dieser Befrachter sind Sie‹ nur eine überraschende Art, dem Bilde die Sache zur Seite zu stellen, des Sinnes: So wie jeder Vernünftige über diese Geschichte von Fuhrmann und Befrachter denkt, geradeso muss er über Ihr Verfahren gegen mich denken. Der Leser soll nicht den Fuhrmann u. s. w. gegen höhere Dinge, Lessing u. s. w. vertauschen, sondern sich den Fall ganz eigentlich und recht gründlich betrachten, um das daraus resultierende Urteil auch dem in ähnliche Verdammnis geratenen Lessing zugut kommen zu lassen«[481].

Lessings Text mündet denn auch in zwei Fragen, die auf Antwort, auf ein Urteil warten. – Jülicher wollte die Worte »Fuhrmann« und »Befrachter«, wie sie in Lessings Text verwendet werden, nicht in striktem Sinne als Metaphern verstehen, und zwar wegen der übrigen Teile des Textes, die nicht metaphorisch deutbar sind. Es sind damit diese als

---

[479] Ders., a.a.O., I 1910³, 80. – Genauso argumentiert E. König zu Jes 5,7, wo Jesaja »vom vorhergehenden Gleichnis vom Weinberge ja nur drei Punkte gedeutet« hat. »Daher sind auch vom jetzigen Ausleger dieser Parabel nicht alle einzelnen Züge des Gemäldes zu pressen, d. h. mit Momenten der Geschichte Israels zusammenzubringen« (E. König, Hermeneutik des Alten Testaments, 1916, 100). Ebenfalls A. S. Herbert zum Verhältnis zwischen Ez 17,2–10 und 17,12–21.22–24. Der zuletzt genannte Text »has many of the features of an allegorical interpretation. But we observe (1) that the explanation is very much simpler and more effective than the ›allegory‹. (2) There are several features in the ›allegory‹ that have no counterpart in the explanation, and vice versa.« (A. S. Herbert, The ›Parable‹ (*Māšāl*) in the Old Testament, SJTh 7 [1954], 191).

[480] Vgl. oben S. 101 f. u. dort Anm. 402 sowie die These A. Jülichers a.a.O., I 1910³, 79: »Wir müssten mithin die Uebertragung fortsetzen«. Ebenfalls erwartet A. S. Herbert in der Deutung einer Allegorie »an elucidation of each figure« (a.a.O., 191), und D. Buzy meint, daß in der Allegorie »chacun des traits principaux du texte inspiré doit avoir son correspondant dans la réalité visée«, s. Le cantique des cantiques. Exégèse allégorique ou parabolique? RSR 39 (1951–52), 99. Wir gehen auf diese Frage noch ein (unten, S. 121 ff.).

[481] A. Jülicher, a.a.O., I 1910³, 80. Das Verfahren, »dem Bilde die Sache zur Seite zu stellen«, ist Jülicher das wesentliche Kennzeichen der *Gleichnisse*, vgl. die Definition a.a.O., I 1910³, ebda.

Metaphorik undeutbaren Teile des Textes Kanon für das Verstehen des
ganzen Textes und der hinzugefügten identifizierenden Deute-Sätze.
Jülicher bringt danach keine weiteren Momente zur Interpretation und
zum Verständnis von Lessings Deute-Sätzen, und spottet den Interpreten, der

> »seine Seligkeit auf ein: ›das ist‹ gründen könnte«[482].

Wir werden jetzt zu Jülichers Bemerkungen über die Funktion von
Lessings Deute-Sätzen Stellung nehmen.

Jülicher hat die Weise, in der Lessing die Bezüge zwischen seiner
Bildrede und den Vorgängen, über die er sprechen wollte, herstellte, als
»überraschend« empfunden[483], und zwar wohl aufgrund der von ihm
als sachgemäß angesehenen Interpretationsweise. Jülicher geriet in eine
merkbare Spannung zu Lessings Deute-Aussage, wo dieser sich und
Goeze *als die Personen seiner Geschichte* prädiziert, Jülicher aber damit
»dem Bilde die Sache zur Seite« gestellt sieht[484]. Denn der Satz Lessings: »Dieser Fuhrmann bin ich«, besagt: *Mit dem Wort »Fuhrmann« ist
in meiner Geschichte über mich gesprochen.* Insofern als Lessing kein
Fuhrmann war, ist damit das Wort »Fuhrmann« als mit disjunktiver Bedeutungsverwendung gebraucht ausgewiesen, zunächst ganz gleich wie
die Geschichte sonst erzählt wird und ob oder wie die Deutung weitergeht. Daß das Wort »Fuhrmann« in der Geschichte metaphorisch verwendet wird, ist nach Lessings eigener Deute-Aussage bedeutungstheoretisch eindeutig und unumgänglich festzustellen. Entsprechendes gilt,
nach Lessings Prädizierung des Herrn Goeze, von dem Wort »Befrachter«, so wie es in der Geschichte verwendet wird. Man kann von Lessings Aussage her auch schließen, diese Metaphern seien in unserem
Sinne aufeinander bezogen: sie bezeichnen Momente eines und desselben Vorganges[485].

---

[482] A.a.O., I 1910³, ebda.

[483] Vgl. oben, S.119 zu Anm.481.

[484] Dementsprechend A.Jülicher a.a.O., I 1910³, 103 auch zum Satz »Du bist der Mann«
II Sam 12,7: »In unsrer Sprache würden wir uns genauer ausdrücken: Dir selber hast
Du damit das Urteil gesprochen, denn Du hast *ähnlich wie* jener Mann gehandelt.«
(Kursiv. von mir.) So auch W.Schottroff a.a.O., 89 zu Jes 5,7 a.b. Die Prädizierungen
werden nur abgeändert in Vergleiche oder als Anleitungen zu Vergleichen angenommen.

[485] Die Bildrede Lessings wäre, so beurteilt, als Allegorie anzusehen. Entscheidend dabei
wäre die Deuteaussage Lessings, und insofern M.Hermaniuk zuzustimmen: »le fait
d'attacher une explication allégorique à un récit nous indique que dans le récit en question le sens voulu par son auteur n'est pas le sens propre, mais le sens figuré, et donc

Wer nun am ehesten den Text trifft, Lessing mit seinen vorbehalt-
losen Deute-Sätzen oder Jülicher mit seiner Überraschung, mag zunächst dahingestellt sein. Es geht aber auf keinen Fall an, wie Jülicher
die Spannung zwischen Deute-Aussage und Überraschung auf eine besondere Weise des Vergleichens zu reduzieren.

Nun hat Jülicher ja, wie oben dargelegt, auf verschiedene Argumente für seine Auffassung hingewiesen. Es muß demgegenüber betont
werden, daß in den Deute-Sätzen Lessings auf jeden Fall so etwas wie
eine These von der metaphorischen Verwendung der Worte »Fuhrmann« und »Befrachter« objektiv impliziert ist – auch wenn es Lessing
nicht erwogen haben sollte[486]: Er hat sich in seiner Deute-Aussage
einer Sprachverwendung bedient, die dies beinhaltet[487].

Es ist aber lehrreich, auf Jülichers Beobachtungen einzugehen. Es
sei einmal die Ähnlichkeit zwischen Lessing und einem Fuhrmann bzw.
Goeze und einem Befrachter gleich Null. Diese Auffassung ist nicht
ganz stichhaltig; es handelt sich hier wenigstens um Männer, und um
Männer, die etwas vermitteln sollen. Aber auch die Relevanz von Jülichers Auffassung ist fraglich, denn eine Metapher kann Analogien behaupten, oder genauer noch, eventuell sogar insinuieren[488].

Daß Lessing seine Deute-Aussage nicht weiterführt, ist eine wich-
tigere Beobachtung. Sie hängt mit der anderen zusammen, daß die Bildrede Lessings sich nicht metaphorisch verstehen läßt, von den beiden
genannten Metaphern eben abgesehen. Lessing *konnte* demnach seine
metaphorisierende Deute-Aussage nicht weiterführen. Könnte Lessings
Deute-Aussage auf eine Allegorie schließen lassen, so verhinderte dies
wiederum nach Jülicher die unterbliebene Fortsetzung der angeblich
metaphorischen Deutung, denn eine Allegorie müsse in jedem »Zug«

que le récit n'est pas une parabole mais une allégorie« (a.a.O., 59). Was jedoch Hermaniuk hier übersieht ist, daß der jeweilige Verfasser vielleicht seine Bildrede *nicht*
als Allegorie verstanden wissen wollte, daß aber seine Wortverwendung dem nicht
ganz entspricht und »es ... bei der guten Absicht« geblieben wäre (vgl. L.Alonso
Schökel, Sprache Gottes und der Menschen, 1968, 181). Der Urheber des Textes
könnte auch eine Alternative Allegorie – Gleichnis gar nicht erwogen haben, aber einen Textsinn einfach seiner Redeweise entsprechend intendiert haben. Immerhin
bliebe der Hörer oder Leser des Textes bis auf weiteres oder auch dauernd auf den
Text gewiesen, um ihn zu verstehen.

[486] Es kann sein, daß Lessing nicht auf die allegorische Implikation seiner Deutesätze
aufmerksam geworden ist. Jedenfalls hat er keine Allegorie der Art Jülichers konstru-
ieren wollen, eine Allegorie wo jeder »Einzelzug« metaphorisch deutbar wäre.

[487] Vgl. oben, S.120, Anm.485.

[488] Vgl. oben, S.60f. 112.

deutbar sein: es dürfe in einer Allegorie keine »Hauptbegriffe« geben,
die nur nicht-metaphorisch verwendbar wären, indem sie jeweils als
Denotat ein Moment im Bildvorgang hätten[489].

An dieser Stelle ist die Einheitlichkeit einer Allegorie zu erwägen,
sowohl in bezug auf das Problem nicht metaphorisch deutbarer Textteile als auch in bezug auf die Relevanz metaphorisch gehaltener
Deute-Aussagen. Wir fragen, wie die nicht metaphorisch deutbaren
Teile von Lessings Text mit ihrem Sinn auf dasjenige bezogen werden,
worüber Lessing in Wirklichkeit oder letzten Endes mit seinem Text
sprechen möchte, d. h. den Streit zwischen Goeze und ihm. Nach Jülicher geschieht dieses Beziehen (erst?) in der Interpretation: man solle
den Fall, wie er geschildert ist, »ganz eigentlich betrachten«, daraus ein
Urteil gewinnen und dieses Urteil in der Weise eines Vergleichs auf den
wirklichen Fall beziehen[490]. Aber was geschieht im Text der Bildrede?
Ist da nicht irgendwie schon der Interpretation ein Bezug der nicht metaphorisch deutbaren Textteile zur »Sache« vorgegeben? Der Text stellt
in der Tat diesen Bezug dadurch her, daß die nicht metaphorisch deutbaren Textteile Satz für Satz auf die – so Lessings Deute-Aussage –
Metaphern bezogen werden; sei es, daß diese im jeweiligen Satz wieder
verwendet werden, sei es, daß auf sie anaphorisch verwiesen wird. Dieses Beziehen ist aber nicht nur einfach syntaktischer Art, sondern der
Art, wie z. B. Metaphern einer Allegorie aufeinander bezogen sind: Die
nicht metaphorisch deutbaren Textteile sind so oder so nennend auf
verschiedene Momente desselben einen Vorganges bezogen, auf dessen
Hauptakteure sich die Metaphern »Fuhrmann« und »Befrachter« nennend beziehen. Sofern diese beiden Worte nun aber eben metaphorisch
verwendet sind, beziehen sie sich nennend, durchaus entgegen der Auffassung Jülichers, *nicht* auf einen »Fuhrmann wie alle Fuhrleute« und
einen, gleich welchen, Befrachter, »nur in eigentümlicher Verfas-
sung«[491], sondern unmittelbar auf Lessing und Goeze. Die Bildrede
Lessings handelt *insofern* nicht nur von einem Bildvorgang, sondern
auch von dem Streit zwischen ihm und Goeze[492]. Da diese Herren aber
nicht das getan haben, was mit den metaphorisch nicht deutbaren Textteilen, wenn sie konjunktiv verwendet sind, ausgesagt wird, müßten

---

[489] Dieses Kriterium der Allegorie geht deutlich aus Jülichers Behandlung von Lessings
Text a.a.O., I 1910³, 79 hervor (vgl. oben S. 118).
[490] A. Jülicher, a.a.O., I 1910³, 80.
[491] A. Jülicher, a.a.O., I 1910³, ebda.
[492] Der Text Lessings beschreibt, so verstanden, keinen *anderen* Vorgang, mit dem dieser
Streit dann erst zu vergleichen wäre. Vgl. noch oben, S. 88, Anm. 359.

diese Textteile metaphorisch verwendet sein, obwohl sie metaphorisch nicht deutbar sind. Wir wollen solche Metaphorik *unvollziehbare* Metaphorik benennen.

Ist aber so etwas wie eine metaphorisch undeutbare Metaphorik denkbar? – Das, was derartige Textteile als metaphorische ausweist, ist ihr Bezug auf die erkannten, deutbaren Metaphern des Textes, und genauer: ihr von daher zu erwartender, nennender Bezug auf Momente desselben einen Dinges, Vorganges oder Zustandes, auf den die deutbaren Metaphern sich disjunktiv nennend beziehen. Auch der nennende Bezug der befragten Textteile könnte *nur* disjunktiv sein, da mit ihnen konjunktives Benennen von Elementen *dieses* Dinges, Vorganges oder Zustandes ausgeschlossen ist. – Was jedoch diese metaphorischen Textteile *nicht deutbar* macht, ist das Verhältnis zwischen der Bildrede und der betreffenden Sache selbst, denn es an Elementen, die in den Wortbedeutungen der Nennworte der betreffenden Textteile wiedergegeben werden könnten, einfach fehlt[493].

Basis für das Urteil: unvollziehbare Metaphorik, bildet der Nachweis von wirksamen und deutbaren Metaphern im Text. Zu dieser Basis treten weitere, von ihr abhängige Beobachtungen hinzu, wie gerade dargestellt. Die erkannten deutbaren Metaphern des Textes erweisen sich so als Kanon für die Bestimmung der semantischen Funktionsweise weiterer metaphorischer Textteile. – Eine textgemäße Interpretation müßte versuchen, die semantische Relevanz aller Metaphorik des Textes in bezug auf den gemeinten Vorgang (Ding, Zustand) zu erfassen.

Zur semantischen Interpretation eines Textes sowohl mit deutbarer als auch mit unvollziehbarer Metaphorik kann man erwägen, eine

---

[493] Es geht aus dem Angeführten hervor, daß hier von solchen Textteilen abgesehen wird, die in *nicht*-metaphorischer Weise über die sonst metaphorisch besprochene Sache reden, und die kaum eine Allegorie entbehren könnte, vgl. dazu oben, S. 101, Anm. 401. – Diese Textteile sind nicht zu verwechseln mit metaphorisch nicht deutbarer Metaphorik, die ja gewissermaßen zu einem Reden in nicht-metaphorischer Weise über die »Sache« kommt, aber das geschieht erst in der – wie wir sagen möchten – »interpretativen Allegorie« (dazu s. unten, S. 125, Anm. 497), nicht schon in dem zu interpretierenden Text selbst. In der Bildrede selbst vollzieht die metaphorisch nicht deutbare Metaphorik ihre *Nenn*funktion in bezug auf die sonst metaphorisch besprochene Sache *nicht* (sondern nur in bezug auf den Bildvorgang oder -Zustand), »redet« also insofern nicht über diese Sache *außer* auf den Ebenen der Gruppen- und Satzinhalte (dazu vgl. oben, S. 79 f.) und dann nur mit Inhaltsaspekten, die nachher in der interpretativen Allegorie expliziert werden können.
T. Pavel a.a.O., 205 f. bespricht das Phänomen »le cumul de métaphores«, jedoch in stilistischer, nicht speziell in semantischer Hinsicht.

neue Fassung des Textes, eine interpretative Umschreibung, zu formu-
lieren, die die deutbaren Metaphern des Textes verwendet, im übrigen
aber Satzinhaltsaspekte der unvollziehbaren Metaphorik aufzeigt, die
bei konjunktiver Bedeutungsverwendung generiert sind und mit den
Denotaten *B* der deutbaren Metaphern kompatibel sind. Die Umschreibung sollte diese abstrahierten Satzinhaltsaspekte syntaktisch auf
die deutbaren Metaphern beziehen, und müßte zugleich die Funktionen
der verschiedenen Textteile und des Textganzen berücksichtigen.

Zur Bildrede Lessings wäre dann, immer noch in metaphorischer
Sprechweise wie sie, von Fuhrmann und Befrachter zu reden, und weiter wären die abstrahierten Satzinhaltsaspekte der unvollziehbaren Metaphorik zu nennen, die sich über Lessing und Goeze auch mit konjunktiver Verwendung der Wortbedeutungen aussagen ließen. Wichig
wäre, daß die Umschreibung zu einer Bewertung anleiten müßte, die
den so stark betonten rhetorischen Fragen dieser Bildrede entspräche. –
Man könnte etwa sagen:

Ein Fuhrmann hat in einer kritischen Situation während seiner Be-
rufsausübung unheilvolle Möglichkeiten fürchten müssen, aber für den
Fall, daß sich die Lage derart verschlechterte, doch mit einer gewissen
Erleichterung gerechnet[494]. Seine Äußerung aber, in der der Fuhrmann
diese drohenden Möglichkeiten nennt, wurde von seinem Befrachter
»ganz wider ihren Zusammenhang«[495] kommentiert, und zwar gerade
so, als ob der Fuhrmann die unheilvolle Entwicklung geradezu hätte
herbeiführen wollen und sie gerne verwirklicht sähe, wofür denn auch
der Befrachter ihn in vollem Maße verantwortlich hält. Ob das aber bil-
lig und gerecht sei?

Die unvollziehbare Metaphorik der Bildrede ist hier stark verallge-
meinernd umschrieben. Die Umschreibung bietet Momente, die sich als

---

[494] An dieser Stelle sind die Bildrede Lessings und seine darauf folgende Darstellung der
»Sache« nicht ganz kompatibel. Der Fuhrmann beschließt eine Maßnahme als Folge
des eventuellen Eintretens der drohenden Möglichkeiten, Lessing habe aber *trotz* des
eventuellen Eintretens gewisser Möglichkeiten die Unabänderlichkeit eines gewissen,
schon gegebenen Tatbestandes erhofft, vgl. G. E. Lessing, a.a.O., XXIII 1925, 157:
»Ich habe gesagt: Wenn man auch nicht imstande sein sollte, alle die Einwürfe zu heben, welche die Vernunft gegen die Bibel zu machen so geschäftig ist, so bliebe dennoch die Religion in den Herzen derjenigen Christen unverrückt und unverküm-
mert, welche ein inneres Gefühl von den wesentlichen Wahrheiten derselben erlangt
haben.« – Die von uns befürwortete Weise der Interpretation von Lessings Bildrede
hat also Schwierigkeiten, zugleich text- und sachgemäß zu sein. Das liegt jedoch
nicht an der Interpretation und nicht an der Sache, sondern an der ad hoc aufgegrif-
fenen Bildrede.

[495] Vgl. G. E. Lessing, a.a.O., XXIII 1925, ebda.

tertia comparationis eignen würden bei einem Vergleich zwischen dem Streit Goeze – Lessing und dem Verhältnis des Befrachters zu dem Fuhrmann[496]. Es ist aber zu bedenken, daß die gegebene Umschreibung im Sinne der zu interpretierenden Geschichte über Fuhrmann und Befrachter redet. Damit bietet die Umschreibung zwei aufeinander bezogenen Metaphern und ist mithin eine Allegorie über Lessing und Goeze, keine Seite eines Vergleichs. Diese interpretative[497] Allegorie ist textgemäß. Man *kann* zwar die Bildrede Lessings auch als einen Vergleich umschreiben so gut es geht. Damit verläßt man aber ihre Kategorie bildhaften Redens und geht in eine andere Art Bildhaftigkeit über: die der Vergleichsrede. Der kategoriale Unterschied dieser Arten der Rede geht u.a. gleich auf die Nennfunktion der jeweils verwendeten Worte. Die Vergleichsrede würde gerade auch die Worte »Fuhrmann« und »Befrachter« mit konjunktiver Bedeutungsverwendung gebrauchen, während die Bildrede selbst damit zwei aufeinander bezogene, deutbare Metaphern bietet. Sofern diese deutbare Metaphorik *treffend* ist und eine unbegrenzte Mehrheit gut beziehbarer Bedeutungselemente aufweist (zu beziehen auf die Denotate *B*) wird sie an Inhalt *reicher* sein als eine Umschreibung in Vergleichsrede, wo die tertia comparationis im wesentlichen von den abstrahierten Satzinhaltsaspekten der unvollziehbaren Metaphorik abzuleiten wären, die sowieso mit zu berücksichtigen sind.

Dem ist allerdings sofort hinzuzufügen, gerade anläßlich der Bildrede Lessings: Wenn man die semantische Interpretation dieser Bildrede dadurch weiterführen will, daß man auf Lessing und Goeze beziehbare Bedeutungselemente der Metaphern »Fuhrmann« und »Befrachter« sucht, ist die Beute eher mager und auch nicht sehr interessant. Gewicht in *diesem* Text hat vielmehr das durch die unvollziehbare Metaphorik angezeigte Geschehen, das als Prämisse für die geforderte Antwort auf die rhetorischen Fragen dient. Ziel des Textes ist, durch diese Antwort und deren Begründung zu überzeugen. Andererseits ist

---

[496] Das liegt daran, daß die unvollziehbare Metaphorik mit der Nennfunktion ihrer Worte nicht unmittelbar auf Einzelmomente des Vorganges oder Zustandes, worüber sonst in der Bildrede metaphorisch gesprochen wird, beziehbar ist, sondern erst auf den Ebenen der Gruppen- und Satzinhalte (und zwar nur mit Aspekten aus diesen Inhalten) auf Momente dieses Vorganges (Zustandes) beziehbar ist (vgl. oben, S. 123, Anm. 493). – Dieses Beziehen von Gruppen- und Satzinhaltsaspekten geschieht aber auch wohl bei Vergleichung von ganzen Vorgängen und Zuständen.

[497] *Ergebnis* einer vorläufigen, semantischen Interpretation der Bildrede und *Mittel* zu einem Versuch der abschließenden, semantischen Interpretation derselben.

klar, daß diese Antwort, die der Text finden läßt, und ihre Begründung, vom Text her nur durch die Metaphorik des Textes auf Lessing und Goeze bezogen werden.

Zusammenfassend kann zur Redeweise der Bildrede Lessings festgestellt werden, daß sie als eine Allegorie angesehen werden muß. Das besagen Lessings Deute-Sätze [498]. Der Rest, die bildliche Darstellung, stellt sich dieser Charakterisierung nicht entgegen, sondern läßt sich unter sie einordnen mit der Metaphorik, die, wenn auch unvollziehbar, so doch allegorisch auf die zunächst ausgewiesenen Metaphern bezogen ist [499]. Die unvollziehbare Metaphorik dient der Funktion des Textes ausgezeichnet, die deutbaren Metaphern sind aber kaum besonders ertragreich. Man kann insofern Jülichers Vorbehalt gegenüber einem »Das ist ...« verstehen. Es ist aber nicht ratsam, die Redeweise des Textes zu ignorieren, und man sollte nicht die Relevanz identifizierender Deute-Sätze generell bezweifeln an Hand dieses Beispieles, in dem die deutbaren Metaphern so wenig leisten.

Wir fragten oben [500], wer am ehesten den Text treffe, Lessing mit seiner Deute-Aussage oder Jülicher mit seiner Überraschung über die Deute-Aussage. Die Frage läßt sich kaum beantworten, wenn man so diese Bildrede von ihrer nun einmal mit dazugehörigen abschließenden Weiterführung ablöst. Oben wurde diskutiert, welchen Sinn die Deute-Aussage hat, so wie sie formuliert ist, und wie die Bildrede unter Anweisung der so verstandenen Deute-Aussage semantisch funktioniert. Hätte man Lessings Deute-Sätze nicht, wohl aber die Bildrede sonst und Lessings übrige Kommentare zu ihr, wäre es wohl auch möglich, den Text als die eine Seite eines großen Vergleiches anzusehen [501]. Nun

---

[498] Vgl. oben, S.120f., Anm.485. Diese Funktion von Lessings Deuteaussage setzt voraus, daß Lessing die Identität, welche die Deutung behauptet, nicht *glaubt*. Täte er das, läge keine disjunktive Bedeutungsverwendung vor, vgl. oben S.40f. u. Anm.174 daselbst. Dieser Vorbehalt gilt allgemein. Vgl. noch R. Bultmann, Die Geschichte der synoptischen Tradition, 1958[4], 214.

[499] Es wird damit die Auffassung abgewiesen, der Text müsse, um als Allegorie zu gelten bzw. damit seine Interpretation als allegorisch gelten solle, nur solche Metaphern haben, die entfaltet und gedeutet werden können. Dazu s. oben, S.101f. mit Anm.402. 403.

[500] Oben, S.121.

[501] Vgl. oben, S.121, Anm.486. – Ohne die Deuteaussage wäre der Text aber nicht *notwendig* als die eine Seite eines Vergleichs zu verstehen. Wüßte man, daß der Text sich so oder so auf den Streit zwischen Goeze und Lessing bezieht, wäre es noch ohne Deuteaussage gut möglich, die Worte »Fuhrmann« und »Befrachter« als Metaphern zu verstehen. Der Interpret würde das Verhältnis zwischen Text und Sache, worüber

gibt es aber die Deute-Sätze, und zwar nicht zufällig. Gerade mit den
Worten »Fuhrmann« und »Befrachter« als Metaphern wird alles, was
hier durch die (oben nur angedeuteten) Satzinhaltsaspekte der Bildrede
gesagt werden soll, in kürzester, schlagender Weise sofort auf den
Streit Lessing – Goeze bezogen. Daß die deutbare Metaphorik dabei im
Hinblick auf Bedeutungselemente, die auf die Denotate B beziehbar
wären, wenig ergiebig ist, hat dabei kein Gewicht. Wo die Deute-Aussage aber die Identität, die sie behauptet, glauben lassen wollte, läge
keine Metaphorik vor[502].

Das Beispiel, das wir hier diskutiert haben, zeigt, daß die für Jülicher ausschließlich mit dem Gleichnis verbundene Funktion der überzeugenden Argumentation[503] auch die Funktion einer Allegorie mit metaphorisch unvollziehbarer Metaphorik sein kann. Auch ergibt sich,
daß ein Text unter Umständen als Allegorie angesehen und verstanden
werden muß, auch wenn nicht alle seine Nennworte metaphorisch verwendet sind[504], sondern einige, konjunktiv verwendet, nur im Bild ihr
Denotat haben[505]. Die unvollziehbare Metaphorik *funktioniert nennend*
nur mit konjunktiver Bedeutungsverwendung.

Wir können nun eine weitere Frage stellen: inwiefern könnte das
Phänomen metaphorisch nicht vollziehbarer Metaphorik in einer Allegorie einer angenommenen »Mischform« von Allegorie und Vergleichs-

---

mit dem Text geredet wird, zu erwägen haben. Er würde der Meinung sein können,
die als Metaphern undeutbaren Textteile räten davon ab, den Text als eine *intendierte*
Allegorie zu verstehen.

[502] Vgl. oben, Anm. 498.

[503] Vgl. A. Jülicher, a.a.O., I 1910³, 71 ff. 161, aber auch z. B. N. A. Dahl, The parables of
growth, StTh 5 (1951), 1952, 137 f. Jülicher denkt von seiner Theorie her zunächst an
das Gleichnis als Argument eines logischen Urteils, vgl. ders., a.a.O., I 1910³, 71 u. s.
dazu E. Jüngel a.a.O.³, 92. 95 f. Dann kann er aber auch vom Urteil im Sinne eines
Einverständnisses reden, a.a.O., I 1910³, 161 (vgl. E. Jüngel, a.a.O.³, 102).

[504] S. auch oben S. 119 mit Anm. 479. 480.

[505] Vgl. J. Lindblom, The servant songs in Deutero-Isaiah, 1951, 23: es ist »not necessary
that every feature of the allegorical picture should have its equivalent in the interpretation. Various details may have been inserted there only in order to render the
imaginative narrative more vivid and picturesque.« Vgl. noch ders., a.a.O., 48. Ebenfalls M. Dibelius, Die Formgeschichte des Evangeliums, 1961⁴, 254: Mt 13, 24 ff. »liegt
eine Allegorie vor, trotzdem z. B. die Knechte nicht gedeutet werden.«
Allegorien können auch auf anderer Prämisse Worte haben, die nicht metaphorisch
zu deuten sind: Nennworte, die in nicht metaphorischer Weise über die sonst metaphorisch besprochene Sache der Allegorie reden, vgl. oben, S. 101, Anm. 401 sowie
S. 123, Anm. 493.

rede zugrunde liegen[506]? – Von der allegoria permixta im Sinne Quintilians[507], d. h. einer Allegorie mit Nennworten, die mit konjunktiver Bedeutungsverwendung über die sonst metaphorisch besprochene Sache reden, darf dabei hier[508] abgesehen werden; ebenso von Parabeln (Gleichniserzählungen) mit metaphorisch deutbaren Worten: Wenn auch die vorsichtig gehaltene Vermutung de Orbisos wohl etwas zu weit geht, nach der »la parábola pura [d. h. ohne allegorische Elemente] apenas existe en la práctica«[509], so ist die theoretische Beschreibung von Vergleichsrede mit allegorischen Elementen nicht besonders problematisch: Texte, welche die eine Seite eines Vergleichs ausmachen und die hier dasjenige, womit etwas verglichen wird, beschreiben, sei es mit einem oder mehreren metaphorisch deutbaren Nennworten, genauer: Nennworten, die in der Bildrede mit konjunktiver Bedeutungsverwendung gebraucht werden, jedoch zugleich in bezug auf Einzelmomente in demjenigen, das verglichen wird, metaphorisch deutbar sind. Solche allegorische Elemente einer Gleichniserzählung ändern nichts an dem Charakter des betr. Textes als einer Gleichniserzählung. Problematisch kann dagegen der Nachweis dieses Charakters am Text sein, bzw. der Nachweis des Charakters der vermuteten allegorischen Elemente als solcher[510]. Die Frage aber, die uns jetzt beschäftigen soll, ist diese: kann

---

[506] Diese Frage ist hier in prinzipieller Form gestellt, natürlich aber in bezug auf unser alttestamentliches Material. Unsere Verwendung von dem Terminus »Mischform« setzt dabei kein Wissen bei den israelitischen Sprachverwendern voraus über etwaige Unterschiede zwischen »reinen Allegorien« und »Mischformen«, sondern gehört zur Sprach*betrachtung.*

[507] Quintilian, Inst or 8.6.47 f.; dazu s. R. Hahn, a.a.O., 62. 128.

[508] Vgl. aber oben, S. 101, Anm. 401.

[509] T. de Orbiso, El cántico a la viña del amado (Is 5, 1–7), EE 34 (1960), 718.

[510] T. de Orbiso, a.a.O., 718. 721 findet daß Jes 5, 1 ff. eine Parabel mit allegorischen Elementen ist, während S. Pezzella, La parabola della vigna (*Is.* 5, 1–7), BeO 5 (1963), 5 Anm. 2 meint, in diesem auch von ihm als Parabel gekennzeichneten Text »manchino elementi allegorici; tuttavia c'è l'accentuazione di qualche elemento per far risaltare meglio i contrasti.« Nach D. Buzy, Introduction aux paraboles évangéliques, 1912, 115 ff. ist Jes 5, 1 ff. Allegorie mit parabelhaften Elementen. –
Zur Frage allegorischer Elemente in Gleichniserzählungen vgl. sonst D. Buzy, a.a.O., 121 ff. (zu Jdc 9, 7 f. II Sam 12, 1 ff.). Auf neutestamentlichem Gebiet wären zu nennen u. a. N. A. Dahl, a.a.O., 136 f.; B. Gerhardsson, The good samaritan – the good shepherd? 1958, 9 ff. 21 f.; Matthew Black, The parables as allegory, BJRL 42, 1960, 278 f. 281 ff. Weitere Hinweise bei A. J. Bjørndalen, Metodiske bemerkninger til spørsmålet etter allegorier i Det gamle testamente, TTK 37 (1966), 147 Anm. 14, u. s. noch H. Kahlefeld, Gleichnisse und Lehrstücke im Evangelium, 1963, I 9 sowie II 138; D. O. Via, jr., a.a.O., 13 ff. (dort auch weitere Literatur genannt); E. Jüngel, a.a.O.[3], 164 f.;

Vergleichsrede, etwa als Gleichniserzählung oder als einfacher Vergleich, innerhalb einer Allegorie vorkommen, oder liegt, wo man so etwas annehmen könnte, eher metaphorisch unvollziehbare Metaphorik vor[511]?

D. Buzy spricht von parabelhaften Einzelheiten, wenn er in einer Allegorie wichtige Nennworte[512] findet, die als Metaphern nicht deutbar sind[513] und deswegen nur eine »signification ... dans leur ensemble« haben können[514]. Wäre jedes wichtige Nennwort metaphorisch deutbar, würde das »une subtilité rare« sein[515].

Wir setzen nun als gegeben eine Allegorie voraus, d. h. einen Text mit zwei oder mehreren in unserem oben bestimmten Sinne aufeinander bezogenen Metaphern. Auch folgende Voraussetzungen werden gemacht: Ein Teil des Textes, wenn nicht mehrere, soll (mit konjunktiver Bedeutungsverwendung seiner Nennworte) die eine, bildhafte Seite eines Vergleichs mit Elementen derjenigen Sache bilden, worüber sonst mittels der Allegorie allegorisch gesprochen wird. Es sei dahingestellt, ob diese bildhafte Seite des Vergleichs einen Vorgang oder einen Zustand oder ein Ding oder sonst etwas zur Sprache bringt. Es sollte aber diesen Textteil insofern *in* der Allegorie geben, als sein(e) Nennwort(e) sich auf Moment(e) desselben, einen Vorganges usw. beziehen sollte(n), über den auch die Allegorie sonst mit konjunktiver Bedeutungsverwendung auch ihrer Metaphern spräche, d. h. den Bild-Vorgang oder Bild-Zustand usw.[516].

Nun kann man versuchsweise annehmen, es gäbe zwei Haupttypen eines derart vergleichenden Textteils einer Allegorie: mit und ohne aus-

---

B. Gerhardsson, The parable of the sower and its interpretation, NTS 14 (1967–1968), 187 ff. 192 f. (in SEÅ 31 [1966] s. S. 106 ff. 112 f.); E. Biser, a.a.O., 453 ff.

[511] D. Buzy, a.a.O., 115 ff. findet parabelhafte Elemente in Allegorien in Jes 5,1 ff. Ez 24,3–5; in seinem Aufsatz Le cantique des cantiques. Exégèse allégorique ou parabolique? RSR 39 (1951–52), 99 ff. nennt er darüber hinaus unter diesem Aspekt Ez 16; 23.

[512] »traits principaux«, vgl. D. Buzy, Introduction aux paraboles évangéliques, 1912, 121. Diese sind Nennworte, vgl. das Verfahren Buzys a.a.O., 117 f. zu Jes 5,1 ff.

[513] D. Buzy, a.a.O., 117 f. 120 f.

[514] D. Buzy, Le cantique des cantiques. Exégèse allégorique ou parabolique? RSR 39 (1951–52), 109, vgl. S. 99 f. 103 ff. 113.

[515] D. Buzy, Introduction aux paraboles évangéliques, 1912, 117 anläßlich Jes 5,1 ff. als einer Allegorie verstanden.

[516] Zum Bildvorgang als Grund der Einheit der Allegorie vgl. oben, S. 107 ff. Der vergleichende Textteil müßte nicht notwendig physisch, d. h. graphisch oder phonetisch innerhalb der metaphorischen Äußerung vorfindlich sein, sondern könnte auch vor oder nach ihr, wenn nur syntaktisch auf sie bezogen, erfolgen.

drücklichem, sprachlichem Zeichen des Vergleichens. Man müßte bereit sein, danach zu differenzieren.

Ist der vergleichende Textteil *mit* Vergleichspartikel verwendet, und handelt es sich darum, daß hier ein(ige) Moment(e) des Vorganges usw., worüber sonst im Text allegorisch gesprochen wird, mit etwas *verglichen werden soll(en),* sind die beiden zuerst genannten Voraussetzungen erfüllt. *Das zu vergleichende* (die »Sache«) wäre zu nennen, sonst könnte man es nicht erkennen. Es würde sich im Textverlauf innerhalb der Allegorie eine relativ selbständige Einheit finden, ein ausgeführter Vergleich: der bildhafte, vergleichende Textteil, Vergleichspartikel, und die Nennung dessen, das verglichen werden soll. Jedoch wäre diese Einheit durch das, *womit verglichen wäre,* dem allegorischen *Bild* verhaftet. Damit wäre die letzte Voraussetzung erfüllt. Man hätte hier gegebenenfalls eine Vergleichsrede in und als Teil der Allegorie. Aber die Allegorie wäre als solche nicht durch diese Vergleichsrede *konstituiert.* Ein Beispiel:

In Hos 5,14f. ist V.14b (und V.15a?) allegorisch; Metaphern sind die Verben אֶמְרֹף, אֵלֵךְ [517] und אֶשָּׂא sowie vielleicht das Substantiv מָקוֹם [518]. Diese allegorische Darstellung wird eingeleitet durch zwei Vergleiche, beide mit Vergleichspartikel, V.14a. Derjenige, über den in V.14b (und eventuell V.15a) allegorisch gesprochen wird, wird Jahwe sein. Er ist es dann aber auch, der in V.14a verglichen wird mit Löwe und Jungleu. Auch das allegorische Bild V.14b(–15a) meint nun eben das Zerreißen, das Weggehen und Wegschleppen als Taten des Löwen. Es sind somit alle Voraussetzungen erfüllt, die wir soeben aufstellten. Wir dürfen insofern V.14a mit zur Allegorie rechnen, obwohl dieser Halbvers nichts für die allegorische Rede Konstitutives enthält.

Es mag zwar eben darum befremden, daß V.14a als Teil der Allegorie angesehen wird. Diese Auffassung von V.14a beruht aber auf unserer Bestimmung der Einheit einer Allegorie [519]. V.14a erfüllt die Bedingungen dieser Einheitlichkeit des Bildes. Man *kann* weitere Bedingungen aufstellen, etwa daß »alle massgebenden Begriffe« [520] oder »les traits principaux« [521] metaphorisch verwendet sein sollen. V.14a würde

---

[517] Es handelt sich wohl nicht um ein Gehen im allgemeinen, sondern um das Gehen des Löwen.

[518] Falls es sich hier nicht um einen Platz, eine Stätte ganz allgemein, handelt, sondern um einen Ort zum Ausruhen für den Löwen.

[519] Vgl. oben, S.107ff.

[520] A.Jülicher, a.a.O., I 1910³, 58.

[521] D.Buzy, a.a.O., 121, vgl. oben, S.119, Anm.480.

dann wohl nicht mit zur Allegorie gehören. Diese Bedingung mit ihren Aspekten[522] haben wir jedoch oben abgewiesen[523]. Es kommt hinzu, daß mit der hier befürworteten Begründung der Einheitlichkeit einer Allegorie eine genaue Übereinstimmung mit einer in casu jeweils gegebenen inhaltlichen Einheitlichkeit des Textes erreicht wird: der Einheit des Bildes.

Die Allegorie kann also einen durch ausdrückliche Vergleichspartikel funktionierenden Vergleich, oder mehrere, mit umfassen. Wo das Bild des Vergleichs ein komplexer Vorgang oder Zustand ist, sollte man von einem parabelhaften Textteil der Allegorie sprechen können. – Der vergleichende Textteil mag als »Mischform« angesehen werden, aber auch eben als eine gewöhnliche Art von Vergleich schlechthin. Er trägt weder etwas bei zu, noch ändert er etwas an dem allegorischen Charakter des ganzen Textes. Er gehört aber mit zur Allegorie und kann dort wichtige Funktionen wahrnehmen, wie etwa in Hos 5,14 f., wo V.14 a das allegorische Bild einführt und zugleich Sinn und Ziel des allegorischen Redens anzeigt.

Gibt es auch noch das Phänomen eines vergleichenden Textteils einer Allegorie ohne Vergleichspartikel?

Das zu vergleichende wäre dabei nicht notwendigerweise zu benennen, wohl aber dasjenige, womit verglichen werden soll. Es würde aber hier eine unserer oben aufgestellten Voraussetzungen nicht einzuhalten sein. Ist dasjenige, womit verglichen werden soll, ein Moment des Bildvorganges (Bildzustandes usw). der Allegorie, wird es nicht möglich sein zu verifizieren, daß der betreffende Textteil *Vergleichs*rede bietet, er wird ja nur die Darstellung des allegorischen Bildes einleiten bzw. weiterführen. Setzt man aber noch voraus, daß der Textteil Nennworte bietet, die im Zusammenhang nicht metaphorisch deutbar sind und die überhaupt nur in der Bildbeschreibung, nicht auch in bezug auf Einzelmomente in der Sache nennend funktionieren können, läßt das eben nur auf *Metaphorik,* unvollziehbare Metaphorik, schließen – nicht auf parabel- oder gleichnishaften Züge. Sind diese letzten Voraussetzungen nicht erfüllt, hat man im betreffenden Textteil ohnehin Metaphorik vor sich, deutbare.

Gegen diese Auffassung besagt es nichts, daß ein solcher Textteil genau wie Vergleichsrede erst auf der Ebene des Satzinhaltes und nur mit Aspekten des Satzinhaltes auf dasjenige, worüber sonst im Text al-

---

[522] Vgl. oben, S.100–102. 105.
[523] Vgl. oben, S.101, Anm.401 sowie S.122 ff.

legorisch die Rede ist, zu beziehen ist[524]. Entscheidend ist vielmehr, daß der Textteil mit seinen Nennworten sich auf denselben einen Vorgang (Zustand, Ding) nennend bezieht, der auch sonst Bildvorgang (Zustand, Ding) der Allegorie ausmacht, wie es eine Voraussetzung war[525]. Damit *müßte* der Textteil aber mit seinen Nennworten auch auf den Vorgang usw. *nennend* zu beziehen sein, worauf die deutbaren Metaphern sich disjunktiv nennend beziehen. Unter den obigen Voraussetzungen ist dadurch der in Frage stehende Textteil als metaphorisch ausgewiesen[526].

---

[524] Vgl. oben, S. 125, Anm. 496 sowie S. 123, Anm. 493. Es wird dieses einer Vergleichsrede Ähnliche sein, das so oft dazu anleitet, metaphorisch nicht deutbare Metaphorik als Vergleichsrede zu lesen, als – um es instar omnium mit D. Buzy zu sagen, »détails *paraboliques* qui demandent à être traduits en *comparaison*« (a.a.O., 118). Immerhin müßte es zu denken geben, daß Buzy die Notwendigkeit einer »Übersetzung« der Redeweise *in* Vergleichsrede beobachtet.

[525] Vgl. oben, S. 129.

[526] Vgl. oben, S. 122 f.

Amos 2,9

Zur Echtheit von Amos 2,9

Es wird hier angenommen, der Text Am 2,9 sei am ehesten amosisch.

Nachdem L. Köhler[1] und H. Werner[2] Zweifel an der Authentizität von Am 2,9 geäußert hatten, hat J. Vermeylen den Nachweis zu führen versucht, V.9 sei, wie nach verbreiteter Annahme V.10 auch, deuteronomistischer Herkunft[3]. Seine Begründung in bezug auf V.9 soll hier geprüft werden.

1. Von den fast 90 Belegen des Verbalstammes שמד ist die große Mehrheit exilisch/nachexilisch. Von den 11 Belegen in den Büchern der Propheten des 8. Jh. v. Chr. erkennt Vermeylen nur 2 Belege als ursprüngliche an: bei Jesaja שמד H in 10,7; bei Hosea שמד N in 10,8.

Dann darf man freilich feststellen, daß der Gebrauch des Verbalstamms שמד N/H in einem alttestamentlichen Text *nicht schon per se* den betreffenden Text in eine Entstehungszeit nach dem 8. Jh. v. Chr. verweist. Wenn auch eine Möglichkeit der späteren Datierung immerhin eröffnet wird, haben Jesaja und Hosea und ihre Hörer den Stamm wenigstens in H bzw. in N gekannt und verstanden. Dann wird der Stamm auch dem Judäer Amos und seinen Hörern in Israel bekannt gewesen sein. Es *könnte* der Stamm zu der Zeit in Israel und Juda der *langue courant* angehört haben.

Was den Verbalstamm שמד anbelangt, *hindert* nichts, daß der Text Am 2,9 amosisch wäre.

2. Die Vorstellung von den Amoritern als den alleinigen Urbewohnern des Landes ist bei E und bei der dtr. Schule zu belegen, niemals aber, außer eben in Am 2,9f., erwähnen die Bücher der Propheten des 8. Jh. die Amoriter.

Der Kontext läßt seinerseits nicht erkennen, daß die Rede V.9 vom Elohisten abhängig wäre[4]. Andererseits bietet V.9, gerade auch im Unterschied zu V.10b, keine deuteronomistische Phraseologie über die Amoriter. Weiter impliziert V.9, anders wiederum als das deuteronomistische V.10bβ, nicht zwingend, daß die Amoriter die einzigen Urbewohner des Landes waren, sondern daß sie die *bedeutsamsten* Urbewohner waren. Schließlich ist V.9 darin durchaus eigenständig und ungewöhnlich, daß von der Riesenhöhe der *Amoriter* geredet wird[5].

Es liegt dann doch an diesem Punkt nicht nahe, den Text V.9 in Abhängigkeit von der deuteronomistischen Schule zu sehen.

---

[1] Vgl. L. Köhler, Amos, 1917, 6.

[2] Vgl. H. Werner, Amos, 1969, 55.

[3] J. Vermeylen, Du prophète Isaïe à l'apocalyptique, II 1978, 536 ff.

[4] Vgl. H. W. Wolff, Dodekapropheton 2. Joel und Amos, 1969, 204.

[5] W. H. Schmidt, Die deuteronomistische Redaktion des Amosbuches, ZAW 77 (1965), 179.

3. Das Substantiv גֹּבַהּ wird außerhalb unseres Textes niemals in vorexilischer Prophetenrede verwendet. Vermeylen erwähnt, daß von 17 alttestamentlichen Belegen 6 auf das Buch Ezechiel und 3 auf das Buch Hiob fallen. Der Text 1. Sam 17,4 b sei deuteronomistisch und ohne Zweifel der älteste Beleg.

Die Distribution des Substantivs גֹּבַהּ im alttestamentlichen Schrifttum kann in der Tat besagen, daß Amos, falls 2,9 seine Rede ist, ein damals ganz selten gehörtes Wort verwendet hat, eventuell vielleicht zur Betonung. Wir meinen aber nicht, einigermaßen gesicherte Erkenntnisse über Häufigkeit und Streuung der Verwendung verschiedener Worte für Höhe im Althebräischen zu erreichen (קוֹמָה, גֹּבַהּ), zumal dabei nicht der kleine alttestamentliche Bestand an vollzogener Sprachverwendung mit seinen Zufälligkeiten maßgeblich sein kann, sondern nach dem tatsächlichen Sprachgebrauch in den jüdäischen und israelitischen Sprachgemeinschaften zu fragen wäre.

Es erscheint auf diesem Hintergrund nicht ratsam, die Verwendung des Nomens גֹּבַהּ als bedeutsames Kriterium gegen die Tradition amosischer Herkunft von 2,9 auszuspielen.

5. verweist Vermeylen auf Hos 9,16, was vielleicht deuteronomistischer Herkunft und als nahe Parallele zu Am 2,9b anzusehen sei. Die Parallelität besteht in bildlicher Verwendung der Substantive שֹׁרֶשׁ und פְּרִי und darin, daß von einer Katastrophe an Wurzel und Frucht die Rede ist.

Es kann aber schwerlich davon die Rede sein, daß in Israel einzig oder primär die Deuteronomisten dieses Wortpaar bildlich verwendet hätten. Jesaja hat es in Juda metaphorisch verwendet, 14,29 [6]. Die metaphorische Verwendung des Wortpaares in KAI 14,11 f. (Sidon, 6. oder 5. Jh.) wird auch nicht speziell auf deuteronomistischem Einfluß aus Israel beruhen, sondern dürfte der internationalen Phraseologie von Vertragsandrohungen angehört haben, von woher auch Hiob 18,16 beeinflußt sein mag [7].

Wenn all dem so ist, kann die blasse Entsprechung zwischen Am 2,9b und Hos 9,16 keineswegs auf eine gemeinsame deuteronomistische Herkunft beider Stellen deuten.

4. weist Vermeylen darauf, daß das Nomen חֹסֶן Am 2,9 sonst im Alten Testament nur noch Jes 1,31 vorkommt, in einem nachexilischen Zusatz.

Mit nur 2 Belegen kann man aber vollends kein kritisches Urteil über die zeitliche Einordnung der Verwendung einer althebräischen Vokabel bilden.

6. kann, im Unterschied zur Auffassung Vermeylens, die rhythmische Abweichung des V. 9 vom Rhythmus besonders in V. 13–16, einem anderen Textteil, nichts in bezug auf die ursprüngliche Zusammengehörigkeit mit V. 13 ff. besagen.

Ebensowenig vermag 7. das sehr ungefähre Vergleichen von V. 6–12 mit der historischen Präambel in Bundesverträgen ein brauchbares Licht auf V. 9b zu werfen.

Vermeylen erwähnt zuletzt, daß Am 2,9 nach Vorbild des deuteronomistischen 2,10 gebaut sei [8]. V. 9. gebe eine sekundäre Entfaltung der Schenkung des Landes. Die formellen Übereinstimmungen zwischen 2,10 a b α und 2,9 liegen zutage, V. 9 sagt jedoch nichts aus von dem, was 2,10 sagt. Außerdem fällt die Reihenfolge V.

---

[6] Zur Authentizität der Stelle Jes 14,29 vgl. H. Wildberger, Jesaja, II 1978, 575 ff.; J. Vermeylen, a.a.O., I 1977, 298.

[7] Vgl. noch M. Weinfeld, Deuteronomy and the Deuteronomic School, 1972, 114.

[8] J. Vermeylen, a.a.O., II 1978, 538.

9.10 auf. Wäre V.9 mit dem Präpositionsadverbial מִפְּנֵיהֶם der jüngere Text, würde er viel besser *nach* V.10bβ anschließen, wobei V.9 inhaltlich V.10bβ glatt weiterführen würde. Wie die Verse jetzt aufeinander folgen, liegt andererseits eine inhaltliche Zäsur zwischen ihnen vor, die nicht auf gemeinsame Herkunft deutet.
Nach dieser Einzeldurchsicht der Observationen und Annahmen J.Vermeylens zu Am 2,9 bliebe noch nach einer Summe der abgewogenen Gewichte zu fragen.
Es ist unwahrscheinlich, daß V.9 im Anschluß an V.10 konzipiert und jünger als V.10 ist. V.9 bietet keine spezifisch deuteronomistische Phraseologie über die Amoriter. Am Wort*bestand* von V.9 hat J.Vermeylen in der Tat eine *Möglichkeit* nachgewiesen, V.9 sei nach-amosisch. Aber nichts an *Phrasen,* an spezifischen *Wendungen* deutet in diese Richtung. Vielmehr sind die mitgeteilten Einzelobservationen zum Wortbestand alle mit der Unsicherheit belastet, die sich daraus ergibt, daß die alttestamentliche Literatur nur einen kleinen, in sprachgeschichtlicher Hinsicht zufälligen Ausschnitt des tatsächlichen althebräischen Sprachgebrauchs durch die Jahrhunderte alttestamentlicher Zeit bietet. Zugleich läßt der Wortbestand Am 2,9 auch die andere Möglichkeit offen, Am 2,9 sei amosisch. – Amos könnte mit dem Verb שׁמד H die *langue courant* seiner Zeit gesprochen haben, und die vielleicht seltene Vokabel גֹּבַהּ zur Betonung benutzt haben.
Bei dieser Verteilung der Gewichte neigt sich die Waage wohl eindeutig auf die Seite der traditionellen Auffassung, so daß wir es bis auf weiteres bei der überlieferten Zuordnung von Am 2,9 zu Amos aus Thekoa bewenden lassen können.

Amos 2,9b, eine Allegorie

Eine kurze Allegorie wird Am 2,9b geboten, eingeleitet durch eine nicht bildhafte Sachdarstellung V.9aα und zwei parataktisch verbundene, relative Vergleichssätze V.9aβγ. Der damit angedeutete Zusammenhang zwischen den Sätzen V.9 läßt sich wie folgt beschreiben. Das Subjekt und das Prädikat V.9aα werden V.9b wiederaufgenommen, wie auch auf das Objekt V.9aα anaphorisch verwiesen wird durch Pronominalsuffixe an den Objekten V.9b, nachdem auch das Relativpronomen und das Pronominalsuffix V.9aβ sowie das Personalpronomen V.9aγ auf das Objekt von V.9aα zurückverwiesen haben. – Der Satz V.9b führt den Satz V.9aα syntaktisch weiter. Und der Bildstoff der Allegorie: פְּרִי und שֹׁרֶשׁ eines Baumes, wird durch die Vergleichssätze V.9aβγ *vorbereitet*: Hier werden Höhe und Kraft der Amoriter mit der Höhe von Zedern und der Kraft von Eichen explizit verglichen.

Am 2,9 funktioniert im Rahmen der Anklage 2,6ff. als Verweis auf die früheren Heilstaten Gottes[9], um so die Strafankündigung 2,13–16 mit zu begründen[10]. Das redende Ich 2,9 ist in diesem Zusammenhang das Ich Jahwes.

Mit der Basis שמד H wird in V.9aα eine Handlung Jahwes an »dem Amoriter« bezeichnet. »Der Amoriter« kommt als Bezeichnung der vorisraelitischen Bevölkerung Palästinas in Betracht, vgl. Jos 7,7; 10,6, insofern ähnlich wie an vielleicht elohistischen Stellen und im

---

[9] Vgl. zur Geschichte – auch der des Heilshandelns Gottes als Strafprämisse – H.W. Wolff, Hauptprobleme alttestamentlicher Prophetie, EvTh 15 (1955), 457; ders., Dodekapropheton 1. Hosea, 1965², XIXf.; J. Vollmer, Geschichtliche Rückblicke und Motive in der Prophetie des Amos, Hosea und Jesaja, 1971, passim; speziell zu den Heilstaten Gottes als Motiv der Anklagerede auch C. Westermann, Grundformen prophetischer Rede, 1968³, 131f., ders., Die Mari-Briefe und die Prophetie in Israel, in: ders., Forschung am Alten Testament, 1964, 182; ders., Vergegenwärtigung der Geschichte in den Psalmen, in: Zwischenstation. Festschrift für Karl Kupisch zum 60. Geburtstag, 1963, 274f. – Zu den von Westermann, Grundformen, 131 angeführten Stellen Jer 2,1ff.; Mi 6,1ff. vgl. jedoch H.J. Boecker, Redeformen des Rechtslebens im Alten Testament, 1964, 52ff. 79f. 101ff.

[10] Zur Frage der Gattungsmerkmale in Am 2,6–16 vgl. H.W. Wolff, Dodekapropheton 2. Joel und Amos, 1969, 171ff. Zur Funktion von V.9 vgl. J. Vollmer, a.a.O., 25.50, sowie unten, S.155f.

deuteronomistischen Sprachgebrauch[11]. Die Basis שׁמד H bezeichnet das Vertilgen, sei es von Gütern (Jos 7,12), Burgen (Jes 23,11), Opferhöhen (Lev 26,30; Num 33,52) oder Personen (Jos 11,20 u. ö.), mit personalem Objekt bes. auch bei Landnahmeoperationen Israels (vgl. Dtn 2,12; 7,24; 9,3; 31,3f; 33,27; Jos 9,24; 11,14.20; 24,8) oder anderer Völker (Dtn 2,12.21f.). – Am 2,9aα dürfte sich demnach auf die Landnahme Israels beziehen und besagen, daß Jahwe dabei die Amoriter vertilgt habe.

Zeder und Eiche V.9aβγ kommen auch Jes 2,13 als besonders hoch in Betracht[12]. Auch Sach 11,2 werden sie zusammen erwähnt[13]. Die Höhe und Kraft der vorisraelitischen Bewohner Palästinas wird etwa Num 13,28f.32f; Dtn 1,28; 9,1f. mit Nachdruck behauptet.

Nach den einleitenden Sätzen Am 2,9a ist V.9b in folgender Weise als allegorisch zu erkennen.

Nach V.9aα hat Jahwe die Amoriter ausgerottet ($w = x$-qaṭal zu Beginn eines Absatzes bzw. zur Gliederung einer Darstellung[14]). In V. 9b werden das Verbum, jetzt in Narrativ, und das Subjekt aus V.9aα wie gesagt wiederaufgenommen, als Objekte aber werden in V.9b unter fortgesetztem (vgl. V.9aβγ) Rückverweis auf den Amoriter von V. 9aα seine, d.h. des Amoriters פְּרִי מִמַּעַל und שָׁרָשִׁים מִתַּחַת eingeführt. Es wird demnach in V.9b über denselben Vorgang gesprochen, oder eventuell über Teilaspekte dessen, worüber schon in V.9aα die Rede war: daß Jahwe die Amoriter vertilgt habe vor den Israeliten. Wie es scheint, wird dabei die Bedeutung der Substantive in V.9b in besonderer Weise verwendet. In welcher Weise?

Die Substantive פְּרִי und שֹׁרֶשׁ bilden bekanntlich an mehreren atl. Stellen ein Wortpaar[15]. Es wird gewöhnlich angenommen, daß die Sub-

---

[11] Vgl. M.Noth, Num. 21 als Glied der »Hexateuch«-Erzählung, ZAW 58 (1940/41), 182ff.; H.W.Wolff, a.a.O., 204: J. van Seters, The Terms »Amorite« and »Hittite« in the Old Testament, VT 22 (1972), 64ff., bes. S.72ff.

[12] Vgl. dazu H.Wildberger, Jesaja, I 1972, 109.

[13] Die Zusammenstellung von Zeder und Eiche kann als ein fester Topos angesehen werden. Vgl. noch Ez 27,5f.; Jes 44,14.

[14] Nach der unmittelbaren Anklage Am 2,6–8 folgt V.9, mit gleicher Stoßrichtung, der kontrastierende Rückblick auf das frühere Heilshandeln Gottes. Ähnlich gliedernde Funktion der Satzstruktur $w \cdot = x$-qaṭal läßt sich auch sonst belegen. Vgl. die Stellen bei W.Richter, Traditionsgeschichtliche Untersuchungen zum Richterbuch, 1966², 357, Anm.77–79.

[15] Ein Wortpaar bilden diese Worte außer Am 2,9b immer nur in synthetisch parallelen Sätzen (Jes 14,29b; Ez 17,9bα; Hos 9,16a; Jes 37,31 = IIReg 19,30), nur in Am 2,9b in einer als syntaktischer Einheit relevanten Wortgruppe. Diese Objektgruppe des Satzes Am 2,9b ist als Wortgruppe sonst nicht im AT zu belegen, sie hatte

stantive im Wortpaar mit den Bedeutungen »Frucht« und »Wurzel«
verwendet werden. H. L. Ginsberg meint, daß es sich um die Bedeutungen »Gezweig« und (annähernd) »Stamm« handelt, außer in Hos 9,16,
wo פְּרִי die Bedeutung »Frucht« haben muß[16]. Ob nun die Wortbedeutungen in dieser oder jener Weise zu bestimmen sind, es kommt in unserem Zusammenhang zunächst einmal darauf an, wie sie jeweils *verwendet* werden, konjunktiv oder disjunktiv. Wo ein festes Wortpaar
vorliegt, besagt dieser Umstand nicht schon, daß die Wortbedeutungen
in einer bestimmten, festen Weise verwendet werden, d. h. im Wortpaar
immer nur konjunktiv oder aber immer nur disjunktiv.

Auch kann eine (konjunktiv oder disjunktiv verwendete) Wortbedeutung unmittelbar als ein Element der Ebene, wo sich die den Satz
konstituierenden Glieder befinden, relevant sein, oder aber sie kann auf
dieser Ebene erst relevant sein durch den semantischen Gruppeninhalt
einer Wortgruppe, der sie angehört. Daß ein festes Wortpaar vorliegt,
besagt nicht schon, daß die Wortbedeutungen immer erst durch einen
semantischen Gruppeninhalt syntaktisch relevant sind. Ein »Wortpaar«
ist nicht notwendig eine Wortgruppe. Wo aber der *Satz,* in dem sich
das feste Wortpaar findet, als feste Formel anzusehen ist, dürften die
Bedeutungen des Wortpaares in gleichbleibender Weise semantisch
funktionieren und in gleichbleibender Weise syntaktisch relevant sein.

Der Satz Am 2,9b mit seinem Prädikat und seinem doppelten Objekt ist nun jedoch nicht als Formel zu belegen, auch nicht, wenn man
von den Adverbien מִמַּעַל und מִתַּחַת absieht. Wäre das Wortpaar über-
wiegend in Sprichwörtern verwendet, ließe sich vielleicht eine dem entsprechende, feste Funktionsweise der Wortbedeutungen feststellen. Das
Wortpaar ist aber in keinem atl. Sprichwort zu belegen[17].

---

somit von der Tradition her vielleicht keinen festen semantischen Gruppeninhalt. (Zu
KAI 14,11 f. vgl. unten, S. 141, Anm. 20.) – Dem paarweisen Vorkommen von den Substantiven פְּרִי und שֹׁרֶשׁ entspricht aber, daß die beiden Worte als demselben Wortfeld
zugehörig angesehen werden können; vgl. noch Jer 17,8, wo sie allerdings kein Wortpaar bilden.

[16] H. L. Ginsberg, ›Roots below and fruit above‹ and related matters, in: Hebrew and
Semitic Studies pres. to G. R. Driver in celebration of his seventieth birthday 20 August
1962, ed. by D. Winton Thomas and W. D. McHardy, 1963, 72–76.

[17] K. Marti hat den *Satz* V. 9b als »eine sprichwörtliche Redensart« bestimmt, Das Dodekapropheton, 1904, 169; die *Objekte* V. 9b bestimmen als »sprichwörtlich« A. Weiser,
Die Profetie des Amos, 1929, 108; D. Deden, De kleine profeten, 1953, 131; S. Amsler,
Amos, in: Commentaire de l'Ancien Testament XIa, 1965, 182. Es scheint damit kaum
wesentlich mehr gesagt zu sein, als daß diese Objekte an mehreren, literarisch von einander unabhängigen Stellen zusammen zu belegen sind. In einem Sprichwort im stren-

Die Objekte in Am 2,9b erinnern aber z.T. an den Text
KAI 14,11f., vgl. Jes 37,31 = II Reg 19,30. Jedoch sind die Unterschiede in der Wortwahl und im Satzbau an den jeweiligen Stellen so
umfassend, daß es nicht ratsam erscheint, für alle diese Stellen dieselbe
oder ähnliche semantischen Funktionsweisen anzunehmen. Die Verwendung unseres Wortpaares in Am 2,9b muß vor allem unter ihren eigenen Bedingungen untersucht werden.

Man hat angenommen, die Objekte Am 2,9b seien Ausdruck der
»Ganzheit«, der »Totalität« des Baumes[18]; man nimmt häufig auch eine
adverbielle Funktion dieser Wortgruppe an, die etwa mit »vollständig«
zu referieren ist oder mit der Wendung »mit Stumpf und Stiel«[19]. Die
Objekte wären dann erst durch einen semantischen Gruppeninhaltsaspekt, den sie hergäben, syntaktisch relevant[20], was wiederum besagen
würde, die Wortbedeutungen der Nomina V. 9b würden hier konjunktiv funktionieren – sonst hätten sie nicht die angenommenen semanti-

---

gen Sinne sind die Worte פְּרִי und שֹׁרֶשׁ im AT nicht zusammen zu belegen. Zu den
Kriterien eines Sprichworts im strengen Sinne vgl. A.J. Bjørndalen, »Form« und »Inhalt« des motivierenden Mahnspruches, ZAW 82 (1970), 347ff., bes. 358ff.

18 F.W.C. Umbreit, Praktischer Commentar über die kleinen Propheten, I 1845, 144
Anm. m: »nur den ganzen Baum«; H.L. Ginsberg, a.a.O., 74; S. Amsler, a.a.O., 182;
W. Rudolph, Joel – Amos – Obadja – Jona, 1971, 139 zu V. 9b.

19 G. Baur, Der Prophet Amos, 1847, 278; K. Marti, a.a.O., 169; W.R. Harper, A Critical
and Exegetical Commentary on Amos and Hosea, 1905, 55f.; G. Rinaldi, I profeti minori, I 1963, 147 (nennt zugleich den Baum eine »metaforica pianta«); J.L. Mays,
Amos. A Commentary, 1969, 50 (spricht zugleich von Metaphern in V. 9b und (!) V.
9aβ); H.W. Wolff, a.a.O., 205; W. Rudolph, a.a.O., 145.

20 Zu semantischen Gruppeninhaltsaspekten und Satzinhaltsaspekten vgl. oben, S. 79f. –
Auch nicht eine Interpretation von Am 2,9b, die erst durch Angabe semantischer
Gruppeninhaltsaspekte erfolgte, könnte sich auf den Text KAI 14,11f. berufen. Hier
sind die Worte פְּרִי und שֹׁרֶשׁ in undeterminierter Form Subjekte im Satz, was einen ad-
jektivischen Gruppeninhalt wie »vollständig« unmöglich macht. Aber auch ein sub-
stantivischer Gruppeninhalt wie etwa »Ganzheit« entfällt hier doch wohl. In der Verwünschung, um die es sich hier handelt, kann der Sinn schwerlich dieser sein: »weder
sollen sie Ganzheit besitzen noch Ansehen bei den Lebenden unter der Sonne«. Ein
weniger abstrakt formulierter Gruppeninhalt wie »[ein] Baum in seiner Ganzheit«,
»[ein] ganzer Baum« (die Polarisierung Wurzel unten – Frucht oben könnte das
Ganze meinen, vgl. Wurzel und Blume Jes 5,24; Ausgang und Eingang Ps 121,8) wäre
im Satz KAI 14,11f. ebenso sinnlos. Die Reihung der Subjekte: תאר, פר, שרש könnte
andererseits vermuten lassen, jedes der drei Glieder der Reihe hätte seine eigene Beziehung zum Prädikat, wobei die Nomina je mit eigener Bedeutung im Satz syntaktisch
funktionieren würden. – In Jes 37,31 = II Reg 19,30 ist ein jeder Gruppeninhalt des
Wortpaares שֹׁרֶשׁ – פְּרִי inexistent. Die beiden Hälften des Wortpaares sind Objekte
verschiedener Verben und bilden keinen gemeinsamen, semantischen Gruppeninhalt.

schen Gruppeninhaltsaspekte abgeben können. (Jedoch kann ein semantischer Inhaltsaspekt einer *Objekt*gruppe nicht unmittelbar einfach
adverbiell funktionieren.)

Gegen die Annahme, die Substantive Am 2,9b funktionieren mit
konjunktiver Bedeutungsverwendung, und somit auch gegen die Interpretation des Textes wesentlich mit einem semantischen Inhaltsaspekt
der Objektgruppe wie angegeben, spricht die Tatsache, daß die Suffixe
V. 9 b auf »den Amoriter« von V. 9 a zurück verweisen. Damit redet V.
9 b ausdrücklich von *des Amoriters* פְּרִי מִמַּעַל und שָׁרָשִׁים מִתָּחַת. Es wird
nicht von פְּרִי und שָׁרָשִׁים in aller Allgemeinheit geredet, als von פְּרִי und
שָׁרָשִׁים irgendeines, gleich welchen Baumes, sondern unumgänglich
eben von פְּרִי und שָׁרָשִׁים des Amoriters, »an« denen die Amoriter vertilgt wurden, von denen mithin Lebendigsein, Kraft und Fortleben der
Amoriter abhingen. Konjunktive Bedeutungsverwendung bei den Substantiven V. 9 b würde *dann* zwingend besagen, daß die Amoriter
Bäume wären. Das ist im Text weder explizit noch implizit behauptet,
wohl aber wird geredet *als ob* der Amoriter ein Baum sei. (Schon die
Vergleiche V. 9 a β γ exponieren übrigens als solche eine Unterscheidung zwischen Amoritern und Bäumen.) Es ist dann die konjunktive
Bedeutungsverwendung der Nomina פְּרִי und שֹׁרֶשׁ V. 9 b geradezu ausgeschlossen, und die einzige Alternative ist disjunktive Bedeutungsverwendung. Die Nomina V. 9 b werden als Metaphern verwendet. Sie sind
aufeinander bezogen insofern als sie sich durch ihre Nennfunktion auf
Elemente eines und desselben Dinges beziehen[21]. Am 2,9b ist damit als
ein allegorisches Textstück ausgewiesen. Zur Frage der semantischen
Interpretation der Metaphern kommen wir unten zurück.

In dem allegorischen Satz Am 2,9b ist zweifellos ein semantischer
Inhaltsaspekt »vollständig« wirksam, das ist aber hier ein *Satz*inhaltsaspekt, kein Element eines Gruppeninhalts. Durch den in V. 9 b genannten Vorgang sind die Amoriter vollständig ausgerottet. Wir kommen zu
den Satzinhaltsaspekten zurück im Zusammenhang der semantischen
Interpretation dieser Allegorie.

---

[21] Gemeint ist der im Bild implizierte Baum. Vgl. oben, S. 107 ff.

[22] F. Hitzig, Die zwölf kleinen Propheten, 1838, 37: Frucht: die Kinder, der Nachwuchs;
Wurzel: der Kern der Bevölkerung (vgl. Jes 14,30; 37,31), der das Geschlecht fort-
pflanzt. Entsprechend ders., a.a.O., 1881⁴, 114. – Hitzig sah zugleich, daß der Text
V. 9 b Metaphern *und* einen – wie wir sagen möchten – semantischen Satzinhalt auch
in der Deutung hat: »Und zwar vertilgte ich ihn gänzlich, rottete ihn mit Stumpf und
Stiel aus« (a.a.O., ebda).

Eine Interpretation der Nomina V. 9 b als Metaphern vertreten Hitzig [22], Keil [23], Neher [24], Deden [25], Rinaldi [26], jedoch ohne dabei Allegorisches zu vermerken.

---

[23] C. F. Keil, Biblischer Commentar über die zwölf kleinen Propheten, 1873[2], 181: Frucht: der Nachwuchs; Wurzel: der Kern des Volks, von welchem der Nachwuchs ausgeht. Entsprechend ders., a.a.O., 1888[3], 183. – Auch Keil findet im metaphorischen Text V. 9 b, was wir einen semantischen Satzinhalt nennen möchten, s. dens., a.a.O., 1873[2], 181: Der Prophet beschreibt die »gänzliche Vertilgung oder Ausrottung« der Amoriter »mit Stumpf und Stiel«.

[24] A. Neher, Amos. Contribution a l'étude du prophétisme, 1950, 56 Note n: »le fruit et la racine: les jeunes et les vieux«.

[25] D. Deden, a.a.O., 132: »vermoedelijk …: jongen en ouden«.

[26] G. Rinaldi, a.a.O., ebda.

Funktionen und Gestaltungsmittel in Amos 2,9

Ein erster Satz des Redeteils Am 2,9 führt eine Sachaussage ein: V. 9 a α.

Zwei explizite Vergleiche V. 9 a β γ führen Elemente des Bildstoffes ein: Zeder und Eiche mit deren Höhe und Kraft. Mit ihnen verglichen werden Größe und Kraft der Amoriter. In der unmittelbaren Weiterführung des Textes werden sodann Worte für andere Elemente dieses Bildstoffes metaphorisch verwendet, und zwar eben in Bezug auf die Amoriter. Die Vergleiche bereiten das Bild der Allegorie vor und führen zur allegorischen Redeweise heran[27].

Die einleitende Sachaussage V. 9 a α und die Vergleiche V. 9 a β γ geben einen Rahmen her für die Interpretation der Allegorie, mit Direktiven für das Beziehen der Metaphern. Wir werden bei der semantischen Interpretation der Allegorie fragen, inwiefern die Allegorie von diesen Einleitungen her auch noch Satzinhaltswerte integriert bekommt.

Die Allegorie V. 9 b sowie die einleitenden Sätze V. 9 a bedienen sich der Individuation einer Gruppe oder eines »Volkes«: »der Amoriter«, das – trotz seiner Kraft und Größe – durchaus passiv ist[28]. Hier wird die Vorstellung von *einem* Baum vorbereitet.

Die Allegorie und die einleitenden Vergleiche bedienen sich der Natur als Bildspender[29]: Unpersönliche Natur wird als Bild für eine

---

[27] Nach den früher angeführten Kriterien gehört V. 9 a β γ mit zur Einheit des Bildes der Allegorie. Vgl. oben, S. 129 f. Es fällt noch auf, wie der die Allegorie konstituierende Textteil V. 9 b auch darin mit den einleitenden Vergleichen übereinstimmt, daß die Metaphern wie die Vergleiche rein nominal sind.

[28] Die Passivität ist auf das Bild der Bäume V. 9 a β γ und des Baumes V. 9 b zurückzuführen, und bildet unausgesprochen einen Kontrast zur behaupteten Tatkraft und Wehrkraft der »Amoriter« in der Überlieferung – etwa Num 13, 28 ff. – Zu diesem Kontrast vgl. A. S. Super, Figures of Comparison in the Book of Amos, Semitics 3 (1973), 77.

[29] Das Verbum »bildspenden« taucht auf bei H. Weinrich, Münze und Wort. Untersuchungen an einem Bildfeld (urspr. Fassung 1958), in: ders., Sprache in Texten, 1976, 284; dort allerdings speziell mit der Kategorie »Sinnbezirk« (Bestandteil eines sogenannten Bildfeldes, z. B. Sprache, Finanzwesen) für das Subjekt dieses Verbums. In unserem Fall ist schlechthin der Herkunftsort (so oder so abgegrenzt) der Metapher als Bildspender angegeben.

Menschengruppe, ein Volk, oder dessen Züge, genommen. Menschliches wird als Natur dargestellt, wird »naturifiziert« (dagegen wird in V. 9 b nicht Menschliches als Bildspender verwendet, Natur personifiziert).

Die Metaphern פְּרִי und שָׁרָשִׁים sind durch Adverbien näher bestimmt: מִמַּעַל bzw. מִתָּחַת, vgl. KAI 14,11 f; Jes 37,31 = II Reg 19,30. Diese Adverbien funktionieren nur auf der Ebene der bildlichen Aussage: sie beziehen sich dort auf Merkmale der Denotate A[30] der Objekte, welche diese Denotate mit dem korrespondierenden Denotat B des jeweiligen Objekts nicht gemeinsam haben. Dadurch aber, daß sie einer konjunktiven Bedeutungsverwendung der Metaphern-Worte entsprechen, erweitern sie das metaphorische Bild und heben zugleich dessen konkrete, anschauliche Art hervor.

Die Funktion, die Metaphorik zu erweitern und durchzuhalten, hat wohl auch das Lexem שׁמד H, das Prädikat der Allegorie. Auch dieses Lexem entspricht einer konjunktiven Bedeutungsverwendung der Metaphern-Worte (vgl. שׁמד H mit leblosen Objekten Lev 26,30; Num 33,52; Jos 7,12; Jes 23,11). שׁמד H wird aber vermutlich auch mit personalem Objekt konjunktiv verwendet, so doch anscheinend in den sonstigen atl. Belegen. Dieses Lexem funktioniert dann mit konjunktiver Bedeutungsverwendung in der Bildrede *und* wahrscheinlich in einer sie deutenden Wiedergabe. Es verbindet dieses Lexem dann die Allegorie und die sie deutende Sachaussage, vgl. schon הִשְׁמַדְתִּי V. 9 a α. Bild und Sache sind an diesem Punkte eins, »fallen zusammen«.

Ein Fluß der Handlung, eine *Bewegung*[31] im Geschehen der Allegorie ist hier auf ein Minimum beschränkt: ein einziges Tatwort, ein einziges Subjekt, *eine* Handlung, keine Reaktion. Die eine Handlung genügt: definitiv, alles Relevante entscheidend.

Es fällt auf, wie die Denotate A der allegorischen Metaphern gegenüber der Tat Jahwes durchaus *passiv* sind, ihrer Art nach und der Darstellung nach. Sie *können* keine »agents«[32], keine handelnde Subjekte in der Bildrede sein, und sind denn auch nur Objekte im Satz.

---

[30] Das Denotat A eines Nennwortes ist sein Denotat bei konjunktiver Verwendung seiner Bedeutung. Das Denotat B desselben Nennwortes ist sein Denotat bei disjunktiver Verwendung seiner Bedeutung. Dieses Denotat B wird zugleich Denotat A eines anderen Nennwortes sein können. Vgl. oben, S. 54.

[31] Zur erzählerischen Bewegung der Allegorie, »the kinesis of allegory«, vgl. G. Clifford, The Transformations of Allegory, 1974, 11 f. 14 ff. – Mit der Beschränktheit auf eine einzige Handlung Am 2,9 b ist hier das *narrative* Moment der Allegorie entsprechend minimal.

[32] Dazu vgl. A. Fletcher, Allegory, 1964, 25 f. u. passim.

Zur semantischen Interpretation der Allegorie Amos 2,9

Die semantische Interpretation der Allegorie Am 2,9b *als solcher* wird die Fragen nach Denotaten *B* der Metaphern sowie nach beziehbaren Bedeutungselementen der Metaphern, aber auch nach wichtigen Satzinhaltsaspekten der Allegorie umfassen. Bevor diese allegorische Interpretation in Angriff genommen werden kann, müssen jedoch die Denotate *A* der Nomina פְּרִי und שֹׁרֶשׁ in diesem Satz festgestellt werden. Wir konnten oben diese Aufgabe vorläufig zurückstellen.

Wie schon erwähnt, hat H. L. Ginsberg die These aufgestellt, daß im Wortpaar פְּרִי + (ים)שֹׁרֶשׁ im AT (außer Hos 9,16) die Bedeutungen »branches« bzw. »stock« (Stamm mit Wurzel) zutreffend sind[33]. In drei Konjekturen zu Jes 5,24a macht er, durch Verweise auf bestimmte Belegstellen, der Sache nach geltend, daß hier einmal drei Wortpaare vorgelegen haben; er erkennt dies offenbar daran, daß je eine Hälfte der drei sonstwo belegten Wortpaare im überlieferten Text Jes 5,24a vorhanden ist. Es dürfte der ursprüngliche Text dann auch die je andere Hälfte der Paare geboten haben[34]. Diese Argumentation setzt eine Regel voraus, die anscheinend folgendermaßen formuliert werden kann: Wenn in einer Äußerung die eine Hälfte eines bekannten Wortpaares verwendet wurde, wurde dazu eher die andere Hälfte des Wortpaares mit verwendet als denn ein drittes Wort, das dem Wortpaar nicht gehörte, sofern es die Äußerung ermöglichte. – Alsdann arbeitet Ginsberg jedoch mit einer entscheidenden Ausnahme: Die Wortwahl in einem bekannten Wortpaar konnte mit einem Synonym wenigstens der einen Hälfte des Paares variiert werden. Das ist der Sinn, wenn Ginsberg nach den Konjekturen zu Jes 5,24a (Wortpaar Nr.3: שֹׁרֶשׁ + פְּרִי cj) auf Mal 3,19 verweist *ohne* zu konjizieren, sondern vielmehr sagt, hier sei eins der Schlüsselworte im Wortpaar שֹׁרֶשׁ + פְּרִי »represented by a synonym«[35] (שֹׁרֶשׁ + עָנָף), und wenn er danach Hi 14,8f. TM; 18,16; 29,19 angibt, wo שֹׁרֶשׁ mit קָצִיר zusammengestellt ist, und wenn er

---

[33] Vgl. oben, S.140, Anm.16.
[34] Vgl. H.L. Ginsberg, a.a.O., 72. Die Verweise sind 1) Jes 47,14 (קַשׁ + אֵשׁ שָׂרָפָה); 2) Jes 29,5 (כְּמֹץ + כְּאָבָק) und 3) auf alle Stellen mit dem Wortpaar פְּרִי + (ים)שֹׁרֶשׁ.
[35] H.L. Ginsberg, a.a.O., ebda.

Jes 10,33–11,1 heranzieht, wo das Paar פֻּאַרָה + שֹׁרֶשׁ begegnet. Es folgt der Hinweis auf die Wiedergabe von פְּרִי als Gezweig, Wipfel im Targum zu II Reg 19,30; Jes 37,31 und die begründete Annahme einer Konjektur von אפרים Hos 9,16 in פֻּרְיָם als »ihr Gezweig«. Zugleich wird angedeutet, daß der »gewöhnliche Sinn« (ordinary sense) von פְּרִי »Frucht« sei[36].

Wenn Ginsberg עָנָף Mal 3,19 als eine synonyme Variante zu פְּרִי bestimmt, setzt er voraus, daß פְּרִי zwar gewöhnlich »Frucht« bedeute, im Paar mit שֹׁרֶשׁ jedoch Synonym zu עָנָף (פֻּאַרָה, קָצִיר) sei.

Nimmt man diese Voraussetzung als ein gültiges Prinzip an, kann man von ihm her פְּרִי in Am 2,9b als »Gezweig« interpretieren, wie es Ginsberg tut[37].

Eine dann mögliche Regel, welche Ginsberg nicht explizit vorführt, wäre daß das *Laut*paar שֹׁרֶשׁ + פְּרִי homonyme Varianten aufweisen konnte, bzw. daß ein Wort eines Wortpaares bei Verwendung des Wortpaares polysemisch variieren konnte. Er erkennt aber an, daß das überlieferte פְּרִי Hos 9,16, *obwohl* es mit שֹׁרֶשׁ zusammensteht, »Frucht« bedeutet[38]. Das angenommene Prinzip der synonymen Variation im Wortpaar gilt mithin nicht für diese Stelle. Vielmehr wird hier das Lautpaar mit einer *eventuell*[39] homonymen oder polysemischen Variante פְּרִי = »Frucht« verwendet. Dann kann aber die, wie wir nunmehr sagen müssen, *Möglichkeit* der synonymen Variation kein ausnahmslos gültiges Prinzip darstellen und keine Entscheidung in der Interpretation von Am 2,9b herbeiführen. Es könnte sein, daß פְּרִי in Am 2,9b trotz der Stellen, wo ein Wort שרש mit einem Wort für »Gezweig« zusammengestellt ist, »Frucht« bedeutet.

Was bedeuten die Nomina in Am 2,9b? Es wird jetzt nicht nach ihren Denotaten *B* gefragt, sondern nach der Bedeutung, die hier zwar disjunktiv verwendet wird, aber ihre Identität beibehält. Nach Ginsberg[40] bedeutet פְּרִי Am 2,9b »Gezweig«. Wir sahen, daß in Hos 9,16 ein Wort פְּרִי = »Frucht« zu belegen ist. Gesetzt nun, daß es im Althebräischen auch ein Wort פְּרִי = »Gezweig« gab, bzw. daß es ein polysemisches Wort gab, das mit bald der einen, bald der anderen der beiden Bedeutungen verwendet werden konnte: Wie konnte ein damaliger Sprachverwender des Althebräischen zwischen beiden Worten oder bei-

---

[36] Für diese Argumentation H.L.Ginsbergs s. ders., a.a.O., 72f.
[37] A.a.O., 74.
[38] A.a.O., 72.
[39] *Falls* פְּרִי auch »Zweig«, »Gezweig« bedeuten konnte.
[40] H.L.Ginsberg, a.a.O., 74.

den Bedeutungen unterscheiden? Wenigstens nicht von einer Regel her, derzufolge ein Wort פְּרִי in Parallele zu שֹׁרֶשׁ immer das פְּרִי = »Gezweig« wäre, denn diese Regel gab es, wie es scheint, nicht, vgl. oben zu Hos 9,16. Andere Hinweise für eine Entscheidung gibt auch die Stelle Am 2,9b selbst nicht her. Das wird darauf beruhen, daß der Fall ohne weiteres eindeutig gewesen ist[41]. Also lag Homonymie oder auch Polysemie kaum vor. Dann muß das Nomen פְּרִי an dieser Stelle »Frucht« bedeuten und als Denotat *A* haben. Denn die andere, an sich denkbare Folgerung der Eindeutigkeit, daß פְּרִי in einem und demselben Gebrauchsfall sowohl »Gezweig« als auch »Frucht« bedeuten *mußte,* weil die Israeliten nicht zwischen diesen Sachen unterschieden, entfällt aufgrund des Lexikons: Das Althebräische unterscheidet zwischen Frucht[42] und Zweigen (פֹּארָה, קָצִיר, עָנָף). – Auch in KAI 14,11 f. muß פר die Bedeutung »Frucht« haben, denn es korrespondiert im Kontext genau mit בן וזרע Z. 8 und mit זרע Z. 11[43].

Das Substantiv שֹׁרֶשׁ bedeutet nach Ginsberg die »Wurzel« »plus the trunk of the tree up to the level at which it branches out into a crown«[44]. Er schreibt dazu, daß Am 2,9b meint »I wiped out *all* trace

---

[41] Warum sollte man ein Nomen פְּרִי = »Gezweig«, »Wipfel« verwenden, wenn es polysemisch war bzw. es im Wortbestand auch ein homonymes פְּרִי = »Frucht« gab, *und* andererseits auch eindeutige Worte für »Gezweig« und »Wipfel« vorhanden waren? Der Kontext läßt keine Absicht einer Zweideutigkeit an diesem Punkt spüren. Zur Frage der Zweideutigkeit in der atl. Literatur und Sprachverwendung vgl. D. F. Payne, Old Testament Exegesis and the Problem of Ambiguity, ASTI 5 (1966–67), 48 ff., bes. noch S. 57.

[42] פְּרִי bedeutet an vielen Stellen eindeutig »Frucht« eines Baumes und *nur* »Frucht«, nicht auch »Gezweig«, u. a. in Gen 3,2 f.; Ez 17,8; Hos 10,1; Ps 1,3; Cant 4,16. – Vgl. auch die Verwendung des Wortes an den folgenden Stellen, wo die Bedeutung »Gezweig« ausgeschlossen ist: Dtn 7,13; 28,4.11.18.53; 30,9; Jes 3,10; 10,12; 13,18; Jer 6,19; 17,10; 21,14; 32,19; Hos 9,16; 10,13; Am 6,12; Mi 6,7; 7,13; Ps 21,11; Thr 2,20 und Prov passim.

[43] Wie z. B. in Ps 21,11. – Im Text KAI 14,6 ff. werden Grabräuber und ihr Nachkommen zunächst zweimal nebeneinander erwähnt: Es wird den Grabräubern das Fehlen einer Wohnung bei den Totengeistern sowie der Bestattung in einem Grab zugesagt, wonach es heißt: ואל יכן לם בן וזרע תחתנם (Z. 8 f.). Sodann wird die Auslieferung an einen mächtigen König angedroht, der sie »abschneiden« (קצה D) wird, sowohl die Grabräuber als auch ihre זרע (Z. 10 f.). Es soll mit all dem der unausweichliche *Tod* möglicher Grabräuber *wie auch* ihrer Nachkommen sichergestellt werden. Darum wird es dann auch in der gleich folgenden bildlichen Rede gehen: אל יכן לם שרש למט שמש und מפר למעל ותאר בחים תחת שמש (Z. 11 f.). Es korrespondiert hier das Gegenüber von שרש und פר mit dem Gegenüber von Grabräubern und Nachkommen, vgl. noch die gleiche Satzkonstruktion אל יכן לם Z. 8 und Z. 11. Den בן וזרע entspricht die פר למעל, den Grabräubern selbst die שרש למט mit deren Funktionen.

[44] H. L. Ginsberg, a.a.O., 74.

of them« und Mal 3,19 »so that it leaves *nothing* of them«[45]. Das sind aber semantische Satzinhalte, die nicht notwendig erst von Ginsbergs Theorie zur Bedeutung des Nomens שֹׁרֶשׁ abhängen, sondern auch mit der gewöhnlich angenommenen Bedeutung »Wurzel« generiert werden können. Vgl. in Mal 3,19 das Bild des Feuers, das auch auf eine völlige Vernichtung deutet, zumal das Material des Feuers als Stroh charakterisiert wird.

Nach Am 2,9b befinden sich die שָׁרָשִׁים *unten*. In Jes 37,31 par. wird שֹׁרֶשׁ bestimmt nur Wurzel bedeuten, weil das Denotat *A* des Wortes hier nach unten getrieben wird, was vom Stamm schwerlich gesagt wäre. Vgl. noch Ez 31,7; Hi 8,17; 29,19, wo auf unterschiedliche Weise klar wird, daß שֹׁרֶשׁ hier eben einen Teil des Baumes bezeichnet, der sich am Boden befindet (Hi 8,17) oder auch darunter, dem Wasser zugänglich (Ez 31,7; Hi 29,19). Es ist schließlich zu beachten, daß das Althebräische zwischen suffigiertem Singular von שֹׁרֶשׁ Jes 14,30; Ez 31,7; Hi 14,8; 29,19 und suffigiertem Plural (Hi 8,17 u. a. St.) unterscheidet, offenbar ohne wesentliche Bedeutungsunterschiede. Bei den שָׁרָשִׁים, von denen Hi 8,17 die Rede ist, wird jedoch an die vielen Verästelungen der Wurzel zu denken sein, wie sie, gerade noch in der Bodenfläche sichtbar, um die Steine herum verflochten sind. Der Plural von שרש kann also doch sinnvoll sein. Man kann deshalb nicht mit Ginsberg sagen, »we should expect *šoršo* or *šoršah*«, überall wo TM suffigierten Plural שֹׁרָשָׁיו oder שֹׁרָשֶׁיהָ liest[46], es sei denn, das Substantiv שֹׁרֶשׁ bedeute überall *auch* den Stamm des Baumes, was aber eben nicht der Fall ist, wie oben an Jes 37,31 par.; Ez 31,7; Hi 8,17; 29,19 nachgewiesen wurde.

Wenn dann auch in Am 2,9b von שֹׁרָשָׁיו, d. h. mit suffigiertem Plural die Rede ist neben dem Singular von פִּרְיִי, und wenn diese שָׁרָשִׁים sich *unten* befinden, erscheint es weniger wahrscheinlich, daß damit auch der *einzige* Stamm des Baumes der Bildrede gemeint sein sollte. שָׁרָשִׁים in Am 2,9b wird mithin am ehesten »Wurzeln« bedeuten.

Wir können jetzt fragen, ob sich Denotaten *B* der Metaphern Amos 2,9b finden lassen, auf welche diese Metaphern beziehbar sind. Objekt des Verbs שׁמד H in V.9aα ist »der Amoriter«, d. h. die »amoritische« Bevölkerung zur Zeit israelitischer Landnahme[47]. Es liegt nahe, mögliche Denotaten *B* der Metaphern V.9b von derselben Kategorie zu vermuten, d. h. »amoritische« Menschen. Denn Frucht

---

[45] Ders., a.a.O., ebda bzw. S.75.

[46] Zu ders., a.a.O., 72.

[47] S. oben, S.138f.

und Wurzel sind des »Amoriters« Frucht und Wurzel, und die Metaphern sind Objekte desselben Verbums wie in V. 9 a α. Ist aber die Metaphorik V. 9 b auf derartige Denotate B hin deutbar? Das hängt von
der komplexen Bedeutungseinheit jedes der Worte פְּרִי und שָׁרָשִׁים ab
und könnte an anderen Fällen metaphorischer Verwendung dieser
Worte zu erkennen sein.

An einer ganzen Reihe von atl. Stellen [48] wird das Nomen פְּרִי metaphorisch verwendet mit Denotaten B der Kategorie Mensch, und
zwar »Kinder« oder »Nachkommenschaft«, vgl. Dtn 7,13; 28,4.11.18.
53; 30,9; Jes 13,18; Mi 6,7; Ps 127,3; 132,11, vgl. noch Hos 9,16;
Ps 21,11; Thr 2,20 [49]. Hos 9,16 zeigt nun, wie das Substantiv שֹׁרֶשׁ neben dem Substantiv פְּרִי, das hier das Denotat B »Kinder« hat, in metaphorischer Verwendung das Denotat B »Frauen« oder auch »Eltern«
haben kann. Diese Denotate B werden auch in einer Deutung von
Am 2,9 b sinnvoll funktionieren können [50].

H. W. Wolff hat gegen eine metaphorische Deutung von dem Substantiv פְּרִי auf Nachkommenschaft an unserer Stelle ins Feld geführt,
daß die Folge Frucht – Wurzel statt Wurzel – Frucht dann schwerer
verständlich wäre, und außerdem auf Jes 37,31; Mal 3,19 verwiesen,
wie auch auf den oben diskutierten Aufsatz von H. L. Ginsberg [51]. – Die
Reihenfolge der Metaphern würde nun gewiß eine derartig signifika-
tive Rolle spielen, falls die Bildrede von einem Absterben des Baumes,
etwa durch Dürre, handelte. Das ist aber nicht der Fall. Auch trifft es
nicht ganz zu, wenn Wolff hier das Ausrotten der Amoriter als Ausro-
den veranschaulicht sieht [52], wobei zunächst die Stämme der Bäume ab-
gehauen würden. Worum es im Bild zu gehen scheint, ist eine totale,
mit Gewalt durchgeführte Austilgung des Baumes. Dann kann auf der
Folge Frucht – Wurzel in der Reihung V. 9 b kein besonderes Gewicht
liegen.

---

[48] Vgl. aber auch KAI 14,11 f.; dazu s. oben, S. 148, Anm. 43.

[49] Dies ist vermutlich nicht die einzige Möglichkeit bei metaphorischer Verwendung des
Nomens פְּרִי im AT. Das Wort kann auch Denotate, und zwar wahrscheinlich Deno-
tate B, wie »Ergebnis« (Jes 3,10; 10,12; 27,9; Jer 6,19; 21,14; 32,19; Hos 10,13;
Am 6,12; Mi 7,13; Prov 1,31; 8,19; 18,21; 31,16 Q; 31,31) oder, mehr spezifiziert,
»Wort«, »Rede« (Prov 12,14; 13,2; 18,20) haben. In Ps 104,13 hat es das Denotat B
»Regenwasser«. Jedoch kann an unserer Stelle von diesen Möglichkeiten abgesehen
werden, da der Kontext am ehesten Denotate von der Kategorie »Mensch« fordert.

[50] Vgl. oben, S. 142 f., Anm. 22–26.

[51] H. W. Wolff, Dodekapropheton 2. Joel und Amos, 1969, 205.

[52] H. W. Wolff, a.a.O., ebda.

Wenn Wolff gegen die Deutung der Metapher פְּרִי Am 2,9 b auf Nachkommenschaft, des Weiteren auf Jes 37,31 verweist, ist zu beachten, daß er (gegen Ginsberg, wie auch zu Am 2,9) auch dort פְּרִי mit »Frucht« wiedergibt. »Wurzel nach unten und Frucht nach oben« der entronnenen *Personen* des Hauses Juda dürfte nun mit höchster Wahrscheinlichkeit metaphorische Rede sein, wobei eben Nachkommenschaft als Denotat *B* von פְּרִי = Frucht naheliegt. Die metaphorische Rede von der Frucht der Entronnenen widerspricht nicht der Deutung von der Frucht Am 2,9 b auf Nachkommenschaft. – In Mal 3,19 ist andererseits nicht von פְּרִי oder in sonstiger Weise von Frucht die Rede. Zu dem Aufsatz von H. L. Ginsberg schließlich vgl. gleich oben.

Es bleibt dann doch bei der Annahme, die Metaphern Am 2,9 b haben, im Lichte von Stellen wie Hos 9,16; Dtn 7,13; Jes 13,18; Mi 6,7 usw. gesehen, Denotate *B* der Kategorie »Mensch«, und zwar der »Amoriter« Nachkommen und Eltern, d. h. die »amoritischen« Kinder und Eltern, oder auch solche, die Eltern werden würden.

Wir haben uns dann der Frage nach beziehbaren Bedeutungselementen der Metaphern zu stellen. Die Bedeutungselemente, die anläßlich der Aussage Am 2,9 auf die Denotate *B* der Metaphern V. 9 b bezogen werden, lassen sich nicht ein für allemal festlegen. Sie können vom einen Fall der Textverwendung zum anderen, und innerhalb eines Verwendungsfalles vom einen Sprachverwender zum anderen, mehr oder weniger verschieden sein, wenn auch vorauszusetzen ist, daß sie *innerhalb* einer (synchron) identisch bleibenden Bedeutungseinheit des einzelnen Nennwortes verbleiben[53]. Der Interpret kann allenfalls bezieh*bare* Bedeutungselemente herausarbeiten.

Hinzu kommt, daß in diesem Sinne »passende« Bedeutungselemente einer Metapher im je aktuellen, sich selbst nicht reflektierenden Vollzug der Sprachverwendung schwerlich häufig einigermaßen präzise umgrenzt erfaßt werden[54], auch abgesehen von Fällen, wo die Bedeutung des Wortes »ganz oder teilweise durch eine mehr ganzheitliche Vorstellung« psychisch repräsentiert werden mag[55]. Der Interpret, der beziehbare Bedeutungselemente einer Metapher in einem Fall der Verwendung eines bestimmten Textes sucht, wird leicht Eigenschaften von Denotaten *A* und *B* der Metapher in höherem Maße präzisieren als es

---

[53] Vgl. oben, S. 47 f. 50; auch A. Reichling, Verzamelde studies, 1966[4], 43.
[54] Vgl. oben, S. 30 f., Anm. 130.
[55] Vgl. H. Hörmann, Einführung in die Psycholinguistik, 1981, 78 u. daselbst S. 76 ff.; s. noch ders., Meinen und Verstehen, 1978, 462 ff.

ein Sprachverwender im allgemeinen tun mag. Die Interpretation sollte
aber im Rahmen der im Text relevanten Bedeutungseinheiten bleiben[56].

Sowohl diese Relevanz der Bedeutungseinheiten als auch die Relevanz jeweils beziehbarer Bedeutungselemente sind z.T. kontextbedingt.
Der Kontext kann etwa die Wahl des Interpreten zwischen Homonymen entscheiden, und besonders wichtige beziehbare Bedeutungselemente erkennen lassen[57], wie sie zugleich der Bedeutungseinheit der
Metapher angehören und auf ihr Denotat *B* zu beziehen sind[58]. Es
kommt nicht darauf an, alle nur irgend möglichen, beziehbaren Bedeutungselemente zu ermitteln, sondern solche, die dem Kontext nach als
besonders wichtig erscheinen.

Gemeinsame Eigenschaften von Frucht und Kind sind u.a. »lebendig«, »jung«, und »entstanden durch Fortpflanzung«, wobei »Fortpflanzung« allerdings abstrahiert oder auch vielfältig gefaßt wäre. Daß nun
»lebendig« und »jung« von Israeliten *gedacht* werden könnten, zeigt das
althebräische Lexikon und es bedarf hier keines Nachweises. Die zuletzt formulierte Eigenschaft jedoch mag in dieser Begrifflichkeit nicht
im Althebräischen relevant gewesen sein[59]. Jedoch wird man beobachtet
haben, daß Lebendigsein und Art des Lebens des Kindes wie der Frucht
je hervorgegangen und bedingt sind von Größen arteigenen Lebens
(vgl. in der Sprache von P das למינו bzw. למינהו Gen 1,11 ff.; in
Gen 5,3 das בדמותו כצלמו [60]). Im Kontext zu Am 2,9 ist aber eine gemeinsame Eigenschaft besonders wichtig, die den Israeliten vermutlich
geläufig war: Kind und Frucht sind beide Anfang und Anlage fortgesetzten, arteigenen Lebens. Die entsprechende Konfiguration von Be

---

[56] Vgl. oben, S. 48 ff..

[57] Vgl. oben, S. 51.

[58] Vgl. oben, S. 51. 54. 59 f.

[59] Ein Nennwort, das unter konjunktiver Bedeutungsverwendung auf Denotate wie
»Fortpflanzung« oder »fortpflanzen« beziehbar ist, ist uns im Althebräischen nicht bekannt. שרץ G in Gen 8,17; 9,7; Ex 1,7 betrifft den numerischen Aspekt einer Fortpflanzung als starker Vermehrung.

[60] Zum Begriff מִין vgl. E. König, Die Bedeutung des hebräischen מִין, ZAW 31 (1911),
133–146; P. Schepens, Le sens de מִין dans le récit de la création (Gen I, 11,12,21,24,
25,29), RSR 13 (1923), 161–164; H. Cazelles, Myn = espèce, race ou ressemblance? in:
TICP 10, 1964, 105–108; W. H. Schmidt, Die Schöpfungsgeschichte der Priesterschrift,
1967², 107. 167 f.; C. Westermann, Genesis, I 1974, 174 f.; O. H. Steck, Der Schöpfungsbericht der Priesterschrift, 1981², 62 Anm. 222; 154. Der Unterscheidung von
Pflanzen und Tieren in verschiedenartigen מִין gleichartiger Erscheinungen Gen 1 entsprechen eine Erkenntnis des je Artseigenen und, in einem Ausmaß, das hier auf sich
beruhen mag, eine Zusammenfassung des je gleichartigen unter je besonderem Nennwort.

deutungselementen [+ Anfang und Anlage fortgesetzten, arteigenen Lebens] o. ä. wird mit dem Anliegen des Textes korrespondieren können, die Vernichtung der Amoriter auszudrücken. Die in diesem Zusammenhang besonders relevante gemeinsame Eigenschaft von Wurzeln und Eltern mag diese sein: »vermittelt Leben« (vgl. Hos 9,16: eine trockene Wurzel ergibt keine Frucht), wohl auch: »vermittelt, was zum Wachstum und Gedeihen erforderlich ist« (vgl. Hi 18,16; 29,19; Jer 17,8; Ez 31,7 von Wurzeln am Wasser).

In einer textgemäß deutenden Wiedergabe von der Allegorie Am 2,9b muß nun das Nennwort, an dem Bildrede und Sache in eins fallen, vorkommen: שׁמד H. Die Deuteaussage wird sich V.9a anschließen müssen, aus dem schon die Bildrede dieses Verb aufnimmt, und wo es mit personalem Objekt, dem »Amoriter«, konjunktiv verwendet wird.

Eine deutende Wiedergabe von V.9b kann dann etwa folgendermaßen ausgeschrieben werden:

ich vertilgte ihre Kinder ([+ Mensch, lebendig, jung[61], ... + Anfang und Anlage fortgesetzten, arteigenen Lebens]) *und ihre Eltern* ([+ Mensch, lebendig, –jung, ... + vermittelt Leben, vermittelt, was zum Wachstum und Gedeihen erforderlich ist]).

Zu den Satzinhaltsaspekten: Es dürfte mit dieser Wiedergabe von V.9b betont sein, daß eine Zukunft der betroffenen »amoritischen« Bevölkerung durchaus ausgeschlossen ist: Die Vertilgung ist total[62], aber

---

[61] Punkte zwischen Bedeutungselementen, Bündeln oder Konfigurationen sollen daran erinnern, daß hier allenfalls eine kleine Auswahl beziehbarer Bedeutungselemente ausgeschrieben wird.

[62] So – im Ergebnis – wohl die Kommentatoren allgemein. Vgl. u. a. Hitzig, Baur, Keil, Marti, Harper, Rinaldi, Wolff, Mays, Rudolph z. St. Allerdings wird diese Erkenntnis meistens der mit konjunktiver Bedeutungsverwendung verstandenen (»buchstäblich verstandenen«) Objektgruppe פְּרִי – שָׁרָשִׁים entnommen, als sei von Frucht und Wurzeln eines Baumes die Rede und nicht von »des Amoriters« Frucht und Wurzel. Vgl. oben, S.141. Wir haben diese Erkenntnis unsererseits der ausgeschriebenen Deuteaussage, mit den Denotaten *B* der Metaphern, entnommen, was methodisch der einzig sachgemäße Weg ist, weil die Nomina פְּרִי und שֹׁרֶשׁ hier ja nicht mit konjunktiver Bedeutungsverwendung benutzt sind. – Daß man auch mit der falschen Annahme konjunktiver Bedeutungsverwendung dennoch ein treffendes Teilergebnis erzielt, sollte nicht dazu mißbraucht werden, die Frage metaphorischer Wortverwendung für nichtig zu erachten, sondern zeigt, wie treffend die Metaphorik von Amos hier ist: Auch die Denotate *A* der Metaphern bilden eine Totalität. *Entscheidend ist aber erst, ob dasjenige, worüber mit diesen Metaphern gesprochen wird, eine Totalität ist.* Denotate *A* von Metaphern müssen mit, nicht gegen die Funktion ihrer Metaphern berücksichtigt werden.

deshalb auch *definitiv* gewesen[63]. Damit dürfte ein wichtiger Satzinhaltsaspekt formuliert sein. Aber auch ein anderer Satzinhaltsaspekt will offenbar wahrgenommen werden:

Damit, daß die Denotate *A* der allegorischen Metaphern gegenüber der Tat Jahwes durchaus passiv sind, wird etwas von der Sicht der »Amoriter« im Text deutlich: auch ihnen kann keine nennenswerte Aktivität gegen Jahwe zugeschrieben werden[64]. So wird als zusätzlicher Satzinhaltsaspekt die Unterlegenheit der »Amoriter« und entsprechend die Überlegenheit Jahwes herausgestellt[65].

Wir haben damit aber noch nicht jeden wichtigeren Satzinhaltsaspekt des allegorischen Satzes V.9b erfaßt. Mit zur Einheit des Bildes der Allegorie, und in diesem Sinne mit zur Allegorie gehört auch die einleitende Vergleichsrede V.9αβγ[66]. Ein Satzinhaltswert[67] des Textes V.9b ist von hierher integriert.

V.9aα bietet das Subjekt der Rede und der besprochenen Handlung im selbständigen Pronomen 1 sing., Langform, vorangestellt und mit vermutlich adversativem w-[68], d.h. betont. Es werden Handlung und Objekt der Handlung genannt, wonach ein Komplement die Handlung als gezielte Rücksichtnahme verstehen läßt. – Der relative Nominalsatz[69] V.9aβ bietet sodann, wie der koordinierte Satz V.9aγ, eine Charakterisierung des Objekts V.9aα. Die Charakterisierung gilt

---

[63] Auch *künftige* Eltern sind V.9b gemeint: Kinder und Erwachsene, die erst Eltern werden.

[64] Vgl. Max Black, a.a.O., 41, u.s. oben, S.60f.

[65] Die Passivität des »Amoriters« kommt als (unausgesprochenes, fehlendes) Element des Vorganges in Betracht, entsprechend die alleinige Aktivität Jahwes. Man sollte diese Satzinhaltsaspekte nicht Folgerungen in der Art von Implikationen nennen. Der Sprachverwender weiß sie in der Äußerung, die Äußerung gibt sie ihm zu wissen. – Die Überlegenheit Jahwes gegenüber den »Amoritern« ist übrigens auch in der Satzgruppe V.9a ein Inhaltsaspekt.

[66] S. oben, S.129f.

[67] Dazu s. oben, S.80.

[68] Das w-markiert wahrscheinlich den Gegensatz zwischen den Verbrechen der Israeliten, worüber V.6ff. gesprochen wird, und der in V.9a genannten, mit Rücksicht auf die Israeliten (vgl. gleich zur Funktionsanalyse von V.9aα) vollzogenen Vertilgung der Amoriter.

[69] In den Sätzen V.9aβγ ist die Wortfolge im Satzkern P-S, d.h. auch in dem mit V.9aβ koordinierten Satz V.9aγ. Wenn man das Verhältnis der Satzinhalte V.9aβγ zum Satzinhalt V.9aα berücksichtigt, handelt V.9aβγ von Umständen, die der Handlung V.9aα gleichzeitig sind. Die Größe der Amoriter bzw. die Amoriter werden klassifiziert, dazu vgl. F.I.Andersen, The Hebrew Verbless Clause in the Pentateuch, 1970, 42 Rule 3; 32.

der Größe und Kraft und geschieht in der Form nominaler Vergleiche. Damit wird die Tat V.9 aα als *Macht*tat zu verstehen gegeben. V.9 aβγ vergleicht nun das Objekt aus V.9 aα mit Bäumen. Der allegorische Satz V.9 b nimmt Subjekt, Verbal und (anaphorisch) Objekt, den ganzen Vorgang aus V.9 aα auf, aber auch das Bild der Bäume aus den *hal-*Sätzen V.9 aβγ. Damit ist evident, daß der Akzent mit den *hal*-Sätzen gesetzt wird: die Tat Jahwes ist eine Machttat, was auch dem Satzinhalt V.9 b mitgegeben wird als ein Satzinhaltswert.

Die besondere informatorische Funktion des allegorischen Redens innerhalb von Am 2,9 ist mit der Umschreibung seiner Satzinhalts-aspekte dargelegt. Gibt V.9 a die Tat Jahwes zu wissen, daß er die »Amoriter« vernichtet habe vor den Israeliten, und betonen die die Allegorie einleitenden *hal*-Sätze in Vergleichen dennoch die Stärke der »Amoriter« und dadurch die Tat Jahwes als Machttat, so wird mit dem konstitutiven Kern der Allegorie V.9 b die Endgültigkeit dieser Vertilgung der »Amoriter« durch Jahwe zu wissen gegeben, wie zugleich auch die restlose Unterlegenheit der »Amoriter« gegenüber Jahwe und, im Anschluß an V.9 a, die Tat Jahwes als Machttat. – Man darf diesem allegorischen Satz in informatorischer Hinsicht bestimmt eine »extreme Eindeutigkeit«[70] zuerkennen, ihm aber auch eine jede »verhüllende« Funktion[71] absprechen.

Am 2,9 einschließlich des allegorischen Satzes hat mit all dem noch eine sekundäre sprachliche Funktion. Im Rahmen der Anklage-rede 2,6 ff. argumentiert V.9 als Ganzes für eine implizite Behauptung: daß die Verbrechen von Israeliten gegen Israeliten (V.6–8) Jahwes

---

[70] H.W.Wolffs Charakteristik der Bildreden Am 5,2; 3,12 und 5,7, vgl. ders., a.a.O., 117.

[71] Nach H.Gunkel haben die Propheten Allegorien angewandt »um die göttlichen Geheimnisse nur verhüllend zu offenbaren«, s. ders., Art. Allegorie 1., RGG², I 1927, 220. Diese oder entsprechende Bestimmungen zur Funktion der Allegorie haben in der Bibelforschung eine große Rolle gespielt, besonders in der Form einer allgemeinen oder auch prinzipiell begründeten Auffassung der Allegorie. Vgl. z.B. einerseits W.Zimmerli, Ezechiel, I 1969, 344: allegorisches Reden sei eine »frei gewählte ... Bildverhüllung«, andererseits die Ausführungen bei D.O.Via, Jr., The Parables. Their Literary and Existential Dimension, 1967, 4–10 zur »nature and function of allegory«; ebenfalls S.Pedersen, Lignelse eller allegori. Eksegetisk-homiletiske overvejelser, SvTK 48 (1972), 66. Daß allegorisches Reden derartige Funktionen haben *kann,* ist klar, und an literarischen Allegorien ausführlich nachgewiesen, vgl. u.a. E.Douglass Leyburn, Satiric Allegory: Mirror of Man, 1956, 6 ff.; A.Fletcher, Allegory. The Theory of a Symbolic Mode, 1964, 22. 324 f. 328; M.Murrin, The Veil of Allegory. Some Notes Toward a Theory of Allegorical Rhetoric in the English Renaissance, 1969, 9. 22 f. 168.

Wohltat für Israeliten in der Geschichte widersprechen und daß die
Schuld der Israeliten, daran zu ermessen, Schuld vor ihm ist und groß
ist. – Nach H. W. Wolff habe am ehesten nur V. 9 a eine derartige Funktion, während mit V. 9 b »der Übergang zur Drohung gegen die jetzige
Bevölkerung« sich zeige[72]. Aber so kann man innerhalb des Zusammenhanges in V. 9 schwerlich trennen. Es wird *noch* in V. 9 b über die
Vertilgung der »Amoriter« gesprochen, und zwar daß sie total und definitiv gewesen ist. – V. 9 könnte wohl per analogiam die in V. 13–16 angekündigte Strafe als eine totale und definitive sehen lassen. Aber diese
Analogie ist nicht schon in dem Inhalt von V. 9 ausgesagt oder impliziert. Der Rückblick V. 9 ist Glied der Anklage und dabei Argument
zur Aufdeckung der Verbrechen der Israeliten als schuldhafte Aufleh-
nung und Widerspruch gegen Jahwe[73]. Das Allegorische ist hier Mittel
zur Überführung des Angeklagten[74].

---

[72] H. W. Wolff, a.a.O., 205.

[73] Vgl. H. W. Wolff, Dodekapropheton 1. Hosea, 1961, XX; W. H. Schmidt, Die deuteronomistische Redaktion des Amosbuches, ZAW 77 (1965), 179 Anm. 34; J. Vollmer,
a.a.O., 25. 50. 201. – Ein Bedürfnis eines »Rechtsaufweises des Klägers« (H. Gese,
Kleine Beiträge zum Verständnis des Amosbuches, VT 12 (1962), 422 zur Funktion
von V. 9–11), läßt der Kontext kaum spüren.

[74] Vgl. oben, S. 125 f. und S. 127, Anm. 503.

Amos 5, 2

Zur Echtheit von Amos 5,1-3

Abgesehen von einem kleinen, möglicherweise sekundären Teil von V.1 dürften V.1,2 und 3 von Amos herstammen.

Zunächst zur Frage der Herkunft von V.2, allgemein wird angenommen, er sei amosisch. Unter der Voraussetzung, daß »Jungfrau« und »Israel« in der Wendung בְּתוּלַת יִשְׂרָאֵל identische Größen sind, ist es K. Koch und Mitarbeitern fraglich, ob der Spruch »von Amos stammt, der das Volk sonst nie als Frauengestalt zeichnet«[1]. Unter derselben Voraussetzung gilt allerdings, daß die Tradition des Amosbuches sich diese im Buch einmalige Zeichnung des Volkes als Frauengestalt tatsächlich erlaubt hat. An sich ist es dann denkbar, daß auch Amos sich diese Zeichnung erlauben könnte, zumal was von ihm nur einmal überliefert ist, im Prinzip sehr wohl von ihm stammen *kann*, vgl. etwa in 9,7 die Rede von der Heraufführung der Philister von Kaphtor und der Syrer von Qir; oder in 5,3 die Ankündigung einer Todesrate von 90% bei der Truppe. An der Redewendung selbst gibt es auch sonst nichts, das gegen eine Verwendung durch Amos spräche. Es wird dann doch am ehesten anzunehmen sein, daß V.2 von Amos stammt. – Es sei angemerkt, daß die Voraussetzung der Identität von »Israel« und »Jungfrau« wahrscheinlich zutrifft; ein partitiver Genitiv wäre hier unmittelbar mit Sinn-Fragen belastet, die kaum zu beantworten sind[2].

V.1 ist nach K. Koch und Mitarbeitern eine redaktionelle Buchteileinleitung[3] wie 3,1 auch, habe aber möglicherweise in einer früheren Fassung, die nicht mehr isolierbar sei, einer Spruchkette 5,2-7 vorangestanden[4]. Nach B. Duhm ist das Wort קִינָה die »Randbemerkung eines Lesers, der der Meinung war, in V.2 werde Israel als gestorben bezeichnet«[5]. Aber es ist nur schwer verwundet (V.3)[5]. Dieses Argument setzt voraus, daß V.3 *inhaltlich genau* mit der Bildrede V.2 übereinstimmt, was jedoch nicht aus dem Text herzuleiten ist. Die Verwendung des Wortes קִינָה V.1 stimmt aber genau mit dem Klagerhythmus V.2.3 aβ überein und *kann* insofern ursprünglich sein. Vgl. auch V. Maag zu Duhms These[6]. – Nun mag V.1 etwas überladen erscheinen; es fragt sich eventuell, worin die Überladung besteht. Der Aufmerksamkeitsruf שִׁמְעוּ verteidigt seinen Platz in einer Redeeinleitung. Nach Ausweis von Am 3,1 (vgl. 4,1) war es naheliegend, den Aufmerksamkeitsruf mit direktem Objekt אֶת־הַדָּבָר הַזֶּה zu gestalten. – W.H. Schmidt spürt eine Überladung in der von ihm als Wiederholung angesehenen Zweiheit »dieses Wort« – »Leichen-

---

[1] K. Koch u. Mitarbeiter, Amos. Untersucht mit den Methoden einer strukturalen Formgeschichte, II 1976, 30.

[2] Vgl. K. Koch und Mitarbeiter, a.a.O., II 1976, ebda.

[3] A.a.O., II 1976, 30. 107f.

[4] A.a.O., II 1976, 108.

[5] B. Duhm, Anmerkungen zu den zwölf Propheten, ZAW 31 (1911), 8.

[6] V. Maag, Text, Wortschatz und Begriffswelt des Buches Amos, 1951, 27f.

klage«[7]. Aber auch der Relativsatz אֲשֶׁר אָנֹכִי נֹשֵׂא עֲלֵיכֶם wäre als sekundärer Textteil denkbar, er weicht am meisten von einer kurzen, bündigen Fassung ab. Wir hätten gegebenenfalls

$$\text{שִׁמְעוּ אֶת־הַדָּבָר הַזֶּה קִינָה בֵּית יִשְׂרָאֵל}$$

Eine solche Fassung von V.1 Amos abzusprechen, hätte keinen triftigen Grund. Das mag nun aber vielleicht auch dem überlieferten Textbestand von V.1 gelten: Die Kriterien einer Ausscheidung sekundärer Elemente erscheinen hier sehr unsicher.

Ich führe V.3 mit den meisten, wie neuerdings u.a. K.Koch und Mitarbeiter[8], auf Amos selbst zurück.

---

[7] W.H.Schmidt, a.a.O., 173 Anm.15.
[8] K.Koch und Mitarbeiter, a.a.O., II 1976, 124, vgl. S.31.

Amos 5, 2, eine Allegorie

Innerhalb der von Amos stammenden Einheit[9] Am 5, 1–3 ist der
Text zwischen dem Aufmerkruf mit Adresse und Genre-Angabe (V. 1)
und der erläuternden Jahwerede (V. 3) als allegorisch zu bestimmen:

נָפְלָה לֹא־תוֹסִיף קוּם בְּתוּלַת יִשְׂרָאֵל
נִטְּשָׁה עַל־אַדְמָתָהּ אֵין מְקִימָהּ

[9] Gegen H. Gressmann, Die älteste Geschichtsschreibung und Prophetie Israels, 1910,
344 (auch a.a.O., 1921², 344 f.); L. Köhler, Amos, 1917, 18. 33; Th. H. Robinson, Die
zwölf kleinen Propheten. Hosea bis Micha, 1954², 88; E. Osswald, Urform und Auslegung im masoretischen Amostext (Diss. 1951), 100; K. Koch und Mitarbeiter, a.a.O., I
1976, 156. 158; dies., a.a.O., II 1976, 30 wird hier mit den meisten Am 5, 1–3 als eine
selbständige Einheit aufgefaßt, vgl. die Erörterungen zur Abgrenzung und Einheitlichkeit des Textes bei A. Weiser, Die Profetie des Amos, 1929, 178 ff.; neuerdings auch
H. W. Wolff, Dodekapropheton 2. Joel und Amos, 1969, 271 f. –
Speziell zu den Erwägungen von K. Koch und Mitarbeitern sei angemerkt: Sie wenden
gegen eine ursprüngliche Zusammengehörigkeit von *V. 1 und V. 2* ein, daß V. 2 nach
V. 1 einen Personenwechsel bietet, indem ja בְּתוּלַת יִשְׂרָאֵל fem. ist, während Israel V. 1
männlich erscheint (a.a.O., II 1976, 30). Sie fragen, ob der Ruf שִׁמְעוּ einst mit femini-
ner Adresse vor V. 2 oder V. 3 stand, die beide fem. Subjekte nennen (a.a.O., II 1976,
108). Sie meinen, daß die Leichenklage, auf die V. 1 hinweist, sich in V. 2–8 nirgends
findet: »5, 2–8 bringen … noch keine wirkliche Leichenklage. Zwar wird 5, 2 das unwiderrufliche Niederfallen der Jungfrau Israel angekündigt, aber die Aussage bleibt bildlich und ermangelt der Konkretion«. Konkret werde der »Moderduft« erst in den
5, 9 ff. beginnenden Stücken (a.a.O., II 1976, 110).
Israel erscheint männlich in V. 1, in der Anrede שִׁמְעוּ und in der Bezeichnung בֵּית
יִשְׂרָאֵל. Die Anrede שִׁמְעוּ ist aber auch mit femininen Angeredeten kompatibel, vgl.
Am 4, 1, s. dazu auch Jes 23, 1, – und etwa Dt 31, 12 – wo Männer, Frauen, Kinder und
Fremde zusammen das Subjekt für Verbformen 3. plur. *masc.* Präfixkonj. sind. Mit
Rücksicht auf das Erscheinen als männlich in der Bezeichnung בֵּית יִשְׂרָאֵל sei angemerkt, daß die Verwendung dieses Moments als Argument vorauszusetzen scheint, die
Verse V. 1–2 würden eventuell, wenn ursprünglich zusammengehörig, Sache und Bild
am ehesten nur in ein und demselben Genus genannt haben. Das ist aber eine willkürliche Annahme. Diese Art einer Übereinstimmung zwischen bildlicher Bezeichnung
und Sach-Bezeichnung ist keine notwendige Prämisse für Bildrede, auch im AT nicht.
Vgl. im Gegenteil etwa Jer 18, 13 in Verbindung mit V. 11-12 (dazu W. Thiel, Die deuteronomistische Redaktion von Jeremia 1–25, 1973, 217), ebenfalls Jer 31, 21 in Verbindung mit V. 20 (image-shifting). Daß schließlich Am 5, 2 keine »wirkliche« Leichenklage sei, entbehrt einer zureichenden Begründung. Auch eine *bildliche* Leichenklage
wird in hohem Maße aussagekräftig, wie Bildrede sonst. Und die Konkretion der Bil-

Der allegorische Charakter des Textes wird folgendermaßen deutlich:

1. Subjekt des Geschehens, über das V. 2 b α gesprochen wird, ist בְּתוּלַת יִשְׂרָאֵל [10], d. h. *nach Angabe des Aufmerkrufes* das Haus Israel = der Staat Israel [11]. Der Genitiv ist somit gen. definitivus [12]. Damit wäre die Verwendung des Nomens בְּתוּלָה hier als metaphorisch anzusehen. Denotat *A* dieses Nomens ist »Jungfrau« [13], Denotat *B* an dieser Stelle

drede Am 5,2 steht nicht hinter z. B. II Sam 1,19.25 zurück. Es erscheint insoweit dann doch angebracht, einen ursprünglichen Zusammenhang zwischen V. 1* und V. 2 anzunehmen.

K. Koch und Mitarbeiter neigen auch dazu, zwischen V. 2 und V. 3 eine erst redaktionelle Verbindung anzunehmen, und zwar vom Inhalt her: V. 2 der unwiderrufliche Todessturz, V. 3 eine Verlustrate von 90 % und der Restgedanke – eine nur ungenügende Entsprechung (a.a.O., II 1976, 30. 31). Vgl. B. Duhm, Anmerkungen zu den zwölf Propheten, ZAW 31 (1911), 8. Demgegenüber sei gefragt, woher man annehmen könne, der Urheber des Texts sei aus auf eine strenge inhaltliche Entsprechung von Bildrede und Sachaussage, wo doch die Tradition des Amosbuches, ausweislich des כִּי V. 3, diesem Ideal nicht gehuldigt hat: Das כִּי bezieht den Text V. 3 deutlich auf die Bildrede V. 2, s. dazu u. a. auch K. Koch und Mitarbeiter, a.a.O., II 1976, 31. – Nichts deutet mit einiger Wahrscheinlichkeit darauf, daß dieser Bezug nicht auch ursprünglich vorgelegen hat. V. 3 dürfte dann als eine zur Bildrede schon ursprünglich *Beispiele* bietende, legitimierende Jahwerede verstanden werden.

[10] בְּתוּלַת יִשְׂרָאֵל auch noch Jer 18,13; 31,4. 21.

[11] Eine Tendenz zu einer personenorientierten Betrachtung liegt immerhin vor, vgl. die Anredeform im parallelen Glied Am 5,1. Das mag ein Stück weit der »zweigleisigen« Terminologie L. Rosts entgegenkommen (Israel bei den Propheten, 1937, 17: »>Israel< ist für den Propheten [Amos] der Staat Jerobeams II«; aber a.a.O., 20: »die Bewohner des Reiches Israel«). Jedoch ist Am 5, 1–3 deutlich von der (zerbrechenden) Macht des Staates die Rede, vgl. V. 2–3 und zum Sprachgebrauch auch Am 7,10; H. W. Wolff, a.a.O., 2 1969, 199f. Dagegen deutet nichts im Text darauf, daß hier speziell die Hauptstadt Samaria gemeint wäre, vgl. im Gegenteil die Entfaltung V. 3, die von vielen Städten redet, u. s. A. Fitzgerald, *BTWLT* and *BT* as Titles for Capital Cities, CBQ 37 (1975), 177 f.

[12] Vgl. H. S. Nyberg, Hebreisk grammatik, 1952, 241 § 82 b.

[13] Unter Umständen eine, für welche das Heiratsgeld schon erstattet worden ist, vgl. H. W. Wolff, a.a.O., 2 1969, 35.

[14] So auch, neben H. W. Wolff, a.a.O., 2 1969, 199f., u. a. W. R. Harper, a.a.O., 107; G. Rinaldi, a.a.O., I 1963, 167; J. L. Mays, Amos, 1969, 85, während das Nomen בְּתוּלָה hier als Bezeichnung des Volkes oder der Einwohner verstanden wird von G. Baur, a.a.O., 341; F. Hitzig, Die zwölf kleinen Propheten, 1881⁴, 126; C. F. Keil, a.a.O., 1888³, 199; K. Marti, Das Dodekapropheton, 1904, 186; W. Nowack, Die kleinen Propheten, 1922³, 141; H. Schmidt, Der Prophet Amos, 1917, 79f.; J. Rieger, Die Bedeutung der Geschichte für die Verkündigung des Amos und Hosea, 1929, 4; A. Weiser, Die Profetie des Amos, 1929, 181; ders., Das Buch der zwölf kleinen Propheten, I 1956², 157; D. Deden, De kleine Profeten, 1953, 142; S. Amsler, a.a.O., 204; J. Vollmer, a.a.O., 45.

wäre der Staat Israel[14]. *Kann* aber eine Redefigur wie בְּתוּלַת יִשְׂרָאֵל im Althebräischen während der Königszeit eine metaphorische Wortverwendung bieten? In diesem Zusammenhang ist eine Äußerung von W. Zimmerli zu Ez 16 und 23 zu bedenken:

»Ez gilt unter den at.lichen Propheten als der eigentliche Vater der Allegorie. Es ist nun aber bei Ez 16 und 23 noch zu sehen, wie die Form gesteigerter Bildrede ganz unmittelbar aus einer Israel (und seiner Umwelt) ganz geläufigen Anschauungsform, die mit der Allegorie zunächst nichts zu tun hat, herauswächst. W.Robinson hat in ZAWBeih 66 (1936) 49–62 das Phänomen der ›conception of corporate personality‹ besprochen, nach welcher eine Volksgruppe in einer Einzelperson verkörpert gesehen werden kann. Von daher ist ... die im AT beliebte Redefigur von der ›Tochter Zion‹ (Jer 4,31), ›Tochter Ägypten‹ (Jer 46,24), ›Jungfrau Tochter Ägypten‹ (Jer 46,11), ›Tochter Babel‹ (Jer 50,42) u.ä. (zu verstehen) ... So kann Amos in seiner Leichenklage um die ›Jungfrau Israel‹ klagen (5,2) ... So ist die Rede von der untreuen Frau bei Ez mehr als eine aus rein ästhetischen Rücksichten frei gewählte allegorische Bildverhüllung. Es lebt darin die Wirklichkeit des Volkes ... Die Wirklichkeit ist nicht nur künstlerisch abgebildet. Sie ist in ihrer unheimlichen Kraft im Bild gegenwärtig«[15].

Damit wäre die Bestimmung eines alttestamentlichen Textes als eine Allegorie problematisch, wenn der Text die Individuation eines Volkes böte. Es ist jedoch einerseits der von Zimmerli angedeutete *Begriff* der Allegorie zu erwägen, andererseits nach dem Status der These H.W.Robinsons von der Vorstellung der korporativen Person primitiver Gruppen zu fragen.

Zum Begriff des Allegorischen in den Bemerkungen Zimmerlis gehört »eine aus rein ästhetischen Rücksichten frei gewählte ... Bildverhüllung«[16]. Hier spielt die geistesgeschichtlich bedingte Auffassung eines Gegensatzes zwischen einem nicht gesuchten, sich ergebenden, mit vorgegebenem inhärenten Hinweis aufs Symbolisierte bekannten *Symbol* einerseits und der gesuchten, mehr oder weniger künstlerisch abbildenden Allegorie andererseits eine entscheidende Rolle. Jedoch ist diese Kennzeichnung der Allegorie keine allgemeine Notwendigkeit[17]. Wir haben oben die Allegorie als einen Text mit zwei oder mehreren in

---

[15] W.Zimmerli, Ezechiel, I 1969, 343f. (Jahr der Erscheinung der betreffenden Lieferung des Kommentars: 1958.).

[16] W.Zimmerli, a.a.O., I 1969, 344.

[17] Zum Hintergrund und Wirkungsbereich dieser Auffassung sind einige Hinweise gegeben oben, S. 102f., Anm. 406.

gewisser Weise aufeinander bezogenen Metaphern bestimmt[18], und
können weder ausschließen, daß metaphorische Allegorien dieser Art in
ihrer sprachlichen Leistung einem Symbol per analogiam nahekommen
könnten, noch bestreiten, daß metaphorische Allegorien unter Umständen recht viele Züge des von Zimmerli verwendeten Allegoriebegriffs
einschließlich des Gegensatzes zum »Symbol« aufweisen könnten[19].
Wenn also auch die Redewendung בְּתוּלַת יִשְׂרָאֵל für den Urheber des
Textes Am 5,2 oder für seine Tradenten eine ihnen vorgegebene Aussagekraft mehr oder weniger symbolhafter Art besäße, so könnte die
Wendung dennoch Metaphernverwendung aufweisen.

Nun verweist Zimmerli auch auf H.W.Robinsons These der korporativen Persönlichkeit. Daß die Redeweise בְּתוּלַת יִשְׂרָאֵל von dem angenommenen Phänomen der korporativen Persönlichkeit her zu verstehen sei, dürfte vor allem besagen, daß die Redeweise entstanden und bis
auf weiteres je und je verwendet worden ist in einem Sinn, der sich im
Rahmen der Vorstellung von der korporativen Persönlichkeit ergibt.
Die Wendung verrät dann[20] ein primitives Unvermögen bei dem
Sprachverwender, zwischen der Gruppe Israel und einer sie verkörpernden Einzelperson zu unterscheiden, indem die Grenzen der Einzelperson gegenüber ihrer Gruppe allenfalls unklar wahrgenommen sind – im
Zusammenhang mit einer Art geglaubter, psychischer Einheit zwischen
Gruppe und Einzelperson[21] bzw. mit der sogenannten mystischen Partizipation der Person an ihrer Gruppe[22].

So verstanden wäre die Wendung בְּתוּלַת יִשְׂרָאֵל nicht metaphorisch. Ob die betreffende korporative Persönlichkeit als eine konkrete
physische Person behauptet ist, oder ob sie eine nur vorgestellte Person

---

[18] S. oben, S. 97 ff.

[19] Vgl. A. J. Bjørndalen, Metodiske bemerkninger til spørsmålet etter allegorier i Det gamle testamente, TKK 37 (1966), 156.

[20] Aus der ganzen Darstellung Zimmerlis über die Vorstellung der korporativen Persönlichkeit dürfte hervorgehen, daß er dabei nicht den Begriff der korporativen *Verantwortlichkeit* meint oder mit berücksichtigt (dazu s. J. W. Rogerson, The Hebrew Conception of Corporate Personality: A Re-Examination, JThS NS 21 (1970), 3–5).

[21] Vgl. H. Wheeler Robinson, The Christian Doctrine of Man, 1926[3], 8. 11 ff. 30 ff. und zur Interpretation von Robinsons Darstellung J. W. Rogerson, a.a.O., 4–7 (Rogerson verweist auf die Erstausgabe [1911] des Buches von Robinson).

[22] So L. Lévy-Bruhl, von dessen Theorien H. W. Robinson in seinen späteren Arbeiten entscheidende Anregungen empfangen hat (s. J. W. Rogerson, a.a.O., 7). Vgl. L. Lévy-Bruhl, Les fonctions mentales dans les sociétés inférieures, 1912[2], 77 f. 93 ff. 102 ff.; ders., La mentalité primitive, 1922, passim; ders., L'âme primitive, 1927, 70 ff. 96 ff. 127 ff. 151 ff. 229 ff.

ist, von der der Sprachverwender meinte, sie existiere, abgesehen von seiner Vorstellung, nicht[23] – in beiden Fällen würden Bezugspunkt der Bedeutung des Wortes בְּתוּלָה in seiner Nennfunktion *gerade* Züge der betreffenden Jungfrau sein, wie diese Züge augenblicklich vom Sprachverwender gedacht wären. Es gäbe keine Bedeutungselemente des Wortes בְּתוּלָה, die auf Züge der betreffenden Jungfrau *nicht beziehbar* wären, denn die Bedeutungselemente des Wortes בְּתוּלָה bezögen sich auf solche und nur solche Züge, die allen Jungfrauen nach Meinung des Sprachverwenders gemeinsam seien. Es läge mithin notwendig konjunktive Bedeutungsverwendung vor. Daß diese Person zugleich als Israel in dieser oder jener Weise inkorporierend vorgestellt wäre, änderte an der Nennfunktion des Substantivs בְּתוּלָה nichts.

Es erscheint jedoch äußerst fraglich, ob die Vorstellung einer korporativen Persönlichkeit im Sinne einer Persönlichkeit mit unbestimmbarer Abgrenzung gegenüber der Gruppe, der sie angehört – unbestimmbar wegen einer psychischen Einheit zwischen Individ und Gruppe oder wegen einer sogenannten mystischen Partizipation des Individuums an seiner sozialen Gruppe –, bei Primitiven allgemein verbreitet ist oder überhaupt eine notwendige Annahme zur Erklärung primitiven Denkens darstellt[24]. Auch scheint die These von der korporativen Persönlichkeit keine verifizierbare oder notwendige Basis der Interpretation alttestamentlicher Texte zu sein[25]. Das Haus Israel Am 5,1 ist sowohl nach dem Zusammenhang V.1–2[26] als auch nach dem Geni-

---

23 Daß die Israeliten über eine nur vorgestellte Person haben sprechen können, geht hervor aus Stellen wie Am 5,19 (hypothetisches Beispiel) und Jdc 18,28 (negierende Aussage: אֵין מַצִּיל). Entsprechend konnte über unerfüllte, d.h. nur vorgestellte Bedingungen gesprochen werden, vgl. Hi 31,38f., wie auch allenfalls über noch zu vollbringende Taten Hi 31,36f., oder über Handlungen, die nicht getan werden dürfen Ex 20,13ff. u.a. St. Die Israeliten haben über irreale Denotate als irreale sprechen können. Eine andere Sache ist es, daß korporative Personen, sofern es sie gäbe, gewöhnlicherweise konkrete, keine fingierte Personen wären, vgl. auch (etwas zugespitzt) Å.V.Ström, Rez., Den lärjunge som Jesus älskade, SEÅ 25 (1960), 132 Anm.18.

24 Vgl. E.E.Evans-Pritchard, Theories of Primitive Religion, 1965, 83ff. 89; P.Radin, Gott und Mensch in der primitiven Welt, 1965, 58; zu den Nuer vgl. E.E.Evans-Pritchard, Nuer Religion, 1956, 123ff. bes. S.140f. Eine Übersicht über die Kritik gegen Lévy-Bruhl in bezug auf die Probleme einer primitiven Mentalität bei J.W.Rogerson, a.a.O., 9f.; vgl. ders., Anthropology and the Old Testament, 1978, 53f.

25 Vgl. J.W.Rogerson, The Hebrew Conception of Corporate Personality: A Re-Examination, JThS NS 21 (1970), 14. 15f.; ders., Anthropology and the Old Testament, 1978, 55; zu alttestamentlichen Gesetzestexten s. J.R.Porter, The Legal Aspects of the Concept of »Corporate Personality« in the Old Testament, VT 15 (1965), 361–380.

26 Vgl. oben, S.162.

tiv בְּתוּלַת יִשְׂרָאֵל Denotat des Wortes בְּתוּלָה, jedoch bei vermutlich klarer Unterscheidung von Individ und Staat[27]. In der Wendung בְּתוּלַת יִשְׂרָאֵל liegt das Phänomen der Individuation[28] vor. Die Bedeutung des Wortes בְּתוּלָה ist hier disjunktiv verwendet, der Staat Israel ihr Denotat B[29]. Das Wort יִשְׂרָאֵל V. 2 a ist aber mit konjunktiver Bedeutungsverwendung gebraucht.

2. Das Verb נפל ist einerseits auf die Gruppe בְּתוּלַת יִשְׂרָאֵל als deren Prädikat bezogen, andererseits Element der Äußerung V. 2 als eines Ganzen. Nach Einleitung V. 1 mit der Genre-Angabe קִינָה[30], nach Metrik V. 2[31] und nach Art des Stoffes gehört der Text V. 2 der Textart »Leichenklage« an. Die in diesem Kontext relevante Bedeutung des Verbs hat bei konjunktiver Verwendung als Denotat das Fallen, das Niederfallen des Körpers einer Person, indem sie im Rahmen militärischer Auseinandersetzungen[32] getötet wird[33].

Nun bezieht sich jedoch die Bedeutung des Verbs נָפְלָה hier nicht auf ein derartiges Fallen eines individuellen Körpers, sondern auf ein Ereignis, das der בְּתוּלַת יִשְׂרָאֵל, d. h. dem Staat Israel widerfährt. Der

---

[27] Auch die primitiven »Nuer separate, and quite explicitly when questioned about the matter, spiritual conceptions from such material things as may nevertheless be said ›to be‹ the conceptions«, E. E. Evans-Pritchard, a.a.O., 126.

[28] Wir reden von Individuation und nicht von Personifikation, sofern die durch die Einzelperson des Bildes vertretene Größe selbst schon aus Personen besteht, wie ein Volk, und nicht leblos oder abstrakt ist.

[29] E. E. Evans-Pritchard, a.a.O., 142 findet bei den Nuer »experience on an imaginative level of thought where the mind moves in figures, symbols, metaphors, analogies, …« – Aa. Bentzen, Introduction to the Old Testament, I 1957[3], 180 nennt die Wendung בְּתוּלַת יִשְׂרָאֵל »metaphor«, vgl. G. Hylmö, Gamla testamentets litteraturhistoria, 1938, 54. Nur unter Hinweis auf diese isoliert betrachtet unzureichende Grundlage spricht Bentzen zugleich von »allegorical personification« Am 5,1 ff.

[30] Zur קִינָה vgl. K. Budde, Das hebräische Klagelied, ZAW 2 (1882), 1–52, bes. S. 30; H. Jahnow, Das hebräische Leichenlied im Rahmen der Völkerdichtung, 1923, 90 ff. 124 ff.

[31] K. Budde, a.a.O., 5 ff., dazu vgl. F. Horst, Die Kennzeichen der hebräischen Poesie, ThR NF 21 (1953), 118.

[32] Vgl. I Sam 1, 19. 25. 27; 3, 34 u. dazu H. W. Wolff, a.a.O., 2 1969, 277; des weiteren vgl. נפל + לפי־חרב/לחרב/בחרב Am 7,17; Lev 26,7 f.; Num 14, 3. 43; Jos 8, 24; Jdc 4, 16; II Sam 1, 12; 3, 29; Jes 3, 25; 13, 15; 31, 8; Jer 20, 4; Ez 5, 12; 6, 11 f.; 11, 10; 17, 21; 23, 25; 24, 21; 25, 13; 30, 5 f. 17; 32, 22 ff.; 33, 27; Hos 7, 16; 14, 1; Ps 78, 64; Thr 2, 21; II Chr 29, 9. – Zu dieser Bedeutung des Verbs נפל G s. noch Ex 19, 21; 32, 28; Lev 26, 36; Jos 8, 25; Jdc 20, 46; I Sam 4, 10; II Reg 14, 10 par; Ez 32, 20.

[33] Auch V. 3 handelt von militärischen Vorgängen, vgl. die Kommentare, bes. H. W. Wolff, a.a.O., 2 1969, 278.

Staat Israel hatte keinen Körper im Sinne eines konkreten, individuellen menschlichen Körpers. Die Bedeutung des Wortes נָפְלָה kann mithin nur disjunktiv auf dieses Widerfahrnis des Staates Israel bezogen werden, d. h. das Wort נָפְלָה wird hier metaphorisch verwendet. Im Fallen eines individuellen physischen Körpers ist etwa das Sich-herunter-Bewegen im räumlichen Sinne mit einbegriffen, im Sterben einer Person das Aufhören eines individuellen physischen Lebens. Keines von beiden ist auf das Ergehen eines Staates beziehbar.

3. Entsprechend muß dann auch das Verb קום V. 2 a sowie dessen Partizip im H aktiv V. 2 b metaphorisch verwendet sein. Parallel zu נפל bedeutet קום G bei konjunktiver Bedeutungsverwendung das Wiederaufstehen, z. B. des Körpers einer Person, daß sie sich wieder erhebt, vgl. Am 8,14; Jer 8,4; 25,27[34]. קום Am 5,2 a hat dasselbe Subjekt wie das erste Verb V. 2 a, und dieses Subjekt ist Objekt des Partizips V. 2 b.

4. Ob schließlich auch das Verb נִטְּשָׁה, wie es hier verwendet wird, als Metapher zu erkennen ist, mag wohl zweifelhaft erscheinen. נטש G kann »sich selber überlassen, aufgeben«[35], »sich nicht mehr um etwas kümmern« bedeuten[36]. נטש N wird Jdc 15,9; II Sam 5,18. 22 mit militärischen Abteilungen als Subjekt verwendet und bezeichnet an diesen

---

[34] Nach E. Sellin, Der alttestamentliche Prophetismus, 1912, 95. 156 f. ist קום H aktiv Am 5,2 mit »auferstehen lassen« zu übersetzen, vgl. ders., Das Zwölfprophetenbuch, 1922, 186 (קום G entsprechend mit »auferstehen« übersetzt); ders., a.a.O., I 1929[2-3], 226. Die Begründung ist, daß Israel in dieser qînā als tot betrachtet wird. Amos lehne in 5,2 a α. b β den Gedanken einer Wiedererweckung Israels aus dem Tode ab. Der Text bietet jedoch keine tragfähige Grundlage für die Übersetzung Sellins. Der Text lautet nicht: »Sie ist gefallen, steht aber (wieder) auf, die Jungfrau Israel …« Dann hätte in einer qînā das Aufstehen ein Auferstehen aus dem Tode sein können, wenn auch Amos damit nicht den Gedanken einer Wiedererweckung Israels aus dem Tode abgelehnt hätte. Es soll jedoch mit V. 2, wie er nun einmal formuliert ist, schwerlich gesagt werden, daß die tote Person, um die es geht, im Unterschied zu einer Möglichkeit Anderer, nicht wieder aus dem Tode auferstehen werde. Der Sinn wird vielmehr der sein, daß diese tote Person, die auf ihrem eigenen Boden gefallen ist, *dort auch liegen bleibt,* indem sie weder selbst aufsteht noch ihr von irgend jemand anderem geholfen wird, aufzustehen. Ein weiterer Inhaltsaspekt der Äußerung wird dann aber dieser sein: Diese Person ist wirklich, endgültig tot. Nicht die Möglichkeit einer Auferstehung, sondern die Möglichkeit eines nicht vollzogenen Sterbens wird abgewiesen. Wie Sellin urteilte J. Rieger, a.a.O., 93. Gegen die Auffassung Sellins wendet sich A. Weiser, Die Profetie des Amos, 1929, 182, jedoch nicht nur mit adäquaten Argumenten (die Totenklage verliere nicht ihren Sinn und eine sachgemäße Funktion, wenn die Möglichkeit einer Auferstehung aus dem Tode abgewiesen wäre).

[35] KBL s. v.

[36] S. auch H. Wildberger, Jesaja, I 1972, 97 f.

Stellen eine Tätigkeit, die zugleich noch im selben Satz jeweils lokativ näher bestimmt wird. Vom jeweiligen Kontext her sowie von נטשׁ G her kann man wohl vermuten, es handle sich darum, daß Truppenverbände das mutmaßliche Kampffeld unter Kontrolle bekommen haben, bis auf weiteres aber nicht durch militärische Auseinandersetzungen in Anspruch genommen sind, d.h. sie erfüllen vorläufig nicht ihre beabsichtigte Streitfunktion. Die Truppen mögen frei[37], ohne Beschränkung durch Konfrontation mit dem Gegner, insofern unbehindert, auf sich selber angewiesen, da sein. Von daher könnte es zu verstehen sein, daß in Jes 33,23 die Funktionslosigkeit von Tauen mit נטשׁ N bezeichnet ist, oder in Jes 16,8 das unbehinderte Ausbreiten[38] der Ranken des Weinstocks von Sibma. Das Verb נטשׁ N birgt in seiner Bedeutungseinheit eben verschiedene Bedeutungselemente und scheint, vielleicht deswegen, verschiedenen Gebrauchsweisen offengestanden zu haben. Ganz isoliert ist der Gebrauch unserer Stelle, da das Subjekt des Verbs hier Sg hat und tot ist, also keine Tätigkeit ausübt, während נטשׁ N sonst, an den wenigen überlieferten Belegstellen im AT, pluralische Subjekte hat, von denen die meisten etwas tun, das durch נטשׁ N angezeigt ist. Unserer Stelle am nächsten kommen die funktionsentleerten Tauen von Jes 33,23.

Auf das Dasein einer Leiche beziehbare Bedeutungselemente von נטשׁ N wären vermutlich Konfigurationen wie [+ sich selber überlassen sein, … + nicht funktionieren]. Diese Bedeutungselemente des Verbs נטשׁ N sind auch auf Merkmale des Staates in der hier gemeinten Lage beziehbar: eine Metapher liegt vielleicht nicht vor.

Es fragt sich aber, ob hier nicht doch ein Moment von Bedeutung mit im Spiele ist, das nicht auf den Staat Israel beziehbar ist. Die Jungfrau war ja gefallen (V.2a), und befindet sich jetzt auf ihrem Grundstück, ohne daß jemand ihr helfen würde, wieder aufzustehen (V.2b). Es erscheint sicher sachgemäß, aus diesem Zusammenhang für das Dasein auf dem Grundstück das Moment [+ liegen (räumlich, Subjekt konkret)] zu extrapolieren. Als Bedeutungselement ließe sich dies nicht auf Merkmale des Staates Israel beziehen. Jedoch handelt es sich schwerlich um ein Element der Bedeutungseinheit von נטשׁ N, sondern eher um einen semantischen Wert, der als Information eben nicht mit dem Verb נטשׁ N vom Kontext unabhängig gegeben ist. Vielmehr ist der semantische Wert dem Sprachverwender mit-gegeben, indem er ihn aus

---

[37] Vgl. F. Zorell, Lexicon, 515a s. v.
[38] Vgl. den Kontext in Jes 16,8; Vorher: עַד־יַעְזֵר נָגָעוּ תָּעוּ מִדְבָּר, nachher: עָבְרוּ יָם.

dem Inhalt der Sätze V.2 a.b β herleitet[39]. Der semantische Wert verbindet sich in diesem Fall mit dem Prädikat V.2 b α und ist insofern als ein semantischer Wort-Wert zu fassen.

Man vergleiche neben Am 5,2 b α: נִטְּשָׁה עַל־אַדְמָתָהּ Jes 33,23 a: נִטְּשׁוּ חֲבָלָיִךְ.

In Jes 33,23 a kann die vermutlich richtige Lesung »deine Taue *hängen* funktionslos *herab*« nicht schon dem Satz V.23 a entnommen werden, etwa aufgrund des Subjektes (Taue können funktionslos auch etwa herumliegen). Die Sätze V.23 b aber zeigen, daß die Taue hängen. Auch hier liegt mithin beim Verb ein semantischer Wort-Wert vor, aber ein anderer als in Am 5,2. In keinem der beiden Fälle liegt es nahe, vom Liegen bzw. vom Herabhängen her auf Bedeutungselemente der Bedeutungseinheit des Verbs נטשׁ N zu schließen, die hier in polysemischer Weise disjunktiv relevant wären[40].

Als semantischer Wort-Wert im Satz Am 5,2 b α gehört der semantische Aspekt [+ liegen (räumlich, Subjekt konkret)] mit zum allegorischen Bild. Er baut die metaphorische Darstellung weiter aus. Ähnliche Funktion hat zwar ein Nennwort mit nur konjunktiver Bedeutungsverwendung Am 2,9, einmal in der Bildrede, aber auch in einer möglichen, deutenden Sachaussage: שׁמד H[41]. Im Unterschied zu ihm hat jedoch dieser semantische Wort-Wert metaphorische Relevanz nur sofern er, nennend, nicht auf Merkmale des Staates Israel beziehbar ist. Er gehört somit zu den Zügen, die die Differenz der Sinnebenen der Allegorie konstituieren[42]. Es erschiene insofern begründet, diesen semantischen Wort-Wert als eine *indirekte Metaphorik* anzusehen. Er wird nicht direkt in der Ausdrucksseite des Textes durch die Nennfunktion eines Nennwortes bekanntgegeben, das tut am Verb 5,2 b α der Kontext innerhalb der Allegorie – aber er tut es. – Das Vorkommen und diese Funktion dieses semantischen Wort-Wertes ist eine sprachliche Realität, wenn auch nur indirekt greifbar.

---

[39] Zum Begriff des semantischen Wertes vgl. A. Reichling, Verzamelde studies, 1966[4], 45 ff.; ders., Das Problem der Bedeutung in der Sprachwissenschaft, 1963, 12; u.s. oben, S.79 f.

[40] Zur Polysemie vgl. A. Reichling, Verzamelde studies, 1966[4], bes. S.43.

[41] Vgl. oben S.145 zu Am 2,9 b. (Die Adverbien Am 2,9 b bauen zwar auch die metaphorische Darstellung weiter aus, sind aber in einer deutenden Sachaussage kaum wiederholbar.)

[42] Der semantische Wort-Wert ist in einer deutenden Sachaussage explizierbar, aber, falls man dabei das Verb »liegen« verwendet, dann nur in metaphorischer Verwendung. – Im Unterschied dazu wäre das Wiederholen der Adverbien Am 2,9 b überhaupt kaum sinnvoll.

Es ist demnach festzuhalten: Das Verb נמשׁ N Am 5,2bα scheint hier nicht metaphorisch verwendet zu sein, trägt aber einen semantischen Wort-Wert mit metaphorischer Relevanz.

Wie schon erwähnt ist der Eigenname יִשְׂרָאֵל nicht-metaphorisch verwendet. Dasselbe gilt vom Substantiv אֲדָמָה. Dieses Wort kann den Grundbesitz eines Individs als Ackerland, Kulturland oder bebaubaren Boden bezeichnen, vgl. Hi 31,38; Gen 47,22 und wohl hier in Am 5,2[43]. Nun bezeichnet das Wort an vielen Stellen auch das Territorium eines Staates[44]. Jedoch werden diese Territorien dabei nicht *als* (Staats)*gebiete* bezeichnet, sonder eher ganz einfach eben als »Boden«[45]. Darauf deutet nicht so sehr ein kaum immer als relevant nachweisbares Bedeutungselement »Kulturland«[46], wohl aber etwa die Ver-

---

[43] Zur Bedeutung des Nomens אֲדָמָה im Alten Testament, vgl. bes. L. Rost, Die Bezeichnungen für Land und Volk im Alten Testament (1934), in ders., Das kleine Credo und andere Studien zum Alten Testament, 1965, 76 ff.; J. G. Plöger, Art. אֲדָמָה, ThWAT I, 1973, 95 ff. Nach J. G. Plöger a.a.O., 100 wird אֲדָמָה Am 5,2 »mit Bezug auf« [den Staat] Israel »determiniert« und ist so »vom heimatlichen Boden (Vaterland) zu verstehen«. Die Determination mit Bezug auf Israel gilt aber erst von einem in einer Deuteaussage zu Am 5,2 wiederaufgenommenen Wort אֲדָמָה, denn die Bildrede handelt noch, sofern sie einen *Bild*zustand darstellt, von einem Individ und dessen Grundstück oder Boden, nicht von einem Staat oder einem Volk.

[44] Einige Stellen bei L. Rost, a.a.O., 78 f. mit Anm.; J. G. Plöger, a.a.O., 100.

[45] Eine Ausnahme könnte Dtn 21,1a bilden, die eine von den nur zwei Stellen im Alten Testament, wo אֲדָמָה mit der Präposition בְּ konstruiert ist (an der anderen Stelle, Dtn 4,18, bezeichnet das Wort mit Sicherheit die Ackererde oder das Ackerland). Jedoch dürfte בְּ Dtn 21,1a nach Ausweis von der Gruppe נֹפֵל בַּשָּׂדֶה in der näherbestimmenden Vershälfte V.1b nicht mit »in« sondern mit »auf« wiederzugeben sein. Es handelt sich dann V.1a nicht um die Bezeichnung eines Denotats als eines Gebietes. – L. Rost, a.a.O., 79 bestimmt die *Bedeutung* von אֲדָמָה, wenn das Denotat des Wortes Besitz eines Volkes ist, anhand von angenommenen »Gefühlswerten«, welche das Wort zu umfassen scheine, und zwar in etwa entsprechend dem deutschen Wort »Heimat«. Dem schließt sich J. G. Plöger, a.a.O., 100 an: אֲדָמָה komme »häufig dem emotional gefüllten Begriff ›Heimat‹ nahe«. Dieses Verfahren zur Feststellung einer Wortbedeutung betrifft insofern nicht die im Sinne A. Reichlings *nennend* funktionierende Bedeutungseinheit des Wortes, die einer denotativen Bedeutung nahesteht. Allein diese Art Bedeutung ist aber in der Frage, ob metaphorische Bedeutungsverwendung vorliegt, relevant. Das Wort »Heimat« bzw. »Vaterland« weist semantische Züge auf, die es mit der Präposition »in« verwendbar machen, während das Alte Testament אֲדָמָה nicht mit בְּ = »in« konstruiert außer Dtn 4,18, wo eine relevante Bedeutung »Heimat«, »Vaterland« ausgeschlossen ist.

[46] So etwas wäre aber der Fall, wenn die Argumentationsweise J. G. Plögers, a.a.O., 100 sachgemäß wäre, nach welcher die אֲדָמָה *deshalb* niemals ein politischer Begriff ist, weil dieses Wort »nur das ertragsfähige Kulturland eines Staates meint«, während ja ein Staatsgebiet auch Wüste umfassen kann. Man muß jedoch wohl den Nachweis des immer relevanten Bedeutungselementes »Kulturland« vermissen.

wendung der Präposition עַל in der Wendung עַל־אַדְמַת יִשְׂרָאֵל auch in
Fällen, wo אֲדָמָה nicht Ziel einer Bewegung ist und wo man deshalb die
Präposition בְּ hätte erwarten können *falls* אֲדָמָה das (Staats)gebiet als
solches bezeichnete. Vgl. Ez 12,22; 18,2; 33,24; auch 12,19 mit אל statt
על [47], und s. in Jes 14,1.2 die Wendungen וְהִנִּיחָם עַל־אַדְמָתָם sowie יהוה
אֲדָמָה . Das Substantiv וֶהֱבִיאוּם אֶל־מְקוֹמָם וְהִתְנַחֲלוּם בֵּית־יִשְׂרָאֵל עַל אַדְמַת
funktioniert deshalb sowohl in der Bildrede Am 5,2 als auch in einer
Deutung von ihr, in der es auf das »Land« Israels zu beziehen sein
wird, mit konjunktiver Verwendung derselben Bedeutungseinheit. Allerdings dürften dabei die jeweils relevanten Abschnitte der Bedeutungseinheit von אֲדָמָה teilweise verschieden sein – im Sinne von
A. Reichlings Beschreibung der disjunktiven Relevanz einer von ihm als
»polysemisch« bezeichneten Bedeutungseinheit [48].

Wir haben in Am 5,2 die Verwendung von vier Metaphern und einem semantischen Wort-Wert mit metaphorischer Relevanz festgestellt.
Sie sind aufeinander bezogen in dem Sinne, daß sie sich, konjunktiv
verwendet, in ihrer Nennfunktion auf Elemente eines und desselben
Bildzustandes beziehen [49]. Man darf insofern den Text eine Allegorie
nennen.

Ist damit die Art der Bildrede Am 5,2 wenigstens soweit bestimmt
sowie der Kreis der sie hinsichtlich ihrer allegorischen Art konstituierenden Elemente abgegrenzt, so gilt es nun, andere wichtige Gestaltungsmittel der Bildrede zu sehen.

---

[47] Vgl. dazu W. Zimmerli, Ezechiel, I 1969, 6 zu 1,17.
[48] Vgl. A. Reichling, Verzamelde Studies, 1966⁴, 41 ff.
[49] Vgl. oben, S. 109 ff.

Funktionen und Gestaltungsmittel in Amos 5,2

Eine Introduktion in nicht-metaphorischer, explizit adressierter Anrede 5,1 gibt Textart und Gegenstand des unmittelbar folgenden Texts an. Mit קִינָה wird ein Kontext des Textsinnes angegeben, mit עֲלֵיכֶם ein Direktiv für das Beziehen des Textes auf die Hörer, die, metonymisch, בֵּית יִשְׂרָאֵל genannt werden. Durch Aufmerkruf und den auffallenden Bezug der Textart auf die Angeredeten als den Gegenstand des Textes will die Einführung neben ihrer informativen Funktion auch zum Hören bewegen.

Der Angabe der Textart קִינָה V.1 entsprechen Motiv und Metrum des Textes V.2. Der Bezug der Textart auf die Hörer bzw. auf den Staat Israel läßt, indem der Todesfall und die Person des Toten selbst fehlen, der Staat Israel aber besteht[50], eine Differenz von Sinnebenen des Textes andeutungsweise hervortreten. Erst mit dem Text V.2 selbst wird es aber klargemacht, daß dieser Text metaphorische Redeweise benutzt.

Die Allegorie V.2 hat mit 11 Worten 4 Sätze mit insgesamt 4 Metaphern, die Metaphorik ist einigermaßen dicht entfaltet in bezug auf Einzelheiten[51]. Je innerhalb beider Satzpaare V.2a.2b ist die Metaphorik unmittelbar mit dem Verlauf der Rede synthetisch weitergeführt (von נָפְלָה zu לֹא־תוֹסִיף קוּם und von נִטְּשָׁה mit dessen semantischem Wort-Wert zu אֵין מְקִימָה). Mit der Wortwahl aber wird vom einen Satzpaar zum anderen das Bild nur ein wenig variiert (von נָפְלָה zu נִטְּשָׁה עַל־אַדְמָתָה und von לֹא־תוֹסִיף קוּם zu אֵין מְקִימָה). Eine narrative Weiterführung von V.2a wird mit V.2b nicht geboten.

Außer den Elementen der Einleitung V.1, die einen Bezug der Bildrede auf die Hörer angeben, gibt es innerhalb der Allegorie selbst eine Deutung der Figur der Jungfrau (בְּתוּלַת יִשְׂרָאֵל V.2aβ), und danach eine nicht-metaphorische Entfaltung eines Teilaspektes der Allegorie als eines wohl exemplifizierenden Kommentars, V.3.

---

[50] Vgl. hierzu C.Hardmeier, Texttheorie und biblische Exegese, 1978, 280f. 337f.

[51] Zur unterschiedlichen Entwicklung oder Entfaltung auch metaphorischer Rede vgl. G.B.Caird, The Language and Imagery of the Bible, 1980, 154f. – Die Dichte der Entfaltung der Allegorie Am 5,2 wird auch daran sichtbar, daß die Bildrede nur relativ wenige Worte konjunktiv verwendet, יִשְׂרָאֵל, אֲדָמָה, יסף H und נטשׁ N.

Zwischen Aufmerkruf und Adressierung V.1 und dem Kommentar V.3 bildet die Allegorie V.2, vorbereitet durch die Angabe קִינָה בֵּית יִשְׂרָאֵל V.1, den zentralen, sinnschöpfenden Teil der Texteinheit Am 5,1–3.

Diese Allegorie kreist um *eine* Person. Die zentrale Metapher der Jungfrau steht nach der sofortigen Angabe V.2aβ für »Israel« als Denotat *B*. Damit ist eine Differenz der Sinnebenen der Allegorie klar angegeben, wenn auch eine Individuation keineswegs ausreicht – sei sie auch metaphorisch formuliert wie hier – eine Allegorie zu bilden[52]. – Diese Jungfrau ist nun aber Subjekt zweier metaphorisch verwendeter Verben V.2a: sie ist gefallen, und: sie steht nicht mehr auf. Sie (liegt) sich selber überlassen, allen Lebens los, auf ihrem Grundstück, V.2b, ohne daß jemand ihr wieder aufstehen helfen würde, wobei letzteres wiederum metaphorisch gesagt ist.

Diese Metaphorik entfaltet keineswegs spezielle Züge, die der Jungfrau-Figur eigen wären oder mit ihr notwendig verbunden wären, vielmehr *andere* Züge, die sich aus der Jungfrau-Metapher nicht ergeben, sondern offenbar aus der besonderen Absicht dessen, der den Text gestaltet. Das *Ergehen* der Person, unter metaphorischer »Verweisabsicht des Autors«[53] dargestellt, bildet die Allegorie. Zunächst wird diese Verweisabsicht mit der rahmenden Angabe קִינָה בֵּית יִשְׂרָאֵל angedeutet. Das Gefallensein, das Nicht-mehr-aufstehen, das untätige, hilflose Daliegen auf eigenem Land ist zu beziehen auf das tragische[54] Sterben des Volkes Israel.

Es fällt auf, daß diese allegorische Darstellung *statisch* ist, da jede weiterführende Aktivität gerade verneint wird, nachdem positiv reine Zustände (נָפְלָה und נִטְּשָׁה) bezeichnet waren. Der statische Charakter der Darstellung ist nicht mit der Individuation als solcher oder mit der Figur der Jungfrau gegeben, sondern bedingt von den Prädikaten[55] bzw. von den negierten Prädikaten der Sätze. Der Tod ist statisch.

---

[52] Zur analogen Frage bei der Personifikationsallegorie vgl. C. Meier, Überlegungen zum gegenwärtigen Stand der Allegorie-Forschung, FMSt 10, 1976, 61 f. – Es sei betont, daß damit, daß die Jungfrau in dieser Allegorie explizit als Israel bezeichnet wird, die metaphorische Verwendung des Wortes בְּתוּלָה nicht wieder aufgehoben wird.

[53] C. Meier, a.a.O., 61.

[54] Dazu s. W. Rudolph, Joel – Amos – Obadja – Jona, 1971, 188.

[55] M. W. Bloomfield macht geltend, daß auch noch in statischen Personifikationsallegorien (des Mittelalters) die Emphase auf, und der metaphorische Inhalt in dem Prädikat liegen. Vgl. ders., A Grammatical Approach to Personification Allegory, in: ders., Essays and Explorations, 1970, 253 f. 250 f.

Eine Allegorie enthält meistens auch nicht-metaphorisch verwendete Nennworte, die doch einer konjunktiven Bedeutungsverwendung der hier metaphorisch verwendeten Worte entsprechen würden. Vor einer jeden Deutung erweitern sie das Bild, bauen sie die Bildrede weiter aus. Sie können auch, in konjunktiver Bedeutungsverwendung, in einer die Allegorie deutenden Sachaussage erneut gebraucht werden. Solche Nennworte sind hier יִשְׂרָאֵל, אֲדָמָה, das Hilfsverb יסף H und vielleicht das Verb נמשׁ N. Sie bilden Punkte, in denen Bild und Sache in eins fallen, mehr oder wenig anschaulich miteinander verbunden werden, und wo Direktive für die Interpretation gegeben werden *können*, was hier bei יִשְׂרָאֵל und אֲדָמָה der Fall ist. Die Allegorie nimmt vorweg[56]: Israel ist gestorben, und zwar eben in seinem Lande, auf seiner Erde.

Von einer über die obenstehenden semantischen Erwägungen hinausführenden semantischen Einzelinterpretation der Metaphern kann hier wohl besser abgesehen werden.

---

[56] Die Vorwegnahme tritt durch den *Bezug* der קִינָה auf eine noch bestehende Größe, die Hörer bzw. den Staat Israel, hervor, nicht dagegen auch durch die »metaphorische Person des Toten« selbst, wie C. Hardmeier, a.a.O., 337 meint.

Jesaja 1, 2

Jesaja 1,2b, eine Allegorie

Der Text Jes 1,2–3 dürfte am ehesten jesajanisch sein[1].

Zur Textkritik: Die Lesart der Septuaginta ἐγέννησα bezeugt schwerlich ein ursprüngliches הוֹלִיד[2]. – Zu berücksichtigen ist aber auch die Auffassung K. Buddes, wonach die Verknüpfung zweier Perfekta durch waw cop. in גִּדַּלְתִּי וְרוֹמַמְתִּי unmöglich sei, so daß der Ausfall eines ursprünglichen Objekts zu רוֹמַמְתִּי, den בָּנִים parallel, anzunehmen sei; Budde vermutet unter diesen Voraussetzungen: יְלָדִים[3]. – Der behaupteten Unmöglichkeit der Verbindung zweier Suffixkonjugationen durch waw cop. dürfte jedoch das von S. R. Driver angegebene Material zur Sache[4] widersprechen. Es handelt sich im TM Jes 1,2bα um eine Koordination zweier »facts ... with one another, to exhibit the second as simultaneous with the first rather than as succeeding it; for instance, in the conjunction« of two synonymous or similar ideas«[5]. Die Koordination muß nicht Synonymität mit einschließen, vgl. etwa Jer 22,15: אָכַל וְשָׁתָה וְעָשָׂה מִשְׁפָּט .

Zu Jes 1,2b als einer Allegorie: Jes 1,2–3 ist eine selbständige Redeeinheit, nach vorn durch die Zäsur zwischen Buchüberschrift und V. 2 abgegrenzt, nach hinten durch den Neueinsatz V. 4, womit ein Weheruf[6] – allerdings irregulärer Art[7] – eingeleitet wird, während V. 2b–3 als Klage[8] oder doch wohl eher als Anklage[9] zu bestimmen ist.

---

[1] Dazu s. A. J. Bjørndalen, Zur Frage der Echtheit von Jesaja 1,2–3; 1,4–7 und 5,1–7, NTT 83 (1982), 89f.

[2] Vgl. H. Wildberger, Jesaja, I 1972, 8.

[3] K. Budde, Zu Jesaja 1–5, ZAW 49 (1931), 20.

[4] S. R. Driver, A Treatise on the Use of the Tenses in Hebrew, 1892³, § 132, vgl. § 131 S. 159.

[5] S. R. Driver, a.a.O., § 131 S. 159.

[6] Vgl. H. Wildberger, a.a.O., I 1972, 9. 20; G. Fohrer, Jesaja 1 als Zusammenfassung der Verkündigung Jesajas, BZAW 99, 1967, 150f.

[7] Dazu s. unten, S. 189. 192.

[8] Vgl. H. Ewald, Die Propheten des Alten Bundes, I 1867², 371: »Die klage Jahve's ist die eines von undankbaren söhnen treulos verlassenen vaters«. – Neuerdings ist diese These mit Nachdruck von I. von Loewenclau vertreten worden, vgl. dies., Zur Auslegung von Jesaja 1,2–3, EvTh 26 (1966), 297.

[9] Diese Diskussion wird hier nicht aufgenommen. Vgl. aber u. a. H. Schmidt, Die großen Propheten, 1915, 52, ebenfalls ders., a.a.O., 1923², 47; J. Begrich, Studien zu Deuterojesaja, 1938, 19. 32f.; Aa. Bentzen, Jesaja, I 1944, 2; E. Rohland, Die Bedeutung der

Innerhalb V.2–3 ist V.2b eine sachlich relativ eigenständige Teil-
einheit: V.2bα der Rechtsaufweis, V.2bβ der Aufweis des Rechtsbru-
ches. Es folgt ein Vergleich, worin das zweite Glied (V.3b) V.2bβ
sachlich fortsetzt.

Es wird in V.2bα metaphorisch geredet: Das Wort בָּנִים stellt sich
in der Beziehung zum Subjekt des Satzes, in V.2aβ als Jahwe identifiziert, sowie in der Beziehung zu V.3b als Metapher für Israel, das Volk
Jahwes heraus. – Die Verben גִּדַּלְתִּי וְרוֹמַמְתִּי, die nach Angabe des Objekts בָּנִים das elterliche Werk an Kindern und/oder Jugendlichen bezeichnen, sind durch eben dieses Objekt auf Israel bezogen und mithin
metaphorisch verwendet.

F. Delitzsch sah hier eine Parabel[10], nach ihm A. Dillmann eine
»parabelartige« Darstellung[11]. Es ist jedoch festzustellen, daß der Text
V.2bα drei aufeinander bezogene Metaphern verwendet. Sie beziehen
sich durch ihre Nennfunktion auf Elemente ein und desselben Vorgangs[12]. Es erscheint insofern sinnvoll, den Textteil V.2bα als allegorisch zu bezeichnen.

V.2bβ knüpft mit dem pronominalen Rückverweis durch הֵם an
die allegorische Rede V.2bα an und setzt sie fort, da ja הֵם auf die
Söhne in der Bildrede zurückverweist. Das Verb פשׁע G in V.2bβ ist
hier, mit den Söhnen als Subjekt, wahrscheinlich mit konjunktiver Bedeutungsverwendung gebraucht. Das Verb scheint ein »formaler Oberbegriff« zu sein, »der ... verschiedene ... Arten von Sach- und Perso-
nendelikten unter sich zusammenfaßt«[13]. Das Verb nennt bei verschiedenen verbrecherischen Taten eine ihnen gemeinsame Qualifizierung,
nach K. H. Fahlgren[14] und R. Knierim[15] zu »brechen mit ...«. Das Verb

---

Erwählungstraditionen Israels für die Eschatologie der alttestamentlichen Propheten,
1956, 53; R. Fey, Amos und Jesaja, 1963, 119; E. von Waldow, Der traditionsgeschichtliche Hintergrund der prophetischen Gerichtsreden, 1963, 7 Anm. 8; G. von Rad, Das
fünfte Buch Mose, 1964, 99; H. W. Wolff, Dodekapropheton 1. Hosea, 1965², 249; G.
Fohrer, a.a.O., 152; ders., Das Buch Jesaja, I 1966², 25; H. Gese, Bemerkungen zur Sinaitradition, ZAW 79 (1967), 151 Anm. 57; H. J. Boecker, Redeformen des Rechtslebens im Alten Testament, 1964, 84, vgl. noch ders., a.a.O., 1970², 179.

[10] F. Delitzsch, Commentar über das Buch Jesaia, 1889⁴, 44.
[11] A. Dillmann, Der Prophet Jesaia, 1890⁵, 4.
[12] Vgl. oben, S. 109 ff.
[13] R. Knierim, Art. פֶּשַׁע pæšaʿ Verbrechen, THAT, II 1976, 491 – auch mit Gültigkeit für
das Nomen פֶּשַׁע formuliert.
[14] K. Hj. Fahlgren, ṣedāḳā, nahestehende und entgegengesetzte Begriffe im Alten Testament, 1932, 19.
[15] R. Knierim, Die Hauptbegriffe für Sünde im Alten Testament, 1967², 178 f.; ders., Art.
פֶּשַׁע pæšaʿ Verbrechen, THAT, II 1976, 490.

ist zwar im AT sonst nicht mit Kindern oder Söhnen als Subjekt belegt, die sich von ihrem Vater loslösten, mit ihm brachen. Die Analogien dieses Vorgangs aber zu dem politischen Bruch mit einem König, I Reg 12,19; II Reg 3,5.7 bzw. zum religiösen Abfall von Jahwe, I Reg 8,50; Jer 2,8 sind offenkundig und lassen vollauf die genannte Qualifizierung zu. Dann wäre das Verb hier von Jesaja und im Verstehen seitens seiner Hörer in, wie wir es nennen, konjunktiver Bedeutungsverwendung gebraucht.

V.2bβ enthielte dann keine Metapher, setzte aber auch so die allegorische Rede V.2bα fort, so daß die Allegorie hier auf jeden Fall erweitert wird und erhalten bleibt. Das Verb פשע G bildet, wenn nicht eine Metapher, so doch einen Punkt, wo allegorische Darstellung und ihre *Sache* in eins fallen. Das Verb ist auf jeden Fall in einer die Allegorie Jes 1,2b deutenden Sachaussage wiederholbar.

Lexikalisches zu den Verben Jes 1,2b: Es ist mehrmals behauptet worden, die beiden Verben V.2bα seien hier synonym verwendet [16]. Wir fragen deshalb, was die Verben an dieser Stelle als Elemente des sprachlichen Bildes vor ihrer Deutung als Metaphern bedeuten.

Es scheinen beide Verben an anderen Stellen bei konjunktiver Bedeutungsverwendung mit von Fall zu Fall teilweise verschiedenen Abschnitten ihrer Bedeutungseinheiten gebraucht werden zu können, vermutlich ohne daß damit schon von Polysemie im Sinne von A. Reichling [17] die Rede sein müßte.

גדל D bezeichnet in Jes 1,2b ein Element des elterlichen Werks an Kindern und/oder Jugendlichen, vgl. sonst Hos 9,11 f.; Jes 23,4; 49,21; 51,18 und noch II Reg 10,6; Dan 1,5 und wohl Hi 7,17.

גדל D kann aber auch in andersartigen Zusammenhängen gebraucht werden: Mit unpersönlichem Objekt (Haupthaar Num 6,5; Baum Jes 44,14; Ez 31,4; Pflanze Jon 4,10) das einer oder etwas *wachsen läßt,* und andererseits mit persönlichem Objekt, das *erhöht, zu Ehren*

---

[16] So anscheinend H. Ewald, Die Propheten des alten Bundes, I 1867[2], 371; G. B. Gray, A Critical and Exegetical Commentary on the Book of Isaiah, I 1912, 9; K. Budde, Zu Jesaja 1–5, ZAW 49 (1931), 20; wohl auch S. Mowinckel, GT MMM, III 1944, z. St.; dies ist die eine von zwei Möglichkeiten nach E. J. Kissane, The Book of Isaiah, I 1941, 8 und a.a.O., rev. ed. 1960, 8. – Ebenfalls wären hier zu nennen wohl auch G. Fohrer, Das Buch Jesaja, I 1966[2], 25, und H. Wildberger, a.a.O., I 1972, 12, die eine Möglichkeit der semantischen Differenzierung zwischen גדל D und רום D an unserer Stelle nicht erwähnen.

[17] Zur Polysemie vgl. A. Reichling, Verzamelde studies, 1966[4], 41 f. – Andererseits liegt in den semantisch unterschiedlichen Gebrauchsfällen von גדל D bzw. von רום D auch kaum Homonymie vor (dazu s. A. Reichling, a.a.O., 42 f.).

gebracht wird (Jos 3,7; 4,14; I Chr 29,25; II Chr 1,1; Ps 69,31; Est 3,1; 5,11; 10,2, vgl. גדל D + ל Ps 34,4)[18].

Es fragt sich nun, wie die Bedeutung von גדל D verwendet wird bzw. worüber gesprochen wird an den Stellen, wo dieses Verb etwas vom elterlichen Werk an Kindern und Jugendlichen bezeichnet.

Eine wichtige Konfiguration von Bedeutungselementen, die in diesen Fällen verwendet wird, dürfte [+ wachsen lassen] sein; vgl. גדל D in synthetischer Parallele zu ילד G Jes 23,4; 49,21; 51,18 und in Fortführung von negiertem לֵדָה Hos 9,11 f. Damit verbunden dürfte aber auch das Bedeutungselement [+ davonbringen][19] in diesen Zusammenhängen aktualisiert sein. Es kann damit elterlicher Einsatz über mehreren Jahren für heranwachsende Jugendliche angedeutet werden, so in Jes 23,4, wo גדל D nach ילד G folgt *und* das Objekt בָּחוּרִים[20] hat. Danach dürfte auch [+ erziehen] ein Element der Bedeutung von גדל D sein, vgl. noch II Reg 10,6; Dan 1,5. Zu dem in diesen Fällen relevanten Bedeutungsabschnitt dürften auch noch die Konfigurationen [+ sich fürsorglich kümmern um], [+ sich Mühe geben] gehören, vgl. Hi 7,17; Jon 4,10[21]. – Andererseits legen es Wortlaut und Kontext an den Stellen, wo גדל D mehr oder weniger vom elterlichen Werk bezeichnet, keineswegs nahe, Konfigurationen wie [+ zu Ehren bringen], [+ erhöhen] hier als aktualisiert zu vermuten[22].

---

[18] Hier könnten auch I Reg 1,37.47; I Chr 29,12 genannt werden: גדל D bedeutet hier mit unpersönlichem Objekt etwa »angesehen machen«, ebenso Gen 12,2.

[19] Vgl. KBL, s.v.; H. Wildberger, a.a.O., I 1972, 12.

[20] Ein בָּחוּר ist eben kein עוֹלָל (II Reg 8,12), wenn dieser auch kein יוֹנֵק ist (I Sam 15,3). Saul ist I Sam 9,2 בָּחוּר, die בָּחוּרִים dürfen nach I Sam 8,16 zum Frondienst eingezogen werden; בָּחוּרִים sind in Ez 23,5 f. Krieger, Statthalter, Herren, Reiter, Liebhaber der Ohola.

[21] Zu Hi 7,17 vgl. G. Fohrer, Das Buch Hiob, 1963, 180; ders., Das Buch Jesaja, I 1966², 25; H. Wildberger, a.a.O., I 1972, 12. – Zu Jon 4,10 vgl. H. W. Wolff, Dodekapropheton 3. Obadja und Jona, 1977, 147; I. von Loewenclau, a.a.O., 302. – Das dem Verb גדל D parallele Verbal in Hi 7,17 (שִׁית לֵב אֶל) bzw. in Jon 4,10 (עמל G) hebt nur hervor, was wahrscheinlich sowieso inhärente Konfigurationen innerhalb der Bedeutungseinheit von גדל D sind. – I. von Loewenclau behauptet aufgrund von Jes 5,1 f., wo von der Arbeit Jahwes mit Israel gehandelt wird, daß die Beziehung zu Jon 4,10 mit עמל »im weiteren Jesajakontext … naheliegender« sei als die zu Hi 7,17 (a.a.O., 302 Anm. 44). Ein einigermaßen guter Vater wird sich jedoch wohl nicht ohne ein gewisses Maß an Liebe um seine Kinder kümmern, auch wenn er bei ihrer Erziehung Mühe aufwendet. Die hier waltende väterliche Liebe ist auch nach I. von Loewenclau im Text Jes 1,2 f. bezeugt (vgl. dies., a.a.O., 296). Man kann demnach schwerlich das Moment »Arbeit« oder »Mühe« als Alternative gegen das fürsorgliche »sich kümmern um« ausspielen. Beides gehört mit zum Großziehen von Kindern.

[22] Auch nicht Jes 23,4. Es liegt hier zunächst die Folge ילד G – גדל D vor, wo גדל D wie in Jes 49,21; 51,18 zu verstehen sein dürfte.

Parallel zu גדל D begegnet in Jes 1,2b das Verb רום D, vgl. außer
Jes 23,4 noch Ez 31,4; Ps 34,4. Es fragt sich, inwiefern die Verwendung
im Parallelismus für die jeweils aktualisierte Bedeutung der Verben von
Belang ist. In allen vier Fällen erscheint גדל D im ersten Glied, רום D
im zweiten.

Das Verb רום D bedeutet an einer Reihe von Stellen »erhöhen«,
»zu Ehren bringen«[23]. Dieselbe Bedeutung ist bei גדל D wie gesagt
manchmal aktuell[24]. In Ps 34,4 (גדל D + ל) werden beide Verben so
verwendet. Das besagt natürlich keineswegs, daß diese Verben im Parallelismus immer *diese* Bedeutung aktualisierten. רום D kann auch gebraucht werden um die Aktivität zu bezeichnen, die Sachen oder Personen räumlich aufwärts bewegt (Hos 11,7; Ps 107,25; 27,5 und wohl
9,14), oder für das Wiedererbauen des nachexilischen Tempels
(Esr 9,9), oder für das *Hoch*-Wachsenlassen der Zeder Assur Ez 31,4,
wieder eine Stelle mit גדל D in der Parallele. Hier kann man für גדל D
im ersten Glied die Bedeutung »wachsen lassen« vermuten, vgl.
Jes 44,14. Das besagt nicht speziell, daß die Zeder *hoch* wird, sondern
daß sie in jeder Hinsicht eben – wächst. Eine synonyme Verwendung
der Verben liegt damit hier nicht vor. Die Verben haben gemeinsames
Objekt.

In Jes 23,4 findet sich zunächst die Folge ילד G – גדל G, wie in
Jes 49,21; 51,18, wobei גדל G hier in Jes 23,4 das Objekt בַּחוּרִים hat.
Wir meinten, die Bedeutungskonfigurationen [+ davonbringen,
+ wachsen lassen, + erziehen] hier aktualisiert vermuten zu sollen. Im
parallelen letzten Glied hat nun aber רום D das Objekt בְּתוּלֹת. בְּתוּלֹת
und בַּחוּרִים befinden sich hinsichtlich Alter und Reife wohl auf einander einigermaßen entsprechenden Stadien des Lebensweges[25], und mögen bis dahin oder noch dem erzieherischen Wirken der Eltern unter-
geordnet (gewesen) sein[26]. Die Verben werden dann hier wohl mit un-

---

[23] Menschen können Jahwe oder seinen Namen erhöhen, vgl. Ex 15,2; Ps 30,2; 99,5.9;
107,32; 118,28; 145,1; Jes 25,1; Ps 34,4, auch er kann aber Menschen zu Ehren bringen, vgl. IISam 2,7; Ps 37,34; 118,16; Hi 17,4 (dazu s. jedoch auch G. Fohrer, Das
Buch Hiob, 1963, 281) und wohl IISam 22,49 par. Schließlich kann die Weisheit ihren
Hörer zu Ehren bringen, Prov 4,8, wie auch die צְדָקָה das Volk, vgl. Prov 14,34.

[24] Vgl. oben, S. 179f.

[25] Eine בְּתוּלָה ist heiratsfähig, vgl. Ex 22,15. Zum בָּחוּר vgl. oben, S. 180, Anm. 20. Beide
sind zusammengestellt und als *eine* Lebensphase anderen gegenübergestellt
Dtn 32,25; Jer 51,22; Ps 148,12.

[26] Zur Jugend unter dem Aspekt der Erziehung im alttestamentlichen Israel vgl. J. Conrad, Die junge Generation im Alten Testament. Möglichkeiten und Grundzüge einer

gefähr denselben Bedeutungskonfigurationen verwendet sein, d.h. wenigstens annähernd synonym.

In Jes 1,2 werden die Verben גדל D und רום D in syndetischer Nebenordnung und mit gemeinsamem Objekt verwendet. Es fragt sich, ob die Verben unter diesen Umständen synonym verwendet werden[27], wie es, was ihre Bedeutungseinheiten anbelangt, bei personalem Objekt möglich ist, vgl. Jes 23,4. Nun zeigt jedoch Ez 31,4, daß diese Verben bei gemeinsamem, im Bild unpersönlichem Objekt mit z.T. verschiedenen Bedeutungen gebraucht werden können, und man kann schwerlich von der Möglichkeit absehen, daß dieselben Verben Jes 1,2bα, mit gemeinsamem personalem Objekt, semantisch eine gewisse Variation, eine Differenzierung zwischen aktualisierten Sinninhalten böten[28], etwa zwischen [+ wachsen lassen, + erziehen] und [+ groß werden lassen, + erwachsen werden lassen][29]. Die besondere Note [+ *hoch* wachsen lassen] bei רום D Ez 31,4 könnte in dieser Modifikation auch gerade noch hier mitspielen.

Demgegenüber erscheint es zu weit hergeholt, das Verb רום D an unserer Stelle im Sinne einer Erhöhung zu hoher Stellung, Ansehen, Ehre, Macht[30] zu verstehen. Es *kann* dieses Verb so verwendet werden,

---

Beurteilung, 1970, bes. 24ff.; H.W.Wolff, Anthropologie des Alten Testaments, 1973, 261ff.

[27] So mehrere Exegeten, vgl. oben, S.179, Anm.16.

[28] Mehrere Forscher nehmen eine Steigerung vom ersten zum zweiten Verb an, vgl. A. Dillmann, a.a.O., 1890[5], 5; K.Marti, Das Buch Jesaja, 1900, 3; B.Duhm, Das Buch Jesaia, 1914[3], 2; F.Buhl, Jesaja, 1912[2], 8 unter Hinweis auf die feste Reihenfolge גדל D – רום D; F.Feldmann, Das Buch Isaias, I 1 1925, 6; E.J.Young, The Book of Isaiah, I 1965, 38.

[29] R.Mosis meint, die Parallele רום D Jes 1,2; 23,4 zeige etwas von der Bedeutung von גדל D an diesen Stellen an, und zwar ein Element, das er anscheinend aus dem Verb רום D herleitet: »aus den Kindern ›etwas machen‹, sie ›etwas werden lassen‹«, s. ders., Art. גָּדַל II, ThWAT, I 1973, 941. Es könnte sich dabei allenfalls darum handeln, ein Bedeutungselement von גדל D hervorzuheben, das diesem Verb schon eigen wäre, etwa zwischen [+ wachsen lassen] und [+ zu Ehren bringen], vgl. oben, S.179f. Sofern aber die Angabe von R.Mosis »Ansehen«, »Geltung« meinen sollte als Ergebnis der Erziehung, wäre sie etwas schwierig zu halten, vgl. die gleich folgenden Ausführungen.

[30] Das Verb רום D Jes 1,2 als Ausdruck für Erhöhung, Verleihung von Macht, Ansehen u.s.w. verstehen F.Delitzsch, a.a.O., 1889[4], 45; A.Dillmann, a.a.O., 1890[5], 5; z.T. B. Duhm, a.a.O., 1914[3], 2 und F.Feldmann, a.a.O., I 1 1925, 6; O.Procksch, Jesaja I, 1930, 30; Aa.Bentzen, a.a.O., I 1944, 2; O.Kaiser, Der Prophet Jesaja. Kapitel 1–12, 1960, 6; E.J.Young, a.a.O., I 1965, 38; in der Nähe dieser Auffassung möglicherweise R.Mosis, a.a.O., ebda.

vgl. z. B. Ex 15,2; I Sam 2,7; Prov 4,8 [31]. Im Zusammenhang unserer Stelle (vgl. bes. V. 2 b α בָּנִים גִּדַּלְתִּי) [32] handelt sie jedoch von Erziehung, wohl vom Kindesalter an, und entgegen der Auffassung von F. Delitzsch [33] und E. J. Young [34] führt eine liebevolle Erziehung durch den Vater weder stufenweise noch anders eo ipso zu hoher Stellung, Macht u. s. w.

---

[31] Vgl. oben, S. 181, Anm. 23.

[32] Vgl. oben, zu גדל D als Verb für das Erziehen. – S. auch G. B. Gray, a.a.O., I 1912, 9.

[33] F. Delitzsch, a.a.O., 1889⁴, 45.

[34] E. J. Young, a.a.O., I 1965, 38 Anm. 28.

Funktionen und Gestaltungsmittel in Jesaja 1, 2–3

Eine begründete Aufforderung zum Hören, an Himmel und Erde gerichtet (V. 2 a), wird, welchen Sinn auch immer diese Adressierung haben mag, auch die Funktion haben, die Hörer des Propheten zum aufmerksamen Hinhören zu bewegen. Vgl. zur selben Funktion Am 5, 1.

Die Begründung V. 2 aβ besagt, daß Jahwe das redende Subjekt des folgenden Textes ist. Damit sind alle drei Metaphern V. 2 b α in Beziehung zu ihm gesetzt. Die Metaphern erfahren von vornherein eine Verankerung in der Wirklichkeit, die sie meinen. Vgl. Am 2, 9 a α; 5, 1. Fast überflüssig ist nachher zu sagen, die Kinder seien Israel, das Volk Jahwes. Die Aussagen V. 3 b tun es trotzdem, vermutlich wesentlich um anderer Funktionen willen.

Die Allegorie Jes 1, 2 b ist sehr kurz. Der die Allegorie konstituierende Teil V. 2 b α hat mit zwei Sätzen insgesamt drei Worte, von denen *alle* metaphorisch verwendet werden. Es werden nicht Einzelheiten entfaltet, die Metaphorik ist aber ausschließlich mit Metaphern-Worten ausgeführt, so dicht wie nur irgend möglich.

Nach diesem durchaus metaphorischen Textteil erfolgt ein Zusammenfall von Bild und Sache, V. 2 b β, dadurch, daß das Verb פשע G mit konjunktiver Bedeutungsverwendung die Allegorie fortsetzt, das Bild als solches weiter entfaltet *und* in derselben Verwendungsweise in einer deutenden Sachaussage wiederholbar ist. Das gewählte Verb weist auf die *Sache* hin, um die es V. 2 b β geht: der Abfall, der Bruch mit Jahwe.

Zur Metapher בָּנִים wird das Denotat *B,* יִשְׂרָאֵל, explizit genannt, V. 3 b, aber nicht als Deutung eingeführt, sondern es steht im Rahmen eines die Allegorie V. 2 b kommentierenden und weiterführenden Vergleichs, V. 3 a. b [35]. Ein Vergleich, der eine Allegorie *ein*leitet, wurde Am 2, 9 a festgestellt, ein abschließender Kommentar Am 5, 3 – ohne Vergleichsrede.

---

[35] M. Weinfeld hat darauf hingewiesen, daß hetittische Vasallverträge ein Jes 1, 3 a entsprechendes Motiv kennen, vgl. ders., Ancient Near Eastern Patterns in Prophetic Literature, VT 27 (1977), 188.

Zwischen Aufmerkruf und Subjektangabe einerseits, dem Kommentar andererseits, bildet die Allegorie Jes 1,2b den zentralen, alles andere tragenden Teil der Texteinheit V.2f. Entsprechend verhält sich die Allegorie Am 5,2 in der Einheit Am 5,1–3.

Trotz der Kürze bieten die Sätze Jes 1,2bα und der Satz V.2bβ jeweils ein abgerundetes Ganzes an Darstellung und sagen wohl, was hier vonnöten war zu sagen.

Die Metapher בָּנִים hat als Denotat *A* eine unbestimmte Zahl an (Einzel-)Personen, als Denotat *B* dagegen ein Volk. Die Metapher individualisiert das Volk. Die Allegorie Jes 1,2b ist nicht deshalb eine Individuationsallegorie, etwa der Art von Am 5,2, wo *ein* Individ das Denotat *A* ist.

Der Ausgang des allegorisch dargestellten Sachverhalts, V.2bβ, ist eine Möglichkeit des Bildstoffes, aber nicht die einzig mögliche, und er ist mithin, vom Bildstoff her gesehen, kein notwendiger Ausgang. Im Gegenteil entbehrt dieser bestimmte Ausgang eine jede gerade ihn begründende Erklärung in der Allegorie, weshalb die Negationen V.3b gebraucht werden. Die Erklärung fehlt: Sie ermangelt der Sache, nicht dem Text.

Diese Allegorie stellt Handlungen und zwar ausschließlich Handlungen dar. Die Handlungen V.2bα sind aber gleichzeitig in der Vergangenheit (*x-qaṭal w·* = *qaṭal*[36]), während der Satz V.2bβ in *w·* = *x-qaṭal* Progreß in der Vergangenheit bietet. Die Bewegung[37] in dieser Allegorie ist von Jahwe weg und von ihm nur weg: Der Bruch mit Jahwe.

Nach den obigen semantischen Erwägungen kann auch hier von einer weiterführenden Analyse mit Rücksicht auf beziehbare Bedeutungselemente der Metaphern abgesehen werden.

---

[36] Vgl. oben, S.177 zur Textkritik.

[37] Vgl. zur Frage der Bewegung in der Allegorie G. Clifford, The Transformations of Allegory, 1974, 11f. 14ff. u.s. oben, S.145 zu Am 2,9b.

Jesaja 1, 5–6

Jesaja 1,4–7 b α. Textbestand und Textsorte

In der Überlieferung Jes 1,4–9, wo V.7 b β. 8 f. sekundär sein können[1], wird der älteste Bestand wohl jesajanisch sein[2]. Hier ist der Textverlauf V.5–6 allegorisch, während V.7 a.b α das Thema der allegorischen Rede weiterführt ohne Metaphorik.

Zur Textkritik: Die letzten zwei Worte V.4 bilden eine syntaktisch
selbständige Verbalphrase, die m.c. wohl als Glosse anzusehen ist. Sie
ist auch nicht von der LXX bezeugt. Die älteste LXX-Überlieferung
bezeugt die Wortgruppe אֵין־בּוֹ מְתֹם in V.6 a α nicht, sie scheint jedoch
im hebräischen Text, in der Reihung von vier Doppelzweiern V.5–6 a,
ursprünglich zu sein.

Zur Abgrenzung und Textsorte: V.4 öffnet nach V.2 b–3 eine neue
Einheit. Es wird von Jahwe in der 3.P. geredet, nach der Jahwerede in
der 1.P. V.2 b–3; V.4 ist ein prophetischer Weheruf, oder besser mit
C. Hardmeier: ein prophetischer Klageruf[3]. Die These K. Buddes, wonach Jes 1,4 ff. als eigenständigem Textstück der Anfang fehlen würde
[4], d.h. daß der Weheruf הוֹי nicht die Einheit einleiten sollte, vermißt
eine jede formkritische Grundlage. – Nach den auf den Ruf הוֹי unmittelbar folgenden, den prophetischen Klageruf mit kennzeichnenden

---

[1] Vgl. J. Vermeylen, Du prophète Isaïe à l'apocalyptique, I 1977, 50–53.

[2] Dazu s. A.J. Bjørndalen, Zur Frage der Echtheit von Jesaja 1,2–3; 1,4–7 und 5,1–7,
NTT 83 (1982), 90–93 in Auseinandersetzung mit J.Vermeylen, a.a.O., 54–57. – Leider
zu spät wurde mir die Untersuchung von W.Werner greifbar: Israel in der Entscheidung. Überlegungen zur Datierung und zur theologischen Aussage von Jes 1,4–9, in:
Eschatologie. Festschrift für E.Neuhäusler, 1981, 59–72. Werner geht bes. in zwei
Punkten über die angeführte Diskussion mit Vermeylen hinaus. 1) sieht er eine enge
terminologische Berührung von Jes 1,5 f. zu Dtn 28,35 (a.a.O., 65). Diese besteht jedoch nur in der Verwendung von נכה H aktiv mit Jahwe als Subjekt und menschli-
chem Objekt, sowie in der Verwendung des Ausdrucks מִכַּף־רֶגֶל וְעַד. In der Beschreibung der Krankheiten besteht keine Gemeinsamkeit. 2) hebt Werner die Wendung
»euer Land [eine Öde] ... und eure Städte« Lev 26,33 hervor, neben Jes 1,5–7 sonst
nicht bei Jesaja belegt (a.a.O., 65 f.). – Dies reicht schwerlich zur Annahme hin,
Jes 1,5–7 seien aus den genannten Versen der abschließenden Fluchreihen von D und
H kombiniert (so W.Werner, a.a.O., 66).

[3] C. Hardmeier, Texttheorie und biblische Exegese, 1978, 222 ff.

[4] K. Budde, Zu Jesaja 1–5, ZAW 49 (1931), 21.

[5] Dazu s. C. Hardmeier, a.a.O., 228 ff.

Nominalgruppen[5] V. 4a sowie den daran anschließenden, syntaktisch unabhängigen Verbalsätzen V. 4b[6] erfolgt eine kleine Zäsur, durch den Übergang in den Fragemodus 2. P.[7] und in die allegorische Redeweise V. 5aα angezeigt. Nach V. 6 markiert allenfalls die nicht mehr metaphorische Redeweise einen gewissen Einschnitt. Eine neue Einheit wird erst V. 10 mit dem doppelten Aufruf zum Hören angezeigt, vgl. V. 2a[8].

Jes 1, 4–9 ist als Ganzes von C. Hardmeier als Disputationswort bestimmt[9]. Strukturrelevant bei dieser Bestimmung ist für ihn »1. die dem KHS [›kommunikativen Handlungsspiel‹] zugrunde liegende typische Partnerkonstellation zweier Parteien, die gegensätzlicher Meinung sind, 2. thematisch die strittige Meinung selbst, und 3. die kommunikative Intention eines der Kontrahenten, durch eine – wie immer geartete – Beweisführung den Gegner von seiner Meinung zu überzeugen.«[10] Hardmeier meint, daß diese Momente die Struktur von Am 5, 18–20 zu erklären vermögen[11], wie auch die von Jes 1, 4–9[12]. Nach C. Hardmeier geht eine Verschiedenheit der Meinungen, ebenso »der Inhalt der Meinungsverschiedenheit selbst«, aus der Frage V. 5a hervor[13]. Es ist aber offensichtlich, daß beides von ihm auch noch aus V. 8–9 und aus dem gewöhnlich angenommenen geschichtlichen Kontext von Jes 1, 4–9 hergeleitet wird:

> »Während der Prophet angesichts der Einschließung der Stadt Jerusalem durch Sanheribs Truppen um 701 v. Chr … das Maß der Zerstörung und damit die Bestätigung seiner Unheilsankündigung als Werk Jahwes für offensichtlich erachtet, wird diese Sicht der Lage von seinen Adressaten bestritten, die sich darüber freuen, daß die Stadt selbst nicht erobert worden ist …«[14].

Eine Bestreitung der Sicht des Propheten ist jedoch im Text nicht unmittelbar greifbar, am wenigsten, wenn V. 8f. nachexilisch ist, wofür einiges spricht[15]. Es ist andererseits richtig, daß der Prophet auf eine schon eingetretene Katastrophe hinweist, vgl. V. 5b–7bα[16]. Es geht aber dabei nicht um das rechte Verstehen dieser Katastrophe, sondern

---

[6] Vgl. z. B. Jes 5,12b u. s. C. Hardmeier, a.a.O., 248 mit Anm. 187.
[7] Vgl. z. B. Jes 45,9b u. s. C. Hardmeier, a.a.O., 248f.
[8] Zu den Höraufrufen als Redeeröffnungen vgl. C. Hardmeier, a.a.O., 302ff.
[9] C. Hardmeier, a.a.O., 273f.
[10] C. Hardmeier, a.a.O., 271 Anm. 23.
[11] Vgl. C. Hardmeier, a.a.O., 270f., auch S. 273f. zu Jes 10,5–15; 29,15f. und 45,9–13.
[12] Vgl. C. Hardmeier, a.a.O., 273f. 372.
[13] Vgl. C. Hardmeier, a.a.O., 273.
[14] C. Hardmeier, a.a.O., ebda.
[15] Vgl. J. Vermeylen, a.a.O., I 1977, 50–53.
[16] C. Hardmeier, a.a.O., 274. 372.

nach V. 5 a um die *Fortsetzung*[17] dieser Katastrophe, sei es als sicher eintretende oder als unter Vorbehalt mögliche Zukunft.

Als Element von Klage, dominiert vom Klageruf V. 4, könnte die Frage V. 5 a α rein rhetorisch zum Ausdruck bringen, und beklagen, daß die Hörer sich weiterhin schlagen lassen werden, womit dies als gewisse Zukunft dargestellt wäre. Es könnte aber andererseits sein, daß diese Frage, als Entfaltung oder Weiterführung der trauernden[18] Klage, ein Anruf sein wollte und dazu anleiten und bewegen wollte, sich nicht mehr schlagen zu lassen, sondern (V. 5 a β) alle Widerspenstigkeit aufzugeben. Die große Breite und Ausführlichkeit der Elendsschilderung V. 5 b–7 deuten am ehesten darauf hin. Diese Schilderung der gegenwärtigen Not ist weniger verständlich als Korrelat zu einer Feststellung, sei sie auch beklagend eingefärbt, daß die Hörer sich weiterhin schlagen lassen würden. Daß die Gegenwart breit und ausführlich geschildert wird, vergewissert einem nicht der Zukunft, könnte aber sehr wohl dazu anleiten, eine der Gegenwart ähnliche Zukunft anzustreben oder zu vermeiden zu suchen, je nachdem. Es wäre somit der Ausführlichkeit dieser Schilderung durchaus gerecht, wenn sie die Hörer mit anleiten sollte, sich nicht mehr schlagen zu lassen. Es ist dann anzunehmen, dies sei eben die Funktion der Frage V. 5 a α als Sprachhandlung.

Es geht in Jes 1,4 ff. schwerlich um die Behebung einer Einsichtslosigkeit der Hörer. Eine Implikation von V. 5 a ist freilich, daß die bisherigen wie auch eventuelle zukünftige »Schläge« Folgen der Widerspenstigkeit sind. Das ist eine Einsicht. Aber um sie geht es in der Oberflächenstruktur von V. 5 a nicht, sondern darum, ob die Hörer in fortgesetzter Widerspenstigkeit bis zum zukünftig definitiven Untergang beharren werden. Manifest ist gegen C. Hardmeier[19] nicht die Einsichtslosigkeit, sondern Widerspenstigkeit der Hörer. Gefragt ist nicht, welche Einsicht, sondern welche Zukunft man haben will.

Es erscheint auf diesem Hintergrund kaum ratsam, die Bestimmung C. Hardmeiers zur Gattung von Jes 1,4–9 bzw. 1,4–7 b α als einem Disputationswort zu übernehmen. Wohl aber lassen sich, auf Hardmeiers Beobachtungen zu V. 4 aufbauend, Gliedfunktionen des weiteren Textes V. 5 ff. wie angedeutet etwas näher bestimmen.

---

[17] Vgl. in V. 5 a α *x-yiqṭol* mit folg. עוֹד u. dazu auch unten, S. 194 f.; zu V. 5 a als Zukunft s. auch W. Dietrich, Jesaja und die Politik, 1976, 191 (m. weit. Lit.).

[18] Zum Weheruf הוֹי als emotional-affektivem Ausdruck von Trauer, vgl. überzeugend C. Hardmeier, a.a.O., 202 ff.

[19] C. Hardmeier, a.a.O., 372.

Ein prophetischer, trauernder Klageruf V. 4 eröffnet den Text. Mit dieser Feststellung ist nicht schon über die Gattung des Textes entschieden[20], Gliedfunktionen werden aber von V. 4 her vorbereitet. Der Klageruf beherrscht das Textganze sowohl funktional als auch inhaltlich. Was in den Nominalgruppen und in den anschließenden Verbalsätzen V. 4 ausgesagt wird, ist Voraussetzung der Frage und der Schilderungen V. 5–7 b α. Funktional sind die Frage V. 5 a α[21] und die Elendsschilderungen V. 5 b–7 b α[22] Elemente von Klage, hier jedoch nicht als Anklage Gottes oder als Selbstklage, wie auch der Klageruf V. 4 keines von beiden ist. Es werden vielmehr die Hörer beklagt, und zwar V. 5–7 in Anrede an sie. Dieses Beklagen ist wahrscheinlich der eindringlichen Frage V. 5 a α dienstbar gemacht: Angesichts der schweren Folgen aller Widerspenstigkeit leitet die Frage dazu an, sich nicht mehr schlagen zu lassen, sondern alle Widerspenstigkeit aufzugeben. Es wird schon argumentiert, aber nicht gegen Einsichtslosigkeit, sondern gegen Widerspenstigkeit. Seiner Funktion nach ist der Text Jes 1, 4–7 b α werbendes und verwarnendes Klagen und Beklagen[23].

---

[20] Vgl. C. Hardmeier, a.a.O., 269.

[21] Zu Fragen in Klagen, an Gott gerichtet, vgl. etwa Ps 13,2 f.; 35,17; 6,4; 90,13 bzw. 74,10; 80,5; 94,3; 79,5; 89,47 (wie lange); 10,13.1; 22,2; 42,10; 43,2; 88,15 bzw. 44,24 f.; 74,1; Jer 14,8.19 (warum).

[22] Vgl. in Gebeten Ps 22,15 f. 18; 38,3 f. 6 ff.; 102,5.12; 109,23.

[23] Im Ergebnis zur Funktion des Textes ähnlich B. S. Childs, Isaiah and the Assyrian Crisis, 1967, 22.

Das Allegorische in Jesaja 1,4–7 b α

Auf den Weheruf הוֹי folgen in V. 4 a vier Nominalgruppen mit attributiver Binnenstruktur[24]. Das Anfangsnomen jeder Gruppe bezieht sich semantisch auf einen und denselben Referenten: גּוֹי // עָם, זֶרַע // בָּנִים bezeichnen alle das Volk Juda unter je verschiedenem, lexikalisch bedingtem Aspekt. Keines von diesen Anfangsnomina ist hier metaphorisch verwendet. C. Hardmeier meint allerdings, daß das Nomen זֶרַע V. 4 a β metaphorisch verwendet ist, indem er darauf verweist, daß es sich um eine Apposition zum Nomen גּוֹי handelt[25]. Es ist aber vorsichtshalber anzunehmen, daß es sich bei זֶרַע in diesem Fall eher um eine »erstarrte«, eine »ehemalige«, eine ins Lexikon eingegangene Metapher handelt: זֶרַע ist hier so oder so eine Bezeichnung für Nachkommenschaft (vgl. in der Parallele hier בָּנִים), was im AT sehr häufig der Fall ist[26]. Die Möglichkeit einer erstarrten Metapher – oder wie man das Phänomen benennen will – ist von C. Hardmeier zur Stelle nicht erörtert.

Auch von den attributiven Gliedern innerhalb der Nominalgruppen ist kaum eines sicher metaphorisch verwendet. Das Adjektiv כָּבֵד V. 4 a α₂ könnte vielleicht in dieser Verwendung eine erstarrte Metapher sein. Daß es eine wirksame Metapher sei, wäre jedoch schwer zu begründen. Das eventuelle Bild ist auch isoliert sofern es nicht fortgesetzt wird.

---

[24] Näheres zur Struktur der Nominalgruppen V. 4 a bei C. Hardmeier, a.a.O., 228 ff. – Ob V. 4 a γ als asyndetischer Relativsatz zu bestimmen ist (a.a.O., 230 vgl. 228), mag jedoch hier auf sich beruhen.

[25] Ders., a.a.O., 232 f.

[26] Zur Verwendung des Substantivs זרע vgl. H. D. Preuß, Art. זֶרַע, ThWAT II 1977, 663 ff., der allerdings »Nachkommenschaft« als »übertragene« Bedeutung angibt (Sp. 665. 671) und davon den »eigentlichen« Gebrauch unterscheidet (Sp. 666). – Sp. 671 ff. wird eine große Reihe von Belegen untersucht, wo das Substantiv זֶרַע »Nachkommenschaft« bezeichnet. Sprachgeschichtlich mag hier das, was man behelfsmäßig eine »Übertragung« nennt, im Hintergrund stehen, aber in ungezählten Fällen der je aktuellen *Verwendung* des Wortes זֶרַע eben für »Nachkommen« wird mit der Zeit eine Bedeutung »Nachkommen« wahrscheinlich konjunktiv gebraucht gewesen sein, d. h. lexikalisiert sein. – Natürlich konnte das Wort זֶרַע weiterhin *auch* von Fall zu Fall metaphorisch verwendet werden.

Es gilt nun zu klären, wie die weitere Rede V. 5–6 gemeint ist, zunächst einmal von jeder Frage einer Bildhaftigkeit abgesehen: Was wird hier dargestellt?

Das Verb נכה H kann von »Schlagen« im physisch-konkreten Sinne verwendet werden, d. h. mit einem konkreten Gegenstand und auf einen konkreten Gegenstand zu schlagen, vgl. z. B. Num 22,23.25.27 f.; mit einem Stein oder mit der Faust Ex 21,18; mit einem Stab Num 20,11. Das Verb kann aber auch im Sinn von »Schlagen mit Krankheit« verwendet werden[27], wobei allerdings leicht die Krankheit gleich in einem Adverbial ausdrücklich genannt wird, vgl. Gen 19,11; Num 14,12; I Sam 5,6. Das ist hier nicht der Fall. Der Satz oder die Parallele bietet keine nähere Bestimmung. Dann läßt das Verb wohl eher an Schlagen im physisch-konkreten Sinne, an Schläge und Stöße, die von außen an den Körper kommen, denken, soll man den Satz nicht als merklich kurz und etwas undeutlich ansehen[28]. – Mit dem Adverbial עוֹד setzt nun die Frage V. 5 a α voraus, daß Schläge schon erteilt worden sind.

Die Frage V. 5 a α wird durch עַל מֶה eingeleitet, das hier am ehesten in der Funktion »warum …?« verwendet sein dürfte[29].

---

[27] H. Wildberger, a.a.O., I 1972, 25 f. versteht das Verb an unserer Stelle so, bezieht sich dabei allerdings nur auf Stellen, die das *Substantiv* מַכָּה bieten und es ausdrücklich mit Angriffen wilder Tiere (Lev 26,21 f.!) erläutern oder in der Parallele כָּל־חֳלִי, חֳלָיִם oder תַּחֲלֻאִים sagen (Dtn 28,59.61; 29,21).

[28] Zu נכה H pass. an unserer Stelle im Sinne von physisch-konkretem Geschlagenwerden vgl. u. a. G. B. Gray, a.a.O., I 1912, 11 f.; J. Hempel, Heilung als Symbol und Wirklichkeit im biblischen Schrifttum, 1965², 238; E. J. Young, a.a.O., I 1965, 49 f.; I. von Loewenclau, a.a.O., 299 mit Anm. 32 (Hinweis auf Prov 20,30); G. Fohrer, a.a.O., I 1966², 29 (geschlagen im Sinne eines ausgepeitschten Sklaven, dazu s. unten, S. 198, Anm. 42).

[29] עַל מֶה bedeutet an unserer Stelle schwerlich »worauf?«, wie die lexikographische Tradition, im Anschluß an Vulgatas *super quo,* meistenteils meint, vgl. Gesenius-Buhl, Zorell, Köhler-Baumgartner und HAL s. v. מה. Brown-Driver-Briggs notieren »upon what ground? wherefore?«; Holladay »on what basis, why?«. Das Problem ist für die Forschung nicht einfach und leicht gewesen. – Zur Begründung der Übersetzung »pourquoi?« wies A. Condamin darauf hin, daß derjenige, der um zu strafen schlägt, nicht vor allem darauf bedacht ist, nur bis dahin unversehrte, verschonte Körperteile zu treffen (Les chapitres I et II du livre d'Isaïe, RBI NS 1 (1904), 10; ders., Le livre d'Isaïe, 1905, 2). – Andererseits hat F. Buhl eine Erzählung belegen können, wo ein Gefolterter gefragt wird »Wo wünschest du geschlagen zu werden?« und auf seine Antwort hin dann an den noch übrigen heilen Stellen gepeitscht wird (Zu Jes 1,5, ZAW 36 (1916), 117). Mit der Frage werden dort ironisch weitere Stellen zum Peitschen *gesucht.* Das ist Jes 1,4 ff. wenigstens nicht offensichtlich der Fall, der Folgebereich der Frage V. 5 a α droht nicht weitere Schläge an. Die Frage V. 5 a α hält zwar die Möglichkeit weiterer Schläge durchaus offen, der Folgebereich spricht aber aus Mit-

Der Satz V. 5 a β schließt unmittelbar an die Frage V. 5 a α an. Gewöhnlich wird der Satz V. 5 a β als Umstandssatz oder auch als Relativsatz verstanden. Das Verhältnis der Satzinhalte V. a α /β zueinander läßt folgendes Verständnis zu: Warum wollt ihr noch geschlagen werden, die ihr eure Widerspenstigkeit fortführt. Das Nomen סָרָה faßt unter seinem Gesichtspunkt die Charakteristiken des Volkes V. 4 abstra-

---

leid über die gegenwärtige heillose Lage, auch muß man berücksichtigen, daß die Frage V. 5 a α von dem prophetischen Klageruf V. 4 dominiert ist. Durchaus im Unterschied zur Erzählung Buhls werden die Hörer, die Gefragten, die Geschlagenen hier *beklagt*. Buhls Text leitet deshalb nicht an zu einer besseren Auffassung der Fragepartikel עַל מֶה Jes 1,5 a α, zeigt jedoch, daß der Hinweis Condamins nicht allgemeine Gültigkeit besitzt. – G. W. Wade hat zu Jes 1,5 darauf verwiesen, daß das Volk in den Sätzen V. 5 a noch im Plural angesprochen wird, während erst V. 5 b von dem Körper eines individuellen Leidenden redet (The Book of the Prophet Isaiah, 1911, 3 f.). Man muß jedoch hier wohl erwidern, daß עַל מֶה = »worauf« vor נכה H pass. nicht den Körper eines individuellen Leidenden voraussetzen würde, sondern, solange man nur noch V. 5 a hört, daß die Angeredeten selbst je einen Körper haben. Wade trat somit ohne zureichende Gründe für die Übersetzung »why?« ein. – Ähnliches ist zu Delitzschens entsprechendem Argument zu sagen (F. Delitzsch, Commentar über das Buch Jesaia, 1889⁴, 48). G. B. Gray, a.a.O., I 1912, 11 und E. J. Young, a.a.O., I 1965, 49 f. lesen »wherefore?«, »why?« und stützen sich dabei hauptsächlich auf Condamin bzw. auch auf Wade.
Man hat aber schon mehrfach auch darauf hingewiesen, daß die Partikel עַל מֶה mit Sicherheit die Funktion »warum?« hat in Jer 8,14; 9,11; Ez 21,12; I Reg 9,8 und Ps 10,13, vielleicht auch in Num 22,32, wenn nicht die Funktion »wozu?«. Es ist darüber hinaus der alttestamentliche Sprachgebrauch etwas genauer zu erwägen.
In Jes 1,5 a α wird das Verb נכה H pass. verwendet. Bei Verwendung von נכה H akt. wird das, worauf geschlagen wird, gerne mit בְּ eingeführt, vgl. Ex 17,5.6; Num 22,6; I Sam 18,7. Dagegen mit עַל Ex 7,17, wo – vielleicht *weil* – das Instrument des Schlagens zuvor mit בְּ eingeführt war; dazu vgl. etwa Jes 30,31; 5,24.
Hinzu kommt, daß עַל מֶה eine fest gefügte Morphemverbindung war. Es ist aus Gründen der sprachlichen Ökonomie kaum zu erwarten, daß ein gleichbleibender Ausdruck, am wenigsten ein Funktionswort, als homonym oder polysem operiert wurde, ohne daß Lexeme der betreffenden Frage es jeweils zwingend notwendig und zugleich jeweils *erkennbar* machten, wie in Hi 38,6 a, wo עַל מֶה mit טבע H. pass. nach einem Fundament der Pfeiler fragt, oder wie in II Chr 32,10, wo עַל מֶה mit בטח G nach dem Gegenstand der Zuversicht fragt. Ein entsprechendes Phänomen liegt in Jes 1,5 a vor, in dessen Vorbereich 1,4 aber nicht.
Es liegt dann doch wohl am nächsten, in Jes 1,5 a α die Partikel עַל מֶה in der Funktion »warum?« zu verstehen. – Gegenüber diesen Erwägungen, die sich alle streng auf die Partikel עַל מֶה und auf den Text Jes 1,4 f. beziehen, hat die Sicht von O. Procksch weniger Gewicht, die sich auf Jesajas Verwendung *anderer* Fragepartikel bezieht, vgl. ders., Jesaia I, 1930, 32; danach auch Aa. Bentzen, Jesaja, I 1944, 4. – Für עַל מֶה an unserer Stelle in der Funktion von »warum?« tritt ein B. S. Childs, Isaiah and the Assyrian Crisis, 1967, 20.

hierend zusammen. – Es ist nun zu beachten, daß bei der Lesung von
V.5aβ als Umstands- oder Relativsatz die Fragepartikel עַל־מֶה auch
diesen Satz insofern dominiert, als die Satzinhalte V.aα/β korreliert
werden: weitere Widerspenstigkeit zieht weiteres Schlagen nach sich.
Die Warum-Frage setzt zwar *an* beim weiteren Schlagen, betrifft so
aber sachlich auch die Ursache: die fortgesetzte Widerspenstigkeit. Insofern ließe sich V.5aβ auch als weiterer Fragesatz, an das עַל־מֶה
V.5aα geknüpft, lesen. Vielleicht wäre das hier die näherliegende Lesung, wo einerseits beide Sätze dasselbe Subjekt haben, und andererseits genau dieselbe Struktur *x-jiqtol* erreicht wäre, wenn nur auch V.
5aβ mit der Partikel עַל־מֶה aus V.5aα gelesen würde. Der Struktur-
wechsel von *x-jiqtol* (V.5aα) in *jiqtol-x* (V.5aβ) wäre überraschend,
vgl. Jes 10,24b; 30,31; Ps 4,3aβ.b; 21,13; 62,5aβ.b. – Andere Texte,
die als zwei parataktische Fragesätze gelesen werden können, dominiert
von einer gemeinsamen Fragepartikel und dann mit je gleicher Struktur, sind Ps 10,13; 44,25; 62,4; 74,10; 79,5; 88,15; 89,47 [30].
    In V.5b bezeichnet חֱלִי einen krankhaften Zustand körperlicher
Schwäche oder Schmerzen [31], dem der ganze [32] Kopf verfallen, preisgegeben (vgl. II Chr 21,18) ist. Es erscheint vom Kontext her eher unwahrscheinlich, daß חֱלִי hier in bezug auf einen seelischen Zustand verwendet sein sollte [33]. V.5a läßt mit רֹאשׁ an ein Körperteil denken und
an ein Schlagen auf den Kopf. Impliziert ist wohl, daß durch die
Schläge Schäden hervorgebracht sind, die Schmerzen und eventuell
weitere krankhafte Zustände nach sich ziehen. Vgl. Jer 14,17 מַכָּה נַחְלָה;

---

[30] Auch G.B.Gray, a.a.O., I 1912, 11 sieht V.5aβ als parallelen Fragesatz unter der Partikel עַל מֶה aus V.5aα an.

[31] Zum Bedeutungsumfang von חלי vgl. J.Scharbert, Der Schmerz im Alten Testament,
1955, 36–40; K.Seybold, Art. חָלָה, חֱלִי ThWAT II 1977, 962–964; ders., Das Gebet des
Kranken im Alten Testament, 1973, 20–23. – Th.Struys, Ziekte en genezing in het
Oude Testament, 1968, 389f. versteht die Konstruktion mit לְ in Jes 1,5bα als Ausdruck der Übergabe des Kranken an eine Macht.

[32] כל mit indeterminiertem Objekt *kann* »ganzer« bedeuten, gerade auch mit לֵבָב, in
Poesie (Ps 111,1 אוֹדֶה יהוה בְּכָל־לֵבָב) und in Prosa (Ez 36,5 בְּשִׂמְחַת כָּל־לֵבָב). Man
kann zu unserer Stelle zwar sagen, die Fragen V.5a geben kein Signal her, es sei von
nur einer Person oder von nur einem Körper die Rede. Von den Fragen V.5a her gelesen *kann* כל sowohl als »jeder« als auch als »ganzer« verstanden werden. »Der ganze
Kopf« wäre immerhin repräsentativ für alle Köpfe, die von den Schlägen, die V.5aα
voraussetzt, betroffen sind. Diesen repräsentativen Singular bietet nun die Fortsetzung
V.6aα. Der Hörer wurde damit wohl veranlaßt, auf einen ganzen Kopf und ein ganzes Herz V.5b zurückzuschließen.

[33] So aber F.Stolz, Art. חלה, THAT I 1971, 569.

auch Jer 30,12. Das Nomen חֳלִי wird hier m.a.W. durch die Frage
V.5aα mit נכה H pass. näher bestimmt[34].

In der Parallele, V.5bβ, heißt es: das ganze Herz (ist) דַּוָּי. J. Hempel las לֵבָב an dieser Stelle »als Terminus für den ganzen Leib«[35]. Das
ist kaum zutreffend: Zuvor war ein einzelnes Körperteil genannt, der
Kopf. Das Substantiv לֵבָב selbst bildet mit דַּוָּי eine formelhafte Wendung, vgl. außer Jes 1,5 Jer 8,18; Thr 1,22. Parallelen an den beiden anderen Stellen deuten an, es handle sich bei dieser Wendung um Psychisches: Trauer, Kummer, Unwohlsein, vgl. יָגוֹן Jer 8,18, und in Thr 1,22
רַבּוֹת אֲנָחֹתַי[36]. Der nächste Kontext an allen drei Stellen, hier in Jes 1
Vers 7, läßt vermuten, daß die Wendung recht emphatisch ist, etwa in
dem Sinn: von lähmender Trauer beherrscht zu sein[37].

V.6aα verstärkt die Schilderung: am ganzen Körper gibt es keine
heile Stelle. מתם ist auch Ps 38,4.8 belegt. Es folgen in V.6aβ drei z.T.
charakterisierende Bestimmungen zu den Schäden am Körper, diese
Funktion ist sicher wenigstens beim letzten Glied מַכָּה טְרִיָּה, frische
Wunde vorhanden. Zu מַכָּה als Wunde vgl. I Reg 22,35; II Reg 8,29;
9,15. טָרִי* dürfte »neu«, »frisch« wie in Jdc 15,15 bedeuten. Die Wunden sind neu entstanden, nicht schon auf dem Wege der Besserung. –
Zwischen פֶּצַע und חַבּוּרָה zu differenzieren dürfte für uns ein unsicheres Geschäft sein, zumal diese Vokabeln miteinander in Parallelen oder
Gruppe verwendet werden, Gen 4,23; Ex 21,25 bzw. Prov 20,30. פֶּצַע
konnte vermutlich eine Wunde als Wunde bezeichnen auch, oder gerade dann, wenn sie als Schlagwunde entstanden war; das Verb פצע G
bezeichnet die Handlung »zu verwunden« gerade auch wenn dies sich
durchs Schlagen ereignete, vgl. I Reg 20,37; Cant 5,7.

Drei negierte Sätze V.6b sagen aus, daß die Wunden nicht behandelt werden. Sie[38] werden nicht ausgepreßt (זרר G pass.), nicht verbun-

---

[34] Zu solcher notwendigen Näherbestimmung zwecks Verdeutlichung bei Aussagen mit
der Wurzel חלה vgl. K. Seybold, Das Gebet des Kranken im Alten Testament, 1973, 23.
– H. Wildberger, a.a.O., I 1972, 26 nimmt auf diese Näherbestimmung scheinbar nicht
Rücksicht.

[35] J. Hempel, Heilung als Symbol und Wirklichkeit im biblischen Schrifttum, 1965², 238
Anm. 1.

[36] Vgl. J. Scharbert, a.a.O., 41; H. W. Wolff, Anthropologie des Alten Testaments, 1973,
211.

[37] Vgl. noch Th. Struys, a.a.O., 392: »dawwāj … kan als intensivum worden opgevat«.

[38] Wie sich der Sing. fem. רְכָּה V.6bβ zu den Plural-Formen V.6bα verhält, ist eine
Frage für sich. Ed. König nahm an, die verschiedenen Subjekte seien hier zu einer neutralen, feminin formulierten Einheit zusammengefaßt (Das Buch Jesaja, 1926, 41),
während O. Procksch den Sing. fem. nur auf מכה bezog (a.a.O., 33, vgl. Aa. Bentzen,
a.a.O., I 1944, 5). Daß aber besonders die frischen Wunden erweicht werden mußten,

den (חבשׁ D pass., vgl. Ez 30,21 bei der Behandlung von Frakturen[39]),
nicht erweicht (vgl. רכך G weich sein Dtn 20,3; Jes 7,4) mit Öl, dessen
Verwendung bei der Behandlung von Wunden wichtig und sehr verbreitet war[40]. – Jer 8,22 nennt Balsam, צֳרִי, als Heilmittel bei Wunden.

Die Darstellung V.5–6 ist im Inhalt einheitlich in dem Sinne, daß
alle Sätze verschiedene Momente eines und desselben komplexen Sach-
verhaltes darstellen: Ein menschlicher Körper[41] ist schwer geschlagen[42],
überall schwer verwundet, keiner Behandlung unterzogen. Es werden
allerdings im Rahmen der Darstellung *die* leidenden Person*en* gefragt,
warum sie sich noch schlagen lassen wollen. Abgesehen vom Numerus-
problem dieser Frage gilt, daß ein Sachzusammenhang dieser Momente
nach der damaligen wie heutigen Kenntnis des menschlichen Lebens in
der Welt durchaus innerhalb des alltäglich Möglichen liegt. Auf
Schläge und Wunden kann allerdings auch Versorgung und Heilung

---

überrascht ein wenig. Die Sicht Ed. Königs war dann vielleicht eher richtig. E. J. Young
entgeht scheinbar das Problem, indem er annimmt, der Satz V.6bβ sei »independ-
ently« zu nehmen: »three characteristics of the body were mentioned: wounds, bruises,
and fresh sores, and three methods of healing are likewise given: pressed out, bound
up, mollification by oil.« (E. J. Young, a.a.O., I 1965, 52.) Young meint dies als Alternative zu der Theorie, daß der Satz V.6bβ über alle Wunden in V.6aβ aussagt. Seine
Auffassung läßt sich aber wohl schwerlich halten angesichts der Tatsache, daß alle drei
Sätze V.6b einen Rückweiser enthalten (und zwar ohne Differenzierung, auf die
Wunden V.6aβ): das Subjekt des Satzes. Keiner der Sätze V.6b, auch nicht V.6bβ, ist
in dem von Young angenommenen Sinne *independent*.

[39] Vgl. noch חבשׁ G akt., Ez 34,4.16 bei Frakturen, Hi 5,18 bei Wunden, und s. J. Hempel, a.a.O., 239.

[40] Vgl. E. Kutsch, Salbung als Rechtsakt im Alten Testament und im Alten Orient, 1963,
2–6.

[41] Aa. Bentzen, a.a.O., I 1944, 4 denkt an einen Sklaven. Die Darstellung des Textes ist
jedoch nicht so präzise gefaßt, daß *nur* von einem Sklaven die Rede sein könnte. Der
Status des Geschlagenen spielt überhaupt keine Rolle im Text, man fragt vergebens
danach. H. Schmidts Andeutung vom »Körper eines auf der Straße Überfallenen« ist
vermutlich eine Konkretisierung als Beispiel (H. Schmidt, a.a.O., 1923², 84).

[42] Es ist schwerlich zu begründen, die Wunden V.6 speziell als Peitschwunden aufzufassen (O. Procksch, a.a.O., 32; V. Herntrich, Der Prophet Jesaja, 1954², 7; W. Eichrodt,
Der Heilige in Israel, 1960, 28) bzw. den Körper als Körper eines ausgepeitschten
Sklaven zu verstehen (G. Fohrer, Jesaja 1 als Zusammenfassung der Verkündigung Je-
sajas, BZAW 99, 1967, 153, vgl. ders., Das Buch Jesaja, I 1966², 29; G. Münderlein, Art.
חבשׁ, ThWAT II 1977, 729). Der Text F. Buhls in ZAW 36 (1916), 117 zeigt nur eine
Möglichkeit; auch lassen die Vokabeln V.6aβ keine eindeutigen Schlüsse zu in dieser
Richtung. – Es sei noch erwähnt, daß der Text auch nicht an Aussatz denken läßt, wie
Ed. König meinte (Das Buch Jesaja, 1926, 41). Zur Frage des biblischen (traditionell
sogenannten) Aussatzes vgl. K. Seybold in K. Seybold und U. B. Müller, Krankheit und
Heilung, 1978, 55ff.

folgen, Hi 5,18. Es ergibt sich, daß die Satzinhalte Jes 1,5f. auf Umstände verweisen, die *einem* potentiellen Sachverhalt gehören und insofern sachlich aufeinander bezogen sind.

Die Darstellung dieses einheitlichen Sachverhalts geht mit V. 6 zu Ende. V. 7 a.b α bietet demgegenüber eine meistenteils oder gar nicht bildliche Darstellung. Hier kann das Verb אכל G V. 7 b α kaum metaphorisch verwendet sein[43], eventuell ist diese Metapher jedoch im Zusammenhang eine Einzelmetapher ohne Bezug zur Metaphorik V. 5–6, auf der Bild-Ebene, der wir uns jetzt zuwenden.

Das Lexem נכה H pass. in der Frage V. 5 a α bedeutet, hier mit konjunktiver Bedeutungsverwendung gelesen, im physisch-konkreten Sinne geschlagen zu werden[44]. Die Frage setzt mit dem Adverbial עוֹד voraus, daß die Hörer schon geschlagen worden sind. Andererseits ist nach V. 7 a.b α nicht anzunehmen, daß Jesaja Hörern gegenüberstand, deren Unglück zur Hauptsache darin bestand, daß sie realiter körperlich geschlagen worden wären. Eher bezieht sich die Frage V. 5 a α auf dieselbe Not, auf die mit der Schilderung V. 7 a.b α verwiesen wird. Mit und durch die Verheerung und Ausplünderung ihres Landes sind die Hörer »geschlagen«, und werden mit dem Lexem נכה H pass. V. 5 a α in dieser metaphorischen Verwendung gefragt, ob sie sich noch weiterhin »schlagen« lassen wollen[45]. Der Satz V. 5 aβ, möglicherweise eine zweite Frage[46], ist nicht metaphorisch formuliert.

---

[43] Eine Übersicht über auch abweichende Verwendungsweisen des Verbs אכל bieten M. Ottosson, Art. אכל, ThWAT I 1973, bes. Sp. 254f.; G. Gerleman, Art. אכל, THAT I 1971, 139f.; vgl. auch W. T. Claassen, Linguistic Arguments and the Dating of Isaiah 1:4–9, Journal of Northwest Semitic Languages 3 (1974), 11ff. Die Abweichung, die mit der Verwendungsweise Jes 1,7 gegeben ist, liegt am Objekt, das keine Speise ist, sondern אֲדָמָה wie Gen 3,17 (II Chr 7,13: אֶרֶץ). Nun wird אכל G sehr häufig im AT verwendet mit einer *gewachsenen* Speise als Objekt (vgl. Lev 19,25; 25,19.22; 26,16; Dtn 28,33.51; Jos 5,11f.; Jes 62,9; 65,21;Jer 2,7; 29,5; Ez 25,4; Hos 10,13 (metaphorisch); Am 9,14; Ps 105,35; Neh 9,36). In Dtn 28,33.51 wird das Objekt פְּרִי אַדְמָתְךָ genannt. Es erscheint dann sehr naheliegend, gerade אַדְמַתְכֶם Jes 1,7 als eine verkürzte Objektangabe anzusehen, wo etwa פְּרִי, vielleicht aus stilistischen Gründen, nicht mit aufgenommen wäre (störend in der Reihe der Anfangsnomina עֲרֵיכֶם, אַרְצְכֶם und אַדְמַתְכֶם V. 7 a α.β.b α). In Gen 3,17 bβ dürfte mit Sicherheit eine verkürzte Objektangabe vorliegen (vgl. das vollständigere Adverbial 3,17 a α, sowie ein vollständiges Objekt zu אכל 3,18 b). Eventuell ist das Verb אכל Jes 1,7b mit konjunktiver Bedeutungsverwendung gebraucht. Aber auch wenn einer dies Verb auf das Zerstören, Verwüsten des Ackerlandes bezöge, wozu W. T. Claassen eine beachtenswerte Begründung liefert, a.a.O., 13, wäre das nicht sicher metaphorisches Verstehen, da auch diese Verwendung häufig gewesen zu sein scheint.

[44] Vgl. oben S. 194.   [45] Vgl. oben S. 194 f.

[46] Vgl. oben S. 196.

Die Art der folgenden Darstellung ergibt sich aus der Tatsache,
daß V.5b–6a offensichtlich Folgen der in der Frage V.5aα vorausgesetzten, schon erteilten Schläge schildern und dabei die Redeweise fortsetzen, die mit נכה H pass. gegeben war: wie Schläge im physisch-konkreten Sinne, am ganzen Körper keine heile Stelle, sondern Wunde auf
Wunde, alles ausdrücklich genannt. Wie die Rede vom Geschlagenwerden V.5aα metaphorisch ist, so auch *diese* Weiterführung V.5b.6a. –
Die folgende Schilderung der ausbleibenden Behandlung V.6b betrifft
die Wunden V.6aβ und geht in derselben konkret-»fachlichen«, d.h.
hier metaphorischen Redeweise einher. Es ergibt sich von der ersten
Metapher her, נכה H pass. V.5aα, daß die ganze Darstellung V.5b.6
metaphorisch ist. Die Metaphern sind aufeinander bezogen indem sie
im vorliegenden Zusammenhang, wenn er mit konjunktiver Bedeutungsverwendung gelesen wird, auf Denotate verweisen, die ihrerseits
selbst als Momente eines und desselben Zustandes in Beziehung zueinander stehen[47]. Jes 1,5f. bildet mithin eine Allegorie, mit eingeblendeter, nicht-bildlicher Rede V.5aβ und, vermutlich ebenfalls nicht-bildlicher Ein- und Ausleitung V.4 bzw. V.7a.bα. Die Thematik der Bildrede scheint entfaltet zu sein nach Maßgabe der ihrem Stoff innewohnenden Möglichkeiten, dagegen nicht so sehr im Hinblick auf die intendierte Sache, so daß das Verhältnis der Einzelheiten der Darstellung
zur »Sache« der Bildrede, und damit auch die Funktionsweise von
Wortbedeutungen und Satzinhaltsaspekten, sich erst im Nachhinein an
Hand von Einzelbeobachtungen ergeben. Wir werden jetzt dem nach-
gehen.

Man nimmt bekanntlich gewöhnlich an, Jesaja habe den Text
Jes 1,4ff. anläßlich ganz bestimmter Begebenheiten und Zustände seiner Zeit, auf die er dann hier verweist, geschaffen. Diese Begebenheiten
und Zustände sind insofern die »Sache« der Bildrede. Nun hat der Text
auch einen nicht bildlichen Teil, V.7a.bα bzw. V.7a.bα.8f., der in
seiner Weise eben eine Darstellung der »Sache« der Bildrede bietet *und
dafür da ist.* »Sache« bleibt die Zeitgeschichte selbst[48], aber so, wie der
Text sie darstellt, vorab sein nicht bildlicher Teil[49]. Man darf wohl ver-

---

[47] Vgl. oben S.107ff.

[48] Nach W.T.Claassen, a.a.O., 9–13 hat V.7a.bα am ehesten die Verwüstung des Landes durch Sanheribs Truppen im Jahre 701 v.Chr. vor Augen, ebenfalls V.8, vgl. S.
13–16.

[49] Insofern ist es in unserem Zusammenhang nicht notwendig, auf die ausgedehnte Diskussion über die historische Einordnung von Jes 1,4ff. einzugehen. Für einen Bezug
auf die Begebenheiten des Jahres 701 v.Chr. treten neuerdings – mit Differenzen – ein
u.a. H.Donner, Israel unter den Völkern, 1964, 120f.; H.Wildberger, a.a.O., I 1972,

muten, daß diese Darstellung – gerade in ihrer Begrenzung – auf das
Nötige verweist, das bei der Einzelbestimmung der Art und Funktionsweise der Bildrede zugrunde gelegt werden sollte. Auch ohne Datierung, sei es etwa 701 oder 738–734 v. Chr., reicht ihr Dienst vermutlich
aus zur Erhellung der Funktionsweisen der Bildrede.

In unmittelbarer Weiterführung der Rede nach den Fragen V. 5 a,
und in thematischem Anschluß an die erste Frage, V. 5 a α, bietet V. 5 b
zwei Sätze mit כל־-Subjekten im Sinne von »ganz«. V. 5 b β heißt es
also: »Das ganze Herz ist krank.« Die Möglichkeit konjunktiver Bedeutungsverwendung liegt hier nahe, weil es unter dem Eindruck einer
Volk und Land umfassenden militärischen und politischen Katastrophe,
wie sie V. 7 a. b α angedeutet wird, sehr wohl denkbar ist, daß die Einwohner *von lähmender Trauer ergriffen* sind[50]. Das ist aber ein Satzinhaltsaspekt des Satzes V. 5 b β. Dieser Inhaltsaspekt basiert auf konjunktiver Bedeutungsverwendung bei den Nennworten des Satzes. Zugleich ist jedoch der Satz individuell gefaßt. Gegenüber der *Sache* der
Bildrede, mit der angesprochenen Mehrheit, mit dem Volk, ist der Satz
V. 5 b β mit diesem Ausdruck der Individuation Teil des allegorischen
Bildes. Das Bildliche am Satz ist die Vereinzelung. Der Satz als ganzer
bietet keinen Zusammenfall von Bild und Sache, wohl aber ist der Satzinhaltsaspekt der Trauer, ausgedrückt durch לֵבָב דַּוָּי, in einer nicht
bildlichen Sachdarstellung unmittelbar verwendbar.

Beim Satz כָּל־רֹאשׁ לָחֳלִי V. 5 b α ist die Problematik etwas anders
gelagert. Es liegt zwar Individuation vor, aber es ist von *einem* die
Rede, während die Vielen gemeint sind: »Der ganze Kopf ist krank.«
Kein Satzinhaltsaspekt dieses Satzes aber scheint in einer Darstellung
der Sache der Bildrede unmittelbar verwendbar. Es liegt kaum – auch
nicht, wenn es die Individuation hier nicht gäbe – ein Zusammenfall
von Bild und Sache vor, weil nicht ersichtlich ist, wie die auf den politischen und militärischen Katastrophen beruhende Not vornehmlich in
Krankheiten bestehen sollte. Vielmehr sind diese in V. 6 a selber Bild,
und es liegt nahe, in V. 5 b α חֳלִי disjunktiv, d. h. metaphorisch zu beziehen. Als disjunktiv benannter Bezugspunkt des לָחֳלִי-Seins wäre etwa
eine allgemeine Dysfunktion gemeint oder ein Zusammenbruch von Le-
bensbedingungen und Lebensmöglichkeiten. Für eine präzisere Bestimmung bietet der Text kaum Anhalt oder Anlaß. Möchte man auf diesem
Hintergrund nach einem disjunktiv benannten Denotat (*B*) von רֹאשׁ

---

20 f.; W. T. Claassen, a. a. O., 9–16. – Für Voten für frühere Ansetzungen vgl. E. König,
a. a. O., 42 f.; neuerdings L. A. Snijders, Jesaja Deel I, 1969, 25.
[50] Vgl. oben S. 197 zu לֵבָב דַּוָּי.

oder von כָּל־רֹאשׁ fragen, ergibt sich am ehesten das recht allgemeine: die Bevölkerung, die ganze Bevölkerung. Beziehbare Bedeutungselemente von dem Nomen רֹאשׁ wären etwa [+ lebendig; fähig, zu leiden]. Es fällt auf, wie besonders der disjunktiv relevante Bezugspunkt des Prädikativs לָחֳלִי sich gerade nicht von selbst einstellt, sondern abstrakt anmutet, indem er durch Abstrahieren vom לָחֳלִי-Sein her gewonnen ist.

Es liegen in V. 5 b α. β Entfaltungen von thematischen Möglichkeiten vor, die in dem Bildstoff schon inhärent sind. Das mit der einleitenden Metapher נכה H pass. gegebene Bild eines geschlagenen, verwundeten menschlichen Körpers wird aufrechterhalten und fortgeführt. Insofern sind beide Sätze V. 5 b allegorisch. Obwohl nun die Subjekte beider Sätze miteinander weithin übereinstimmen, wie auch der Bau der Sätze, funktionieren sie als Bildrede in je verschiedener Weise wie angegeben. Deutlich ist, daß die Entfaltung der Möglichkeiten des Bildstoffes, und die Gestaltung dieser Entfaltung, Wortwahl und Formung von V. 5 b steuern, dagegen ist nicht angestrebt gewesen, ein bestimmt geartetes, um nicht zu sagen einheitliches Verhältnis Bildrede – Sache zu erstellen. Die Entfaltung der thematischen Möglichkeiten des Bildstoffes hat einen eigenen Aussage-Wert.

In V. 6 a α dürfte das Subjekt מְתֹם, das uns im AT nur in Passagen heilkundlichen Inhalts sicher bekannt ist (Ps 38, 4. 8; Jes 1, 6), metaphorisch verwendet sein. Beziehbare Konfiguration von Bedeutungselementen mag sein »ohne Schäden«. Der Satz verwiese somit darauf, daß kein Teil des Körpers bzw. der Bevölkerung und wohl des Landes ohne Schäden, ohne Anteile an der Katastrophe geblieben sind.

Im Adverbial V. 6 a α, מִכַּף־רֶגֶל וְעַד־רֹאשׁ, liegt sicher konjunktive Bedeutungsverwendung der Nennworte vor[51]. Es ließen sich disjunktiv benannte Denotate von כַּף־רֶגֶל und von רֹאשׁ (was Fußsohle sei, was Kopf sei »an« der Gesellschaft, »an« dem Lande u. s. w.) nicht in überzeugender Weise eruieren. Das Adverbial ist aber auch ohne metaphorische Verwendung der Nennworte *allegorisch,* indem die Vorstellung eines (geschlagenen) menschlichen Körpers hier aufrechterhalten und fortgeführt wird. Zusammenfall von Bild und Sache liegt nicht vor, wie auch V. 5 b α nicht. Die Gruppe כַּף־רֶגֶל und das Nomen רֹאשׁ funktionieren auf der allegorischen Ebene mit konjunktiver Bedeutungsver-

---

[51] Das Substantiv רֹאשׁ ist hier synekdokisch *totum pro parte* für קָדְקֹד verwendet, vgl. Hi 2,7; s. auch E. Dhorme, L'emploi métaphorique des noms de parties du corps en hébreu et en akkadien, 1923, 20. Die Synekdoche arbeitet hier, wie gewöhnlich, mit konjunktiver Bedeutungsverwendung. Es wird mittels des Substantivs רֹאשׁ eben der Kopf als Denotat benannt.

wendung als Elemente der Adverbialgruppe, die die Funktion »überall«
trägt.

Die Substantive פֶּצַע, חַבּוּרָה und מַכָּה V. 6 a β, wohl auch das Adjektiv טָרִי*, sind hier metaphorisch verwendet. Man kann allerdings nicht
sagen, worauf פֶּצַע *im Unterschied* zu חַבּוּרָה oder מַכָּה metaphorisch
verweist. Da aber Jesajas Hörer in der Masse eben nicht körperlich geschlagen waren, funktionieren diese Substantive jedoch als Metaphern,
die mit ihren disjunktiv verwendeten Bedeutungen ein *gemeinsames* Denotat metaphorisch benennen. Ein genau abgegrenztes Denotat dürfte
dabei nicht unbedingt am Platze sein, keinerlei Signal in dieser Richtung ist im Text vorhanden. Auch ist nicht ein möglichst spezielles Denotat zu suchen, eher ein so allgemeines wie notwendig. Das entsprechende Nomen müßte mindestens ein Bündel von semantischen Merkmalen in seiner Bedeutung haben, welches den drei Substantiven gemeinsam wäre. Dabei können mehrere Denotate in Frage kommen,
ohne daß eines den anderen vorzuziehen wäre. Ein Denotat wie etwa
»Schaden« ist vermutlich angebracht. Das Adjektiv טָרִי*, »frisch«, ist
sonst im AT bekanntlich nur Jdc 15,15 belegt, wo es eine Eigenschaft
eines Eselkinnbackens nennt. Es erscheint auf dem Hintergrund der
beiden alttestamentlichen Belegstellen wenigstens nicht unwahrscheinlich, daß dieses Adjektiv bei konjunktiver Bedeutungsverwendung nur
in bezug auf eine Eigenschaft von etwas *konkretem* verwendbar war[52].
An unserer Stelle, sekundär in bezug auf einen Charakter von militärisch-politischen Katastrophen, wäre das Adjektiv eventuell nur disjunktiv verwendbar, etwa mit einer Konfiguration semantischer Komponente wie »aus allerletzter Zeit«.

Das Krankenbild, das Jesaja in 1,5–6 a ausbreitet, ist relativ ausführlich. In 10,18 findet sich ein einzelner Vergleich vom Untergang
eines Staates mit dem Hinsiechen eines Kranken; Hos 5,13 bietet für
politisches Unheil zwei Krankheitsmetaphern (מְזֹר, חֳלִי) und zwei negierte Metaphern der Heilung (רפא G, גהה G). Wieder mehr in die
Breite geht die Metaphorik Jer 30,12–15.17.

Ebensowenig wie bei den Substantiven V. 6 a β kann man sagen,
worauf das Verb זרר G pass. V. 6 b im Unterschied zu חבש D pass. oder
רכך D pass. bei metaphorischer Wortverwendung verweisen sollte.
Aber auch diese Worte funktionieren vermutlich metaphorisch, indem
sie wohl gemeinsam disjunktiv eine Tätigkeit benennen, die ein Moment der mit der Bildrede intendierten »Sache« ist. Man kann als Be-

---

[52] In dieser Richtung könnte vielleicht auch der Text KTU 1.6 VI 42 f. weisen, vgl. J.
Aistleitner, Wörterbuch, Nr. 1125; J. C. L. Gibson, CML 1978², S. 81.

zugspunkt der Verbalbedeutungen etwa »Maßnahmen zur Behebung
von Schäden« annehmen. Die Maßnahmen des Propheten in der Form seiner Verkündigung sind dabei wohl nicht gemeint[53], man kann eher an
militärische und politische Maßnahmen denken und auch an die Fü-
gung Jahwes[54].

Anders als beim Attribut טְרִיָּה V. 6 a β ist hier das Präpositions-Ad-
verbial בַּשֶּׁמֶן schwerlich metaphorisch verwendet. Es ist zwar ein Element der allegorischen Darstellung: das Bild wird aufrechterhalten und
weiter entfaltet. Ein einigermaßen überzeugendes Denotat bei disjunktiver Bedeutungsverwendung findet sich aber kaum. Es könnte die
Frage sein, ob die Interpretation zwischen einer metaphorischen Lesung und der Annahme einer auf die intendierte »Sache« nicht metaphorisch bezogenen Entfaltung des Bildstoffes schillern würde, wobei
Letzteres eventuell auch die Lesung der Verben der Reihe V. 6 b beeinflussen könnte. Man sollte nun allerdings berücksichtigen, daß das Adverbial V. 6 b β schwerlich zusätzliche Information über die Verbalbedeutung רכך D pass. hinaus vermittelt, da Öl zum Erweichen von Wunden vermutlich ein nahezu selbstverständliches Mittel war. Das Adverbial hebt also, sozusagen als »inneres« Adverbial, am ehesten nur hervor, was an sich schon eine Teilkonfiguration innerhalb der Verbalbedeutung רכך D pass. ist. Beim metaphorischen Beziehen des Verbs auf
die hier intendierte »Sache« bleibt diese Teilkonfiguration semantischer
Merkmale unbezogen.

Jedes Verb V. 6 b ist negiert. Die »Wunden« V. 6 a β sind weiterhin
Gegenstand der Rede. Sie werden gar keiner Behandlung unterzogen. –
Fehlende Behandlung von Wunden ist der damaligen Zeit sicher ein
grauenhaftes[55] metaphorisches Bild für eine Lage des völligen Unheils,
des Untergangs auch Hos 5,13; Jer 30,13.

---

[53] Nach F. Delitzsch, a.a.O., 1889⁴, 50 wäre die Behandlung, von der V. 6 b die Rede ist,
die erfolglose prophetische Verkündigung (»so gut wie nicht ergangen«). Aber es liegen nicht nur keine Anzeichen im Text vor, die in diese Richtung deuten; die These
läuft sogar in zweierlei Hinsicht dem Text zuwider. Einmal beziehen sich die in V. 6 b
genannten Tätigkeiten nicht auf die Sünden des Volkes, die im Weheruf V. 4 charakterisiert waren (vgl. F. Buhl, Jesaja, 1912², 11), sondern auf deren Folgen: die Wunden
bzw. die militärisch-politischen Katastrophen. Zum Andern ist der Text Jes 1,4 ff.
selbst ein Stück prophetischer Verkündigung mit der Funktion werbenden und ver-
warnenden Beklagens, vgl. oben S. 192, und es ist nicht zu erwarten, daß Jesaja mit den
Negationen V. 6 b seiner eigenen Verkündigung den Boden entziehen würde.

[54] Man kann bei Jesaja schwerlich diese Dinge gegeneinander ausspielen wie es B. Duhm,
Das Buch Jesaia, 1922⁴, 26 tut.

[55] Vgl. zur Situation des Kranken im alttestamentlichen Israel und seiner altorientalischen Umwelt K. Seybold in K. Seybold und U. B. Müller, a.a.O., bes. S. 17 f. 78.

Wir haben gesehen, daß Jes 1,5–6 eine Allegorie ist, mit eingeblendeter, nicht bildlicher Rede V. 5 a β und nicht bildlicher Ein- und Ausleitung V. 4 bzw. V. 7 a.b α. Zugleich hat es sich ergeben, daß die Bildrede weithin nach Maßgabe der ihrem Stoff inhärenten Möglichkeiten entfaltet wird, und daß die Bedeutungsverwendung der verschiedenen Nennworte der Allegorie demgemäß z. T. recht variierend ist.

Bestimmender Ausgangspunkt der allegorischen Darstellung ist hier das metaphorisch verwendete Verb נכה H pass. V. 5 a α. Andere wahrscheinlich metaphorisch verwendete Worte, mit greifbaren, disjunktiv benannten Denotaten B, sind רֹאשׁ und חֳלִי aus Subjekt und Prädikativ V. 5 b α, מתם V. 6 a α und die Substantive und das attributivische Adjektiv V. 6 a β. Wahrscheinlich sind auch die Verben V. 6 b metaphorisch verwendet. In den Reihungen von Substantiven V. 6 a β und von Verben V. 6 b funktionieren die Nennworte je innerhalb der Reihe mit vermutlich gemeinsamem, disjunktiv benanntem Denotat. Diese Reihungen sind im Bildstoff bedingte Entfaltungen des Bildes. – Andererseits funktionieren Nennworte in konjunktiver Bedeutungsverwendung als Elemente der allegorischen Darstellung: כַּף־רֶגֶל und רֹאשׁ in der Adverbial-Gruppe V. 6 a α – wieder eine stofflich bedingte Entfaltung des Bildes – und die Wendung לְבָב דַּוָּי in dem Satz V. 5 b β mit dem Satzinhaltsaspekt der Trauer. Auch nicht das Präpositionsadverbial בשמן V. 6 b β ist auf die intendierte »Sache« der Allegorie metaphorisch beziehbar, jedoch verhindert das nicht die metaphorische Lesung des Verbs, sofern das Adverbial, gelesen mit konjunktiver Bedeutungsverwendung des Nomens שֶׁמֶן, semantisch schon in der Verbalbedeutung mit enthalten ist.

Die Frage, was die Metaphorik Jes 1,5 f. über ihre Denotate aussagt, d. h. wie sie ihre Denotate inhaltlich prädiziert, und die Frage, was die Allegorie als Ganzes aussagt, sind mit all dem nur zum Teil berührt und sollen hier nicht als solche verfolgt werden.

Funktionen und Gestaltungsmittel in Jesaja 1,5–6

Diese Allegorie ist kein selbständiger Text. Weder leitet sie ein, noch dominiert sie die Texteinheit, der sie angehört, 1,4–7 b α bzw. V. 4–9. Sie hat allerdings eine bedeutende Funktion innerhalb der Einheit, insofern sie das Klagen entfaltet, das mit dem prophetischen Klageruf V. 4 aufgenommen wird, und sich auf dem Hintergrund dieses Klagens an die Beklagten, die Hörer wendet mit direkten Fragen (V. 5 a).

Die Mittel, mit denen diese Allegorie arbeitet, seien kurz zusammengestellt und erörtert.

Als erstes ist neben der allegorischen Redeweise selbst die Frage V. 5 a α zu nennen: עַל מֶה תֻכּוּ עוֹד. Mit dieser Frage wird 1. schlagartig das Bild präsentiert: durch die Verwendung vom Verb נכה H pass. 2. wird das Bild gleich an die Hörer herangetragen und auf sie bezogen durch die Anredeform sowie dadurch, daß die Hörer grammatisch Subjekt des Verbs sind. 3. hat die Frage V. 5 a α eine nahezu selbstverständliche, eine einzig wohl angebrachte Antwort: »Das wollen wir nicht!«[56] Es ist Ausdruck der überzeugenden Kraft der Metapher[57], daß sie *diese*

---

[56] C. Hardmeier faßt die Frage V. 5 a α (als »worauf?«-Frage und) als rhetorisch auf, mit der alleinigen Antwort, »daß Jahwes Gerichtshandeln drastischer als in der Einschließung Jerusalems nicht mehr zu Tage treten kann«, a.a.O., 372. Diese Formulierung Hardmeiers überrascht. Ganz gleich, ob die Frage mit »warum …?« oder mit »worauf …?« zu verstehen ist, will sie kaum als eine Frage nach härteren Schlägen verstanden werden. Es geht ihr um die Gefahr weiterer Schläge schlechthin.

[57] Auch C. Hardmeier spricht von der »persuasiven« Funktion von Metaphorik in bezug auf Jes 1,4–9 (a.a.O., 373, vgl. S. 372), meint dabei allerdings speziell die Funktion des prophetischen Klagerufs V. 4, durch den Weheruf הוֹי eröffnet. Die prophetische Verwendung solchen Klagerufs seit Amos impliziert, was Hardmeier eine »Metaphorisierung« des zeremoniellen Toten- oder Untergangsklagerufs nennt. Dieser wurde in die Verkündigung der judäischen Propheten des 8. Jh.s aus der Pragmatik der Toten- und Untergangstrauer herübergenommen. Vgl. a.a.O., 320 f. Das Metaphorische liegt für Hardmeier zunächst in der »übertragenen« Verwendung der Interjektion הוֹי unter Beibehaltung deren Bedeutung (s. a.a.O., 172. 200). Man mag fragen, inwiefern eine emotional-affektive Partikel (a.a.O., 188) wie הוֹי, ohne propositionalen Gehalt (a.a.O., 187), so etwas wie eine Bedeutung hat, mit der sie metaphorisch funktionieren kann. Es stellt sich jedoch heraus, daß Hardmeier in der sogenannten Metaphorisierung eine übertragene Verwendung des ganzen Klagerufs (und nicht allein des Wehe-

Antwort mitsamt ihrer Motivation mit der mutmaßlich koordinierten Frage V.5 aβ verbinden läßt, die weniger selbstverständlich zu beantworten wäre, wenn sie isoliert erhoben worden wäre.

Hauptstück des Bildinventars ist ein geschlagener, schwer verwundeter Körper, der im Verhältnis zu den ungezählten Angeredeten ein *repräsentativer Singular* ist[58]. Diese Individuation ermöglicht eine vereinfachte Darstellung von Zuständen und Vorgängen, die unüberschaubar kompliziert und für den einzelnen mehr oder weniger undurchsichtig gewesen sein dürften, und so die für die Zukunft entscheidenden Züge der gegenwärtigen Lage des Landes verschleierten. Der repräsentative Singular läßt das Entscheidende enthüllen und unentrinnbar sehen.

Dazu trägt vor allem noch der stoffliche Gehalt der Allegorie, der Inhalt ihres Bildstoffes, bei. Wie die heillose Lage des geschlagenen Körpers dem populären Verständnis von Krankheit und von Folgen von ausgebliebener Behandlung schwerer Wunden *einleuchtet,* so redet die Allegorie hier mit Autorität und Überzeugungskraft von der sicheren, absolut heillosen Zukunft der Angeredeten und ihres Volkes. Die allegorische Rede funktioniert hier damit in etwa den Texten entsprechend, die E. Honig untersucht hat[59].

---

rufs, d.h. der Interjektion) vor Augen hat, und daß das Kriterium dieser »metaphorischen« Verwendung überhaupt keine semantische Modifikation impliziert, sondern eine Verletzung einer Stil- oder Gattungsnorm ist (a.a.O., 254. 317): Die prophetische Verwendung des mit dem zeremoniellen Klageruf syntaktisch und semantisch übereinstimmenden Klagerufs bei fehlender Trauersituation und fehlendem Anlaß derselben. Damit ist ein Metapherbegriff verwendet, der grundlegend von semantischen Metaphernbegriffen abweicht, hier aber nicht zur Debatte steht. Die (semantischen) Metaphern Jes 1,5–6 werden von C. Hardmeier nicht als Metaphern kommentiert.

[58] Nach G.B. Gray, a.a.O., I 1912, 11 liegt in Jes 1,5 b.6 eine Personifikation vor, »one of those personifications of the entire nation which are so frequent with Hebrew writers«; Gray verweist u.a. auf Hos 5,13; 7,9. Daß in Jes 1,5 b.6 etwas, eine Person betreffend, dargestellt wird, trifft zu. Es ist jedoch wohl ratsam, von Personifikation hauptsächlich nur dann zu reden, wenn unbelebte Objekte oder abstrakte Begriffe als Personen dargestellt werden. Vgl. auch M.W. Bloomfield, A Grammatical Approach to Personification Allegory, in: ders., Essays and Explorations, 1970, 246. In Jes 1,5 b.6 wird die Situation einer Personengruppe (die Bevölkerung) als die Situation einer Person dargestellt; das ist Individuation und sollte lieber nicht Personifikation benannt werden.

[59] E. Honig, Dark Conceit, 1960, 12 f., vgl. S.103 f. – Honig spricht zugleich von der *neuen* Autorität der Allegorie, die sich in gewisser Unabhängigkeit von der »alten« Geschichte dartut, vgl. a.a.O., 13. 109. – Eine neue Autorität kann man auch beobachten an der Allegorie Jes 1,5–6; das gegenüber dem Bildstoff Neue an der Autorität des Textes wird gewonnen durch die bewußte, überzeugungsfähige *Entfaltung* des Stoffes, ab einschließlich der zielgerichteten Frage zur Eröffnung der Allegorie V.5 aα.

Schon ausführlich hervorgehoben wurde die weit ausgebaute Entfaltung der dem Bildstoff inhärenten thematischen Möglichkeiten, die
anscheinend ohne Rücksicht auf eine Einheitlichkeit der Bezüge der
Einzelheiten zur »Sache« der Bildrede durchgeführt worden ist. Dadurch wurden zwar die semantischen Funktionen der Nennworte der
Allegorie erheblich differenziert, vor aller allegorischen Deutung aber
bestimmte Schwerpunkte gesetzt. Die Subjekte mit כל V.5bα.β sowie
das Adverbial V.6aα zeigen an, wie die Katastrophen, von denen die
Rede ist, restlos alles betreffen. Die Aufzählung und teilweise Charakterisierung von Wundarten V.6aβ und von fehlenden Behandlungen
V.6b dienen der Betonung der Gefahr bzw. der ganz und gar heillosen
Lage. Das läßt alles, neben den Fragen V.5a, die Allegorie auf die Hörer eindringen und dient zugleich der überzeugenden Funktion der Allegorie. – Es wird an dieser Entfaltung des Bildstoffes auch deutlich,
wie die Erstellung einer Zug um Zug übertragbaren Allegorie hier überhaupt kein Ziel gewesen ist.

Die Frage V.5aα handelt von Vorgängen und setzt Vorgänge voraus, die weitere bildliche Darstellung handelt explizit nur von Zuständen. V.5b–6a bieten nur Nominalsätze, und wo dann V.6b eine Reihe
von Handlungsverben auftritt, ist jedes einzelne Verb behutsam negiert.
Soweit es auf die Allegorie ankommt, passiert eben nichts mehr, außer
daß die gegenwärtige, heillose Lage sich fortsetzt, sei es auch, daß weitere Schläge folgen würden (vgl. V.5a). Die Stille des zukünftig gewissen Unterganges ist angebrochen. Daran ändert gerade nicht, daß es in
der nicht bildlichen Sachdarstellung V.7 ein Handlungsverb gibt: im
partizipialen Nominalsatz, von einem andauernden Zustand der Aus-
beutung und Verheerung (אֹכְלִים).

Dagegen scheint diese Entfaltung des Bildstoffes in Spannung zu
geraten zu der uns naheliegend erscheinenden Funktion der Frage(n)
V.5a, die Hörer dazu zu bewegen, sich nicht mehr schlagen zu lassen,
sondern die Widerspenstigkeit aufzugeben. Die Allegorie Jes 1,5f. hat
schließlich eine Ausleitung in nicht bildlicher Sachdarstellung, V.7a.
bα, die als ein für das Verstehen richtungsweisender Kommentar zur
Bildrede angesehen werden kann. Zugleich wird die Klage, die mit V.4
angehoben war und mit der Allegorie fortgeführt wurde, intensiviert
und weitergeführt.

Jesaja 8, 14–15

Jesaja 8,11–15. Textbestand und Textsorte

In der Einheit Jes 8,11–15 sind V.14–15 allegorische Rede.

Zur Textkritik: Das Nomen מִקְדָּשׁ V.14a kann schwerlich ursprünglich sein, da es einerseits gar keine Parallele zu אֶבֶן נֶגֶף und צוּר מִכְשׁוֹל bildet, andererseits bedingt sein dürfte von dem תַּקְדִּישׁוּ V. 13a, das seinerseits eine sekundäre Umbildung sein wird: Der Satz V.13a setzt ja nach V.12, und mit dem doppel hervorgehobenen Objekt אֹתוֹ אֶת־יהוה צְבָאוֹת ein Verbal voraus, das einem der Verbale V. 12 in etwa entsprechen muß. Das gegenüber V.12 *Neue* im Satz V.13a kann nur das betonte Objekt und deswegen nicht das Verbal sein. Man sieht denn auch, wie in V.13b der betonte Rückverweis auf Jahwe, das Objekt von V.13a, mit aus V.12b wiederaufgenommenen Verbalen einhergeht.

Das ursprüngliche Subjektprädikativ V.14a dürfte nach Ausweis des TM einen Bezug zum ursprünglichen Verbal V.13a gehabt haben[1], ist aber nach der beschriebenen Lage der Dinge nicht mit Sicherheit wiederherzustellen. In Abwandlung von G.R.Driver's Vorschlag »מַקְשִׁיר or the like« für »a cause of difficulty«[2] erwägt H.Wildberger מַקְשֵׁר* im Sinne von »Verschwörung«[3]. Es mag in unserem Zusammenhang mit dem Hinweis sein Bewenden haben, daß das ursprüngliche Wort hier nicht notwendig metaphorisch verwendet wurde.

Die Wendung יוֹשֵׁב ירושלם ist weder in sich auffallend (vgl. Jes 5,3; 22,21), noch in synthetischer Parallele zu שְׁנֵי בָתֵּי יִשְׂרָאֵל. Der Plural יוֹשְׁבֵי, von einigen hebr. MS neben u.a. LXX und Vulgata bezeugt, kann auf einer formellen Angleichung an שְׁנֵי בָתֵּי beruhen.

Zur Abgrenzung und Textsorte. Jes 8,11–15 ist eine Einheit. Nach der Anrede, wohl: des Propheten an die Fremdvölker, V.9–10, öffnet die Zitatformel mit Umstandsangaben V.11 eine andere Anrede: Jahwes an den Propheten. Erst V.16 scheint (לְמִדָי) ein anderes Subjekt der Rede anzudeuten. Auch weist kein Rückweiser V.11 bzw. V.16 über

---

[1] Vgl. G.R.Driver, Two Misunderstood Passages of the Old Testament, JThS NS 6 (1955), 83.

[2] G.R.Driver, a.a.O., ebda.

[3] H.Wildberger, a.a.O., I 1972, 335.

den je eigenen Vers hinaus. Das einleitende כִּי wird emphatisch
sein [4].

Die Aufforderungen V. 12–13 können als Mahnung zur Gottes-
furcht bestimmt werden, vgl. V. 13 b. Ohne Vorbehalte kündigen V. 14–
15 die Funktion Jahwes als eines Steins des Anstoßes, des Strauchelns,
des Zugrundegehens an für ganz Israel und Juda bzw. für »viele«. Als
Erweis der Notwendigkeit, Jahwe zu fürchten, dient die Ankündigung
der Mahnung. Diese Funktionen sind in V. 9–10 oder in V. 16–17 nicht
vertreten.

Das Allegorische in Jes 8, 11–15 ist auf die Ankündigung V. 14 f.
beschränkt.

---

[4] Nichts am Inhalt V. 11–15 oder V. 9–10 deutet auf eine kausale, temporale, konditio-
nale oder konzessive Funktion von כִּי V. 11. – Vgl. noch vorangestelltes, emphatisches
כִּי in Jes 1, 19; 2, 6; 3, 1; 15, 1 und wohl 9, 17, u. s. A. Schoors, The Particle כִּי, OTS 21,
1981, 244 f.

Das Allegorische in Jesaja 8,14–15

Die Metaphorik fängt V.14 mit einem komplexen וְהָיָה לְ-Satzgefüge an. Es scheint zweckmäßig, das Gefüge als *einen* Satz anzusehen, mit insgesamt 5 Subjektsprädikativen zum Verbal וְהָיָה. Von den Prädikativen ist das erste, wie schon notiert, offenbar eine sekundäre Umbildung. Da das ursprüngliche Wort hier nicht mit einiger Wahrscheinlichkeit zu ermitteln ist, und der Umbildung מקדש im Kontext hier schwerlich ein guter Sinn gegeben werden kann[5], wird hier des weiteren vom ersten Prädikativ abgesehen.

Die anderen vier Prädikative treten paarweise auf, wobei jedes Prädikativpaar ein gemeinsames Präpositionsadverbial hat. Diese Präpositionsadverbiale sind hier nicht metaphorisch. Die Prädikativpaare sind ihrerseits je verschieden gestaltet. Das letzte Paar ist einfach: לְפַח וּלְמוֹקֵשׁ. Im ersten Paar aber begegnet jedes Prädikativ erweitert durch eine epexegetische st. constr.-Verbindung, wo das nomen rectum die Funktion des betreffenden Gegenstandes angibt: לְאֶבֶן נֶגֶף und לְצוּר מִכְשׁוֹל.

Das Nomen נֶגֶף bedeutet mit konjunktiver Bedeutungsverwendung »Stoß«, z.B. vom Stoß an einen Stein oder an einen Menschen, vgl. das Verb נגף G Ex 21,22.35. Eine Plage konnte metaphorisch als Stoß bezeichnet werden, Ex 12,13. מִכְשׁוֹל ist »etwas, worüber man strauchelt« (HAL), vgl. Lev 19,14; Jes 57,14 vom Hindernis auf dem Wege. Metaphorisch ist das Wort verwendet u.a. Ps 119,165 (keine מִכְשׁוֹל für die, die das Gesetz Jahwes lieben); Ez 3,20 (von einem durch Jahwe verfügten Anlaß weiterer Sünde des von seiner Gerechtigkeit abgekehrten Menschen). –

פַח ist eine Falle, Ps 124,7, die sich um das gefangene Tier herum schließt, so wohl Ps 91,3: פַּח יָקוּשׁ. Nach Am 3,5b (פַּח Subjekt einer Aktivität) funktioniert פַּח am ehesten automatisch, ist also wohl das automatisch wirkende Klappnetz[6].

---

[5] Vgl. G.R.Driver, a.a.O., ebda.

[6] Vgl. G.Gerleman, Contributions to the Old Testament Terminology of the Chase, Bulletin de la Société Royale des Lettres de Lund 1945–1946, 82f.; s. auch H.Wildberger, a.a.O., I 1972, 339.

מוֹקֵשׁ kann in Am 3,5a das Wurfholz bezeichnen[7], wenn nicht eher
den Köder[8], wie möglicherweise auch Ps 69,23. – מוֹקֵשׁ meint aber, wie
es scheint: im Rahmen einer normalen Betätigung des Geräts, in
Ps 140,6 ein Objekt von שִׁית G, und zwar in Parallele zu פַּח טָמְנוּ und
פָּרְשׂוּ רֶשֶׁת. Das Verb שִׁית schließt hier das Wurfholz aus, die Parallelen
deuten darauf, daß מוֹקֵשׁ hier ein ganzes Fanggerät ist und kein Teil
oder Zubehör wie etwa Stellholz oder Köder. Vgl. noch טָמְנוּ מוֹקֵשׁ
Ps 64,6. Es könnte sich bei מוֹקֵשׁ dann, wie G. Gerleman vermutet, um
ein von Vogelfängern beim Fang mit Tauen arbeitendes Klappnetz handeln[9].

Diese Prädikative, einschließlich der Nomina אֶבֶן und צוּר, sind
hier metaphorisch verwendet, da sie aussagen, wozu Jahwe werden
wird. Es ist der durch das Verbal hergestellte Bezug zum Subjekt, der
hier die Prädikative nur mit disjunktiver Bedeutungsverwendung gebrauchen läßt. Die Metaphorik bildet soweit, was man Allegorisches
nennen kann, nur in zwei verschiedenen Bildern ohne Geschehen, ohne
Bewegung: der Stein zum Anstoßen und der Fels zum Straucheln für
beide Häuser Israels, die Fallen für die Einwohner Jerusalems. Der *Satz*
V. 14 kündigt aber Geschehen, Umwandlung an.

Wie diese Hinderungen und Geräte funktionieren werden, wird
V. 15 angekündigt.

V. 15 bietet fünf Sätze *w· = qaṭal-x*. Die Verbale korrespondieren
in sachlicher Hinsicht, z.T. über ihre Wurzeln, mit den Prädikativen
V. 14. Der erste Satz V. 15 bezieht sich mit dem Rückweiser בָּם wohl
auf die beiden ersten Prädikative V. 14b, vgl. die Korrespondenz כשׁל G
– מִכְשׁוֹל, und wird von zwei Sätzen V. 15bα weitergeführt. Die beiden
letzten Sätze, V. 15bβ, beziehen sich auf die letzten zwei Prädikative
V. 14b, vgl. die Korrespondenz יקשׁ N – מוֹקֵשׁ und לכד N – פַּח (dazu s.
gleich unten).

An dem Stein des Stoßes und dem Felsen des Strauchelns werden
»viele« straucheln (כשׁל G), dann fallen (נפל G) und schließlich »gebrochen« werden (שׁבר N). כשׁל G »straucheln«, »stolpern« kommt auch
Jes 5,27 vor; metaphorisch auch Jes 3,8; 28,13; 31,3. Das Verb נפל G
folgt auf כשׁל G auch Jes 3,8; 31,3. שׁבר N führt כשׁל G weiter auch in
Jes 28,13. In bezug auf Personen kann שׁבר N bedeuten, daß Glieder
(Jer 48,25; Ez 30,22; Ps 37,17; Hi 38,15) oder Knochen (I Sam 4,18;

---

[7] So H.W. Wolff, Dodekapropheton 2. Joel und Amos, 1969, 223f.; H. Wildberger,
a.a.O., I 1972, ebda (etymologisches Argument).

[8] Vgl. W. Rudolph, Joel – Amos – Obadja – Jona, 1971, 151.

[9] G. Gerleman, a.a.O., 80f.

Ps 34,21) gebrochen werden; so wohl auch gelegentlich ohne explizite Angabe des Glieds, aber dem Kontext zufolge, vermutlich an unserer Stelle wie in Jes 28,13, vgl. über Tiere Ex 22,9.13; Ez 34,4.16.

Weil und wie die Prädikative V.14b metaphorisch verwendet sind, so und deshalb auch die Verbale V.15a.bα. Diese drei Verbale bezeichnen offenbar Phasen oder Abschnitte *eines* Geschehens. Eine entsprechende Reihenbildung an verbalen Metaphern gibt es auch Jes 28,13 (wo auf הלך G zunächst כשל G und שבר N folgen) und in 3,8; 31,3 (כשל G + נפל G). Der Text Jes 28,13 fährt noch fort mit den beiden verbalen Metaphern, die auch hier in 8,15 die Reihung beenden.

Das Verb לכד N bedeutet hier »gefangen werden«, vgl. Jer 51,56. Dieses Verb kann sich auf Gefangenwerden durch פַּח Jes 24,18; Jer 48,44 oder durch רֶשֶׁת Ps 9,16 beziehen, und korrespondiert insofern hier mit dem Prädikativ פַּח V.14b. Metaphorisch wird לכד N verwendet in Ps 9,16 (Menschen, in eigenem Netz); Prov 6,2 (durch Worte); Ps 59,13 (durch Stolz, Anmaßung); Hi 36,8 (durch Elend); Prov 11,6 (durch Gier); Koh 7,26 (durchs Weib), aber auch in der Reihe Jes 28,13b, wie auch an unserer Stelle.

Für יקש N schlägt H. Wildberger den Sinn »niedergeschlagen, getroffen werden« vor, unter Verweis auf das vorangehende מוֹקֵשׁ, das er als Fall- oder Wurfholz versteht[10]. Dieser Referent von מוֹקֵשׁ scheint jedoch fraglich, allenfalls auf spezielle Gebrauchsfälle beschränkt zu sein; es erscheint insofern vorläufig ratsam, für יקש N an der traditionellen Wiedergabe »gefangen werden« festzuhalten, die ihrerseits möglicherweise als eine behelfsmäßige Rahmenbestimmung angesehen werden mag. Im Unterschied zu לכד N mag יקש N in seiner Bedeutung semantische Konfigurationen wie etwa »mittels פַּח« und »mittels מוֹקֵשׁ« haben, vgl. Ps 124,7 מִפַּח יוֹקְשִׁים und an unserer Stelle die mutmaßliche Korrespondenz des Prädikativ מוֹקֵשׁ V.14b mit dem Verbal יקש N V.15[11]. Wie nun die beiden letzten Prädikative V.14b dort metaphorisch verwendet sind, so auch die Verbale V.15bβ[12].

---

[10] H. Wildberger, a.a.O., I 1972, 339.

[11] Zur Relation zwischen dem Verb יקש G und dem Nomen מוֹקֵשׁ vgl. auch G. Gerleman, a.a.O., 80.

[12] Das Verb יקש N ist im Alten Testament nur in metaphorischer Verwendung zu belegen, vgl. außer Jes 8,15 und 28,13 auch Dtn 7,25; Prov 6,2. Die oben vermuteten semantischen Konfigurationen sind auf das jeweilige Denotat *B* des Verbs an diesen Stellen nicht beziehbar.

Funktionen und Gestaltungsmittel in Jesaja 8,14–15

Die allegorische Darstellung Jes 8,14 f. zeichnet sich aus durch eine augenfällige Struktur, die oben schon vermerkt wurde und hier nur zusammenfassend erörtert werden soll. Einander gegenüber stehen V. 14 und V. 15. V. 14 ist vermutlich am besten als *ein* Satz anzusehen, mit וְהָיָה-Verbal, Jahwe als Subjekt und wie dem Kontext (V. 13) zu entnehmen ist fünf Prädikativen, davon vier in Zweiergruppen mit je einem Präpositionsadverbial. – V. 15 hat fünf Sätze, auch sie in *w·* = *qaṭal-x,* aber als Subjekt eine unbestimmte Mehrheit, רַבִּים, mit Sicherheit eine Umschreibung für das nominale Element der Präpositionsadverbiale V. 14 b. Den vielen Sätzen V. 15 entsprechen grob die vielen Prädikative V. 14 b. Diese bereiten die Sätze V. 15 inhaltlich vor, wie die besprochenen Einzelbezüge zwischen Prädikativ (V. 14 b) und Verbal (V. 15) andeuten. Dies ist eben die Funktion der Prädikative. Es stört demgegenüber nicht, daß die Prädikative, vergleicht man sie miteinander, sich z. T. logisch ausschließen: wird Jahwe ein Stein oder ein Felsen, oder vielmehr eine פַּח-Falle, wenn nicht eine מוֹקֵשׁ-Falle werden? So zu fragen ist illegitim, weil die Prädikative auf die Verbale V. 15 ausgerichtet sind.

Der Satz V. 14 ist nicht ganz frei von Bewegung, Geschehen: er sieht vor und kündigt an die Transformationen Jahwes zu Stein und Felsen und zu Fallen. Damit hat es aber mit Jahwe insofern sein Bewenden, es verbleiben Stein, Felsen und Fallen wie in einem Stilleben. Der Satz V. 14 stellt ein Szenarium des Folgenden dar. (Vgl. dazu noch unten.) Demgegenüber platzt V. 15 vor Bewegung und vor Geschehnissen, die sich nackt, ohne Umschweife jeglicher Art, in einer wortkargen [13] Darstellung aufeinanderstürzen bis zum Zerbrechen und Gefangenwerden Jerusalems und der beiden Häuser Israels.

V. 14 und V. 15 gemeinsam ist eine *Reihung* von Wendungen bzw. von Sätzen. In V. 14 werden die Prädikative gereiht, aber nur die letz-

---

[13] Außer den fünf Verbalen bietet V. 15 nur zwei Satzglieder, und zwar im ersten Satz das rückweisende Präpositionsadverbial בָּם und (für alle Sätze V. 15) das Subjekt רַבִּים, beide sind in ihrer Kürze nur durch den Vorbereich, d. h. V. 14, näher zu bestimmen.

ten aneinander. In V. 14 b ist jedes der beiden ersten Prädikative zu einer Wortgruppe erweitert, und den Prädikativen in V. 14 b werden gruppenweise Präpositionsadverbiale zugeordnet, so daß die Reihung etwas gelockert wird, in größeren Einheiten hergeht. Demgegenüber bietet V. 15 außer dem expliziten Rückweiser und dem Subjekt im ersten Satz nur aneinandergereihte Worte, die selbst schon jedes für sich einen Satz ausmachen, so daß die Reihung mit kleinsten Einheiten doch ganze Ereignisse, die bezeichnet werden, dicht aufeinander folgen läßt. In beiden Reihen werden nur Konkreta gereiht.

Während die Prädikativ-Metaphern V. 14 b als zwei verschiedenen Metaphernsystemen[14] zugehörig angesehen werden können, ist die innere Kohärenz der Satzfolge V. 15 so, daß man zwischen V. 15 a. b α und V. 15 b β schwerlich von image-Wechsel[15] reden möchte. Die Sätze hier lassen sich als von einer Ereignisfolge, oder auch von zwei, die sich zusammen ereignen, sich aufeinander stürzen, lesen.

Die allegorische Darstellung erreicht durch ihre Bewegung und deren Kontrast zur relativen Ruhe des Szenars, durch ihre Reihung und in V. 15 auch durch ihre Kohärenz eine bemerkenswerte Kraft und Intensität des Ausdrucks, und mit ihrer durchgehenden Häufung von Konkreten eine gewisse Anschaulichkeit. Diese Anschaulichkeit ist ein Mittel der Kommunikation, hat aber dennoch etwas unvollziehbares an sich, sofern Transformationen Jahwes angekündigt werden.

Mit diesen Transformationen werden aber *Funktionen* Jahwes angezeigt, wodurch die überstürzenden Ereignisse V. 15 als sein gezieltes Werk hervortreten sollen.

Die Ausdruckskraft und die Kommunikationsfähigkeit dieser Metaphorik des Strauchelns und des Gefangenwerdens werden dadurch

---

14 Zur Sache »metaphor system« vgl. G. B. Caird, The Language and Imagery of the Bible, 1980, 155 ff. Er beschreibt das Metaphernsystem als eine Gruppe Metaphern, die alle in einem gemeinsamen Bereich menschlicher Erfahrung, Beobachtung oder Handelns usw. ihren Ursprung haben und wo sie einem (mehr oder weniger?) bereichsspezifischen Vokabular angehören (a.a.O., 155). Bei konjunktiver Bedeutungsverwendung beschreiben die Worte eines derartigen Systems, wie es scheint, Denotate, die einem und demselben Bereich menschlicher (oder wohl auch anderer) Aktivität usw. mehr oder weniger typisch sind, darin einen Sitz haben.
In Jes 8,14 b gibt es zunächst Metaphern des Anstoßens und des Strauchelns (man könnte vielleicht im Sinne von G. B. Caird sagen: aus einem Bereich des »Wanderns«), korrespondierend mit den metaphorischen Verbalen V. 15 a. b α; sodann, aus einem anderen Bereich, dem der Jagd und des Fangs, die Metaphern der Fallen, korrespondierend mit den metaphorischen Verbalen V. 15 b β.

15 Zum image-Wechsel vgl. M. Murrin, The Veil of Allegory, 1969, 141 ff.; dazu s. u. S. 243, Anm. 31.

bestätigt, daß sie sich bei Jesaja in entsprechender Motivkombination und Aufreihung auch noch Jes 28, 13b findet, eben als Allegorie:

לְמַעַן יֵלְכוּ וְכָשְׁלוּ אָחוֹר וְנִשְׁבָּרוּ וְנוֹקְשׁוּ וְנִלְכָּדוּ

Auch in 3, 8 a:

כִּי כָשְׁלָה ירושלם וִיהוּדָה נָפָל

und in 31, 3b:

וְכָשַׁל עוֹזֵר וְנָפַל עָזֻר

verwendet Jesaja die Metaphorik des Strauchelns. Allen diesen Vorkommen gemeinsam sind neben dem Motiv des Strauchelns die allegorische Redeweise und die Tendenz zur Reihenbildung, wenn auch diese in 3, 8 a und 31, 3 b nur noch in der Form des Parallelismus reflektiert wird. – Nur die Texte 8, 14 f. und 28, 13 b verwenden auch Metaphern des Gefangenwerdens, und nur diese Darstellungen bilden eigene Abschnitte ihrer Einheiten, am meisten ausgebaut in 8, 14 f. Für die Ausdrucksfähigkeit der Metaphorik des Strauchelns spricht noch in besonderer Weise ihre Verwendung in Kurzfassung Jes 31, 3 und 3, 8. Diese Texte und Jes 8, 14 f. zeigen überdies, wie die jeweils verwendete Metaphorik fähig gewesen ist, in immer neue Verbindungen und Bezüge einzutreten.

Jesaja 9, 13

Jesaja 9,12–16. Textbestand und Textsorte

Innerhalb der Strophe Jes 9,12–16[1] bietet V.13 allegorische Rede. Zum Textbestand: V.13 dürfte durch das Präpositionsadverbial מִיִּשְׂרָאֵל und die Subjektangabe יהוה metrisch überfüllt sein. Der Rest des Wortbestandes bildet einen Doppeldreier, wie V.12.16 a β.b auch. Die ausdrückliche Subjektangabe יהוה ist nach V.12 auffallend, von der Frage einer möglichen Umstellung von V.13 nach hinten innerhalb der Strophe[2] kann dabei abgesehen werden.

Zur Abgrenzung und Textsorte: Jes 9,13 ist kein selbständiges Textganzes, sondern ein Teil der Strophe 9,12–16, in der es abgegrenzt ist durch seine eigene, besondere Thematik, im vorliegenden Textverlauf auch durch ein gegenüber V.12.14 eigenes Subjekt, Jahwe, der in V.12b Objekt ist. 9,13 berichtet mit Narrativ retrospektiv[3] von einer Tat Jahwes, die, nach V.12 (und eventuell[4] V.15) von der Sünde Israels, als eine Reaktion Jahwes zu bestimmen ist, sei sie Zucht oder Strafe. Wahrscheinlich stellt V.13 einen Teil des Hintergrundes dar, auf den der Kehrvers V.16b zurückgreift (vgl. dort den Verweis בְּכָל־זֹאת). Von weiteren Bestimmungen des Ortes und der Funktion von V.13 innerhalb der Strophe wird hier abgesehen wegen einerseits der mit dem Textbestand und dem Textverlauf gegebenen Probleme, andererseits der thematischen und modalen (Allegorie) Eigenständigkeit von V.13.

---

[1] Vgl. den die metrische Rede jeweils abschließenden Kehrvers 9,16b; 9,11b; 9,20b und noch 5,25b. Die Probleme, die das ganze Strophengedicht betreffen, stehen hier nicht zur Debatte.

[2] Zur Frage nach dem ursprünglichen Textbestand und -ordnung Jes 9,12–16 vgl. neben H. Donner, Israel unter den Völkern, 1964, 66f. 68 bes. H. Wildberger, a.a.O., I 1972, 210. Diese Frage darf hier auf sich beruhen. – Auch nach der von H. Wildberger empfohlenen Umstellung innerhalb des Textverlaufs wäre die Subjektangabe יהוה durchaus unnötig.

[3] Die Narrative V.10 a.11 a β.13.15 a.17 b α.β.19 a α.β in Formen $w^. = jiqtol$ umzuvokalisieren, sofern nicht der betreffende Satz jeweils als sekundär angesehen wird, würde geradezu *zwingende* Gründe erfordern, die in der diesbezüglichen Diskussion nicht beigebracht worden sind.

[4] Falls V.15 ursprünglich auf V.12 am Anfang der Strophe folgen sollte, wie H. Wildberger, a.a.O., I 1972, ebda annimmt. Gegebenenfalls ließe sich auch noch V.16 a α gut vor V.13 lesen, so H. Wildberger z. St.

Das Allegorische in Jesaja 9,13

Wir fragen, was hier, von aller Bildlichkeit der Rede abgesehen, dargestellt wird, und müssen dabei soweit notwendig die hier relevante Bedeutung der verwendeten Worte ermitteln. Das ist betreffs des Verbs כרת H akt. etwas problematisch. – Auf diesem Hintergrund stellt sich dann die metaphorische Art der Rede V. 13 heraus.

Das Verb כרת H akt. *bezeichnet* hier, mit Extremitäten des Körpers bzw. mit Pflanzenteilen als Objekten, das (Veranlassen des) Abschneiden(s) oder Abhauen(s). Mit Pflanzenteilen als Objekt wird כרת H akt. sonst im AT nicht verwendet, mit Körperteilen als Objekt sonst nur noch Ps 12,4 (שָׂפָה und לָשׁוֹן). Die Verwendung in Jes 9,13 entspricht jedoch mit Sicherheit der (konjunktiven) Verwendung von כרת G etwa in Jdc 9,48; Dtn 19,5 mit שׁוֹכַת עֵצִים bzw. עֵץ als Objekten (an beiden Stellen wird zudem das Instrument des Abhauens genannt), vgl. noch z. B. Num 13,23. Es liegt insofern nahe, in Jes 9,13 eine *Bedeutung* »abzuschneiden (veranlassen)« oder »abzuhauen (veranlassen)« für כרת H akt. zu vermuten[5], zumal כרת H akt. auch sonst leblose Konkreta als Objekte haben kann, die wohl niedergehauen[6] oder zerhauen und eben dadurch »vernichtet« bzw. weggeschafft werden (vgl. die Verwendung mit מִן), vgl. Lev 26,30, mit מִן Mi 5,12; Nah 1,14; 2,14; Sach 9,10. Es scheint, daß eine summarische Wiedergabe von כרת H akt. mit »ausrotten« bzw. »vernichten« zu wenig differenziert ist. »Abzuschneiden (veranlassen)«, »abzuhauen (veranlassen)« mögen disjunktiv relevante[7] Konfigurationen von Bedeutungselementen innerhalb der Bedeutung von כרת H akt. sein und umreißen als solche eben nicht die ganze Bedeutungseinheit von כרת H akt., wie das Verb ja auch sowohl mit *Ab-*

---

[5] Die Verwendung der Präposition מִן im Präpositionsadverbial מִיִּשְׂרָאֵל V. 13 wäre, semantisch gesehen, ganz sachgerecht. Es ist wohl aber nicht zufällig, daß das Nomen יִשְׂרָאֵל aus dem Bild der Bildrede herausbricht; das Präpositionsadverbial scheint metrisch überschüssig zu sein, vgl. oben.

[6] Vgl. Brown–Driver–Briggs 504b s. v. כרת Hiph. 3: »*cut down, destroy,* cities Mi 5,10; sun pillars Lv 26,30 (H); and other things ...«.

[7] Zur disjunktiven Relevanz von Bedeutungselementen innerhalb einer und derselben Bedeutungseinheit bis hin zur sogenannten Polysemie, vgl. A. Reichling, Verzamelde studies over hedendaagse problemen der taalwetenschap, 1966⁴, 41–43.

strakta als Objekten (Jos 7,9; Jes 14,22; Zeph 1,4; Sach 13,2; Mi 5,11[8]; Ps 34,17; 109,15) oder Subjekten (Ps 109,13), aber vor allem eben auch mit *lebenden Personen* als Objekten (Am 2,3 und oft) verwendet wird.

Es erscheint demnach ratsam, in כרת H akt. an unserer Stelle nicht schon deshalb eine Metapher zu sehen, weil das Verb hier mit den Objekten רֹאשׁ und זָנָב usw. verwendet wird – dann ist vielmehr konjunktive Bedeutungsverwendung anzunehmen, im Sinne von »abzuschneiden (veranlassen)« oder »abzuhauen (veranlassen)«.

Wenn nun aber die Worte רֹאשׁ und זָנָב usw. in der Objektgruppe des Verbs hier metaphorisch verwendet sein sollten, dürfte auch das Verb כרת H akt. mit dessen angegebener Bedeutung metaphorisch verwendet sein.

Das Wortpaar רֹאשׁ וְזָנָב ist belegt Dtn 28,13.44; Jes 9,13; 19,15. Zu זָנָב = Schwanz vgl. Ex 4,4 (Schlange); Jdc 15,4 (Fuchs); Hi 40,17 (Nilpferd). Das Wortpaar כִּפָּה וְאַגְמוֹן ist aber nur Jes 9,13; 19,15 belegt. כִּפָּה bedeutet nach I. Löw vermutlich »Stocksproß des Schilfrohrs«[9]. Zu אַגְמוֹן = Schilfhalm vgl. Jes 58,5; Hi 40,26; 41,12.

Im Zusammenhang, der mit Jes 9,12 beginnt, werden die Objekte V. 13 auf (einen Kreis von) *Menschen*, auf ein Volk bzw. auf etwas, das ihnen gehört, bezogen sein, da die Vergehen V. 12 das Volk als Subjekt haben und V. 13 wohl eine Reaktion Jahwes darauf beschreiben will. Die Objekte sind mithin metaphorisch verwendet, wie demnach auch das Verbal V. 13.

Die kurze Darstellung in V. 13 bietet 5 Metaphern, außerdem noch das nicht bildhafte, abschließende Zeitadverbial יוֹם אֶחָד. Die Metaphern bilden zwei Bildkreise, jedem gehören das Verbal und ein Objektpaar an. Innerhalb jedes Kreises sind die Metaphern so aufeinander bezogen, daß eine Allegorie vorliegt: sie verweisen, wenn sie mit konjunktiver Bedeutungsverwendung gelesen werden, auf Denotate (»*A*«), die ihrerseits Momente ein und desselben außersprachlichen Vorgangs sind[10]. Das nicht bildliche Zeitadverbial führt das allegorische Bild etwas weiter aus und ist insofern selbst allegorisch. Man kann Jes 9,13 als

---

[8] Man kann zu dieser und den soeben angeführten Stellen zwar eine metonymische Verwendung des Objekts erwägen: ein Name für dessen Träger, Zauberei für den Zauberer. Das hieße jedoch nicht, daß das jeweils Vertretene in der Oberflächenstruktur der Rede gültiges Objekt wäre. Es führt deshalb zu weit, wenn HAL II 477a zu u.a. Mi 5,11, wo כְּשָׁפִים Abstraktum ist, כרת H akt. mit »rottet aus (durch frühen Tod …)« wiedergibt.

[9] I. Löw, Die Flora der Juden, I 2, 1928, 666f.

[10] Vgl. oben, S. 109 ff.

ein *ensemble* mit zwei Kurzallegorien bestimmen, vereint im metaphorischen Verbal und im abschließenden Zeitadverbial, sekundär auch noch in der Subjektsangabe und dem Präpositionsadverbial.

Zur Frage nach Denotaten *B* der Objekte: – H. Donner meint, רֹאשׁ וְזָנָב könne eine Aufnahme einer ägyptischen Redewendung sein und sich auf »Anfang« bzw. auf »Ende« eines Territoriums, eines Landes beziehen, während כִּפָּה וְאַגְמוֹן an die sogenannte »Geißel« und an die oberägyptische Wappenpflanze, die beide Insignien ägyptischer Pharaonen sind, denken lassen könnte[11]. Es würde sich bei der Aussage V.13 um assyrische Eingriffe in die israelitischen Territorien und um die Erniedrigung des Königs zum Vasallen (734–733 v.Chr.) handeln[12]. Die herrschende exegetische Tradition sieht dagegen in רֹאשׁ וְזָנָב mit u.a. B. Duhm einen Ausdruck für »hoch und niedrig«, im Anschluß daran wird das zweite Objektpaar ähnlich verstanden. H. Donner nimmt an, diese personellen Deutungen seien »nicht ohne einen Seitenblick auf den sekundären V.14 zustandegekommen«[13]. – Es erscheint uns jedoch mit H. Wildberger[14] fraglich, ob man bei Jesajas Zuhörern allgemein solche Kenntnis ägyptischer Symbolik voraussetzen kann, wie sie die Theorie von H. Donner doch wohl impliziert. Zweitens bietet der sicher sekundäre V.14 immerhin das älteste uns überlieferte – und zwar: ein altisraelitisches! – Zeugnis vom Verstehen von V.13: eine personelle Interpretation. Drittens ist die Verwendung des Wortpaares רֹאשׁ וְזָנָב Dtn 28,13.44, wie auch die beide Objektpaare aufweisende Stelle Jes 19,15, eine literarisch nähere Parallele, als es die ägyptischen Überlieferungen sind, zumal die Übereinstimmung zwischen den atl. Stellen beim einzelnen Objektpaar absolut ist.

Die Tatsache, daß das Alte Testament das von Fall zu Fall identisch bleibende Wortpaar רֹאשׁ וְזָנָב in bildlicher Verwendung in *verschiedenen Literaturen* bietet, zeigt an, daß solche Verwendung des Wortpaares ein zu verschiedenen Zeiten mehr oder wenig verbreiteter und insofern fester Gebrauch gewesen sein dürfte[15]. Es erscheint des-

---

[11] H. Donner, a.a.O., 72f., dort weitere Einzelheiten.

[12] H. Donner, a.a.O., ebda.

[13] H. Donner, a.a.O., 72 Anm. 3.

[14] H. Wildberger, a.a.O., I 1972, 219.

[15] Jedoch bieten die alttestamentlichen Belege dieser Wendung keinen Anlaß, speziell auf einen »sprichwörtlichen« Gebrauch der Wendung zu schließen: Sprichwörter liegen Dtn 28,13.44; Jes 9,13; 19,15 nicht vor. – Das schließt natürlich andererseits nicht aus, daß diese Redensart, oder auch die andere, כִּפָּה וְאַגְמוֹן, *auch* sprichwörtliche Verwendung gefunden haben *kann* oder hätte finden können. – Zur Frage linguistischer

halb berechtigt, die Verwendung an einer Stelle auch im Lichte der Verwendung an den anderen Stellen zu verstehen zu suchen.

In Jes 19,15, wo die in Frage stehenden Wortpaare Subjekte sind, liegt eine personelle Deutung wenigstens nahe, da das Verb עָשֹׂה G Verbal ist. In Dtn 28,13.44 sind die Worte רֹאשׁ und זָנָב *ausdrücklich personal* bezogen, vgl. in V. 13 a α:

נְתָנְךָ יהוה לְרֹאשׁ וְלֹא לְזָנָב

und in V. 44 b:

הוּא יִהְיֶה לְרֹאשׁ וְאַתָּה תִּהְיֶה לְזָנָב

Des Weiteren sind die metaphorisch verwendeten Worte רֹאשׁ und זָנָב V. 13 a α. 44 b Korrelate zu den Bestimmungen לְמַעְלָה (מַעְלָה מָּעְלָה) bzw. לְמָּטָה (מָּטָה מָּטָה). Die Satzinhalte V. 12 b. 43–44 a zeigen überdies klar, daß der רֹאשׁ Benannte Vermögen, Macht, Einfluß gegenüber dem hat, der זָנָב benannt wird. Das Begriffspaar ist damit als metaphorisches Ausdrucksmittel bestimmter kollektiver, sozialer Wertungen im Sinne etwa von »hoch und niedrig« bestätigt. Die Worte dürften mit einer konventionell weithin festgelegten Auswahl an disjunktiv zu beziehenden Bedeutungselementen verwendet worden sein.

Diese Deutung des Wortpaares רֹאשׁ וְזָנָב wird vom Wortlaut Jes 9,13 her, dem ursprünglichen sowohl als auch dem vorliegenden, in gar keiner Weise widersprochen.

Wenn nun in Jes 9,13 und 19,15 neben dem Wortpaar רֹאשׁ וְזָנָב auch noch das Wortpaar כִּפָּה וְאַגְמוֹן verwendet wird – und in jeweils gleicher syntaktischer Funktion –, ist dies zweite Wortpaar in dieser Verwendung wahrscheinlich Ausdruck derselben kollektiven, sozialen Wertungen wie beim ersten Wortpaar, was auch bestens zur mutmaßlichen Wertdifferenz Stocksproß – Halm des Schilfs passen dürfte.

Naheliegende Denotate *B* der Objekte Jes 9,13 bei der ursprünglichen Darbietung des Textes waren vermutlich mehr oder wenig scharf abgegrenzte Schichten oder Gruppen innerhalb der israelitischen Gesellschaft. Ein derartiges Verstehen bezeugt später das Addendum V. 14. Die Denotate *B* des Verbals mögen Ereignisse von vielleicht kriegerischer Art gewesen sein, die für die Betroffenen am ehesten Katastrophen waren. Bei dem u. a. durch die Kürze dieser allegorischen Rede bedingten Defizit an Information ist man aber heute weit davon entfernt, die Denotate *B* dieser Metaphern mit guten Gründen identifi-

---

Kennzeichen von Sprichwörtern vgl. A. J. Bjørndalen, »Form« und »Inhalt« des motivierenden Mahnspruches, ZAW 82 (1970), bes. 358–360.

zieren zu können. Der vollständige Wortbestand sowie seine unmittel-
bare Kenntnis der Zeitgeschichte haben dem damaligen Hörer vielleicht geholfen, die spärlich ausgeführte Allegorie genauer zu verstehen. Ob also auf Ereignisse nach dem syrisch-ephraimitischen Krieg
oder gar etwa auf Jehus Revolution verwiesen wird, möge hier auf sich
beruhen.

Gestaltungsmittel in Jesaja 9,13

In der Strophe Jes 9,12–16* wird mit der allegorischen Rede V.13 auf von Jahwe verfügte Maßnahmen gegen Schichten oder Gruppen des unbotmäßigen Volkes Israel zurückverwiesen. Die Mittel, derer sich diese allegorische Rede dabei bedient, sollen kurz kommentiert werden.

Die allegorische Darstellung ist kurz. Sie besteht aus nur einem Satz mit ursprünglich 7 Worten. Für ihre Kürze hat sie eine hohe Zahl an Metaphern: 5 von 7 Worten sind metaphorisch verwendet.

Die Verbal-Stelle und die Objekt-Stellen des Satzes sind mit Metaphern besetzt. Das nicht bildliche Zeitadverbial יום אחד führt die allegorische Darstellung weiter aus und funktioniert insofern auf der Ebene der allegorischen Rede. Ob es sich hier um einen Zusammenfall von Bild und Sache handelt, möge dahingestellt sein, da der historische Hintergrund unseres Textes nicht mit zufriedenstellender Wahrscheinlichkeit zu ermitteln ist.

Die Metaphern der Objektgruppe sind auf zwei Paare verteilt mit je eigenem Bildstoff: רֹאשׁ וְזָנָב von Tieren, כִּפָּה וְאַגְמוֹן vom Schilf. Mit dem metaphorischen Verbal und dem Zeitadverbial bildet jedes Objektpaar einen Bildkreis, so daß die Bildkreise, wie schon erwähnt, kunstvoll vereint werden durch ein gemeinsames Verbal und Zeitadverbial. Es liegen zwei ineinander verzahnte Kurzallegorien vor, womit Ausdrucksintensität und Aussagekraft des kleinen Textes V.13 stark gefördert werden.

Innerhalb jeder Kurzallegorie besagt der Satzinhalt, sofern er durch Verbal und Objektpaar erzeugt ist[16], daß die Verbalhandlung das Lebende verstümmelt bis dahin, daß es nicht mehr weiterleben kann.

Die Doppelung in der Form von zwei Objektpaaren zum einen Verbal dient am ehesten der Betonung des Betroffenseins und der mit diesen Objektmetaphern angedeuteten Prädizierungen der Betroffenen.

Das Zeitadverbial scheint eine kurze Dauer, vielleicht auch plötzliches Eintreten der Verbalhandlung andeuten zu sollen, vor allem aber wohl ihre Energie und Intensität, sofern ganze Gruppen oder Schichten der Bevölkerung in kurzer Zeit katastrophal getroffen werden.

---

[16] D.h.: für diesen Aspekt wird vom Zeitadverbial des Satzes mittlerweile abgesehen.

Jesaja 9, 17–20

Jesaja 9,17–20. Textbestand und Textsorte

Innerhalb der Strophe Jes 9,17–20 bilden V.17–18a.bα einerseits, V.19–20a andererseits Allegorien, die durch die Überbrückung V.18b miteinander verbunden sind.

Zum Textbestand: Das Nomen צְבָאוֹת V.18a wird vom ursprünglichen Wortlaut der LXX nicht bezeugt[1]. Ohne dieses Nomen bildet der Text V.18a.bα einen Doppelvierer. Das Nomen dürfte dann am ehesten wohl sekundär in den hebräischen Text hineingenommen sein. – Etwas belastet ist der Schluß des Satzes V.18a: das unbekannte נֶעְתַּם mit dem nicht determinierten fem. אֶרֶץ, wo der Artikel jedoch durch Haplographie weggefallen sein könnte. In V.19b dürfte statt des auffallenden[2] בְּשַׂר־זְרֹעוֹ eher בְּשַׂר־רֵעוֹ zu lesen sein, vgl. die Targum-Lesung (קריב) sowie bei der LXX die alexandrinische Gruppe, 407, 538 und Bo Syp[3]. – Zur vielverhandelten Frage des Verhältnisses zwischen V.18bβ und V.19b sei angemerkt: 1. deutet nichts darauf, daß V.18bβ nicht an seiner ursprünglichen Stelle steht. Ein Neueinsatz wie V.18bβ ist unmittelbar nach V.18bα gut lesbar, und ungleich besser als V.19a (mit Narrativ und seinem Inhalt) es wäre. V.18bβ ist mithin nicht hinter V.19a[4] oder V.19b zu stellen. 2. ist das getrennte Erscheinen der Sätze V.18bβ und V.19b metrisch und nach Satzbau auffallend. 3. ist die Umstellung von V.19b hinter V.18bβ demnach naheliegend[5]. An seinen heutigen Platz mag der Satz V.19b gekommen sein als geeignete Einleitung zu V.20.

Zur Abgrenzung und Textsorte: Nach dem Kehrvers V.16b öffnet die Strophe mit der Allegorie V.17–18a. Die Allegorie hat den Topos des Feuers mit dem ihr unmittelbar folgenden Vergleich V.18bα gemeinsam. Die Rede von dem Feuer ist damit zu Ende geführt. Nach V.18bβ in nicht bildlicher Rede bieten V.19b.a.20a eine zweite allegori-

---

[1] Vgl. J. Ziegler, ed., Isaias, 1967[2], 158 z.St.

[2] Vgl. unten, S.238, Anm.24.

[3] Vgl. J. Ziegler, ed., a.a.O., 159.

[4] Gegen u.a. K.Marti, Das Buch Jesaja, 1900, 99; F.Feldmann, Das Buch Isaias, I 1 1925, 133; B.Duhm, a.a.O., 1922[4], 95.

[5] Mit O.Procksch, Jesaia I, 1930, 106.

sche Darstellung, durch ihren speziellen Topos des Fressens ausgezeichnet. Eine Rede von »Fressen« erscheint jedoch auch noch
V. 18 b α, nicht aber V. 20 a. – V. 20 b bringt den Kehrvers der Strophe.

Die Texte V. 17–18 a. b α und V. 19 b. a. 20 a weisen keine Zitate
auf, keine Gegenübereinanderstellung von Akteuren, keine Spannung
mit deren Lösung, und trotz der narrativen Formen kaum eine Abfolge
disparater Handlungen, eher ein Fortschreiten innerhalb je eines Geschehens. Sie sind als Beschreibungen anzusehen.

Das Allegorische in Jesaja 9, 17–18 a. b α. 19 b. a. 20 a

Das die Strophe einleitende כִּי kann am ehesten emphatisch oder auch kausal sein⁶. Auf jeden Fall wird betont, daß »die Bosheit wie Feuer brennt«, V. 17 a α.

Im nächsten Satz ist ein Subjekt vom Satz V. 17 a α zu gebrauchen. Dieses Subjekt frißt Dornen und Disteln. Insofern kann es das Feuer V. 17 a α sein, das in V. 17 a β Subjekt wird, d. h. die Größe, womit in V. 17 a α verglichen wird. Vgl. Jes 10, 17; 24, 7. Die Annahme, das Feuer sei Subjekt in V. 17 a β, ist sehr verbreitet, und z. T.⁷ mit einer Bestimmung der Satzart von V. 17 a β verbunden, nämlich daß der Satz ein asyndetischer Relativsatz sei⁸ oder unabhängig⁹.

Es befremdet bei der Lesung von V. 17 a β als eines asyndetischen Relativsatzes, daß כָּאֵשׁ V. 17 a α, wenn es Bezugspunkt des Relativsatzes ist, nicht den Satz V. 17 a α beschließt. H. Donner erwägt denn auch, כָּאֵשׁ hinter das Subjekt zu stellen¹⁰, wozu jedoch kein triftiger Grund vorhanden ist: TM V. 17 a α ist sehr wohl lesbar. Es kommt hinzu, daß die Wortstellung V. 17 a β sehr wohl *diesen* Satz als Hauptsatz lesen läßt. Wichtiger zur Frage des Subjektes V. 17 a β ist aber, daß der Satz V. 17 a α seine Funktion darin hat, über sein *Subjekt,* die רִשְׁעָה, eine Aussage zu machen. Dann ist zu erwarten, daß die unmittelbar folgenden Sätze etwas über dasselbe Subjekt aussagen, sofern keine gegentei-

---

⁶ Die kausale Funktion von כִּי ist hier weniger wahrscheinlich, da sie eine Bezugnahme über die Strophengrenze V. 17/16 hinweg implizieren würde. – Zum vorangestellten, emphatischen כִּי in der Eröffnung einer Einheit vgl. u. a. Jes 1, 29; 2, 6; 3, 1; 15, 1 u. s. A. Schoors, The Particle כי, OTS 21 (1981), 244 f.

⁷ Ohne Angabe der Satzart V. 17 a β nimmt K. Marti, a.a.O., 98 das Feuer als Subjekt an.

⁸ Vgl. A. Dillmann, a.a.O., 1890⁵, 99 (im Kommentieren); A. Condamin, a.a.O., 81; F. Feldmann, a.a.O., I 1925, 126 (in der Übersetzung; der Exegese zufolge könnte auch die Bosheit Subjekt sein, a.a.O., 133); O. Procksch, a.a.O., 101, vgl. S. 106; J. Fischer, Das Buch Isaias, I 1937, 91; W. Eichrodt, Der Heilige in Israel. Jesaja 1–12, 1960, 113; O. Kaiser, Der Prophet Jesaja. Kap. 1–12, 1960, 96; ders., Das Buch des Propheten Jesaja. Kap. 1–12, 1981⁵, 210; H. Donner, a.a.O., 67. 68; G. Fohrer, a.a.O., I 1966², 145; H. Wildberger, a.a.O., I 1972, 203. 220.

⁹ G. B. Gray, a.a.O., I 1912, 178, vgl. S. 186; V. Herntrich, Der Prophet Jesaja. Kap. 1–12, 1954², 172; P. Auvray et J. Steinmann, Isaïe, 1957², 58.

¹⁰ H. Donner, a.a.O., 68.

lige Signale über andere Subjekte gegeben werden. Andere Subjekte gibt es im Vorbereich von V.17 aβ überhaupt nicht.

Es ist dann doch wohl die nächstliegende Annahme, Subjekt des Satzes V.17 aβ (und V.17 bα) sei die רִשְׁעָה vom Satz V.17 aα[11]. Der Satz V.17 bα führt die Darstellung weiter. Nach Dornen und Disteln ist hier das Dickicht (Jes 10,34) des Waldes Objekt. Das Verb יצת G führt das *Objekt* mit בְּ ein und dürfte dann »anzünden« bedeuten; sonst bei der spärlichen Verwendung dieses Verbs im AT führt בְּ das Mittel ein, das Feuer, dem jeweiligen Zusammenhang nach scheint das Verb dann »verbrennen« zu bedeuten (Jes 33,12; Jer 49,2; 51,58).

V.17 bβ redet von der Folge dessen, daß das Dickicht angezündet wird. Das Dickicht ist hier Subjekt. גֵּאוּת meint wohl »das Aufsteigen« (vgl. Ps 89,10), hier vom Rauch der brennenden Zweige. Das Verb אבך Dt ist ein dem wohl entsprechendes Verbal, vielleicht »aufwirbeln« (u.a. HAL). Die genaue Bedeutung möge hier auf sich beruhen. Das Verb עתם N V.18 a ist aus sonstigen Quellen ebenfalls nicht sicher bekannt, vgl. die Diskussion bei H.Wildberger[12]. Die Passivform von συνκαίω in der LXX entspricht, was nach dem Subjekt möglich und nach Kontext des Satzes, insbesondere V.18 bα, naheliegend ist. Diese Umstände könnten allerdings auch Merkmale einer Verlegenheitslösung der LXX sein.

Nach dieser Durchsicht erweist sich die Beschreibung V.17.18 a als allegorische Beschreibung. Im Satz V.17 aα erweist sich das Verbal als metaphorisch verwendet durch seinen Bezug zum Subjekt. Bosheit brennt nicht, und brannte mit Sicherheit eben auch nicht nach altisraelitischer Weltkenntnis, weshalb auch der Vergleich כָאֵשׁ hier hinzugesetzt werden konnte[13]. Eine metaphorische Verwendung des Verbs בער G, bes. in Aussagen über den Zorn Jahwes, scheint verbreitet gewesen zu

---

[11] So u.a. Fr.Delitzsch, a.a.O., 1889[4], 175; G.W.Wade, a.a.O., 70; B.Duhm, a.a.O., 1922[4], 94 (während die Interpretation a.a.O., 95 das Feuer als Subjekt V.17 aβ.bα zu lesen scheint); E.König, a.a.O., 142; E.J.Young, a.a.O., I 1965, 353; P.Auvray, Isaïe 1–39, 1972, 128.

[12] H.Wildberger, a.a.O., I 1972, 206.

[13] Es mag angebracht sein, zu betonen, daß das Verbal des Satzes V.17 aα eben kraft seiner semantisch-syntaktischen Beziehung zum Subjekt sich als metaphorisch verwendet erweist. Ungeachtet der Frage des realen Hintergrundes des Satzes steht dies fest, z.B. auch, wenn die Wortwahl durch im Bürgerkrieg stattfindende Brandkatastrophen bedingt sein sollte: Das Verbal des Satzes hätte nicht *dieses* Brennen als seinen Referenten (womit Zusammenfall von Bild und Sache vorgelegen hätte), sondern auch dann eine Betätigung der Bosheit. Und die Bosheit ist kein Feuer, es sei denn metaphorisch gesprochen.

sein, vgl. u. a. Jes 30,27; Ps 2,12; Jer 4,4; Ps 89,47. Im Satz V. 17 a β werden sowohl das Verbal als auch beide Objekte metaphorisch verwendet sein, wenn Subjekt des Satzes, wie oben erwiesen, die רשעה aus dem vorangehenden Satz ist[14].

V. 17 b α, weiterhin mit der Bosheit als Subjekt, verwendet das Verbal und das Objekt, סבכי היער, metaphorisch. Diese metaphorische Darstellung wird nun offenbar fortgesetzt V. 17 b β, was durch das Subjekt, das Objekt des vorangehenden Satzes, sichergestellt wird, wenn auch die Bedeutung des Verbals V. 17 b β unsicher bleibt. – Falls die Wiedergabe von V. 18 a in der LXX semantisch zutrifft, ist das Verbal hier metaphorisch verwendet, indem es – an Stelle der רִשְׁעָה – der Zorn Jahwes ist, der brennt.

Der Text V. 17–18 a stellt nun, von der Bildlichkeit der Rede einmal abgesehen, *ein* zusammenhängendes Geschehen dar. Etwas brennt, verbrennt Dornen und Disteln, zündet den Wald an, Rauch steigt auf. Bei den letzten zwei Sätzen läßt der Inhalt einen Progreß des Geschehens erkennen, dem entspricht die Verwendung von Narrativen, die im ganzen des Strophengedichts Jes 9,7 ff. allerdings auch die Zeitstufe der Vergangenheit anzeigen dürften[15]. Der Satz V. 18 a faßt, die Sinngebung durch die LXX einmal vorausgesetzt, das Ganze zusammen: das Land ist versengt durch die Wut Jahwes. Mit der aufgewiesenen Metaphorik jedes einzelnen Satzes wird dann hier *eine* in sich zusammenhängende Allegorie gebildet.

Die Fortsetzung V. 18 b α ist nur zum Teil[16] metaphorisch, spricht aber sicher von dem Geschehen, das die Allegorie darstellt, bzw. von dessen Folge in personeller Hinsicht: das Volk wurde wie ein Fraß des Feuers. Die Topik der Allegorie wird hier noch in einem Vergleich durchgehalten, nachher nicht mehr.

In der ursprünglichen Fassung der Strophe V. 17–20 hat der Text, damit auch diese erste Allegorie, doch wohl über bestimmte Zustände und Geschehnisse der nahen Vergangenheit reden sollen. Die Identifizierung dieser Geschehnisse wird den Zuhörern durchaus unproblema-

---

[14] Wäre das אֵשׁ Subjekt im Satz V. 17 a β, wäre immerhin das Verbal metaphorisch verwendet. Diese Voraussetzung trifft jedoch nicht zu. Das Subjekt entscheidet die Frage nach Metaphern V. 17 a β, deswegen mußte nach dem Subjekt gefragt werden.

[15] Vgl. oben, S. 221, Anm. 3.

[16] Die Wendung כְּמַאֲכֹלֶת אֵשׁ ist Konstituent eines Vergleichs, hat aber selbst einen metaphorischen Konstituenten; das Nomen מַאֲכֹלֶת ist hier metaphorisch verwendet. Vgl. noch Jes 9,4.

tisch gewesen sein, ist uns heute aber, in Unkenntnis des ursprünglichen historischen Kontextes, anscheinend kaum mehr sicher möglich[17].

Dagegen läßt sich etwas über die *Art* der Referenten sagen. Es kann allerdings nicht möglich sein, jede Metapher hier einzeln und differenziert auszudeuten. Zu sagen, was שָׁמִיר V. 17 aβ repräsentieren sollte im Unterschied zu שַׁיִת, oder diese im Unterschied zu den סִבְכֵי הַיַּעַר[18], um nicht auch die גַּאֲוּת עָשָׁן heranzuziehen, sei es als Restbestände des Volkes o. ä., wäre durchaus ohne Anhalt nicht nur in unseren mangelhaften Kenntnissen, sondern auch im Text selber. V. 18 a spricht vom versengten *Land,* und V. 18 bα, wo noch der Topos des Feuers aus der ersten Allegorie wirksam ist, läßt für alle Metaphern der Gewächse und des Waldes V. 17 an das *Volk* denken[19]. Differenzierungen innerhalb der Bevölkerungen sind in begründeter Weise nicht nachzuweisen im Text. Die nominalen Metaphern V. 17 aβ.bα sind also auf ein gemeinsames, metaphorisch zu benennendes Denotat *B* zu beziehen. Ebenfalls haben die drei Verbalmetaphern des Brennens (V. 17 aα בער G), des Verzehrens (V. 17 aβ אכל G) und des Anzündens (V. 17 bα יצת G) wohl hauptsächlich ein gemeinsames Denotat B^{20}, eine Betätigung der רִשְׁעָה, etwa die Aktion einer regen, umfassenden, vernichtenden Verwüstung und Ausrottung. Es kann sein, daß eine besondere se-

---

[17] Eine Übersicht über die Problemlage bietet H. Wildberger, a.a.O., I 1972, 221 f. z. St.

[18] Wenn man sich auf Einzeldeutung von שָׁמִיר וָשַׁיִת einerseits, סִבְכֵי הַיַּעַר andererseits einläßt, gehen die beliebteren Lösungen dahin, die Dornen und Disteln seien *einzelne Sünder,* das Dickicht des Waldes die »*Volksmasse*« (Fr. Delitzsch, a.a.O., 1889⁴, 175 unter Rückgriff auf Vitringa; F. Feldmann, a.a.O., I 1 1925, 133), oder aber die Dornen und Disteln seien die *unteren* Volksschichten (Ed. König, a.a.O., 142 Anm. 7). Eine besondere Begründung ist durchweg zu vermissen. Zugrunde mag die Vorstellung liegen, jeder »Einzelzug« sei auszudeuten. Man versucht gerne, die Metaphorik auch im Hinblick auf eine Charakterisierung der angenommenen Denotate *B* auszuwerten, so seien Dornen und Disteln »vorzugsweise gerichtsreife Frevler« (Delitzsch), »ärgste Frevler« (Feldmann), das Walddickicht »die durch Bosheitsbande verflochtene Volksmasse« (Delitzsch), oder die gegenüber dem dürren שָׁמִיר וָשַׁיִת »noch gesundere, aber der Sünde schon zugeneigte Volksmasse« (Feldmann). – H. Wildberger, a.a.O., I 1972, 221 sieht in den סִבְכֵי הַיַּעַר einen Hinweis auf das Wesen des Volkes als eines Volkes der Verführten und Verwirrten. – P. Auvray, Isaïe 1–39, 1972, 129 ist gegenüber der Deutung von Dornen und Disteln speziell auf die Sünder zurückhaltend. Es ist u. U. zu beachten, daß der Text selbst ohne Differenzierung von אֶרֶץ und הָעָם als Objekten der Verheerung V. 18 a.bα spricht, und auch sonst keine Differenzierung in sicher greifbarer Weise hervorhebt.

[19] Vgl. L. A. Snijders, Jesaja deel I, 1969, 129 z. St.

[20] Eine gemeinsame Deutung der Metaphern des Brennens nimmt auch L. A. Snijders, a.a.O., 130 an, wenn er sie auch nominal paraphrasiert: »Het vuur is het vuur van de haat en de jaloezie.«

mantische Komponente der Ingressivität bei יצת G noch auf das Denotat B dieses Verbals beziehbar sein sollte. Daß diese Metaphern aber
zur Hauptsache ein gemeinsames Denotat B haben dürften, liegt nahe
wegen der semantischen Korrespondenzen zwischen ihnen; andererseits fehlen außer der Besonderheit am Verb יצי G sonst im Text Hinweise auf eine Differenzierung zwischen verschiedenen Denotaten B
der verbalen Metaphern.

Die Interpretation der Metaphorik vom aufwirbelnden (?) Rauch
des (angezündeten) Gestrüpps des Waldes aus V.17 b β ist belastet
durch unsere unzureichende Kenntnis des Verbals. Es wird jedoch mit
dem Rauch vom Ergehen des brennenden Waldes, d.h. des Volkes, die
Rede sein. Nach H.Wildberger meint der Satz, daß das Volk sich in
nichts auflöst[21]. Das ist zwar mit Rauch – dem Augenschein nach – der
Fall. Nun repräsentiert nicht der Rauch, sondern das Gestrüpp (der
Wald) als Metapher das Volk. Es geht um das Ergehen des Gestrüpps,
des Waldes, nicht um das des Rauches. Fragt man dann, was der Rauch
sei, was die גֵּאוּת עָשָׁן sei, was das Geschehen sei, gibt der Text keine
Signale oder Direktiven her, die willkürliche Antworten vermeiden lassen können. Es ist eher zu fragen, ob nicht der aufwirbelnde (?) Rauch
primär Hinweis auf die totale Vernichtung dessen ist, das da angezündet worden war: das Gestrüpp des Waldes. Was angezündet wurde,
brannte schlechthin, brannte unaufhaltsam weiter. Damit sind nun bemerkenswerterweise keine Deutungen der Metaphern aus V.17 b β vollzogen. Was hier erwogen wird, ist teils ein Satzinhaltswert[22] von
V.17 b β, konjunktiv gelesen (was angezündet worden war V.17 b α,
brannte weiter), teils kein Satzinhalt von V.17 b überhaupt, sondern
eine sich mit Leichtigkeit ergebende Folgerung daraus (was brennt,
wird vernichtet).

Der Satz V.17 b β redet metaphorisch, wie oben ausgeführt, ist
aber einer differenzierenden Deutung der einzelnen Metaphern mit Bezug auf den Sachbereich der Allegorie nicht zugänglich, sondern bietet
eine gegenüber der intendierten »Sache« der Bildrede freie, auf die »Sache« *nicht* über die Wortbedeutungen direkt (nennend) zu beziehende
Entfaltung des mit dem brennenden Gebüsch und Wald angeschlage-
nen Bildthemas. Man kann diese Entfaltung eine in diesem Sinne »unvollziehbare« Metaphorik nennen. Sie leistet jedoch auch so ihren Bei-

---

[21] H.Wildberger, a.a.O., I 1972, 221.
[22] Zu Satzinhaltsaspekten und Satzinhaltswerten in der Sicht A.Reichlings vgl. oben,
S.80.

trag zur Gesamtaussage der Allegorie über die intendierte »Sache«, nämlich durch den Satzinhaltswert und durch die Folgerung daraus, die auf die Sache, das Ergehen des Waldes/des Volkes zu beziehen ist[23].

Die Durchsicht der zweiten Bildrede der Strophe sei mit V. 19 b begonnen. Dieser Satz erweist sich, als Weiterführung von der Aussage V. 18 b β gelesen, als ihre Konkretisierung: ein jeder frißt das Fleisch[24] seines Nächsten[25]. In V. 19 a α meint גזר G im Gegensatz zu רעב G (»hungern«, dazu s. Jes 8,21) und in Parallele zu אכל G V. 19 a β möglicherweise »essen«, »fressen« o. ä.[26]. Referent des Verbs wird jedenfalls eine Handlung sein, die das Gegenteil von Hungern hätte herbeiführen sollen. Die nächsten Sätze, V. 19 a β, sprechen davon, daß man ißt und nicht satt wird. Die Adverbiale »zur rechten Seite« V. 19 a α bzw. »zur linken Seite« V. 19 a β zeigen Satzinhaltsaspekte an, die wohl auf Ausnutzung aller »Nährquellen« verweisen, wo sie auch zu haben seien. Das Satzpaar V. 19 a α und das parallele Satzpaar V. 19 a β können, dem Inhalt nach, als Weiterführung vom Satz V. 19 b verstanden werden. V. 19 a β ist synthetisch parallel zu V. 19 a α.

Die Rede V. 19 b. a ist metaphorisch und allegorisch. Im Satz V. 19 b werden das Verbal und das Objekt (בְּשַׂר רֵעוֹ) metaphorisch verwendet sein. Anders als II Reg 6,26–30; Thr 4,10 und ebensowenig wie Mi 3,2 b–3 (s. dort die Vergleiche V. 3 b!)[27] ist hier buchstäblich von

---

[23] Es sei daran erinnert, daß die metaphorische Redeweise des Satzes V. 17 b β sich dadurch ergab, daß das Objekt des vorangehenden Satzes, סְבְכֵי הַיַּעַר, hier Subjekt ist. סְבְכֵי הַיַּעַר ist ja eine Metapher für die Träger der in V. 17 a α eingeführten, metaphorisch gesagt brennenden Bosheit. Diese Träger brennen hier weiter, weshalb – eben metaphorisch gesagt – der Rauch. Diese metaphorische Redeweise V. 17 b β ist die *Grundlage* der hier vorgeschlagenen Analyse des Satzes und kann nicht von der Analyse selbst in Frage gestellt werden. Man kann also nicht etwa schließen, die im hier genannten Sinne »unvollziehbare« Metaphorik sei keine Metaphorik. Wenn sie nicht Metaphorik wäre, wäre sie auch nicht unvollziehbar.

[24] L. A. Snijders, a.a.O., 130 findet unter Hinweis auf die traditionelle Metapher »Arm« für *Kraft*, daß TM V. 19 b einen guten Sinn gibt: die Volkskraft wird verzehrt. – Jedoch ist im TM hier vom *Fleisch des Armes* die Rede, womit der TM ein Stück von der traditionellen Metaphorik des Arms im AT abrückt. Vom »Fleisch des Arms« ist auch nicht Jer 17,5 die Rede, wo zwar die Worte בָּשָׂר und זְרוֹעַ aufeinander bezogen und metaphorisch verwendet begegnen, aber als Objekt und Objektsprädikativ, nicht in einer st. constructus-Gruppe.

[25] Zur Textkritik vgl. oben, S. 231.

[26] Vgl. HAL s. v. גזר II, G. Es ist allerdings zuzugeben, daß die Lesung des Verbs hier als גזר I G »abschneiden« nicht sinnlos wäre, wenn der Sinn auch eigentümlich indirekt werden würde. Vgl. noch J. Gray, The Legacy of Canaan, 1965², 98 Anm. 7.

[27] Mit H. W. Wolff, Dodekapropheton 4. Micha, 1980, 69 f. wird in Mi 3,2 b–3 metaphorische Rede zu sehen sein.

Menschenfresserei die Rede: Der Kontext läßt im ganzen bildhafte Rede erwarten, insbesondere der Satz V. 18 b α am Übergang von der ersten zur zweiten Allegorie läßt keine Menschenfresserei erwarten, mitnichten setzt V. 20 a Menschenfresserei im großen Stil voraus[28]. Wenn nun der Satz V. 19 b mit metaphorischem Verbal und Objekt funktioniert, wird zu erwarten sein, daß auch die weiterführenden Sätze V. 19 a, mit Verbalen derselben Thematik, ihre Verbale metaphorisch verwenden.

Die Metaphern V. 19 b verweisen bei konjunktiver Lesung auf Momente ein und desselben Vorganges. Der Satz ist mithin allegorisch. Ebenfalls verweisen die Verbale des Satzpaares V. 19 a α mit den Verbalen des Satzpaares V. 19 a β bei konjunktiver Lesung auf Momente ein und desselben Vorganges. Die Darstellung V. 19 b und im weiterführenden V. 19 a ist mithin allegorisch. Das bestätigt V. 20 a.

In V. 20 a α erscheinen zwei Satzfragmente, jeweils mit Nomen und Objekt. Das läßt nach einem Verbal aus den unmittelbar vorangehenden Sätzen fragen, wodurch V. 20 a sich als eine Art Fortsetzung der Darstellung V. 19 erwiese. Als Verbal V. 20 a α kommt wohl das V. 19 zweimal verwendete אכל G in Frage. Dann aber sind die Satzfragmente V. 20 a α, und mit ihnen das Satzfragment V. 20 a β, *eher* Repräsentationen oder Wiederaufnahmen der Sätze V. 19, als daß sie Weiterführungen wären, und zwar sind sie Wiederaufnahmen der Art, daß die unbestimmten Subjekte V. 19 b. a α. β nunmehr durch מְנַשֶּׁה (V. 20 a α₁), אֶפְרַיִם (V. 20 a α₂) und diese beiden Größen (V. 20 a β) ersetzt sind, während gleichzeitig jeweils die andere Instanz, in V. 20 a β aber Juda, die Stelle des רֵעַ V. 19 b einnimmt.

Mit dem aus den vorangehenden Sätzen mitzuverstehenden Verbal אכל G sind die Satzfragmente V. 20 a noch Glieder der mit V. 19 anhebenden Darstellung. Dadurch aber, daß die Satzfragmente die Sätze V. 19 repräsentieren oder wiederaufnehmen mit den hier gegebenen Identifizierungen von Subjekten und Objekten, erweist sich die ganze Darstellung V. 19 b. a. 20 a als allegorisch. Allegorisch wird von Auseinandersetzungen zwischen »Efraim« und »Manasse« bzw. diesen und Juda geredet.

Mit Efraim und Manasse wird, neben Juda, an die Stämme oder auch Stammesgebiete des Hauses Josef gedacht sein. Die Narrative V. 19 a dürften auf Vergangenheit deuten, die Identifizierung der ge-

---

[28] Vgl. noch Aa. Bentzen, a.a.O., I 1944, 84. – A. Dillman, a.a.O., 1890[5], 100 und E. J. Young, a.a.O., I 1965, 354 scheinen der Annahme Ausdruck zu geben, der Text rede von Kannibalismus.

meinten Geschehnisse sind uns aber, ebensowenig wie zu V. 17–18 a, möglich. Wie dort scheint eine differenzierte Ausdeutung jeder Einzelmetapher nicht durchführbar zu sein, und wie dort läßt sich die Art der Referenten der metaphorischen Darstellung nur vage umreißen.

Nach dem ähnlichen Bau der Perioden V. 19 a α und V. 19 a β zu beurteilen, wie auch in Übereinstimmung mit den mutmaßlichen semantischen Korrespondenzen zwischen den Verbalen גזר G und אכל G, dürften diese Verbale hier (dann auch אכל G V. 19 b) gemeinsame Denotate B haben, etwa kriegerisches Plündern und Verstümmeln bis hin zum Töten, oder vielleicht territoriale Eroberungen[29], andererseits weisen wohl entsprechend רעב G und negiertes שבע G auf einen nicht gesättigten Drang nach weiteren Plünderungen, Eroberungen usw. Kein spürbares Anzeichen deutet darauf, daß die Verbale innerhalb der beiden Gruppen als Metaphern verschiedene Denotate B hätten.

---

[29] Vgl. H. Wildberger, a.a.O., I 1972, 221.

Funktionen und Gestaltungsmittel in Jesaja 9,17–20

In der Strophe Jes 9,17–20 funktionieren zwei Allegorien, in bestimmter Weise einander zugeordnet.

Die erste Allegorie, V. 17–18 a. b α, öffnet mit einem Satz, V. 17 a α, wo nicht das Subjekt, sondern nur das Verbal metaphorisch verwendet ist, es ist als Metapher ausgewiesen durch seinen Bezug zum Subjekt. Es folgt der Satz V. 17 a β, wo jedes Wort, das Verbal und zwei Objekte, Metapher ist. – In den beiden Sätzen V. 17 b sind wohl ebenfalls alle Worte metaphorisch verwendet, mit Vorbehalt betreffs des nicht sicher erkannten Verbs אבך Dt V. 17 b β. Im Ausklang der Allegorie V. 18 a ist jedoch wieder nur allenfalls das Verbal metaphorisch verwendet, falls es richtig erkannt ist.

Das Subjekt V. 17 a α, רִשְׁעָה, wird mit konjunktiver Bedeutungsverwendung gebraucht und wird in den beiden folgenden Sätzen noch implizit verwendet als Subjekt. Die Allegorie wird damit sofort und dauernd auf die Wirklichkeit bezogen, von der hier allegorisch die Rede sein soll, allerdings ohne daß gesagt wäre, *wessen* Bosheit brannte.

Was über dieses Subjekt ausgesagt werden soll, wird ab V. 17 a α sofort *metaphorisch* ausgesagt, durch das Verbal hier und in den dann folgenden Sätzen. Wahrscheinlich sind *alle* Verbale der Allegorie metaphorisch verwendet: alles Auszusagende wird metaphorisch gesagt.

Der großen Dichte an Metaphern in den drei Sätzen des Zentralbereichs der Allegorie (V. 17 a β. b α. b β) entspricht eine hohe Entwicklung des allegorischen Bildes [30]. Die Metaphorik ist entfaltet nach Maßgabe der den Bildstoffen des Feuers und der Gewächse innewohnenden Möglichkeiten. Diese intensive Entfaltung zielt vermutlich darauf, die Vorstellungen der Zuhörer zum abstrakten Thema »Wirkungen der Bosheit« zu aktivieren, und führt zugleich dazu, daß Gruppen von Metaphern je ein gemeinsames oder in der Hauptsache gemeinsames Denotat *B* haben, und daß in einem Satz (V. 17 b β) auch noch das Phänomen der hier sogenannten unvollziehbaren Metaphorik begegnet.

---

[30] Zur »Entwicklung« des Metaphorischen in einem Text vgl. G. B. Caird, The Language and Imagery of the Bible, 1980, 154 ff.

Eine besondere Stelle in der Allegorie nimmt ihr Schluß V. 18 a. b α
ein. Es wird einmal, die Deutung des Verbals durch LXX vorausgesetzt, das *Land,* nach dem anderen Satz V. 18 b α auch noch das *Volk*
genannt als die, die da verbrannt wurden, womit vielleicht den ursprünglichen Zuhörern gesagt war, wessen Bosheit brannte. Zum andern aber wird, und zwar betont, an Stelle der Bosheit der Zorn Jahwes
als Subjekt des Feuers überraschend eingeführt – man darf wohl explizieren: als Hitze und Kraft des Feuers der Bosheit. Hier scheint die Allegorie gewissermaßen zu ihrem Ziel zu gelangen. Sie will aufdecken,
deutlich machen, erkennen lassen den Zusammenhang zwischen der
Bosheit im Volk und Katastrophen der nahen Vergangenheit. Dieser
Zusammenhang trat hervor als Feuer der Bosheit, die sich auswirkt.
Das vermag die Bosheit aber erst kraft des in ihr wirksamen Zornes
Jahwes.

Die andere Allegorie der Strophe fängt nach V. 18 an, am ehesten
mit dem Satz V. 19 b vor den Sätzen V. 19 a, und mit V. 20 a endet sie.
Auf diese Allegorie zu führt der V. 19 b ähnlich gebaute, aber meta-
phernfreie Satz V. 18 β, der seinerseits durch den Eröffnungssatz der
Allegorie V. 19 b wohl weitergeführt und konkretisiert wird.

Im ersten Satz dieser Allegorie, V. 19 b, sind Verbal und Objekt
metaphorisch verwendet. Auch hier erweist sich das Verbal als Metapher durch seinen Bezug zu anderen Satzgliedern, hier Subjekt und Bestimmung (רֵעֹו) des Objekts. Durch diese Satzglieder wird die Allegorie
sofort auf die Art von Wirklichkeit bezogen, von der geredet wird.
Daraufhin führt auch schon der Satz V. 18 b β mit der nicht metaphorischen Rede vom אָח.

Auch diese Allegorie ist dadurch gekennzeichnet, daß alle Verbale
metaphorisch verwendet sind, d. h. daß alles, was über die Subjekte ausgesagt werden soll, metaphorisch gesagt wird. Darüber hinaus ist hier
die Metaphorik zur Hauptsache nur an die Verbalen gebunden; ein einziges Mal findet sich eine nominale Metapher, eben das Objekt בָּשָׂר
V. 19 b.

Die verbalen Metaphern haben anscheinend gruppenweise je einen
gemeinsamen, metaphorisch benannten Referenten; אכל G V. 19 b. a β
und גזר G V. 19 a α einerseits, רעב G V. 19 a α und negiertes שבע
V. 19 a β andererseits.

Wenn fast die gesamte Metaphorik in dieser Weise ausgeführt ist,
ist sie nach Maßgabe ihrer inhärenten Möglichkeiten entfaltet, und
zwar – wie die gemeinsamen Referenten der metaphorischen Verbale
zeigen – gerade nicht um einer größeren Informationsmenge willen,

sondern darum, die Intensität der Darstellung zu stärken und eine Vita-
lisierung der Vorstellungen der Zuhörer zu fördern.

Diese Allegorie wird mit V. 20 a zu Ende geführt, wiederum in
einer etwas besonderen Weise. Das Metaphorische an diesem Schluß ist
unüberhörbar deutlich verschwiegen. Während im Zentralbereich der
Allegorie fast nur Verbale betont sind, die Metaphern sind, bietet dieser
Schluß nur Satzfragmente ohne Verbale, aber die Verbale von V. 19
sind es dennoch, die auch hier als Metaphern funktionieren. Sie sind
von dort mit herüberzunehmen. Die Aufzählung der Namen V. 20 a
dürfte hauptsächlich dazu dienen, daß die kriegerischen Auseinandersetzungen als solche gegen Bruder und Nächsten entfaltet werden,
wohl um das Grauenhafte daran hervorzuheben. Zugleich lassen die
Namen den Bereich von Wirklichkeit wissen, auf den sich die Allegorie
bezieht.

Beiden Allegorien gemeinsam ist eine auf kleinem Raum hoch ent-
wickelte Metaphorik, die keineswegs der Absicht entsprungen ist, eine
Zug um Zug zu deutende Bildrede zu schaffen, sondern der Steigerung
der Eindringlichkeit und der Kraft zum Aufdecken und zur Verdeutlichung von Wirklichkeit dient. Die Zuhörer sollen aufhorchen, er-
schrecken, erkennen.

Der Verbindung beider Allegorien in der Strophe Jes 9, 17–20 seien
einige Erwägungen gewidmet. Eine Zusammengehörigkeit der Allegorien geht zunächst aus V. 18 b α hervor. V. 18 b α ist eine Vergleichsrede
mit dem Topos des Feuers, geeignet, die vorangehende Allegorie aus-
klingen zu lassen. Zugleich tritt hier schon ein zentrales Motiv der anderen Allegorie, das Fressen, auf. Dieser Satz ist die Stelle des »image-
shifting«[31] im Textverlauf: Die Topik beider Allegorien ist hier vertreten, und die Topik der ersten Allegorie tritt nachher nicht mehr auf:

$$\text{וַיְהִי הָעָם כְּמַאֲכֹלֶת אֵשׁ}$$

---

[31] Der Terminus »image-shifting« begegnet bei M. Murrin, The Veil of Allegory, 1969,
143 und bezieht sich dort teils darauf, daß die noch allegorische Darstellung von der
Metaphorik zur intendierten Sache hinüberwechselt, teils darauf, daß eine Figur Züge,
Charakteristica wechselt je nach dem, was das darzustellende Geschehen erfordert
macht, aber ohne logische Übereinstimmung; – oder auch darauf, daß durchaus andere Bilder in den Textverlauf hineingenommen und in der allegorischen Darstellung
verwendet werden, auch hier ohne logische Übereinstimmung (M. Murrin, a.a.O., 141–
146). Der Allegorist bleibt dann nicht bei der einen Metapher oder dem einen Bild stehen, sondern wechselt, wahrscheinlich z. T. absichtlich, etwa damit das Aufnahmever-
mögen und Weiterdenken der Zuhörer zusätzlich angeregt wird, oder auch andere
Aspekte des Inhalts hervorgehoben werden (vgl. noch M. Murrin, a.a.O., 146).

Mit dem Verbal וַיְהִי und der Topik der ersten Allegorie gehört der
Satz noch zur ersten Allegorie. Das Motiv des Fressens aus der anderen
Allegorie ist hier in den Sachzusammenhang der ersten eingebettet und
ihm dienstbar gemacht. Man gibt dem Satz einen falschen Stellenwert,
und spielt fälschlicherweise die eine Allegorie mit ihren Bildern gegen
die andere aus, wenn man V. 18 b α als schlechte Einleitung zu V. 19 beurteilt, indem hier das Volk gefressen werde, dort nachher fresse[32].

Der andere Satz V. 18 b *kann* mit dem negierten Verb חמל G auf
ein weites Feld von Ereignissen verweisen, auch auf solche, die mit den
Ereignissen, auf die V. 17–18 a.b α verwiesen wird, einen Zusammenhang bilden. Mit dem Motiv des Bruders und dem Stoff vom Bruder-
zwist wird aber ein Neueinsatz im Textverlauf markiert, und nach Ausweis des Satzbaus zielt der Satz V. 18 b β schon deutlich auf den Anfang
der folgenden Allegorie V. 19 b ab. Es wird damit eine Überbrückung
zur zweiten Allegorie vollzogen.

Die Funktion dieser Doppelallegorie V. 17–20 a als eines Ganzen
wird durch den Satz V. 18 a im Ausklang der ersten Allegorie und den
Kehrvers der Strophe V. 20 b angezeigt. An beiden Stellen wird unter
ausdrücklichem Bezug auf die vorangehende Darstellung, auf den Zorn
Jahwes als die effektive Kraft im Geschehen verwiesen, vgl. in V. 18 a
die mutmaßliche Korrespondenz mit der Topik der Allegorie in נֶעְתַּם
אֶרֶץ, in V. 20 b den Rückgriff durch בְּכָל־זֹאת. Die wirkende Kraft in
diesem Feuer, in der zerstörenden Bosheit, und in der tobenden »Fres-
serei«, ist der Zorn Jahwes. Die Allegorien wollen die todeswirkende
Kraft seines Zornes herausstellen und erkennen lassen.

G. B. Caird, a.a.O., 151 f. zitiert Beispiele solches Bild-Wechselns und hebt hervor, daß
die Metaphern dabei »not merely juxtaposed but dovetailed« sind (Hos 8,7 a;
Jes 33,11 a; Jer 5,16 a. 17 a α₁; Ps 139,13–15). Er erörtert noch Voraussetzungen für
wiederholtes Auftreten ein und derselben Verbindung verschiedener Bilder.
Man kann von Fall zu Fall verschiedener Meinung sein, ob ein Bild-Wechsel vorliegt
oder nicht. Teils können Kriterien diskutiert werden, sie sollten weiträumig sein; teils
können Beobachtungen diskutiert oder weitergeführt werden. In Jes 33,11 kann man
auch von einem Bild-Wechsel von V. 11 a zu V. 11 b reden; von Jer 5,16 a zu 5,17 a α₁
sieht man vermutlich besser keinen Bild-Wechsel.

[32] Vgl. K. Marti, a.a.O., 99; G. B. Gray, a.a.O., I 1912, 187; B. Duhm, a.a.O., 1922⁴, 95.

Jesaja 5, 1–7

Herkunft und Abgrenzung

Der Text Jes 5,1–7 ist wahrscheinlich, entgegen einer neuerdings ausführlich begründeten Auffassung[1], jesajanisch[2].

Der Text ist im gegebenen literarischen Kontext durch den Neueinsatz V. 1 a nach vorn abgegrenzt, ebenso durch die im Verhältnis zu Kap. 4 durchaus andersartige Topik. Der Text ist inhaltlich wie meistenteils auch formal in sich geschlossen. Die Thematik von V. 1 a wird bis zum Schluß von V. 7 festgehalten. Formal ist der Text gegliedert in Einleitung (V. 1 a), Zeugnisaussage als Exposition (V. 1 b–2), Einleitung zur Anklage (V. 3), Anklage (V. 4), Tatfolgebestimmung mit Einleitung (V. 5–6), Deutung (V. 7). – Demgegenüber bezeichnet wiederum der Wehe-Ruf V. 8 einen Neueinsatz sowohl formal wie auch inhaltlich, unabhängig von der Frage, ob dieser und die weiteren Wehe-Rufe den Text 5,1–7 erläutern sollten[3], oder umgekehrt 5,1–7 sekundär den Wehe-Rufen vorangestellt wäre[4].

---

[1] Vgl. J. Vermeylen, a.a.O., I 1977, 159ff., dem sich O. Kaiser, Das Buch des Propheten Jesaja. Kap. 1–12, 1981⁵, 99f. anschließt.

[2] Vgl. A. J. Bjørndalen, Zur Frage der Echtheit von Jesaja 1,2–3; 1,4–7 und 5,1–7, NTT 83 (1982), 93–98.

[3] So G. A. Smith, The Book of Isaiah, I 1907, 41; G. Fohrer, Entstehung, Komposition und Überlieferung von Jesaja 1–39, BZAW 99, 1967, 122. – Vgl. noch W. C. Graham, Notes on the Interpretation of Isaiah 5:1–14, AJSL 45 (1928–29), 171.

[4] So J. Vermeylen, a.a.O., I 1977, 167f. 169ff., dem sich O. Kaiser, a.a.O., 1981⁵, ebda anschließt. Dazu s. A. J. Bjørndalen, a.a.O., 97f.

Textkritisches

5,1f. LXX hat in V.1aβ wie in V.4a τῷ ἀμπελῶνί μου, wie auch die 1.P.sg. in den Verbalen V.2. Der Targum liest entsprechend die 1.P. in V.2 (und in seinem Liedanfang V.1b), jedoch die 3.P. zu V.1aβ. 1.P. V.1b.2 ist als sekundäre Harmonisierung verdächtig, indem V.3ff. in der 1.P. einhergehen. Die LXX dürfte auch noch V.1aβ danach reformuliert haben.

5,1 בֶּן Der Targum liest בארץ, die LXX ἐν τόπῳ wie Syr d'tr' – das alles ist am ehesten als Entfaltung des Sinnes, den TM V.1b zu haben scheint, aufzufassen.

5,2 וַיְסַקְּלֵהוּ LXX liest ἐχαράκωσα, wohl Änderung nach V.5b.

5,2 שֹׂרֵק LXX liest ἄμπελον vor σωρηχ, vielleicht zur Verdeutlichung. Vgl. aber I.L.Seeligmann, The Septuagint Version of Isaiah. A Discussion of its Problems, 1948, 33.59.

5,3 Die umgekehrte Reihenfolge der Angeredeten in der Anrede in LXX und Syr geht vermutlich auf eine Angleichung an Jer 4,4 zurück.

5,3 יוֹשֵׁב LXX liest hier, wie zu Jer 4,4, plural; ebenso liest 1QIsᵃ plural, offenbar ad sensum.

5,3 בֵּינִי Die LXX liest ἐν ἐμοὶ wie auch für בֵּינִי Ex 31,17; jedoch kaum aufgrund einer Vorlage mit abgekürztem בֵּינִי = בִּי (vgl. auch The Book of Isaiah. Ed. by M.H.Goshen-Gottstein, I–II 1975, z.St.). Das folgende καὶ ἀνὰ μέσον τοῦ zeigt an, daß der Ausdruck בֵּינ]נִי[וּבֵין richtig *verstanden* wurde, das ἐν ἐμοὶ mag dann eher ein Hebraismus sein. Vgl. noch I.L.Seeligmann, a.a.O., 43f.

5,4 בּוֹ Einige hebräische Manuskripte, der Targum, die LXX, Syr und Vulgata setzen לוֹ voraus, 1QIsᵃ liest בכרמי für לכרמי, beides wohl jeweils um des Parallelismus willen, damit Übereinstimmung in dem Aufbau der parallelen Glieder erreicht wird.

5,4 וַיַּעַשׂ 1QIsᵃ liest וישה, schwerlich als Form von נשא (zu H. Wildberger), eher mag die Lesung dialektbedingt sein (stummes ע), vgl. E.Y.Kutscher †, The Language and Linguistic Background of the Isaiah Scroll (1QIsaᵃ), 1974, 57.507.508–511.

5,5 הָסֵר 1QIsᵃ liest אסיר mit 1.P. nach V.5a: ad sensum.

5,6 בָתָה Dieses Wort ist bis auf weiteres nicht sicher erklärt. Der Targum liest רמישין (vom Volk); Die Vulgata *deserta,* Syr nḥrb, die

LXX ἀνήσω vom Weinberg – was alles bereits auf Unkenntnis des Wortes im hebräischen Kontext beruhen kann, so daß man *allein* auf den Kontext angewiesen war. – Der Vorschlag G. R. Driver's, von akkadisch *batû* her ein Abstraktnomen der Wurzel *BTH* zu lesen, etwa = »Ruine«, ist möglicherweise treffend, aber nicht besonders wahrscheinlich. (G. R. Driver, Linguistic and Textual Problems: Isaiah I–XXXIX, JThS 38 [1937], 38.) Einziges direkt zugängliches Indiz der Wortbedeutung bleibt der Kontext, ein *בָּתָה Jes 7, 19 = »Absturz« bietet keine verläßliche Hilfe.

Unwahrscheinlich ist die Annahme F. Perles, es hätte in V. 6 a α₁ ursprünglich וְאַשְׁבִּיתֵהוּ gestanden. (F. Perles, Analekten zur Textkritik des Alten Testaments. NF 1922, 110, dem K. Budde, Zu Jesaja 1–5, ZAW 50 [1932], 57 weithin folgt.) Die bloße Annahme einer falsch vollzogenen Randkorrektur ist eine Verlegenheitslösung.

Der Vorschlag P.-R. Bergers, בָּתֹהּ zu lesen, bleibt am Konsonantenbestand des massoretischen Textes und seiner Verbalkonstruktion, wie auch im Rahmen dessen, was im Kontext semantisch möglich erscheint und führt auf inneralttestamentlich Bekanntes zurück. (P.-R. Berger, Ein unerklärtes Wort in dem Weinberglied Jesajas [Jes 5,6], ZAW 82 [1970], 116 f.) Dieser Vorschlag verdient deshalb den relativen Vorzug vor dem Vorschlag von G. R. Driver.

5,6 לֹא 1 QIsᵃ liest ולוא, LXX und Syr setzen וְלֹא voraus. Diese Zeugen lassen mithin V. 6 a α₂ als Weiterführung von V. 6 a α₁ verstehen. Es ist aber nicht wahrscheinlich, daß eine Äußerung in *jiqtol-x* mit *x-yiqtol* weitergeführt wird. Man möchte eher annehmen, die erste Äußerung werde so *entfaltet*. Damit stimmt das לֹא des TM überein.

5,7 LXX liest καὶ οὐ δικαιοσύνην, was auf die Auffassung des ל in לצדקה als Negation beruhen dürfte. Vgl. The Book of Isaiah. Ed. by M. H. Goshen-Gottstein, I–II 1975, z. St. Dieses Verständnis vom ל verkennt aber eindeutig den Parallelismus וַיִּקַו לְמִשְׁפָּט/לצדקה. – לצדקה ist unmittelbar von dem Verbal וַיִּקַו abhängig, gerade ohne jede Negation.

Literarkritisches

דּוֹדִי V. 1 a β als abgekürzte oder auch verschriebene, eventuell suffigierte Form von דּוֹדִים zu verstehen [5] oder in דּוֹדָיו [6] zu ändern, ist nicht in der Überlieferung dieses Textes begründet, aber auch nicht auf die eine oder andere Weise im Wortlaut des Textes ausreichend zu begründen.

a) Solche Begründung ergibt sich nicht aus dem Gegenüber der Termini יָדִיד (als »Liebster«, »Geliebter« verstanden) V. 1 a α. b und דּוֹדִי V. 1 a β [7].

---

[5] So T. K. Cheyne, The prophecies of Isaiah, 1889[5], 29; K. Budde, Das Volkslied Israels im Munde der Propheten, PrJ 73 (1893), 481; ders., Zu Jesaja 1–5, ZAW 50 (1932), 54; P. Cersoy, L'apologue de la vigne au chapitre V[e] d'Isaïe (versets 1–7), RB 8 (1899), 41 ff; K. Marti, Das Buch Jesaja, 1900, z. St.; F. Buhl, Jesaja, 1912[2], z. St.; G. B. Gray, The book of Isaiah. 1–39, I 1912, 84 f.; H. Schmidt, Die großen Propheten, 1923[2], z. St.; Teófilo de Orbiso, El cántico a la viña del amado (Is 5, 1–7), EE 34 (1960), 720 f.; J. Gray, The legacy of Canaan, 1965[2], 248 Anm. 5: שִׁיר דּוֹדִי (?) sei = »my love song«.

[6] So E. J. Kissane, The book of Isaiah, I 1941; I 1960[2] z. St.; J. Steinmann, Le prophète Isaïe: sa vie, son oeuvre, son temps, 1955[2], 68; P. Auvray et J. Steinmann, Isaïe, 1957[2], 37.

[7] Gegen P. Cersoy a. a. O., 41 f.; K. Marti a. a. O., 52; K. Budde, Zu Jesaja 1–5, ZAW 50 (1932), 54; T. de Orbiso a. a. O., 720. – Cersoy und de Orbiso gehen relativ ausführlich auf diese Frage ein. Cersoy empfindet die Wendung V. 1 a als eine »répétition disgracieuse et superflue« falls דּוֹדִי in V. 1 a β als »mein Freund« verstanden wird (a. a. O., 41). Hätte der Prophet gesagt, er gebe *le chant de son ami* wieder, wäre es seinerseits ein Wortschwall, in demselben Satz zu erklären, er öffne den Mund *au sujet de son ami* (a. a. O., 42). Ein Lied des Freundes (Subjektsgenitiv) müßte aber nicht notwendig von ihm, dem Verfasser handeln. Und ein Lied über den Freund müßte nicht notwendig von dem Freunde verfaßt sein. Mit דּוֹד = »Freund« wiederholt V. 1 a β nicht V. 1 a α. De Orbiso behauptet, man würde – unter der Voraussetzung, die Termini יָדִיד und דּוֹדִי V. 1 a bezeichneten dieselbe Person – statt *el cántico de mi amigo* (שִׁירַת דּוֹדִי) einfach *su cántico* (שִׁירָתוֹ) erwarten. Man vermißt hier eine Begründung. Eine Parabel, z. B., muß nicht eindeutig sein, sondern ist eher *un tanto enigmático* (vgl. de Orbiso a. a. O., 722). Auch kann man nicht sagen, daß bei poetischen Texten des AT's eine Sparsamkeit des Ausdrucks – dem erwarteten Gebrauch von שִׁירָתוֹ entsprechend – unbedingt erforderlich wäre. Schließlich muß man sich dem Urheber eines jeden Textes beugen: er hat eben als Urheber eine gewisse Freiheit, seine Wortwahl zu entscheiden. Weiterhin behauptet aber de Orbiso: wären דּוֹד und יָדִיד Synonyma, würde V. 1 a bedeuten, der Prophet wiederhole gegenüber Gott (לְ V. 1 a α ohne Prüfung als »für«, »gegenüber« verstanden) Gottes Lied, ein Ergebnis, das als »inconveniente« charakte

b) Findet man aufgrund von V. 1 b–7 oder Teilen davon, daß der
Sänger hier ein Liebeslied singen will – oder ein *chant amical,* kann er es
auch als Lied seines geliebten Freundes oder als Lied über diesen
Freund singen[8]. Das aber sind die Möglichkeiten, die in TM שִׁירַת דּוֹדִי
beschlossen sind (Subjektsgenitiv und Objektsgenitiv)[9]. Am TM V. 1 aβ
wird man also auch aus diesem Grunde nichts ändern müssen.

c) Man hat auch darauf hingewiesen, daß in V. 1 b. 2 vom יָדִיד in
der 3. Person die Rede ist. Das ist auffallend, denn der יָדִיד V. 1 a α. b. 2
ist nach TM mit dem דּוֹד V. 1 aβ identisch[10], und wäre dann die Wen-

---

risiert wird (a.a.O., 720; vgl. Cersoy a.a.O., 41 zu LXX). Worin das Unpassende bestehe, wird wiederum nicht gesagt. Daß einer dem Verfasser eines Liedes dessen Lied
singt, ist im Allgemeinen nicht ohne Weiteres zwecklos oder auch überhaupt undenkbar. – Nun ist de Orbiso der Auffassung, es gehe dem Propheten darum, seiner Liebe
zum Weinberg seines Geliebten Ausdruck zu geben, um dabei den Weinbergbesitzer
zu trösten (a.a.O., 721; vgl. Cersoy a.a.O., 43). Man würde sich dann zwar eher den
Propheten statt des Weinbergbesitzers als Verfasser des Liedes vorstellen können. Die
Auffassung als tröstendes Lied aber hat im Text keinen Anhalt und kann die Konjektur oder die Lesung דּוֹדִי nur voraussetzen, nicht begründen. – Bei *Cersoy* ist die Auffassung des Liedes als tröstendes Lied denn auch klar von der Konjektur דּוֹדִים abhängig (a.a.O., 43: »Avec cette interprétation, tout devient logique …«), und so auch bei
de Orbiso, vgl. den betr. Gedankengang a.a.O., 721. Eine Konjektur von TM in דּוֹדִים
oder die Lesung דּוֹדִי ist aber hierdurch nicht als notwendig erwiesen.

[8] Die Änderung in דּוֹדָיו ist insofern unnötig. Es *hätte* sich bei TM V. 1 a – gleich ob
Subjekts- oder Objektsgenitiv V. 1 aβ – um die Einleitung zu einem Liede *von der
Liebe des Freundes* handeln können.
Unsere Erwägung betrifft aber auch die Frage der Notwendigkeit der Lesung שִׁירַת
דּוֹדִי (P. Cersoy, a.a.O., 43; K. Marti, a.a.O., z. St.; K. Budde, ZAW 50 (1932), 54;
G. B. Gray, a.a.O., z. St.; vgl. F. Buhl, a.a.O., 1912² z. St.). Es *könnte* TM V. 1 a mit der
Lesung דּוֹדִי die Einleitung sein zu einem – des Propheten oder des Mädchens (vgl.
Budde) – Liede, das sich in V. 1 b ff. der Sache nach als Liebeslied oder »Freund-
schaftslied« (Cersoy: chant amical) auswiese. Nur wäre dann das דּוֹדִי V. 1 aβ als Ob-
jektsgenitiv zu verstehen: ein Lied über meinen Freund oder über meinen Geliebten.
Es sei ausdrücklich darauf hingewiesen, daß dies eben auch bei Buddes Auffassung des
Liedes als Lied des Mädchens möglich wäre: Das Mädchen singt von seinem Liebsten,
von dessen Weinberg (1 aβ), der das Mädchen selbst sei, aber damit eben auch *von seinem,* des Mädchens, *Liebsten,* wie V. 1 a α besagen, »*über meinen*«, des Mädchens,
Liebsten, wie V. 1 aβ bedeuten würde. Vgl. G. Fohrer, Das Buch Jesaja, I 1960, 75. 77; I
1966², 74. 76. Speziell zur Lesung G. B. Grays vgl. noch J. T. Willis, The Genre of
Isaiah 5:1–7, JBL 96 (1977), 340 f.

[9] Zur Frage: Objektsgenitiv oder Subjektsgenitiv V. 1 aβ, vgl. unten, S. 252, Anm. 11.

[10] Das bestreiten P. Cersoy und T. de Orbiso (oben, Anm. 7), TM setzt es aber voraus:
der דּוֹד V. 1 aβ mit *seinem* Weinberg ist mit dem Weinbergbesitzenden יָדִיד V. 1 b α
identisch. דּוֹד V. 1 aβ läßt sich mithin zwanglos als sachliche Parallele zu יָדִיד V. 1 a α.
b α verstehen, ganz unabhängig von der Frage, wer der דּוֹד/יָדִיד sei (vgl. auch E. König, Das Buch Jesaja, 1926 z. St.).

dung שִׁירַת דּוֹדִי Subjektsgenitiv[11], würde man in der Fortsetzung am ehesten Rede in der 1. Person des יְדִיד erwarten. P. Cersoy zieht den Schluß, V. 1 aβ könne nicht den יְדִיד von V. 1 b als Verfasser des Liedes bezeichnen, denn das in V. 1 a angekündigte Lied sei eben schon – *und nur*[12] – V. 1 b. 2, mit dem יְדִיד in 3. Person[13]. Cersoy gelangt von daher an seine Lesung שִׁירַת דּוֹדִי [14]. – Andere verstehen TM שִׁירַת דּוֹדִי als Objektsgenitiv und erreichen so eine formale Übereinstimmung mit V. 1 b. 2[15], oder man ändert in דּוֹדִים [16].

V. 1. 2 sind aber nicht, wie Cersoy behauptete, die einzigen Textteile *en vers*, sondern auch V. 3 f. 5 b ff. sind poetisch[17], und zwar mit

---

B. Stade, Zu Jes. 3, 1. 17. 24. 5, 1. 8, 1 f. 12–14. 16. 9, 7–20. 10, 26, ZAW 26 (1906), 134 f. meint, der דּוֹד sei Jahwe, der יְדִיד V. 1 a α sei aber Israel, *für* (לְ V. 1 a α, Stade verweist auf Ps 137, 3) *wen* das Lied gesungen werde, damit »Israel eine Nutzanwendung daraus ziehen« solle (a. a. O., 135). V. 1 b wird dann לִידִידִי in לְדוֹדִי emendiert. – Sicher wird das Lied um der Zuhörer willen gesungen, aber das heißt ja noch lange nicht, daß es nicht ein Lied *über* (לְ V. 1 a α) eine 3. Person, den יְדִיד = דּוֹד sein könnte. Bedenklich bei Stades Vermutung ist die sonst nicht notwendige Konjektur V. 1 b.

11 So u. A. A. Dillmann, Der Prophet Jesaia, 1890[5] z. St.; A. Dillmann – R. Kittel, Der Prophet Jesaia, 1898[6] z. St.; B. Duhm, Das Buch Jesaia, 1892 z. St.; B. Stade, a. a. O., 134; H. Guthe, Das Buch Jesaia (Kap. 1–35 …), in: HSAT, I 1909[3], 558; H. Schmidt, Die großen Propheten, 1915 z. St.; F. Feldmann, Das Buch Isaias, I 1 1925, z. St.; E. König, a. a. O., z. St.; Aa. Bentzen, Zur Erläuterung von Jesaja 5, 1–7, AfO 4 (1927), 209; J. Fischer, Das Buch Isaias, I 1937, z. St.; F. Feldmann, Isaias 1–39, 1940, 39; Aa. Bentzen, Jesaja, I 1944, z. St.; V. Laridon, Carmen allegoricum Isaiae de vinea, CBrug 46 (1950), 4; R. B. Y. Scott, Isaiah … Chs. 1–39, IntB V 1956, 197; W. Eichrodt, Der Heilige in Israel. Jesaja 1–12, 1960, 65; H. Wildberger, Jesaja, I 1972 z. St.
Weniger wahrscheinlich erscheint eine Auffassung der Wendung שִׁירַת דּוֹדִי als Objektsgenitiv (so F. Hitzig, Der Prophet Jesaja, 1833, 46; A. Knobel, Der Prophet Jesaja, 1843, 29; G. Fohrer, a. a. O., I 1960, 75; I 1966[2], 74). Denn man würde dann eher *šîrăt dôdî wᵉkarmô* erwarten (E. J. Kissane, a. a. O., I 1941, 52, ebenfalls ders., a. a. O., I 1960[2], 51).
Es ist nun aber auch die Frage, ob ein Subjektsgenitiv V. 1 aβ, so wie er vom Text V. 1 a aus gesehen die nächstliegende Lösung ist, sich mit der Rede von יְדִיד in der 3. Person V. 1 b–2 vereinen läßt. Dazu vgl. unten, S. 254 f.

12 P. Cersoy, a. a. O., 42.

13 P. Cersoy, a. a. O., ebda.

14 Dazu vgl. auch oben S. 251, Anm. 8.

15 F. Hitzig, A. Knobel, G. Fohrer, dazu vgl. oben, Anm. 11, 2. Absatz.

16 T. K. Cheyne, a. a. O., 1889[5], 29; F. Buhl, a. a. O., 1912[2], 68.

17 Gegen P. Cersoy, a. a. O., 42. 46; H. Guthe, a. a. O., I 1922[4], 596. Zu beachten sind die Hauptmerkmale hebräischer Poesie nicht nur in V. 1. 2, sondern auch sonst im Text: der parallelismus membrorum und der Rhythmus (dazu vgl. F. Horst, Die Kennzeichen der hebräischen Poesie, ThR 21 (1953), 97–121). Nur V. 5 a ist eindeutig Prosa; vielleicht wäre in Analogie dazu auch V. 1 a als Prosa zu bestimmen (so R. B. Y. Scott, a. a. O., z. St.), hinzu kommt vielleicht noch V. 6 a α₁. β. Sonst ist der Text V. 1–7 poe-

dem דּוֹד als Subjekt der Rede, wie denn auch V. 1 a β von sich aus es am ehesten erwarten lassen würde. Immerhin *bliebe* es gerade auch dann auffallend, daß V. 1 b. 2 in der 3. Person des יְדִיד/דּוֹד ergehen.

Diese Inkongruenz zwischen Einleitung und Lied ist nicht *an sich* untragbar im Buche Jesaja[18], aber damit ist ja keineswegs schon eine Ursache der anscheinenden Inkongruenz 5, 1 a / 1 b. 2 angegeben.

Nach E. König[19] sollte durch die 3. Person der Rede V. 1 b. 2 »die Meinung verhütet werden, daß Jesaja selbst der Weinbergbesitzer sei«. Jedoch das שִׁירַת דּוֹדִי (1. Person) vor dem לְכַרְמוֹ (3. Person) schließt wohl diese Auffassung aus.

Es könnte aber zu erwägen sein, ob der Prophet mit V. 1 b (2) ein unter den Zuhörern bekanntes Liedfragment benutzte[20], wo dann die 3. Person der Rede vorgegeben wäre. Dagegen spräche freilich, daß V. 1 a β von sich aus ein Lied in der 1. Person der Rede erwarten läßt.

Es ginge auch nicht an, V. 1 a als asyndetische Parataxe zu verstehen, derart, daß der erste Stichos sich *nur* auf V. 1 b–2 bezöge, der zweite, 1 a β, *nur* auf V. 3–6. Denn erst mit V. 1 a β לְכַרְמוֹ ist das Thema des Liedes vollständig angeschlagen, und diese Thematik wird V. 1 b sofort aufgegriffen. V. 1 a β will nicht nur V. 3 ff. einleiten, sondern – wenigstens thematisch – schon V. 1 b–2.

---

tisch. Zum Rhythmus des Textes vgl. H. Wildberger, a.a.O., I 1972, 166; zur poetischen Form des Textes H. Kosmala, Form and structure in ancient hebrew poetry. (Continued), VT 16 (1966), 167 f.

[18] Das dürfte aus dem Selbstbericht Jesajas innerhalb des Kap. 7 ersichtlich sein (zum Grundbestand von Jes 7,1–17 als Selbstbericht Jesajas vgl. H. W. Wolff, Frieden ohne Ende, 1962, 11–13). V. 11 ist Prophetenrede an Achas. Dem *Bericht* zufolge erwartet man nach V. 10 aber Jahwerede. Die Rubrik V. 10 versteht die folgende Prophetenrede als Jahwerede. Die *grammatische* Inkongruenz im *Berichttext* zwischen Einleitung V. 10 und Rede V. 11 entspricht genau derjenigen in der *Rede* 5,1 ff. zwischen V. 1 a (mit Subjektsgenitiv 1 a β) und V. 1 b. 2. – *In der Tradition der Jesaja-Worte ist eine derartige Inkongruenz nicht ea ipsa untragbar gewesen.*
Allerdings: Die Ausdrückliche Gleichsetzung von Prophetenrede und Jahwerede im Selbstbericht Jesajas erscheint eben *erst* im Bericht. Dahinter steht offenbar die Absicht, festzuhalten und hervorzuheben, daß mit der Prophetenrede V. 11 auch ein Anderer, Jahwe, zu Achas geredet hat (vgl. H. W. Wolff, a.a.O., 27). – Zum normalen Verhältnis zwischen Begründung und Gerichtsankündigung im prophetischen Erleben und in der prophetischen Verkündigung vgl. H. W. Wolff, Die Begründungen der prophetischen Heils- und Unheilssprüche (1934), ThB 22,15 f.
Ob auch hinter dem vermutlichen Subjektsgenitiv Jes 5,1 a β ein besonderes Anliegen steckt, bleibt zu prüfen, vgl. unten.

[19] E. König, a.a.O., z. St.

[20] P. Cersoy, a.a.O., 46 f., vgl. J. Hempel, Worte der Profeten, 1949, 125.

J.T.Willis hebt hervor, daß der Wechsel zwischen der 1. und der
3.P. in prophetischen Aussagen häufig ist. Er meint, der Prophet
könne, nach V.1b–2 in der 3.P., in V.3–6 »in his friend's words« reden
»to make a more vivid impression on his audience«[21].

Nun ist es aber deutlich, daß V.3 als Rede vor einem schon ver-
sammelten Gerichtshof geformt ist[22], gefolgt von, wie es dann[23] erscheint, den *Fragen* V.4 als Anklage. Die Anklage als *Bericht* des Betroffenen oder Geschädigten haben nach Ausweis von I Reg 3,16–27
die Israeliten als eine gebräuchliche Form gekannt[24]. Zur Vorbereitung
dieser Anklage gehört unentbehrlich V.1b.2 mit, denn sonst wäre dem
Gerichtshof nicht einleuchtend, daß alle nur denkbare Mühe auf den
Weinberg schon angewandt worden wäre – was offenbar Voraussetzung der rhetorischen Fragen V.4 ist. *V.1b.2 setzen insofern den schon
gegenwärtigen Gerichtshof voraus* und sind offenbar schon Anrede an
ihn. Der Angeklagte erscheint hier, wie sein Rechtspartner, in der
3.Person der Rede. Man kann dann nicht V.2 als »die Darstellung der
eigenen Pflichterfüllung durch den Kläger« bestimmen[25], eher dürften
V.1b.2 formkritisch einer Anklageerhebung durch Zeugenaussage entsprechen[26]. Die *Funktion* von V.1b.2 als anklagende Zeugenaussage ist
allerdings erst nachträglich, von V.3f. her, zu erkennen[27]. In bezug auf
das Verstehen des Liedes ist V.3f. dem Textteil V.1b.2 vor- und über-
geordnet. Es liegt nun nahe, V.1aβ so zu verstehen, daß er mit dem
vermutlichen Subjektsgenitiv direkt auf die Ich-Rede des Geschädigten
V.3f. anspielt. V.1b.2 erhalten demgegenüber das Gepräge des Einleitenden, Vorbereitenden, ohne aus dem thematischen Rahmen des ange-

---

[21] J.T.Willis, a.a.O., 343.

[22] Vgl. die Form der Anrede an die Richter V.3a.b, den Rechtspartner als 3.Person in
V.3b. – Zur Terminologie V.3b vgl. J.Begrich, Studien zu Deuterojesaja, 1963², 28f.
29 Anm. 1. Zu V.3 als Ganzem s. J.Begrich, a.a.O., 39; auch H.J.Boecker, Redeformen des Rechtslebens im Alten Testament, 1964, 81f.; G.Fohrer, Das Buch Jesaja,
1960, 76 Anm.39 (ders., a.a.O., 1966², 75 Anm.34). – V.3 bietet »eine Einleitungsformel, mit der sich der Kläger an den Gerichtshof wendet und ihn auffordert, eine
Rechtsentscheidung in der Sache zu treffen, die ihm vorgelegt wird« (H.J.Boecker,
a.a.O., 82).

[23] Vgl. H.J.Boecker, a.a.O., ebda.

[24] Nach H.J.Boecker, a.a.O., 73f. Zum Geschädigtenbericht vgl. noch ders., a.a.O., 77.

[25] So anscheinend G.Fohrer, dessen Formulierung hier zitiert wurde, s. ders., a.a.O.,
1960, 76 Anm.39 (1966², 75 Anm.34).

[26] Zur Anklageerhebung durch Zeugenaussage, in der vom Angeklagten in 3.Person die
Rede ist, vgl. H.J.Boecker, a.a.O., 72f. zu I Reg 21,13, ebenfalls ders., a.a.O., 76f. zu
Dtn 21,20.

[27] Vgl. H.J.Boecker, a.a.O., 82.

kündigten Liedes zu fallen, aber auch – als Zeugenaussage – ohne die
Redeform von V. 3 f. haben zu *können*. Das in V. 1 a angekündigte Lied
fängt wohl sofort V. 1 b an[28], kommt aber zu seiner eigentlichen oder
einfach: angekündigten Form erst mit V. 3[29]. Auch und eben mit dem
Subjektsgenitiv TM V. 1 aβ besteht dann von V. 1 b. 2 her kein ausrei-
chender Grund, דּוֹדִי zu lesen oder TM in דּוֹדִים zu ändern. Man muß
anerkennen, daß die Einleitung nicht *ganz* genau auf den poetischen
Text abgestimmt ist.

---

[28] Vgl. P. Cersoy, a.a.O., 42. Wie Cersoy, a.a.O., ebda darlegt, könnte nicht V. 3 einziger
Anfang des angekündigten Liedes sein. Und V. 1 b. 2 sind schon Poesie.

[29] Auch V. 3 f. sind Poesie, vgl. oben S. 252 f. Aa. Bentzen versteht V. 2 als Erklärung des
Propheten zum »eigentlichen« Lied, vgl. ders., Zur Erläuterung von Jesaja 5, 1–7, AfO
4 (1927), 209 u. ders., Jesaja, I 1944, z. St. Dies scheint allerdings wiederum etwas zu
wenig gesagt zu sein von dem nicht nur sachlich unentbehrlichen, sondern *poetisch ge-
formten* V. 2.

DAS BILD JESAJA 5,1–6

Aus Jes 5,7 ist ersichtlich, daß der Text 5,1–6 irgendwie bildhaft ist. 5,7 bietet Aussagen (von z. T. anscheinend deutender Art), die den Text V. 1–6 erläutern. Es wird deutlich, daß die bildhafte Rede etwas sagen solle. Wir untersuchen *wie* das, was der Text den Zuhörern mitteilen solle, herauszuarbeiten ist. Dabei ist zunächst nach dem sprachlichen Bild zu fragen, das hier verwendet wird. Diese Frage ist nicht zu beantworten mit der einfachen Wiedergabe der Bildrede V. 1–6. Es geht darum, zu verstehen, was – noch vor einer jeden Anwendung oder Deutung auf die intendierte Aussage hin, die mit V. 7 angezeigt wird – *Inhalt des Bildes* ist, welche Sache, welches Geschehen hier Bild ist. Sodann gilt es zu fragen, auf welche Weise dieses Bild die letztlich intendierte Aussage mitteilt.

Topoi des Fruchtbarkeitskultes?

Mehrere Forscher haben die Auffassung vertreten, Jesaja benutzte in unserem Text Topoi, die aus dem kanaanäischen Fruchtbarkeitskult entlehnt sind. Ist dabei von einigen die Frage nach der Absicht des Propheten bei dieser angenommenen Bildwahl offengelassen[30] oder nicht gestellt[31], so verstehen andere den Text als einen Angriff auf den Fruchtbarkeitskult[32]. Das Letzte heißt eventuell auch, daß die mythischen Gehalte des Bildes den Zuhörern des Propheten bewußt werden sollten. So haben wir zu fragen, ob das Bild des Textes mythisch-rituell bedingt ist und, wenn ja, inwiefern mythische Elemente mit zum Inhalt des Bildes gehören.

Als Topoi mythischer Herkunft werden angeführt der דּוֹד V. 1 a, כֶּרֶם V. 1 a.b, סקל V. 2, die נֶטַע שַׁעֲשׁוּעִים V. 7 a und מִשְׁפָּח sowie צְעָקָה V. 7 b.

דוד

Zunächst ist die Bedeutung des Wortes דּוֹד V. 1 aβ nach Möglichkeit festzustellen. Es steht außer Frage, daß Israel Fruchtbarkeitsgott-

---

[30] So W. Wittekindt, Das hohe Lied und seine Beziehungen zum Istarkult [1926], 90 f. 110 f.

[31] I. Engnell, Art. Bildspråk, SBU², I 295. Engnell hat Jes 5, 1–7 als »Gerichtsaussage in der Form der sog. ›Tammuz-Liturgie‹« verstanden (s. ders., Art. Liknelser. 1. G. T., SBU², I 1496), nicht dagegen als Parabel (s. ders., Gamla Testamentet, I 1945, 66 Anm. 2). – G. W. Ahlström, Psalm 89. Eine Liturgie aus dem Ritual des leidenden Königs, 1959, 163 f. vermutet Anspielungen auf den *DWD*-Kult im Text, auch ohne die Frage nach der besonderen Absicht dieser Anspielungen zu stellen (vgl. jedoch unten, S. 258, Anm. 33).

[32] W. Erbt, Die Hebräer, 1906, 224 f.; T. J. Meek, The song of songs and the fertility cult, in: W. H. Schoff, ed., The song of songs. A symposium, 1924, 54. 67; W. C. Graham, Notes on the interpretation of Isaiah 5:1–14, AJSL 45 (1928–29), 167 ff.; ders., Recent light on the cultural origins of the hebrews, JR 14 (1934), 315 f.; E. A. Leslie, Old Testament religion in the light of its canaanite background, 1936, 191 f.; G. W. Ahlström, Aspects of syncretism in israelite religion, 1963, 81 mit Hinweis auf H. Ringgren, Hieros gamos i Egypten, Sumer och Israel, RoB 18 (1959), 1960, 47 f., der dieselbe Anschauung erwägt, allerdings mit einem starken Vorbehalt (a.a.O., 48).

heiten gekannt hat[33], wie Baal[34], Adonis[35] und – wohl ab der Zeit des zunehmenden assyrischen Einflusses[36] Tammuz (Ez 8, 14)[37].

Die Frage aber, vor der wir stehen, ist diese: Wurde zu Jesajas Zeit oder auch früher, im Kreise der syropalästinischen Bevölkerung[38] ein Fruchtbarkeitsgott mit dem Eigennamen oder Beinamen דּוֹד verehrt[39], und ist evt. das Wort דּוֹד an unserer Stelle eben dieser Gottesname[40]?

---

[33] Grundlegende Erkenntnisse in dieser Sache vermittelte Wolf Wilhelm Graf Baudissin, Adonis und Esmun. Eine Untersuchung zur Geschichte des Glaubens an Auferstehungsgötter und an Heilsgötter, 1911. Vgl. noch u. a. W. F. Albright, Archaeology and the religion of Israel, 1953[3], 95 ff. 130 ff.; ders., Yahweh and the Gods of Canaan, 1968, 133 ff.; 181 ff.; G. W. Ahlström, Aspects of syncretism in israelite religion, 1963, bes. S. 50 ff.

[34] Zu Baʻal in Ugarit als Fruchtbarkeitsgott s. A. S. Kapelrud, Baal in the Ras Shamra texts, 1952, 93–98; W. H. Schmidt, Baals Tod und Auferstehung, ZRGG 15 (1963), 1–13; J. C. de Moor, Art. בַּעַל I–II, ThWAT I 1973, 706–718. Zur Verehrung von Baal(en) in Israel vgl. O. Eissfeldt, Jahve und Baal (1914), KlSchr I 1962, 1–12; ders., Baʻalšamēm und Jahwe (1939), KlSchr II 1963, 171–198; A. S. Kapelrud, a.a.O., 43 f.; W. F. Albright, Archaeology and the religion of Israel, 1953[3], 112. 116 f. 129. 156 f. u. passim; G. Östborn, Yahweh and Baal, 1956, passim; I. Engnell, Art. Baal, SBU[2], I 157 ff.; M. J. Mulder, Baʻal in het Oude Testament, 1962, 19–116. 189 f.; H. W. Wolff, Dodekapropheton I. Hosea, 1965[2], 47 f. 60.

[35] W. W. Graf Baudissin, a.a.O., 88 f.; K. Galling, Art. Tammuz (Palästina-Syrien), RLV, XIII 1929, 172 f.; J. Pedersen, Canaanite and israelite cultus, AcOr 18 (1940), 2 f.; J. Hempel, Worte der Profeten, 1949, 125; I. Engnell, Art. Adonis, SBU[2], I 25 f.

[36] W. F. Albright, a.a.O., 167; W. Zimmerli, Ezechiel, I 1969, 220.

[37] Dazu s. auch I. Engnell, Art. Tammus, *Tammuz,* SBU[2], II 1171 f. Auch andere, verwandte Gottheiten werden von Israeliten verehrt worden sein, vgl. etwa Sach 12, 11: מִסְפַּד הֲדַדְ־רִמּוֹן.

[38] Es geht z. T. um die Frage, was sich Jesaja, falls der Text ihn als Urheber hat, und was sich seine Zuhörer bei dem Wort דּוֹד mögen vorgestellt haben. Relevant ist dabei vor allem die Frage nach Göttern, die im kanaanäischen Raum verehrt wurden. Entlegenes Material aus außersemitischen Quellen wird keinen Anspruch auf Beweiskraft erheben können. Vgl. auch J. J. Stamm, Der Name des Königs David, VT. S. 7, 1960, 174 Anm. 3. Auch das Wort *dudu* in den Amarnabriefen (W. Wittekindt, a.a.O., 84; E. A. Leslie, a.a.O., 169) besagt als ein vermutlich nicht-semitisches Element in diesem Zusammenhang nichts (vgl. J. J. Stamm, a.a.O., ebda).

[39] So A. H. Sayce, Lectures on the origin and growth of religion, 1887, 57; T. K. Cheyne, The two religions of Israel, 1911, 305 (urspr. Titel oder Name des Gottes Yeraḥmeʾel); ders., Traditions and beliefs of Ancient Israel, 1907, 46 ff.; H. Winckler, Altorientalische Forschungen, I 1893, 195; ders., I. Geschichte und Geographie, in: E. Schrader, KAT 1903[3], 224 f.; W. Erbt, a.a.O., 184. 186. 188. 190. 196 f. 200 f.; E. G. King, Early religious poetry of the hebrews, 1911, 127; T. J. Meek, Canticles and the Tammuz cult, AJSL 39 (1922), 4 f.; ders., The song of songs and the fertility cult, in: W. H. Schoff, ed., The song of songs. A symposium, 1924, 54; ders., The song of songs. Introduction, in: IntB V 1956, 96; W. Wittekindt, a.a.O., 23 Anm. 1. 83 ff. (dazu H. Schmökel,

Es ist zu beachten, daß der Sänger von *seinem* דּוֹד redet. Es erscheint kaum denkbar, daß gerade Jesaja, sofern der Text auf ihn zurückgehen sollte, einen Fruchtbarkeitsgott mit dem Eigennamen oder Titel דּוֹד als den seinigen genannt haben sollte. Jesaja weiß sich allein Jahwe als seinem[41] Gott verpflichtet[42]. Es geht denn auch klar aus dem Text hervor, daß es Jahwe ist, der hier als des Sängers דּוֹד bezeichnet wird[43]. Die Frage bleibt aber dennoch, ob Jesaja – *falls* es den Eigennamen oder Beinamen דּוֹד eines Fruchtbarkeitsgottes gab – etwa zum Zweck der Verhüllung Jahwe mit diesem Namen דּוֹד genannt hat, d. h. von Jahwe gesprochen hat wie man von דּוֹד sprach. Das entspräche formal der Bezeichnung Jahwes als Baal in Hos 2,18[44]. Denken wir an die Zuhörer Jesajas, mag es zweifelhaft erscheinen, ob sie dem doch wohl nicht ganz unbekannten Propheten eine solche Bezeichnung *Jahwes* zutrauen würden. Insofern könnte eine derart verhüllende Rede Aussicht

---

Heilige Hochzeit und Hoheslied, 1956, 54 Anm. 1); W. C. Graham, Notes on the interpretation of Isaiah 5:1–14, AJSL 45 (1928–29), 167f.; H. Gressmann, Der Messias, 1929, 103f.; W. C. Graham and H. G. May, Culture and conscience, 1936, 125; E. A. Leslie, a.a.O., 169. 191f.; M. Haller, Die fünf Megilloth, 1940, 22. 27. 31. 38. 43; I. Engnell, Studies in divine kingship in the Ancient Near East, 1943, 176; ders., Art. Dod, SBU², I 424. Vgl. S. Mowinckel, Tolvprofetboken (oversatt …), in: GT MMM, III 1944, 648 (zu Am 8,14); J. N. Schofield, The religious background of the Bible, repr. 1947, 99; (s. aber auch ders., The historical background of the Bible, 1938, 152); H. H. Rowley, The song of songs: an examination of recent theory, JRAS for 1938, 266 (zurückhaltend); H. Schmökel, a.a.O., 32 Anm. 2. 53f., auch S. 35. 66 Anm. 1; G. W. Ahlström, Psalm 89, 1959, 165, vgl. S. 163f. 167. 172f.

[40] Vgl. A. H. Sayce, a.a.O., 57; W. Erbt, a.a.O., 225; H. Winckler, Altorientalische Forschungen, I 1893, 341f.; ders., I. Geschichte und Geographie, in: Schrader, KAT 1903³, 225; E. G. King, a.a.O., 129; W. Wittekindt, a.a.O., 90f. 110ff.; W. C. Graham, Notes on the interpretation of Isaiah 5:1–14, AJSL 45 (1928–29), 167f.; W. C. Graham and H. G. May, Culture and conscience, 1936, 125 Anm. 1; E. A. Leslie, a.a.O., 191f.; J. Hempel, Worte der Profeten, 1949, 125; H. Schmökel, a.a.O., 35 (mit Vorbehalt).

[41] Vgl. Jes 7,13.

[42] Vgl. Jes 6,8, dazu s. I. P. Seierstad, Die Offenbarungserlebnisse der Propheten Amos, Jesaja und Jeremia, 1946, 103ff.; ders., a.a.O., 127 zu Jes 6,6–7 und S. 129ff. zur religiösen und sittlichen Bindung Jesajas an Jahwe. – Dieser Zug der ausschließlichen Bindung des Jesaja an Jahwe entspricht der Überlieferung von dem Verkündigungseinsatz des Propheten für Jahwe, den allein heiligen und den allein zu fürchtenden (8,12f.), allein zu vertrauenden (7,3–9), den allein Erhabenen – über Menschen (2,11–17) sowie Göttern (2,19–21).

[43] Vgl. unten, S. 304f.

[44] Zu Hos 2,18 vgl. H. W. Wolff, Dodekapropheton I. Hosea z. St.; S. Mowinckel, Tolvprofetboken (oversatt …), in: GT MMM, III 1944, 575 Anm. 18a. Vgl. aber auch die Bemerkungen E. Hammershaimbs zum Kult in Beerseba anläßlich Am 8,14 cj., s. ders., Amos, 1958², 126; weiter A. S. Kapelrud, Central ideas in Amos, repr. 1961, 50.

auf Erfolg haben. Es würde nicht ohne weiteres klar sein, daß der Prophet von Jahwe sprach. Allerdings, unter derselben Voraussetzung, daß Jesaja und seine Botschaft den Zuhörern bekannt waren – würde man ihm dann leichter abnehmen, daß er von *seinem* (Fruchtbarkeitsgott) דּוֹד spräche? Erste Voraussetzung dafür wäre wenigstens, daß es einen Gott דּוֹד gäbe. Die Existenz dieses Gottes kann dabei nicht aus unserem Text erschlossen werden, weil der Text nach unseren obigen Erwägungen offen läßt, ob die Zuhörer bei דּוֹדִי V. 1 a überhaupt an einen Gott denken konnten. Die Verehrung eines Gottes דּוֹד in Kanaan wäre anderwärtig zu erweisen. Das in Frage kommende Belegmaterial reicht aber für diesen Erweis nicht aus.

Durch die wahrscheinlich richtige[45] Konjektur in דֹּדְךָ Am 8,14[46] ist höchstens ein Titel einer Gottheit belegt[47], aber es ist durchaus möglich, daß das Wort außerhalb des Gebrauchs in diesem Kontext keine traditionelle oder spezifische Gottesbezeichnung war, sondern erst durch den hier vorliegenden Sinnzusammenhang als Gottesbezeichnung erkennbar wurde. Vgl. den Parallelismus V. 14 a β / a γ.

Ebenso enthält das Wort דודה der 12. Zeile des Meša-Steines nicht nachweisbar einen Gottesnamen. Es ist zuzugeben, daß wir die exakte Bedeutung des hier vorliegenden Wortes nicht kennen. Das Wort ist wahrscheinlich eine Gottes*bezeichnung*[48], das Vorkommen des Suffixes rät aber doch wohl davon ab, in diesem Wort den Eigennamen einer Gottheit zu erblicken[49]. Und auch hier wäre es durchaus möglich, daß es sich nicht um einen hergebrachten Titel einer Gottheit[50] handelte. Es

---

[45] V. Maag, Text, Wortschatz und Begriffswelt des Buches Amos, 1951, 139.

[46] G. Hoffmann, Versuche zu Amos, ZAW 3 (1883), 123. – Unter Hinweis auf den Meša-Stein Z. 12: H. Winckler, Altorientalische Forschungen, II 1894, 194 f.

[47] Das Suffix macht es wahrscheinlicher, daß wir einen Titel einer Gottheit vor uns haben, als daß es sich um deren Eigennamen handelt. Vgl. H. Winckler, a.a.O., II 1894, 195; S. Mowinckel, a.a.O., 648 zu Am 8,14 (Dod in der offiziellen Theologie zur Zeit des Amos ein Zuname Jahwes); weiter E. Hammershaimb, a.a.O., 1958², 126; H. Schmökel, a.a.O., 54; J. J. Stamm, a.a.O., 172.

[48] Vgl. die parallelen Sätze Z. 12 f. und Z. 17 f., und dabei einerseits jeweils den Satzinhalt, andererseits besonders die Wendungen את אראל דודה // לי יהוה א[...] (zu diesen Analogien s. KAI, II 1964, 175).

[49] Vgl. St. Segert, Die Sprache der moabitischen Königsinschrift, ArOr 29 (1961), 241, u. dazu D. Diringer and S. P. Brock, Words and meanings in early hebrew inscriptions, in: Words and meanings. Essays pres. to D. Winton Thomas on his retirement … 1968, 1968, 44.

[50] So wohl H. Winckler, a.a.O., II 1894, 195; vgl. auch E. Meyer, Die Israeliten und ihre Nachbarstämme, 1906, 257: appellativische Bezeichnung des lokalen Numens wie in Am 8,14 cj.

könnte der Sinnzusammenhang gewesen sein[51], der – auch in der Zeit, als die Inschrift zustande kam – das Wort דוד als Gottestitel auswies.

Nun findet sich ein Wort דוד auch im Hohelied, und zwar bekanntlich sehr reichlich belegt. Vom Kontext her verstanden würde dieses Wort *am ehesten,* und ohne jede Schwierigkeit, »Geliebter« bedeuten müssen, was auch bestens zum akkadischen *dādu*[52], ugaritischen *dd*[53] passen würde. Diese Bedeutung darf denn auch bei den Belegen im Hohelied als zwingend gesichert angesehen werden. Sollte nun aber gleichzeitig im Hohelied eine Gottheit mit diesem Wort bezeichnet sein[54], dann eben schlicht als »*Geliebter*«[55], nicht nachweisbar mit einem Eigennamen oder einem fest geprägten göttlichen Titel[56]. Mit Cant 5,9.10 ff., wo möglicherweise eine altägyptische Formtradition künstlerischer Standbilder für die Weise der Beschreibung maßgebend war[57], ist deshalb auch keine Gottheit namens דוד zu belegen[58]. Der Text besagt eben nicht, daß hier eine Statue beschrieben werde, geschweige denn eine Götterstatue. Die Beschreibung verwendet Ausdrucksmittel, die wahrscheinlich vorgegeben waren in plastisch-künstlerischer Tradition. Es ist selbstverständlich nicht *damit* erwiesen, daß

---

[51] Vgl. die Verbindung אראל דודה Z.12, wo אראל wahrscheinlich Name eines Kultgerätes ist, s. KAI II 1964, 50 f. zu Text Nr.32,3 u.St. Segert, a.a.O., 240.

[52] Vgl. CAD, III 20 a; AHw, I 149 a.

[53] Vgl. Aistleitner, WB Nr.731.

[54] So T.J. Meek, The song of songs and the fertility cult, in: W.H.Schoff, ed., The song of songs. A symposium, 1924, 54 ff.; W.Wittekindt, a.a.O., 82 ff.; W.C.Graham and H.G.May, Culture and conscience, 1936, 125; M.Haller, a.a.O., 22. 27. 31. 43; H.Schmökel, a.a.O., passim; G.W.Ahlström, Psalm 89, 1959, 165; I.Engnell, Art. Höga Visan, SBU², I 1962, 1009 f.

[55] Vgl. H.Schmökel, a.a.O., 54. S. auch die Übersetzung und Auffassung von דוד bei H.Ringgren, Das hohe Lied, in: ATD 16, 1962, 257–293: passim.

[56] Das gilt *gerade auch* dann, wenn das Hohelied, wie nach einer verbreiteten Auffassung (s. oben, vorletzte Anm.), ursprünglich – oder aber auch später – Kultdichtung von der heiligen *Hochzeit* des sterbenden und wiederaufstehenden Gottes sein sollte.

[57] Vgl. G.Gerleman, Die Bildsprache des Hohenliedes und die altägyptische Kunst, ASTI 1 (1962), 26 f.; ders., Ruth, Das Hohelied, 1965, 68 f. 173. 177. S. aber auch W.Rudolph, Das Buch Ruth. Das hohe Lied. Die Klagelieder, 1962, 159.

[58] Gegen W.Wittekindt, a.a.O., 82 f. (vgl. ders., a.a.O., 101 ff. – S.104 ist es betont eine Voraussetzung für das Verstehen des Textes Cant 5,10 ff. als von einer Statue, »daß unter der Gestalt des Dôd ein Gott verstanden werden soll«). Wie Wittekindt M.Haller, a.a.O., 38; H.Schmökel, a.a.O., 66 f. Schmökels Vermutung ist nicht zu beweisen, es »wäre als untragbare Blasphemie erschienen, hätte die singende Braut den dörflichen Geliebten Zug um Zug und Glied um Glied mit einem Götterbild verglichen« (a.a.O., 67). – In Cant 5,9 fällt zwar der Singular מדוד auf, vgl. W.Wittekindt, a.a.O., 83. S. aber dazu W.Rudolph, a.a.O., 157, Anm. a. z.St.

der Beschriebene, der Geliebte, nach der Meinung des Textes als in einer Statue gegenwärtig vorgestellt war.

Man hat den Gottesnamen דּוֹד auch in Jes 29,1[59] und Jer 22,18[60] nachweisen wollen. Das läßt sich aber nicht anders als durch eine unnötige bzw. völlig ungesicherte Konjektur erreichen.

Hinzu kommt, daß ein Gottesname *dwd* sich nicht auf dem Wege über den Personennamen *dawîd* bzw. *dôdayahû/dôdîya* nachweisen läßt[61].

In den ugaritischen Texten läßt sich bisher *ein dem Wort »Dod« lautlich* einigermaßen *entsprechendes Wort* nicht als Gottesname belegen[62]. Auf ein solches Wort käme es aber vor allem an[63]. Von etwas weniger Belang sind die Worte *ydd* und *mdd* als Gottesbezeichnungen. – Ist in KTU 1.3 III 6 *ydd* zu lesen[64], wäre Baal hier damit als Liebling der *pdry* bezeichnet. Diese Bezeichnung bezöge sich aber streng auf das Liebesverhältnis zwischen Baal und *pdry,* wäre bei Baal eine Bezeichnung ad hoc und würde nicht auf *ydd* als Name oder Titel *Baals* beruhen können. Denn das nominale *ydd* und *ydd 'il* finden sich sonst nur als Bezeichnungen Mots[65] oder evt. auch einmal – in 1.4 III 12, *falls*

---

[59] E.G.King, a.a.O., 127; H.Gressmann, Der Messias, 1929, 103.

[60] H.Schmökel, a.a.O., 32 Anm.2.

[61] Dazu vgl. die Untersuchungen J.J.Stamms, a.a.O., 169–171. 172–174.

[62] Gegen W.C.Graham and H.G.May, Culture and Conscience, 1936, 125: »Dod« Name für Baal; so auch J.N.Schofield, The religious background of the Bible, 1947, 99. Es ist nicht zu ersehen, welche ugaritischen Texte die Verfasser dabei im Auge hatten. Ob der Text KTU 1.4 mit 1.4 VII 3, wozu unten S.264ff. zu vergleichen ist? (Vgl. Graham – May, a.a.O., 125 Anm.37.) – In KTU 1.3 III 5 ist *dd* kein Name Baals, auch kaum seine »Brust« (so Aistleitner, WB Nr.730) oder »devotion« (Driver, CML 1956 z.St.), sondern eher »Liebe« (vgl. Gordon, UT Nr.646; J.C.L.Gibson, CML 1978², 48); in KTU 1.101 Z.17f. ebenfalls seine »Liebe«.

[63] Vgl. noch die ausführliche Übersicht bei J.Sanmartin-Ascaso, Art. דּוֹד *dôd,* ThWAT II 1977, 156f.

[64] Vgl. zu dieser Stelle Herdner, Corpus (Texte), 16 Anm.7.

[65] KTU 1.5 I 8.13; 1.5 II 9; 1.6 VI 30–31*; 1.4 VII 46f. 48; 1.4 VIII 31 – und KTU 1.133 Z.16f.
– Es handelt sich an diesen Stellen, mit Ausnahme von 1.4 VII 48 (zu 1.5 I 13 vgl. Herdner, Corpus (Texte), 33 Anm.1), um die Formel *ydd 'il ġzr* parallel zu *bn 'ilm mt.* Etwa 1.4 VIII 25–29, wo *mt* Z.26 Wechselbegriff für *bn 'ilm mt* Z.30 ist, zeigt, daß *mt* hier als *bn 'ilm* bezeichnet wird. *wrgm lbn 'ilm mt* Z.29–30 kann dem Kontext Z.25ff. zufolge nur bedeuten: »und sage Mot, dem *bn 'ilm ...*« – ob nun *bn 'ilm* »Gott« oder »göttlich« heißt (vgl. Gordon, UgLit 36–39. 48; Gordon, UT 140 und ders., UT Nr.13. 139; Ginsberg, ANET², 135. 138; Gray, Legacy², 54. 56. 58. 75; J.C.L.Gibson, CML 1978², 65. 67–69. 81) oder (gleichbedeutend?) »Sohn der Götter« (Ch. Virolleaud, Un nouveau chant du poème d'Aleïn-Baal, Syr. 13 (1932), 157. 160; Gibson, a.a.O., 1978²,

ydd dort Nomen ist[66] – eines Gottes, der nicht sicher zu identifizieren ist[67]. *ydd* und *ydd 'il* lassen sich also niemals, oder höchstens in dem einen, irrelevanten Fall mit *ydd* 1.3 III 6, als Bezeichnungen Baals belegen. Das ist wichtig, denn auf Name oder Titel eines Leben spendenden und erneuernden Fruchtbarkeitsgottes[68] käme es hier an[69], wenn auch

53 Anm. 9) oder »Sohn des El« (C. H. Gordon, The Loves and Wars of Baal and Anat, 1943, 12 zu KTU 1.6 VI 30; G. R. Driver, CML 1956, 101. 103. 105. 115; Aistleitner, WB Nr. 183. *2*a*; Jirku, KME 52. 55. 57 f. 75; Gray, Legacy², 57; vgl. noch J. C. de Moor, New Year with Canaanites and Israelites, II 1972, 7 zu KTU 1.6 VI 30). Die letztere Übersetzung wird durch die Analogie *mdd 'il ym* (KTU 1.3 III 38–39) – *mdd 'ilm mt* (KTU 1.4 VIII 23–24) empfohlen, die dafür sprechen könnte, daß *'ilm* und *'il* synonym wären. Jedenfalls wird Mot an den zuerst genannten Stellen *bn 'ilm* genannt (in KTU 1.6 VI 30 könnte Haplographie des *m* vorliegen), und er ist es dann wohl auch, der in der Parallelaussage jeweils als *ydd 'il ġzr* bezeichnet wird. *ġzr* scheint hier schon deshalb ein Titel oder eine Bezeichnung *Mots* zu sein. (Zum Wort *ġzr* vgl. auch Gray, Legacy², 42 Anm. 9 und S. 263 f.). Es wird an diesen Textstellen nicht angedeutet, daß *ġzr*, wie Virolleaud (a.a.O., 157) erwägt, eine andere Person als Mot sein sollte, ihm sehr nahestehend, vielleicht sein Doppelgänger oder Hypostase. Man vergleiche vielmehr 1.4 VII 45–48. Es begegnen hier zwei koordinierte Paare von Parallelsätzen mit folgenden Gottesbezeichnungen:

> *bn 'ilm mt // ydd 'il ġzr* Z. 45–47
> *mt // ydd* Z. 47–48

Wie wir oben zu 1.4 VIII 25 ff. sahen, dürfte im ersten parallelen Glied *bn 'ilm mt* eine Bezeichnung Mots vorliegen. Dem entspricht die Nennung von *mt* Z. 47 im ersten Glied des zweiten Satzpaares. Ob nun der Parallelismus *yqr'a. mt. bnpšh//ystrn. ydd. bgngnh* Z. 47–49 synonym oder synthetisch sei, es handelt sich allem Anschein nach um denselben Gott in beiden Gliedern des Parallelismus. Das dürfte dann aber doch auch der Fall sein im ersten Satzpaar.
Mot ist mithin der *ydd 'il,* Geliebter – wohl: des El. (Vgl. etwa Gordon, UgLit 36–39. 48; Jirku, KME 52. 55. 57 f. 75; Driver, CML 1956, 101. 103. 105. 115; Gray, Legacy² 54. 56 ff. 75; Aistleitner, WB Nr. 183. *1*a* zu den betr. Stellen; Gibson, CML 1978², 65. 67–69. 81.).
Sollte *ydd* auch 1.5 III 10. 19*. 26 Götterepithet sein, dann am ehesten von Mot, vgl. Z. 9. 18. 25.

66 So etwa Aistleitner, WB Nr. 1140 z. St., vgl. aber auch die folgende Anm.
67 1.4 III 10 f. 17 wird Baal genannt. Das (etwas unsicher lesbare) *yt'dd* Z. 11, Prädikat zum Subjekt *rkb 'rpt*, ist allerdings nicht sicher zu übersetzen (vgl. Gordon, UT Glossary Nr. 1819), könnte aber im Folgenden eine Rede Baals erwarten lassen (vgl. Driver, CML 1956, 141 s. v.; Aistleitner, WB Nr. 2003; Gibson, CML 1978², 58). Wenn nicht schon *ydd* Z. 12 eine weitere Verbalform sein sollte, was übrigens durchaus möglich wäre (Gordon, UgLit 30, vgl. ders., UT Nr. 1615; Driver, CML 1956, 95, vgl. S. 157 s. v.; Jirku, KME 42; Gibson, CML 1978², 58) würde ein *Nomen ydd* Z. 12 am ehesten einen Feind Baals bezeichnen, vgl. das folgende *wyqlṣn*.
68 Es soll hiermit nicht behauptet sein, *Mot* sei überhaupt nicht als Fruchtbarkeitsgott anzusehen. Er ist aber im wesentlichen ein Gott des Todes und der Verwüstung (vgl.

die Bezeichnungen *ydd* und *ydd 'il* von bedingtem Wert wären gegenüber einem *dwd* als Bezeichnung Baals. Baal ist auch nicht als *mdd* zu
belegen.

Zu *mdd* im Ugaritischen als Götterepithet, und seinen Referenten:
Von *mdd 'il ym* wird geredet KTU 1.4 II 34*. VI 12*; 1.3 III 38–39; von *mdd 'ilm
mt* 1.4 VIII 23–24. Es kann keinem Zweifel unterliegen, daß an der letztgenannten
Stelle *Mot* als *mdd 'ilm* bezeichnet wird: derselbe Gott, der Z.23–24 *mdd 'ilm mt* genannt wird, heißt Z.26 *mt*[70].

Die Formel *mdd 'il ym* wird von Virolleaud mit »l'aimé du dieu de la mer«[71] oder
»l'Aimé du dieu Yam«[72] wiedergegeben; und zwar zuletzt nach Analogie des Ausdrucks *mdd 'ilm 'ar[ṣ]* 1.3 III 43[73].

Dem ist erstens entgegenzuhalten, daß die Lesung *'ar[ṣ]* Z.43 sehr unwahrscheinlich ist[74]; zweitens, daß eine andere Analogie zur Formel *mdd 'il ym* zu beachten
ist: *mdd 'ilm mt* KTU 1.4 VIII 23–24. Dieser letzter Ausdruck ist auch von Virolleaud herangezogen[75], kommt aber nicht zur Geltung. In *mdd 'ilm mt* wird, wie wir
sahen, *mt* als *mdd 'ilm* bezeichnet. Dann ist zu fragen, ob nicht mit *mdd 'il ym* der
ym als *mdd 'il* charakterisiert wird.

In KTU 1.4 II 34* wäre es, nach der Rede von *dgy* und *rtt* Z.31.32, durchaus sinnvoll, falls mit *bmdd 'il y[m]* an eine (passive) Funktion des Meeres/des Yam gedacht
wäre (vgl. etwa die – notwendig hypothetische – Rekonstruktion bei Ginsberg,
ANET[2] 132). Das würde bedeuten, daß *mdd 'il* (*mdd*) Apposition zu *ym* wäre.
Überraschend wäre es dagegen, falls hier plötzlich ein anonymer Geliebter des
Meeres/des Yam eingeführt wäre. Es liegt dann doch am nächsten, in *mdd 'il y[m]*
1.4 II 34* die Bezeichnung des *ym* als *mdd 'il* zu erblicken. Wegen des formelhaf-

---

A.S.Kapelrud, Baal in the Ras Shamra Texts, 1952, 119), wenn er auch als ein »anderer« Aspekt von Baal betrachtet werden kann (vgl. I.Engnell, Art. Fenicisk religion,
SBU[2], I 1962, 621; A.S.Kapelrud, a.a.O., 126f. unter Hinweis auf Text 1.6 II 30–37,
wozu allerdings jetzt auch die Auffassung Gray's, Legacy[2], 68f. zu erwägen ist; ähnlich wie Kapelrud u. Engnell auch Mowinckel, Palestina før Israel, 1965, 173). Aber
auch so bleibt es zu beachten, daß nicht Baal, sondern der Gott (der »Aspekt«) für
Tod, Unfruchtbarkeit und den trockenen Jahresteil als Liebling und Liebling Els genannt wird: Der Fruchtbarkeitskultus wird von Mot nichts erhofft haben.
Zur Rolle und Ergehen des Fruchtbarkeitsgottes Baal nach den ugaritischen Texten,
vgl. für viele F.F.Hvidberg [ed. F.Løkkegaard], Weeping and laughter in the Old Testament, 1962, 20ff., bes. S.35ff.; 50–76; A.S.Kapelrud, a.a.O., bes. S.93–135; W.H.
Schmidt, Baals Tod und Auferstehung, ZRGG 15 (1963), 1–13.
[69] Zur forschungsgeschichtlichen Voraussetzung dieser Fragestellung vgl. oben, S.257f.
[70] Ch.Virolleaud, Un nouveau chant du poème d'Aleïn-Baal, Syr. 13 (1932), 160: »l'Aimé
des dieux, Môt«.
[71] Ch.Virolleaud, a.a.O., 125. 146; ders., La déesse 'Anat, 1938, 52.
[72] Ders., a.a.O., 51f.
[73] Ders., a.a.O., 52.
[74] Vgl. A.Herdner, Corpus (Texte), 17 Anm.3 zu CTA 3 III 40.
[75] Ch.Virolleaud, La déesse 'Anat, 1938, 52.

ten Gepräges des Ausdrucks dürfte das damit auch in 1.4 VI 12* und 1.3 III 38–39 zutreffen[76].

Götterepithet ist *mdd* auch KTU 1.4 VII 3; 1.3 III 43; 1.1 IV 20, es ist aber unsicher, welcher Gott jeweils gemeint ist. – Es ist nicht wahrscheinlich, daß in 1.4 VII 3 Baal (vgl. Z.2) der *mdd* *'il* sein sollte, das meint aber wohl Gibson[77]. Nach 1.4 II 34*. VI 12* wird man geneigt sein, Yam hier als *mdd* anzunehmen[78], zumal *y* am Anfang der folgenden Zeile den Personennamen *ym* einleiten könnte[79]. – In KTU 1.3 III 43 wird als *mdd* dem Kontext nach ein *Feind* Baals bezeichnet, vgl. III 37–IV 4, also auf keinen Fall Baal. Es könnte sich hier wieder um *ym* handeln wie in III 38–39, aber durchaus möglich ist es, daß *Arš* gemeint ist, vgl. 1.6 VI 51[80]. Daß dagegen hier Mot erwähnt sein sollte[81], erscheint unwahrscheinlich[82]. Es ist nicht sicher zu entscheiden, an welchen Gott die Rede KTU 1.1 IV 20 gerichtet ist, Z.14 nennt als Namen eines Elsohnes *yw*[83]. In der nächsten Zeile dürfte das letzte Zeichen als ein verstümmeltes *m* anzusehen sein[84], und zwar könnte damit, dem Kontext Z.15 nach, der Name oder der Namensanfang *ym* gegeben sein. Ob hier der Gottesname *ym* vorliegt[85], oder ob *ym* als Anfang eines neuen Satzes, evt. Satznamens zu betrachten ist[86], läßt sich kaum ausmachen. Auf jeden Fall liegt die Vermutung nahe, *yw* Z.14 ist derselbe, der Z.20 *mdd* *'i*[*l*] genannt wird[87]. Andererseits ist es sehr wahrscheinlich, daß Z.13–20 nicht von oder zu Baal geredet wird. Im Unterschied zur *freundlichen* Haltung gegenüber dem *mdd* *'i*[*l*] in 1.1 IV 13–20, wird in Z.24–25, wenn nicht die gängige Konjektur nach 1.3 IV 2–3 irre geht, einer *feindlich* behandelt, oder soll so behandelt werden. Grundlage der Konjektur ist vor allem der bewahrte Wortlaut Z.24–25:

> *gršnn.lk* [.....
>
> *drkth.š* [.....,

der schön mit 1.3 IV 2–3 korrespondiert. Dort aber wird erwähnt, daß *Baal* (III 47) von seinem Königsthron vertrieben wurde. 1.1 IV 13–20 zeugt von der freundlichen Haltung gegenüber dem *mdd* *'il,* Z.24–25 wahrscheinlich von der feindlichen

---

[76] Vgl. Gordon, UgLit 19. 29. 34; Ginsberg, ANET², 132. 134f. 137; Driver, CML 1956, 87. 95. 99; Aistleitner, MKT, 38. 43. 27; Jirku, KME 30. 41. 49; Gray, Legacy², 47; Gibson, CML 1978², 50. 57. 62.

[77] J.C.L.Gibson, CML 1978², 64 Anm.1.

[78] Vgl. Gordon, UgLit 35; Ginsberg, ANET², 134; Driver, CML 1956, 101; Aistleitner, MKT 44; Th.H.Gaster, Thespis, 1961², 132 Anm.24.

[79] Vgl. zu VII 4 auch Th.H.Gaster, Thespis, 1950¹, 448 sowie Herdner, Corpus (Texte), z.St.

[80] S. auch Th.H.Gaster, a.a.O., 1950¹, 449; J.C.L.Gibson, CML 1978², 50.

[81] Gordon, UgLit 20 z.St., vgl. die Lesung in UT und bei Gray, Legacy², 47.

[82] Vgl. Herdner, Corpus (Texte), 17 Anm.3.

[83] Zur Lesung des Wortes vgl. Herdner, Corpus (Texte), 4 Anm.3; zur Deutung dieses Namens vgl. Gray, Legacy², 184.

[84] Vgl. Herdner, Corpus (Texte), z.St.; Gordon, UgLit 26; Jirku, KME 16; Gray, Legacy², 183 Anm.2; KTU z.St.

[85] So Gordon, UgLit 26 z.St.; Jirku, KME 16; Aistleitner, WB Nr.1173.

[86] Vgl. Gray, Legacy², 184.

[87] Vgl. Gray, Legacy², 184; Gibson, CML 1978², 4 u. Anm.2.

Tat gegen Baal (vgl. seinen Namen Z.22), auf welche in 1.3 III 47. IV 2–3 zurückverwiesen wird.

Hinzu kommt der Wechsel von Anrede an den *mdd 'nt* KTU 1.1 IV 20 zur Rede in
der 3.P. in Z.22.23.24–25. Dieser Wechsel der Redeform stimmt zur Konjektur
und zu dem mit ihr verbundenen Textverständnis: Der Wechsel kann darauf beruhen, daß zwei verschiedene Götter gemeint sind. – Der *mdd* und Baal KTU 1.1 IV
20. 22 ff. scheinen insofern zwei verschiedene Götter zu sein, wenn auch viele Fragen des Sinnzusammenhanges im Text für den heutigen Leser offen bleiben werden.

Wir fassen zusammen:

דוד läßt sich nicht als Gottesname in Ugarit oder in Syrien-Palä-
stina zur Zeit des alttestamentlichen Israels nachweisen[88]. Man wird
auf diesem Hintergrund nicht sagen können, es habe den Anschein, Jesaja singe in Jes 5,1 von einem Gotte דּוֹד. Auch kann man nicht behaupten, die Zuhörer hätten Anlaß gehabt, den Ausdruck שִׁירַת דּוֹדִי in
diesem Sinne zu verstehen.

Damit entfällt eine entscheidende[89] Grundlage für die Thesen von
Meek, Wittekindt, Graham, Leslie und Engnell[90]: Der Terminus דּוֹד in
unserem Text zeigt eben nicht nachweisbar an, daß ein Gott wie etwa
Baal, oder aber Adonis-Tammuz[91] eine Figur des Bildes im Text sei, das
hieße, daß das Bild in irgendeiner Weise von ihm erzählte oder auf ihn
anspielte[92].

---

[88] J.T.Willis meint, »Dod *could* be the name of a deity«, läßt also diese Frage offen
(a.a.O., 340).

[89] Die anderen Topoi in unserem Text, die als Topoi des Fruchtbarkeitskultes aufgefaßt
worden sind, werden unten daraufhin zu prüfen sein.

[90] Vgl. oben, S.257 f.

[91] Über Tammuz vgl. Th.Jacobsen, Toward the image of Tammuz, History of Religions
1 (1961), 189–213; W.H.Schmidt, Art. Tammuz, PRESuppl. IX 1381–1391.
Die Auffassung, Tammuz *bleibe* den Mythen »Inannas Abstieg zur Unterwelt« und
»Der Tod des Dumuzi« zufolge *tot,* machte sich eine kurze Zeit geltend. (S.N.Kra-
mer, Mythologies of the Ancient World, ed. S.N.Kramer, 1961, 10. 106–115; O.R.
Gurney, Tammuz reconsidered: Some recent developments, JSSt 7 (1962), 147–160,
der jedoch einen möglichen Hinweis auf die Auferstehung des Tammuz in der akk.
Version von »Inannas Abstieg zur Unterwelt« einräumt (a.a.O., 154); dagegen E.M.
Yamauchi, Additional notes on Tammuz, JSSt 11 (1966), 10–15, vgl. schon ders., Tammuz and the Bible, JBL 84 (1965), 283–290.) Vgl. aber A.Falkenstein, Rez., C.J.Gadd
and S.N.Kramer, Ur excavations texts. VI 1, 1963, BiOr 22 (1965), 281 u. danach
S.N.Kramer, Dumuzi's annual resurrection: An important correction to »Inanna's des-
cent«, BASOR 183, 1966, 31. Vgl. Å.W.Sjöberg, Replik, SEÅ 31 (1966), 137.

[92] Gegen T.J.Meek, The song of songs and the fertility cult, in: W.H.Schoff, ed., The
song of songs. A symposium, 1924, 54. 67; W.C.Graham, Notes on the interpretation
of Isaiah 5:1–14, AJSL 45 (1928–29), 167f.; E.A.Leslie, a.a.O., 192; W.Wittekindt,

יְדִיד

Graham hat neben דּוֹד auch den Terminus יְדִיד V. 1 a. b als bedeutsamen Hinweis auf die Absicht des Propheten angesehen[93]. Er weist darauf hin, daß der Terminus in TM Jer 11,15 eine ironische Bezeichnung Judas ist[94]. Es geht nun aber nicht[95] aus dem Kontext hervor, daß der Terminus in *den* Kreisen besonders zu Hause war, gegen die sich das Gerichtswort richtete[96]. Der Terminus zeigt hier den Gegensatz auf zwischen der Liebe Jahwes und dem Ungehorsam Judas, vgl. zur Sache etwa Amos 2,9 nach V.6–8[97].

Damit ist er aber nicht als Kennwort des Selbstverständnisses gerade der Ungehorsamen ausgewiesen. Auch geht es nicht an, mit Graham יְדִיד Ps 60,7; 127,2 als Bezeichnung derer zu verstehen, die des Glaubens sind, »that the minimum of emphasis is to be placed upon human effort for the improvement of standards of life (cf. Ps.127:2)« »and the maximum of emphasis upon the miraculously displayed, particularistic affection of Yahweh for his own (cf. Ps.60:7)«[98]. Ps 127,2 will im Zusammenhang mit V.1 verstanden werden und besagt dann doch eben gar nicht, daß das Bemühen der Menschen um die physischen Notwendigkeiten des Lebens so wenig Gewicht wie nur möglich bekommen solle, sondern daß nur der Herr das Gelingen verleiht[99].

---

a.a.O., 90f. 110f. und I.Engnell, dessen Auffassung, Jes 5,1 ff. habe als »kultisch-stilistische Voraussetzung« Thema und Form der sog. Tammuz-Liturgien (ders., Art. Bildspråk, SBU², I 295), u.a. auch auf die Identifikation Dod-Tammuz (dazu s. I.Engnell, Art. Dod, SBU², I 424; Art. Tammus, *Tammuz*, SBU², II 1169) zu beruhen scheint, vgl. noch ders., Studies in divine kingship in the ancient near east, 1943, 176 Anm. 5.

[93] W.C.Graham, a.a.O., 168f.

[94] W.C.Graham, a.a.O., 168. Zum Text vgl. doch W.Rudolph, Jeremia, 1958², 72 Anm. z.St. Daß TM *sachlich* unmöglich sei (W.Rudolph, a.a.O., ebda), ist allerdings kaum stichhaltig. Die Ironie klingt noch V.16a nach.

[95] Auch nicht wenn man mit W.C.Graham, a.a.O., 168 Jer 11,13 in den nächsten Zusammenhang von 11,15 mit einbeziehen würde. Zu 11,1–14 vgl. aber W.Rudolph, a.a.O., 71 ff.

[96] So W.C.Graham, a.a.O., 168 zu Jer 11,13 unter Heranziehung auch von Ps 127,2; 60,7 (wozu gleich unten).

[97] Vgl. C.Westermann, Grundformen prophetischer Rede, 1968³, 131. 111 f.; zum Text Amos 2,9.10–12 vgl. auch W.H.Schmidt, Die deuteronomistische Redaktion des Amosbuches, ZAW 77 (1965), 178–183.

[98] W.C.Graham, a.a.O., 168.

[99] Die Berechtigung dieses Interpretaments dürfte aus V.1 hervorgehen: »Gelingen« als Gegenstück zu dem wiederholt betonten שָׁוְא (V.1 a.b *und* V.2 a). – Vgl. auch H.–J. Kraus, Psalmen, II 1960, 860 z.St.

Die einseitige Auffassung Grahams von Ps 60,7 andererseits läßt sich
angesichts von Ps 60, 14 nicht halten, es ist vielmehr zu sehen, wie die
erhoffte Hilfe Gottes V. 14 b *in* den Großtaten Israels V. 14 a erwartet
werden [100]. Schließlich ist es einseitig, wenn Graham in Ps 127 eine Beachtung der physischen Lebenswerte »rather than ... [the values of] the
moral or spiritual side of life« [101] findet. Es geht im ganzen Psalm um
den Einsatz Jahwes für den Menschen und um dessen freudige Abhängigkeit von ihm. Es fehlt mithin jede Grundlage für die Auffassung
Grahams, »in his use of the terms דוד and ידיד Isaiah satirizes the pot-
entially harlotrous Yahwism which shades over imperceptibly into
openly licentious paganism« [102].

Die meisten anderen Topoi unseres Textes, die neben דּוֹד und יָדִיד
nach Ansicht verschiedener Forscher als Indizien einer Thematik des
Fruchtbarkeits- oder Tammuz-Kultes anzusehen sind, gehören zum
Motiv des Weingartens.

כרם

Es ist vom Weingarten [103] die Rede. Der Garten liegt auf einer *fet-
ten* [104] Höhe V. 1 b, er wird *von Steinen gesäubert* [105] V. 2 a, es gibt in ihm
die נְטַע שַׁעֲשׁוּעִים der Gottheit [106] nach V. 7 a, die Weinstöcke werden
aber nicht mehr *beschnitten* [107] werden V. 6 a, statt dessen sollen Dornen
und Disteln als Zeichen der *Unfruchtbarkeit* [108] hinaufsprießen V. 6 a.

---

[100] Zum Nachklingen von Vorstellungselementen des Heiligen Krieges in Ps 60 vgl. G.
von Rad, Der heilige Krieg im Alten Israel, 1952², 82; danach, zu V. 13–14, H.-J.
Kraus, a.a.O., I 1960, 430

[101] W. C. Graham, a.a.O., 168.

[102] W. C. Graham, a.a.O., 168 f.

[103] W. Wittekindt, a.a.O., 110 ff., vgl. S. 90 f.; im Anschluß an ihn W. C. Graham, a.a.O.,
168.

[104] Vgl. T. J. Meek, Babylonian parallels to the song of songs, JBL 43 (1924), 248 Anm. 18
(entsprechend ders., The song of songs and the fertility cult, in: W. H. Schoff, ed.,
The song of songs. A symposium, 1924, 73 Anm. 16).

[105] Vgl. W. C. Graham, Recent light on the cultural origins of the hebrews, JR 14 (1934),
315 f. nach einer Andeutung von Ch. Virolleaud, La naissance des dieux gracieux et
beaux, Syria 14 (1933), 139. – Vgl. auch W. C. Graham and H. G. May, Culture and
conscience, 1936, 128 einschl. Anm. 46.

[106] T. J. Meek, a.a.O., 67 (mit Hinweis auf Jes 17, 10 f.); W. Wittekindt, a.a.O., 111; G. W.
Ahlström, Psalm 89, 1959, 164; I. Engnell, Art. Plantering, *plantera*, SBU², II 537.

[107] S. Andeutung bei T. J. Meek, a.a.O., 49 f., danach W. C. Graham, Notes on the interpretation of Isaiah 5:1–14, AJSL 45 (1928–29), 170; W. C. Graham and H. G. May,
Culture and conscience, 1936, 128 einschl. Anm. 46.

[108] H. G. May, The fertility cult in Hosea, AJSL 48 (1932), 77 Anm. 8, vgl. S. 82 f.

Schon lange wurde gesehen, daß TM Cant 8,11 a α und Jes 5,1 b in gleicher Weise konstruiert sind, und dazu noch das *kæræm*-Motiv gemeinsam haben [109]:

כֶּרֶם הָיָה לְ" ב"

Es bestehen allerdings Bedenken *metri causa* gegenüber dem massoretischen Wortlaut Cant 8,11 a α [110]. Aber auch von diesen Bedenken einmal abgesehen bieten die Übereinstimmungen eine viel zu schmale und unsichere Grundlage, um mit J. P. Peters vermuten zu können, Jes 5,1 sei »a fragment of a popular vintage song, containing a punning allusion to … Solomon and his vineyard« [111]. Salomos Weingärten mögen berühmt gewesen sein (vgl. I Chr 27,27) und der israelitischen Liebeslyrik einen dankbaren Topos geboten haben [112], was eben in Cant 8,11 f. seinen Niederschlag gefunden haben dürfte. Es ist nun natürlich nicht undenkbar, daß der Text Jes 5,1 b auf einen überlieferten Vers der Liebeslyrik anspielte, der jetzt in Cant 8,11 a α (TM) vorliegen könnte oder ebenfalls eine Grundlage für diesen Text gewesen sein könnte. Die Übereinstimmungen zwischen Jes 5,1 b und Cant 8,11 a α können aber auch durchaus auf Zufälligkeiten beruhen [113], um so mehr als der Hauptteil der betr. Wendung auch noch an einer *Prosa*stelle wie I Reg 21,1 belegt ist. Die behauptete Anspielung in Jes 5,1 auf Cant 8,11 oder auf eine dieser Stelle zugrunde liegende Tradition würde also kein brauchbares Indiz dafür sein, daß Jes 5,1 mit *kæræm*

---

[109] Vgl. J. P. Peters, Two fragments of hebrew popular melodies, JBL 5 (1885), 88–90; P. Haupt, The book of Canticles, 1902, 60; ders., The book of Canticles, AJSL 19 (1902–03), 6; des weiteren s. die Hinweise oben S. 268, Anm. 103; s. auch I. Engnell, Art. Bildspråk, SBU², I 295.

[110] Vgl. W. Rudolph, Das Buch Ruth. Das hohe Lied. Die Klagelieder, 1962, z. St.

[111] J. P. Peters, a.a.O., 90.

[112] Das lag nahe wegen des Begriffs *kæræm*, der in bildhafter Rede das Mädchen mit seinen Reizen bezeichnen konnte, vgl. Cant 1,6; 2,15 u. G. Gerleman, Ruth. Das Hohelied, 1965, 100 f. »Salomos Weingarten« könnte dabei auf den Harem Salomos (I Reg 11,1.3, dazu s. J. Fichtner, Das erste Buch von den Königen, 1964, 178; M. Noth, Könige I, 1968, 247 f.) anspielen, vgl. K. Budde, Das Hohelied, in: Die fünf Megilloth, 1898 (KHC. 17), 47; W. Rudolph, a.a.O., 185; G. Gerleman, a.a.O., 222.

[113] Wenn nicht auf sekundäre Angleichung. K. Budde nahm an, das היה Cant 8,11 sei ein späterer Einschub, vgl. ders., a.a.O., ebda z. St.; ders., Das Hohelied, in: HSAT³, II 1910, 371 z. St. W. Rudolph vermutet, daß das היה an dieser Stelle aus Jes 5,1; I Reg 21,1 eingedrungen sein kann (ders., a.a.O., 184). Nach P. Haupt sei das היה in *Jes 5,1* sekundär, beruhend auf Angleichung an I Reg 21,1 (ders., Isaiah's parable of the vineyard, AJSL 19 (1902–03), 196, vgl. ders., The book of Canticles, AJSL 19 (1902–03), 6.

einen Topos der »Tammuz-Liturgien« aufgreife. Nicht nur ist die Anspielung selbst viel zu unsicher nachzuweisen[114]. Es kommt hinzu, daß
der Topos *kæræm, wie er Cant 8,11f. gebraucht ist*[115], keineswegs als
Tammuz-Motiv auszuweisen ist – zumal die mythologische Deutung
des Hohenliedes im Sinne einer Tammuz-Ideologie kaum haltbar zu
sein scheint[116].

Daß der Weingarten auf einer Höhe בֶּן שָׁמֶן[117] lag, wird an dieser
Textstelle *keine* spezifisch kultische Ausdrucksweise sein[118]. War erst

---

[114] Gegen W. Wittekindt, a.a.O., 111; W.C.Graham, Notes on the interpretation of
Isaiah 5:1–14; AJSL 45 (1928–29), 168. – Auch I.Engnell erwähnt eine Anspielung in
Jes 5,1 auf Cant 8,11 nur mit Vorbehalt, vgl. ders., Art. Bildspråk, SBU², I 295.

[115] Der Weingarten Cant 8,11 wird vor allem wegen seiner Üppigkeit und seines Werts
hervorgehoben. Die Erwähnung Salomos, doch wohl sicher des Königs Salomo – vgl.
die Übergabe an mehrere Wächter, und die enormen Einkommen – dient eben dieser
Pointe des Vergleichs mit dem Singenden und könnte zugleich andeuten, es gehe
beim Weingarten Salomos um eine Anspielung auf seinen Harem (s. oben, S. 269,
Anm. 112).

[116] Zur Frage der mythologischen Deutung des Hohenliedes vgl. einerseits W.H.
Schmidt, Art. Tammuz, PRE Suppl. IX 1391 zur Arbeit H.Schmökels: Heilige Hochzeit und Hoheslied, 1959, andererseits neben H.H.Rowley, The song of songs: an examination of recent theory, JRAS for 1938, 251–276 auch W.Rudolph, a.a.O., 90–93;
G.Gerleman, a.a.O., 48. 53–62. 63–72.

[117] Diese Wendung besagt, wie H.-J.Zobel wahrscheinlich gemacht hat, daß der Boden
wegen Regens fruchtbar sei, indem *šmn* den Regen bezeichnet (vgl. H.-J.Zobel, Der
bildliche Gebrauch von *šmn* im Ugaritischen und Hebräischen, ZAW 82 [1970],
209–216). Ob das Wort dabei metaphorisch funktioniert oder in einer anderen Weise,
möge in unserem Zusammenhang auf sich beruhen.

[118] Gegen T.J.Meek, Babylonian parallels to the song of songs, JBL 43 (1924), 248
Anm. 18 zum Text KAR 158 VII 14. Er deutet den Liederkatalog KAR 158 VII als Liste über Lieder des Tammuz-Ischtar-Kultes, a.a.O., 246. Er konnte dabei auf Erich
Ebeling verweisen, der die Liederanfänge der Kol. VII sämtliche als Anfänge kultischer Liebeslieder verstand, die bei den Feiern des ἱερὸς γάμος gesungen worden sein
sollten (Ein Hymnen-Katalog aus Assur (BBK I 3), Berlin 1923, 9). Ebeling fand noch
eine Topik des Tammuz-Ischtar-Kultes in Kol I 5–8. 12–16; II 4–9. 13–17. 21–26.
29–34; (V 12) VI 6–10. 15–32, bes. Z. 16. 19 (s. E.Ebeling a.a.O., 6–9).
Zur Auffassung Ebelings und Meeks vgl. noch W.G.Lambert, Divine love lyrics from
Babylon, JSSt 4 (1959), 1–15: KAR 158 VII [oder nur Teile davon?] ist ein Katalog
von Liedern, die ihrer Art nach »love songs for the occasion ἱερὸς γάμος« sind. Für
Kol II 49–53 deutet die Erkenntnis Landsbergers in eine ähnliche Richtung, Z. 49–53
seien Anfangsverse einer Gattung religiöser Liebeslyrik (Gespräch zwischen einer
Göttin und ihrem Geliebten) (vgl. B.Landsberger, Jahreszeiten im Sumerisch-Akkadischen, JNES 8 (1949), 295 Anm. 151). – In bezug auf Kol VII mag allerdings ein diffe-
renzierteres Urteil zu erwägen sein, vgl. S.Langdon, Babylonian and hebrew musical
terms, JRAS for 1921, 169–191, der neben vielen Zeilen in KAR 158 VII mit Anfängen
von Kultliedern (S. 170f. 176f. 179. 189f.) auch meinte, Anfänge rein weltlicher Lie-

das *kæræm*-Motiv gegeben, und sollten ausgezeichnete Voraussetzungen für eine gute Weinlese hervorgehoben werden (vgl. V. 4), dann gehörte die Fruchtbarkeit des Bodens natürlich dazu [119]. Nachdem T. J. Meek behauptet hatte, זָמִיר Cant 2, 12 sei *terminus technicus* eines rituellen Liedes des Fruchtbarkeitskultes [120], deutete W. C. Graham die Wendung לֹא יִזָּמֵר Jes 5,6 in entsprechender Weise: »what the prophet threatens is that the garden will not be ritually sung, that there will be a cessation of that sympathetic magic which was designed to induce fertility« [121].

Dagegen spricht in Jes 5,6 der folgende Ausdruck, exakt gleichartig konstruiert, לֹא יֵעָדֵר, wobei עדר N sicher ein landwirtschaftlicher,

---

der, u. a. Liebeslieder, hier zu finden, vgl. S. 172 f. 177 f. und bes. S. 183–189. – Vgl. noch eine Andeutung zu KAR 158 bei W. von Soden, Ein Zwiegespräch Ḫammurabis mit einer Frau, ZA 49 (1950), 151.

Wie dem auch sei, es kommt bei Meeks Auffassung von שָׁמֶן Jes 5,1 speziell auf den Topos *šaman* KAR 158 VII 14 an. Wären auch alle Liederanfänge Kol VII aus für den Fruchtbarkeitskult verfaßten Liedern, wäre *damit šaman* VII 14 noch nicht als fester Topos des Fruchtbarkeitskultes ausgewiesen. Auch scheint das Wort nicht ein Topos der weltlichen Liebeslyrik in Babylonien gewesen zu sein. Es kommt außer VII 14 in den bewahrten Zeilen akkadischer Sprache der Tafel VAT 10101 (KAR 158) anscheinend nicht vor, ist auch nicht im altbabylonischen Dialog zweier Liebender (Si 57) weder von von Soden (ZA 49 [1950], 162–172) noch von Held (JCS 15 [1961], 6–9; JCS 16 [1962], 37–39) gelesen, ebensowenig wie dieser Topos eine Rolle spielt in den Texten, die Lambert transkribiert JSSt 4 (1959), 1–15. *šaman* dürfte somit kaum als gerade typischer Terminus der kultischen (oder weltlichen) Liebe in Babylonien anzusehen sein.

Wäre nun aber desungeachtet KAR 158 VII 14 Anfang eines speziell *kultischen* Liedes, so ist des weiteren darauf hinzuweisen, daß Kol VII, was Topoi der *Liebe* anbelangt, z. T. anscheinend Lehngut aus dem Bereich des weltlichen, allgemeinmenschlichen Liebeslebens übernommen hat, vgl. M. Held, A faithful lover in an Old Babylonian dialogue, JCS 15 (1961), 4. 5. 13 f. und dazu O. Loretz, Zum Problem des Eros im Hohenlied, BZ N. F. 8 (1964), 201 f. Es ist dann nicht auszuschließen, daß Entsprechendes bei anderen Topoi in KAR 158 VII der Fall sein könnte, so auch bei *šaman*. Hinzu kommt, daß wir auch nicht einigermaßen klar wissen, was dieses Wort, *so wie es hier in VII 14 verwendet ist,* bezeichnet. »Fertility« (T. J. Meek, a.a.O., 248, Anm. 18) oder »Reize« (E. Ebeling in AOT², 326 Anm. g) bleiben unsichere Vermutungen. Wir können nicht einmal wissen, daß das Wort hier metaphorisch verwendet wird wie Meek und Ebeling annehmen.

Es scheint dann doch Meeks These zu שָׁמֶן Jes 5,1 eine tragfähige Grundlage zu vermissen.

[119] Vgl. oben, S. 270, Anm. 117 zum Inhalt der Wendung בֶּן־שָׁמֶן. Zu den Anforderungen an den Boden beim Weinbau in Palästina vgl. G. Dalman, AUS, IV 1935, 308 f. 319.

[120] T. J. Meek, The song of songs and the fertility cult, in: W. H. Schoff, ed., The song of songs. A symposium, 1924, 49 f.

[121] W. C. Graham, Notes on the Interpretation of Isaiah 5:1–14, AJSL 45 (1928–29), 170.

nicht speziell kultischer Terminus ist[122]. Das läßt einen analogen Sinn des Ausdruckes לֹא יִזָּמֵר erwarten. Dem entspricht der Beleg Lev 25,3 f. für זמר G, er ist eindeutig landwirtschaftlich gemeint: den Weingarten, d. h. die Rebranke, *beschneiden*[123]. Es ist aus diesen Gründen nicht statthaft, die Deutung Meeks von זָמִיר Cant 2,12 für יִזָּמֵר Jes 5,6 geltend zu machen. Ob der Sänger hier satirisch singt[124] oder nicht – von einem rituellen Singen singt er nicht, sondern vom Beschneiden des Gartens.

Gewichtiger könnte ein Korrespondenzverhältnis sein, das Graham meinte zwischen Jes 5,2.6 mit den Ausdrücken וַיְסַקְּלֵהוּ und יִזָּמֵר, und dem ugaritischen Text KTU 1.23 8–11[125] feststellen zu können. Nun ist nicht so sehr die Übersetzung[126], wohl aber die weitere Deutung[127] dieser Passage z. T. recht schwierig. Für unsere Untersuchung kommt es aber nicht darauf an, allen diesbezüglichen Problemen erneut nachzugehen. Wir prüfen die Auffassung Grahams unter der Voraussetzung, daß er den Text in bestimmten Hinsichten richtig verstanden hat. In Z. 9–11 wird wohl, wie er angenommen hat, mit einem Weinstock[128] verglichen[129] und vielleicht auch konkret agiert[130], es ist des

---

[122] Vgl. Jes 7,25. Der Weingarten wird nach dem Beschneiden *gehackt,* um Wildwuchs zu beseitigen. S. dazu G. Dalman, AUS, IV 1935, 323 f. sowie ders., a.a.O., II 1932, 124.

[123] Gemeint wird wenigstens das erste Beschneiden sein, im Frühjahr. Vgl. G. Dalman, a.a.O., IV 1935, 330 f. 312 f.

[124] So wohl W. C. Graham, a.a.O., 170: vgl. S. 168 f. Zur Frage der Satire vgl. unten, S. 274, Anm. 136.

[125] Vgl. oben, S. 268, Anm. 105. 107.

[126] Besonders die Übersetzung Aistleitners weicht von den üblichen Übersetzungen ab, vgl. neben Aistleitner, MKT 59 auch noch ders., WB Nr. 685. 879. 2322. 2678. 2586. Die Übersetzung Aistleitners würde die Auffassung Grahams (Hinweise oben, S. 268, Anm. 105. 107), וַיְסַקְּלֵהוּ und יִזָּמֵר Jes 5,2.6 seien Anspielungen auf kultische Handlungen, die auch noch KTU 1.23 8–11 belegt seien, vollends ausschließen.

[127] Für R. de Langhe war der Text KTU 1.23 »extrêmement obscur«, s. ders., Les textes de Ras Shamra-Ugarit et leurs rapports avec le milieu biblique de l'Ancien Testament, II 1945, 177, vgl. noch die vorsichtig abwägende Übersicht bei J. C. L. Gibson, CML 1978², 28. 29 f. Für A. Jirku waren die Zeilen 9–11 im ganzen unverständlich, vgl. ders., KME 80. Die Interpretationen von Ch. Virolleaud, a.a.O., 138; Gordon, UgLit 59; Th. H. Gaster, a.a.O., 1961², 420 ff. weichen bemerkenswert von einander ab. Unsicher ist u. a., ob Z. 8–11 eine Rubrik ist (so wohl G. R. Driver, CML 1956, 121; J. C. de Moor, New Year with Canaanites and Israelites, II 1972, 18) oder Auszug eines mythologischen Textes (J. C. L. Gibson, CML 1978², 123 vgl. S. 28). Wahrscheinlich haben die Handlungen Z. 8–11 insgesamt den Sinn, die Niederlage bzw. den Tod des Todesgottes, etwa als Voraussetzung der folgenden Zeugung und Göttergeburt, zu markieren. Vgl. noch unten, S. 274, Anm. 135.

[128] Vgl. Ch. Virolleaud, La naissance des dieux gracieux et beaux, Syr. 14 (1933), 138 f.; C. H. Gordon, UT Nr. 609; G. R. Driver, CML 1956, 121. 146; Th. H. Gaster, a.a.O.,

weiteren vom Beschneiden des Weinstocks die Rede[131], und auch *šql šdmth* [132] wird eine Arbeit am Weinstock im Rahmen des Weinbaus bezeichnen, jedoch nichts wie »entsteinen«, sondern vielmehr wohl das Niederlegen des Weinstocks[133]. Die Wendung *yšql šdmth* weist mithin keinen Bezug zum Text Jes 5,2 aα auf.

Hinzu kommt, daß die Auswahl an Handlungen an dem Weinstock KTU 1.23 8–11 insgesamt eine *andere* ist als die in Jes 5,1–6. Und was die Beschneidung Jes 5,6 anbelangt, so kommt sie dadurch, daß ihr Entzug als Strafe zu verstehen ist, selbst nur als entscheidend wichtiges *bonum* in Betracht, was unmittelbar der Fruchtbarkeit der Weinrebe dient, wie auch die Säuberung des Gefildes von Steinen V. 2[134], wäh-

---

1961², 420 f.; H. Kosmala, Mot and the Vine: The Time of the Ugaritic Fertility Rite, ASTI 3 (1964), 148; J. C. de Moor, The Seasonal Pattern in the Ugaritic Myth of Baʿalu, 1971, 79 Anm. 30.

[129] Vgl. Z. 11: *km gpn*, C. H. Gordon, UT Nr. 1247.

[130] Der Text Z. 8–11 spielt, wohl nicht nur falls eine Rubrik, auf kultische Handlungen und Begebenheiten an. Vgl. noch die Rubrik Z. 12. 14 f. Es fehlt der Vergleichspartikel *km* vor *gpn* Z. 9 f., das könnte darauf beruhen, daß in den Handlungen Z. 9 f. ein Weinstock bearbeitet wurde.

[131] Vgl. Ch. Virolleaud, a.a.O., 138 f.; C. H. Gordon, UT Nr. 817; G. R. Driver, CML 1956, 121. 149; Th. H. Gaster, a.a.O., 1961², 420 f.; H. Kosmala, a.a.O., 148 f.; J. C. de Moor, a.a.O., 79 Anm. 30; J. C. L. Gibson, CML 1978², 123.

[132] Zu *šdmth* vgl. W. F. Albright, The Psalm of Habakkuk, in: Studies in Old Testament Prophecy. Presented to Th. H. Robinson, repr. 1957, 17 Anm. h'; ders. bei M. R. Lehmann, A New Interpretation of the Term שדמות, VT 3 (1953), 364.

[133] Die Interpretation der Verbform *yšql* ist nicht ganz sicher gewesen. Ch. Virolleaud las *šql* als Stamm und übersetzte »épierrer« *nach* Jes 5,2 (a.a.O., 139), während C. H. Gordon, UT Nr. 2473 mit »smite«, »slay« verbindet, d. h. »steinigen« (u. zwar auch für den Fall, daß *ql* S vorliegen sollte.) Jedoch übersetzt G. R. Driver, CML 1956, 121 »grub up« (Objekt: den Weinstock), vgl. Th. H. Gaster, a.a.O., 1961², 421. – Es wird am ehesten anzunehmen sein, daß die Form *yšql* vom Verb *ql* S ist, »herunter fallen lassen«, vgl. J. C. de Moor, a.a.O., 79 Anm. 30 u. S. 314; J. C. L. Gibson, CML 1978², 123, ähnlich J. Gray, Legacy², 96 (»he is laid low … as a vine«). – Für die Routine des *šql šdmth* kommt der Winter in Betracht, vgl. G. Dalman, AUS IV 1935, 312.

[134] Vom palästinischen Weinbau her gesehen – *wie er sich der Sicht G. Dalmans bot* – wäre(n) die alljährliche(n) Beschneidung(en) des Weinstocks (dazu s. G. Dalman, AUS, IV 1935, 311 f. 330 f.) unbedingte und selbstverständliche Voraussetzung der Erwartung in Jes 5,2 b – *und es lag dem Urheber des Textes offenbar nichts daran, diese selbstverständliche Voraussetzung zu explizieren* oder auch: zu bestreiten. Das deutet eben nicht darauf hin, daß es ihm um die Handlungen KTU 1.23 9–11 in ihrem Sachzusammenhang ginge. Eher sind Art und Reihenfolge aller Arbeiten im Zusammenhang mit der *Neupflanzung* V. 2 a bewußt vom Vorgang beim allgemeinen Weinbau bestimmt worden: Vor der Pflanzung muß der Boden gründlich umgegraben und von größeren Steinen gereinigt werden, vgl. Dalman, a.a.O., IV 1935, 309 f. 323 f. Um der Trauben willen, die dann heranreifen werden, benötigt man auch eine Wachstätte, oft

rend andererseits die Handlungen, die KTU 1.23 8–11 wahrscheinlich gemeint sind, dort dem *mt wšr* unmittelbar feindlich und gefährlich sein dürften und erst indirekt Voraussetzungen für Leben, Zeugung und Geburt sind[135].

Es erscheint auf diesem Hintergrund durchaus unwahrscheinlich, daß in Jes 5,1–6 auf die Kulthandlungen KTU 1.23 8–11 angespielt wird, sei es satirisch[136] oder auch kritisch.

als Turm gebaut (Dalman, a.a.O., 316ff. 333). Zu der vollständigen Anlage gehört auch die Kelter mit ihrer Klärgrube (Dalman, a.a.O., 354f. 356.) sowie ein Wall und eine Dorn»hecke« (V.5) (Dalman, a.a.O., 316. 334) und – das bedarf eigentlich keiner Erwähnung – die Anpflanzung der Reben.

Zwei Jahre nach der Pflanzung werden die Triebe der Stecklinge bis auf einen abgeschnitten (Dalman, a.a.O., 311), der den Stamm bildet. An seinen Trieben setzen die Trauben an, und von *nun* an gehören die alljährlichen Beschneidungen (Dalman, a.a.O., 312f.) zur notwendigen Pflege des Weinbergs. Aber das alles brauchte der Prophet in seiner Darstellung der *Neupflanzung* ja nicht zu erwähnen. Das *Ausbleiben* des regelmäßigen Beschneidens der alten Weinstöcke wird aber als signifikantes Moment ausgenutzt (V.6), was auch wieder in seiner Weise mit den Notwendigkeiten des Weinbaus übereinstimmen wird (vgl. Dalman, a.a.O., 312).

Die Vorgänge Jes 5,1–6 stimmen mithin alles in allem sehr gut mit der Technik des Weinbaus überein und dürften von ihr her übernommen sein.

[135] Es dürfte kam abwegig sein, die Person *mt.wšr* KTU 1.23 8 als durch die beiden Stäbe *ḫṭ ṯkl* und *ḫṭ ulmn* (dazu s. C.H.Gordon, UT Nr.2674. 190) charakterisiert anzusehen, d.h. irgendwie speziell auf den Tod bezogen, vgl. Ch.Virolleaud, a.a.O., 138; C.H.Gordon, UgLit 57; G.R.Driver, CML 1956, 22; A.Jirku, KME 80; J.C.L. Gibson, CML 1978², 28. – Zu Aistleitner, WB Nr.1705, *mt* = »Gatte«, »Mann«, vgl. M.J.Dahood, Ugaritic Lexicography, StT 231, 1964, 95.

Darf man *mt.wšr* mit den beiden Stäben etwa wie *mt* als ein Gott des Todes und der Unfruchtbarkeit auffassen, und vielleicht im Unterschied zu *mt* einseitig als Todesgott (zum komplexen Charakter von *mt* vgl. A.S.Kapelrud, Baal in the Ras Shamra Texts, 1952, 126f.), werden die hier vermutlich beschriebenen Kult-Akte als gegen *mt.wšr* unmittelbar feindliche Aktionen *mittelbar* dem Leben und der Fruchtbarkeit fördernd. Vgl. bes. KTU 1.23 10f. und die Deutung der Passage bei C.H.Gordon, UgLit 57. 59. (Auch Th.H.Gaster, a.a.O., 1961², 420ff.; G.R.Driver, CML 1956, 22; M.R.Lehmann, a.a.O., ebda; H.Kosmala, a.a.O., 148f.; J.C.L.Gibson, CML 1978², 28. 29.) – J.C. de Moor denkt an eine symbolische Darstellung der Niederlage *Mots,* wie sie KTU 1.6 VI 21f. erzählt wird, vgl. ders., New Year with Canaanites and Israelites, II 1972, 19 Anm.71.

[136] Es sei denn, der Sänger spiele *satirisch* auf die Kultakte an, *als ob* er sie guthieße (so wohl W.C.Graham, Notes on the Interpretation of Isaiah 5:1–14, AJSL 45 [1928–29], 168f. vgl. S.170). Es erscheint aber äußerst fraglich, ob die Zuhörer diese Satire verstehen konnten. Der Gebrauch der Termini דּוֹד und יָדִיד hat dazu nicht nachweisbar beitragen können, vgl. oben, S.258ff. Und daß die Säuberung des Feldes von Steinen wie später auch die Beschneidung der Reben etwas Nachteiliges ist, wovon hier ironisch gesprochen wäre, würde wohl keinem, der des Weinbaus kundig ist, einfallen können.

Die nächstliegende Annahme wird nach all dem die sein, Jesaja habe die Handlungen seiner Bildrede nicht aus dem kanaanäischen Kult, auch nicht auf dem Wege einer totalen Umkehrung der Sinngehalte, übernommen, sondern einfach aus dem alltäglichen Weinbau – wenn auch vielleicht beeinflußt von israelitischer heilsgeschichtlicher Tradition, was noch zu untersuchen ist.

Bei den נִטְעֵי שַׁעֲשׁוּעָיו hat man auf die Gärten des Adoniskultes [137] hingewiesen [138]. Daß in Jes 17, 10 f. [139] auf die Pflanzungen des Adoniskultes angespielt wird, ist sehr wahrscheinlich [140], unabhängig davon, ob eine derartige Anspielung auch noch Jes 1, 29 f. vorliegt [141]. In Jes 5, 7

---

[137] Zu den Adonisgärten vgl. J. G. Frazer, Adonis, Attis, Osiris, 1907[2], 194–216 sowie W. W. Graf Baudissin, Adonis und Esmun, 1911, 88. 138–141; A. T. Nikolainen, Der Auferstehungsglauben in der Bibel und ihrer Umwelt, I 1944, 55; W. Baumgartner, Das Nachleben der Adonisgärten auf Sardinien und im übrigen Mittelmeergebiet (1946), in: ders., Zum Alten Testament und seiner Umwelt. Ausgewählte Aufsätze, 1959, 247 f. – S. Langdon, Tammuz and Ishtar, 1914, 13 meinte, eine Sitte des Tammuzkultes »corresponding to the so-called Adonis gardens« belegen zu können, vgl. ders., Sumerian and Babylonian Psalms, 1909, 301 Anm. 10. Das erscheint doch recht fraglich.

[138] Vgl. oben, S. 268, Anm. 106.

[139] Jes 17, 9–11 rührt kaum von Jesaja her, vgl. zur Frage G. Fohrer, Das Buch Jesaja, I 1960, 199.

[140] H. Ewald, Ausführliches Lehrbuch der hebräischen Sprache des Alten Bundes, 1844[5], 540 § 287 a behandelt die Stelle Jes 17, 10 grammatisch, übersetzt dabei aber die Wendung נעמי נעמנים mit »liebliche Gewächse«. In seinem Kommentar Die Propheten des Alten Bundes, I 1867[2], 364 bemerkt er zu Jes 17, 10 unter Hinweis auf § 287 a der Grammatik, daß נעמנים »am richtigsten ... als Adonisse oder Zärtlinge, Weichlinge« zu fassen sei, »nach dem namen des bekannten Syrischen Gottes welcher auch in Phönikien verehrt wurde«. Ewald schreibt also nicht ausdrücklich von Gärten (von W. Baumgartner, a.a.O., 248 Anm. 1 betont), auf Adonis bezogen aber immerhin von Gewächsen. Vgl. noch W. W. Graf Baudissin, Adonis und Esmun, 1911, 88 f. 139. 361 f.; F. Nötscher, Altorientalischer und alttestamentlicher Auferstehungsglauben, 1926, 92; K. Galling, Art. Tammuz (Palästina-Syrien), RLV XIII 1929, 173; T. J. Meek, Canticles and the Tammuz Cult, AJSL 39 (1922), 3.10; A. T. Nikolainen, a.a.O., I 1944, 101. 56; W. Baumgartner, a.a.O., ebda; J. Pedersen, Canaanite and Israelite Cultus, Ac Or 18 (1940), 2 f.; J. Hempel, Worte der Propheten, 1949, 125; I. Engnell, Art. Adonis, SBU[2] I 26; ders., Art. Plantering, plantera. 1, SBU[2], II 537; ders., Art. Tammus, Tammuz, SBU[2] II 1171; H. Schmökel, a.a.O., 29 f.; O. Eißfeldt, Art. Adonis, RGG[3] I 98; G. Fohrer, Das Buch Jesaja, I 1960, 200. Eine Andeutung auch bei W. Wittekindt, a.a.O., 111; W. Zimmerli, Ezechiel, I 1969, 219; H. Wildberger, Jesaja, II 1978, 657 ff.

[141] F. Nötscher, a.a.O., 91 f., findet in Jes 1, 29 f. keine Anspielung auf die Adonisgärten, auch nicht W. Baumgartner, a.a.O., 248 Anm. 1; G. Fohrer, a.a.O., I 1960, 49. Dagegen kann hier sehr wohl der Fruchtbarkeitskult in heiligen Hainen gemeint sein, vgl. B.

wäre die Anspielung aber ganz anderer Art als in 1,29f.; 17,10f. Während dort die Gärten den Menschen gehören, ist die Pflanzung in Jes 5,7 Jahwes Eigentum. Das wissen die Zuhörer allerdings noch nicht bei V.2a. Weiter: Während wenigstens in Jes 17,10f., aber vielleicht auch in 1,29f.[142] die Gärten irgendwie durch den Abfall von Jahwe beeinflußt erscheinen, ist die Pflanzung Jes 5,2a wohl, nach dem, was die Zuhörer merken können, vom Sänger nur positiv beurteilt, und in V.7 stellt sich die Pflanzung geradezu heraus als Bild für die Erwählung Judas seitens Jahwes. Man könnte höchstens eine *indirekte* Anspielung auf Adonisgärten oder eventuell einen Kulthain Jes 5,7 erwägen: *Auch* Jahwe hat seine liebliche Pflanzung, und die besteht aus … Das durch das »auch« angedeutete Gegenüber fehlt allerdings, und bei all dem käme keineswegs eine Kritik gegen den fremden Kult zum Ausdruck, diese Kritik ist hier also *kein* Anliegen.

Eine Anspielung auf Adonisgärten oder Kulthaine dürfte dann mit dem Ausdruck נֶטַע שַׁעֲשׁוּעָיו nicht beabsichtigt sein.

Die Dornen und Disteln V.6 werden von H.G. May als »symbols of lack of fertility« verstanden[143]. Das dürfte zutreffend sein, allerdings nicht in dem Sinne, daß hier Anspielungen auf den Fruchtbarkeitskult vorliegen sollten[144]. Denn nach dem, was wir gesehen haben, lassen sich solche Anspielungen nicht V.1–5.7a wahrscheinlich machen, und andererseits ist das Motiv der Dornen und Disteln vollkommen ausreichend motiviert durch das Motiv des Weinbergs, das sonst durch und durch vom Alltag des Weinbaus her geprägt ist. Das dürfte dann auch hier der Fall sein.

Duhm, Das Buch Jesaia, 1892, 13f.; E.J.Kissane, The Book of Isaiah, I 1941, 15. 20; H.Wildberger, Jesaja, I 1972, 71f. – An Adonisgärten denken hier T.J.Meek, a.a.O., 10 Anm.1; A.Jeremias, Das Alte Testament im Lichte des Alten Orients, 1930⁴, 672; K.Galling, Art. Tammuz (Palästina-Syrien), RLV XIII 1929, 173; A.T.Nikolainen, a.a.O., I 1944, 101; J.Hempel, Worte der Profeten, 1949, 125; I.Engnell, Art. Adonis, SBU², I 26 (vgl. a.a.O., II 537. 1171). Andeutung bei W.Wittekindt, a.a.O., 111; H. Schmökel, a.a.O., 29 Anm.2.

[142] Falls die Gerichtsankündigung hier gegen Kultbräuche ergeht.

[143] H.G.May, The Fertility Cult in Hosea, AJSL 48 (1932), 77 Anm.8 unter Hinweis auf Jes 32,13; Hos 2,8 (dazu auch ebda S.82f.); Cant 2,2 und Jes 7,21–25.

[144] Dies ist aber die Pointe bei May's Ausführungen. – Vgl. außer ders., a.a.O., 77 mit Anm.8, auch S.82 (mit Anm.10), S.83 (mit Anm.4).

צעקה, משפח

In V.7b übersetzte W. Erbt[145] מִשְׂפָּח mit »Geschlechtstriebe«[146], צְעָקָה mit »Geschreihallen« und dachte dabei an Unzucht bzw. Klagegeschrei im Kultus. W. Wittekindt leistete dem bedingte Folge. V.7b erinnere deutlich an den Adonis-Tammuzkult[147]. Ausführlicher hat sich W.C. Graham mit diesen Wörtern beschäftigt. Hat er in ihnen zunächst Charakteristika der sozialen Verhältnisse jener Zeit gesehen[148], so meinte er später, Allusionen »zur sympathetischen Magie der Kultriten« feststellen zu müssen[149], und zwar aufgrund von drei Kriterien: 1. Der vorhergehende Text 5,1ff. sei voll von Allusionen zum magischen Ritus »Präparierung des Weingartens des Gottes«, in einem »neulich entdeckten phönizischen« Text belegt (KTU 1.23)[150]. – 2. Die vermutete Etymologie des Wortes מִשְׂפָּח. – 3. Der sonstige Gebrauch der Wörter – wobei allerdings zu beachten ist, daß מִשְׂפָּח hap.leg. ist, Graham aber weist, wie es scheint, auf eine Wurzel ספח (vgl. סָפִיחַ Hi 14,19) hin. צְעָקָה bezeichne oft das Geschrei in der Klage über den toten Gemahl der Mutter Erde[151].

Demgegenüber ist 1. daran festzuhalten, daß in Jes 5,1–7a sich keine Anspielungen auf einen Kultus nachweisen lassen, auch nicht, wie Graham meinte, in V.2.6 mit וַיְסַקְּלֵהוּ und יִזָּמֵר[152]. 2. ist das etymologische Argument von äußerst fraglichem Wert, viel mehr kommt es auf den *Gebrauch* und den Kontext eines Wortes an, wenn man seine aktuelle Bedeutung feststellen will[153]. Nun ist מִשְׂפָּח hap.leg., das hat aber nicht zur Folge, daß die Etymologie einen zuverlässigen Bescheid über die Bedeutung des Wortes geben könnte. So vermißt auch Erbts recht

---

[145] W. Erbt, Die Hebräer, 1906, 226.

[146] W. Erbt, a.a.O., 226 Anm. 2: מִשְׂפָּח sei von שפח, Wurzel zu שִׁפְחָה, »Sklavin«, und (vgl. Ges.-Buhl s.v. שפח) מִשְׁפָּחָה abzuleiten.

[147] W. Wittekindt, a.a.O., 111.

[148] W.C. Graham, Notes on the Interpretation of Isaiah 5:1–14, AJSL 45 (1928–29), 171.

[149] W.C. Graham, The Prophets and Israel's Culture, 1934, 37.

[150] Daß es sich um den ugaritischen Text KTU 1.23 handelt, geht aus der Darstellung von W.C. Graham und H.G. May, Culture and Conscience, 1936, hervor, vgl. dort S. 128 (einschließlich Anm. 44. 46).

[151] G.W. Ahlström, Psalm 89, 1959, 164 nimmt im Anschluß an Graham an, מִשְׂפָּח und צְעָקָה bezögen sich auf Libationen und Kultrufe des Rituals des Dwd-Kultes.

[152] Vgl. oben, S. 271 ff.

[153] Dies hier zu begründen dürfte nicht notwendig sein. J. Barr, The Semantics of Biblical Language, 1961, 107 ff. 158 ff. ist auf die diesbezüglichen Fragen eingegangen, vgl. ders., Comparative Philology and the Text of the Old Testament, 1968, passim.

freie Kombination eine gesicherte Grundlage[154]. 3. nimmt man an, מִשְׂפָּח bedeute hier ein »Ausgießen«, würde *nicht* deswegen der Gebrauch einer Wurzel ספח, einer anderen Wurzel, als Beleg der Bedeutung von מִשְׂפָּח gelten können.

Man ist in dem vorliegenden Fall besonders auf den Kontext der fraglichen Worte angewiesen. Es liegen zwei Wortpaare vor, offenbar mit fest verbundenen oder wenigstens sachlich zusammengehörenden Begriffen. Einmal das in weisheitlicher Tradition vorgegebene Wortpaar מִשְׁפָּט und צְדָקָה[155]; entsprechend sollen wahrscheinlich מִשְׂפָּח und צְעָקָה als Korrelate verstanden werden. Es wird mit den Lautähnlichkeiten gespielt, gerade *damit* zugleich schroffe Gegensätze unüberhörbar betont werden: statt: מִשְׁפָּט – מִשְׂפָּח und statt צְעָקָה – צְדָקָה.

Daß צְעָקָה ein kultisches Klagegeschrei bezeichnen kann (W. Erbt), ist aufgrund von Stellen, die ein צְעָקָה der Notleidenden an Jahwe voraussetzen oder erwähnen, ganz sicher[156]. Vgl. den Parallelismus הֵילִילִי – צְעָקְנָה Jer 49,3; יְלָלָה – צְעָקָה Jer 25,36; Zeph 1,10[157], wie auch das Verbum צעק G, in Jes 46,7 = »eine Klage anzustimmen« (an ein Gottesbild). Andererseits kann צְעָקָה auch ohne jeden kultischen Bezug verwendet werden, vgl. I Sam 4,14; Neh 5,1; Gen 27,34, hierher wären vielleicht auch noch Ex 11,6; 12,30; Jer 48,3; 49,21 zu rechnen. – An keiner einzigen alttestamentlichen Stelle aber läßt sich die Behauptung W. C. Grahams belegen, צעקה sei das rituelle Geschrei der Klage über den toten Gemahl der Mutter Erde[158]. צְעָקָה ist überhaupt, wie die Stellen mit einer Klage an Jahwe zeigen, eben nicht technischer Terminus fremdkultischer Klagen. Die צעקה ist bei weitem nicht schon in sich verwerflich[159]. Jes 5,7 ist צְעָקָה die (nicht beanstandete) Folge davon, daß צְדָקָה nicht praktiziert wird; es muß sich um den Klageruf der Un-

---

[154] Vgl. denn auch die Zurückhaltung W. Wittekindts, a.a.O., 111 Anm. 1.

[155] Dazu s. H. W. Wolff, Amos' geistige Heimat, 1964, 40–44.

[156] Vgl. Ex 3,7.9; 22,22; I Sam 9,16; Hi 34,28; mit dem Verb צעק (neben anderen Stellen) etwa Thr 2,18; Ps 34,18; 77,2; 88,2; Ex 22,22.26.

[157] Zu הֵילִילוּ als Topos des Aufrufs zur Volksklage vgl. H. W. Wolff, Der Aufruf zur Volksklage, ZAW 76 (1964), 48–56 sowie ders., Dodekapropheton 2. Joel und Amos, 1969, 24.

[158] Vgl. oben, S. 277, Anm. 149. Diese Feststellung trifft auch für die Vorkommen des Verbs צעק zu: es handelt sich nirgends, auch nicht Gen 4,10, um das Klagen nach dem Tode einer Gottheit. – Klagen über den toten Gott sind übrigens von Israeliten in der Regel als Jahwe-widrig empfunden worden, vgl. J. Pedersen, Israel. Its Life and Culture, III–IV 1959², 472; S. Mowinckel, Offersang og sangoffer, 1951, 139–141.

[159] Aber sie kann verwerflich sein, wie Jes 46,7 impliziert. Das dürfte jedoch eine späte Problematik sein.

terdrückten, Notleidenden handeln. – Es ist deshalb durchaus ausgeschlossen, hier mit Graham in צְעָקָה Anspielung auf irgendeinen verwerflichen Kultakt zu finden. Um so mehr fehlt dazu dann auch die Grundlage beim *hap. leg.* מִשְׂפָּח, das etwas durch das Ausbleiben der מִשְׁפָּט bedingtes, zugleich Korrelat zum Klageruf der Bedrängten, bezeichnet[160].

Wir haben gesehen, daß die Motive Jes 5,1–7 nicht dem Fruchtbarkeitskultus entnommen zu sein scheinen und nicht einer Polemik besonders gegen den Tammuz- bzw. Baalkultus dienen[161]. Weder ist der Text ein Lied – parodiehaft oder nicht – über einen Gott דּוֹד, noch benutzt er nachweisbar »Thema und Form« der Tammuzliturgien. Es läßt sich nicht verifizieren, daß er ironisch oder in anderer kritischer Weise besonders auf verwerfliche Kulte anspielt.

---

160 Insofern kann es möglich sein, daß dies Wort so etwas wie »(Blut)-Vergießen« bedeutet. Wir brauchen dieser Frage nicht genauer nachzugehen, uns ging es hier nur darum, zu prüfen, ob die Termini צְעָקָה und מִשְׂפָּח auf fremdkultische Akte anspielen.
161 Zweifel an der Auffassung W. C. Graham's äußert J. T. Willis, a.a.O., 340.

Jesaja 5,1a die Einleitung eines Liebesliedes?

Die Frage, was hier, noch vor jeder Deutung oder Anwendung auf die intendierte Sache (V.7) hin, Sinninhalt der Bildrede sei, erhebt sich dann aufs neue. Die Maßnahmen im Weinberg scheinen uns aufs Beste mit der gewöhnlichen alten Arbeitsweise in Palästina übereinzustimmen, so wie diese Gustaf Dalman greifbar wurden [162]. Die Frage ist dann, wie der Weinberg und sein Besitzer näher zu verstehen sind.

Wenn דּוֹד nicht als Gottesname zu erweisen ist, kann das Wort auch an unserer Stelle nur »Geliebter« oder »Vatersbruder« bezeichnen. Das Denotat »Vatersbruder« [163] scheidet sofort aus: V. 1 a α.b α wird der דּוֹד als יְדִיד, Geliebter, bezeichnet [164].

Das Wort דּוֹד = Geliebter hat in seinen 34 Belegen im Hohenlied einen ausgesprochen erotischen Sinn. Ließ also V. 1 a ein erotisches Lied, ein Liebeslied erwarten?

Dafür spricht nicht unbedingt der Parallelterminus יְדִיד, der sonst im AT nur die von Jahwe geliebten (Dtn 33,12; Ps 127,2; 60,7; 108,7; Jer 11,15) [165] oder seine Wohnung (Ps 84,2) charakterisiert. Im Unterschied etwa zu den Worten אִישׁ und אִשָּׁה der bildhaften Jahwerede Hos 2,4a: הִיא לֹא אִשְׁתִּי וְאָנֹכִי לֹא אִישָׁהּ hat יְדִיד an den genannten Stellen keinen erotischen Sinn, abgesehen möglicherweise von TM Jer 11,15 [166]. Man könnte zwar fragen, ob nicht gerade an unserer Stelle ein erotischer Sinn des Wortes יְדִיד anzunehmen wäre, eben wegen der Parallele דּוֹד [167]. Es könnte aber auch sein, daß das Wort יְדִיד hier ohne

---

[162] Vgl. oben, S.273f., Anm.134.

[163] Zu dieser Bedeutung von דּוֹד vgl. J.J.Stamm, Der Name des Königs David, VT.S 7, 1960, 175ff.

[164] Vgl. dazu oben, S.251, Anm.10. – Mit dem Denotat »Vatersbruder« scheidet an dieser Stelle auch A.B.Ehrlichs Interpretation des Textes aus (A.B.Ehrlich, Randglossen zur hebräischen Bibel, IV 1912, 19f., wozu auch J.T.Willis, a.a.O., 337f. zu vergleichen ist).

[165] Vgl. noch den Namen Salomo, II Sam 12,25, und die Bemerkung dazu ebda (s. auch M.Noth, Die israelitischen Personennamen im Rahmen der gemeinsemitischen Namengebung, 1928, 149), sowie in Jer 12,7 das יְדִדוּת נַפְשִׁי.

[166] Zur Auffassung W.C.Graham's, a.a.O., 168f. vom Term יְדִיד, vgl. oben, S.267f.

[167] Vgl. noch in Ps 45,1 das sicher erotische שִׁיר יְדִידֹת. H.-P.Müller sieht in den Termen יְדִיד und דּוֹד, wie sie Jes 5,1 in Beziehung zum Term כֶּרֶם verwendet sind, eine erotische Nomenklatur, vgl. ders., Art. כֶּרֶם kæræm, ThWAT IV, 339.

erotische Bedeutung gebraucht wäre, das müßte gegebenenfalls auch dem Worte דוֹד gelten[168]. *An Hand von V. 1 a bleiben beide Möglichkeiten offen.* Dieser Anfang des Textes kann an ein Liebeslied erinnern, zumal der Topos כֶּרֶם gleichzeitig verwendet wird[169]. Es ist zu prüfen, ob diese Möglichkeit des Verstehens auch angesichts der folgenden Entfaltung des Bildes bestehen kann.

H. Schmidt[170] und K. Budde[171] nahmen an, der Prophet sei hier gleichsam Sprecher eines Mädchens, das von seinem Geliebten und dessen Weinberg – dem Mädchen selbst[172] – singe[173].

H. Junker bemerkt mit Recht dazu, es sei unwahrscheinlich, »daß die Braut selbst ihr eigenes Versagen besinge«[174]. So etwas wird allerdings auch Budde gemeint haben, er stellt sich die Sache so vor: »Der Prophet spannt also, indem er die Rolle der Geliebten bzw. der Braut oder jungen Frau übernimmt, die Erwartung seiner Zuhörer auf ein eigentliches Liebeslied vertraulichsten Inhalts, eine Erwartung, die dann, sei es etwas früher oder etwas später, bedenklich enttäuscht wird«[175]. Vermutlich würde bereits am Ende von V.2 das Verstehen des Textes als eines Liebesliedes der Frau als unwahrscheinlich empfunden werden müssen. Bis dahin könnte dieses Verstehen möglicherweise aufrechterhalten werden, aber *beabsichtigt* wäre dieses Verstehen doch nicht. Denn dann würde der Aufgesang V. 1 a nur V. 1 b–2 einleiten, während

---

168 Es ist zu beachten, daß die Belege für דוֹד im sicher erotischen Sinn gehäuft in einem engen literarischen Bereich im AT erscheinen und deshalb kaum ausschließen, daß das Wort auch etwa einen »lieben Freund«, »nahen Freund« bezeichnen könnte.

169 Vgl. unten, S. 285 ff.

170 H. Schmidt, Die großen Propheten, 1923², 40.

171 K. Budde, Zu Jesaja 1–5, ZAW 50 (1932), 53, vgl. schon den Ansatz Buddes in seinem Aufsatz: Das Volkslied Israels im Munde der Propheten, PrJ 73 (1893), 481. Das Argument war hier weniger ausgearbeitet. Am konkretesten ist dieser Hinweis: »Vom Liebsten will sie [d.h. die ›Chorführerin der Mädchen, die den Brautgesang anstimmen‹] singen, vom Weinberg, der sauren Arbeit, dem süßen Duft, der köstlichen Frucht, dem Freude spendenden Trank. Was paßt besser zur Hochzeit?« Das יְדִיד des Jesaja-Textes ist hier als erotischer Terminus verstanden.

172 Vgl. Cant 8,11 f.

173 So neuerdings auch J. Ziegler, Isaias, 1948, 22; G. Fohrer, Das Buch Jesaja, I 1960, 77; ders., a.a.O., I 1966², 76; ders., Die Propheten des 8. Jahrhunderts, 1974, 107; der Sache nach ähnlich D. Lys, La vigne et le double je, VT.S 26, 1974, 8 f.; O. Loretz, Weinberglied und prophetische Deutung im Protest-Song Jes 5,1–7, UF 7, 1975, 574.

174 H. Junker, Die literarische Art von Is 5,1–7, Bib. 40 (1959), 261. So auch, aber schärfer, W. Schottroff, Das Weinberglied Jesajas (Jes 5,1–7), ZAW 82 (1970), 78.

175 K. Budde, a.a.O., 53

V. 1 a β wohl zeigt, daß der Aufgesang *gerade auch* auf V. 3. 4–6 hinzielt[176]. Die Annahme von Schmidt und Budde ist deshalb nicht haltbar. Dies betrifft aber nicht die Tatsache, daß V. 1 a ein Liebeslied erwarten lassen kann. Es wird weiter zu fragen sein, wie dies zu verstehen
ist.

S. Mowinckel vertrat in seiner Studie Profeten Jesaja[177] die Ansicht, unserem Text liege die Sitte zugrunde, von der Geliebten oder ihren Reizen unter dem Bild eines Weingartens zu singen[178], allerdings
mit einer besonderen Note: »den orientalske opfatning av det sømme-
lige krever da at dikteren tilslører meningen ved å bruke hankjønsfor-
men om den elskede.«[179] V. 1 a laute ganz wie ein solches Liebeslied. Es
fällt schwer, dies anders zu verstehen als daß die Geliebte als männliche
Person vorgestellt werde, sei es, daß diese Person der Garten *ist* oder
den Garten *besitzt,* wobei der Garten die Reize dieser Person wäre.
Letzteres wird – oder: müßte Mowinckels Auffassung gewesen sein.
Über die Rede vom Weingarten hinaus (obwohl er hier schon selbst mit
einem Masculinwort benannt wird: כֶּרֶם) seien Masculinformen zu be-
nutzen von der geliebten Person – wie denn auch eben Masculinformen
vom Garten*besitzer* im Text verwendet sind. Es ergäbe sich: der Gartenbesitzer (= דּוֹד = יְדִיד) ist nach Mowinckel die Geliebte[180], welche
sich selbst (שִׁירַת דּוֹדִי Subj. gen.) bzw. ihre Reize unter dem Bild eines
Weingartens darstellt.

Die Schwäche dieser Auffassung leuchtet wohl ein: Sie ist höchstens an Hand von V. 1 a zu halten. V. 2 b setzt klar voraus, daß der
Gartenbesitzer in keiner Weise mit dem Garten identisch ist[181], sondern

---

[176] Budde ändert denn auch in שִׁירַת דּוֹדִי – »mein Liebeslied«. Vgl. dazu oben, S. 251 ff.
H. Junker, a.a.O., ebda findet es bei Schmidts Deutung »unerklärt, wie in V. 3 ohne
jeden Übergang dann statt der Braut auf einmal der Besitzer des Weinberges … spre-
chen kann«. Vgl. auch W. Schottroff, a.a.O., 79; H. Wildberger, a.a.O., I 1972, 165. –
O. Loretz, a.a.O., ebda kann seinerseits erst durch schwere Eingriffe in den Text
V. 1 a seiner Deutung eine Basis schaffen.

[177] S. Mowinckel, Profeten Jesaja. En bibelstudiebok, Oslo 1925. Vgl. dort S. 35 f.

[178] Mowinckel weist auf Cant 1,6; 2,15 und 8,12 hin.

[179] S. Mowinckel, a.a.O., 35. – Vgl die Vermutung G. Dalmans zur Sache, Palästinischer
Diwan, 1901, XIII.

[180] So hat auch Aa. Bentzen, Zur Erläuterung von Jesaja 5,1–7, AfO 4 (1927), 209 Anm. 1
Mowinckel verstanden, ebenfalls H. Junker, a.a.O., 261 f.

[181] Vgl. Aa. Bentzen, a.a.O., ebda; K. Budde, Zu Jesaja 1–5, ZAW 50 (1932), 53; W.
Schottroff, a.a.O., 79; J. T. Willis, a.a.O., 347. Bemerkenswert ist, daß auch Mowinckel das gesehen zu haben scheint, denn er schreibt, V. 1 b. 2 sei »skildringen av
forholdet mellem ›vennen‹ og vinhagen« (a.a.O., 35). Man müßte dann, nach Mowinckels einleitender Bemerkung, eine scharfe Zäsur und eine Umwandlung des

vielmehr, wie es auch aus V. 3 hervorgeht, daß der Garten dem Besitzer *gegenüber* irgendwie verantwortlich ist. Dann kann der Weingarten nicht ein Bild der Reize der ihn besitzenden Person selbst sein. Es schwindet zugleich jeder besonderer Anlaß, anzunehmen, diese gartenbesitzende Person des Liedes sei eine Frau. Es deutet eben alles sonst im Text Relevantes darauf, daß es sich um einen Mann handelt.

Konnten also die Termini דּוֹד und יְדִיד V. 1 a ein Liebeslied erwarten lassen, so wird beim Anhören des Liedes diese Möglichkeit allmählich erschwert. Der Sänger ist nicht Sprecher des geliebten Mädchens, das von seinem Geliebten und sich selbst singt (H. Schmidt, K. Budde, G. Fohrer). Auch tritt er nicht in die Rolle des liebenden Mannes hinein, der von seiner Geliebten als von einem Mann singt (S. Mowinckel 1925). Das Subjekt in אָשִׁירָה V. 1 a α ist dann aber am ehesten ganz einfach kein anderer als der Singende selbst[182], der Überlieferung zufolge der Prophet Jesaja, in eigener Rolle: er vertritt V. 1–2 keine der Figuren der Bildrede. Die Auseinandersetzung mit der Ansicht Mowinckels ergab außerdem, daß die gartenbesitzende Person ein Mann sein dürfte. Aus beiden diesen Gründen liegt es fern, die Worte דּוֹד und יְדִיד V. 1 a in erotischem Sinne zu verstehen. Der Gartenbesitzer ist keine Person, die von Jesaja in erotischem Sinne geliebt wäre, sondern ein naher Freund Jesajas[183], wer er immer sei.

Bildes zwischen V. 1 a und V. 1 b–2 annehmen, was sich aber schwerlich begründen läßt. Es erscheint zweifelhaft, ob Mowinckel in Bezug auf V. 1 b.2 diejenige (notwendige) Folgerung von seiner Deutung gezogen hat, die oben erneut herausgearbeitet ist und die H. Junker wie folgt formulierte: »daß die Braut in 1 c–2 als Besitzer des Weinberges dargestellt wird« (ders., a.a.O., 261 f.).

[182] So, zu V. 1–2, in späteren Jahren auch S. Mowinckel, Jesajaboken I, in: GT MMM, III 1944, 90 z. St. und dem entspr. ders., Jesaja, 1949, 145. – Vgl. sonst u. a. B. Duhm, Das Buch Jesaia, 1892, 33; Aa. Bentzen, a.a.O., 209; ders., Jesaja, I 1944, 33; E. J. Kissane, The Book of Isaiah, I 1941, 50; H. Junker, a.a.O., 263 ff.; J. Steinmann, Le prophète Isaïe, 1955², 69; W. Eichrodt, Der Heilige in Israel, 1960, 65 ff.; H. Wildberger, a.a.O., I 1972, 164 ff.

[183] Daß es sich um einen Freund Jesajas handelt, ergibt sich aus der Zusammenschau von V. 1 a und V. 1 b–3; die Identifikation des sogenannten Freundes wird aber erst in V. 7 vollzogen. Daß er »Freund« genannt wird, ist in V. 1 b ein Element der bildhaften Darstellung, wie auch etwa daß dieselbe Person als Weinbergbesitzer hervortritt in der Bildrede. Man kann dann nicht von der Identifikation in V. 7 her die Frage entscheiden, ob die Worte יְדִיד und דּוֹד V. 1 in erotischem Sinne gebraucht sind oder nicht. Es ist vielmehr zu fragen, wie die Figur des יְדִיד/דּוֹד noch vor und unabhängig von der Deutung V. 7, d. h. noch im Rahmen des Bildes und der Einleitung, zu verstehen ist. Das sei grundsätzlich gesagt zum Verfahren von G. B. Gray, der Deutung auf Jahwe in V. 7 textkritischen Wert in Bezug auf V. 1 a zu verleihen (The Book of Isaiah. 1–39, 1912, 84 f.). Auch die Methode K. Buddes erregt an diesem Punkte Be-

Damit ist hier freilich ein Liebeslied keineswegs ganz ausgeschlossen. Vielmehr zeigt – nach verbreiteter und in der Tat gar nicht abwegiger Auffassung – der Topos כֶּרֶם, daß der Sänger von einer geliebten Frau singt[184].

denken. Nach V. 1 a (vgl. die Übersetzung Buddes a.a.O., 54) stimme der Prophet ein Liebeslied an; ab V. 3 und vollends in V. 6 f. werde es aber ganz klar: der Liebste ist Jahwe. »Aber Jahwe ist nicht der Liebste [d. h.: in diesem, erotischen Sinne] des Propheten« (K. Budde, a.a.O., 53). Daß Jahwe der Liebste ist, hat aber nicht *den* kritischen Wert, daß es zu der Folgerung beitragen könnte, der Prophet vertrete in V. 1 a eine andere Person als sich selbst. Darüber sollte man nur zu entscheiden suchen an Hand von Daten aus der Bildrede.

Nach A. Neher ist der דּוֹד in Jes 5, 1 ff. *nach Ausweis von V. 7* der דּוֹד Israels, wobei schon mit diesem Terminus דּוֹד die Ehesymbolik vorliege (A. Neher, Le symbolisme conjugal: expression de l'histoire dans l'Ancien Testament, RHPhR 34 (1954), 30). – Die Bildrede aber sagt, der דּוֹד ist *des Sängers* דּוֹד. Daß der דּוֹד auch noch des Weinbergs דּוֹד wäre, wird mit nichts, weder in V. 1–6 noch in V. 7, angedeutet.

R. B. Y. Scott, Isaiah ... chs. 1–39, in: IntB V 1956, 196 f. meint, von der Deutung der Bildrede her nach Möglichkeit den semantischen Wert von דּוֹד und יְדִיד feststellen zu sollen. »It is almost inconceivable that Isaiah, of all people, would use an erotic term for his God, even in a parable« (a.a.O., 197, vgl. das Argument von G. B. Gray, a.a.O., 84). Entscheidend ist lediglich, daß das Subjekt V. 1 a α kein anderer als der Sänger ist, der keine Figur der Bildrede vertritt: es ist nicht zu erwarten, daß er eine erotische Beziehung zu einem Mann, dem Freund in der Bildrede, auch nur angedeutet haben würde.

Der Sprachgebrauch V. 1 a scheint deshalb vorauszusetzen, daß die Worte דּוֹד und יְדִיד ohne weiteres in nicht-erotischem Sinne aufgefaßt werden konnten.

H.-P. Müller erkennt denn auch seinerseits an, daß das von ihm als Hintergrund für Jes 5, 1 angenommene Motiv der Götterliebe u. a. »durch den Bezug der Suffixe in *lîdîdî* und *dôdî* auf den Propheten ... neutralisiert« ist, vgl. ders., a.a.O., 339.

184 So K. Marti, Das Buch Jesaja, 1900, 52; H. Schmidt, Die großen Propheten, 1915, 44; S. Mowinckel, Profeten Jesaja, 1925, 36; ders., Jesajaboken I, in: GT MMM, III 1944, 90; ders., Jesaja, 1949, 145; Aa. Bentzen, Zur Erläuterung von Jesaja 5, 1–7, AfO 4 (1927), 209; ders., Jesaja, I 1944, 34; K. Budde, a.a.O., 53; H. Junker, a.a.O., 265; W. Eichrodt, a.a.O., 66; G. Fohrer, a.a.O., I 1960, 77; ders., Prophetie und Geschichte, BZAW 99, 1967, 275; O. Kaiser, Der Prophet Jesaja. Kap. 1–12, 1960, 43; ders., Das Buch des Propheten Jesaja. Kap. 1–12, 1981⁵, 97; J. Gray, The Legacy of Canaan, 1965², 248 Anm. 5; J. Scharbert, Die Propheten Israels bis 700 v. Chr., 1965, 222 f. – Vgl. noch H. Ringgren, Hieros gamos i Egypten, Sumer och Israel, RoB 18 (1959), 1960, 47; W. Zimmerli, Verkündigung und Sprache der Botschaft Jesajas, in: Fides et communicatio. Festschrift für Martin Doerne zum 70. Geburtstag, 1970, 441; K. Nielsen, Das Bild des Gerichts (RIB-Pattern) in Jes. I–XII, VT 29 (1979), 318. Nach W. Rudolph, Das Buch Ruth. Das hohe Lied. Die Klagelieder, 1962, 124 läßt der Anfang des Liedes diese Deutung des Weinbergs auf die Geliebte zu, vgl. entsprechend, zu V. 1 a, R. Fey, Amos und Jesaja, 1963, 142 Anm. 3; J. Sanmartin-Ascaso, Art. דּוֹד, ThWAT II, 160. – H.-P. Müller, a.a.O., 339 sieht in den Termini יְדִיד, דּוֹד, כֶּרֶם und שַׁעֲשׁוּעִים eine klar erotische Nomenklatur, teils neutralisiert, teils »noch fast ungebrochen« (so zur Verwendung von שַׁעֲשׁוּעִים in V. 7). Dazu s. unten, S. 288, Anm. 196.

כֶּרֶם ist sicherer Topos der Liebeslyrik im Hohenlied, vgl. Cant 1,6; 2,15[185]; 8,11 f., s. aber auch 4,12; 7,13[186]. Die ins Detail gehende Schilderung landwirtschaftlicher Arbeit an dem Weinberg in Jes 5,2a fällt allerdings aus dem Rahmen dieser Topik heraus, soweit sie uns aus Israel und der nächsten Umwelt ersichtlich ist[187]. Die Ein-

---

[185] Vgl. W. Rudolph, a.a.O., 135 z. St.

[186] Vgl. noch Papyrus Anastasi I (A. Erman, Die Literatur der Ägypter, 1923, 291): das Liebesabenteuer eines ägyptischen Beamten mit einem Mädchen in Joppe, das die Weinberge bewacht (dazu s. auch A. Hermann, Altägyptische Liebesdichtung, 1959, 164 f.). H. Ringgren, Das hohe Lied, in: ATD 16, 1962, 263 hebt hervor, daß das Motiv der Weinberghüterin hier mit Kanaan verbunden wird.
Auch in den ugaritischen Texten findet sich der *krm* als Motiv einer Liebeslyrik, vgl. KTU 1.24 22 f.: *atn šdh krmm šd ddh ḥrnqm*, »ich will ihr Feld zu Weingärten machen, das Feld ihrer Liebe zu Fruchtgärten«. Vgl. dazu J. Gray, a.a.O., 1965², 248 einschl. Anm. 5.

[187] *Zu* J. Gray, a.a.O., 248 Anm. 5: »The figure of the bride's sexual charms as a garden or vineyard for cultivation was familiar in Israel«, als Belege werden angeführt Cant 1,6; 4,12–16; 8,12 – *und zu* O. Loretz, a.a.O., 575 zu V. 1 b. 2. – Nur eine unbestimmte, alles umfassende Kultivierung des Bodens wird im Text KTU 1.24 22 f. ersichtlich. Von irgendeinem Akt der Kultivierung ist in Cant 1,6; 4,12–16 oder 8,12 nicht die Rede, auch nicht in 2,15 oder 7,13. Hüten des Weinbergs (1,6; 8,12, zu 1,6 vgl. W. Rudolph, a.a.O., 124) ist etwas anderes, und wäre etwa 2,15 gefragt. 7,13 handelt, wenn man so will, von einer »Inspektion«, aber nicht von manueller, kultivierender Arbeit an dem Weinberg. Dieser Weinberg ist, wie der Garten 4,12–16, bereits kultiviert. Der Garten 4,12ff. wird als »ein Ort des Wohlgeruches« (G. Gerleman, Ruth. Das Hohelied, 1965, 159, vgl. S. 160 f.) und der Lust, der schon bereit da liegt, gepriesen. Von *Arbeit* am Garten ist keine Rede. Gewiß ist das sprudelnde Quellwasser V. 15 an sich lebenspendend (vgl. auch H. Ringgren, a.a.O., 278), das Wachstum hängt von ihm ab, aber es ist kaum wegen dieser seiner landwirtschaftlichen Bedeutung erwähnt (weswegen der fruchtbare Boden Jes 5,1b hervorgehoben wird): Die Anrede V. 12: »Du bist ... eine versiegelte Quelle« rückt eher die Quelle mit ihrem Wasser als einen Gegenstand der Lust und Freude in das Blickfeld. Die Apposition V. 15 b deutet in ähnlicher Richtung an, daß das Wasser sehr fein, köstlich ist. (Zu Libanon als Superlativ-Element (in der Topik der Liebeslyrik) s. G. Gerleman, a.a.O., 161, vgl. S. 158 und Cant 4,11 sowie Hos 14,6.7.8 und dazu H. W. Wolff, Dodekapropheton 1. Hosea, 1965², 306.)
Eine Topik parallel zu derjenigen in Jes 5,2a bietet auch nicht der folgende Text, hier in Siegfried Schotts Übertragung wiedergegeben (Altägyptische Liebeslieder, 1950², 56):

> Ich bin Deine Geliebte, die Beste.
> Ich gehöre Dir wie das Grundstück,
> das ich mit Blumen bepflanzt habe
> und mit allerlei süß duftenden Kräutern.
>
> Lieblich ist der Kanal darin,
> den Deine Hand gegraben hat,

zelzüge V. 2 a sind nicht in der Topik der Liebeslyrik beheimatet. Wie wir gesehen haben, ist das Motiv der Säuberung von Steinen, das besonders auf mythische Herkunft zu prüfen war, auch nicht mythischer Herkunft[188]. Vielmehr sind die Maßnahmen V. 2 a aus dem alltäglichen Weinbau übernommen[189]. Dennoch wäre es wohl denkbar, daß ein Bildstoff mit einer Reihe Einzelheiten, die der Liebeslyrik fremd wären, in anderen Hinsichten eine Beeinflussung seitens der Liebeslyrik zeigen könnte. Wir fragen, inwiefern das in der Bildrede Jes 5, 1 b–6 der Fall sei.

Als bildhafter Topos der Liebeslyrik dient der *Weingarten* andeutend aber unverkennbar dem Ruhm der Schönheit und der Anmut der Frau[190], vgl. Cant 1, 6 (nach V. 5!); 2, 15 b; 4, 12–14. 16; 8, 12[191]. Oder

> uns im Nordwind zu erquicken,
> ein schöner Platz zum Wandeln.

Es liegt hier kein Gewicht auf der *Tätigkeit* der Bepflanzung, wohl aber eigentlich auf dem reichen *Vorkommen* von Blumen und Kräutern, und der Kanal wird nicht als irgendwie »landwirtschaftlich« relevant erwähnt, sondern er ist »lieblich«. Er dient ausdrücklich, wie denn offenbar auch die Blumen und Kräuter, der »Erquickung«, es ist alles zum Genießen da, während die Kultivierung des Bodens Jes 5, 2 a der Aussicht auf Gewinn dient. – Könnte man auf die Übereinstimmung der Motivreihen im Text Schott a.a.O., 56 f. und Cant 4, 12–5, 1 (dazu s. H. Ringgren, a.a.O., 277) Gewicht legen, würde die Rolle des Kanals die oben vorgeführte Auffassung vom Libanonwasser Cant 4, 15 *per analogiam* bestätigen können.
O. Kaiser, Der Prophet Jesaja. Kap. 1–12, 1960, 43 sieht, daß in Jes 5, 1 b. 2 ein Landmann zu berichten scheint, legt aber zugleich großes Gewicht auf den Topos des Weinbergs als Hinweis auf die Braut. In Das Buch des Propheten Jesaja. Kap. 1–12, 1981[5], 97 bleibt für O. Kaiser der Bezug des Weinbergs auf ein junges Mädchen eine Möglichkeit im Lichte von Cant 8, 11 a. 12, während jedoch die Gartenarbeiten, von denen Jes 5, 2 die Rede ist, nicht in diese Richtung weisen (vgl. a.a.O., ebda). – H. Wildberger, a.a.O., I 1972, 169 und W. Schottroff, a.a.O., 83 aber scheinen die Möglichkeit offenhalten zu wollen, daß auch die Gartenarbeiten Jes 5, 2 in erotischem Sinne zu verstehen seien, während J. T. Willis, a.a.O., 348 Pkt. 4 das Schwierige an dieser Interpretation des Textes mit Recht hervorhebt.
[188] Vgl. oben, S. 272 ff.
[189] Vgl. oben, S. 273 f., Anm. 134; auch J. Steinmann, Le prophète Isaïe, 1955[2], 69.
[190] Das Garten-Motiv ist im Alten Orient anscheinend auch zum Preis männlicher Schönheit verwendet worden, vgl. die Übersetzung A. Falkensteins von SRT 31, 27–29 (A. Falkenstein, [Debatteneröffnung zu philologischen Aspekten des Tammuz-Problems] in: Compte rendu de la troisième rencontre assyriologique internationale … 1952, Leiden 1954, 62). – Vielleicht gehört hierher auch der Liedanfang KAR 158 VII 26, vgl. die Lesung von M. Held, A Faithful Lover in an Old Babylonian Dialogue, JCS 15 (1961), 17: *iše'i asma kirê lalîka*, »she looks for the well-fitting garden of your charm« (ähnlich O. Loretz, Zum Problem des Eros im Hohenlied, BZ NF 8 (1964), 198 z. St.). Die Zeile wird aber von W. von Soden anders verstanden: »Er

der Weingarten ist der gemäße Ort glücklicher Liebe, Cant 7,13[192].
Nun geht aus Jes 5,1 bβ.2a schon klar genug hervor, daß dieser Weingarten ein ganz ausgezeichneter Weingarten sein dürfte. In V.2a ist
aber offensichtlich nicht eine Beschreibung des Weinbergs die Pointe
(so Cant 1,5f.; 2,15b), sondern es sind die *Taten des Besitzers* zur Kultivierung des Weinbergs. Darauf weist schon die Kette von Narrativen
hin V.2aα.β₁, die Tat an Tat reiht und so den *Einsatz* des Besitzers betont, wie es danach auch in V.2a.β₂ geschieht mit וגם + Inversion
zwecks Betonung; auch hier ist der Weingartenbesitzer Subjekt. Dieser
Akzent, der mit V.2a gesetzt wird, wird in V.2b festgehalten. Die Erwartung einer guten Weinlese wird maßgeblich in dem mühevollen Einsatz des Besitzers begründet sein. V.3–4 bestätigt: Es geht um die zu
betonende Tatsache, der Besitzer habe wirklich *alles* getan, um einen
ertragreichen (! V.2b.4b) Weinberg zu schaffen. Auch die *edlen* Reben
V.2a werden mithin erwähnt, um den intensiven Einsatz zu rühmen,
nicht primär um die Güte des Weinbergs hervorzuheben. Es heißt
nicht: Der Weinberg hatte edle Reben, sondern es wird innerhalb der
Kette von Narrativen V.2a unter den Taten des Besitzers auch die Ein-
pflanzung edler Reben hervorgehoben. Von daher gesehen dürfte auch
kaum der fruchtbare Boden V.1bβ zum Zwecke der rühmenden Beschreibung des Gartens eingeführt sein[193]. V.1bβ mündet denn auch,
mit V.2a zusammen, in die vorwurfsvolle Erklärung V.2b hinein. Der
Text V.1bβ.2a konstatiert, daß die Voraussetzungen für die Erwartung einer guten Ernte des Gartens tatsächlich vorgelegen haben. Eine
aktuell erlebende *Freude am Garten* – nach Art etwa von der Andeutung
Cant 2,15b (vor der Weinlese, mithin: zur Zeit der Erwartung!) oder
Cant 8,12a – wird in der Bildrede V.1b–6 neben dieser Ernteerwartung
nicht spürbar. Diese Erwartung selbst wird nicht beschreibend nach der

---

    sucht den recht ausgestatteten Garten deiner Üppigkeit« (s. bei H.Schmökel, a.a.O.,
    21 z.St.).

191 Vgl. auch oben, S.285f., Anm.187, zu diesen Stellen und zum Text bei S.Schott,
    a.a.O., 56.

192 Vgl. Pap.Anastasi I 25,2f. bei A.Erman, Die Literatur der Ägypter, 1923, 291 (s.
    oben, S.285, Anm.186); auch KAR 158 VII 35.38 bei E.Ebeling, Ein Hymnen-Kata-
    log aus Assur, 1923, 25 (vgl. dazu noch O.Loretz, a.a.O., 198).

193 Darauf deutet auch nicht der Wortlaut V.1b. Im Unterschied etwa zum sprudelnden
    Quellwasser vom Libanon Cant 4,15 (dazu oben, S.285, Anm.187), ist nicht der
    fruchtbare Boden ein Objekt der bewundernden Beschreibung. Es heißt nicht einmal:
    »der Weinberg lag auf einer fetten Höhe ...«, sondern: »Einen Weinberg hatte mein
    Freund auf einer fetten Höhe.« Der Weinberg wird in unserem Text niemals stricte
    für sich betrachtet, sondern immer in einer Relation zum Besitzer.

Seite des Genusses hin entfaltet, wenn sie auch Genießbares: reife Trauben[194] (V. 2 b. 4 b), umfaßt. Man vermißt dann in der Bildrede V. 1 b–6
sowohl hinsichtlich des Bildstoffes als auch hinsichtlich der Satzinhaltsaspekte Elemente eines charakteristischen Gepräges von Liebeslyrik.
Züge der Freude an der Frau und des Rühmens der Frau fehlen. An der
Schönheit und Lieblichkeit des Gartens in erotischem Sinne hat dem
Sprachverwender scheinbar nichts gelegen.

In der Deutung V. 7 aβ tritt nun aber eine Lust *Jahwes* an seiner
»Pflanzung« zutage: der Mann Juda sei נֶטַע שַׁעֲשׁוּעָיו. Damit wird ohne
Zweifel auf V. 2 a α₂ der Bildrede Bezug genommen: וַיִּטָּעֵהוּ שֹׂרֵק. Die
Rede von der שַׁעֲשׁוּעִים an der Pflanzung gehört aber nicht zur Tarnung, die die Bildrede benutzt, gehört nicht zum *Bild,* und wo sie hier
zur Sprache kommt, ist das Funktionieren der Tarnung längst zu Ende
gekommen. Hinzu kommt, daß das Nomen שַׁעֲשׁוּעִים im Alten Testament nicht als erotischer Topos belegt ist[195]. Die Rede von der נֶטַע
שַׁעֲשׁוּעָיו vermag weder von sich aus noch von seiner Stelle in der Deutung her das Weinberg-Motiv der Bildrede als ein erotisches Motiv auszuweisen[196].

Die angeführten Sachverhalte raten entscheidend davon ab, die
Herkunft des Weingarten-Motivs *der Art nach, wie es hier verwendet
wird,* in der Topik der Liebeslyrik zu suchen[197].

---

[194] Zu den עֲנָבִים vgl. G. Dalman, AUS, IV 1935, 302 f.

[195] Das Nomen שַׁעֲשׁוּעִים prädiziert den freudig geliebten *Sohn* Jer 31,20; betrifft in
Ps 119 die Lust an den Geboten Gottes (V. 24.143) und an seinem Gesetz (V.
77.92.174), und in Prov 8 die Freude Jahwes an der Weisheit (V. 30) bzw. die Freude
der Weisheit an den Menschen (V. 31).

[196] *Wäre* das Nomen שַׁעֲשׁוּעִים im AT als erotischer Topos belegt, wäre es in Jes 5,7 zugleich durch den Bezug auf den אִישׁ יְהוּדָה in seiner Beziehung zu Jahwe neutralisiert.
– Zu H.-P. Müller, a.a.O., 339.

[197] Vgl. – rein thetisch – G. B. Gray, a.a.O., I 1912, 87. Zu unserem Ergebnis kommt auch
W. Schottroff, a.a.O., 80–84, der das Fehlen von greifbaren erotischen Anspielungen
in diesem Text hervorhebt; ebenfalls J. T. Willis, a.a.O., 348, der außerdem u. a. darauf
verweist, daß von dem יָדִיד/דּוֹד im Text nicht als יְדִיד/דּוֹד *der Braut,* sondern des
Propheten die Rede ist (vgl. oben, S. 284, Anm. 183, Ende).
Man kann aufgrund der Zusammenstellung der Termini דּוֹד und יְדִיד mit dem Weinberg-Motiv annehmen, V. 1 a. b habe ein Liebeslied *erwarten* lassen *können* – auch angesichts der Möglichkeit, daß die Übereinstimmungen zwischen Cant 8, 11 a. 12 und
Jes 5,1 auf reinem Zufall *beruhen* sollten (oben, S. 269). Man muß aber andererseits
sehen, daß dieser Erwartung im Lied nicht lange entsprochen wird. Wird sie nicht
schon beim Anhören von V. 1 b (β) aufgegeben (vgl. O. Procksch, Jesaia I, 1930, 88),
so wird anderseits ein Ton des Liebesliedes hier kaum erst V. 3–4 verlassen (so G.
Fohrer, Das Buch Jesaja, I 1966², 76 f.). Die Entfaltung des Weinberg-Themas *V. 2*
müßte u. E. beim aufmerksamen Anhören diese Erwartung eines Liebesliedes schon

Bildrede von einer Frau als einem Weinberg gibt es im Alten Testament außer der Tradition der Liebeslyrik nicht. Es gibt die prophetische Tradition des bildhaften Redens von Israel als Frau Jahwes ab Hosea, vgl. Hos 2,4–17[198]. Aber *diese* Tradition umfaßt nach dem Befund im Alten Testament niemals den Topos כֶּרֶם. D. h., Israel wird hier niemals ein כֶּרֶם benannt oder mit einem Weingarten verglichen[199]. Wenn also כֶּרֶם kein Kennwort dieser Tradition ist, ist *sie* nicht in Jes 5,1–7 nachweisbar[200].

Wenn all dem so ist, wäre es wohl eine eher irreführende Redeweise des Propheten, falls der Text mit dem so ausgestalteten Motiv des Weingartens und mit dieser Rede vom דּוֹד und יָדִיד an die traditionelle Liebeslyrik hätte erinnern sollen.

Die Entfaltung des Weingarten-Motivs V.2–6 gehört, wie wir gesehen haben, nicht in diese Tradition der Liebeslyrik. Das Weingarten-Motiv ist andererseits auch nicht in der prophetischen Rede von Israel

---

wieder ausschließen, wenn sie also V.1a.b überstanden hätte, angesichts der traditionellen Ausgestaltung der Liebeslyrik. Deshalb kann man nicht gut V.1–2 *als Ganzes* als möglicherweise ein Liebeslied charakterisieren (zu S.Mowinckel, Profeten Jesaja, 1925, 36: V.1–2 »kunde ... være en klage over en ubønnhørlig eller troløs ungmø«), und vollends nicht V.1–6, wie Aa.Bentzen meinte (Zur Erläuterung von Jesaja 5,1–7, AfO 4 (1927), 209f., vgl. ders., Jesaja, I 1944, 34. 36). Ähnlich auch S.Mowinckel, Jesajaboken. I. Kap.1–39, in: GT MMM, III 1944, 90: In das ursprünglich erotisch intendierte Bild hinein lege Jesaja einen anderen Sinn, der erst in den letzten Zeilen von V.7 entschleiert werde. Entsprechend H.Junker, a.a.O., 265, vgl. wohl als Repräsentanten dieser Auffassung auch J.Gray, The Legacy of Canaan, 1965², 248 Anm.5.

198 Zu diesem Bild bei Hosea vgl. u.a. A.Neher, a.a.O., 31f. 40ff.; G.Östborn, Yahweh and Baal, 1956, 79ff. und passim; H.W.Wolff, Dodekapropheton 1. Hosea, 1965², XVIII–XIX. 35ff. u. passim; W.Rudolph, Hosea, 1966, 61ff. u. passim; H.Utzschneider, Hosea. Prophet vor dem Ende, 1980, 144f. 167f.

199 In Jer 12,10 ist Juda Jahwes כֶּרֶם, aber nicht dabei auch noch als Frau vorgestellt (vgl. aber 12,7). Das gilt generell, vgl. auch J.T.Willis, a.a.O., 348 zur alttestamentlichen Rede von Israel als Weingarten oder Weinstock: nicht erotisch getönt.

200 Zu Aa.Bentzen, Zur Erläuterung von Jesaja 5,1–7, AfO 4 (1927), 210: »... den Propheten war – jedenfalls seit Hosea – auch der Gedanke vom Liebes- oder Eheverhältnis zwischen Jahwe und Israel geläufig. Auf diese Deutung will der Prophet hinaus.« Entsprechend ders., Jesaja, I 1944, 33. Ebenfalls sieht H.Ringgren unseren Text unter denen, die das Verhältnis zwischen Jahwe und Israel unter dem Bild einer Ehe zeichnen und das Volk als Jahwes Braut darstellen: »Hit hör ... ockå Jesajas vingårdssång (5:1ff.), eftersom vingård i diktningen är bild för ›bruden‹« (Hieros gamos i Egypten, Sumer och Israel, RoB 18 (1959), 1960, 48, vgl. S.47f.). – G.Fohrer, Das Buch Jesaja, I 1960, 77 meint, zurückhaltend, das Bild des Weinbergs sei »der Liebesdichtung entnommen und daher dem Bild der Ehe ähnlich, das Hosea für das Verhältnis zwischen Gott und Israel benutzt« (entsprechend ders., a.a.O., I 1966², 76). J.Scharbert aber, a.a.O., 222, ist der Meinung, Jesaja nehme Hoseas Brautallegorie wieder auf.

als der Frau Jahwes beheimatet. Und die explizite Deutung der Bildrede
V.7 stimmt insofern hiermit überein, als sie in keiner Weise an den Gedanken vom Weinberg als einer Frau anknüpft[201]. Man mag dann wohl
fragen, ob sich denn wirklich das Motiv des Weingartens dem Propheten aus der Tradition der Liebeslyrik ergeben habe, was hier jedoch auf
sich beruhen soll. Es ist aber nicht greifbar, daß es seine Absicht wäre,
von einer Frau mit dem Bilde des Weingartens zu singen (wobei die
Frau ihrerseits Bild für die Einwohner von Jerusalem/Juda/Haus Israel
wäre). Er läßt zwar – mit oder ohne Absicht – einem solchen Verständnis Raum an Hand von V.1 a. b[202], *nach* V.1 steht dieser Interpretation
die Entfaltung des Bildes V.2–6 entgegen[203]. Der Text ist also nicht auf
eine Schilderung einer Frau mit diesem Bild des Weingartens aus[204]. Es
entfällt somit die Lösung H. Junkers, das Lied sei (von Anfang bis
Ende) als Lied des repräsentativen »Freundes des Bräutigams« zu verstehen, indem er von der unglücklichen Liebe seines liebsten Freundes
singe[205]; aber auch jedes andere Verständnis des Textes erweist sich als
unhaltbar, das eine »Dreisinnigkeit«[206] in ihm sieht: der Weinberg Bild
für eine Frau, die Frau Bild für Jerusalem/Juda/Haus Israel[207].

---

[201] Ähnlich J.T.Willis, a.a.O., 348 Pkt.5. – Wenn es auch das *Bild* ist, das auf seinen Inhalt hin befragt werden muß (s. dazu oben, S.283, Anm.183), wie es hier versucht ist
vor der Anwendung oder Deutung des Bildes, so haben jedoch folgende *negative* Tat-
bestände in V.7 ein gewisses Gewicht: Der Sänger läßt in V.7 auch nicht die leiseste
Andeutung von dem כרם als Frau oder Braut Jahwes laut werden. Es fehlt eine Deuteaussage wie etwa: »Diese undankbare Frau ist das Haus Israel ...« – oder ein entsprechender Vergleich – wobei eine »Vorstellung« von dem כֶּרֶם-Israel als Frau im
Kontext *belegt* wäre. Es fehlt in V.7 wie in V.1–6 eine jede Entfaltung des Motivs des
כֶּרֶם, die aus dem Bereich des ehelichen Lebens geschöpft wäre und eine entsprechende »Vorstellung« von Israel als Frau (Jahwes) hätte andeuten können.

[202] Vgl. oben, S.280ff.

[203] Vgl. oben, S.285ff. und S.288, Anm.197.

[204] So auch J.Steinmann, a.a.O., 1955², 69; in derselben Richtung weisen die Argumente
von J.T.Willis, a.a.O., 348 Pkt.5 gegen die Auffassung des Textes als des Liedes eines
enttäuschten Liebenden.

[205] H. Junker, a.a.O., 264ff., dem W.Eichrodt, a.a.O., 66; O.Kaiser, Der Prophet Jesaja.
Kap.1–12, 1960, 43f. (in: ders., Das Buch des Propheten Jesaja, 1981⁵, z.St. nicht
mehr ausdrücklich); H.Wildberger, a.a.O., I 1972, 165 folgten, vgl. noch W.Schott-
roff, a.a.O., 79f. (mit Vorbehalt). Gegen diese Sicht H. Junkers vgl. noch vorsichtige
Vorbehalte seitens J.T.Willis, a.a.O., 349.

[206] Das Wort findet sich bei W.Zimmerli, Verkündigung und Sprache der Botschaft Jesajas, in: Fides et communicatio. Festschrift für Martin Doerne zum 70. Geburtstag,
1970, 442.

[207] Es fällt sehr auf, daß V.7 nicht auf das behauptete, angeblich implizite Sekundär-Bild
der Frau zu sprechen kommt, soll doch letzten Endes eben dieses Sekundär-Bild es
sein, und nicht das Primär-Bild vom Weinberg, das die Hörer gefesselt hat.

Das Bild Jesaja 5,1–6

Was ist also in Jes 5,1–6 Bild? Der Prophet singt von einem
Freund, der einen Weinberg besitzt. Die Rede ist nicht als Rede über
eine Frau zu verstehen. Vor der Anwendung oder Deutung der Bildrede V.7 ist der Weinberg eben »nur« ein Weinberg. Der Text ist nicht
dreisinnig, Bild ist hier das, was durch V.1–6, wenn nicht-metaphorisch
verstanden, ausgesagt wird. Dabei sind die Motive nicht nachweisbar
dem Lebensbereich der Fruchtbarkeitskulte entnommen, sei es auch
zum Angriff auf diesen Kult. – Als Bild sollen hier der Weinberg gerade
als ein Weinberg, und des Besitzers Mühe, Erwartungen und Ergebnisse gelten [208], nichts davon »als« etwas anderes.

---

[208] Vor K. Martis berühmter Erklärung: »Die Bezeichnung eines Liedes auf einen Weinberg als Liebeslied erklärt sich nach Cnt 1,15 8,12 … und dient der beabsichtigten
Verhüllung des Gedankens« (Das Buch Jesaja, 1900, 52), hat die Exegese die Frage,
was hier Bild sei, kaum gestellt, sondern durchweg unproblematisch den Text zwei-
sinnig, vom Weinberg und Israel/Juda bzw. vom Besitzer und Jahwe verstanden. Vgl.
F. Hitzig, Der Prophet Jesaja, 1833, 46 ff.; H. Ewald, Die Propheten des Alten Bundes,
I 1840, 195–197; ebenfalls ders., a.a.O., I 1867², 305. 308 f.; A. Knobel, Der Prophet
Jesaia, 1843, 29 ff.; F. Delitzsch, Commentar über das Buch Jesaja, 1889⁴, 103 ff.; A.
Dillmann, Der Prophet Jesaja, 1890⁵, 43 ff. und bis auf B. Duhm, Das Buch Jesaja,
1892, 33 ff. sowie A. Dillmann, Der Prophet Jesaja, Hrsg. R. Kittel, 1898⁶, 43 ff.
K. Budde wollte zwar bereits in 1893 das Lied als Liebeslied (שִׁירַת דּוֹדִים), als Brautgesang der Mädchen »vom Liebsten« verstehen, und meinte, man fühle sich versetzt
in das Hohelied – der Weinberg des Liedes ist aber eben offenbar ein Weinberg und
kein Bild für etwas anderes (Das Volkslied Israels im Munde der Propheten, PrJ 73
(1893), 481; in ZAW 50 (1932), 53 dagegen ist der Weinberg für Budde Bild des singenden Mädchens selbst, ihrer Reize).
Sofort in der ersten Ausgabe seines Kommentars nach Erscheinen des Kommentars
von Marti nimmt aber B. Duhm die Frage auf (a.a.O., 1902², 32) und bestreitet das
Vorkommen eines Liebesliedes und »süßlicher Allegorie« in unserem Text. Noch
viele Jahre später gehen J. Fischer, Das Buch Isaias, I 1937, 51 ff. und E. J. Kissane,
The Book of Isaiah, I 1941, 50. 52 f. (vgl. a.a.O., I 1960², 49. 51 f.) auf das Problem
nicht ein.
Mit B. Duhm, a.a.O., 1902² stimmen aber überein F. Feldmann, Das Buch Isaias, 1925,
55 f.; E. König, Das Buch Jesaja, 1926, 82 Anm. 1; O. Procksch, Jesaia, I 1930, 87 f.
(mit Ausnahme betr. V. 1 a); J. Steinmann, Le prophète Isaïe, 1955², 69 und vermutlich
R. B. Y. Scott, Isaiah … chs. 1–39, in: IntB V 1956, 197. – S. auch J. T. Willis, a.a.O.,
348 Pkt. 6.

Mit diesem Ergebnis ist ein Teil der Grundlage einer Interpretation der Bildrede V. 1–6 gegeben. Die Erkenntnis, was hier Bild sei,
kann so etwas wie einen sinngebenden Kontext für die Interpretations-
aussagen hergeben, eine Thematik des Bildes, richtungsweisend für die
Bildung von Satzinhaltsaspekten und Satzgruppeninhaltsaspekten der
Interpretation.

So findet z. B. Aa. Bentzen, der die Bildrede V. 1–6 als ein Liebes-
lied verstehen lehrte[209], in V. 2 a β₁ einen Ausdruck der *eifersüchtigen*
Überwachung[210]. – Wir werden diese Funktion der Erkenntnis des
Bildes nicht im einzelnen entfalten.

Andererseits ist mit dem Bild nicht auch schon die Art der bildlichen Rede gefunden. Wir haben die Möglichkeit bestritten, V. 1 ff. als
ein Liebeslied zu verstehen. Damit ist eine bestimmte, sei es eine allegorische, oder aber eben eine durchaus nicht-metaphorische Redeweise
weder gefordert noch ausgeschlossen. An sich kann man V. 1 ff., als Liebeslyrik verstanden, sehr wohl, wenigstens streckenweise, allegorisch
interpretieren, so wiederum z. B. Aa. Bentzen[211]. Das hängt aber nicht
von der Thematik des Bildes ab. Der Frage der bildhaften Redeweise
des Textes muß in einem gesonderten Arbeitsgang nachgegangen werden.

---

[209] Aa. Bentzen, Zur Erläuterung von Jesaja 5, 1–7, AfO 4 (1927), 210; ders., Jesaja, I
1944, 33 ff. Daß wir dieser Auffassung, was hier Bild sei, nicht beipflichten, spielt gerade hier keine Rolle, wo es uns auf die Formale Relevanz, die Funktion einer solchen
Auffassung ankommt.

[210] Aa. Bentzen, a.a.O., I 1944, 34; dazu vgl. allerdings unten, S. 322. 326.

[211] Aa. Bentzen, Zur Erläuterung von Jesaja 5, 1–7, AfO 4 (1927), 210; ders., Jesaja, I
1944, 33 ff. (Dazu unten, S. 322.)

DIE BILDHAFTE REDEWEISE JESAJA 5,1–6

Zu den Fragestellungen

Wir haben gefragt, *was* im Text Jes 5,1–6 Bild sei, was, noch vor jeder Anwendung oder Deutung des Bildes, als Inhalt des Bildes zu erkennen sei. Wir wenden uns nun der, oder besser: einer Frage zu, wie das bildhafte Reden funktioniert. Wir denken zunächst daran, wie das bildhafte Reden innersprachlich funktioniert, also unter Absehen von der Frage nach außersprachlichen Wirkungen der Bildrede, und genauer bestimmt: wir fragen wie das bildhafte Reden *semantisch* funktioniert. Es geht dann nicht um eine gründliche semantische Inhaltsanalyse der Worte und Syntagmen, sondern darum, in welcher besonderen *Weise* dieser Text durch bildhaftes Reden seinen Sinninhalt wissen läßt.

Dabei wird die Analyse der bildlichen Redeweise hier als Beobachtung von Sprachverwendung etwas genau verfahren dürfen. Der *Text* ist Sprachverwendung und will beim aufmerksamen Zuhören ein den *Textverlauf begleitendes,* also sich schnell einstellendes Verstehen hervorrufen, das selbst Sprachverwendung ist. Unsere Analyse dagegen ist *Betrachtung* der Sprachverwendung[212]. Eine solche Betrachtung wird notwendig sein, nicht nur weil die Sprache und die außersprachliche Kontextsituation des Textes uns fremd bzw. weithin unbekannt sind, sondern vor allem weil die Meinungen vieler Leser des Textes über die Weise bildhaften Redens hier sehr auseinandergehen.

Andererseits kann eine *Betrachtung* der Sprachverwendung, wie wir sie hier vorhaben, sachgemäß sein. Sie möchte eben streng am Text gebunden und ihm, genauer: gerade der Sprachverwendung hier, verpflichtet bleiben. Was *geht* in semantischer Hinsicht *vor*, wenn unser Text verwendet wird, das Bildhafte an ihm verstanden wird? Es ge-

---

[212] Zur Wichtigkeit der Unterscheidung von Sprachverwendung und Sprachbetrachtung vgl. z.B. A. Reichling, Verzamelde studies over hedendaagse problemen der taalwetenschap, 1966[4], 46.

schieht im Text ein komplexes Spiel an Sprachverwendung, dem nachzugehen nicht textfremd ist, sondern für das Verstehen des Textes hof-
fentlich von Wert ist.

Der כֶּרֶם als Bild für Israel bzw. Juda/Jerusalem läßt sich im AT
vor Jesaja nicht nachweisen[213]. Dasselbe gilt dem שֹׂרֵק[214]. In Hos 10,1
ist aber גֶּפֶן Metapher für Israel, wie auch in Ps 80,9–15. Wie W. Zimmerli gesehen hat, mag Hos 10,1 darauf deuten, daß das Bild von Israel
als גֶּפֶן »schon der gottesdienstlichen Bildrede des 8. Jahrhunderts ver-
traut gewesen sein dürfte«[215]. Durch diese traditionelle Metaphorik
könnte auch der Gebrauch der Topoi כֶּרֶם und שֹׂרֵק Jes 5,1 ff. mit bedingt sein[216] – auch wenn der Gebrauch des Stichwortes כֶּרֶם zugleich
durch die traditionelle Liebeslyrik mit veranlaßt sein sollte (vgl. oben).
Es erscheint demgegenüber weniger wahrscheinlich, daß Jesaja den hier
vorliegenden Gebrauch von bildhaftem כֶּרֶם und שֹׂרֵק ganz unabhängig
von jeder traditionell metaphorischen Rede von Israel als גֶּפֶן u. dgl.
konzipiert hätte.

An Hand der Stellen Ex 15,17; Ps 44,3; 80,9; II Sam 7,10 hat R.
Bach wahrscheinlich zu machen versucht, daß in der von Zimmerli vermuteten gottesdienstlichen Bildsprache des 8. Jh.s auch das Verb נטע
traditionell war, und zwar als Bild für Jahwes Hineinführen von Israel
ins Land Kanaan[217]. Das Alter dieser Textstellen ist allerdings teilweise
stark umstritten[218], und es bleibt offen, ob dem Jesaja dieser bildhafte
Gebrauch von נטע vorgegeben war.

---

[213] Vgl. Jes 3,14; Jer 12,10; Jes 27,2. In Hos 2,17 ist כְּרָמֶיהָ nicht Bild für Israel, und vielleicht überhaupt nicht Bild.

[214] Sonst nur Jer 2,21.

[215] W. Zimmerli, Das Gotteswort des Ezechiel, ZThK 48 (1951), 250; ders., Ezechiel, I
1969, 328.

[216] Vgl. auch S. Mowinckel, Jesajaboken. I. Kap. 1–39, in: GT MMM, III 1944, 90;
G. A. F. Knight, A Christian Theology of the Old Testament, 1959, 167.

[217] R. Bach, Bauen und Pflanzen, in: Studien zur Theologie der alttestamentlichen Überlieferungen. Hrsg. von R. Rendtorff und K. Koch, 1961, 13 f.

[218] Zu II Sam 7 vgl. neben L. Rost, Die Überlieferung von der Thronnachfolge Davids,
1926, 55 ff. (V. 10 Element späterer Erweiterungen) M. Noth, David und Israel in
2. Samuel 7 (1957), ThB 6, 1960², 345; H. Gese, Der Davidsbund und die Zionserwählung, ZThK 61 (1964), 23; T. Veijola, Die ewige Dynastie, 1975, 72 ff. (V. 10 Element
eines vordtr. Orakels). – Zu Ex 15 vgl. neben W. F. Albright, Archaeology of Palestine, rev. repr. 1960, 233, ders., The Psalm of Habakkuk, in: Studies in Old Testament
Prophecy. Pres. to Th. H. Robinson, 1957, 5, auch M. Noth, Das zweite Buch Mose.
Exodus, 1959, 95.
Die Entstehung des 80. Psalms wird von O. Eißfeldt in der Zeit zwischen 732 und 722
v. Chr. angesetzt (O. Eißfeldt, Psalm 80 (1953), s. ders., KlSchr III 1966, 231 f.), vgl.

Wir fragen jetzt nach der oder den *Relation(en) zwischen der Bildrede* in V. 1–6 und der durch V. 7 angezeigten *intendierten Sache.* Diese Frage, die sich auf die *ganze* Bildrede V. 1–6 und auf die Aussagen V. 7 bezieht, ist zu trennen von der Frage, was sich die Hörer beim *Anfang* des Liedes vorgestellt haben mögen für die Deutung oder Anwendung der Bildrede[219]. Wir haben oben diskutiert, inwiefern die Topik des Textanfanges V. 1 eine Erwartung eines Liebesliedes anregen konnte. Diese Erwartung ließe sich nicht lange nach dem Textanfang V. 1 a.b aufrechterhalten[220]. Als Bild wurde uns das greifbar, was durch konjunktive Bedeutungsverwendung der Textworte benannt und geschildert wird. Wir versuchen, den Bezug zwischen diesem Bild und dem, was mit allem gesagt werden soll, zu erfassen.

---

auch A. Weiser, Die Psalmen, 1955[4], 372. An den Einmarsch der Assyrer zur Zeit Menahems (II Reg 15,19) denkt E. König, Die Psalmen, 1927, 356. Demgegenüber denkt H. Schmidt am ehesten an die Zeit der frühen Aramäerkriege – V. 18 könne auf Ahab anspielen (Die Psalmen, 1934, 154). M. W. L. de Wette dagegen bezieht den Psalm auf die Zerstörung Jerusalems durch die Babylonier (Commentar über die Psalmen, 1836[4], 467) während H. Gunkel als terminus a quo den Untergang des Nordreichs vermutet und die Möglichkeit genauerer Datierung bestreitet (Die Psalmen, 1968[5], 353). Auch H.-J. Kraus betont die Unsicherheit jeder Datierung des 80. Psalms, allerdings nicht ohne eine versuchsweise Ansetzung in der Zeit *Josias* (Psalmen, I 1960, 556 f.).
Aber auch wenn Psalm 80 zur Zeit Jesajas entstanden sein sollte, (König, Weiser, Eißfeldt) oder schon früher (Schmidt), ließe sich – in bezug auf den Gebrauch des Topos נמע – eine historische Abhängigkeit des Jesaja vom Psalm (oder umgekehrt) nicht feststellen. Das einmal wegen der zu wenig profilierten Entsprechungen zwischen den Texten, aber z. T. auch weil der geographische Ort der Entstehung des Psalms recht ungewiß ist. Bei Ps 44 ist eine vorexilische Entstehung wohl mit Weiser nicht völlig außer Betracht zu lassen (a.a.O., 238 f.), mehr als eine relativ unbestimmte Datierungs*möglichkeit* ist damit aber nicht gegeben.

[219] Das setzt nicht voraus, daß wir einen anderen Zugang zum Sinn des Textes hätten als eben *den* Text selber, der auch – wie anzunehmen sein dürfte – den Zuhörern gegeben war. Uns interessiert aber nunmehr nicht so sehr, was man sich alles beim Wortlaut des Textes wohl vorstellen oder einfallen lassen kann, sondern was mit dem Text in seinen Einzelheiten *und* als Ganzem gesagt werden soll, das, worauf er mit allem aus ist.

[220] Vgl. dazu oben, S. 280 ff.

Fabel?

W. Schottroff sieht Jes 5, 1–6 als eine »lehrhaft-unterhaltende Fabel« an, und deutet zunächst von daher an, es gehe hier »um den Vergleich einer beispielhaften Erzählung mit einer realen Sache im Blick auf ein tertium comparationis«[221]. Dieser Schluß wird insofern erwägenswert sein, als es nicht gerade naheliegt, eine Fabel als Allegorie zu verstehen oder sie mittels allegorischer Interpretation zu verwenden.

Ist aber der Text eine Fabel? Wie weit wäre er von der Art von Fabeln geprägt? Es haben früher H. Gunkel[222], O. Eißfeldt[223] und G. Fohrer[224] Einflüsse auswärtiger Fabeldichtung in unserem Text vermutet. Besonders im Blick auf die ausführliche Erörterung des Problems durch W. Schottroff[225] wird vor allem darauf hinzuweisen sein, daß *das Streitgespräch* in Jes 5, 1 b–6 nicht vorkommt. W. Schottroff meint allerdings, eine »merkwürdige Zuordnung von Weinbergbesitzer und Weinberg als Streitgegner« feststellen zu können[226]. Man mag die Äußerungen des Weinbergbesitzers eine Streitrede nennen, aber diese Rede findet nicht innerhalb des Geschehens statt, das sich zwischen Weinberg und Besitzer abspielt: *Dieses Geschehen ist sprachlos,* und der Besitzer redet am Weinberg vorbei Menschen an – außerhalb dieses Geschehens, auf es zurückschauend. Weiter gilt, daß das Geschehen V. 2 nicht als aus dem Menschenleben ins Pflanzenreich übertragen erscheint[227],

---

[221] W. Schottroff, a.a.O., 89.

[222] H. Gunkel, Art. Fabel, RGG², II 491.

[223] O. Eißfeldt, Einleitung in das Alte Testament, 1964³, 48 f. (ders., a.a.O., 1956², 39 f.).

[224] G. Fohrer, Einleitung in das Alte Testament, 1965¹⁰, 343.

[225] W. Schottroff, a.a.O., 84 ff. Schottroffs Argumentation ist von J. T. Willis, a.a.O., 352 f. positiv aufgenommen worden, er fragt jedoch, anscheinend in einschränkendem Sinne, ob nicht die Züge, die Schottroff der Fabel zuschreibt, auch einer Allegorie oder einer Parabel zugeschrieben werden können (a.a.O., 353). – Das würde man sich am ehesten vorstellen können, wo das Inventar der betreffenden Fabel nicht mehr in seiner natürlichen Umwelt erscheint (vgl. E. Leibfried, Fabel, 1967, 25 f.). Das Inventar der Darstellung Jes 5, 1 b ff. erscheint jedoch in seiner natürlichen Umwelt, insofern ist die Frage, inwiefern der Text eine Fabel sei, erwägenswert.

[226] W. Schottroff, a.a.O., 75.

[227] O. Kaiser, Das Buch des Propheten Jesaja, 1981⁵, 98 Anm. 12 weist darauf hin, daß es sich im Lied Jes 5, 1 ff. nicht um ein Geschehen *innerhalb* der Tier- oder Pflanzenwelt handelt, »sondern um ein solches zwischen Mensch und Pflanzung«.

sondern eine Möglichkeit des Alltags im Weinbau ist. – Nun findet Schottroff, daß der Weinberg hier »als willentlich fehlhandelndes Wesen vermenschlicht und zur Rechenschaft gezogen« worden ist [228]. Wiederum gilt aber, daß die Vermenschlichung, die durch die Behauptung einer Verantwortlichkeit des Weinbergs zustande kommt, sich nicht im Verlauf des Geschehens V. 2. 5. 6 dartut, sondern außerhalb dessen, in der rückschauenden Rede des Besitzers [229]. Damit fehlen in Jes 5, 1 b–6 wesentliche Merkmale der im Alten Testament sich andeutenden Form der Fabel [230]. Zu beachten ist auch, daß die Fabel wenigstens in einer »soziologischen Funktion« [231] als Kritik anscheinend ohne Deutung wirksam sein konnte [232], während bei Jes 5, 1 b–6 eine Deutung durchaus notwendig ist [233]. Das Motiv des Gegensatzes zwischen Mensch und Natur in unserem Text ist wahrscheinlich vom Alltag des Menschen in Juda und Jerusalem her bedingt, u. a. wohl durch schlechte Erfahrungen der Weinbauern. Eine Fabel ist der Text Jes 5, 1 b–6 nach all dem nicht.

---

[228] W. Schottroff, a.a.O., 88.

[229] Es würde sich allenfalls um eine erste Stufe der Anthropomorphisierung handeln, dazu E. Leibfried, a.a.O., 23. Es ist zu beachten, daß auch nicht das Geschehen, auf das in V. 5–6 prospektiv Bezug genommen wird, eine Vermenschlichung des Gartens impliziert oder vorausgesetzt.

[230] Zur Gattung der Fabel im Alten Testament vgl. W. Richter, Traditionsgeschichtliche Untersuchungen zum Richterbuch, 1966², 283 f. 299.

[231] »Soziologisch« funktionierend müßte die Fabel, nach K. Meuli, der Deutung entbehren. Vgl. K. Meuli, Herkunft und Wesen der Fabel, Schweizerisches Archiv für Volkskunde 50 (1954), 72, vgl. auch W. Richter, a.a.O., 1966², 292. 297. 298 zu den Fabeln des Alten Testaments. Einschränkend jedoch B. E. Perry, Fable, StGen 12 (1959), 23–25. – Zum *Streitgespräch* der Fabel vgl. neben H. Diels, Orientalische Fabeln im griechischen Gewande, Internationale Wochenschrift für Wissenschaft, Kunst und Technik 4 (1910), 994; E. Ebeling, Die babylonische Fabel und ihre Bedeutung für die Literaturgeschichte, MAOG II. 3 1927, 3 f. 27; W. G. Lambert, Babylonian Wisdom Literature, 1960, 150–205; E. I. Gordon, Sumerian Animal Proverbs and Fables: »Collection five«, JCS 12 (1958), 46 Nr. 5. 55 u. S. 52 Nr. 5. 71. Die Fabel in etwas engerem Sinne erzählt eine nicht-reale Handlung, keine mögliche, vgl. E. I. Gordon, A New Look at the Wisdom of Sumer and Akkad, BiOr 17 (1960), 139 Anm. 121.

[232] Vgl. W. Richter, a.a.O., 1966², 292. 297 f. 299. – Zur Frage des Verhältnisses der Jotam-Fabel zum Kontext Jdc 9 vgl. ders., a.a.O., 1966², 249; E. Nielsen, Shechem, 1955, 150 f. Betr. die Fabel II Reg 14 und ihr Verhältnis zum Kontext vgl. W. Richter, a.a.O., 1966², 296, s. auch E. Jenni, Distel und Zeder, in: Studia Biblica et Semitica Th. C. Vriezen ... dedicata, 1966, 166.

[233] Nach der Frage Jes 5, 3!

Vergleich?

O. Kaiser ist in der 1. Auflage seines Jesaja-Kommentars ausführlich auf die Frage des allegorischen Verständnisses unseres Textes eingegangen[234]. Er fand von V. 1 an einen *unausgesprochen vorausgesetzten Vergleich* des Weinbergs (mit der Braut), einen Vergleich, der bis zum Schluß des Textes gültig bleibe[235]. *Gegen* eine allegorische Auslegung des Textes stellt er die These: »Das Gottesvolk ist die treulose Braut Gottes!«[236] – eine Identifikation, die, wenn auch metaphorisierend[237], wohl den behaupteten *Vergleich* wiedergeben will. Zu dieser Auffassung, *was im Text Bild sei,* haben wir schon Stellung genommen[238]. Die Argumentation Kaisers hat aber noch eine andere Seite. Sie scheint vorauszusetzen, daß ein der Bildrede zugrunde liegender Vergleich, der nicht aufgegeben wird, die Frage nach allegorischer Redeweise des jeweiligen Textes nahezu erledige[239]. Das wäre aber eine in dieser generellen Form fragliche These. In einer Allegorie mag sich eine bestimmte Metapher als Zentral-Metapher der Bildrede ausweisen, etwa so, daß die anderen Metaphern von ihr her gewählt erscheinen oder von ihr her verständlich werden. *Insofern* nun die Zentral-Metapher nicht erst Analogien stiftet, sondern ihr wirklich auch ein Vergleich (eine Vergleichs-

---

[234] O. Kaiser, Der Prophet Jesaja. Kap. 1–12, 1960, 44.

[235] Ders., a.a.O., ebda. – Zur These, daß der Weinberg eine Frau meine, vgl. die Diskussion oben, S. 284 ff. Hier geht es nun aber um die Relevanz eines eventuell der Bildrede »zugrundeliegenden« Vergleichs für die *Art* des bildhaften Redens. In der 5. Auflage seines Jesaja-Kommentars hat O. Kaiser im Prinzip dieselbe Begründung für seine Annahme, der Text 5,1 ff. sei »parabolisch-gleichnishaft« (Das Buch des Propheten Jesaja. Kap. 1–12, 1981[5], 98): Ein als Gleichnis, d. h.: Vergleich dienender Sachverhalt sei in Erzählung umgesetzt (a.a.O., 98 Anm. 12). Ein Vergleich liege mithin der Bildrede zugrunde, sie sei deswegen parabolisch-gleichnishaft. Zugleich sieht Kaiser in V. 5 b. 6 allegorische Züge der Erzählung, vgl. a.a.O., 98 f.

[236] Ders., a.a.O., 1960, 44.

[237] Das Wort »Braut« wird hier mit metaphorischem Bezug auf »das Gottesvolk« verwendet.

[238] Vgl. oben, S. 284 ff.

[239] Nach N. A. Dahl, The Parables of Growth, StTh 5 (1951), 137 ist es ein entscheidender Zug gerade der Parabel, daß sie »is built upon comparison of two realities«, während »the allegory is composed of metaphorical ›cryptograms‹«.

tätigkeit) vorausgehen und ihr zugrunde liegen sollte, wird man sagen müssen, dieser Vergleich liegt *der Allegorie* zugrunde und ist für sie eine bleibende Voraussetzung, wird »aufrechterhalten«, bleibt »gültig«. Damit ist jedoch eben noch nicht gesagt, daß es dieser Vergleich ist, der durch die Allegorie *ausgesagt* werden sollte, oder daß der Vergleich die allegorische Redeweise – der Allegorie – aufhebe. Mit Händen zu greifen ist dieser Sachverhalt in Fällen, wo ein ausdrücklicher Vergleich im Text unmittelbar von einer ihm sachlich abhängigen Allegorie fortgesetzt wird, wie Am 2,9; Hos 5,12f.; 5,14.15 a α. Dasselbe gilt auch, wo ein eventueller Vergleich nicht explizit ist. Hat in der Kurzallegorie Jes 3,14 b α die eine oder andere der beiden Metaphern sich durch Vergleichung ergeben, ist der Text nichtsdestoweniger eine Allegorie. Im *Text* wird kein Vergleich, sondern metaphorische Redeweise vollzogen.

Andere Bestreitungen allegorischer Rede

Auch von anderen zusammenfassenden Gesichtspunkten her ist eine allegorische Redeweise des Textes Jes 5,1b–6 bestritten worden. Teils erwartet man von einer Allegorie, daß in ihr jedes metaphorische Element eine ihm korrespondierende Realität repräsentieren solle, d.h. daß sie vollständig deutbar sein solle [240]. Wir haben schon diese Auffassung der Allegorie diskutiert [241]. Es erschiene schwerlich ratsam, das Interesse an allegorischer Rede auf solche, zu 100% deutbare Gebilde zu beschränken, unter Auslassung von Texten wo wirksame, aufeinander bezogene Metaphern konstitutive Bausteine wären *ohne* daß sie alle zugleich deutbar wären. Wenigstens die deutbaren unter den Metaphern wären auch dann, voraussetzungsweise, aufeinander bezogen und mithin allegorische Metaphern, und es bliebe sowieso die Frage, wie die tatsächliche Sprachverwendung, die mit dem Text vollzogen wird, mit deutbaren und nicht deutbaren Metaphern genau besehen geschehe.

Andererseits wird auch geltend gemacht, daß ein Text, ungeachtet seiner wirksamen Metaphern, eben doch keine Allegorie sei sofern er von *einem* Leitmotiv [242] oder von *einem* »single thrust ..., viz., the owner's ... disappointment in the failure of his vineyard« [243] beherrscht wird. Es geht hier nicht nur um Definitionen. Wir haben die Allegorie ohne Abgrenzung gegenüber einem beherrschenden Leitmotiv oder einer beherrschenden Pointe bestimmt [244]. Aber was wäre an der Metapher, daß ein durchweg metaphorisch funktionierender Text, voraussetzungsweise mit lauter deutbaren Metaphern, die alle aufeinander bezogen wären, was wäre, daß dieser Text *nicht* auch unter einem einheitlichen Leitmotiv und einer thematisch gesammelten Stoßrichtung organisiert und gestaltet werden könnte?

Es sei nur noch erwähnt, daß auch eine metaphorische Allegorie die Funktion haben kann, die Hörer unwissentlich dazu anzuleiten,

---

[240] Vgl. in bezug auf Jes 5,1ff. J.T.Willis, a.a.O., 353. 356; A.Graffy, a.a.O., 402; auch W.Schottroff, a.a.O., 72.

[241] Vgl. oben, S.101f.

[242] W.Schottroff, a.a.O., 89 zu קוה Jes 5,2b. 4b.7.

[243] J.T.Willis, a.a.O., 358.

[244] Oben, S.105f. in Auseinandersetzung mit der Auffassung A.Jülichers.

über sich selbst ein Urteil auszusprechen. Das ist gegebenenfalls keine Funktion der Metaphorik des Textes als solcher, sondern eine Funktion der Gestaltungsmittel insgesamt, die im Text verwendet sind[245].

Ob nun ein bewußt vollzogener Vergleich in Jes 5,1–7 der Rede zugrunde liegt oder nicht, ob alle eventuellen Metaphern deutbar sind oder nicht, und gerade im Rahmen der thematischen Sammlung des Textes – wir können jetzt nach Metaphern im Text fragen.

---

[245] J. T. Willis, a.a.O., 357 f. betont, daß Parabeln diese Funktion haben können, meint jedoch auch, daß die Parabel nicht das einzige Mittel sei, diese Funktion zu realisieren (a.a.O., 358). Immerhin seien gewisse Texte, die angegeben werden, Parabeln, *sofern* gerade *sie* diese Funktion mit Hilfe einer Tarnung ausüben (a.a.O., 357: u.a. Jes 5,1–7).

Aufweis metaphorischer Sprachverwendung

V. 7 läßt Metaphorik in V. 1 b–5 a feststellen

V.7 a und dessen Rückbezug auf V. 1–2 a α

In der Gruppe כֶּרֶם יהוה צְבָאוֹת V. 7 a α liegt bei dem Nomen כֶּרֶם eindeutig disjunktive Bedeutungsverwendung vor, denn Jahwe ist im Alten Testament, wenn man mit konjunktiver Bedeutungsverwendung redet, kein Weinbauer. Das Nomen כֶּרֶם ist mithin *hier* eine Metapher, entsprechend ist auch das Nomen נֶטַע V. 7 a β eine Metapher. Es ist ohne weiteres ersichtlich, woher diese Topoi geholt sind: aus dem Lied, vgl. V. 1 b. 2 a α. Aber warum verwendet der Text hier zum Zwecke einer Anwendung oder Deutung des Liedes *diese* Stichworte? Will man nun, dem Lied nach, etwa einen möglichst parallelen Fall darstellen? D.h. so, daß die im Lied dargestellte Mühe und Enttäuschung des Weinbergbesitzers nun ihre Entsprechung fände in der Mühe und schmerzlichen Erfahrung Jahwes? Jahwe wäre in V. 7, nach dem Freund Jesajas, d. h. dem Weinbergbesitzer des *Liedes,* nun als ein *zweiter* Weinbergbesitzer eingeführt, dessen »Weinberg«, nämlich das Haus Israel/die Männer Juda sich ebenso schlecht verhalten habe wie der Weinberg im Lied, und deshalb werde er auch eine ähnliche Strafe verhängen[246]. V. 1–6 wäre die eine Seite eines groß angelegten Vergleichs

---

[246] Das ist die Sicht W. Schottroffs, a.a.O., 89: in V. 7 werde zunächst »klargestellt ...,
wer denn dem Weinbergbesitzer und dem Weinberg zu vergleichen ist, nämlich Jahwe
und sein Volk«. Nach J. Steinmann, Le prophète Isaïe, 1955², 69 ist das, was dem
Freunde des Propheten begegnet, »un symbole des déceptions de Iahvé dans sa
conduite envers son peuple. Mais cet ami n'est pas Iahvé, pas plus que Juda n'est ef-
fectivement une vigne«. Er sagt a.a.O., 69 Anm. 3: »Il existe entre Iahvé et l'ami d'Isaïe
le même rapport de similitude qu'entre le Père céleste et le propriétaire de la vigne
dans la parabole de Matth., 20,1 et suiv., et 21,33–40.«
Zu dem Argument allerdings, daß Juda realiter kein Weinberg ist, ist zu sagen: es
hätte von Juda (Israel) *metaphorisch als* einem Weinberg geredet werden können (und
das geschieht V. 7 a!), und dementsprechend *könnte* Jahwe metaphorisch als Weinbauer dargestellt gewesen sein. Diese *Möglichkeit* besteht, unangefochten von Steinmanns Argumentation mit Juda. Zu seinen stärkeren Argumenten kommen wir unten
zurück.

und könnte an sich durchaus mit konjunktiver Bedeutungsverwendung arbeiten, während nur V. 7 a Metaphorisches böte. – Hier wäre auch S. Pezella zu nennen, der im ganzen Text keine allegorischen Elemente findet, offenbar nur Worte *in senso proprio*, z. T. mit Akzentuierung zwecks Hervorhebung von Kontrasten[247].

Es fällt allerdings auf, daß im Text Jes 5, 1 ff. keinerlei Vergleiche zwischen den Weinbergen oder zwischen deren Besitzern angestellt werden. Es ist weiterhin bei der vorgetragenen Auffassung auch unüberhörbar, wie das כִּי V. 7 a α einen adversativen Sinn bekommt[248] und die Gegenüberstellung vom ersten und zweiten Weinberg zu einer besonderen Betonung des Besitzers des zweiten Weinbergs führt:

»aber *Jahwe ṣᵉba'ôt's* Weinberg ist das Haus Israel
und der Mann Juda *seine* liebste Pflanzung«.

Es ist aber zuzugeben, daß der Rückverweis auf die Person Jahwes in V. 7 a β durch das Suffix in שַׁעֲשׁוּעָיו in gar keiner Weise betont ist. In V. 7 a β ist deutlich אִישׁ יְהוּדָה Subjekt und נטע Prädikat. Das Anliegen in V. 7 a β ist offenbar hervorzuheben, *wem* dieses von dem Lied her veranlaßte[249] Prädikat nun zukommt.

In V. 7 a α ist gewiß der Name Jahwes in einer sehr wuchtigen Form gegeben, und der Hinweis auf Jahwe im Satzgefüge V. 7 a α ist tatsächlich beachtlich hervorgehoben – außer durch die Namensform auch durch die Stellung des Namens als nomen rectum zum vorangestellten Wort כֶּרֶם. Aber damit gehört der Gottesname hier zum Prädikat des Satzes V. 7 a α[250] und *expliziert* dieses aus dem Lied wörtlich übernommene Prädikat. Das Anliegen auch in V. 7 a α ist somit deutlich zu zeigen, *wem* dieses vorgegebene Prädikat zukommt.

---

[247] S. Pezzella, La parabola della vigna (*Is.* 5, 1–7), BeO 5 (1963), 5 Anm. 2. – J. T. Willis, a.a.O., 354 mit Anm. 88 hat die Darstellung S. Pezzellas mißverstanden: »parable with allegorical elements« sei Pezzellas Charakteristik des Textes.

[248] Zu כִּי mit adversativem Sinn vgl. etwa Hos 8, 6 a (dazu H. W. Wolff, Dodekapropheton 1. Hosea, 1965², 173), wohl auch Ps 141, 8; Jes 28, 28; I Chr 29, 14 (J. Muilenburg, The Linguistic and Rhetorical Usages of the Particle כי in the Old Testament, HUCA 32, 1961, 139).

[249] Dieses Prädikat ist nominal und findet sich so nicht im Lied, ist aber eindeutig vom Verb נטע V. 2 a α bedingt. Die liebste Pflanzung V. 7 a β hat einen relativen Stellenwert entsprechend dem von dem gepflanzten שֹׂרֵק V. 2 a α.

[250] In V. 7 a α könnte כֶּרֶם anscheinend *Subjekt* sein. In V. 7 a β ist aber אִישׁ יְהוּדָה Subjekt, und wegen des deutlichen Chiasmus in V. 7 a muß dann בֵּית יִשְׂרָאֵל das Subjekt in V. 7 a α sein. כֶּרֶם ist dort Prädikat. Vgl. u. a. F. Delitzsch, Commentar über das Buch Jesaia, 1889⁴, 106; P. Haupt, Isaiah's Parable of the Vineyard, AJSL 19 (1902–1903), 199; C. Brockelmann, Hebräische Syntax, 1956, 137 § 138.

Neu sind in V.7a gegenüber V.1–6 eben die Subjekte der Sätze und die Bezeichnung Jahwes als Weinbergbesitzer, dagegen *gerade nicht* der כֶּרֶם und die נֶטַע. *Greifbar* ist hier, daß diese Prädikate aus dem Lied übernommen bzw. von ihm her veranlaßt sind, greifbar ist an Hand von V.7a in keiner Weise, daß es sich um einen anderen כֶּרֶם und eine andere נֶטַע als die des Liedes handeln sollte. Deutlich ist das Anliegen V.7a, neu eingeführte Menschengruppen mit diesen Worten aus dem Lied zu prädizieren[251]. Das spricht alles dafür, anzunehmen, daß V.7a eben von dem Weinberg und der Pflanzung des Liedes redet. So verstanden impliziert aber V.7a, daß auf das Substantiv כֶּרֶם[252] V.1b, auf das Substantiv שֹׂרֵק und auf das Verb וַיְפַעֲהוּ V.2aα₂ als Metaphern angespielt wird[253]. Dieser »Weinberg« des Liedes *ist* das Haus Israel, und das, was nach dem Lied »gepflanzt« wird, die edle Rebe, ist der Mann Juda. Die Worte כֶּרֶם und נֶטַע sind nicht nur in V.7 Metaphern, sondern zeigen, wie sie dort verwendet werden, שֹׂרֵק ,כֶּרֶם und נטע G V.1b.2a als Metaphern an.

Dem zufolge wird mit יְדִיד/דּוֹד in V.1 Jahwe gemeint sein, der einzige »Weinberg«-Besitzer, von dem dann in V.1–7 die Rede ist. Demgegenüber findet G.B.Gray es in V.1 »remarkable that Isaiah should use, even in parable, so familiar a term: poets of another race and temper may speak of God as ›my darling‹, but to Isaiah, Yahweh was the Holy One, the Lord, the Mighty One«[254]. Nun meint Gray zugleich, daß der יְדִיד in V.1a doch wirklich Jahwe sein muß, falls in V.1bα לִידִידִי korrekt ist; er emendiert aber לִידִידִי in לִי. Diese Emendation ist zu gewagt, und J.Steinmann meint, sich auch *ohne* sie Grays theologischem Argument anschließen zu sollen. »Isaïe porte trop de respect à Iahvé pour appeler celui-ci de ce nom de ›bien-aimé‹ usité par les sémites païens pour parler de certains de leurs dieux, d'Adonis en particulier«[255]. Daraus folgt dann die oben erwähnte These Steinmanns vom gleichnishaften Bezug zwischen Jesajas Freund = dem Weinbergbesit-

---

[251] Vgl. noch H.Ewald, Die Propheten des alten Bundes, I 1867², 305.

[252] So auch T. de Orbiso, a.a.O., 716.

[253] Zu D.Buzy, Introduction aux paraboles évangéliques, 1912, 118: Die Pflanzung der Reben sei nicht metaphorisch zu verstehen; ebenso ders., Le Cantique des Cantiques. Exégèse allégorique ou parabolique? RSR 39 (1951–1952), 109. – V.Laridon, Carmen allegoricum Isaiae de vinea, CBrug 46 (1950), 4 mit Anm. 10 sieht dagegen die Identifizierungen V.7 als Kriterien an, V.2ff. sei allegorisch, allerdings ohne dies etwas weiter zu begründen.

[254] G.B.Gray, A Critical and Exegetical Commentary on the Book of Isaiah. 1–39, I 1912, 84.

[255] J.Steinmann, Le prophète Isaïe, 1955², 69

zer, und Jahwe [256]. Nun sind allerdings die Worte דּוֹד und יְדִיד (auf dieses letzte Wort bezieht sich Steinmanns »bien-aimé«, denn das דּוֹדִי wird von ihm als »amour« gelesen [257]) nicht als Eigennamen für Götter zu belegen, und auch kaum als althergebrachte Göttertitel [258]. Desungeachtet ist der Terminus יְדִיד aber bestimmt sehr »familiar«, wie Gray sagt. Es fragt sich, ob er als Bezeichnung Jahwes im Munde Jesajas undenkbar gewesen ist, in der hier gegebenen Position innerhalb der Bildrede.

Der Weinbergbesitzer V.1–6 ist gegenüber Jesaja יְדִיד, gegenüber dem Weinberg aber eben *mächtiger Herr*, der seinen Willen durchsetzt. In dieser *letzten* Relation treten Züge hervor, die Gray bei Jesajas Vorstellung von Jahwe andeutete. Ob nun aber der יְדִיד/דּוֹד des Jesaja Jahwe ist oder nicht – auf jeden Fall wird hier sichtbar, daß man *unterscheiden* muß zwischen dem, was der Weinbergbesitzer gegenüber seinem Weinberg ist und dem, was er für Jesaja ist: es liegt in der Ökonomie der Bildrede begründet, daß Jesaja in V.1–6 nur außerhalb der Relation Besitzer – Weinberg auftreten kann, als dritte Person (sonst hätte er sich ja zum »Weinberg« zählen *oder* aber seine Rede als Anrede seitens des Besitzers an den »Weinberg« kennzeichnen müssen, auf beide Weise wäre aber die Absicht des Liedes vorzeitig klar gemacht). Was der Weinbergbesitzer Jesaja gegenüber ist, soll nicht an dem gemessen werden, das er gegenüber seinem Weinberg ist oder sein kann. Es *soll* sich der Bildrede nach vielmehr um zwei ganz verschiedene Lebensrelationen handeln, in denen der Weinbergbesitzer steht, einmal als Freund, einmal als souveräner Herr. So gesehen, in diesem bestimmten Zusammenhang, dürften die Termini דּוֹד und יְדִיד im Munde Jesajas doch wohl als Bezeichnungen Jahwes tragbar sein [259]. Jahwe wird damit nicht als jedermanns lieber Freund verstanden, sondern eben als des Propheten Freund [260]. Die Bezeichnungen für den Weinbergbesitzer in V.1 sind somit keine Hindernisse, in den Worten כֶּרֶם, שֹׂרֵק und וַיְעַזְּקֵהוּ V.1–2 Metaphern zu sehen, wie es V.7 nahegelegt wird. Es ist von nur einem Weinberg die Rede, Haus Israel/Mann Juda. Dann müssen die

[256] Vgl. oben, S.302, Anm.246.
[257] Vgl. J.Steinmann, a.a.O., 68.
[258] Vgl. oben, S.258 ff. 267 f.
[259] Vgl. noch die etwas anders gelagerten Erwägungen von T. de Orbiso, a.a.O., 722; auch W.Schottroff, a.a.O., 79.
[260] Die Jesajaüberlieferung behauptet eine Sonderstellung des Jesaja unter seinem Volk gegenüber Jahwe, vgl. Jes 6,7–13; 8,11. 16f. 18.

Termini דּוֹד und יָדִיד hier Jahwe bezeichnen. In V. 7 werden nicht ein
zweiter Weinbergbesitzer und sein Weinberg vorgeführt[261].

Die Worte יָדִיד und דּוֹד bezeichnen also Jahwe, obwohl es in der
Bildrede zunächst den Anschein hat, sie bezeichneten irgendeinen Menschen. Sind sie dann Metaphern? Das ist kaum der Fall. Wir haben ja
keine sichere Anzeichen oder auch nur Indizien dafür, daß diese Worte
nicht in konjunktiver Bedeutungsverwendung Jahwe bezeichnen konnten. – Wir wissen, daß יָדִיד die von Jahwe geliebten Menschen bezeichnen konnte: Dtn 33,12; Ps 60,7; 108,7; 127,2 und wohl Jer 11,15[262]. Es
konnte wenigstens so zur Beschreibung des Verhältnisses zwischen
Jahwe und den Seinen dienstbar sein. Zugleich können wir von dem
Gebrauch dieses Wortes in Jes 5,1 her schließen, daß das Wort ohne sa-
krale Prägung auftreten konnte als Bezeichnung eines von Menschen
Geliebten[263]. Dann ist es nicht ganz ausgeschlossen[264], daß das Wort
innerhalb des Verhältnisses zwischen Jahwe und den Menschen *nicht*-
metaphorisch auf Jahwe als Geliebten eines Menschen angewandt werden konnte. Was nun das Wort דּוֹד = Geliebter[265] betrifft, so bezeichnet es im AT vor allem *den von einer Frau geliebten* Mann, vgl. die Belege im Cant. Das wird aber nach Ausweis von Jes 5,1 nicht an der
Wortbedeutung gelegen haben können, sondern jeweils an dem Kontext, denn sonst hätte der Sänger nicht gut von *seinem* דּוֹד = Geliebten
singen können – es sei denn, er stelle sich als Sprecher eines Mädchens
vor, was aber nicht der Fall ist[266]. Er scheint mit דּוֹד (Jahwe als) einen
ihm nahestehenden Freund zu bezeichnen, und wissen auch von diesem

---

[261] Das כִּי, das V. 7 eröffnet, hat dann nicht adversativen Sinn. Der Gebrauch von כִּי hier
könnte eher an die alte deiktische Funktion von כִּי erinnern lassen. Wohl liegt hier eigentlich keine Wechselrede vor (dazu s. H. W. Wolff, Dodekapropheton 1. Hosea,
1965², 114. 173; H. J. Boecker, a.a.O., 32. 152), aber doch eine sehr *emphatisch einge-
leitete Wendung der Rede,* wonach dann *der Sinn* der vorhergehenden Bildrede *ohne*
hypotaktische Satzverbindung zu V. 6 (vgl. R. Meyer, Hebräische Grammatik, III
1972, 94 § 114. 3) und *ohne* jeden adversativen Ton entfaltet wird. G. Rinaldi trifft die
logische Funktion von כִּי an dieser Stelle gut mit der Umschreibung »ora ecco che
cosa intendo dire« (Note ebraiche. Os. 1, 2. 4. 6. 9, Aeg 34 (1954), 36). Hinzu kommt
allerdings noch die Emphase: Das כִּי kann hier etwa mit »Ja!« oder »Fürwahr!« übersetzt werden, wie H. W. Wolff zu כִּי in Hos 8,6 f. sagt (a.a.O., I 1965², 173).

[262] Vgl. oben, S. 267 f.

[263] Es dürfte eine Voraussetzung bei der Wortwahl V. 1–2 sein, daß kein Wort von sich
aus auf Jahwe als den Weinbergbesitzer deuten sollte.

[264] Darauf kommt es hier an. Unser Anliegen muß sein, bei der Prüfung des Textes auf
metaphorische/allegorische Elemente hin Zurückhaltung zu üben.

[265] Vom Wort דּוֹד = Vaterbruder ist hier abzusehen.

[266] Vgl. oben, S. 281 f.

Wort nichts, das es als eine konjunktiv zu verwendende Bezeichnung
für Jahwe unbrauchbar machen sollte. Die Worte דּוֹד und יָדִיד in unserem Text sind somit am ehesten nicht als Metaphern anzusehen. Es
bleibt V. 1 ff. zunächst bei den Metaphern כֶּרֶם, שֹׂרֵק und נטע G.

Es ist dann zu fragen, ob der letzte Teil von der Aussage V. 7,
V. 7 b, andere Metaphern in V. 1–6 anzeigt. Sodann erhebt sich die
Frage, ob sich in V. 7 die Metaphorik des Textes unmittelbar erschöpft.

Rückschluß von V. 7 b auf V. 2 b

V. 7 b spielt sehr deutlich auf den Wortlaut V. 2 b an, mit einigen
schon in V. 4 b betonten Elementen. Das Verb קוה D aktiv [267] im Narrativ wird wiederaufgenommen, der Satzbau und das Sinngefüge weisen
jeweils Entsprechungen auf. Nach dem erwarteten Objekt eingeleitet
mit ל folgt das faktische Ergebnis, in V. 2 nach neuem Narrativ, in
V. 7 b nach הִנֵּה rein nominal, weil aktualis. In V. 7 b wie in V. 2 b besteht
ein qualitativer Gegensatz zwischen erhofftem, gutem und erzieltem,
schlechtem Ergebnis. Darüber hinaus dupliziert V. 7 b die Aussage
V. b α in V. b β zur Akzentuierung.

So deuten Entsprechungen und Unterschiede schon darauf hin,
daß מִשְׁפָּט und צְדָקָה im Gefüge dessen, was mit der Bildrede gesagt
werden soll [268], genau die Stelle einnehmen, welche im bildhaften Lied
עֲנָבִים innehaben. Dasselbe gilt von מִשְׂפָּח und צְעָקָה gegenüber den
בְּאֻשִׁים. *Dem entspricht,* daß die für die Zustände V. 7 b verantwortlich(e)
Instanz(en) Haus Israel/Mann Juda im *Sach*zusammenhang genau die
Stelle einnimmt, welche im Bild כֶּרֶם und שֹׂרֵק innehaben. Wie wir sahen, sind diese zwei Worte des Bildtextes V. 7 a zufolge als Metaphern
zu verstehen für eben diese(n) Gruppe(n) [269]. *V. 7 b läßt V. 2 b als allego-*
rische Rede verstehen [270]. Nach V. 7 b zu urteilen werden mit עֲנָבִים V. 2 b

---

[267] Zur Erwartung von Fruchtbarkeit im nahorientalischen Weinbau vgl. die Notiz von
   S. Schulz: »Wie uns ein deutscher Mönch im Trappistenkloster zu *laṭrūn* erzählte,
   kann man im Orient die Weinstöcke im Frühjahr in die Erde setzen und bereits im
   Herbst von denselben Stöcken Trauben ernten.« (S. Schulz, *Chirbet ḳumrān, ʿēn fesch-*
   cha und die buḳēʿa, ZDPV 76 (1960), 69). – Zu Neupflanzung von *Stecklingen* vgl. andererseits G. Dalman, AUS, IV 1935, 311: es folgen zunächst zwei fruchtlose Jahre,
   ehe der Weinstock überhaupt erst gebildet wird.

[268] Ein Element dessen, was mit der Bildrede gesagt werden soll, ist V. 7 a.

[269] Vgl. oben, S. 303 f.

[270] Nach T. K. Cheyne, The Prophecies of Isaiah, I 1889⁵, 30 ist V. 2 »allegory« (a.a.O.,
   29: V. 1–7 [als Ganzes] »a parable«).

Eigenschaften *dessen* benannt, das von *dem* כֶּרֶם erhofft wurde, welcher das Haus Israel »*ist*«: In dieser Verwendung des Wortes עֲנָבִים nennt der Sänger nach Ausweis von V.7 ‛*nabîm*-hafte – qualifiziert als Gegensätze zu *b^e'usîm*-haften – Eigenschaften von מִשְׁפָּט und צְדָקָה. Das Wort עֲנָבִים ist mithin hier metaphorisch verwendet, dann ebenfalls vermutlich auch das Wort בְּאֻשִׁים, dessen Denotat allerdings nicht ganz sicher und präzise zu bestimmen ist[271].

Es ist an dieser Stelle zu beachten, wie diese Observationen zur semantischen Funktion der Substantive עֲנָבִים und בְּאֻשִׁים gerade auch die Übereinstimmungen zwischen V.7b und V.2b mit einbeziehen, darunter auch die Wiederaufnahme vom Verb קוה nach V.2b.4b. Daß dieses Verb sich damit als *Leitmotiv* des Textes herausstellt, ändert nichts an der disjunktiven Bedeutungsverwendung der Substantive V.2b, sondern bestätigt sie: es ist damit um so sicherer, daß מִשְׁפָּט und צְדָקָה V.7b die Stelle der עֲנָבִים, מִשְׂפָּח und צְעָקָה die Stelle der בְּאֻשִׁים V.2b einnehmen. Gerade auch so, wie der Text die enttäuschte Hoffnung Jahwes hervorhebt, werden die Objekte V.2b metaphorisch verwendet. Es ist deshalb unberechtigt, wenn W.Schottroff von dem Leitmotiv קוה her schließt, eine Deutung von Metaphern (»Zug-um-Zug-Übertragung«) sei hier nicht gefragt, es gehe vielmehr »um den Vergleich einer beispielhaften Erzählung mit einer realen Sache im Blick auf ein tertium comparationis«[272].

---

[271] HAL s.v. übersetzt unter Hinweis aufs Mittelhebräische und Koptische »saure, unreife Beeren«. G.Dalman, AUS, IV 1935, 303 bestimmt בְּאֻשִׁים an unserer Stelle, allein durch den Gegensatz zu עֲנָבִים, als »irgendwelche schlechte Trauben«, während G.R.Driver, Difficult Words in the Hebrew Prophets, in: Studies in Old Testament Prophecy. Pres. to Th.H.Robinson, 1957, 53 Anm.6 genauer an »diseased grapes« denkt, »i.e., spoiled by anthracnosa which makes the cluster disgusting to the eye and inedible.« Wir wären dann bei einer großen Gruppe Pflanzenkrankheiten, durch *fungi imperfecti* bedingt. Vgl. dazu A.Engler, Syllabus der Pflanzenfamilien, I 1954[12], 199.
Angewandte Bedeutungselemente des Wortes עֲנָבִים bei Reflexion über den Inhalt von V.2.4 im Lichte von V.7 werden so etwas wie [+ gut], [+ angenehm], [+ wohlgefällig] gewesen sein können (vgl. G.Dalman, AUS IV 1935, 292. 302. 344). Bei den בְּאֻשִׁים kann es sich um Bedeutungselemente wie [+ schlecht], [+ abscheulich], [+ widerlich] handeln. Das Verstehen dieser Worte, bei konjunktiver und bei disjunktiver Verwendung ihrer Bedeutungen, wird von *starken emotionalen Assoziationen* begleitet sein (zum Prinzipiellen vgl. R.Rommetveit, Språk, tanke og kommunikasjon, 1972, 74 u. passim). Die Bildrede will eine überzeugende Grundlage des Urteils, zu dem sie auffordert (V.3b), schaffen, und will *engagierte* Richter.
[272] W.Schottroff, a.a.O., 89.

Das Ergebnis bezogen auf V. 1 b–5 a

In syntaktischem und sachlichem Zusammenhang mit der Schilderung V. 1 b. 2 wird nun in V. 3 b. 4 a. b. 5 a über den כֶּרֶם, die עֲנָבִים und die בְּאֻשִׁים in der Weise geredet, daß die Schilderung V. 1 b. 2 weitergeführt (V. 3 b. 4 a α. 5 a) oder z. T. wiederaufgenommen (V. 4 a β. b) wird, *ohne* daß andersartige Bezüge *dieser drei Worte* zu der Sache, die nach V. 7 ausgesagt werden soll, sichtbar würden – wie diese Sache nun auch immer zu strukturieren wäre. V. 7 läßt eine mehr oder weniger durchgehaltene Metaphorik V. 1 b–5 a hervortreten: כֶּרֶם, נטע G, שֹׂרֵק, עֲנָבִים, בְּאֻשִׁים.

Aussagen V. 1–6, über die Deutung V. 7 hinaus

Es fragt sich nun aber wie man, den Text V. 1–7 ihm selbst und besonders V. 7 gemäß interpretierend, die *Funktion* dieser Metaphorik zu bestimmen hat. Beschränkt sich die Sachaussage, auf die hin der Sänger will, auf V. 7? Die Metaphorik der in V. 1 b–5 a verwendeten Metaphern wäre vielleicht an sich fortlaufend deutbar, ist aber vielleicht nur darauf aus, eine Art Exposition für V. 7 zu liefern? Ist also über den explizit mitgeteilten Wortlaut V. 7 hinaus keine Art Sachaussage intendiert? Hat die erkannte Metaphorik V. 1 b–5 a nur in bezug auf das, was V. 7 explizit gesagt wird, eine Funktion[273]? So daß keine anderen Deutungen der Sätze V. 1–5 a (6) vorgenommen werden sollten[274]?

Die explizite Deutung V. 7 sagt jedoch nicht all das aus, was mit der Bildrede gesagt werden soll.

V. 5 b. 6 Die Strafankündigung

V. 5 b. 6 ist eine Strafankündigung, die in der Deutung nicht aufgenommen, angedeutet oder gedeutet wird, die aber Endpunkt und *Zielwort* der Bildrede ist. V. 7 liefert die Prämisse – wenn man will: den »Schlüssel« – für das Beziehen dieser Strafankündigung auf Haus

---

273 So J. Steinmann, a.a.O., 70. Vgl. unten, S.311, Anm. 278.

274 E. König, Das Buch Jesaja, 1926, 83 macht geltend, *weil* nicht alle »Bausteine« der Bildrede gedeutet werden, seien »nicht alle einzelnen Züge ... zu pressen«. – Es ist allerdings wohl niemals notwendig oder auch ratsam, Züge einer Allegorie »zu pressen«.

Israel/Mann Juda, und ohne dieses Beziehen kommt der Text V. 1–7
auch nicht an sein Ziel. Es gibt, sozusagen auf einem Substrat = V.
5 b. 6 aufbauend, so etwas wie eine intendierte Sachaussage, die über die
explizit mitgeteilte Deutung V. 7 hinausreicht, unausgesprochen aber
unüberhörbar. *Sie bildet einen hinzuzudenkenden Zusatz zu V. 7,* auf
welchem Wege immer er zu gewinnen ist – ob durch allegorische Deutung von V. 5 b. 6 oder durch eine Art gleichnishafter Auslegung oder
sonstwie, das mag augenblicklich auf sich beruhen.

V. 1 b (β). 2 a. 4 Die Anklageprämissen

V. 1 b (β). 2 a. 4 liefern Prämissen für die Anklage V. 2 b, die in der
Deutung V. 7 nicht aufgenommen oder gedeutet werden. Diese Prämissen bezeugen die *Berechtigung* der Erwartung, von der die Anklage
V. 2 b (וַיְקַו) redet, und den Umstand, daß alle, alle Maßnahmen zur Er-
füllung der Erwartung völlig ergebnislos geblieben waren. Sie *begründen* die Anklage umsichtig und besagen außerdem, daß die Anklage die
nunmehr einzig mögliche Maßnahme gegen den Weinberg sei. *V. 7 b*
will sich als begründete und einzig mögliche Anklage für die Zuhörer
dartun, *denn* V. 7 b will ja betont der *Anklage* V. 2 b entsprechen. *Aber
diese Entsprechung ist nur Indiz dafür, Signal.* Auch V. 2 b sagt nicht, daß
die Erwartung berechtigt sei und alle Maßnahmen ohne Erfolg geblieben wären. Das besagen aber V. 1 b (β). 2 a. 4! *Wie* die Anklage *V. 7 b*
eine begründete und nunmehr einzig mögliche Maßnahme ist, ist nicht
Inhalt von V. 7 b oder 2 b, sondern nur greifbar, wenn die Rede V. 1 b β.
2 a. 4 *selbst* auf Haus Israel/Mann Juda bezogen werden darf.

V. 1 b (β). 2 a. 4 *handelt* schon – in welcher Weise auch immer[275]! –
von Haus Israel/Mann Juda und gibt exakt als Exposition für V. 7 b intendierte Teil-Sachaussagen her, die nicht in V. 7 a enthalten, aber unerläßlich mitzuhören sind[276].

---

[275] V. 1 b β. 2 a. 4 mag in verschiedenen Weisen von Haus Israel/Mann Juda handeln. Es
ist zu fragen, ob es per Vergleich, per tertia comparationis geschieht, oder aber mittels
Metaphern, oder sonstwie. Ganz unerheblich für diese Fragen dürfte es nicht sein,
daß, V. 7 zufolge, in V. 1 b β. 2 a. 4 mittels Metaphern (כֶּרֶם, שֹׂרֵק) auf Haus Israel/
Mann Juda verwiesen wird. Auf jeden Fall sollen V. 1 b β. 2 a. 4 von Haus Israel/Mann
Juda handeln, etwas über Haus Israel/Mann Juda sagen, *das sonst in V. 1–7 nicht gesagt
wird.*

[276] So auch G. von Rad, Theologie des Alten Testaments, II 1960, 191, der eine allegorische Einzelauslegung der Arbeiten V. 2.a abweist, aber eine Summe von ihnen gehört
werden läßt.

V.3 Die Aufforderung zum Richten, V.5a Die Einleitung zur Strafankündigung

Die Aufforderung zum Schiedsrichten V.3 und die Einleitung zur Strafankündigung V.5a sind auch in V.7 nicht aufgenommen. Sie lassen sich aber im Zusammenhang der übrigen Rede vom כֶּרֶם nur auf Haus Israel/Mann Juda beziehen, und wollen offenbar auch gesondert zu Gehör kommen. V.5a läßt nachträglich, im Lichte von V.7, erkennen, daß die Strafankündigung gegen das Haus Israel von Gott ausgeht, und hat so relativ selbständige Bedeutung. Mit V.3 will der Sänger die Zuhörer dazu auffordern, ein Urteil über den כֶּרֶם zu sprechen, das, da das Wort כֶּרֶם [metaphorisch] auf Haus Israel/Mann Juda verweist, ein auf Haus Israel/Mann Juda zu beziehender Schuldspruch der Zuhörer sein wird. Der Text läßt wissen, der Text *soll* wissen lassen, die Aufforderung, der man im Sinne des Weinbergbesitzers hätte entsprechen müssen, ist eine begründete Aufforderung, über sich selbst einen berechtigten Schuldspruch zu sprechen[277]. Ein Satzinhalt von V.7 ist dies aber nicht.

Die Satzinhalte von V.7 sagen einen Teil dessen aus, was gesagt werden soll, nicht alles davon. Ohne V.7 kommt der Text schwerlich an sein Ziel, aber das Ziel umfaßt offenbar mehr, als nur über die Satzinhalte V.7 zu informieren. Im Lichte von V.7, d.h. indem die Satzinhalte V.7 berücksichtigt werden, spricht der Text, bezogen auf Haus Israel/Mann Juda, eine begründete Anklage und eine begründete Strafankündigung aus und will zur Anerkennung dieses Schuldspruches über Haus Israel/Mann Juda bewegen[278]. Man darf nicht ohne weiteres eine überlieferte Deutung oder Anwendung einer Bildrede als die Entfaltung *all dessen* ansehen, was mit der Bildrede gesagt werden soll[279].

---

[277] Allgemein anerkannt in der Exegese unseres Textes ist dieser Gesichtspunkt von A. Graffy zur Bestimmung der Textsorte benutzt worden: »self-condemnation parables«, s. ders., The Literary Genre of Isaiah 5,1–7, Bib. 60 (1979), 408.

[278] Zu J. Steinmann, a.a.O., 70: Des Liedes »différents détails n'ont aucun sens symbolique. C'est par l'ensemble seulement et la conclusion que l'histoire du vigneron malheureux a une portée exemplaire«. Der Hinweis auf »l'ensemble« ist zu undifferenziert gegenüber der je verschiedenen Funktion verschiedener Teile des Textes. Es ist zu beachten, daß diese Funktionen nur realisiert werden, indem die Textteile irgendwie »symbolique« auf das, worüber gesprochen werden soll, bezogen werden. – Ähnlich wie J. Steinmann urteilt W. Schottroff, a.a.O., 89.

[279] Wir bestätigen insofern was H. H. Rowley gesagt hat zu Jes 5,1–7: »In the single verse of interpretation there, there is no reference to many of the elements of the parable that preceded it. Yet they are all to be supplied. As M. J. Gruenthaner rightly says in

Das gilt eben auch abgesehen von emotionalen Prozessen, die der Text anregen mag. Dieses Ergebnis sagt, so formuliert, nichts über die Weise, *in der* die verschiedenen Textteile auf das, worüber gesprochen werden soll, bezogen werden. Daß es sich weithin um eine metaphorische Redeweise handelt, ist andererseits klar aufgrund der Reihe von wirksamen Metaphern, die wir zuvor im Text feststellten.

discussing Irwin's treatment of this chapter [d.h. Ez 15]: ›An author need not explain all the features of his parable. He may pass over some of these in silence if their meaning is clear to his audience or may be readily apprehended by them.‹« (H. H. Rowley, The Book of Ezekiel in Modern Study [1954], s. ders., Men of God, 1963, 193 Anm. 3.) Ähnlich hat sich W. Zimmerli ausgesprochen zum Verhältnis zwischen Ez 15,2f. und 15,6–8, vgl. ders., Ezechiel, I 1969, 327.

Die Bildrede V. 1–6 auf Haus Israel/Mann Juda bezogen

Die allegorische Rede V. 2b–5a. 1bα. 2aα₂

Wir können damit zu der Frage zurückkehren, *wie* die Bildrede V. 1–6 auf Haus Israel/Mann Juda zu beziehen ist. V. 7a bietet keine Deutung von Sätzen der Bildrede, spielt aber auf die Worte שֹׂרֵק, כֶּרֶם und וַיְמַעֲהוּ V. 1b.2a als auf Metaphern an[280], und V. 7b deutet V. 2b metaphorisch, genauer: allegorisch[281]. Nun ist außer V. 2b auch die gesamte übrige Bildrede in ihren einzelnen Abschnitten – wie den Anklageprämissen, dem Aufruf zur Richterentscheidung sowie der Strafankündigung mit Einleitung – auf Haus Israel/Mann Juda zu beziehen. Teile der von V. 7 her angezeigten Metaphorik finden sich in allen diesen Abschnitten. Wir wenden uns aber zunächst V. 2b–5a und V. 1bα. 2aα₂ zu, wo sich keine andere Metaphorik als die bisher nachgewiesene findet.

Es ist zu beachten, daß hier auch keine andersartigen Relationen zwischen Bildrede und intendierten Sinninhalten angedeutet werden als eben die metaphorischen, neben selbstverständlich solchen Bezügen von Bildtext – Sache, die dadurch wirksam werden, daß der grammatische bzw. semantische Wert des betreffenden Bildtextteils in das syntaktische Gefüge textgemäßer Sachaussagen einfach übernommen werden kann[282]. Es gibt dagegen nirgendwo – auch nicht in V. 7 – ein Anzeichen dafür, daß das hier im Bildtext erzählte Geschehen bei der verstehenden Aufnahme des Textes als die eine Seite eines Vergleiches (oder mehrerer) zu behandeln sei. Irgendwelche *tertia comparationis* brauchen nicht und sollen offenbar nicht herausgestellt werden. Es besteht V. 2b–5a ein Zusammenhang bildhafter Rede, die in ihrer Bildhaftigkeit ausschließlich metaphorischer Art ist. Eine Metapher, כֶּרֶם,

---

[280] Vgl. oben, S. 303f.

[281] Vgl. oben, S. 307f.

[282] Man kann von »Zusammenfall« von Bild und Sache reden. Solcher Zusammenfall ereignet sich z. B. bei den sprachlichen Indices für das redende Subjekt V. 3ff. sowie bei verschiedenen Funktionsworten und Nennworten. – In die Sach-Ebene übernommen und mit Angabe des Denotatums *B* der Metapher wäre etwa V. 3b so zu reformulieren: שִׁפְטוּ־נָא בֵּינִי וּבֵין בֵּית יִשְׂרָאֵל

wird überall festgehalten (V. 2 b. 3. 4 a. b. 5 a) durch ausdrückliches Nennen oder Bezugnahme, die anderen, עֲנָבִים und בְּאֻשִׁים, sind auf diese erste Metapher in der Weise allegorischer Metaphern bezogen [283]. Die Metaphern wollen je an ihren Stellen gelesen und interpretiert werden, so wie sie verwendet sind [284]. Man darf von einem Zusammenhang allegorischer Rede V. 2 b–5 a sprechen [285], der auch nicht von V. 3 unterbrochen wird [286] (und der von V. 1 b. 2 a mit aufeinander in derselben, allegorischen Weise bezogenen Metaphern eingeleitet wird) [287].

---

[283] Die Worte, die hier metaphorisch verwendet werden, sind, bei gleichzeitiger konjunktiver Bedeutungsverwendung, auf verschiedene Momente ein und desselben Vorgangs bezogen. Vgl. zu diesem Kriterium oben, S. 107 ff.

[284] Die Fragen, die V. 4 ausmachen, müssen nicht vom Hörer unbedingt in extenso gedeutet werden. Sinn haben diese Fragen im Zusammenhang aber nur als Fragen, Haus Israel/Mann Juda betreffend, und so intendiert sie der Sänger, indem er, mit unserem Begriff gesagt, die metaphorische Deutung der Fragen voraussetzt. Der Hörer mag sich auf eine Antwort beschränken. Aber diese Antwort ergeht entweder in den Kategorien der Fragen und ist dann selbst metaphorisch, und zwar – in der Sicht des Sängers – auf Haus Israel/Mann Juda zu beziehen, oder sie müßte schon vom Haus Israel reden, setzte dann aber die metaphorische Deutung der Fragen voraus.

[285] T. de Orbiso, a.a.O., 718 nennt den Text 5,1–7 »una parábola mixta, con elementos alegóricos«. Ob der Text V. 1–6 als Ganzes eine Parabel genannt werden darf, mag jedoch angesichts V. 2 b–5 a als allegorischer Rede zweifelhaft erscheinen. – Vgl. des weiteren unten, S. 329, Anm. 333.

[286] V. 3 a enthält keine Metapher, kann aber als Ganzes ohne jede Änderung in die Sach-Ebene übernommen werden, bildet also einen »Zusammenfall« von Bild und Sache, und zwar mittels Syntagmen. Mit seiner Fortsetzung in V. 3 b α ist der »Zusammenfall« auf der Satzebene wirksam. Dieser Zusammenfall ist gewissermaßen kunstvoll: es werden Bildrede und Sachrede zusammengeschlossen, ohne daß sie einander stören. Der Text, wo der Zusammenfall sich ereignet, hat aber sein Gepräge von dem her, was gesagt werden soll: Die Rede vom »Richten« paßt schlecht zur Rede vom Weinberg, dagegen sehr gut, wenn es um Menschen geht. Die Wortwahl V. 3 b α ist schon von der zu sagenden Sache her bestimmt, nicht vom Bild-Stoff. – Der Text des Zusammenfalls hat wichtige Funktionen: an ihm wird nachträglich, im Lichte von V. 7, klar, daß eben auch die Hörer von Anklage und Strafankündigung unentrinnbar mit betroffen sind, und daß sie sich von ihrer Schuld überführen lassen sollen. – Der Hinweis auf die intendierte *Sache* des Textes, der somit durch V. 3 angedeutet wird, beruht m. a. W. darauf, daß hier den dem Bildstoff innewohnenden Möglichkeiten nicht ganz gefolgt wird. Ähnlich bricht in Hos 2,9 b die Aussage der Frau mit den dem Bildstoff inhärenten Möglichkeiten, wodurch ein Signal über die Intention des Textes angedeutet wird.

[287] Es ist mit diesen Erwägungen in gar keiner Weise behauptet, daß der Prophet die allegorische Redeweise des Textes *als solche* intendiert hat, sei es in der Form einer Reihe von Metaphern oder sonstwie. Wir haben auch nicht gefragt, ob er eine in unserem Sinne allegorische Redeweise und Deutung des Textes reflektierend beabsichtigt hat. Es gibt keine Spur davon, daß er die Art seiner Sprach*verwendung betrachtend* analy-

Einige Bemerkungen zur Deutung der Metaphern עֲנָבִים und בְּאֻשִׁים wurden schon gegeben[288]. Wir fragen jetzt, wie die Metaphern שֹׂרֵק ,כֶּרֶם und נטע G dem Kontext nach zu deuten sind. Danach bleiben noch gewisse Textteile, wo die genannten Metaphern nicht vorkommen, auf ihren Bezug zwischen Bild und Sache hin zu befragen[289].

Die Metaphern כֶּרֶם, שֹׂרֵק und נטע G treten in einem Textzusammenhang auf, wo sie in unserem oben[290] bestimmten Sinne aufeinander bezogen sind. Auch V. 2 a α$_2$ ist allegorische Rede. In der Bildrede V. 1. 2 nun ist כֶּרֶם der Ort, der Boden, der in fruchtbarer Lage liegt und zudem gepflegt wird, und wo dann שֹׂרֵק angepflanzt werden. In V. 7 a β greift Jesaja auf die שֹׂרֵק und deren Pflanzung zurück wenn er den »Mann Juda« metaphorisch als Jahwes liebste Pflanzung bezeichnet. Dementsprechend *kann* hier כֶּרֶם als Metapher für das *Land* der Judäer gebraucht werden[291]. Die Bildrede geht aber nicht mit V. 1. 2 zu Ende, sondern in V. 3–6 wird die Metapher כֶּרֶם weiter determiniert. Der כֶּרֶם ist verantwortlich, vgl. V. 3 b. 5–6, und in seiner Verantwortlichkeit eine umfassende *Totalität, eine* Ganzheit, vgl. dazu wie der Prophet V. 3–6 nur von dem Weinberg, seiner Frucht und seiner Umzäunung redet, nichts wird mehr von der edlen Rebe gesagt. Es ist der Weinberg, an den Erwartungen gestellt werden, der aber auch enttäuscht: *er bringt* faule Trauben (V. 4, vgl. schon V. 2 b); der Weinberg ist der Partner im Rechtsstreit (V. 3), die Gerichtsankündigung konzentriert sich auf den Weinberg (V. 5–6). In all dem ist wie *selbstverständlich* die Pflanzung

---

siert hätte, um nicht auch zu sagen: in kritischer Abgrenzung gegenüber anderen Arten von Sprachverwendung. Woran er gedacht haben wird, dürften die beabsichtigten Sinninhalte und die damit verbundenen Ausdrucksmittel sein, kaum dagegen die Art des semantischen Bezuges zwischen ihnen. Er hat in V. 7 eine Deutung und einen Kommentar ausdrücklich mitgeteilt, und läßt so wissen, über wen er singt, Haus Israel/Mann Juda, er läßt aber durch V. 7 auch wissen, daß die gesamte Bildrede in ihren einzelnen, funktional bestimmten Sinnabschnitten auf Haus Israel/Mann Juda zu beziehen ist. Die Frage, *wie* dieses semantische Beziehen in der Sprachverwendung vollzogen wird, ist *unsere* linguistisch betrachtende Frage zur Sprachverwendung und ist eine textgemäße Reaktion auf den Text. Die oben gefundene Antwort auf diese Frage möchte dem, was V. 7 mitteilt und dem, was von daher sonst in V. 1–6 an relevanten Tatbeständen greifbar wird, entsprechen – aber damit *der Weise der Sprachverwendung im Text.* – Zur Differenzierung zwischen Sprachverwendung und Sprachbetrachtung vgl. oben, S. 293 f.

[288] Vgl. oben, S. 308, Anm. 271.

[289] Es handelt sich um V. 1 b β. 2 a α$_1$. β. 5 b. 6.

[290] Vgl. oben, S. 107 ff.

[291] Vgl. W. C. Graham, Notes on the Interpretation of Isaiah 5:1–14, AJSL 45 (1928/29), 171; auch G. E. Wright, Isaiah, 1964, 31.

mit betroffen, und das heißt eben, daß der Weinberg eine verantwortliche *Ganzheit* ist, *eine* Ganzheit. Hinsichtlich der Verantwortlichkeit ist
die *Unterscheidung* zwischen כרם und שרק *irrelevant.*

Die Verantwortlichkeit des Weinbergs, wie sie V. 3. 5–6 sichtbar
wird, läßt schon vor der Deutung in V. 7 vermuten, daß es sich bei der
Rede vom Weinberg um eine (wie immer geartete) Bildrede von *Menschen* handelt [292]. Ebenso läßt es sich dann sagen, daß auch die Rede
von שֹׂרֵק V. 2 bildhaft von Menschen handeln müßte. Eine Unterscheidung zwischen Menschen, die durch den כֶּרֶם irgendwie repräsentiert
sind, und Menschen, die durch שֹׂרֵק repräsentiert werden, ist im Hinblick auf die Tat, die Schuld und die Strafe irrelevant. Man kommt *von
der Bildrede her* kaum auf den Gedanken, daß der mit כֶּרֶם bezeichnete
Personenkreis ein anderer sein sollte als der mit שֹׂרֵק bezeichnete Personenkreis.

In V. 7 a wird nun, *gegen* die Tendenz der Bildrede in V. 3–6, auf
jede der beiden Metaphern כֶּרֶם und שֹׂרֵק getrennt hingewiesen [293]. Außerdem scheint der Inhalt der Deutungen V. 7 a am ehesten eine gewisse Unterscheidung zwischen dem כֶּרֶם als Gesamtisrael und der נֶטַע
als Juda zu implizieren [294]. Durch beides wäre eine Zweiheit hervorge-

---

[292] Vgl. K. Budde, Zu Jesaja 1–5, ZAW 50 (1932), 56; G. Fohrer, Das Buch Jesaja, I 1960,
78 f. (a.a.O., I 1966², 77 f.); T. de Orbiso, a.a.O., 727.

[293] Vgl. oben, S. 303 f.

[294] Die Wendungen אִישׁ יְהוּדָה und בֵּית יִשְׂרָאֵל könnten ein und dasselbe bedeuten, oder
aber Gesamtisrael und Juda, kaum dagegen die beiden Königreiche Israel und Juda,
obwohl auch etwas für diese Auslegung spricht. Sicher wäre bei V. 7 a α der Gedanke
an das Nordreich den Jerusalemer Zuhörern nicht unwillkommen, zumal im bisherigen Ablauf des Sprechaktes – d. h. noch vor dem Anhören von V. 7 a β – doch keine
Information gegeben war, die notwendig das Nordreich als Zielpunkt der Anklagen
ausschließen müßte. Man mag auch fragen, ob diese Lage sich durch die Mitteilung
von V. 7 a β änderte: Nach der Auffassung der Zuhörer vielleicht nur soweit, als daß
die Einwohner des Nordreichs wenigstens mit betroffen waren.
Jesaja stellt sonst die Begriffe יִשְׂרָאֵל und יְהוּדָה nicht zusammen oder einander gegenüber. Das wurde aber im Laufe der Überlieferung der Worte Jesajas getan, und zwar
in 11, 12 und in 7, 1.
Die jesajanische Herkunft von Jes 11, 11–16 bezweifeln oder bestreiten B. Stade, Weitere Bemerkungen zu Micha 4. 5, ZAW 3 (1883), 16; B. Duhm, Das Buch Jesaia, 1892,
85 f.; R. Kittel bei A. Dillmann, Der Prophet Jesaja, 1898⁶, 119 f. (mit Hinweisen auf
ältere Literatur); K. Marti, Das Buch Jesaja, 1900, 116; H. Schmidt, Die großen Propheten, 1915, 117 Anm. 1; O. Procksch, Jesaia I, 1930, 157 ff.; L. Rost, Israel bei den
Propheten, 1937, 34; G. Fohrer, Die Struktur der alttestamentlichen Eschatologie
(1960), BZAW 99, 1967, 37 Anm. 21 sowie ders., Das Buch Jesaja, I 1960, 156 f.;
O. Kaiser, Der Prophet Jesaja. Kap. 1–12, 1960, 115; ders., Das Buch des Propheten
Jesaja. Kap. 1–12, 1981⁵, 250 ff.; J. Vermeylen, a.a.O., I 1977, 278 ff.

hoben, und »Weinberg« und »Pflanzung« als zwei Größen, die nicht
ganz dasselbe seien, verstanden. Die Einheitsschau von Weinberg und

E. J. Kissane, The Book of Isaiah, 1941, 145 f. erkennt, daß 11,11 f. 15 f. von späterer
Hand ist. Nur kleine sekundäre Teile (von der Liste V. 11) finden F. Feldmann, Das
Buch Isaias, I 1 1925, 161 f.; E. König, Das Buch Jesaja, 1926, 166. 169.
Zur Redaktionsgeschichte in Jes 7,1 vgl. u. a. B. Duhm, a.a.O., 49; K. Marti, a.a.O.,
71; H. Schmidt, a.a.O., 68 Anm. 1; G. Fohrer, a.a.O., I 1960, 93 Anm. 44; O. Kaiser,
Der Prophet Jesaja. Kap. 1–12, 1960, 63; ders., Das Buch des Propheten Jesaja. Kap.
1–12, 1981⁵, 137 f. 167; H. W. Wolff, Frieden ohne Ende, 1962, 12 f; H. Wildberger,
a.a.O., I 1972, 265. 268 f. 273 f. Zurückhaltend gegenüber der kritischen Auffassung
von Jes 7,1 ist u. a. R. Kittel bei A. Dillmann, a.a.O., 1898⁶, 63; abweisend E. König,
a.a.O., 99.
Ist die Gegenüberstellung von Israel und Juda Jes 7,1; 11,12 ein Ergebnis der Überlieferung des Jesajabuches, liegt die Möglichkeit nahe, die Tradenten des Jesajabuches
haben bei »Haus Israel« in 5,7 entsprechend an das Nordreich gedacht. Damit ist allerdings nicht entschieden, daß *Jesaja* mit »Haus Israel« das Nordreich meinen
würde. *Eine* Voraussetzung dafür trifft jedoch zu: 5,1–7 dürfte, wenn jesajanisch, aus
der Frühzeit Jesajas stammen, vor dem syrisch-ephraimitischen Krieg. (Gegen H.
Hackmann, Die Zukunftserwartung des Jesaja, 1893, 123). Vgl. B. Duhm, a.a.O.,
1892, 32; T. K. Cheyne, Introduction to the Book of Isaiah, 1895, 23; R. B. Y. Scott,
Isaiah … chs. 1–39, IntB V 1956, 196; G. Fohrer, a.a.O., I 1960, 5 f.; O. Kaiser, Der
Prophet Jesaja. Kap. 1–12, 1960, 42.
Daß das Nordreich V. 7 a α gemeint sei, behaupten denn auch u. a. C. von Orelli,
Die Propheten Jesaja und Jeremia, 1891², 27; S. Mowinckel, Profeten Jesaja, 1925, 37;
E. J. Kissane, a.a.O., 1941, 50; Aa. Bentzen, Jesaja, I 1944, 36; J. Steinmann, Le prophète Isaïe, 1955², 70; E. A. Leslie, Isaiah, 1963, 32; weiter auch G. A. Yee, A Form-
Critical Study of Isaiah 5:1–7 as a Song and a Juridical Parable, CBQ 43 (1981), 37 f.,
und zwar mit z. T. beachtlichen Gründen. Allerdings nennt sie an *Sprachgebrauch,* der
für ihre These, »Haus Israel« Jes 5,7 sei das Nordreich, spreche, nur Sprachgebrauch
außerhalb der Äußerungen Jesajas. Jedoch müssen vor allem *textinterne* Kriterien gesucht werden. 1) Wenn man die Aufforderung V. 3 mit der Deutung V. 7 a β zusam-
menhält, ergibt sich, daß das Lied sicher auf das Gericht über Jerusalem und Juda aus
ist. 2) Wir sahen schon, daß das Lied neben dem Weinbauer eigentlich den Weinberg
als Hauptfigur und verantwortliche Instanz versteht. Man weiß dann nicht recht,
wieso der Weinberg eine Jerusalem und Juda *nebengeordnete* Größe wie das Nordreich sein könnte (vgl. G. B. Gray, a.a.O., 87).
Dann ist eher mit L. Rost zu erwägen, ob nicht mit »Haus Israel« und »Mann Juda«
ein und dasselbe gemeint sein sollte (vgl. L. Rost, a.a.O., 45 f.). Nach Rost wird in 1,3
und 8,18 der Israel-Name auf Juda verwendet (s. auch G. B. Gray, a.a.O., ebda), und
er weist darauf hin, daß im Text 5,1–7 »jede Andeutung einer Teilung oder Doppelung des Weinbergs« fehlt (a.a.O., 46 Anm. 1). An ein ähnliches Ergebnis sind gekommen S. Mowinckel, GT MMM, III 1944, 91 z. St. (anders als in seinem Profeten Jesaja, 1925, 37); G. Fohrer, a.a.O., I 1960, 78 f.; S. Pezzella, La parabola della vigna,
BeO 5 (1963), 7.
Aufgrund dieser Auffassung wäre anzunehmen, Jesaja habe aus irgendeinem Grunde
»Israel« sagen wollen, auch wenn er damit Juda meinte. Der Fall ist aber nicht ganz

Pflanzung, wie sie V. 3–6 zutage tritt, entspräche dann in der intendierten Sache einer Zusammengehörigkeit von Gesamtisrael und Juda/
Jerusalem in Tat, Verantwortlichkeit und künftigem Ergehen. Es erscheint etwas unwahrscheinlicher, in V. 7a »Haus Israel« und »Mann
Juda« mit Rost als »ein- und dasselbe«[295] verstehen zu sollen. In beiden
Fällen funktioniert das Wort וַיְקַוֵּהוּ als Metapher und nennt es an seiner Stelle in V. 2 metaphorisch Eigenschaften einer Sache[296]; und in
beiden Fällen sind die Worte כֶּרֶם und שֹׂרֵק je an ihren Stellen als Metaphern wirksam, nur nennen sie im letzteren Fall metaphorisch (wohl
z. T. je verschiedene) Eigenschaften derselben Sache[297]. Eine sichere

---

analog dem, was nach L. Rost (a.a.O., 45 f., vgl. G. B. Gray, a.a.O., 87) in 1, 3; 8, 18 geschieht, denn in 5, 7 ist Juda zugleich mit dem Namen Juda benannt. Der Prophet hat
auch nicht »Israel« gesagt, um so, mit »Israel« und »Juda« eine *Zweiheit* zur Hand zu
haben, die *formal* mit der Zweiheit Weinberg/Pflanzung korrespondieren könnte, obwohl »Israel« und »Juda« in V. 7 sachlich in eins gesetzt werden. Ginge es darum, in
der Deutung *formal* der Zweiheit Weinberg/Pflanzung zu entsprechen, läge es nach
V. 3 doch näher, in V. 7 von *Jerusalem und Juda* zu reden. Demgegenüber ist es geradezu auffallend, daß Jesaja von *Israel* und Juda redet. Es fragt sich dann doch schließlich, ob nicht mit »Haus Israel« ein Israel als eine die beiden Staaten ideell umfassende Größe gemeint sein sollte. Vgl. u. a. F. Delitzsch, a.a.O., 1889⁴, 106 f.; R. Kittel
bei A. Dillmann, a.a.O., 1898⁶, 46; F. Feldmann, a.a.O., I 1 1925, 56; K. Budde, Zu Jesaja 1–5, ZAW 50 (1932), 57; O. Procksch, a.a.O., 90; R. B. Y. Scott, a.a.O., IntB V
1956, 196; T. de Orbiso, a.a.O., 727 f.; O. Kaiser, a.a.O., 44.
[295] So L. Rost, Israel bei den Propheten, 1937, 46.
[296] Fragen wir, welche Bedeutungselemente des Wortes dabei (metaphorisch) nennen, so
ist gleich von den Affixen des Wortes abzusehen: was sie leisten, kann genauso in der
intendierten Sachaussage nachvollzogen werden (»Zusammenfall« Bild – Sache). Die
Bedeutung »pflanzen« aber nennt metaphorisch. Nennend bezogen wird wohl etwa
die Konfiguration [+ mit Lebensmöglichkeiten versehendes Anbringen]. Als Bezugspunkt läßt sich von V. 7a her ganz allgemein die Landnahme der Israeliten in Kanaan
erwägen, hier als Werk Jahwes verstanden. Die *Sache,* deren Eigenschaften mit der
Metapher benannt werden, wäre Jahwes Hineinführung von Israel ins Land. Allerdings spricht Jesaja [sonst] nicht von der Hineinführung ins Land – im Unterschied
etwa zu Hosea, woran W. Zimmerli brieflich (4. I. 1983) erinnert. Die Rede von dem
»Pflanzen« V. 2 deutet aber, von V. 7a her verstanden, doch wohl am ehesten darauf,
daß Gesamtisrael/Juda nicht schon immer im Lande saß, sondern so oder so hinein-
kam. – Eine zweite Schwierigkeit könnte darin gesehen werden, daß der metaphorische Gebrauch des Verbs נטע von der Hineinführung nach Kanaan Ex 15, 17;
Ps 44, 3; 80, 9. 16; II Sam 7, 10; Jer 2, 21; 11, 17; 32, 41; Am 9, 15 sich nicht mit Sicherheit als älter als Jesaja alttestamentlich belegen läßt. Die *Entfaltung* der Metapher נטע
in Jes 5, 2 aber, mit dem כֶּרֶם als Objekt, ist gegenüber den genannten Stellen durchaus
eigenständig, vgl. dazu A. J. Bjørndalen, Zur Frage der Echtheit von Jesaja 1, 2–3;
1, 4–7 und 5, 1–7, NTT 83 (1982), 96 f.
[297] Vgl. oben, S. 303 f. 311. – Welche gemeinsamen Eigenschaften des כֶּרֶם und des »Hauses Israel« hier benannt werden, ist nicht eindeutig auszumachen. Dem Kontext nach

Entscheidung zwischen diesen Alternativen läßt sich kaum vollziehen.
V. 3 deutet aber, wenn nicht auf alle, so doch wenigstens auf den *Kern*
der Angeklagten: die Jerusalemer und Judäer. Und es mag schließlich
intendiert sein, daß dieses *bildhafte* Lied auf den Weinberg gerade in
diesem entscheidenden Punkt eine etwas weite Adresse hat, sich aber
doch auf die mutmaßlichen *Hörer* zuspitzt[298].

Die allegorische Rede V. 1 bβ. 2 a α₁ βγ. 5 b. 6

Wir haben gesehen, daß V. 1b α. 2 b–5 a allegorische Redeweise be-
nutzen, und daß auch der Satz וַיְעַזְּקֵהוּ שֹׂרֵק V. 2 a α₂, wo beide Worte als
Metaphern funktionieren, allegorisch ist. Es bleiben nun folgende Textteile auf den Bezug zwischen Bild und Sache hin zu befragen: V. 1 b β.
2 a α₁ βγ. 5 b. 6. Es wird hier überall mit Bezug auf den Weinberg geredet, in engem sachlichen und syntaktischen Zusammenhang mit der allegorischen Rede, und ohne daß etwa ein Vergleich ausdrücklich vorgenommen würde. Insofern entsteht hier bei der Betrachtung der Sprachverwendung mit vollem Recht ein Suchen und ein Fragen, ein Sich-her-
vor-Tasten, ob nicht auch in diesen Textteilen allegorisch geredet
werde.

Es sei mit Nachdruck betont, daß dieses Fragen gegenüber metaphorischen Texten durchaus legitim, ja notwendig ist[299].

V. 1 b β

In V. 1 b β begegnet die Wendung קֶרֶן בֶּן־שָׁמֶן. Das Substantiv קֶרֶן
ist nur hier im AT als geomorphologischer Terminus verwendet[300], und
es liegt schon deshalb nahe, anzunehmen, das Wort wäre in solcher
Verwendung bereits metaphorisch verwendet, oder vielleicht eine Ex-

---

kann man aber vermuten etwa: umsichtsvoll und gut gepflegt zu sein, als teures Eigentum gehütet zu sein, sich entfaltendes Leben edler Art zu umfassen. – Zu שֹׂרֵק vgl.
G. Dalman, AuS, IV 1935, 320. Angewandte Bedeutungselemente bei diesem Wort,
wie es hier verwendet wird, dürften [+ edel], [+ gut], [+ vorzüglich] und derglei-
chen sein, vielleicht auch [+ erquickend].

[298] Vgl. G. A. Yee, a.a.O., 38.

[299] Vgl. A. J. Bjørndalen, Metodiske bemerkninger til spørsmålet etter allegorier i Det
gamle testamente, TTK 37 (1966), 164 f.

[300] Vgl. A. W. Schwarzenbach, Die geographische Terminologie im Hebräischen des Alten Testamentes, 1954, 19.

Metapher: eine besondere Bezeichnung eines Landschaftsteils[301]. Wir fragen aber darüber hinaus, ob das Wort *hier* in bezug auf die intendierte Sache metaphorisch verwendet ist oder nicht. Nun ist קֶרֶן auf die Metapher כֶּרֶם bezogen. קֶרֶן kommt mithin in Betracht als Benennung des Ortes Gesamtisraels (oder, vielleicht, Judas). קֶרֶן bezeichnet hier somit in dem Bild wohl einen abgegrenzten Topos, in der Sache aber ein ganzes Land oder wenigstens Landesteile. Es ist also wenigstens *ein* Bedeutungselement wohl *nicht* beziehbar (z.B. [+ Teil einer Landschaft]), und so liegt disjunktive Bedeutungsverwendung vor. Diese Metapher קֶרֶן läßt sich leicht auf Kanaan oder das judäische Gebirge beziehen (relevante Bedeutungselemente z.B. [+ bergisch], [+ hoch gelegen])[302] und ordnet sich zwanglos unter die Bezüge der oben genannten Metaphern zueinander und zur intendierten Sache ein.

Das Wichtige an der ganzen Wendung קֶרֶן בֶּן־שָׁמֶן ist die *Fruchtbarkeit,* die sie dem Land Kanaan bzw. dem Land Juda zuspricht[303]. Diese Sicht des Landes ist eine wichtige Prämisse für die Erwartungen, die nachher an den Weinberg gestellt werden. Sie ist der Bezeichnung »Land, das von Milch und Honig fließt«, zu vergleichen[304].

V. 2 a

Es folgt V. 2 a. In 2 a α$_2$ sind die Worte שֹׂרֵק und וַיְּעַזְּקֵהוּ metaphorisch verwendet. Wie ist nun aber die erste Reihe zu beurteilen, und die zweite Periode, mit dem Turm und der Kelter?

---

[301] Worum es bei dieser Bezeichnung geht, *wonach* der Landschaftsteil benannt wird, ist ungeklärt. Zur Interpretation A.W.Schwarzenbachs, a.a.O., 19 f.: »Berghalde«, vgl. treffend H.Wildberger, Jesaja, I 1972, 168: »Es ist … nicht einzusehen, warum eine Berghalde ›Horn‹ heißen soll, und daß ein Weinberg an einem Hang liegen muß, ist für Palästina nicht erforderlich.« – Gegen Schwarzenbach, a.a.O., 20, mit Wildberger, a.a.O., ebda scheint bis auf weiteres die Interpretation von K.Budde, Zu Jesaja 1–5, ZAW 50 (1932), 55 die nächstliegende zu sein: »Ausläufer eines Berges«. Budde aber verweist für diese Deutung auf Ehrlich, s. A.B.Ehrlich, Randglossen zur hebräischen Bibel, IV 1912, 20 und ders., a.a.O., III 1910, 45.

[302] Vgl. nach dem Targum Jonathan neuerdings H.Ewald, Die Propheten des alten Bundes, I 1867², 311; F.Delitzsch, Commentar über das Buch Jesaia, 1889⁴, 107; E.König, Das Buch Jesaja, 1926, 83. – Gegen D.Buzy, Le Cantique des Cantiques. Exégèse allégorique ou parabolique? RSR 39 (1951–52), 109.

[303] Zu בֶּן־שָׁמֶן vgl. oben, S. 270 f.

[304] Zur Streuung dieser Formel vgl. W.Zimmerli, Ezechiel, I 1969, 444 f. und G.Fohrer, Überlieferung und Geschichte des Exodus, 1964, 32. – Zu der in dieser Formel ausgesagten Sache vgl. S.D.Waterhouse, A Land Flowing with Milk and Honey, in: AUSS 1, 1963, 152–166.

Der ganze Text V. 1 b. 2 erfuhr durch Franz Delitzsch eine durchgehende metaphorische Deutung. Nicht nur ist der קֶרֶן Kanaan: »die
Umgrabung und Entsteinigung des Weinbergs ist die Räumung Canaans von seinen zeitherigen heidnischen Bewohnern (Ps. 44, 3), die So-
rek-Reben sind die heiligen Priester und Propheten und Könige des Israel der besseren Vorzeit (Jer. 2, 21), der schützende und zierende Turm
inmitten des Weingartens ist Jerusalem als Königsstadt mit Zion der
Königsburg (Mi. 4, 8); der Keltertrog ist der Tempel, wo nach Ps. 36, 9
himmlischer Freudenwein in Strömen fließt ...«[305].

Delitzsch meinte, diese Deutung ergebe sich von V. 7 a her[306]. Gerade dann fällt aber auf, daß שֹׂרֵק V. 2 a α durch V. 7 a β metaphorisch
als Mann Juda allgemein gedeutet wird[307] und nicht speziell als Priester,
Propheten und Könige. Gegenüber V. 7 a β kann der Hinweis auf die
allem Anschein nach jüngere, und in anderem Kontext vorkommende
Stelle Jer 2, 21 nicht durchschlagend sein.

Delitzsch wollte von einem Punkt der Deutung (V. 7 a) aus eine,
wie wir sagen möchten, allegorische Deutung der ganzen Bildrede darlegen. Es ist auffallend, wie er gerade bei dem Bezug der נֶטַע שַׁעֲשׁוּעָיו
zu dem שֹׂרֵק fehlgriff. Er hat eben, wenn erst eine oder zwei metaphorische Deutungen durch V. 7 a provoziert waren, nicht mehr nach einer
innertextlichen Grundlage seiner Deutungen gefragt, sondern sie
durchgehend mit Belegen aus anderen alttestamentlichen Texten versehen. Es muß aber gefragt werden, inwiefern die einzelnen Züge der
Schilderung *im Rahmen ihrer Bezüge aufeinander und auf die Sache* eine
Deutung als Metaphern zulassen. A. Dillmann wendete gegen Delitzschens Einzeldeutung ein: »nicht einmal der Turm, bei dem es am nächsten läge, verlangt das«[308].

T. de Orbiso scheint die Frage offenzulassen, ob der Turm und die
Weinpresse (!) metaphorisch zu deuten sind oder nicht[309]. Eine Untersuchung dieser Probleme bietet er nicht.

---

305 F. Delitzsch, a.a.O., 1889⁴, ebda. Nach dem Targum ist das Umgraben die Heiligung,
     die Entsteinigung die dem Volk verliehene Ehre; der Turm ist der Tempel und die
     Kufe der Altar zur Sühne von Israels Sünden.
306 F. Delitzsch, a.a.O., 1889⁴, ebda: »Von hier aus [V. 7 a] deutet sich das Gleichnis leicht
     im einzelnen aus.«
307 Vgl. oben, S. 303.
308 Vgl. A. Dillmann, a.a.O., 1890⁵, 45; ebenso R. Kittel bei A. Dillmann, a.a.O., 1898⁶, 45.
309 T. de Orbiso, a.a.O., 728.

Aa. Bentzen meint in seinem Kommentar[310], die Zuhörer Jesajas haben das Lied als Allegorie auf eine untreue Frau verstanden, die ihrem Mann uneheliche Kinder gebäre. Doch V. 7 deute den Text nicht als erotische, sondern als religiöse Allegorie. Im Rahmen dieser Auffassung des Bildes, zu welcher wir oben Stellung genommen haben, ist V. 2 »et billede for at« der Ehemann »opfyldte alt, hvad en hustru efter lov og moral kunde forlange (Ex. 21, 10)«[311]. *Das Bild V. 2* ist nach alldem wohl von Bentzen *allegorisch* verstanden worden[312]. Nur an einem Punkt allerdings in der Schilderung V. 2[313] sucht Bentzen seine These im einzelnen durchzuführen: Die Rede von dem Turm sei möglicherweise ein *Ausdruck* dafür, daß der Besitzer eifersüchtig über die Treue der Frau wachte, was leicht auf das Gebiet der religiösen Allegorie übertragen werden könne, der Eifersüchtigkeit Jahwes entsprechend[314]. Es ist aber in Bentzens Darstellung unerörtert, inwiefern dies eine allegorische Deutung des betreffenden Textteils genannt werden kann. Bei einer allegorischen Deutung der Rede vom Turm müßte es auch darum gehen, *das Wort* מִגְדָּל *als Metapher* sinnvoll unter Berücksichtigung des Kontextes zu deuten. Daß die Rede vom Turm »Ausdruck« irgendwelchen Tatbestandes sei, besagt noch nicht, daß das Wort Turm Metapher sei. Bentzen versteht mit Recht die Rede vom Turm als Hinweis, es bleibt aber unerklärt, ob dieser Hinweis metaphorischer Art ist, d. h. durch den metaphorischen Gebrauch eines Wortes verwirklicht wird.

D. Buzy, der die Frage nach der bildhaften Redeweise Jes 5, 1–7 am eingehendsten erörtert hat, neigte in seiner Arbeit Introduction aux paraboles évangéliques, 1912, 117 dazu, den Turm mit Jerusalem (und, unter Vorbehalt, die Mauer mit der Stadtmauer) zu »identifizieren«. Später ist Buzy zu der Ansicht gekommen, diese beiden Züge seien genauso wie V. 1 b. 2 im Ganzen zu verstehen: Alle Einzelzüge hier »accentuent ... l'idée qui est à la base de l'allégorie, à savoir l'analogie d'Israël et de la vigne; ce sont des détails *paraboliques* qui demandent à être traduits en *comparaisons*: de même que le propriétaire a fait pour sa vigne tout

---

[310] Aa. Bentzen, Jesaja, I 1944, 33 ff. – Daß die Zuhörer den Text bis zum Ende von V. 6 als eine erotische Allegorie verstanden haben (a.a.O., I 1944, 36), sagt Bentzen schon 1927 (Zur Erläuterung von Jesaja 5, 1–7, AfO 4 (1927), 210).

[311] Aa. Bentzen, Jesaja, I 1944, 34.

[312] Das war auch Aa. Bentzens eigene Auffassung, vgl. ders., a.a.O., I 1944, 33; s. noch hierzu J. T. Willis, a.a.O., 354.

[313] Und dann später im Text an *einem* Punkt in V. 5 b–6.

[314] Aa. Bentzen, a.a.O., I 1944, 34.

ce qui était en son pouvoir, ainsi Yahweh a-t-il épuisé pour Israël la me-
sure de ses bienfaits«[315].

Die Ausdrucksweise Buzys berührt sich darin mit der von Dillmann, daß auf ein Nicht-Verlangen oder aber auf eine Forderung hingewiesen wird. Nach Dillmann *verlangt* der Turm nicht, einzeln gedeutet zu werden[316], nach Buzy *fordern* die Einzelheiten V. 1 b. 2 aber, in
Vergleiche übersetzt zu werden. Diese Aussagen sind förderlich, weil
sie sich auf ihre Voraussetzungen hin befragen lassen und damit zum
Nachdenken anregen.

Dillmann meint, es sei wohl schwer, das Wort מִגְדָּל metaphorisch
zu deuten, und keine bestimmte Deutung liege besonders nahe. Das
hieße, in Zusammenhang gebracht mit unserem Ergebnis betr. V. 2 b–
5 a: Die Deutung der dort schon aufgezeigten Metaphern bildet kein
darzustellendes Ganzes mit einem solchen Inhalt, daß es darin eine *Sache* gibt, welche augenfällige Vergleichbarkeit mit dem Turm besitzt.
Der Kontext läßt kein Bedeutungselement des Wortes מִגְדָּל aktualisieren, das es mit einem Wort für die gefragte Sache gemeinsam hat.

Das *ensemble* von Bedeutungselementen des Wortes מִגְדָּל, die bei
seiner Verwendung in Jes 5, 2 relevant sein können, kann etwa durch
die Wendung »steinerner Wachturm« angezeigt werden, mit wichtigen
Bedeutungselementen wie etwa [+ Bau für Überwachung], eventuell
auch [+ Unterkunft für die Wache][317]. Bei eventuell metaphorischem

---

[315] Vgl. D. Buzy, Le Cantique des Cantiques. Exégèse allégorique ou parabolique? RSR
39 (1951–52), 109 f. Buzy stellt hier die Mauer und den Turm unter dasselbe Urteil
wie u. a. jede sonstige Einzelheit V. 1 bβ. 2. Dieses Urteil entspricht, von Einzelheiten
der Formulierung abgesehen, dem in seiner Introduction aux paraboles évangéliques,
1912, 118 gegebenen, jedoch umfaßte es dort nicht Mauer und Turm.

[316] Vgl. A. Dillmann, a.a.O., 1890[5], 45.

[317] Es liegt nahe anzunehmen, der Sänger denke an einen Turm, so wie man ihn in Weingärten zu bauen pflegte: Der Kontext teilt eben mit, daß der Turm in dem Weingarten gebaut wurde.
Das Wort מִגְדָּל hat in Gen 11, 5 sicher das angewandte Bedeutungselement [+ sehr
hoher Bau], vgl. Gen 11, 4. Dieses Bedeutungselement des Wortes ist in Jes 5, 2 mit Sicherheit nicht relevant, vgl. zur Höhe von Wachtürmen in Weingärten G. Dalman,
AUS, II 1932, 55 u. Abb. 16; a.a.O., IV 1935, 317, Abb. 94; a.a.O., VI 1939, Abb. 15;
a.a.O., VII 1942, 116 u. Abb. 28 u. 29.
Das Wort מִגְדָּל hat in Jdc 9, 46 ff. 51 f. sicher angewandte Bedeutungselemente wie
etwa [+ Bau, dessen Höhe groß ist im Vergleich mit dessen Grundfläche] und [+
geräumiger Bau]. Die Kontexte wollen wissen, daß viele Menschen in diese Türme
flüchteten. Das zuletzt erwähnte Bedeutungselement des Wortes ist wiederum mit Sicherheit nicht relevant in Jes 5, 2, denn es könnte auf keine entsprechende Eigenschaft
eines Weinbergturms bezogen werden. – Zur *Größe* der Wachtürme in Weingärten
vgl. G. Dalman, a.a.O., IV 1935, 317; a.a.O., VII 1942, 116 f.

Wortgebrauch würden relevante Bedeutungselemente des Verbums בנה
G [+ anfertigen], [+ machen] sein können. Metaphorischer Gebrauch
der Gruppe וַיִּבֶן מִגְדָּל würde vom Nomen Bedeutungselemente wie [+
Überwachung], [+ Hüten] o. ä. aktualisieren können. Aber dies ist
vorerst nur eine Möglichkeit. *Soll* hier überhaupt metaphorisch gedeutet werden?

    D. Buzy meint nein. Seine Darstellung setzt voraus, was aus seinen
Formulierungen hervorgeht, daß die Schilderung V. 1 b. 2 im Rahmen
eines (nicht: ausdrücklichen, sondern:) geforderten Vergleichs zwischen
dem Weingarten des Liedes und Israel ergeht. Die Rede vom Weingarten des Liedes und Israel als von zweien, nämlich bei dem Vergleich, sei
durch die Bildrede als die ihr gemäße Explikation gefordert. Es be-
stünde eben zwischen ihnen eine (oder mehrere) Analogie(n), weswegen die Einzelheiten der Schilderung *im Vergleich* zwischen den beiden Größen, Weingarten und Israel, umgesetzt werden wollten.

Das Wort מִגְדָּל kann in Jdc 9, 49. 52 unter seinen aktualisierten Bedeutungselementen
auch [+ hölzerner Bau] haben, während dieses Bedeutungselement des Wortes in
Jes 5, 2 wahrscheinlich nicht relevant sein konnte, weil es auf eine entsprechende Ei-
genschaft des Weinbergturms wahrscheinlich nicht bezogen werden *konnte*. Der
Turm in Jes 5, 2 ist wohl als hauptsächlich steinerner Turm zu denken, vgl. G. Dalman, a.a.O., II 1932, Abb. 16; a.a.O., IV 1935, 317, Abb. 94; a.a.O., VII 1942, 116 f.
und Abb. 28.
Man sieht, die Bedeutungselemente der Bedeutung des Wortes מִגְדָּל im AT sind im
Sinne A. Reichlings »disjunktiv relevant« für die Nennfunktion des Wortes, vgl.
A. Reichling, Verzamelde studies over hedendaagse problemen der taalwetenschap,
1966[4], 43: »de onderscheidingen waarvan twee of meer taalgebruikers in hetzelfde ge-
val van communicatie weet hebben, hoeven volstrekt niet volslagen dezelfde te zijn,
evenmin als de onderscheidingen waarvan één taalgebruiker zich in verschillende ge-
vallen van communicatie bedient. De onderscheidingen binnen één betekenis blijken
in de verschillende gebruiksgevallen ›disjunctief‹ relevant. Voor het gebruiken van
eenzelfde woord zijn slechts enkele onderscheidingen nodig, die bovendien telkens
verschillend zijn, als zij maar trekken weergeven die eigen zijn aan datgene waarover
gesproken wordt.«
Bedeutungselemente des Wortes מִגְדָּל, die bei seiner Verwendung in Jes 5, 2 aktualisiert werden konnten, konjunktive Bedeutungsverwendung vorausgesetzt, waren sicher u. a. [+ steinerner Bau] und [+ runder Bau] *oder* [+ viereckiger Bau], vgl. zur
Alternative G. Dalman, a.a.O., IV 1935, 317; a.a.O., VII 1942, 116 f. einerseits, G. Harder, Herodes-Burgen und Herodes-Städte im Jordangraben, ZDPV 78 (1962), 59 andererseits. Aber sicher konnte aktualisiert werden ein Bedeutungselement wie [+ Bau
für Überwachung]. Der wesentliche Zweck der Türme in den Weingärten war die
Überwachung und der Schutz der Gärten, vgl. G. Dalman, a.a.O., II 1932, 55; a.a.O.,
IV 1935, 316 ff. 332 ff. (Dieses Bedeutungselement ist Gen 11, 4 f. durchaus irrelevant.)

Buzys Ausdruck »être traduits en comparaisons« deutet richtig an, *daß der Text sich nicht in einem Vergleich oder Vergleichen ausspricht. Warum* ist dann ein »Übersetzen« der Textaussage in die Form des Vergleichs gefordert? Kann man nicht anders explizieren, zunächst einmal einfach in der Weise, wie der Text selbst, ohne Vergleiche, redet[318]? Ist nicht wenigstens *auch* das geboten, statt den Text nur in eine andere Form umzubauen? Das ist eine *Möglichkeit,* es wird dann aber zu ihrer Überprüfung nötig, die Redeweise des Textes V. 2 a α₁. β. γ genau zu erfassen zu versuchen[319].

Wir sahen schon[320], daß V. 1 b β. 2 a. 4 ihrer Funktion nach mit einer neben V. 7 zu stellenden Eigenaussage auf Haus Israel/Mann Juda bezogen werden wollen, und daß dann die in V. 7 a angezeigte Metapher כֶּרֶם je an ihren Stellen V. 1 b. 3. 4 a metaphorisch wirkt, was greifbar wird u. a. weil kein andersartiger Bezug des Wortes auf die intendierte Sache signalisiert wird[321]. Im Weingarten also, welcher metaphorisch geredet das Haus Israel »ist«, wird der Boden gehackt, Steine werden entfernt, der Turm gebaut. Alle Mühe, alle Maßnahmen V. 2 a sind Arbeit an diesem Weingarten, dem Haus Israel. (Diese Feststellung trifft auch für die Strafmaßnahmen V. 5 b. 6 zu.) So wird sichtbar, daß die Schilderungen dieser Maßnahmen von der ihnen vorausgehenden und folgenden metaphorischen Rede beherrscht sind und ihrer Struktur entspringen: Die Schilderungen gehören mit hinzu zu dem Ensemble der in unserem Sinne *aufeinander bezogenen Metaphern* und bauen gerade *dieses* Ensemble weiter aus, so daß auch dieser Ausbau insofern an der metaphorischen Redeweise teilhat. Der sachliche und syntaktische Zusammenhang im Text spricht dafür, und kein explizites Signal, wie etwa ein Vergleichspartikel, spricht dagegen, auch in V. 2 a α₁. β (5 b. 6) einen Wortgebrauch anzunehmen, der Eigenschaften von Sachen dadurch *benennt,* daß Bedeutung, disjunktiv verwendet, auf sie bezogen wird. Die Schilderungen V. 2 a α₁. β. γ müssen, infolge ihres so gearteten Zusammenhanges mit den als metaphorisch erwiesenen Textteilen, und weil V. 2 a als Prämisse der Anklage schon mit (mit V. 1 b. 4 zusammen) von Israel handelt, *metaphorisch gedeutet werden. Das entspräche der Art der Sprachverwendung im Text*[322].

---

318 Das sind Fragen, die auch anläßlich der Sicht W. Schottroffs, a.a.O., 89 gestellt werden (vgl. oben, S. 302, Anm. 246).

319 Zu V. 2 a α₂: וַיְקַוֵּהוּ שֹׁרֵק, vgl. oben, S. 303 und Anm. 249. 315 ff.

320 Vgl. oben, S. 310.

321 Vgl. oben, S. 313 f.

322 Gegen u. a. S. Mowinckel, Jesajaboken. I. Kap. 1–39, in: GT MMM, III 1944, 90; G. von Rad, Theologie des Alten Testaments, II 1960, 191. – Vgl. oben, S. 314 f., Anm.

Man darf deshalb vermuten, daß die Rede vom Turm V. 2 a β₁ metaphorisch zu deuten ist, und zwar mit einem Sinn ähnlich dem, den wir oben[323] als eine Möglichkeit sahen: Der Weingartenbesitzer/Jahwe baute einen Wachturm/richtete eine schützende Überwachung ein über dem Weingarten/Haus Israel – Mann Juda. Wir befinden uns damit in einer Nähe zur Deutung Aa. Bentzens, können aber seine Auffassung des Bildstoffes nicht übernehmen. Der Weingartenbesitzer/Jahwe überwacht nicht, vornehmlich eifersüchtig, eine Frau und deren Treue, sondern *hütet* seinen Weingarten/Haus Israel – Mann Juda. Das hütende Überwachen entspricht dem Bildstoff genau: ein Wachturm ist Turm der נוֹצְרִים, II Reg 17,9; 18,8, und ein Weingarten hat seinen נֹצֵר, Jes 27,3. Als Analogie zu der mit der Rede vom Turm intendierten Sachaussage liegt Dtn 32,10 b β nahe:

$$\text{יִצְּרֶנְהוּ כְּאִישׁוֹן עֵינוֹ}^{324}$$

Vgl. aber auch Jes 27,2 b. 3:

$$^{325}\text{כֶּרֶם חֶמֶד עַנּוּ־לָהּ אֲנִי יהוה נֹצְרָהּ}$$

Es wollen nach all dem auch die Wendungen V. 2 a α₁ und V. 2 a γ metaphorisch gedeutet werden, denn auch diese nehmen Teil an dem Geflecht von Bezügen zwischen den aufeinander bezogenen Metaphern. Die Frage nach beziehbaren Bedeutungselementen zu beantworten ist hier aber so schwierig, daß man fragen muß, ob diese Wendungen metaphorisch gedeutet werden *können*. Man weiß nicht recht, was für Eigenschaften einer besonderen Sache durch וַיְסַקְּלֵהוּ metaphorisch benannt werden sollten – und gar im Unterschied zu einer durch וַיְעַזְּקֵהוּ angezeigten Sache. Ist also eher nach einem oder einigen, beiden Verben gemeinsamen Bedeutungselement(en) zu fragen, die hier auf *eine* intendierte Sache angewandt worden wäre(n)? Eine naheliegende Antwort läßt sich aber nicht finden.

Die Deutung von F. Delitzsch zu V. 2 a α₁, »die Räumung Canaans von seinen zeitherigen heidnischen Bewohnern«[326] hat einen unklaren

---

287 zum Kriterium, der Weise der Sprachverwendung des Textes bei der Interpretation zu entsprechen.

323 Vgl. oben, S. 323 f.

324 Zur geschichtlichen Einordnung von Dtn 32,1–43 vgl. O. Eißfeldt, Das Lied Moses Deuteronomium 32,1–43 und das Lehrgedicht Asaphs Psalm 78 samt einer Analyse der Umgebung des Mose-Liedes, 1958, bes. S. 41 ff.

325 Zu diesem Text vgl. L. Alonso-Schökel, La canción de la viña Is 27,2–5, EE 34 (1960), 767–774.

326 F. Delitzsch, Commentar über das Buch Jesaia, 1889⁴, 107.

Bezug zur mutmaßlichen Metapher וַיְּעַזְּקֵהוּ, »er hackte ihn«, dieses
Verbum wäre bestenfalls eine »überschüssige« Metapher. Das Verbum
סקל D aktiv ließe sich leichter als Metapher mit der von Delitzsch vorgeschlagenen Deutung verstehen. Er wies auf Ps 44,3 hin. Dort, wie
auch Ps 80,9, ist das Thema »Vertreibung der Völker« mit der Rede
von Jahwes *Pflanzung* Israels in Kanaan hinein verbunden. Vgl. noch
Ps 78,55. Sollte nun aber in dieser Tradition auch das Vertreiben der
Völker neben der Pflanzung Israels metaphorisch ausgedrückt werden,
müßte am ehesten von anderen *Pflanzen,* anderem *Gewächs* die Rede
sein, welches etwa ausgerissen wäre (נתש G, vgl. Jer 24,6; Ez 19,10–12).
Demgegenüber spricht Jes 5,2 von *Steinen,* die entfernt werden. Diese
Maßnahme, wie auch das Hacken des Weingartens, ist vom Bildstoff
her eine notwendige Arbeit, die mit großer Wahrscheinlichkeit als
selbstverständlich angesehen wurde[327]. Hier ist das Hacken nicht
»überschüssig«. Es liegt dann viel näher, V. 2 a α₁ als *vom Bildstoff bedingt* anzusehen, näher als sie von der im Rahmen der Ps 44,3; 80,9
zum Vorschein kommenden Tradition her bedingt zu verstehen. Die
Deutung auf die Vertreibung der Ureinwohner Kanaans vermißt somit
eine tragfähige Grundlage. Eine andere, im Zusammenhang der übrigen metaphorischen Rede naheliegende metaphorische Deutung der
Verben V. 2 a α₁, gibt es auch nicht. Ebenfalls scheint die Verwendung
des Satzes יֶקֶב חָצֵב V. 2 a γ eindeutig im Bildstoff begründet zu sein,
aber schwerlich mit einer naheliegenden Deutung auslegbar zu sein.

Damit ist allerdings nicht die Beobachtung hinfällig geworden,
daß diese Worte, ihrem sachlichen und syntaktischen Zusammenhang
mit der übrigen metaphorischen Rede zufolge, metaphorisch gedeutet
werden müßten. Es liegt eine *nicht direkt deutbare* Metaphorik vor, sie
ist als Metaphorik nicht vollziehbar[328]. Insofern ist Buzys Auffassung
nicht haltbar, es handle sich um »détails exclusivement paraboliques«[329], ein Urteil, das Buzy in 1951 u. a. auf die ganze Darstellung V.
1 b. 2 a bezieht. Es liegt in V. 1 b. 2 a z. T. metaphorisch direkt deutbare,

---

[327] Vgl. G. Dalman, AUS IV 1935, 309 f. 323 f.

[328] Vgl. oben, S. 121 ff. Das Phänomen unvollziehbarer Metaphorik in Jes 5,1–7 ist dort
nicht erkannt, oder auch anders verstanden, wo die Bestimmung des Textes als einer
Allegorie mit dem Hinweis bestritten wird, dieser Text sei nicht in jedem Einzelele-
ment allegorisch deutbar, während in einer Allegorie jedes metaphorische Element
eine ihm korrespondierende Realität repräsentiere. Dazu s. oben, S. 101 f. und Anm.
402.

[329] D. Buzy, Le Cantique des Cantiques. Exégèse allégorique ou parabolique? RSR 39
(1951–52), 110.

sicher allegorische Rede vor, z. T. unvollziehbare Metaphorik. Das Allegorische wird in V. 1 b. 2 a nicht von im Sinne Buzys gleichnishafter Rede unterbrochen oder fortgeführt, sondern die allegorische Rede wird hier von undeutbarer Metaphorik, die allegorischer Weise auf die deutbaren Metaphern bezogen ist, weitergeführt.

»Überschüssige« Metaphorik wird man diese Metaphernversuche nicht nennen können. Irgendwie bezieht sich die Rede V. 2 a α$_1$. β. γ auf das, was Jahwe für Haus Israel/Mann Juda getan hat. *Aber wie?*

Es ist zunächst zu beobachten, wie das *Ganze* von V. 2 a mit V. 1 b β in der inneren Ökonomie der bildhaften Darstellung eine Rolle spielt, indem die Rede V. 4 a darauf Bezug nimmt. Demnach liefert V. 1 b β. 2 a. 4 eine Prämisse für die Anklage V. 2 b: Der Weingartenbesitzer hat *all* das Nötige getan, um das Gelingen seiner Mühe herbeizuführen. Die Häufung von Handlungen V. 2 a will also einerseits den Satzgruppeninhaltsaspekt hervorheben lassen, daß der Weingartenbesitzer es an *nichts* hat fehlen lassen, was seinem Weingarten förderlich gewesen sein könnte [330]. *Andererseits* aber nimmt die Deutung V. 7 a mit נְמַע שַׁעֲשׁוּעָיו, wie wir gesehen haben [331], auf V. 2 a α$_2$ als auf metaphorische Rede Bezug, und entsprechend ließ sich V. 2 a β metaphorisch deuten, ja, *müßte* V. 2 a im ganzen metaphorisch gedeutet werden. Dem entspricht, daß keine Vergleichstätigkeit von der Bildrede V. 1–5 a provoziert wird. Der Sinn der Bildrede ist hier nicht dadurch zu gewinnen, daß man Jahwe in irgendwelchen Hinsichten mit dem Weingartenbesitzer vergleicht, denn der Weingartenbesitzer *ist,* allegorisch geredet, Jahwe; die Pflanzung, der er verbunden war, ja sein ganzer Weingarten *ist* allegorische Darstellung vom Haus Israel/Mann Juda. Die durch die Häufung der Handlungen V. 2 a intendierte Sachaussage über Jahwe ist *deshalb* auf Jahwe bezogen, weil der Weingartenbesitzer, allegorisch geredet, Jahwe ist. Es handelt sich um einen Satzgruppeninhaltsaspekt von V. 2 a, wenn man will, sogar um Elemente einer Zusammenfassung des Inhalts, die gewonnen wird in der Form eines Urteils, unter Berücksichtigung von V. 1 b β. 4 und der Herausforderung V. 3 b. Gefragt ist dieses Urteil, weil die Bildrede zu einem Urteilsspruch auffordert. Dieses Urteil ist kein *tertium comparationis,* sondern, unmittelbar auf das allegorische Reden bezogen, über eine *Person* und über eine *Instanz* der Allegorie auszusagen. Weil unmittelbar auf das allegorische Reden bezogen ist das Urteil selbst bereits metaphorisch, eventuell alle-

---

[330] Vgl. zu V. 1 b. 2 a. 4 auch oben, S. 310.
[331] Vgl. oben, S. 302 ff.

gorisch formuliert. Es ist, entgegen der Sicht Buzys, nicht notwendig, die Textaussagen oder dies Urteil in die Form des Vergleichs umzusetzen. Man kann den Text explizieren ohne Vergleiche, und die Bezüge, die er zu der intendierten Sache stiftet, ohne Vergleiche nachvollziehen.

Das zusammenfassende, aus V. 1 b β. 2 a gewonnene Urteil kann mit unterschiedlicher Fülle an Details entfaltet werden. Sehr mager könnte man es wie folgt andeuten: Der Weingartenbesitzer hat in seiner Fürsorge alles Förderliche für seinen Weingarten getan. Dieses Urteil ist metaphorisch formuliert und bildet, insofern es nicht im Bildtext mitgeteilt sondern aus ihm zu gewinnen ist, eine Mittelstufe zwischen Bildtext und nicht bildhafter Sachaussage. Weil aber die beiden Metaphern des Urteils (Weingartenbesitzer, Weingarten) zu deuten sind, gehört das Urteil ganz auf die Seite der allegorischen Rede, der intendierten Sache gegenüber.

Ergebnis

Wir nannten die Redeweise des Textteils V. 2 b–5 a allegorisch[332]. Man darf nunmehr diese Charakteristik auf den Text V. 1 b–5 a anwenden[333].

V. 5 b. 6

Es verbleibt noch die Frage, wie die Bezüge zwischen Text *V. 5 b. 6* und intendierter, die Strafe ankündigender Sachaussage zu bestimmen sind. *Daß* der Text u. a. auf eine die Strafe ankündigende Sachaussage hinzielt, geht eben aus V. 5 b. 6 eindeutig hervor, wenn auch V. 7 darüber nichts Ausdrückliches sagt[334].

A. Dillmann[335] und mit ihm R. Kittel[336] geben zusammenfassend den Sinn von V. 5 b. 6 wie folgt an: »Der Schutz gegen seine Feinde wird Israel entzogen, es wird zum Tummelplatz der Völker«. Das wird

---

[332] Vgl. oben, S. 313 f..

[333] Danach ist die Auffassung T. de Orbisos, V. 1–7 sei eine Parabel mit allegorischen Elementen (a.a.O., 718), nicht haltbar. Vgl. auch oben, S. 314, Anm. 285. Es könnte sich jetzt allenfalls darum handeln, in V. 1 b–6 allegorische Rede mit, in V. 5 b. 6, eventuell gleichnishaften (parabelhaften) Elementen zu sehen. Dazu vgl. die unten sofort folgende Untersuchung.

[334] Vgl. oben, S. 309 f.

[335] A. Dillmann, a.a.O., 1890[5], 45.

[336] R. Kittel bei A. Dillmann, a.a.O., 1898[6], 45.

im Zusammenhang eines Verständnisses des Textes *V. 2* als Gleichnis gesagt[337], es wird aber keine Aufklärung darüber gegeben, wie man vom Text der bildhaften *Strafankündigung* auf den auf Israel bezogenen Sinn zu schließen hat. Der Text V.5b.6 mag etwa als ein neues Gleichnis innerhalb des Textganzen aufgefaßt worden sein, womit man in der Nähe der Auffassung Buzys ist.

D. Buzy findet offenbar auch in V.5b.6 Einzelheiten »qui demandent à être traduits en *comparaisons*«[338], denn er entfaltet V.5b.6 so: »De même que la vigne sera détruite, qu'elle redeviendra une crête aride, ne produisant que des chardons et des buissons nains, ainsi Israël sera ravagé, foulé, ruiné«[339].

Dem ist erneut entgegenzuhalten, daß der Text selber nicht in Vergleichen redet. Es wird *nicht* das Ergehen des Weingartens mit dem Ergehen eines als eine *andere* Größe dargestellten Hauses Israel verglichen. Nach dem sachlichen und syntaktischen Zusammenhang mit der vorhergehenden, allegorischen Rede vom Weingarten redet der Text V.5b.6 ständig von diesem Weingarten der Allegorie und baut so das Netz von allegorischen Bezügen zwischen Metaphern nur weiter aus. Damit stimmt in V.5b.6 überein, daß jeder explizite Vergleich zwischen dem Weingarten und dem Hause Israel als zweien fehlt. Es muß dann die Strafankündigung allegorisch gedeutet werden[340], zumal eine Strafankündigung über Haus Israel/Mann Juda intendiert ist, aber nicht sonstwo in V.1–7 mitgeteilt wird[341]. Es wird in V.5b.6 eine Strafe angekündigt über den Weingarten, welcher allegorisch geredet das Haus Israel »*ist*«, und es ist nicht einzusehen, warum man den Text in einer anderen Weise explizieren sollte als in der, in welcher der Text redet.

Aa. Bentzen versteht V.6b als Teil der von ihm behaupteten erotischen Allegorie. V.6b sei eine Verwünschung, die das Gegenteil vom Segen Gen 24,60; Cant 7,3a besage: Die Frau möge »ikke mere ... have nogen chanse for at faa børn!«[342] Abgesehen vom Inhalt der Deutung[343] ist ein Verstehen des Textes V.6b als allegorisch im Prinzip ein

---

[337] Vgl. a.a.O., 1890[5] (= 1898[6]), ebda.

[338] D. Buzy, a.a.O., 109.

[339] D. Buzy, a.a.O., 110.

[340] Vgl. oben, S.325f. zu V.2aα_1.β.γ.

[341] Vgl. oben, S.309f.

[342] Aa. Bentzen, Jesaja, I 1944, 36, vgl. ders., Zur Erläuterung von Jes 5,1–7, AfO 4 (1927), 210.

[343] Dazu vgl. oben, S.284ff.

richtiger Ansatz, es bleibt aber unerklärt, warum Bentzen, wenn er die Auffassung von V. 6 b als *Allegorie* in dieser Weise durchführt, dennoch V. 5 b. 6 a *ungedeutet* läßt [344].

T. de Orbiso meint, die Anwendung von V. 5 b. 6 sei einleuchtend, wenn die Symbolik des Weingartens und seines Besitzers bekannt ist [345]. Es würden mit den Drohungen V. 5 b. 6 das *Verlassenwerden* und die *Verwerfung* des Volkes seitens Gottes angedroht [346]. Das Motiv des Verlassens bezieht sich auf V. 6 a α₁ (la convertiré en desierto [347]) und könnte sich auf den Targum, LXX, Syr, Vulgata und [348] auf R. Saadia Gaon berufen. Jedoch ist die Bedeutung von בתה ungeklärt [349]. Davon abgesehen:

de Orbiso gibt einen Sinn von V. 5 b. 6 an, der dem Text gegenüber stark zusammengefaßt ist. Er ist von der »Symbolik« des Weingartens und seines Besitzers ausgegangen, d. h. vom Inhalt dieser »Symbolik«. Man wüßte aber gerne, *wie* man zu der weitgehenden Zusammenfassung des Textes kommt, soll das an der *Art* der »Symbolik« liegen, oder woran? Jedenfalls muß diese, *metaphorische*, Art der »Symbolik« V. 5 b. 6 bedacht werden. Wie schon zur Auffassung von D. Buzy gesagt, die Strafankündigung *müßte,* ihrem sachlichen und syntaktischen Zusammenhang mit der vorausgehenden, allegorischen Rede zufolge, selbst allegorisch gedeutet werden. Es erhebt sich die Frage, inwiefern dies möglich ist.

Der *Bildstoff* V. 5 b. 6 scheint in den Einzelheiten von der Praxis des Weinbaus bestimmt zu sein [350]. Man mag gerade deshalb vermuten, die Einzelheiten der Schilderung seien nicht mit Rücksicht auf ihre allegorische Deutung *gewählt.* Das schließt aber keineswegs die Möglichkeit aus, daß eine allegorische Deutung *sachgemäß* sei, nämlich: sachge-

---

[344] Bentzen *schreibt* in AfO 4 (1927), 210 »Jes 5,6« und »V. 6«, weist aber, wie in Jesaja, I 1944, 36 auf den Inhalt nur von *V. 6 b* hin wenn er V. 6 auf die nach ihm zunächst intendierte *Sache* bezieht.

[345] T. de Orbiso, a.a.O., 730.

[346] T. de Orbiso, a.a.O., ebda: »En las amenazas hechas a la viña, no podía el pueblo menos de ver la amenaza de su abandono y reprobación de parte de Dios.«

[347] S. ders., a.a.O., 717.

[348] Vgl. The Book of Isaiah. Ed. by M. H. Goshen-Gottstein, I–II 1975, Apparat z. St. Die arabische Übersetzung ist das Werk R. Saadia Gaons.

[349] Vgl. oben, S. 249.

[350] Zu dem Zaun und der Dornhecke vgl. G. Dalman, AUS IV 1935, 316. 334; zum Hakken (עדר) vgl. ders., a.a.O., IV 1935, 324; betr. das Beschneiden ders., a.a.O., IV 1935, 312 f. 330 f. – Auch die Folgen V. 5 b α₂. b β₂. 6 a β scheinen durchaus von praktischen Erfahrungen her beschrieben zu sein.

mäß soweit sie von der allegorischen Redeweise des übrigen Textes her geboten erscheint und soweit sich der *Stoff* dafür eignet, wenn er auf die *Sache* bezogen wird.

Die Dornhecke soll in der Neuzeit »besonders das Übersteigen der Schakale ... verhindern«[351]. Dornhecke und Steinmauer dürften in alttestamentlicher Zeit allgemein die Funktion gehabt haben, den Zutritt zum Weingarten zu sperren[352]. Sie kommen deshalb hier als Schutzvorrichtungen in Betracht[353]. Das geht auch aus der Folge hervor, die auf das Einreißen der Mauer hin eintreten wird: וְהָיָה לְמִרְמָס. Der Boden des Weingartens wird *zertreten* (vgl. Jes 7,25; 10,6; Ez 34,19)[354]. – In diesem Sinnzusammenhang ist nun auch die Wendung הָיָה לְבָעֵר zu erörtern[355]. Vom nächsten Kontext her ist viel eher die Bedeutung »abweiden« für *dieses* Verb בער D aktiv anzunehmen (s. HAL), als »niederbrennen« (s. KBL). Denn es dürfte sich hier um eine Folge dessen handeln, daß die Dornhecke entfernt wird. Daraus ergibt sich nicht ein Niederbrennen, sondern daß Tiere leichter hineinkommen[356].

Was könnten demnach die Worte V.5b als Metaphern bezeichnen? Von den Worten מְשׂוּכָּה und גָּדֵר dürften bei disjunktiver Bedeutungsverwendung hier am ehesten gleiche Bedeutungselemente beziehbar werden, wie etwa [+ Schutz], [+ Schutzvorrichtung], also solche Bedeutungselemente, die sich auf die Funktionen von Dornhecke und Steinwall beziehen. V.5bα₁ und bβ₁ würden bei allegorischer Rede wohl dasselbe besagen. Es träfe hier Dillmann-Kittels Verständnis als Deutung sehr schön zu: »Der Schutz gegen seine Feinde wird Israel entzogen«[357]. – Das Verb בער D aktiv ist Jes 3,14 metaphorisch gebraucht, Eigenschaften der Sache »von Armen zu rauben« zu benennen.

---

[351] G.Dalman, a.a.O., IV 1935, 316.

[352] Vgl. Hos 2,8; s. auch G.Dalman, a.a.O., IV 1935, 334.

[353] G.Dalman, a.a.O., ebda; vgl. Ps 80,13f.

[354] Vgl. unten, S.333, Anm.358.

[355] Zur Frage der Bedeutung dieser Wendung vgl. H.Ringgren, Art. בער, ThWAT I 727–731, bes. Sp.731.

[356] Vgl. ähnlich H.Ringgren, a.a.O., 731; H.Wildberger, Jesaja, I 1972, 170, vgl. die Übersicht dort S.133. Aus ganz anderer Blickrichtung ergibt sich dieselbe Bedeutung von בער D Jes 3,14: diejenigen, die ihre Häuser mit Raub von Armen füllen, haben eher den Weingarten abgeweidet als ihn niedergebrannt. Ex 22,4 scheint diese Bedeutung zu sichern (vgl. H.Wildberger, a.a.O., I 1972, 133; anders jedoch Ch.Virolleaud in CRAI 1956, 63: en pillage). Dagegen ist das Bild Jer 12,10 kaum eine Stütze für dieses Verständnis von בער D – aber als Stütze auch gar nicht nötig.

[357] Vgl. A.Dillmann, a.a.O., 1890⁵, 45 = R.Kittel bei A.Dillmann, a.a.O., 1898⁶, 45.

Es wäre insofern möglich, an unserer Stelle Eigenschaften einer ähnlichen Sache, etwa »Menschen auszuplündern«, benannt zu vermuten. – Das Substantiv מִרְמָס wird Jes 10,6 wahrscheinlich metaphorisch verwendet: es sollen ja *Menschen* zu מִרְמָס gemacht werden[358]. Benannt sind dabei etwa Eigenschaften der Sache »ausgeplünderte Menschen«, vgl. 10,6 b α. Ähnliches wäre zu 5,5 b β$_2$ zu vermuten. Dann hätte aber V. 5 b β$_2$ etwa denselben Sinn als metaphorische Rede, wie V. 5 b α$_2$, womit übrigens auch der Parallelität V. 5 b α$_1$/b β$_1$ entsprochen wäre. Möglich ist aber auch, daß in 10,6 b mit שׂוּם מִרְמָס Eigenschaften der Sache »untertan machen«, »in völlige, rechtlose Unterwerfung zu zwingen« o. ä. benannt werden können. Das mag hier auf sich beruhen. Entscheidend ist, daß sich Jes 5,5 b zwanglos im Rahmen des Kontextes 5, 1–7 und im Rahmen sonstiger, Jesaja gewöhnlich zugeschriebenen Sprachverwendung durch Deutung der Metaphern *allegorisch verstehen läßt*: Sein Schutz wird dem Haus Israel von Gott entzogen (b α$_1$; b β$_1$); es wird ausgeplündert, rechtlos, unfrei ... werden (b α$_2$; b β$_2$). Es gibt dann keinen Grund, diese auch vom Kontext V. 1 b–5 a her geforderte allegorische Auslegung zu unterlassen[359].

Es fällt andererseits auf, wie die je paarweise Deutung der Metaphern z. T. zu demselben Ergebnis kommt: V. 5 b α$_1$ wie V. 5 b β$_1$, und V. 5 b α$_2$ vielleicht wie V. 5 b β$_2$. Diese Metaphern sind nicht in einer Absicht »gewählt« worden, einer möglichst differenzierten, planvollen Einzelausdeutung zu entsprechen, sondern weil sie und wie sie im Bildstoff aufeinander bezogen sind, sind sie hier miteinander in einer gewissen Breite verwendet, stark betonend.

Dem Kontext nach muß auch V. 6 allegorisch interpretiert werden, wie oben zu den Interpretationen Buzys und de Orbisos zu V. 5 b. 6 nachgewiesen wurde – es sei denn, die Worte wären nicht als Metaphern deutbar, oder – was für V. 6 b ohnehin naheliegend ist – der Text sei so, wie er formuliert ist, auch noch in einer nicht bildhaften Beschreibung der intendierten Sache durchaus verwendbar. Für V. 6 a dagegen scheidet diese Möglichkeit eines »Zusammenfalls« von Bild und

---

[358] Vgl. G. Fohrer, Das Buch Jesaja, I 1966², 153 Anm. 86 z. St. Konjunktiv verwendet bedeutet das Substantiv מִרְמָס »Zertretenes«, vom Boden, dem Lehm der Gassen usw. Vgl. Ges-Buhl s. v.; KBL s. v. und bes. noch Ez 34,19.

[359] Eine Interpretation von V. 5 b mit diesem oder ähnlichem Inhalt ist naheliegend und wird von mehreren Forschern vertreten. Die Interpretationen von G. A. Yee, a.a.O., 38 und O. Kaiser, Das Buch des Propheten Jesaja, 1981⁵, 98 f. sind dabei, nach Inhalt und Ausführung, offenbar als allegorische Interpretationen zu charakterisieren.

Sache aus[360], und es ist nach der Möglichkeit einer allegorischen Interpretation zu fragen.

In V.6aα₁ ist die Bedeutung des Wortes בָתָה ungeklärt[361]. Die
Frage nach einer metaphorischen Wortverwendung läßt sich dann hier
im 1. Stichos nicht beantworten.

Der 2. Stichos hebt sich als Wortpaar hervor, durch Assonanz (wie
der 3. Stichos V.6a auch) und durch die Negierung beider Verben und
nur sie im Kontext.

Es mag schwer erscheinen, zu entscheiden, ob die Verben dieses
Wortpaares in diesem Kontext metaphorisch deutbar sind. Wichtig ist,
daß die Alternative dazu nicht das Umsetzen der Bildrede in Vergleiche
sein kann[362]. Der Bildrede würde statt dessen eine metaphorisch formulierte Zusammenfassung von dem 2. und vielleicht dem 3. Stichos
V.6a entsprechen; eine Zusammenfassung, die Aspekte des Satzgrup-
peninhaltes[363] angeben müßte und die, metaphorisch gedeutet, auf das
zukünftige Ergehen der Männer Juda und des Hauses Israel zu beziehen wäre[364]. Das ist die Alternative, die zu erwägen wäre, falls die Verben nicht metaphorisch deutbar sein sollten.

Wenn man die bildhafte Rede V.6aα₂ gemäß der durch V.7 ausdrücklich angezeigten Interpretationsweise verstehen[365] soll und gemäß
dem Umstand, daß auch die Worte dieses Stichos durch Verweise auf
den כֶּרֶם, das Subjekt der Verben, *bezogen* sind, und damit auch auf die
anderen Metaphern des Textes bezogen, dann müssen die beiden Verben *oder* ein metaphorisch formulierter Satzgruppeninhaltsaspekt von
ihnen metaphorisch interpretiert werden. Man ist auf diese *zwei Möglichkeiten* angewiesen, und es wäre nicht notwendig Ausdruck des Miß-

---

[360] V.6a ist freilich im Rahmen der Allegorie und als ihre Weiterführung formuliert (vgl.
oben, S.300 f.), aber das Territorium der Männer Judas und des Hauses Israel *ist kein
Weingarten*. Deswegen ist in V.6a ein »Zusammenfall« von Bild und Sache ausgeschlossen. Das wäre wohl auch zu O. Kaiser, a.a.O., 99 zu vermerken, der in V.6a mit
Recht meint, einen allegorischen Zug sehen zu sollen, diesen Zug aber als einen – mit
unserem Begriff gesagt – Zusammenfall von Bild und Sache interpretiert: »In dem
von den Feinden ausgeplünderten und seiner Bewohner beraubten Land wachsen auf
den unbestellten Feldern wilde Kräuter und Sträucher, die dem Menschen den Zutritt
verleiden.«

[361] Vgl. ob n, S.249 f.

[362] Gegen D. Buzy, Le Cantique des Cantiques. Exégèse allégorique ou parabolique?
ᴿᴳR 39 (1951–52), 109 f., vgl. oben, S.330.

[363] Vgl. oben, S.327 ff. zu V.1 bβ.2 a.

[364] Vgl. oben, S.330.

[365] Vgl. zu dieser durch V.7 angezeigten Interpretationsweise oben, S.303 f. 313 f.

verständnisses einer metaphorischen Bildrede, zwischen ihnen nicht unbeschwert entscheiden zu können.

Wir möchten jedoch auf das Folgende hinweisen: Eine semantische Komponentenanalyse der Verben des 2. Stichos würde darlegen, wie die Bedeutungseinheiten beider Verben Konfigurationen von Bedeutungselementen verschiedener Art, nominale und verbale, umfassen. Für זמר G »beschneiden« (Lev 25, 3 f.) etwa: unnütze, tote und sonstwie dem Leben nicht förderliche Zweige mittels eines Messers zu entfernen; für עדר N »gehackt werden« (Jes 7, 25) etwa: den Boden zu hakken mit einer Hacke, um Unkraut und Wildwuchs zu beseitigen [366]. Metaphorische Verwendung dieser Verben kann auf alle Bedeutungselemente, die in der jeweiligen Bedeutung gewußt werden, anspielen, nominale wie verbale. Es ist an unserer Stelle möglich, das Verb זמר N in gewisser Entsprechung zu dem καθαίρει Joh 15, 2 zu verstehen. Der Weingarten werde nicht mehr beschnitten, metaphorisch verstanden: Israel werde nicht mehr von Unnützem, dem Leben vor Gott und unter Menschen Hinderlichem gereinigt werden. In ähnlicher Richtung wäre es möglich, das Verb עדר N metaphorisch zu verstehen: Israel werde nicht von bösartigem Leben freigehalten werden.

Selbstverständlich bestehen hier viele Möglichkeiten metaphorischer Wortverwendung innerhalb des Rahmens der Bedeutungseinheiten, wir haben nur Beispiele gegeben. Es fällt immerhin auf, wie die metaphorische Deutung der Verben im Rahmen des Kontextes praktisch zu demselben Sinn führte. Israel werde zukünftig nicht von bösartigen, dem Leben vor Gott und unter Menschen hinderlichen Erscheinungen gereinigt werden. Die beiden ganz *verschiedenartigen* Arbeiten im Weingarten, welche die Verben des 2. Stichos von V. 6 a nennen wenn bei konjunktiver Bedeutungsverwendung gelesen, besagen metaphorisch gedeutet praktisch *dasselbe*. Auch sie sind dann schwerlich aufgrund einer vorgedachten metaphorischen Einzelausdeutung »gewählt« worden, eher haben sie sich ergeben und waren sie naheliegend aufgrund ihrer sachgemäßen Zugehörigkeit zum Stoff des Bildes.

V. 6 a endet in V. a β, dem 3. Stichos, mit dem durch Alliteration und Assonanz hervorgehobenen Wortpaar שָׁמִיר וָשָׁיִת als Subjekt für das Verb עלה G. Vgl. Jes 7, 23–25; 9, 17 [367]. Wenn auch eine sichere Be-

---

[366] עדר N scheint wenigstens hier auf den Namen eines »zweiten Hackens« anzuspielen, vgl. עזק D aktiv V. 2 bei der Anlage des Weingartens, und s. G. Dalman, a.a.O., IV 1935, 323 f., wo auch über den Zweck des »zweiten Hackens« einiges mitgeteilt wird.

[367] Vgl. noch in der Jesajaapokalypse 27, 4; und in dem wahrscheinlich sekundären Zusatz 10, 16–19 die suffigierten Formen 10, 17. (Zu 10, 16–19 s. G. Fohrer, Die Struktur der alttestamentlichen Eschatologie, BZAW 99, 1967, 43 Anm. 46.)

stimmung der gemeinten Arten nicht möglich ist[368], dürfte es sich jedoch um Dorngestrüpp und Unkraut handeln (vgl. KBL s.v.), welches
sich bei fehlender Kultivierung des Weinbergs breit macht, vgl. neben
5,6 auch Jes 7,23. Dieser letzte Stichos V.6a könnte bei konjunktiver
Bedeutungsverwendung gut in einer Strafankündigung gegen Israel/
Juda gebräuchlich sein, s. wiederum 7,23. Doch ist dies ausgeschlossen:
Dieser Stichos kündigt eine Folge dessen an, was im zweiten Stichos
metaphorisch über *den* כֶּרֶם, welcher das Haus Israel *ist,* angekündigt
wird. Der 3.Stichos kann also nur durch metaphorische Wortverwendung auf Israel/Juda bezogen sein.

Man sollte dann eine Interpretation von den Worten שָׁמִיר וָשַׁיִת
und עלה G versuchen. Da das Wortpaar שָׁמִיר וָשַׁיִת relativ einheitlich ist
hinsichtlich seiner Denotate, liegt eine gemeinsame metaphorische Interpretation dieser Nomina nahe. Es werden mit ihnen am ehesten Eigenschaften von Schadpflanzen benannt, vor allem wohl, daß sie gedeihen und sich breit machen auf Kosten dessen, was dem Leben förderlich ist.

Die Sache, um deren Eigenschaften es sich dabei handelt, dürfte
am Gegensatz zu מִשְׁפָּט und צְדָקָה zu bestimmen sein: Unrecht und Ungerechtigkeit. Wichtige Satzinhaltsaspekte der beiden letzten Stichoi
V.6a dürften in folgender Weise wiedergegeben werden können: Wi-
dergöttliches werde nicht aus Israel entfernt werden, sondern Unrecht
und Ungerechtigkeit werden sich schnell ausbreiten und allen מִשְׁפָּט
und צְדָקָה zurückdrängen. Sachlich ist diese Strafansage eine Parallele
zu Jes 6,10.

V.6a setzt also, wenigstens mit den beiden letzten Stichoi, die allegorische Redeweise des Textes fort.

V.6b bildet einen »Zusammenfall« von Bild und Sache. Das Aufhören des Regens wäre sowohl für Haus Israel/Mann Juda als auch
für den Weingarten der Allegorie eine Katastrophe, vgl. Am 4,7f.;
I Reg 17f. Die Rede vom Aufhören des Regens setzt bei konjunktiver
Bedeutungsverwendung der Nennworte das Bild der Allegorie fort, und
ist sachlich und syntaktisch auf dieses Bild bezogen durch den prono-

---

[368] שָׁמִיר bezeichnet vielleicht Paliurus aculeatus, vgl. J.E.Dinsmore bei G.E.Post, Flora
of Syria, Palestine and Sinai, I 1932², 288; A.E.Rüthy, Die Pflanze und ihre Teile im
biblisch-hebräischen Sprachgebrauch, 1942, 19f. G.Dalman, AUS, II 1932, 321 denkt
jedoch an Daucus aureus. Bei שַׁיִת denkt Dalman, a.a.O., ebda an eine Art Achillea
(vgl. J.E.Dinsmore bei G.E.Post, a.a.O., II 1933², 46 Nr.10). Es könnte jedoch vielleicht שַׁיִת »Allgemeinbegriff für Dornen und anderes lästiges und unnützes Gewächs« sein, vgl. A.E.Rüthy, a.a.O., 20f.

minalen Rückverweis auf den Garten in עָלָיו V. 6 b β. Zugleich aber kann V. 6 b bei konjunktiver Bedeutungsverwendung in eine Beschreibung der intendierten Sache übernommen werden. Der Text V. 6 b bricht nicht die Allegorie ab, sondern gehört selbst zu ihr hinzu und führt sie so zu Ende, daß deutlich wird, wie *treffend* die Topik dieser Allegorie V. 1 b–6 ist.

Wegen des Zusammenfalls von Bild und Sache ist eine metaphorische Deutung des Regens nicht notwendig, sie wäre aber auch nicht textgemäß. Ausgeschlossen ist auch, V. 6 b als Gleichnisrede zu verstehen; die Relation Weingarten – Israel wird auch hier nicht durch Vergleiche hergestellt.

Die allegorische Redeweise Jesaja 5, 1–6

Wir fassen unsere Untersuchung der bildlichen Rede*weise* in Jes 5, 1–6, soweit sie hier kam, zusammen.

Der Text Jes 5, 1 b–6 ist keine Fabel[369] und keine Parabel[370], auch keine Parabel mit allegorischen Elementen[371] noch eine Allegorie mit

---

[369] Zur Sicht W. Schottroffs vgl. oben, S. 296 f.

[370] So die meisten Ausleger: Gleichnis oder Parabel. Vgl. u. a. H. Ewald, Die Propheten des Alten Bundes, I 1867², 308; T. K. Cheyne, The Prophecies of Isaiah, I 1889⁵, 29 (vgl. jedoch S. 30: V. 2 ist Allegorie); A. Dillmann, Der Prophet Jesaia, 1890⁵, 43. 45 f.; C. von Orelli, Die Propheten Jesaja und Jeremia, 1891², 27; B. Duhm, Das Buch Jesaia, 1892, 33 ff.; R. Kittel bei A. Dillmann, Der Prophet Jesaja, 1898⁶, 43. 45; P. Cersoy, a.a.O., ·40, vgl. S. 45 f.; E. König, Stilistik, Rhetorik, Poetik, 1900, 89; P. Haupt, Isaiah's Parable of the Vineyard, AJSL 19 (1902–03), 193; F. Buhl, Jesaja, 1912², 67 f.; G. B. Gray, A Critical and Exegetical Commentary on the Book of Isaiah, I 1912, 82 f.; E. König, Das Buch Jesaja, 1926, 83; Aa. Bentzen, Zur Erläuterung von Jesaja 5, 1–7, AfO 4 (1927), 209 f.; W. C. Graham, Notes on the Interpretation of Isaiah 5:1–14, AJSL 45 (1928–29), 167, vgl. S. 170 f.; O. Procksch, Jesaia I, 1930, 87 f.; K. Budde, Zu Jesaja 1–5, ZAW 50 (1932), 52; J. Hempel, Die althebräische Literatur und ihr hellenistisch-jüdisches Nachleben, 1930, 48; J. Fischer, Das Buch Isaias, I 1937, 51 ff.; E. J. Kissane, The Book of Isaiah, I 1941, 50; M. Buber, Der Glaube der Propheten, 1950, 190; J. Fichtner, Jesaja unter den Weisen, s. ders., Gottes Weisheit, 1965, 22; J. Steinmann, Le Prophète Isaïe, 1955², 69 f.; R. B. Y. Scott, Isaiah … Chs. 1–39, IntB V 1956, 196; G. Fohrer, Das Buch Jesaja, I 1960, 76, vgl. a.a.O., I 1966², 75; O. Kaiser, Der Prophet Jesaja. Kapitel 1–12, 1960, 42. 44; T. de Orbiso, a.a.O., 718, s. aber auch unten, die nächste Anm.; G. von Rad, Theologie des Alten Testaments, II 1960, 162. 191; S. Pezzella, La parabola della vigna (*Is.* 5, 1–7), BeO 5 (1963), 5 Anm. 2; R. Fey, Amos und Jesaja, 1963, 75 Anm. 1; H. J. Boecker, Redeformen des Rechtslebens im Alten Testament, 1964, 82; G. E. Wright, Isaiah, 1964, 31; J. Scharbert, Die Propheten Israels bis 700 v. Chr., 1965, 223; E. J. Young, The Book of Isaiah, I 1965, 192 ff.; U. Simon, The Poor Man's Ewe-Lamb, Bib. 48 (1967), 208. 221 ff.; W. Schottroff, a.a.O., 89; D. Rosner, The Simile and its Use in the Old Testament, Semitics 4 (1974), 45 f.; J. T. Willis, a.a.O., 358 ff.; K. Nielsen, a.a.O., 317; A. Graffy, a.a.O., 408; G. A. Yee, a.a.O., 30; O. Kaiser, Das Buch des Propheten Jesaja, 1981⁵, 98 f; P. Höffken, Probleme in Jesaja 5, 1–7, ZThK 79 (1982), 400. 403, s. jedoch auch S. 407.
Eine schwankende Terminologie haben K. Marti, Das Buch Jesaja, 1900, 52. 54 f.: Parabel bzw. Allegorie; F. Feldmann, Das Buch Isaias, I 1 1925, 53. 56: Gleichnis und Anwendung bzw. Allegorie und Deutung; S. Mowinckel, Profeten Jesaja, 1925, 35. 36: allegori bzw. lignelse; H. Wildberger, a.a.O., I 1972, 166 (Allegorie). 174 (Gleichnis).

[371] So T. de Orbiso, a.a.O., 718 (dazu s. oben, Anm. 285. 333); A. Penna, Isaia, 1958, 75, der die Möglichkeit allegorischer Elemente nicht bestreiten will, wenn auch der Text

rein parabelhaften Elementen[372], sondern eine Allegorie[373]. Das ergibt sich aus der Beobachtung des Kommentars V. 7 und der Satzinhalte sowie sachlicher und syntaktischer Bezüge im Text V. 1 b–6. Zielwort dieses Textes ist die Strafankündigung V. 5 b. 6. Textgemäßes Verstehen von V. 1 b–6 ist streng an den Text gebundenes[374] allegorisches Verstehen.

»il più perfetto esempio di parabola nell'Antico Testamento« sei; E. Lipinski, Art. Allegory. In the Bible, EJ II 1971, 641; G. A. Yee, a.a.O., 32. 38, vgl. S. 30; O. Kaiser, Das Buch des Propheten Jesaja. Kap. 1–12, 1981[5], 98 f.; wohl auch E. J. Young, a.a.O., I 1965, 201. 197 vgl. S. 192. 203.

[372] So D. Buzy, Le Cantique des Cantiques. Exégèse allégorique ou parabolique? RSR 39 (1951–52), 110: »une allégorie fortement parabolisante«, vgl. ders., Introduction aux paraboles évangéliques, 1912, 115 ff. – Bei den »parabolisierenden« Zügen des Textes meinen wir, Metaphorik feststellen zu müssen, wenn auch z. T. »unvollziehbare« Metaphorik, vgl. oben, S. 121 ff. 325 ff. u. passim.

[373] Vgl. E. W. Bullinger, Figures of Speech Used in the Bible: Explained and Illustrated, 1898, 748 f.; E. Mangenot, Art. Allégorie, sens allégorique de l'écriture, DB I 1926[3], 369; F. Ruffenach, Peccati malitia et punitio, VD 7 (1927), 204 ff.; A. M. Brouwer, Metaphoor, Allegorie en Allegorese, NThS 25 [1942], 21 f. 27; Aa. Bentzen, Jesaja, I 1944, 33; ders., Introduction to the Old Testament, I 1957[3], 179; L. H. K. Bleeker, Hermeneutiek van het Oude Testament, 1948, 80; V. Laridon, Carmen allegoricum Isaiae de vinea, CBrug 46 (1950), 4, s. bes. Anm. 10; A. Vaccari, trad., Isaia – Geremia (La Sacra Bibbia VI 1), 1953, 33; J. Lindblom, Wisdom in the Old Testament Prophets, VT. S 3, 1955, 201; E. M. Good, Irony in the Old Testament, 1965, 132 f.; G. von Rad, Old Testament Theology, II 1965, 151, vgl. S. 181; J. Sanmartin-Ascaso, Art. דּוֹד dôḏ, ThWAT II 1977, 160. 165; G. B. Caird, The Language and Imagery of the Bible, 1980, 166.
Einzelkorrespondenzen Bild – Sache, de facto z. T. von metaphorischer Art, sehen E. J. Young, a.a.O., I 1965, 201, vgl. S. 197; H. Wildberger, a.a.O., I 1972, 174; G. A. Yee, a.a.O., 32. 38; O. Kaiser, Das Buch des Propheten Jesaja. Kap. 1–12, 1981[5], 98 f.
E. M. Good, Ezekiel's Ship: Some Extended Metaphors in the Old Testament, Semitics 1 (1970), 103 bestimmt unseren Text als »almost … an allegory«, und d. h. dann zugleich: keine Allegorie, weil nur drei Elemente der Bildrede in V. 7 entfaltet werden. Ähnlich A. S. Herbert, The ›Parable‹ (Māšāl) in the Old Testament, SJTh 7 (1954), 191 zu Ez 17, 2–11; A. Graffy, a.a.O., 402 zu Jes 5, 1–6 unter Hinweis auf »the generality of verse 7«. Vgl. hierzu die Sicht H. H. Rowley's (oben, S. 311 f., Anm. 279) und die vorliegende Untersuchung.

[374] Gegen F. Delitzsch, Commentar über das Buch Jesaia, 1889[4], der den Text eine Parabel nannte (a.a.O., 103), aber V. 1 b. 2 allegorisch deutete (a.a.O., 107), jedoch ohne ausreichende Beachtung 1. der Frage der Deutbarkeit der Worte als Metaphern und 2. der mitgeteilten Deutung V. 7. (Vgl. oben, S. 321.) Auch F. Ruffenach wird hier zu nennen sein (vgl. a.a.O., 206 ff.). Obwohl er in seiner eigenen Interpretation meistens Einzeldeutungen vermeidet und lieber jeweils ganze Satzgruppen (V. 2 bzw. V. 5 b–6 a) zusammenfassend deutet, bezieht er die Metapher וַיִּטָּעֵהוּ V. 2 a α₂ *von anderen Texten her* auf die Landnahme »Israels« in Kanaan (a.a.O., 206. 209), anscheinend ohne zu berücksichtigen, daß V. 2 a α von der *Be*pflanzung des Weinbergs/Israels mit

Diese Allegorie wird nicht einfach konstituiert durch eine fortlaufende Reihe von in unserem Sinne aufeinander bezogenen Metaphern. Es gibt hier nicht-metaphorische Rede, die zu der Darstellung des Bildes mit hinzugehört und dort genausogut paßt wie in eine nicht-metaphorische Beschreibung der intendierten Sache, und es gibt unvollziehbare Metaphorik. Die Folge der Metaphern wird in V. 2 a α₁. γ von undeutbarer Metaphorik unterbrochen[375]. Es leitet diese unvollziehbare Metaphorik dazu an, den Sinnabschnitt V. 1 b β–2 a in einen Satzgruppeninhaltsaspekt, der notwendig metaphorisch verfaßt sein wird, zusammenzufassen, und zwar, mit Rücksicht auf den Aufruf zur Richterentscheidung V. 3 und die Fragen V. 4, in der Form eines Urteils[376]. Zugleich werden jedoch einige Worte in V. 1 b β–2 a ausdrücklich als Metaphern vorausgesetzt im Kommentar V. 7[377] und andere Worte in V. 1 b β–2 a, die auf Momente desselben Vorganges bezogen werden wie die durch V. 7 ausgewiesenen Metaphern auch[378], können beim Nachvollzug der Rede auch als Metaphern funktionieren[379], wenn V. 7 bekannt ist.

Die undeutbare Metaphorik läßt erkennen, daß der Bildstoff V. 1 b. 2 a in seinen Einzelheiten nicht eklektisch genau auf den intendierten Sinn zugeschnitten ist, sondern in seiner Fülle an Details eher von der Praxis des Weinbaus her bestimmt ist[380], die hier, so gut es geht, dem Aussagewillen des Propheten dienstbar gemacht werden soll. – Diese Bedingtheit der Einzelheiten vom Weinbau tritt auch V. 5 b. 6 a stark hervor[381].

Weiter ist an dieser Allegorie bemerkenswert, wie die Zuhörer durch Aufforderung zum Richten[382] und durch Fragen V. 3 f. in das geschilderte Geschehen derart hineingezogen werden, daß sie einem Be-

---

Reben redet, nicht von der Lokalisierung oder einer Translokalisierung des Weinbergs. Zugleich stimmt F. Ruffenach der Einzeldeutung des Hieronymus von V. 2 zu (a.a.O., 206 f.), wonach der Zaun Engelschutz, die Steine Abgötter und alles dem Kulte Hinderliche, der Turm aber der Tempel und die Kufe der Altar seien, alles durchaus ohne textinterne Begründung.

[375] Dazu s. oben, S. 326 f.
[376] Dazu s. oben, S. 328.
[377] Vgl. oben S. 302 ff.: außer dem Worte כֶּרֶם V. 1 b α, auf das in V. 1 b β. 2 a laufend verwiesen wird, auch שׂרֵק und נטע V. 2 a α₂.
[378] Zu diesem Kriterium der Zusammengehörigkeit der Metaphern einer Allegorie s. oben, S. 107 ff.
[379] קֶרֶן V. 1 b β, dazu s. oben, S. 319 f.; בָּנָה מִגְדָּל V. 2 a β, dazu s. oben, S. 321 ff.
[380] Vgl. oben, S. 326 f.
[381] Vgl. oben, S. 331, Anm. 350.
[382] Vgl. oben, S. 311.

obachter mit dem Geschehen gleichzeitig zu sein scheinen und als an ihm teilhabend, zunächst als Richter. Deutlich *argumentiert* V. 4 mit den Zuhörern nach der Schilderung V. 1 b β–2 a. Es zielt dies darauf, den Zuhörern einen Schuldspruch abzugewinnen, und zwar, wie es sich dann nachher herausstellen soll, einen Schuldspruch über sie selbst (wobei zugleich die Schuldlosigkeit des Weingartenbesitzers anerkannt würde). H. J. Boecker hat darauf hingewiesen, wie mit der Aufforderung zum Richten »eine durchaus gängige Gepflogenheit des Rechtsverfahrens« in Israel aufgegriffen wird[383]. Es entspricht m. a. W. der Gattung der Rede V. 3[384], wenn die Zuhörer in dieser Weise in das Bildgeschehen hineingezogen werden.

Es sei hervorgehoben, daß es die Aufforderung zum Richten V. 3 ist, die die Hörer in das Geschehen »hineinziehen«. Dieses Involvieren der Hörer in das Geschehen, das dargestellt wird, ist somit keine Funktion der Metaphorik als solcher oder der Bildrede als solcher, sondern ergibt sich erst an Hand der (nicht metaphorischen) Aufforderung שִׁפְטוּ־נָא. Eine Tarnung, ein tarnendes Bild, war notwendig, um dieses Involvieren in das Geschehen zwecks einer *unwissentlichen* Selbstverurteilung der Hörer zu ermöglichen, und die Aufforderung Jes 5, 3 benutzt denn auch im Präpositionsadverbial eine zentrale Metapher des Textes: כֶּרֶם. – Eine solche Tarnung zwecks Selbstverurteilung der Hörer einer Bildrede kann also allegorischer Art sein, wie hier, oder aber anderer Art[385].

Dieses Hineinziehen der Hörer ins Bildgeschehen schafft einen »Zusammenfall« von Bild und Sache in V. 3 a b α[386]. Die Anrede geht direkt an Jerusalemer und Judäer, sie werden zum Schiedsrichten aufge-

---

[383] H. J. Boecker, Redeformen des Rechtslebens im Alten Testament, 1964, 82 Anm. 4, vgl. ders., a. a. O., 124 ff. zu II Reg 10, 9; Ex 9, 27; Gen 38, 24–26; I Sam 24, 18.

[384] V. 3 »Einleitungsformel, mit der sich der Kläger an den Gerichtshof wendet und ihn auffordert, eine Rechtsentscheidung in der Sache zu treffen, die ihm vorgelegt wird« (H. J. Boecker, a. a. O., 82); V. 4 Anklage »in Form einer Frage dem Gerichtshof vorgetragen« (ders., a. a. O., ebda).

[385] Vgl. auch oben, S. 300 f. und Anm. 245. – Nach J. D. Crossan vermag die wahre, poetische Metapher (im Unterschied zur Allegorie) den Hörer oder Leser in die Erfahrung, die die Bildrede meint, hineinzuziehen; die Metapher führt dieses Hineinziehen herbei, *schafft* es (J. D. Crossan, Parable as Religious and Poetic Experience, JR 53 (1973), 340, vgl. 344. 346). Diese Auffassung mag hier auf sich beruhen, sollte aber nicht den Blick dafür trüben, daß in Jes 5, 1–7, einer Allegorie, dieses Hineinziehen der Hörer in das gemeinte Geschehen durch eine im Satz-Kern *nicht*-metaphorische Aufforderung *geschaffen* wird.

[386] Dazu s. oben, S. 313, Anm. 282; S. 314, Anm. 286.

rufen. Unabhängig von, und inkompatibel mit[387] den inhärenten Möglichkeiten des Bildstoffes bestimmt hier das, was mit der Bildrede gesagt und erzielt werden soll, die Wahl der Worte V. 3.

Diese Allegorie ist aber noch durch einen zweiten »Zusammenfall«
von Bild und Sache geprägt, der nicht wie V. 3 b formkritisch bestimm-
bar ist: V. 6 b[388]. Hier wird eine Möglichkeit der Entfaltung, die durchaus dem Bildstoff innewohnt, benutzt; jedoch paßt sie, bei konjunktiver
Verwendung der Nennwortbedeutungen, ebensogut in die intendierte,
vorzustellende Strafankündigung hinein. Der für einen Weinberg le-
benswichtige Regen ist genauso lebenswichtig für die Menschen im
Haus Israel und den Mann Juda und ihr Land. Nicht die Gattung der
Rede, sondern bestimmte Inhalte des Bildstoffes bedingen hier den
»Zusammenfall« von Bild und Sache. Es wird V. 6 b die *Wirklichkeit*
der göttlichen Strafe betont.

Die allegorische Rede V. 1 b–6 wird z. T. ausdrücklich gedeutet.
Etwas an Deutung wird auf jeden Fall notwendig gewesen sein: Läßt
spätestens V. 6 b den Weinbergbesitzer als Jahwe erkennen, ist damit
noch nicht klar, wer der Weinberg ist. Die Möglichkeit, vornehmlich an
das Nordreich zu denken, wird erst durch die Deutung V. 7 a abgewiesen. Damit ist klar, wie die allegorische *Gerichtsrede,* die in V. 1 b–6 enthalten ist, eine ausdrückliche Deutung, soweit der Kommentar V. 7 a sie
bietet, erfordert. Mag man nun auch der Meinung sein, V. 7 a schließe
nicht sicher das Nordreich *aus,* so wird andererseits greifbar, wie diese
Deutung der Zuspitzung der Gerichtsrede auf die Zuhörer dient. Die
Allegorie, die ihre Hörer von der Berechtigung einer vernichtenden
Strafe über den Weingarten überzeugen will, dient realiter der Überführung der Hörer von ihrer eigenen Schuld.

Es fällt nun auf, daß die Deutung V. 7 a. b nicht all das aussagt, was
mit der Bildrede gesagt werden soll, sondern nur Teile davon: wichtiges
Inventar der Bildrede wird identifiziert V. 7 a, die Anklage wird bei
konjunktiver Bedeutungsverwendung deutend wiederaufgenommen
V. 7 b. Die Bildrede will aber weit mehr als die Anklage aussagen[389].
Warum teilt nicht die Deutung das alles ausdrücklich mit? Die Antwort
kann nur die sein, daß mit einem *verstehenden Nachvollzug*[390] gerechnet

---

[387] Dazu s. oben, S. 314, Anm. 286.
[388] Dazu s. oben, S. 336 f.
[389] Vgl. oben, S. 309 ff.
[390] Vgl. W. Zimmerli, Verkündigung und Sprache der Botschaft Jesajas, in: Fides et
communicatio. Festschrift für Martin Doerne zum 70. Geburtstag, 1970, 443: »...

wird, und zwar einem Verstehen aufgrund des Kommentars in V.7. – V.7 sagt kurz und bündig das nötige Minimum, so daß eine *entsprechende* Deutung der dabei nicht explizit berücksichtigten Textteile in Gang gebracht werden soll, so gut sie geht und soweit sie dem Aussagewillen des Textes entspricht[391]. Einer ungezügelten Freude an ausmalender Deutung wird durch den Ernst und die Zielstrebigkeit der expliziten Deute-Aussage V.7 kein Raum gelassen.

---

dem Nachsinnen erweist sich das scheinbar ohnmächtige Wüten des Liebhabers als die gefährliche Drohung des göttlichen Herrn ...«

[391] Vgl. oben, S.309ff. u. passim.

Rückblick

Wir fassen unsere Ergebnisse zusammen und ziehen zugleich in kürzester Form einige Linien aus zur allgemeinen Allegorieforschung. Die Textteile Am 2,9b; 5,2; Jes 1,2b; 1,5–6; 8,14–15; 9,13; 9,17–18.19–20 und die Einheit Jes 5,1–6.7 bieten allegorische Rede oder sind Allegorien, im Sinne eines Textes mit 2 oder mehreren in gewisser Weise aufeinander bezogenen Metaphern. Diese Texte, bzw. ihr jeweils ursprünglicher Wortlaut, gehören alle wahrscheinlich in die prophetische Verkündigung des Amos und des Jesaja im 8.Jh. v. Chr.

Die These von J. T. Willis, »Allegory in the true sense of the word is of Greek origin and thus later than the time of Isaiah«[1] bedarf mindestens einer Präzisierung.

Keiner der genannten allegorischen Texte bietet ausschließlich eine Folge von Metaphern mit nur den notwendigsten Funktions- und Hilfsworten. Es gibt da teils eingeblendete nicht-bildhafte Rede, so Jes 1,5aβ, am ehesten vermutlich als Frage zu verstehen, an die Hörer gerichtet und mit der Funktion, sie über Hintergründe und Zusammenhänge der geschilderten Situation zu orientieren und sie womöglich zu bewegen. – Mehrere Texte bieten den von uns sogenannten Zusammenfall von Bild und Sache, d. h. daß die betr. Formulierung, die sich zunächst als Element des Bildes liest, so auch in einer nicht-bildlichen Darstellung desselben Inhalts wiederholbar wäre. Vgl. Am 2,9b שמד H aktiv; 5,2 אֲדָמָה; Jes 1,2bβ פשע G; 5,3a.bα.6b. Innerhalb der jeweiligen allegorischen Darstellung wird hier bei konjunktiver Verwendung der Bedeutung der Nennworte das allegorische *Bild* weiter entfaltet oder fortgeführt, aber so, wie auch die *Sache,* um die es geht, hätte dargestellt werden können, mit konjunktiver Bedeutungsverwendung derselben Worte. Der Zusammenfall von Bild und Sache macht deutlich, eine wie *treffende* Topik die allegorische Rede bietet (vgl. bes. Jes 5,6b; 1,2bβ; Am 2,9b; 5,2); sie kann aber umgekehrt auch in merkbarer Spannung zu den gegebenen Möglichkeiten des Bildstoffes stehen (Jes 5,3). Hinter diesem Phänomen steht der Wille, die allegorische Rede effektiv auf die intendierte Sache zu beziehen, was gesagt werden soll, zu sagen.

---

[1] J. T. Willis, a.a.O., 356.

In die Nähe dieser Erscheinung gehört die Generierung eines Satz-
inhaltsaspektes, der in einer nicht bildlichen Darstellung der intendierten Sache unmittelbar verwendbar wäre, so Jes 1,5 b β.

Diese Erscheinungen beruhen auf der starken gestaltenden Kraft,
die in den untersuchten allegorischen Texten von den *Möglichkeiten, die
dem jeweils verwendeten Bildstoff innewohnen,* ausgeht. – Von diesen
Möglichkeiten bedingt ist auch die markante Dichte der Metaphorik in
fast allen Texten (nur nicht Am 9,2), überall (außer Jes 1,2 b α) mit
hoher Entwicklung des Bildes jeweils nach Maßgabe des Stoffes. Dies
dient der Eindringlichkeit der Rede und dem Aufdecken und Verdeutlichen von Wirklichkeit – Jes 5,7 nachträglich, in Rückschau auf V. 1–6.
Hiermit verbunden ist in Jes 1,6 a β.b; 9,17.19 a; 5,5 b.6 a die Erscheinung, daß zwei oder mehrere Metaphern auf ein gemeinsames Denotat
B zu beziehen sind und insofern eine gemeinsame Deutung haben; in
Jes 9,17 b β; 5,2 a α$_1$.γ kommt dazu noch die von uns sogenannte unvollziehbare Metaphorik, vgl. dazu auch Hos 2,4 b.11 b β.12 a.

Diese Phänomene als solche zu verwirklichen ist Amos oder Jesaja
überhaupt kein Ziel gewesen. Die Erscheinungen beruhen darauf, daß
die Möglichkeiten zur Entfaltung, die einem Bildstoff innewohnen,
ausgenutzt wurden unter ständigem Bezug auf die intendierte Sache.
Dabei ergab sich, je nach Umständen, eine große Variation verschie-
denartiger semantischer Bezüge Bild-Sache innerhalb ein und derselben
allegorischen Darstellung, s. bes. Jes 1,5–6; 9,17–18 a; 5,1–6.

Das alles ergibt: Eine Zug-um-Zug-übertragbare Allegorie zu erstellen, oder ein einheitliches Verhältnis Bild-Sache durch eine Bildrede
hindurch aufrechtzuerhalten, war Amos und Jesaja durchaus kein Anliegen[2]. Sie hatten für diese Phänomene kein Interesse und kannten sie
wohl auch nicht als solche. Will man ihren Äußerungen mit dem schul-
meisterlichen Maß der Einheitlichkeit und der in jedem Einzel-»Zug«
übertragbaren Allegorie messen, tut man ihren Texten Gewalt an. So
versperrt man sich den Weg zu dem reichen Spiel mit den Möglichkeiten der Sprache, das diese Propheten offenbar interessiert hat und das
sie mit Eleganz und Kraft zu verwenden wußten.

Unter diesen Möglichkeiten sei noch hervorgehoben, wie Jesaja in
9,13 auf kleinstem, 9,17–20 in größerem Raum zwei Kurzallegorien

---

[2] C.E.Carlston, Parable and Allegory Revisited: An Interpretive Review, CBQ 43
(1981), 235 findet, daß die Auffassung der Allegorie, gekennzeichnet durch Punkt-zu-
Punkt-Korrespondenz, »fails to explain the prominence of mixed forms in both Christian and Jewish parables.«

vereinen kann bzw. ein Allegoriepaar schafft, dazu der schroffe Wechsel von statischer Darstellung zu starker Bewegung Jes 8,14/15.

»Image-shifting« kommt Jes 8,14; 9,13, und 9,18 b α in der Mitte der Doppel-Allegorie 9,17–20 vor.

Die allegorische Rede der herangezogenen Texte wird, teils vorher (so bei Jes 1,5–6; 9,13) oder einleitungsweise, wenn nicht durch die Bildrede selber (Jes 8,14–15), auf die Hörer oder auf Betroffene in der 3. P. behutsam bezogen. Häufig ist die einleitende Anrede (zu Am 5,2; Jes 1,2; 1,5–6; 5,1–7), auch das einleitende Beziehen des Bildes auf die Angeredeten (zu Am 5,2; Jes 1,5–6) oder auf Betroffene (s. Jes 9,17 f. 19 f.). Eine Einleitung durch Vergleich hat Am 2,9 wie auch Jes 9, 17–18 a, einen weiterführenden Vergleich nach der Allegorie bieten Jes 1,3; 9,18 b α. Eine nicht bildliche Einleitung hat Jes 1,5 f. in V. 4, 9,13 in V. 12. Wichtig ist die nicht bildhafte Ausleitung Am 2,9; Jes 5,7 (mit Deutung) und Jes 1,7 a. b α: für das Verstehen richtungsweisende Kommentare. Man kann bei alledem wohl ein Spiel mit Möglichkeiten der Sprache spüren, zur Hauptsache aber geschieht dies vermutlich zum Zweck des Verstehens und des Beziehens der Bildreden. Was gesagt werden soll, soll an den Mann gebracht werden.

Was wir hier allegorische Rede nennen, ist Amos und Jesaja offenbar als ein geeignetes Kommunikationsmittel erschienen. Die vielen Beispiele großer Ausdruckskraft hier aufzuzählen, von dem jeweiligen Kontext abgelöst, empfiehlt sich kaum. Es sei nur darauf hingewiesen, wie in mehreren Texten das in der Bildrede dargestellte Ergehen eine *Möglichkeit,* keine Notwendigkeit des Bildstoffes ist (Am 2,9; 5,2; Jes 1,2; 1,5–6; 5,1–7), wodurch Tragik und Verantwortung unüberhörbar zur Sprache gebracht werden, und wie in den übrigen Texten unserer Auswahl schon der Bildstoff keine anderen Ausgänge zuläßt als denn die geschilderten (Jes 8,14–15; 9,13; 9,17 f. 19 f.).

Vor allem aber lassen diese prophetischen Allegorien Jahwe fast plastisch-anschaulich, überdeutlich, als aktiv handelnd im Bild hervortreten (Am 2,9; Jes 1,2; 8,14 f.; 9,13; 9,17.18 a; 5,1–6.7) oder wenigstens ahnen (Am 5,2; Jes 1,5–6).

Die von uns untersuchten Texte bieten z. T. Individuation (Am 2,9; 5,2; Jes 1,5 b), an einer Stelle auch eine etwas anders zu beschreibende Individualisierung (Jes 1,2) – aber, bemerkenswerterweise, keine Personifikation, sei es von Tugenden oder Lastern oder sonstwie. Diese Texte unterscheiden sich damit sowohl von Ezechiels Art charakterisierender Individuation (etwa Ez 16; 23) als vor allem auch von einem Hauptstrom allegorischer Literatur ausgehend vom europäischen Mittelalter und später[3].

Die Natur ist Bildspender Am 2,9; Jes 9,13; 9,17; 5,1b–2.4.6. Anthropopathismen[4] von der Natur, der unpersönlichen oder auch leblosen Natur, gibt es jedoch in unseren Texten nicht. Daß der Garten Jes 5,1 ff. zur Verantwortung gezogen wird, mag als personaler Zug gewertet werden, ergibt aber keine Anthropopathismen im Laufe der Darstellung.

Zur Frage der Funktionen dieser allegorischen Rede sei kurz angemerkt:

Amos und Jesaja haben allegorische Rede nicht verwendet, um ihre Kritik und ihre unheilsschwangeren Ankündigungen in einer Form zu kommunizieren, die sie Maßnahmen seitens politischer oder priesterlicher Behörden vermeiden lassen sollte oder könnte[5]. Dazu dürfte ihre allegorische Rede viel zu deutlich gewesen sein, und ein solches Ansinnen von ihnen ist an keiner Stelle unseres Materials greifbar.

Auch war die allegorische Rede in den Texten, die hier untersucht sind, keine Kommunikationsweise, die Uneingeweihten, Unwürdigen die Botschaft verschlüsseln und vorenthalten sollte[6]. Das ließe sich nicht an den Texten nachweisen[7], auch an Jes 5,1–7 nicht: Es gibt hier einerseits eben nur Hörer, denen der Sinn der Rede zunächst verschlüsselt wird. Eine Partie der Hörer, denen der Textsinn unter Ausschluß der anderen sofort allegorisch kommuniziert werden sollte, wird nicht sichtbar und spielt mithin keine Rolle für die an Hand der Überlieferung greifbare Funktionsweise des Textes. Andererseits leistet die *Allegorie* hier in der Tat eine Tarnung, am Anfang sehr wahrscheinlich durchaus effektiv[8]. In der Rückschau aber, von V.7 her und von der leitenden Doppel-Frage V.4 her, dient die Allegorie dazu, die wesentlichen Zusammenhänge zwischen den Voraussetzungen, dem Ergehen und der weiteren Zukunft des Hauses Israel/Mannes Juda in überzeugender Weise herauszustellen, indem die Bildgeschichte selbst, der Ablauf der Dinge auf der Sinnebene des Bildes V.1b–2.4 durchaus denk-

---

[3] Dazu sei hier nur auf C. Meier, a.a.O., 58 ff.; E. Honig, a.a.O., 116 ff. verwiesen.

[4] Vgl. E. Honig, a.a.O., 118 f.

[5] Zur Allegorie als politisch weniger riskanten Literatur vgl. A. Fletcher, a.a.O., 22. 328.

[6] Das ist allerdings die Sicht von M. Murrin, a.a.O., 9. 22 f. 168, dem wir uns in dieser Hinsicht nicht anschließen können.

[7] Gegen die Auffassung Murrin's kritisch äußert sich auch J. D. Crossan, Parable, Allegory, and Paradox, in: Semiology and Parables. Ed. by D. Patte, 1976, 268.

[8] Zu den hier anstehenden Fragen vgl. oben, S. 302 ff. 341.

bar und überzeugend ist, was sowohl die Bemühungen als auch die Erwartungen *und* die Enttäuschung des Weinbergbesitzers betrifft. Die
Enttäuschung und die Maßnahmen des Besitzers sind so überzeugend
begründet, wie das schlechte Ergebnis seiner Bemühungen wider aller
sachgemäßen Erwartung eintrifft.

Wer sich – auf welchen Prämissen auch immer – auf die Aufforderung V. 3 einließ, obwohl das Bild hier (die Verantwortlichkeit eines
Gartens) weniger denkbar und überzeugend erscheint[9], war damit auf-
gefordert und genötigt, die Strafmaßnahmen V. 5 b. 6 als berechtigt an-
zuerkennen – wie sich V.7 herausstellte: über sich selbst. Damit erreicht die Allegorie ihr Ziel.

Darin aber, daß der Ablauf der Dinge auf der Sinnebene des Bildes
V. 1 b–2. 4, vor allem auch die Enttäuschung des Besitzers durchaus
denkbar und überzeugend ist, berührt sich Jesajas Allegorie bei aller
Differenz mit modernen literarischen Allegorien, wie sie E. Honig beschrieben hat[10].

Ein sachlich notwendiger und darum überzeugender Ablauf der
Dinge wird auf der Sinnebene des Bildes auch Jes 8, 14–15; 9, 17–18 a
dargestellt.

In allen hier untersuchten Texten funktioniert das metaphorische
Reden als konstitutives Element, als notwendiger Baustein des allegorischen Redens. Die Metaphern haben z. T. emotionale Aspekte, die hier
ausnahmsweise hervorgehoben wurden[11]. Sie regen eine erhöhte Auf-
merksamkeit an[12] und lassen die intendierte Sache in einer manchmal
ungewohnten Perspektive neu Gestalt gewinnen, indem die Metaphorik
bestimmte Züge oder Aspekte der je intendierten Sache nennend hervorhebt[13] (und andere ausläßt[14]), dabei aber diese Züge oder Aspekte
in der Perspektive der Denotate *A* der Sinnebene des Bildes sehen
läßt[15]. Darin ist der Erkenntnisgewinn auch durch die allegorische Me-

---

[9] Vgl. oben, S. 314, Anm. 286 u. S. 342.

[10] Vgl. E. Honig, a.a.O., 12 f. und passim.

[11] Vgl. etwa den Gegensatz עֲנָבִים – בְּאֻשִׁים Jes 5, 2. 4, und dazu oben, S. 308, Anm. 271, s.
noch W. A. Shibles, An Analysis of Metaphor in the Light of W. M. Urban's Theories,
1971, bes. S. 90–93; R. Rommetveit, Språk, tanke og kommunikasjon, 1972, 74.

[12] Dazu vgl. H. Hörmann, Semantische Anomalie, Metapher und Witz, Folia Linguistica
5 (1973), 317. 320 ff.; ders., Meinen und Verstehen, 1978, 186 f.

[13] Vgl. oben, S. 58 f. 60 f.

[14] Vgl. oben, ebda.

[15] Die Metapher spricht in gewissem Sinne dem Denotat *B* Eigenschaften seines Denotats *A* zu. Vgl. zur Rolle der Bedeutungseinheit eines metaphorisch verwendeten Wortes bei seiner Nennfunktion oben, S. 59 ff. Die Metapher vollzieht insofern eine er-

taphorik begründet, und die Kraft, mit der sie diesen Erkenntnisgewinn vermittelt. Dazu hier nur Stichworte zur Andeutung stark abstrahierter Inhaltsaspekte:

Israel ist tragischerweise mitten im Leben defintiv tot (Am 5,2), oder Israel ist störrisch und in undankbarer Überheblichkeit vom Vater weggegangen (Jes 1,2), in schwerster Lage und bösem, selbstverschuldetem Leiden hilflos dem Untergang geweiht (Jes 1,5 f.). Jahwe aber hat mit der vollen Wucht seines Einsatzes Israel Raum verschafft (Am 2,9) und ihm alles seinem Leben Förderliche bereitgestellt (Jes 5,1–2.4 b), – über *ihn* werden nun aber viele aus beiden Häusern Israel stolpern und zu Fall gebracht werden (Jes 8,14 f.); durch einen schnellen, kräftigen Schlag wird er dem Volk die Leitung nehmen (Jes 9,13), sein Zorn verzehrt das Volk und treibt es zum Brudermord (Jes 9,17–20).

Eine metaphorische Allegorie bleibt jedoch kraft der komplexen Bedeutungseinheit jeder ihrer Metaphern für die semantische Interpretation unerschöpflich, gerade wenn die Interpretation, streng textgebunden, in erster Linie und hauptsächlich auf textinterne Daten baut.

---

kenntnisstiftende Prädikation (wenn auch keine widersprüchliche Prädikation im Sinne H. Weinrichs, dazu oben, S. 22 ff.). Die Metapher ist eine auf das Denotat *B* gerichtete dynamische Struktur, vgl. auch H. Hörmann, Semantische Anomalie, Metapher und Witz, Folia Linguistica 5 (1973), 322.

Verzeichnis der Literatur

Abkürzungen

Die Abkürzungen sind zur Hauptsache aus dem Abkürzungsverzeichnis der TRE, zusammengestellt von S. Schwertner, Berlin 1976, entnommen. Außerdem werden diese Abkürzungen benutzt:

Aistleitner, MKT	J. Aistleitner, Die mythologischen und kultischen Texte aus Ras Schamra, 1959.
Aistleitner, WB	J. Aistleitner, Wörterbuch der ugaritischen Sprache, 1963.
AUS	G. Dalman, Arbeit und Sitte in Palästina.
Driver, CML	G. R. Driver, Canaanite Myths and Legends, 1956.
Gibson, CML	J. C. L. Gibson, Canaanite Myths and Legends, 1978².
Ginsberg, ANET²	H. L. Ginsberg, Ugaritic Myths, Epics and Legends, in: ANET, 1955², 129–155.
Gray, Legacy²	J. Gray, The Legacy of Canaan, 1965².
GT MMM	Det gamle Testamente. Oversatt av S. Michelet, S. Mowinckel *et aliae*.
Herdner, Corpus (Texte)	MRS 10 (Texte), 1963.
Inst or	M. Fabii Quintiliani Institutionis oratoriae libri XII.
Jirku, KME	A. Jirku, Kanaanäische Mythen und Epen aus Ras Schamra – Ugarit, 1962.
LB	Linguistische Berichte.
Poet	Aristotelis de arte poetica liber.
Rhet	Aristotelis ars rhetorica.
SW	Sprachwissenschaftliches Wörterbuch.
TLL	Travaux de linguistique et de littérature publiés par le centre de philologie et de littératures romanes de l'Université de Strasbourg.
Zorell, Lexicon	F. Zorell, ed., Lexicon hebraicum et aramaicum Veteris Testamenti, fasc. 1–9, 1968².

Noch fehlende Abkürzungen sind dem Abkürzungsverzeichnis des Biblischen Kommentars Altes Testament, Neukirchen-Vluyn 1968, entnommen.

Texte und Übersetzungen

Altes Testament

The Bible in Aramaic. Based on Old Manuscripts and Printed Texts. Ed. by A. Sperber. Vol. 3, The Latter Prophets According to Targum Jonathan, Leiden 1962.

Biblia Hebraica ... ed. R. Kittel. Textum Masoreticum cur. P. Kahle. Ed. quarta Stuttgartiae 1949.

Biblia Hebraica Stuttgartensia ... Ed. funditus renovata ... ed. K. Elliger et W. Rudolph. Textum Masoreticum cur. H. P. Rüger. Masoram elabor. G. E. Weil, Stuttgart 1977.

Biblia Sacra iuxta latinam Vulgatam Versionem ... cura et studio monachorum Abbatiae Pontificiae Sancti Hieronymi in urbe OSB ed. – 13. Liber Isaiae ex interpretatione Sancti Hieronymi cum prologo eiusdem et variis capitulorum seriebus, Romae 1969.

Biblia Sacra iuxta Vulgatam Versionem ... rec. et brevi apparatu instruxit R. Weber OSB. Tomus 2. Proverbia – Apocalypsis. Appendix. Stuttgart 1969.

The Book of Isaiah. Ed. by M. H. Goshen-Gottstein, Part I. Part II, Jerusalem 1975. (The Hebrew University Bible.)

The Dead Sea Scrolls of St. Mark's Monastery. Vol. 1. The Isaiah Manuscript and the Habakkuk Commentary, ed. by M. Burrows, New Haven 1950.

Septuaginta. Vetus Testamentum Graecum. Auctoritate Acad. Litt. Gottingensis ed., Göttingen.

Vol. 13. Duodecim Prophetae ed J. Ziegler, 1943.

Vol. 14. Isaias ed. J. Ziegler, 1939.

Vol. 14. Isaias ed. J. Ziegler. 2., durchges. Auflage 1967.

Translatio Syra Pescitto Veteris Testamenti ex Codice Ambrosiano sec. fere VI photolithographice ed. curante et adnotante A. M. Ceriani. Tomus 1, Pars 3, Mediolani 1879.

Ugaritica

Aistleitner, J., Die mythologischen und kultischen Texte aus Ras Schamra, Budapest 1959. (BOH 8.)

Corpus des Tablettes en cunéiformes alphabétiques découvertes à Ras Shamra – Ugarit de 1929 à 1939, ed. A. Herdner, Paris 1963. (MRS 10.)

Driver, G. R., Canaanite Myths and Legends, Edinburgh 1956. (Old Testament Studies 3.)

Gibson, J. C. L., Canaanite Myths and Legends. 2. ed., Edinburgh 1978.

Ginsberg, H. L., Ugaritic Myths, Epics, and Legends, in: ANET, ed. J. B. Pritchard, 2. ed., Princeton, N. J. 1955, 129–155.

Gordon, C. H., The Loves and Wars of Baal and Anat, and other Poems from Ugarit, Princeton, N. J. 1943. (POT 9.)

–, Ugaritic Literature, Roma 1949. (SBIP 98.)

–, Ugaritic Manual, Roma 1955. (AnOr 35.)
    Nr. verweisen auf das Wörterbuch.

–, Ugaritic Textbook, Roma 1965. (AnOr 38.)
    Nr. verweisen auf das Wörterbuch.

Jirku, A., Kanaanäische Mythen und Epen aus Ras Schamra – Ugarit, Gütersloh 1962.

Die keilalphabetischen Texte aus Ugarit. Einschließlich der keilalphabetischen Texte außerhalb Ugarits. Teil 1. Transkription von M. Dietrich, O. Loretz, J. Sanmartín, Kevelaer und Neukirchen-Vluyn 1976. (AOAT 24.)

Ugaritica V. Nouveaux textes accadiens, hourrites et ugaritiques ... d'Ugarit, Paris 1968. (MRS 16.)

Virolleaud, Ch., Un nouveau chant du poème d'Aleïn-Baal, Syr. 13 (1932), 113–163.

–, La naissance des dieux gracieux et beaux, Syr. 14 (1933), 128–151.

–, La déesse Anat. Poème de Ras Shamra, Paris 1938. (MRS 4.)

Sonstiges

Ebeling, E., Ein Hymnen-Katalog aus Assur, Berlin 1923. (Berliner Beiträge zur Keilschriftforschung. 1.3.)

–, Babylonisch-Assyrische Texte, in: AOT, hrsg. von H. Gressmann, 2. Aufl. Berlin 1926, 108–439.

Kanaanäische und aramäische Inschriften. [Hrsg. von] H. Donner [u.] W. Röllig. Mit einem Beitrag von O. Rössler. I–III Wiesbaden 1962–1964.

–, 2., durchges. u. erw. Aufl. I–III Wiesbaden 1966–1969.

Altes Testament und angrenzende Forschungsbereiche

Ahlenstiel, H., Vision und Traum. Betrachtungen über Darstellungsformen in Trugbildern. Von H. Ahlenstiel unter Mitarbeit von R. Kaufmann, Stuttgart 1962. (Forum der Psychiatrie 4.)

Ahlström, G. W., Psalm 89. Eine Liturgie aus dem Ritual des leidenden Königs, Lund 1959.

–, Aspects of Syncretism in Israelite Religion, Lund 1963. (HSoed 5.)

Aistleitner, J., Wörterbuch der ugaritischen Sprache. Hrsg. von O. Eißfeldt, Berlin 1963. (BVSAW. PH 106. 3.)

Akkadisches Handwörterbuch. Unter Benutzung des lexikalischen Nachlasses von B. Meissner (1868–1947) bearb. von W. von Soden. Bd. I–III, Wiesbaden 1965–1981.

Albrektson, B., History and the Gods. An Essay on the Idea of Historical Events as Divine Manifestations in the Ancient Near East and in Israel, Lund 1967. (CB. OT 1.)

Albright, W. F., Archaeology and the Religion of Israel. The Ayer Lectures of the Colgate-Rochester Divinity School 1941, 3. ed. Baltimore 1953.

–, The Psalm of Habakkuk, in: Studies in Old Testament Prophecy. Pres. to Th. H. Robinson, repr. Edinburgh 1957, 1–18.

–, The Archaeology of Palestine. Rev. and repr. Harmonsworth 1960.

–, Yahweh and the Gods of Canaan. A Historical Analysis of Two Contrasting Faiths. Jordan Lectures 1965, London 1968.

Alonso-Schökel, L., La canción de la viña. Is 27, 2–5, EE 34 (1960), 767–774.

–, Estudios de poética hebrea, Barcelona 1963.

–, Das Alte Testament als literarisches Kunstwerk, Köln 1971.

Alt, A., Der Stadtstaat Samaria, Berlin 1954. (BVSAW. PH 101. 5.) Wiederabgedr. in: ders., Kl Schr 3, München 1959, 258–302.

Amsler, S., Amos, in: Commentaire de l'Ancien Testament XI a [par] E. Jacob, C.-A. Keller, S. Amsler, Neuchâtel 1965, 157–247.

Andersen, F. I., The Hebrew Verbless Clause in the Pentateuch, Nashville N. Y. 1970. (JBL. MS 14.)

The Assyrian Dictionary of the Oriental Institute of the University of Chicago, Chicago, Ill. Vol. 3. D, 1959.

Auvray, P., Isaïe traduit par ... P. Auvray ... et J. Steinmann, 2e ed. rev. Paris 1957. (JerB 22.)

–, Isaïe 1–39, Paris 1972. (SBi 8.)

Bach, R., Bauen und Pflanzen, in: Studien zur Theologie der alttestamentlichen Überlieferungen. G. von Rad ... zum 60. Geburtstag, Neukirchen Kr. Moers 1961, 7–32.

Barr, J.,Theophany and anthropomorphism in the Old Testamemt [!], in: VT.S 7, 1960, 31–38.

–, The Semantics of Biblical Language, London 1961.

–, Comparative Philology and the Text of the Old Testament, Oxford 1968.

Baudissin, W. W. Graf, Adonis und Esmun. Eine Untersuchung zur Geschichte des Glaubens an Auferstehungsgötter und an Heilsgötter, Leipzig 1911.

Baumgartner, W., Die literarischen Gattungen in der Weisheit des Jesus Sirach, ZAW 34 (1914), 161–198.

–, Das Nachleben der Adonisgärten auf Sardinien und im übrigen Mittelmeergebiet (1946), wiederabgedr. in: ders., Zum Alten Testament und seiner Umwelt. Ausgewählte Aufsätze, Leiden 1959, 247–273.

–, Hebräisches und aramäisches Lexikon zum Alten Testament. Von L. Koehler † und W. Baumgartner. 3. Aufl. neu bearb. von W. Baumgartner, I. II Leiden 1967. 1974.

Baur, G., Der Prophet Amos, Gießen 1847.

Begrich, J., Studien zu Deuterojesaja (1938). Hrsg. von Walther Zimmerli, München 1963. (TB 20.)

Bentzen, Aa., Zur Erläuterung von Jesaja 5, 1–7, AfO 4 (1927), 209 f.

–, Jesaja. Bd. 1. Jes. 1–39, Köbenhavn 1944.

–, Introduction to the Old Testament, 3. ed. Vol. 1–2, Copenhagen 1957.

Berger, P.-R., Ein unerklärtes Wort in dem Weinberglied Jesajas (Jes 5,6), ZAW 82 (1970), 116 f.

Bernhardt, K.-H., Gott und Bild. Ein Beitrag zur Begründung und Deutung des Bilderverbotes im Alten Testament, Berlin 1956.

Bertholet, A., Kulturgeschichte Israels, Göttingen 1919.

Bjørndalen, A. J., Rez. H. W. Wolff, Dodekapropheton 1. Hosea, 1961, TTK 34 (1963), 109–112.

–, Rez. D. O. Via, Die Gleichnisse Jesu, 1970, TTK 42 (1971), 147–150.

–, Zu den Zeitstufen der Zitatformel ...אמר כה im Botenverkehr, ZAW 86 (1974), 393–403.

–, Så sier Herren, in: Israel – Kristus – Kirken. Festskrift til professor dr. theol. Sverre Aalen på 70-årsdagen 7. des. 1979, Oslo 1979, 41–51.

–, Jahwe in den Zukunftsaussagen des Amos, in: Die Botschaft und die Boten. Festschrift für Hans Walter Wolff zum 70. Geburtstag ..., Neukirchen-Vluyn 1981, 181–202.

–, Zur Frage der Echtheit von Jesaja 1, 2–3; 1, 4–7 und 5, 1–7, in: Veterotestamentica. Donum natalicium Aruido S. Kapelrud a collegis et amicis XIV lustra complenti ediderunt Svein Aage Christoffersen et Hans M. Barstad, Oslo 1982 [= NTT 83 (1982), Hefte 2], 89–100.

Black, Matthew, The Parables as Allegory, BJRL 12, 1960, 273–287.

Blank, S. H., Art. Riddle, IDB IV 1962, 78 f.

Bleeker, L. H. K., Hermeneutiek van het Oude Testament, Haarlem 1948.

Boecker, H. J., Redeformen des Rechtslebens im Alten Testament, Neukirchen-Vluyn 1964. (WMANT 14.)

–, – 2. erw. Aufl. Neukirchen-Vluyn 1970. (WMANT 14.)

Boman, Th., Das hebräische Denken im Vergleich mit dem griechischen. 5., neubearb. u. erw. Aufl., Göttingen 1968.

Boström, G., Paronomasi i den äldre hebreiska maschallitteraturen. Med särskild hänsyn till Proverbia, Lund 1928. (LUÅ. NF 1. 23. 8.)

Brockelmann, C., Lexicon Syriacum. Nachdr. d. 2. Ausg. 1928, Hildesheim 1966.

–, Hebräische Syntax, Neukirchen Kr. Moers 1956.

Brouwer, A. M., Metaphoor, Allegorie en Allegorese, NThS 25 [1942], 21–36.

Brown, F., A Hebrew and English Lexicon of the Old Testament …, ed. by F. Brown with the co-operation of S. R. Driver and C. A. Briggs, Oxford repr. 1968.

Buber, M., Der Glaube der Propheten, Zürich 1950.

Budde, K., Das hebräische Klagelied. ZAW 2 (1882), 1–52.

–, Das Volkslied Israels im Munde der Propheten, PrJ 73 (1893), 460–483.

–, Das Hohelied, in: Die fünf Megilloth, Freiburg i. B. 1898. (KHC 17.)

–, Das Hohelied, in: HSAT Bd. 2, 3. neugearb. Aufl. Tübingen 1910, 356–371.

–, Zu Jesaja 1–5, ZAW 49 (1931), 16–39 182–211; 50 (1932), 38–72.

Buhl, F., Jesaja. 2. omarb. Udg. Köbenhavn 1912.

–, Zu Jes 1, 5, ZAW 36 (1916), 117.

Bultmann, R., Die Geschichte der synoptischen Tradition. 4. Aufl. Göttingen 1958. (FRLANT 29.)

Buss, M. J., The Prophetic Word of Hosea. A Morphological Study, Berlin 1969. (BZAW 111.)

Buzy, D., Introduction aux paraboles évangéliques, Paris 1912.

–, Les symboles de l'Ancien Testament, Paris 1923.

–, L'allégorie matrimoniale de Jahvé et d'Israël et le cantique des cantiques, Viv-Pen 3 (1945), 77–90.

–, Les paraboles. Traduites et commentées. Seizième éd., Paris 1948. (Verbum Salutis 6.)

–, Le cantique des cantiques. Exégèse allégorique ou parabolique? RSR 39 (1951–52), 99–114.

Carlston, Ch. E., Parable and Allegory Revisited: An Interpretive Review, CBQ 43 (1981), 228–242.

Cazelles, H., Myn = espèce, race ou ressemblance? in: École des langues orientales anciennes de l'Institut Catholique de Paris. Mémorial du cinquantenaire 1914–1964, Paris 1964, 105–108. (TICP 10.)

Cersoy, P., L'apologue de la vigne au chapitre Vᵉ d'Isaïe (versets 1–7), RB 8 (1899), 40–49.

Cheyne, T. K., The Prophecies of Isaiah. A New Translation with Commentary and Appendices. Vol. 1. 5. ed. London 1889.

–, Introduction to the Book of Isaiah. With an Appendix Containing the Undoubted Portions of the two Chief Prophetic Writers in a Translation, London 1895.

–, Traditions and Beliefs of Ancient Israel, London 1907.

–, The two Religions of Israel. With a Reexamination of the Prophetic Narratives and Utterances, London 1911.

Childs, B. S., Isaiah and the Assyrian Crisis, London 1967. (SBT, 2. Ser. 3.)

Claassen, W. T., Linguistic Arguments and the Dating of Isaiah I: 4–9, JNWSL 3 (1974), 1–18.

Condamin, A., Les chapitres I et II du livre d'Isaïe, RBI NS 1 (1904), 7–26.

–, Le livre d'Isaïe, Paris 1905.

Conrad, J., Die junge Generation im Alten Testament. Möglichkeiten und Grundzüge einer Beurteilung, Stuttgart 1970. (AzTh I 42.)

Crossan, J. D., Parable as Religious and Poetic Experience, JR 53 (1973), 330–358.

Dahl, N. A., The Parables of Growth, StTh 5 (1951), 1952, 132–166.

Dahood, M. J., Ugaritic lexicography, in: StT 231, Città del Vaticano 1964, 81–104.

Dalman, G., Palästinischer Diwan. Als Beitrag zur Volkskunde Palästinas gesammelt und mit Übersetzung und Melodien hrsg. v. Gustaf H. Dalman, Leipzig 1901.

–, Arbeit und Sitte in Palästina, Gütersloh. (BFChrTh.)
   B. 2. 1932. Der Ackerbau.
   B. 4. 1935. Brot, Öl und Wein.
   B. 6. 1939. Zeltleben, Vieh- u. Milchwirtschaft, Jagd, Fischfang.
   B. 7. 1942. Das Haus, Hühnerzucht, Taubenzucht, Bienenzucht.

Deden S. C. J., D., De kleine profeten, Roermond 1953. (BOT 12.)

Delitzsch, F., Commentar über das Buch Jesaia. 4. neubearb. Aufl. Leipzig 1889. (BC 3. 1.)

Dentan, R. C., The Knowledge of God in Ancient Israel, New York 1968.

Dhorme, E., L'emploi métaphorique des noms de parties du corps en hébreu et en akkadien. Ed. anastatique d'un ouvrage publié en 1923, Paris 1963. [Erstveröffentlichung in RB 30–32, 1921–1923.]

Dibelius, M., Die Formgeschichte des Evangeliums. 4. Aufl., hrsg. von G. Bornkamm, Tübingen 1961.

Diels, H., Orientalische Fabeln im griechischen Gewande, Internationale Wochenschrift für Wissenschaft, Kunst und Technik 4 (1910), 994–1002.

Dietrich, W., Jesaja und die Politik, München 1976. (BEvTh 74.)

Dillmann, A., Der Prophet Jesaia. Für d. 5. Aufl. erklärt, Leipzig 1890. (KEH 5.)

–, Der Prophet Jesaja. Für d. 6. Aufl. hrsg. u. vielf. umgearb. von R. Kittel, Leipzig 1898. (KEH 5.)

Dinsmore, J. E., s. G. E. Post.

Diringer, D., Words and Meanings in Early Hebrew Inscriptions. By D. Diringer and S. P. Brock, in: Words and Meanings. Essays pres. to D. Winton Thomas on his retirement ... 1968. Ed. by P. R. Ackroyd and B. Lindars, Cambridge 1968, 39–45.

Donner, H., Israel unter den Völkern, Leiden 1964. (VT. S 11.)

Driver, G. R., Linguistic and Textual Problems: Isaiah I–XXXIX, JThS 38 (1937), 36–50.

–, Difficult Words in the Hebrew Prophets, in: Studies in Old Testament Prophecy. Presented to Th. H. Robinson, repr. Edinburgh 1957, 52–72.

–, Two Misunderstood Passages of the Old Testament, JThS NS 6 (1955), 82–87.

Driver, S. R., A Treatise on the Use of the Tenses in Hebrew and some other Syntactical Questions, 3. ed., rev. and improved, Oxford 1892.

Duhm, B., Das Buch Jesaia, Göttingen 1892. (HK 3.1.)

     – 2. verb. Aufl. Göttingen 1902. (HK 3.1.)

     – 3., verb. u. verm. Aufl. Göttingen 1914. (HK 3.1.)

     – 4., neu durchges. Aufl. Göttingen 1922. (HK 3.1.)

–, Anmerkungen zu den zwölf Propheten, ZAW 31 (1911), 1–43.

–, Israels Propheten. 2. verb. Aufl., Tübingen 1922. (Lebensfragen 26.)

Ebeling, E., Die babylonische Fabel und ihre Bedeutung für die Literaturgeschichte, Leipzig 1927. (MAOG II. 3)

Ebeling, G., Evangelische Evangelienauslegung. Eine Untersuchung zu Luthers Hermeneutik, München 1942. (FGLP 10. 1.)

Edsman, C.-M., Art. Allegorie I. Religionsgeschichtlich, RGG³ I 1957, 238.

Ehrlich, A. B., Randglossen zur hebräischen Bibel. Textkritisches, Sprachliches und Sachliches. Bd. 3. 4. 5, Leipzig 1910. 1912.

Eichholz, G., Einführung in die Gleichnisse. Neukirchen-Vluyn 1963. (BSt 37.)

–, Gleichnisse der Evangelien. Form, Überlieferung, Auslegung, Neukirchen-Vluyn 1971.

Eichrodt, W., Theologie des Alten Testaments, Stuttgart. T. 1, 5. neubearb. Aufl. 1957; T. 2–3, 4. neubearb. Aufl. 1961.

–, Der Heilige in Israel, Jesaja 1–12, Stuttgart 1960. (BAT 17, I.)

Eißfeldt, O., Der Maschal im Alten Testament. Eine wortgeschichtliche Untersuchung nebst einer literargeschichtlichen Untersuchung der מָשָׁל genannten Gattungen »Volkssprichwort« und »Spottlied«, Giessen 1913. (BZAW 24.)

–, Jahve und Baal, PrJ 155 (1914), 257–270. Wiederabgedr. in: ders., KlSchr I 1962, 1–12.

–, Ba'alšamēm und Jahwe, ZAW 57 (1939), 1–31. Wiederabgedr. in: ders., KlSchr II 1963, 171–198.

–, Art. Adonis, RGG³ I 1957, 97 f.

Eißfeldt, O., Das Lied Moses Deuteronomium 32,1–43 und das Lehrgedicht Asaphs Psalm 78 samt einer Analyse der Umgebung des Mose-Liedes, Berlin 1958. (BVSAW. PH 104.5.)

–, Einleitung in das Alte Testament unter Einschluß der Apokryphen und Pseudepigraphen sowie der apokryphen- und pseudepigraphenartigen Qumrān-Schriften. Entstehungsgeschichte des Alten Testaments. 3., neubearb. Aufl. Tübingen 1964.

–, Psalm 80, in: Geschichte und Altes Testament. A. Alt zum 70. Geburtstag dargebracht, Tübingen 1953, 65–78. Wiederabgedr. in: O. Eißfeldt, KlSchr III 1966, 221–232.

Elliger, K., Ich bin der Herr – euer Gott, in: Theologie als Glaubenswagnis. Festschrift für Karl Heim zum 80. Geburtstag, Hamburg 1954, 9–34. Wiederabgedr. in: TB 32, München 1966, 211–231.

–, Deuterojesaja. 1. Teilband Jesaja 40,1–45,7, Neukirchen-Vluyn 1978. (BKAT 11/1.)

Engler, A., Syllabus der Pflanzenfamilien. Bd. 1. 12., völlig neugestaltete Aufl. [hrsg.] von H. Melchior und E. Werdermann, Berlin 1954.

Engnell, I., Studies in Divine Kingship in the Ancient Near East, Uppsala 1943.

–, Gamla Testamentet. En traditionshistorisk inledning. Första delen, Stockholm 1945.

–, Art. Adonis, SBU² I 1962, 25 f.

–, Art. Baal, SBU² I 1962, 157–159.

–, Art. Bildspråk, SBU² I 1962, 283–312.

–, Art. Dod, SBU² I 1962, 424.

–, Art. Fenicisk religion, SBU² I 1962, 618–623.

–, Art. Höga Visan, SBU² I 1962, 1009–1111.

–, Art. Liknelser. 1. G. T., SBU² I 1962, 1495–1497.

–, Art. Plantering, *plantera*. 1, SBU² II 1963, 537.

–, Art. Tammus, *Tammuz*, SBU² II 1963,1168–1172.

Erbt, W., Die Hebräer. Kanaan im Zeitalter der hebräischen Wanderung und hebräischer Staatengründungen, Leipzig 1906.

Erman, A., Die Literatur der Ägypter. Gedichte, Erzählungen und Lehrbücher aus dem 3. und 2. Jahrtausend v. Chr., Leipzig 1923.

Evans-Pritchard, E. E., A Problem of Nuer Religious Thought, Sociologus 4 (1954), 23–42.

–, Nuer Religion, Oxford 1956.

–, Theories of Primitive Religion, Oxford 1965.

Ewald, H., Die Propheten des Alten Bundes. Bd. 1, Stuttgart 1840.

–, Ausführliches Lehrbuch der hebräischen Sprache des Alten Bundes, 5. Ausg. Leipzig 1844.

–, Die Propheten des alten Bundes. 2. Ausg. Bd. 1. Jesaja mit den übrigen älteren Propheten, Göttingen 1867.

Fahlgren, K.Hj., *ṣᵉdāḳā*, nahestehende und entgegengesetzte Begriffe im Alten Testament, Uppsala 1932.

Falkenstein, A., [Debatteneröffnung zu philologischen Aspekten des Tammuz-Problems] in: Compte rendu de la troisième rencontre assyriologique ... 1952, Leiden 1954, 41–65.

–, Rez., C. J. Gadd and S. N. Kramer, Ur Excavations Texts. VI.1, London 1963, BiOr 22 (1965), 279–283.

Farrer, A., Inspiration: Poetical and Divine, in: Promise and Fulfilment. Essays pres. to prof. S. H. Hooke in celebration of his ninetieth birthday 21st Jan. 1964 by members of the Society for Old Testament Study and others, Edinburgh 1963, 91–105.

Feldmann, F., Das Buch Isaias. 1. Halbbd., 1. Teil (Kap. 1–39), Münster in Westf. 1925. (EHAT 14.)

–, Isaias 1–39 lateinisch und deutsch mit Anmerkungen unter dem Text, Bonn 1940.

Fey, R., Amos und Jesaja. Abhängigkeit und Eigenständigkeit des Jesaja, Neukirchen-Vluyn 1963. (WMANT 12.)

Fichtner, J., Jesaja unter den Weisen, ThLZ 76 (1951), 145–150. Wiederabgedr. in: ders., Gottes Weisheit, Stuttgart 1965, 18–26.

–, Das erste Buch von den Königen. Nach dem Tode des Verfassers hrsg. v. K. D. Fricke, Stuttgart 1964. (BAT 12. I.)

Fischer, J., Das Buch Isaias. 1. Teil: Kapitel 1–39, Bonn 1937. (HSAT VII. 1. 1.)

Fitzgerald, A., *BTWLT* and *BT* as Titles for Capital Cities, CBQ 37 (1975), 167–183.

Flusser, D., Die rabbinischen Gleichnisse und der Gleichniserzähler Jesus. 1. Teil. Das Wesen der Gleichnisse, Bern 1981.

Fohrer, G., Das Buch Jesaja. 1. Bd. Kapitel 1–23, Zürich 1960. (Zürcher Bibelkommentare.)

–, – 2. erw. u. verb. Aufl. Zürich 1966. (Zürcher Bibelkommentare.)

–, Das Buch Hiob, Gütersloh 1963. (KAT 16.)

–, Überlieferung und Geschichte des Exodus. Eine Analyse von Exodus 1–15, Berlin 1964. (BZAW 91.)

–, Einleitung in das Alte Testament. Begründet von Ernst Sellin, völlig neu bearb. von Georg Fohrer. Zehnte Aufl., Heidelberg 1965.

–, Entstehung, Komposition und Überlieferung von Jesaja 1–39, BZAW 99, Berlin 1967, 113–147.

–, Prophetie und Geschichte, BZAW 99, 1967, 265–293.

–, Die Struktur der alttestamentlichen Eschatologie, BZAW 99, 1967, 32–58.

–, Jesaja 1 als Zusammenfassung der Verkündigung Jesajas, BZAW 99, 1967, 148–166.

–, Geschichte der israelitischen Religion, Berlin 1969.

–, Das Gottesbild des Alten Testaments, BZAW 115, 1969, 163–175.

–, Die Propheten des 8. Jahrhunderts, Gütersloh 1974.

Frazer, J. G., Adonis, Attis, Osiris. Studies in the History of Oriental Religion, 2. ed. London 1907. (The Golden Bough, 3. ed. Part. 4.)

Fuchs, E., Hermeneutik. 3. Aufl. Bad Cannstatt 1963.

Galling, K., Biblisches Reallexikon, Tübingen 1937. (HAT 1. 1.)

–, Art. Tammuz (Palästina-Syrien), RLV XIII 1929, 172f.

Gaster, Th. H., Thespis. Ritual, Myth, and Drama in the Ancient Near East, N. Y. 1950.

–, –– New and rev. ed., Garden City, N. Y. 1961. (Anchor A 230.)

George, A., Art. Parabole, DBS VI 1960, 1149–1177.

Gerhardsson, B., The Good Samaritan – the Good Sheperd? Lund 1958. (CNT 16.)

–, The Parable of the Sower and its Interpretation, NTS 14 (1967–1968), 165–193.

Gerleman, G., Contributions to the Old Testament Terminology of the Chase, Bulletin de la Société Royale des Lettres de Lund, 1945–1946, 79–90.

–, Die Bildsprache des Hohenliedes und die altägyptische Kunst, ASTI 1 (1962), 24–30.

–, Ruth. Das Hohelied, Neukirchen-Vluyn 1965. (BKAT 18.)

–, Art. אכל, THAT I, 1971, 138–142.

Gese, H., Lehre und Wirklichkeit in der alten Weisheit. Studien zu den Sprüchen Salomos und zu dem Buche Hiob, Tübingen 1958.

–, Kleine Beiträge zum Verständnis des Amosbuches, VT 12 (1962), 417–438.

–, Der Davidsbund und die Zionserwählung, ZThK 61 (1964), 10-26.

–, Bemerkungen zur Sinaitradition, ZAW 79 (1967), 137–154.

Gesenius, W., Wilhelm Gesenius' Hebräisches und aramäisches Handwörterbuch über das Alte Testament ... bearb. v. F. Buhl. Unver. Neudr. der 17. Aufl. Berlin 1949.

Ginsberg, H. L., ›Roots Below and Fruit Above‹ and Related Matters, in: Hebrew and Semitic Studies pres. to Godfrey Rolles Driver in celebration of his seventieth birthday 20. August 1962, ed. by D. Winton Thomas and W. D. McHardy, Oxford 1963, 72–76.

Gladigow, B., Der Sinn der Götter. Zum kognitiven Potential der persönlichen Gottesvorstellung, in: P. Eicher, Hrsg., Gottesvorstellung und Gesellschaftsentwicklung, München 1979, 41–62.

Godbey, A. H., The Hebrew *mašal*, AJSL 39 (1922–23), 89–108.

Gollwitzer, H., Die Existenz Gottes im Bekenntnis des Glaubens, München 1963. (BEvTh 34.)

Gonda, J., Remarks on Similes in Sanskrit Literature, Leiden 1949. (Orientalia Rheno-Traiectina 1.)

Good, E. M., Irony in the Old Testament, Philad. 1965.

–, Ezekiel's Ship: Some Extended Metaphors in the Old Testament, Semitics 1 (1970), 79–103.

Goppelt, L., Art. Allegorie II. Im AT und NT, RGG³ I 1957, 239f.

Gordon, E. I., Sumerian Animal Proverbs and Fables: »Collection five«, JCS 12 (1958), 1–21. 43–75.

–, A New Look at the Wisdom of Sumer and Akkad, BiOr 17 (1960), 122–152.

Graffy, A., The Literary Genre of Isaiah 5,1–7, Bib. 60 (1979), 400–409.

Graham, W. C., Notes on the Interpretation of Isaiah 5:1–14, AJSL 45 (1928–29), 167–178.

–, The Prophets and Israel's Culture, Chicago, Ill. 1934.

–, Recent Light on the Cultural Origins of the Hebrews, JR 14 (1934), 306–329.

–, Culture and Conscience. An Archaeological Study of the New Religious Past in Ancient Palestine. By W. C. Graham and H. G. May, Chicago, Ill. 1936.

Grapow, H., Die bildlichen Ausdrücke des Aegyptischen. Vom Denken und Dichten einer altorientalischen Sprache, Leipzig 1924.

Gray, G. B., A Critical and Exegetical Commentary on the Book of Isaiah. 1–39 by G. B. Gray. 40–66 by A. S. Peake. Vol. 1, Edinburgh 1912. (ICC.)

Gray, J., The Legacy of Canaan. The Ras Shamra Texts and their Relevance to the Old Testament. 2., rev. ed. Leiden 1965. (VT.S 5.)

Gressmann, H., Die älteste Geschichtsschreibung und Prophetie Israels (von Samuel bis Amos und Hosea), Göttingen 1910. (SAT II 1.)

–, – 2., stark umgearb. Aufl. Göttingen 1921. (SAT II 1.)

–, Die neugefundene Lehre des Amen-em-ope und die vorexilische Spruchdichtung Israels, ZAW 42 (1924), 272–296.

–, Art. Allegorie. 2. Allegorische Auslegung, RGG² I 1927, 220 f.

–, Hrsg., Altorientalische Bilder zum Alten Testament. 2., völl. neugestalt. u. stark verm. Aufl. Berlin 1927.

–, Der Messias, Göttingen 1929. (FRLANT 43.)

Güttgemanns, E., Offene Fragen zur Formgeschichte des Evangeliums. Eine methodologische Skizze der Grundlagenproblematik der Form- und Redaktionsgeschichte, München 1970. (BEvTh 54.)

Gunkel, H., Schöpfung und Chaos in Urzeit und Endzeit. Eine religionsgeschichtliche Untersuchung über Gen 1 und Ap Joh 12. Mit Beiträgen von Heinrich Zimmern, Göttingen 1895.

–, Art. Allegorie im AT und Judentum, RGG¹ I 1909, 354 f.

–, Einleitungen, in: SAT II 2, 2. verm. u. verb. Aufl. Göttingen 1923, IX–LXX.

–, Die israelitische Literatur, in: Die Kultur der Gegenwart I 7. Orientalische Literaturen, Leipzig 1925, 53–112. Separater Neudruck Darmstadt 1963.

–, Art. Allegorie 1. Die Stilgattung der A., RGG² I 1927, 219 f.

–, Art. Fabel, RGG² II 1928, 489–491.

–, Art. Gleichnis und Parabel: II. In der Bibel. 1. Im AT, RGG² II 1928, 1238 f.

–, Die Psalmen (1929), 5. Aufl. Göttingen 1968.

Gurney, O. R., Tammuz reconsidered: Some Recent Developments, JSSt 7 (1962), 147–160.

Guthe, H., Das Buch Jesaia. (Kap. 1–35 …) in: HSAT(K) Bd. 1, 3. neugearb. Aufl. Tübingen 1909, 549–605.

Guthe, H., in: HSAT(K) Bd. 1, 4., umgearb. Aufl. hrsg. von A. Bertholet, Tübingen 1922, 586–649.

Hackmann, H., Die Zukunftserwartung des Jesaja, Göttingen 1893.

Haller, M., Die fünf Megilloth. Ruth, Hoheslied, Klagelieder, Esther, Prediger Salomo. Von M. Haller und K. Galling, Tübingen 1940. (HAT I 18.)

Hammershaimb, E., Amos. 2. udg. Köbenhavn 1958.

Harder, G., Herodes-Burgen und Herodes-Städte im Jordangraben, ZDPV 78 (1962), 49–63.

Hardmeier, C., Texttheorie und biblische Exegese. Zur rhetorischen Funktion der Trauermetaphorik in der Prophetie, München 1978. (BEvTh 79.)

Harper, W. R., A Critical and Exegetical Commentary on Amos and Hosea, Edinburgh 1905. (ICC.)

Hauck, F., Art. Παραβολή, ThWNT V 1954, 741–759.

Haupt, P., The Book of Canticles, Chicago, Ill. 1902.

–, The Book of Canticles, AJSL 19 (1902–03), 1–32.

–, Isaiah's Parable of the Vineyard, AJSL 19 (1902–03), 193–202.

Heimpel, W., Tierbilder in der sumerischen Literatur, Roma 1968. (StP 2.)

Held, M., A Faithful Lover in an Old Babylonian Dialogue, JCS 15 (1961), 1–26.

–, A Faithful Lover in an Old Babylonian Dialogue (JCS XV, pp. 1–26). Addenda et corrigenda, JCS 16 (1962), 37–39.

Hempel, J., Jahwegleichnisse der israelitischen Propheten, ZAW 42 (1924), 74–104; mit Erweiterungen wiederabgedr. in: BZAW 81, Berlin 1961, 1–29.

–, Die althebräische Literatur und ihr hellenistisch-jüdisches Nachleben, Wildpark-Potsdam 1930. Nachdr. Berlin 1968.

–, Die Grenzen des Anthropomorphismus Jahwes im Alten Testament, ZAW 57 (1939), 75–85.

–, Worte der Profeten in neuer Übertragung und mit Erläuterungen, Berlin 1949.

–, Heilung als Symbol und Wirklichkeit im biblischen Schrifttum. 2., durchges. u. erw. Aufl. Göttingen 1965.

Herbert, A. S., The ›Parable‹ (Māšāl) in the Old Testament, SJTh 7 (1954), 180–196.

Hermann, A., Altägyptische Liebesdichtung, Wiesbaden 1959.

Hermaniuk, M., La parabole evangélique. Enquête exégétique et critique, Bruges 1947. (Universitas Catholica Lovaniensis. Diss. ad grad. magistri in Fac. Theol. consequendum conscriptae II 38.)

Hermisson, H.-J., Studien zur israelitischen Spruchweisheit, Neukirchen-Vluyn 1968. (WMANT 28.)

Herntrich, V., Der Prophet Jesaja. Kapitel 1–12. 2. Aufl. Göttingen 1954. (ATD 17.)

Hessler, E., Die Struktur der Bilder bei Deuterojesaja, EvTh 25 (1965), 349–369.

Hitzig, F., Der Prophet Jesaja, Heidelberg 1833.

–, Die zwölf kleinen Propheten, Leipzig 1838. (KEH 1.)

–, Die zwölf kleinen Propheten. 4. Aufl., bes. v. Heinrich Steiner, Leipzig 1881. (KEH 1.)

Höffken, P., Probleme in Jesaja 5, 1–7, ZThK 79 (1982), 392–410.

Hoffmann, G., Versuche zu Amos, ZAW 3 (1883), 87–126.

Holladay, W. L., A Concise Hebrew and Aramaic Lexicon of the Old Testament, Leiden 1971.

Horst, F., Die Kennzeichen der hebräischen Poesie, ThR NF 21 (1953), 97–121.

–, Die Visionsschilderungen der alttestamentlichen Propheten, EvTh 20 (1960), 193–205.

Horst, J., Art. Οὖς, ThWNT V 1954, 543–557.

Hvidberg, F. Friis, Weeping and Laughter in the Old Testament. A Study of Canaanite-Israelite Religion. [Ed. F. Løkkegaard.] København 1962.

Hylmö, G., Gamla testamentets litteraturhistoria, Lund 1938.

Jacob, E., Théologie de l'Ancien Testament, Neuchâtel 1955.

–, Art. Anthropomorphismus, BHH I 1962, 96 f.

–, Grundfragen Alttestamentlicher Theologie. Franz Delitzsch-Vorlesungen 1965, Stuttgart 1970.

Jahnow, H., Das hebräische Leichenlied im Rahmen der Völkerdichtung, Gießen 1923. (BZAW 36.)

Jacobsen, Th., Toward the Image of Tammuz, History of Religions 1 (1961), 189–213.

Jenni, E., Distel und Zeder. Hermeneutische Überlegungen zu 2 Kö 14 : 8–14, in: Studia biblica et semitica Th. C. Vriezen ... dedicata, Wageningen 1966, 165–175.

Jepsen, A., Beiträge zur Auslegung und Geschichte des Dekalogs, ZAW 79 (1967), 277–304.

Jeremias, A., Das Alte Testament im Lichte des Alten Orients. 4. ern. Aufl. Leipzig 1930.

Jeremias, Joachim, Die Gleichnisse Jesu. 4. neu bearb. Aufl. Göttingen 1956.

Jeremias, Jörg, Theophanie. Die Geschichte einer alttestamentlichen Gattung, Neukirchen-Vluyn 1965. (WMANT 10.)

–, – 2., überarb. u. erw. Aufl. Neukirchen-Vluyn 1977. (WMANT 10.)

Johnson, A. R., מָשָׁל, VT.S 3, 1955, 162–169.

Jülicher, A., Die Gleichnisreden Jesu, Freiburg i. B. 1888. (Hier mit der Angabe [I] gekennzeichnet.)

–, Die Gleichnisreden Jesu. [Verb. Nachdr. d. 2. Ausg.] T. 1–2, Tübingen 1910 (ɔ: 1910³ = unver. Nachdr. Darmstadt 1963, wonach hier zitiert).

Jüngel, E., Paulus und Jesus. Eine Untersuchung zur Präzisierung der Frage nach dem Ursprung der Christologie. 3., durchges. Aufl. Tübingen 1967.

Junker, H., Die literarische Art von Is 5, 1–7, Bib. 40 (1959), 259–266.

Kahlefeld, H., Gleichnisse und Lehrstücke im Evangelium. Bd. 1. 2, Frankfurt a. M. 1963.

Kaiser, O., Der Prophet Jesaja. Kapitel 1–12, Göttingen 1960. (ATD 17.)

–, Das Buch des Propheten Jesaja. Kapitel 1–12, 5., völl. neubearb. Aufl. Göttingen 1981. (ATD 17.)

Kapelrud, A. S., Baal in the Ras Shamra Texts, Copenhagen 1952.

–, Central Ideas in Amos, Oslo 1961.

–, The Ras Shamra Discoveries and the Old Testament, Oxford 1965.

Kaufmann, J., Art. Allegorie, EJ II 1928, 335–338.

Keil, C. F., Biblischer Commentar über die zwölf kleinen Propheten. 2., verb. Aufl. Leipzig 1873. (BC 3. 4.)

–, – 3., nachgebesserte Aufl. Leipzig 1888. (BC 3. 4.)

King, E. G., Early Religious Poetry of the Hebrews, Cambridge 1911. (The Cambridge Manuals of science and literature 8.)

Kissane, E. J., The Book of Isaiah Translated from a Critically Revised Hebrew Text with Commentary. Vol. 1, Dublin 1941.

–, – Rev. ed. 1960.

Kittel, R., s. A. Dillmann.

Klauck, H.-J., Allegorie und Allegorese in synoptischen Gleichnistexten, Münster 1978. (NTA NS 13.)

Klein, W. C., The Psychological Pattern of Old Testament Prophecy, Evanston, Ill. 1956.

Klemm, H. G., Die Gleichnisauslegung Ad. Jülichers im Bannkreis der Fabeltheorie Lessings, ZNW 60 (1969), 153–174.

Knierim, R., Die Hauptbegriffe für Sünde im Alten Testament, 2. Aufl., Gütersloh 1967.

–, Art. פֶּשַׁע pæšaʿ Verbrechen, THAT II 1976, 488–495.

Knight, G. A. F., A Christian Theology of the Old Testament, London 1959.

Knobel, A., Der Prophet Jesaia, Leipzig 1843. (KEH 5.)

Koch, K., Was ist Formgeschichte? Neue Wege der Bibelexegese, Neukirchen-Vluyn 1964.

–, Amos. Untersucht mit den Methoden einer strukturalen Formgeschichte. Von K. Koch und Mitarbeitern. Teil 1–3, Kevelaer, Neukirchen-Vluyn 1976. (AOAT 30.)

Köhler, L., Amos, Zürich 1917.

–, Theologie des Alten Testaments. 3., überarb. Aufl. Tübingen 1953.

–, Lexicon in veteris testamenti libros. [Von] L. Koehler, ed., [und] W. Baumgartner. Leiden 1953.

König, E., Die Bedeutung des hebräischen מִין, ZAW 31 (1911), 133–146.

–, Hermeneutik des Alten Testaments mit spezieller Berücksichtigung der modernen Probleme, Bonn 1916.

–, Das Buch Jesaja, Gütersloh 1926.

König, E., Die Psalmen, Gütersloh 1927.

Kooij, A. van der, Die alten Textzeugen des Jesajabuches. Ein Beitrag zur Text-geschichte des Alten Testaments, Freiburg 1981. (OBO 35.)

Kosmala, H., Mot and the Vine: The Time of the Ugaritic Fertility Rite, ASTI 3 (1964), 147–151.

–, Form and Structure in Ancient Hebrew Poetry. (Continued), VT 16 (1966), 152–180.

Kramer, S. N., Introduction, [und:] Mythology of Sumer and Akkad, in: Mythologies of the Ancient World. Ed. and with an introduction by S. N. Kramer, Garden City, N. Y. 1961, 7–13. 93–137.

–, Dumuzi's Annual Resurrection: An Important Correction to »Inanna's des-cent«, BASOR 183, 1966, 31.

–, Sumerian similes: A Panoramic View of some of Man's Oldest Literary Images, JAOS 89 (1969), 1–10.

Kraus, H.-J., Psalmen. Teilbd. I. II, Neukirchen Kr. Moers 1960. (BKAT 15/1. 2.)

–, Der lebendige Gott. Ein Kapitel biblischer Theologie, EvTh 27 (1967), 169–200.

Kuitert, H. M., Gott in Menschengestalt. Eine dogmatisch-hermeneutische Stu-die über die Anthropomorphismen der Bibel, München 1967. (BEvTh 45.)

Kutsch, E., Salbung als Rechtsakt im Alten Testament und im Alten Orient, Ber-lin 1963. (BZAW 87.)

Kutscher †, E. Y., The Language and Linguistic Background of the Isaiah Scroll (1Q Isaᵃ), Leiden 1974. (STDJ 6.)

Labuschagne, C. J., The Incomparability of Yahweh in the Old Testament, Leiden 1966. (POS 5.)

Lambert, W. G., Divine Love Lyrics from Babylon, JSSt 4 (1959), 1–15.

–, Babylonian Wisdom Literature, Oxford 1960.

Landsberger, B., Jahreszeiten im Sumerisch-Akkadischen, JNES 8 (1949), 248–297.

Langdon, S., Sumerian and Babylonian Psalms, Paris 1909.

–, Tammuz and Ishtar. A Monograph upon Babylonian Religion and Theology, containing Extensive Abstracts from the Tammuz Liturgies and all of the Arbela Oracles, Oxford 1914.

–, Babylonian and Hebrew Musical Terms, JRAS for 1921, 169–191.

Langhe, R. de, Les textes de Ras Shamra-Ugarit et leurs rapports avec le milieu biblique de l'Ancien Testament. T. 2, Gembloux 1945.

Laridon, V., Carmen allegoricum Isaiae de vinea, CBrug 46 (1950), 3–9.

Lehmann, M. R., A New Interpretation of the Term שדמות, VT 3 (1953), 361–371.

Leslie, E. A., Old Testament Religion in the Light of its Canaanite Background, New York 1936.

Leslie, E. A., Isaiah. Chronologically arranged, translated and interpreted, New York 1963.

Lévy-Bruhl, L., Les fonctions mentales dans les sociétés inférieures. 2e éd. Paris 1912.

–, La mentalité primitive, Paris 1922.

–, L'âme primitive, Paris 1927.

Lindblom, J., Profetismen i Israel, Stockholm 1934.

–, Die Gesichte der Propheten. Versuch einer Klassifizierung, in: Studia theologica 1, Rigae 1935, 7–28.

–, Profetiskt bildspråk, in: AAAbo. H 18, Åbo 1949, 208–223.

–, The Servant Songs in Deutero-Isaiah. A New Attempt to solve an Old Problem, Lund 1951. (LUÅ. Nf. 1. 47. 5.)

–, Wisdom in the Old Testament Prophets, VT. S 3, 1955, 192–204.

–, Prophecy in Ancient Israel, Oxford 1962.

–, Die Vorstellung vom Sprechen Jahwes zu den Menschen im Alten Testament, ZAW 75 (1963), 263–288.

Linnemann, E., Gleichnisse Jesu. Einführung und Auslegung, Göttingen 1961.

Lipinski, E., Art. Allegory. In the Bible, EJ II 1971, 641–643.

Löw, I., Die Flora der Juden. I [Zweite Hälfte]. Kryptogamae. Acanthaceae – Graminaceae, Wien 1928. (Veröffentlichungen der Alexander Kohut Memorial Foundation. 4.)

Loewenclau, I. von, Zur Auslegung von Jesaja 1, 2–3, EvTh 26 (1966), 294–308.

Loretz, O., Zum Problem des Eros im Hohenlied, BZ NF 8 (1964), 191–216.

–, Weinberglied und prophetische Deutung im Protest-Song Jes 5, 1–7, UF 7, 1975, 573–576.

Lys, D., La vigne et le double je. Exercice de style sur Esaʿie V 1–7, VT. S 26, 1974, 1–16.

Maag, V., Text, Wortschatz und Begriffswelt des Buches Amos, Leiden 1951.

McKane, W., Proverbs. A New Approach, London 1970. (The Old Testament Library.)

Mangenot, E., Art. Allégorie, sens allégorique de l'écriture, DB I 1926³, 368 f.

Marti, K., Das Buch Jesaja, Tübingen 1900. (KHC 10.)

–, Das Dodekapropheton, Tübingen 1904. (KHC 13.)

Martin, W. J., Anthropomorphic Expressions in Semitic, in: Trudy dvadcat' pjatogo meẑdunarodnogo kongressa vostokovedov, Moskau 9–16 avgusta 1960, T. 1, Moskau 1962, 381–383.

May, H. G., The Fertility Cult in Hosea, AJSL 48 (1932), 73–98.

–, s. W. C. Graham.

Mays, J. L., Amos. A Commentary, London 1969. (The Old Testament Library.)

–, Hosea. A Commentary, London 1969. (The Old Testament Library.)

Meek, T. J., Canticles and the Tammuz Cult, AJSL 39 (1922), 1–14.

–, The Song of Songs and the Fertility Cult, in: W. H. Schoff, ed., The Song of Songs. A Symposium, Philadelphia 1924, 48–79.

Meek, T.J., Babylonian Parallels to the Song of Songs, JBL 43 (1924), 245–252.

–, The Song of Songs. Introduction, Exegesis, in: IntB V, Abingdon 1956, 91–98. 103–148.

Meuli, K., Herkunft und Wesen der Fabel, Schweizerisches Archiv für Volkskunde 50 (1954), 65–88.

Meyer, E., Die Israeliten und ihre Nachbarstämme. Alttestamentliche Untersuchungen. Mit Beiträgen von B. Luther, Halle a. d. Saale 1906.

Meyer, R., Hebräische Grammatik. Dritte, neubearb. Aufl. Bd. 3, Berlin 1972. (Sammlung Göschen. 5765.)

Michaéli, F., Dieu à l'image de l'homme. Etude de la notion anthropomorphique de Dieu dans l'Ancien Testament, Neuchâtel 1950. Thèse. (BT[N].)

Moor, J.C. de, The Seasonal Pattern in the Ugaritic Myth of Ba'lū According to the Version of Ilimilkū, Neukirchen-Vluyn 1971. (AOAT 16.)

–, New Year with Canaanites and Israelites, I–II Kampen 1972.

–, Art. בַּעַל I–II, ThWAT I 1973, 706–718.

Mosis, R., Art. גָּדַל II–III, ThWAT I 1973, 928–956.

Mowinckel, S., Profeten Jesaja. En bibelstudiebok, Oslo 1925.

–, Jesajaboken. I. Kap. 1–39, in: GT MMM 3, Oslo 1944, 63–184.

–, Tolvprofetboken, in: GT MMM 3, Oslo 1944, 567–783.

–, Jesaja, Oslo 1949.

–, Offersang og sangoffer. Salmediktningen i Bibelen, Oslo 1951.

–, Palestina før Israel, Oslo 1965.

Müller, H.-P., Art. כֶּרֶם kæræm, ThWAT IV–3/4 1982, 334–340.

Münderlein, G., Art. חבשׁ, ThWAT II, 1977, 726–730.

Muilenburg, J., The Linguistic and Rhetorical Usages of the Particle כי in the Old Testament, HUCA 32, 1961, 135–160.

Mulder, M. J., Ba'al in het Oude Testament, 's-Gravenhage 1962.

Neher, A., Amos. Contribution a l'étude du prophétisme, Paris 1950.

–, Le symbolisme conjugal: expression de l'histoire dans l'Ancien Testament, RHPhR 34 (1954), 30–49.

Nielsen, E., Shechem. A Traditio-historical Investigation, Copenhagen 1955.

Nielsen, K., Das Bild des Gerichts (RIB-Pattern) in Jes. I–XII, VT 29 (1979), 309–324.

Nikolainen, A.T., Der Auferstehungsglauben in der Bibel und ihrer Umwelt. Bd. 1. Religionsgeschichtlicher Teil, Helsinki 1944. (AASF. B 49. 3.)

Nötscher, F., Altorientalischer und alttestamentlicher Auferstehungsglauben, Würzburg 1926.

Noth, M., Die israelitischen Personennamen im Rahmen der gemeinsemitischen Namengebung, Stuttgart 1928. (BWANT 3. 10.)

–, Num. 21 als Glied der »Hexateuch«-Erzählung, ZAW 58 (1940/41), 161–189.

–, Geschichte Israels. 4., unver. Aufl., Göttingen 1959.

Noth, M., David und Israel in 2. Samuel 7, in: Mélanges Bibliques rédigés en l'honneur de André Robert, Paris [1957] (TICP 4), 122–130. Wiederabgedr. in: TB 6, 2. Aufl. München 1960, 334–345.

–, Das zweite Buch Mose. Exodus, Göttingen 1959. (ATD 5.)

–, Könige. 1. Teilband, Neukirchen-Vluyn 1968. (BKAT 9.1.)

Nowack, W., Der Prophet Hosea, 3., neu bearb. Aufl. Göttingen 1922. (HK 3.4.)

Nyberg, H. S., Hebreisk grammatik, Uppsala 1952.

Orbiso, T. de, El cántico a la viña del amado (Is 5, 1–7), EE 34 (1960), 715–731.

Orelli, C. von, Die Propheten Jesaja und Jeremia. 2. Aufl. München 1891. (KK A. 4.)

Osswald, E., Urform und Auslegung im masoretischen Amostext. Ein Beitrag zur Kritik an der neueren traditionsgeschichtlichen Methode. Diss. theol. Jena 1951.

Ottosson, M., Art. אָכַל, ThWAT I 1973, 252–259.

Pannenberg, W., Analogie und Doxologie (1963). Wiederabgedr. in: ders., Grundfragen systematischer Theologie. Gesammelte Aufsätze, Göttingen 1967, 181–201.

Payne, D. F., Old Testament Exegesis and the Problem of Ambiguity, ASTI 5 (1966–67), 1967, 48–68.

Pedersen, J., Canaanite and Israelite Cultus, AcOr 18 (1940), 1–14.

–, Israel. Its Life and Culture. Vol. 3–4, 2. ed. (1959) repr. Copenhagen 1963.

Pedersen, S., Lignelse eller allegori. Eksegetisk-homiletiske overvejelser, SvTK 48 (1972), 63–68.

Penna, A., Isaia, Torino 1958. (La sacra Bibbia ... a cura di Mons. S. Garofalo.)

Perles, F., Analekten zur Textkritik des Alten Testaments. Neue Folge, Leipzig 1922.

Perry, B. E., Fable, StGen 12 (1959), 17–37.

Peters, J. P., Two Fragments of Hebrew Popular Melodies, JBL 5 (1885), 88–90.

Pezzella, S., La parabola della vigna (*Is.* 5, 1–7), BeO 5 (1963), 5–8.

Pirot, J., Le »mâšâl« dans l'Ancien Testament, RSR 37 (1950), 565–580.

Plöger, J. G., Art. אֲדָמָה, ThWAT I (1970), 1973, 95–105.

Porter, J. R., The Legal Aspects of the Concept of »Corporate Personality« in the Old Testament, VT 15 (1965), 361–380.

Post, G. E., Flora of Syria, Palestine and Sinai. 2. ed. rev. and enl. by J. E. Dinsmore. Vol. 1.2, Beirut 1932. 1933. (American University of Beirut. Natural science series. 1.)

Preuß, H. D., Art. זָרַע, זֶרַע, ThWAT II 1977, 663–686.

Procksch, O., Jesaja I, Leipzig 1930. (KAT 9.)

Rabenau, K. von, Die Form des Rätsels im Buche Hesekiel, WZ (H). GS 7 (1957/58), 1055–1057.

Rad, G. von, Der Heilige Krieg im alten Israel. 2. Aufl. Göttingen 1952.

–, Theologie des Alten Testaments. Bd. 1.2, München 1957. 1960.

Rad, G. von, Aspekte alttestamentlichen Weltverständnisses, EvTh 24 (1964), 57–73.

–, Das fünfte Buch Mose. Deuteronomium, Göttingen 1964. (ATD 8.)

–, Old Testament Theology, Vol. II, London 1965.

Radin, P., Gott und Mensch in der primitiven Welt, Darmstadt 1965.

Rendtorff, R., Botenformel und Botenspruch, ZAW 74 (1962), 165–177.

–, Geschichte und Wort im Alten Testament, EvTh 22 (1962), 621–649.

–, Die Offenbarungsvorstellungen im Alten Israel, in: KuD. B 1, 3. Aufl. Göttingen 1965, 21–41.

Richter, W., Traditionsgeschichtliche Untersuchungen zum Richterbuch. 2. durchges. Aufl. Bonn 1966. (BBB 18.)

–, Recht und Ethos. Versuch einer Ortung des weisheitlichen Mahnspruches, München 1966. (StANT 15.)

Rieger, J., Die Bedeutung der Geschichte für die Verkündigung des Amos und Hosea, Gießen 1929.

Rinaldi, G., Note ebraiche. Os. 1, 2. 4. 6. 9, Aeg. 34 (1954), 35–62.

–, I profeti minori. I. II, Torino 1963. 1960. (La sacra bibbia. Vecchio Testamento.)

Ringgren, H., Hieros gamos i Egypten, Sumer och Israel, RoB 18 (1959), 1960, 23–51.

–, Das hohe Lied = ATD 16, Göttingen 1962, 256–293.

–, Israelitische Religion, Stuttgart 1963. (Die Religionen der Menschheit 26.)

–, Religionens form och funktion, Lund 1968.

–, Art. בער, ThWAT I (1972) 1973, 727–731.

Robinson, H. W., The Christian Doctrine of Man, 3. ed. Edinburgh 1926.

Robinson, Th. H., Prophecy and the Prophets in Ancient Israel, 7. impr. London 1948.

–, Die zwölf kleinen Propheten. Hosea bis Micha. (Aus dem Englischen übersetzt vom Hrsg. [O. Eißfeldt]) = HAT 1.14, 2. verb. u. verm. Aufl. Tübingen 1954, 1–152.

Rogerson, J. W., The Hebrew Conception of Corporate Personality: A Re-Examination, JThS NS 21 (1970), 1–16.

–, Anthropology and the Old Testament, Oxford 1978.

Rohland, E., Die Bedeutung der Erwählungstraditionen Israels für die Eschatologie der alttestamentlichen Propheten. Diss. theol. Heidelberg, München 1956.

Rosner, D., The Simile and its Use in the Old Testament, Semitics 4 (1974), 37–46.

Rost, L., Die Überlieferung von der Thronnachfolge Davids, Stuttgart 1926. (BWANT 3.6.)

–, Die Bezeichnungen für Land und Volk im Alten Testament, in: Festschrift Otto Procksch zum sechzigsten Geburtstag am 9. August 1934 überreicht ..., Leipzig 1934, 125–148. Wiederabgedr. in: ders., Das kleine Credo und andere Studien zum Alten Testament, Heidelberg 1965, 76–101.

Rost, L., Israel bei den Propheten, Stuttgart 1937. (BWANT 4.19.)

Rowley, H. H., The Song of Songs: an Examination of Recent Theory, JRAS for 1938, 251–276.

–, The Book of Ezekiel in Modern Study, BJRL 36, 1953–54, 146–190. Wiederabgedr. in: ders., Men of God. Studies in Old Testament History and Prophecy, London 1963, 169–210.

–, The Faith of Israel. Aspects of Old Testament Thought, London 1956.

Rudolph, W., Jeremia. 2., verb. Aufl. Tübingen 1958. (HAT 1.12.)

–, Das Buch Ruth. Das hohe Lied. Die Klagelieder, Gütersloh 1962. (KAT 17. 1–3.)

–, Hosea, Gütersloh 1966. (KAT 13.1.)

–, Joel – Amos – Obadja – Jona, Gütersloh 1971. (KAT 13.2.)

Ruffenach, F., Peccati malitia et punitio, VD 7 (1927), 204–210.

Rüthy, A. E., Die Pflanze und ihre Teile im biblisch-hebräischen Sprachgebrauch, Bern 1942.

Sanmartín-Ascaso, J., Art. דּוֹד dôd, ThWAT II 1977, 152–167.

Sayce, A. H., Lectures on the Origin and Growth of Religion, London 1887.

Scharbert, J., Die Propheten Israels bis 700 v. Chr., Köln 1965.

–, Der Schmerz im Alten Testament, Bonn 1955. (BBB 8.)

Schepens, P., Le sens de מִין dans le récit de la création (Gen. I, 11, 12, 21, 24, 25, 29), RSR 13 (1923), 161–164.

Schmidt, H., Der Prophet Amos, Tübingen 1917.

–, Die großen Propheten. Mit Einleitungen versehen von H. Gunkel, Göttingen 1915. (SAT II 2.)

–, – 2. verm. u. verb. Aufl. Göttingen 1923. (SAT II 2.)

–, Die Psalmen, Tübingen 1934. (HAT 1.15.)

Schmidt, W. H., Art. Tammuz, PRESuppl. IX 1962, 1381–1391.

–, Baals Tod und Auferstehung, ZRGG 15 (1963), 1–13.

–, Anthropologische Begriffe im Alten Testament. Anmerkungen zum hebräischen Denken, EvTh 24 (1964), 374–388.

–, Die deuteronomistische Redaktion des Amosbuches. Zu den theologischen Unterschieden zwischen dem Prophetenwort und seinem Sammler, ZAW 77 (1965), 168–192.

–, Die Schöpfungsgeschichte der Priesterschrift. Zur Überlieferungsgeschichte von Genesis 1,1–2,4a und 2,4b–3,24. 2., überarb. u. erw. Aufl. Neukirchen-Vluyn 1967. (WMANT 17.)

–, Alttestamentlicher Glaube und seine Umwelt. Zur Geschichte des alttestamentlichen Gottesverständnisses, Neukirchen-Vluyn 1968. (NStB 6.)

–, Alttestamentlicher Glaube in seiner Geschichte. 2., erw. Aufl. Neukirchen-Vluyn 1975. (NStB 6.)

Schmökel, H., Heilige Hochzeit und Hoheslied, Wiesbaden 1956. (AKM 32.1.)

Schofield, J. N., The Historical Background of the Bible, London 1938.

–, The Religious Background of the Bible, Repr. London 1947.

Schoors, A., The Particle כִּי, OTS 21, 1981, 240–276.

Schott, A., Die Vergleiche in den akkadischen Königsinschriften, Leipzig 1926. (MVÄG 30, 1925. 2.)

Schott, S., Altägyptische Liebeslieder. Mit Märchen und Liebesgeschichten. Eingeleitet und übertragen von S. Schott, 2. Aufl. Zürich 1950.

Schottroff, W., Das Weinberglied Jesajas (Jes 5, 1–7). Ein Beitrag zur Geschichte der Parabel, ZAW 82 (1970), 68–90.

Schulz, S., Chirbet ḳumrān, ʿēn feschcha und die buḳēʿa. Zugleich ein archäologischer Beitrag zum Felsenaquädukt und zur Straße durch das wādi ḳumrān, ZDPV 76 (1960), 50–72.

Schwarzenbach, A. W., Die geographische Terminologie im Hebräischen des Alten Testamentes, Leiden 1954.

Scott, R. B. Y., Isaiah ... Chapters 1–39. Introduction. Exegesis, in: IntB V, Abingdon 1956, 151–164. 165–381.

Seeligmann, I. L., The Septuagint Version of Isaiah. A Discussion of its Problems, Leiden 1948. (MEOL 9.)

Segert, St., Die Sprache der moabitischen Königsinschrift, ArOr 29 (1961), 197–267.

Seierstad, I. P., Die Offenbarungserlebnisse der Propheten Amos, Jesaja und Jeremia. Eine Untersuchung der Erlebnisvorgänge unter besonderer Berücksichtigung ihrer religiös-sittlichen Art und Auswirkung, Oslo 1946. (SNVAO. HF 1946. 2.)

Sellin, E., Der alttestamentliche Prophetismus. Drei Studien, Leipzig 1912.

–, Das Zwölfprophetenbuch, Leipzig 1922. (KAT 12.)

–, Das Zwölfprophetenbuch 1. Hosea–Micha, 2. u. 3. umgearb. Aufl. Leipzig 1929. (KAT 12. 1.)

Sellin, G., Allegorie und »Gleichnis«. Zur Formenlehre der synoptischen Gleichnisse, ZThK 75 (1978), 281–335.

Seters, J. van, The Terms »Amorite« and »Hittite« in the Old Testament, VT 22 (1972), 64–81.

Seybold, K., Das Gebet des Kranken im Alten Testament. Untersuchungen zur Bestimmung und Zuordnung der Krankheits- und Heilungspsalmen, Stuttgart 1973. (BWANT 99.)

–, Art. חָלָה ḥālāh חֲלִי ḥºlî פָּנִים חִלָּה ḥillāh pānîm, ThWAT II 1977, 960–971.

–, Krankheit und Heilung. Von K. Seybold [und] U. B. Müller, Stuttgart 1978. (Kohlhammer Taschenbücher 1008.)

Sjöberg, Å. W., Replik, SEÅ 31 (1966), 136 f.

Simon, U., The Poor Man's Ewe-Lamb. An Example of a Juridical Parable, Bib. 48 (1967), 207–242.

Smith, G. A., The Book of Isaiah. Vol. 1. Isaiah I.–XXXIX. 18. ed. London 1907. (ExpB.)

Snijders, L. A., Jesaja deel I, Nijkerk 1969. (De Prediking van het Oude Testament.)

Soden, W. von, Ein Zwiegespräch Ḫammurabis mit einer Frau, ZA 49 (1950), 151–194.

–, s. Akkadisches Handwörterbuch.

Stade, B., Weitere Bemerkungen zu Micha 4.5, ZAW 3 (1883), 1–16.

–, Zu Jes. 3, 1. 17. 24. 5, 1. 8, 1 f. 12–14. 16. 9, 7–20. 10, 26, ZAW 26 (1906), 129–141.

Stamm, J. J., Der Name des Königs David, VT. S 7, 1960, 165–183.

Steck, O. H., Der Schöpfungsbericht der Priesterschrift. Studien zur literarkritischen und überlieferungsgeschichtlichen Problematik von Genesis 1, 1–2, 4 a. 2., erw. Aufl. Göttingen 1981. (FRLANT 115.)

Steinmann, J., Le prophète Isaïe: sa vie, son œuvre, son temps. 2. ed. Paris 1955. (LeDiv 5.)

–, s. Auvray, P.

Stewart, R. A., The Parable Form in the Old Testament and the Rabbinic Literature, EvQ 36 (1964), 133–147.

Stolz, F., Art. חלה, THAT I 1971, 567–570.

Ström, Å. V., Rez., Johanneica. 2. Den lärjunge som Jesus älskade. [Zu Alv Kragerud, Der Lieblingsjünger im Johannesevangelium. Ein exegetischer Versuch, Oslo 1959.] SEÅ 25 (1960), 129–133.

Struys, Th., Ziekte en genezing in het Oude Testament, Kampen 1968.

Super, A. S., Figures of Comparison in the Book of Amos, Semitics 3 (1973), 67–80.

Thiel, W., Die deuteronomistische Redaktion von Jeremia 1–25, Neukirchen-Vluyn 1973. (WMANT 41.)

Umbreit, F. W. C., Praktischer Commentar über die kleinen Propheten. Erster Theil, Hamburg 1845. (Prakt. Comm. über die Propheten des Alten Bundes 4. 1.)

Utzschneider, H., Hosea. Prophet vor dem Ende. Zum Verhältnis von Geschichte und Institution in der alttestamentlichen Prophetie, Göttingen 1980. (OBO 31.)

Vaccari, A., trad., I Profeti – 1. Isaia – Geremia, Firenze 1953. (La Sacra Bibbia VI 1.)

Veijola, T., Die ewige Dynastie. David und die Entstehung seiner Dynastie nach der deuteronomistischen Darstellung, Helsinki 1975. (AASF Ser. B 193.)

Vermeylen, J., Du prophète Isaïe à l'Apocalyptique. Isaïe, I–XXXV, miroir d'un demi-millénaire d'expérience religieuse en Israël, I–II, Paris 1977. 1978.

Via, Jr., D. O., The Parables. Their Literary and Existential Dimension, Philadelphia 1967.

–, Die Gleichnisse Jesu. Ihre literarische und existentiale Dimension. Mit einem Nachwort von E. Güttgemanns, München 1976. (BEvTh 57.)

Virolleaud, Ch., Les nouvelles tablettes alphabétiques de Ras-Shamra (XIXe campagne, 1955), CRAI 1956, 60–66.

Vollmer, J., Geschichtliche Rückblicke und Motive in der Prophetie des Amos, Hosea und Jesaja, Berlin 1971. (BZAW 119.)

Wade, G. W., The Book of the Prophet Isaiah, London 1911.

Waldow, E. von, Der traditionsgeschichtliche Hintergrund der prophetischen Gerichtsreden, Berlin 1963. (BZAW 85.)

Ward, J. M., Hosea: A Theological Commentary. New York, N.Y. 1966.

Waterhouse, S. D., A Land Flowing with Milk and Honey, in: AUSS 1, Berrien Springs, Mich. 1963, 152–166.

Weder, H., Die Gleichnisse Jesu als Metaphern. Traditions- und redaktionsge-schichtliche Analysen und Interpretationen. 2., durchges. Aufl., Göttingen 1980. (FRLANT 120.)

Weinfeld, M., Deuteronomy and the Deuteronomic School, Oxford 1972.

–, Ancient Near Eastern Patterns in Prophetic Literature, VT 27 (1977), 178–195.

Weippert, M., Gott und Stier. Bemerkungen zu einer Terrakotte aus *jāfa*, ZDPV 77 (1961), 93–117.

Weiser, A., Die Profetie des Amos, Gießen 1929. (BZAW 53.)

–, Die Psalmen. 4. neubearb. Aufl. Göttingen 1955. (ATD 14.15.)

–, Das Buch der zwölf kleinen Propheten 1. 2., neubearb. Aufl. Göttingen 1956. (ATD 24.)

Weiss, M., Methodologisches über die Behandlung der Metapher dargelegt an Am. 1, 2, ThZ 23 (1967), 1–25.

Wellhausen, J., Prolegomena zur Geschichte Israels. 2. Ausg. der Geschichte Israels, I. Berlin 1883.

Werner, H., Amos, Göttingen 1969. (ExBib 4.)

Werner, W., Israel in der Entscheidung. Überlegungen zur Datierung und zur theologischen Aussage von Jes 1, 4–9, in: Eschatologie. Bibeltheologische und philosophische Studien zum Verhältnis von Erlösungswelt und Wirklichkeitsbewältigung. Festschrift für E. Neuhäusler zur Emeritierung gewidmet von Kollegen, Freunden und Schülern, St. Ottilien 1981, 59–72.

Westermann, C., Die Mari-Briefe und die Prophetie in Israel, in: ders., Forschung am Alten Testament. Gesammelte Studien, München 1964 (TB 24), 171–188.

–, Vergegenwärtigung der Geschichte in den Psalmen, in: Zwischenstation. Festschrift für Karl Kupisch zum 60. Geburtstag, München 1963, 253–280. Wiederabgedr. in: ders., TB 24, 1964, 306–335.

–, Genesis. 1. Teilbd. Genesis 1–11, Neukirchen-Vluyn 1974. (BKAT 1/1.)

–, Art. Rätsel, BHH III 1966, 1552 f.

–, Grundformen prophetischer Rede. Dritte Aufl. München 1968. (BEvTh 31.)

de Wette, M. W. L., Commentar über die Psalmen. 4. verb. Aufl. Heidelberg 1836.

Wiberg, B., Art. Allegori, in: Gads Danske Bibel Leksikon, I 1965, 56 f.

–, Art. Lignelser, in: Gads Danske Bibel Leksikon, II 1966, 39–43.

Wildberger, H., Jesaja. 1. Teilbd. Jesaja 1–12, Neukirchen-Vluyn 1972. (BKAT 10/1.)

–, Jesaja. 2. Teilbd. Jesaja 13–27, Neukirchen-Vluyn 1978. (BKAT 10/2.)

Willis, J. T., The Genre of Isaiah 5 : 1–7, JBL 96 (1977), 337–362.

Winckler, H., Altorientalische Forschungen, Bd. I. II, Leipzig 1893. 1894.

–, I. Geschichte und Geographie, in: Schrader, KAT 1903³, 1–342.

Wittekindt, W., Das hohe Lied und seine Beziehungen zum Istarkult, Hannover [1926].

Wolff, H. W., Die Begründungen der prophetischen Heils- und Unheilssprüche, ZAW 52 (1934), 1–22. Wiederabgedr. in: ders., TB 22, 1964, 9–35.

–, Hauptprobleme alttestamentlicher Prophetie, EvTh 15 (1955), 446–468. Wiederabgedr. in: ders., TB 22, 1964, 206–231.

–, Frieden ohne Ende. Jesaja 7,1–17 und 9,1–6 ausgelegt, Neukirchen Kr. Moers 1962. (BSt 35.)

–, Amos' geistige Heimat, Neukirchen-Vluyn 1964. (WMANT 18.)

–, Der Aufruf zur Volksklage, ZAW 76 (1964), 48–56. Wiederabgedr. in: ders., TB 22, 2. Aufl. 1973, 392–401.

–, Dodekapropheton 1. Hosea, Neukirchen Kr. Moers 1961. (BKAT 14/1.)

–, – 2., verb. u. erg. Aufl., Neukirchen-Vluyn 1965. (BKAT 14/1.)

–, Dodekapropheton 2. Joel und Amos, Neukirchen-Vluyn 1969. (BKAT 14/2.)

–, Anthropologie des Alten Testaments, München 1973.

–, Dodekapropheton 3. Obadja und Jona, Neukirchen-Vluyn 1977. (BKAT 14/3.)

–, Dodekapropheton 4. Micha, Neukirchen-Vluyn 1982. (BKAT 14/4.)

Wright, G. E., Isaiah, London 1964. (The Layman's Bible Commentaries.)

Yamauchi, E. M., Tammuz and the Bible, JBL 84 (1965), 283–290.

–, Additional Notes on Tammuz, JSSt 11 (1966), 10–15.

Yee, G. A., A Form-Critical Study of Isaiah 5 : 1–7 as a Song and a Juridical Parable, CBQ 43 (1981), 30–40.

Young, E. J., The Book of Isaiah. The English Text, with Introduction, Exposition, and Notes, 1. Grand Rapids, Mich. 1965.

Ziegler, J., Isaias, Würzburg 1948. (Echter-Bibel.)

Zimmerli, W., Zur Struktur der alttestamentlichen Weisheit, ZAW 51 (1933), 177–204.

–, Das zweite Gebot, in: Festschrift A. Bertholet zum 80. Geburtstag gewidmet von Kollegen und Freunden, Tübingen 1950, 550–563. Wiederabgedr. in: ders., TB 19, 1963, 234–248.

–, Das Gotteswort des Ezechiel, ZThK 48 (1951), 249–262. Wiederabgedr. in: ders., TB 19, 1963, 133–147.

–, Ich bin Jahwe, in: Geschichte und Altes Testament. Aufsätze. A. Alt zum siebzigsten Geburtstag … dargebracht, Tübingen 1953 (BHTh 16), 179–209. Wiederabgedr. in: ders., TB 19, 1963, 11–40.

Zimmerli, W., Erkenntnis Gottes nach dem Buche Ezechiel. Eine theologische
    Studie, Zürich 1954. (AThANT 27). Wiederabgedr. in: ders., TB 19, 1963,
    41–119.
–, Das Wort des göttlichen Selbsterweises (Erweiswort), eine prophetische Gat-
    tung, in: Mélanges Bibliques rédigés en l'honneur de André Robert, Paris
    [1957] (TICP 4), 154–164. Wiederabgedr. in: ders., TB 19, 1963, 120–132.
–, Ezechiel. I–II, Neukirchen Kr. Moers 1969. (BKAT 13/1–2.)
–, Verkündigung und Sprache der Botschaft Jesajas, in: Fides et communicatio.
    Festschrift für M. Doerne zum 70. Geburtstag, Göttingen 1970, 441–454.
    Wiederabgedr. in: ders., TB 51, 1974, 73–87.
–, Das Bilderverbot in der Geschichte des alten Israel. (Goldenes Kalb, Eherne
    Schlange, Mazzeben und Lade.) In: Schalom. Studien zu Glaube und Ge-
    schichte Israels A. Jepsen zum 70. Geburtstag dargebracht von Freunden,
    Schülern und Kollegen, Stuttgart 1971, 86–96. Wiederabgedr. in: ders., TB
    51, 1974, 247–260.
Zobel, H.-J., Der bildliche Gebrauch von šmn im Ugaritischen und Hebrä-
    ischen, ZAW 82 (1970), 209–216.
Zorell S. J., F., Lexicon hebraicum et aramaicum Veteris Testamenti quod aliis
    collaborantibus ed. F. Zorell S. J., Fasc. 1–9, reed. photomech. Roma 1968.
Östborn, G., Yahweh and Baal. Studies in the Book of Hosea and Related Doc-
    uments, Lund 1956. (LUÅ. NF 1.51.6.)

Linguistik, Rhetorik und Literaturwissenschaft

Ach, N., Über die Willenstätigkeit und das Denken. Eine experimentelle Untersuchung mit einem Anhange: Über das Hippsche Chronoskop, Göttingen 1905.

Alonso Schökel, L., Sprache Gottes und der Menschen. Literarische und sprachpsychologische Beobachtungen zur Heiligen Schrift, Düsseldorf 1968.

Antal, L., Questions of Meaning, The Hague 1963. (Janua linguarum. Ser. min. 27.)

–, Content, Meaning, and Understanding, The Hague 1964. (Janua linguarum. Ser. min. 31.)

Arbusow, L., Colores rhetorici. Eine Auswahl rhetorischer Figuren und Gemeinplätze als Hilfsmittel für akademische Übungen an mittelalterlichen Texten, Göttingen 1948.

Aristoteles, De arte poetica liber. Recognovit brevique adnotatione critica instrvxit R. Kassel, Oxonii 1965.

–, Ars rhetorica. Recognovit brevique adnotatione critica instrvxit W. D. Ross, Oxonii 1959.

Barwick, K., Probleme der stoischen Sprachlehre und Rhetorik, Berlin 1957. (ASAW. PH 49. 3.)

Beardsley, M. C., Aesthetics. Problems in the Philosophy of Criticism, New York 1958.

–, The Metaphorical Twist, Philosophy and Phenomenological Research 22 (1962), 293–307.

Bendix, E. H., The data of semantic description, in: Semantics. An Interdisciplinary Reader in Philosophy, Linguistics and Psychology, ed. by D. D. Steinberg and L. A. Jakobovits, London 1971, 393–409.

Bense, M., Theorie der Texte. Eine Einführung in neuere Auffassungen und Methoden, Köln 1962.

Biser, E., Theologische Sprachtheorie und Hermeneutik, München 1970.

Bjørndalen, A. J., Metodiske bemerkninger til spørsmålet etter allegorier i Det gamle testamente, TTK 37 (1966), 145–166.

–, »Form« und »Inhalt« des motivierenden Mahnspruches, ZAW 82 (1970), 347–361.

Black, Max, Metaphor, in: Proceedings of the Aristotelian Society, New Series 55 (1954–55), London 1955, 273–294. Wiederabgedr. in: ders., Models and Metaphors. Studies in Language and Philosophy, Ithaca, N. Y. 1962, 25–47 (wonach hier Seitenzahl und Zitate gegeben werden).

Blattmann, E., [Diskussionsbeitrag] in: Die Metapher (Bochumer Diskussion), Poetica 2 (1968), 118.

Bloomfield, M. W., A Grammatical Approach to Personification Allegory, Modern Philology 60 (1962–1963), 161–177. – Wiederabgedr. in: ders., Essays and Explorations, Cambridge, Mass. 1970, 243–260.

Bogatyrev, P., Die Folklore als eine besondere Form des Schaffens. Von P. Bogatyrev und R. Jakobson, in: Donum natalicium Schrijnen. Verzameling van opstellen door oud-leerlingen en bevriende vakgenooten opgedragen aan Mgr. Prof. Dr. Jos. Schrijnen. Bij Gelegenheid van zijn zestigsten verjaardag 3 Mei 1929, Nijmegen 1929, 900–913.

Bolinger, D., The Atomization of Meaning, Lg. 41 (1965), 555–573.

Brinkmann, F., Die Metaphern. Studien über den Geist der modernen Sprachen. 1. Die Thierbilder der Sprache, Bonn 1878.

Brinkmann, R., Deutsche Literaturwissenschaft in der Bundesrepublik Deutschland, Alexander von Humboldt-Stiftung. Mitteilungen, Heft 40, 1982, 23–30.

Brooke-Rose, C., A Grammar of Metaphor, London 1958.

Bühler, K., Sprachtheorie. Die Darstellungsfunktion der Sprache, Jena 1934.

Bullinger, E. W., Figures of Speech Used in the Bible: Explained and Illustrated, London, New York 1898.

Caird, G. B., The Language and Imagery of the Bible, London 1980.

Christiansen, I., Die Technik der allegorischen Auslegungswissenschaft bei Philon von Alexandrien, Tübingen 1969. (BGBH 7.)

Cicero, M. T., Orator rec. P. Preis, Lipsiae 1932. (M. Tulli Ciceronis scripta quae manserunt omnia [2. ed.]. 5.)

–, De oratore. In two Volumes. With an English Translation by E. W. Sutton. Completed, with an Introduction, by H. Rackham, London 1948.

Clifford, G., The Transformations of Allegory, London 1974.

Coseriu, E., Les structures lexématiques. ZFSL. S NF 1, 1968, 3–16.

–, Lexikalische Solidaritäten, Poetica 1 (1967), 293–303.

–, Pour une sémantique diachronique structurale, in: TLL II. 1 1964, 139–186.

Cousin, J., Études sur Quintilien. 2. Vocabulaire grec de la terminologie rhétorique dans l'institution oratoire, Paris 1936.

Crossan, J. D., Parable, Allegory, and Paradox, in: Semiology and Parables. Exploration of the Possibilities Offered by Structuralism for Exegesis. Papers … ed. by D. Patte, Pittsburgh, Penn. 1976, 247–281.

Dascal, M., Rez., A New Look at Componential Analysis. [By] M. Dascal and M. Adler, Semiotica 26 (1979), 151–180.

Dathe, I. A., Salomonis Glassii Philologia sacra. His temporibus accommodata, I Lipsiae 1776.

Droste, F. G., Taal en betekenis. Bijdrage in een discussie, Den Haag 1967.

Embler, W., Metaphor and Meaning, De Land, Florida 1966.

Fletcher, A., Allegory. The Theory of a Symbolic Mode, Ithaca, N. Y. 1964.

Gadamer, H.-G., Wahrheit und Methode. Grundzüge einer philosophischen Hermeneutik, Tübingen 1960.

Gardner, T., Zum Problem der Metapher, DVfLG 44 (1970), 727–737.

Geckeler, H., Strukturelle Semantik und Wortfeldtheorie, München 1971.

Gerber, G., Die Sprache als Kunst. 2.1, Bromberg 1873.

Greimas, A. J., Sémantique structurale. Recherche de méthode, Paris 1966.

–, Strukturale Semantik. Methodologische Untersuchungen. Autorisierte Übersetzung a. d. Französischen von J. Ihwe, Braunschweig 1971.

Güttgemanns, E., Sprache des Glaubens – Sprache der Menschen. Probleme einer theologischen Linguistik, VF 14, 1969, 86–114.

–, Linguistische Probleme in der Theologie 1. Skizze von Plänen und Ergebnissen der Forschung, LB 8, 1970, 18–29.

Haakonsen, D., Rez., Atle Kittang og Asbjørn Aarseth, Lyriske strukturer. Innføring i diktanalyse, Oslo 1968, Edda 69 (1969), 140–143.

Hahn, R., Die Allegorie in der antiken Rhetorik. Diss. philos. Tüb. 1965, Tübingen 1967.

Hammer, C., s. Volkmann, R.,

Harweg, R., [Diskussionsbeiträge] in: Die Metapher (Bochumer Diskussion), Poetica 2 (1968), 100–130.

Haverkamp, A., Einleitung in die *Theorie der Metapher,* in: ders., Hrsg., Theorie der Metapher, Darmstadt 1983, 1–27.

Heckhausen, H., [Thesen und Diskussionsbeiträge] in: Die Metapher (Bochumer Diskussion), Poetica 2 (1968), 100–130.

Henry, A., Métonymie et métaphore, Paris 1971. (Bibliothèque française et romane. Série A: Manuels et études linguistiques. 21.)

Heraklit [Pseudo-H.], ['Ομηρικῶν προβλημάτων εἰς ἃ περὶ θεῶν "Ομηρος ἠλληγόρησεν] Heracliti quaestiones homericae ed. Societatis philologae Bonnensis sodales. Prolegomena scripsit F. Oelmann, Lipsiae 1910.

Hess, G., Allegorie und Historismus. Zum ›Bildgedächtnis‹ des späten 19. Jahrhunderts, in: Verbum et Signum 1. Beiträge zur mediävistischen Bedeutungsforschung, München 1975, 555–591.

Hörmann, H., Psychologie der Sprache, Berlin 1967.

–, Semantische Anomalie, Metapher und Witz oder *Schlafen farblose grüne Ideen wirklich wütend?* Folia linguistica 5 (1973), 310–330.

–, Meinen und Verstehen. Grundzüge einer psychologischen Semantik, Frankfurt a. M. 1978. (suhrkamp taschenbuch wissenschaft 230.)

–, Einführung in die Psycholinguistik, Darmstadt 1981.

Honig, E., Dark Conceit. The Making of Allegory, Cambridge (Mass.) 1960.

Ingendahl, W., Der metaphorische Prozeß. Methodologie zur Erforschung der Metaphorik, 2. überarb. Aufl. Düsseldorf 1973.

Jakobson, R., s. Bogatyrev, P.,

Jolles, A., Einfache Formen. 2. unver. Aufl. Darmstadt 1958.

Kayser, W., Das sprachliche Kunstwerk. Eine Einführung in die Literaturwissenschaft, 4. Aufl. Bern 1956.

Knobloch, J., Sprachwissenschaftliches Wörterbuch. Hrsg. v. J. Knobloch, Heidelberg 1961 ff. (Indogermanische Bibliothek. 2. Reihe.)
Artikel: Allegorie   1, 92
         Bedeutungstheorien 1, 280–287

König, E., Stilistik, Rhetorik, Poetik in Bezug auf die biblische Litteratur komparativisch dargestellt, Leipzig 1900.

Kokondrius, Περὶ τρόπων, in: Rhetores Graeci ex recognitione L. Spengel, 3, Lipsiae 1856, 230–243.

Konrad, H., Étude sur la métaphore. Thése, Paris 1939.

Kooij, J. G., Rez., Tzvetan Todorov (éd.), Recherches sémantiques, Paris 1966 (Langages 1), Lingua 19 (1967), 78–85.

–, Compounds and Idioms, Lingua 21 (1968), 250–268.

Krewitt, U., Metapher und tropische Rede in der Auffassung des Mittelalters, Ratingen 1971. (Mittellateinisches Jahrbuch. Beihefte. 7.)

Kühlwein, W., Die Komponentenanalyse in der Semantik, Linguistics 96 (1973), 33–55.

Lakoff, G., On generative semantics, in: Semantics. An Interdisciplinary Reader in Philosophy, Linguistics and Psychology, ed. by D. D. Steinberg and L. A. Jakobovits, London 1971, 232–296.

Lausberg, H., Handbuch der literarischen Rhetorik. Eine Grundlegung der Literaturwissenschaft, I–II München 1960.

Leakey, F. W., Intention in Metaphor, Essays in Criticism 4 (1954), 191–198.

Leibfried, E., Fabel, Stuttgart 1967. (Sammlung Metzler E. M 66.)

Leisi, E., Der Wortinhalt. Seine Struktur im Deutschen und Englischen. 3., durchges. u. erw. Aufl. Heidelberg 1967.

Lessing, G. E., Eine Parabel. Nebst einer kleinen Bitte und einem eventualen Absagungsschreiben an den Herrn Pastor Goeze in Hamburg, 1778. Lessings Werke T. 23, hrsg. von L. Zscharnak, Berlin 1925, 152–161.

Leyburn, E. Douglass, Satiric Allegory: Mirror of Man, New Haven 1956. (Yale Studies in English 130.)

Lieb, H.-H., Der Umfang des historischen Metaphernbegriffs. Diss. Philos. Köln 1963, Köln 1964.

Lowth, R., Lectures on the Sacred Poetry of the Hebrews (1787). Introduction by V. Freimarck. I. II Hildesheim 1969. [Transl. by G. Gregory.]

Lüdi, G., Die Metapher als Funktion der Aktualisierung, Bern 1973.

MacCormac, E. R., Metaphor revisited, JAAC 30 (1971), 239–250.

Mehren, A. F., Die Rhetorik der Araber nach den wichtigsten Quellen dargestellt und mit angefügten Textauszügen nebst einem literatur-geschichtlichen Anhange versehen, Kopenhagen-Wien 1853.

Meier, Christel, Überlegungen zum gegenwärtigen Stand der Allegorie-Forschung. Mit besonderer Berücksichtigung der Mischformen, FMSt 10, Berlin 1976, 1–69.

Meier, H., Die Metapher. Versuch einer zusammenfassenden Betrachtung ihrer linguistischen Merkmale, Winterthur 1963.

Montefiore, C. G., A Tentative Catalogue of Biblical Metaphors, JQR 3 (1891), 623–681.

Mooij, J. J. A., A Study of Metaphor. On the Nature of Metaphorical Expressions, with Special Reference to Their Reference, Amsterdam 1976. (North-Holland Linguistic Series. 27.)

Murrin, M., The Veil of Allegory. Some Notes toward a Theory of Allegorical Rhetoric in the English Renaissance, Chicago 1969.

Nida, E. A., Toward a Science of Translating. With special Reference to Principles and Procedures involved in Bible Translating, Leiden 1964.

–, The Theory and Practice of Translation. By E. A. Nida and C. R. Taber, Leiden 1969. (Helps for Translators 8.)

–, Componential Analysis of Meaning. *an introduction to semantic structures,* The Hague 1975. (Approaches to semiotics 57.)

Nieraad, J., »Bildgesegnet und Bildverflucht«. Forschungen zur sprachlichen Metaphorik, Darmstadt 1977. (Erträge d. Forschung 63.)

Nosek, J., English Colloquial Metaphor and the Syntax, Philologica pragensia 10 (1967), 175–181.

Õim, H., Language, Meaning and Human Knowledge, Nordic Journal of Linguistics 4 (1981), 67–90.

Osnes, G., Metaforer og ex-metaforer i Det nye testamente, TTK 38 (1967), 23–32. 105–118.

Pasch, R., Semantische Komponentenanalyse. (Zum Aufbau und theoretischen Status des »Semems«). Beiträge zur romanischen Philologie 10 (1971), 326–355.

Pasini, G. F., Lo studio delle metafore, Lingua e stile 3 (1968), 71–89.

Pausch, H. A., Hrsg., Kommunikative Metaphorik. Die Funktion des literarischen Bildes in der deutschen Literatur von ihren Anfängen bis zur Gegenwart, Bonn 1976.

Pavel, T., Notes pour une description structurale de la métaphore poétique. Cahiers de linguistique théorique et appliquée 1 (1962), 185–207.

Pickrel, P., Religious Allegory in Medieval England, Diss. Yale 1944.

Postal, P. M., On the Surface Verb »remind«, Linguistic Inquiry 1 (1970), 37–120.

Quintilianus, M. F., Institutionis oratoriae libri XII. Ed. L. Radermacher. Addenda et corr., coll. et adiecit V. Buchheit. 2, Lipsiae 1959.

–, Institutionis oratoriae libri XII ed. L. Radermacher. 2, Lipsiae 1935.

Reddy, M. J., A Semantic Approach to Metaphor, in: Papers from the fifth regional meeting of the Chicago Linguistic Society April 18–19, 1969, Chicago (Ill.) 1969, 240–251.

Reichling, A. J. B. N., Het woord. Een studie omtrent de grondslag van taal en taalgebruik, Nijmegen 1935.

Reichling, A. J. B. N., Verzamelde studies over hedendaagse problemen der taalwetenschap, Zwolle 1961.

–, – Vierde druk, Zwolle 1966.

–, Möglichkeiten und Grenzen der mechanischen Übersetzung, aus der Sicht des Linguisten, in: Beiträge zur Sprachkunde und Informationsverarbeitung 1 (1963), 23–32.

–, Das Problem der Bedeutung in der Sprachwissenschaft, Innsbruck 1963. (Innsbrucker Beiträge zur Kulturwissenschaft. Sonderheft. 19.)

Rommetveit, R., Words, Meanings, and Messages. Theory and Experiments in Psycholinguistics, New York 1968.

–, Språk, tanke og kommunikasjon. Ei innføring i språkpsykologi og psykolingvistikk, Oslo 1972.

Rosetti, A., Le mot. Esquisse d'une théorie générale. 2. éd., Bucuresti 1947. (Société roumaine de linguistique. Série 1. Mémoires. 3.)

Sabbagh, T., La métaphore dans le Coran, Paris 1943.

Seuren, P. A. M., Het probleem van de woorddefinitie, Tijdschrift voor nederlandse taal- en letterkunde 82 (1966), 259–293.

Shibles, W. A., An Analysis of Metaphor in the Light of W. M. Urban's Theories, The Hague 1971. (De proprietatibus litterarum. Ser. min. 7.)

Skollerud, K., s. Haakonsen, D.

Snell, B., Die Entdeckung des Geistes. Studien zur Entstehung des europäischen Denkens bei den Griechen. 2. erw. Aufl., Hamburg 1948.

Sörensen, B. A., Symbol und Symbolismus in den ästhetischen Theorien des 18. Jahrhunderts und der deutschen Romantik, Kopenhagen 1963.

–, Allegorie und Symbol. Texte zur Theorie des dichterischen Bildes im 18. und frühen 19. Jahrhundert, Frankfurt a. Main 1972. (Ars poetica. Texte. 16.)

Stählin, W., Zur Psychologie und Statistik der Metaphern. Eine methodologische Untersuchung, Archiv für die gesamte Psychologie 31, 1914, 297–425.

Stern, G., Meaning and Change of Meaning. With special Reference to the English Language, Göteborg 1931. (GHA 38. 1932. 1.)

Stutterheim, C. F. P., Het begrip metaphoor. Een taalkundig en wijsgerig onderzoek. Akademisch proefschrift ... Amsterdam 1941.

Suerbaum U., [Thesen und Diskussionsbeiträge] in: Die Metapher (Bochumer Diskussion), Poetica 2 (1968), 100–130.

Taber, C. R., s. Nida, E. A.

Tiberios Rhetor, Περὶ σχημάτων, in: Rhetores Graeci ex recognitione L. Spengel, 3, Lipsiae 1856, 59–82.

Tindall, W. York, The Literary Symbol, Bloomington 1955.

Tångberg, K. A., Lingvistikk og teologi. Forsøk på analyse og vurdering av James Barrs anliggende i »The Semantics of Biblical Language« og »Biblical Words for Time«, TKK 42 (1971), 161–193.

Ullmann, S., Grundzüge der Semantik. Die Bedeutung in sprachwissenschaftlicher Sicht. Deutsche Fassung von S. Koopmann, Berlin 1967.

Volkmann, R., Rhetorik der Griechen und Römer. 3. Aufl. besorgt von C. Hammer, in: Handbuch der klassischen Altertumswissenschaft 2. 3, 3. Aufl. München 1901.

Wandruszka, M., Die maschinelle Übersetzung und die Dichtung, Poetica 1 (1967), 3–7.

–, Esquisse d'une critique comparée de quelques langues européennes, in: TLL V. 1 1967, 169–184.

–, Strukturen unserer Sprachen, in: Mitteilungen der Alexander von Humboldt-Stiftung Nr. 17/1969, Bonn 1968, 5–15.

–, Sprachen. Vergleichbar und unvergleichlich, München 1969.

Weinreich, U., Explorations in Semantic Theory, in: Current Trends in Linguistics. Ed. by Thomas A. Sebeok, 3, The Hague 1966, 395–477.

–, Erkundungen zur Theorie der Semantik. Ins Deutsche übertragen und mit einem Vorwort versehen von L. Lipka, Tübingen 1970. (Konzepte der Sprach- und Literaturwissenschaft. 4.)

Weinrich, H., Semantik der kühnen Metapher, DVfLG 37 (1963), 325–344.

–, Tempus. Besprochene und erzählte Welt, Stuttgart 1964. (Sprache und Welt. 16.)

–, Linguistik der Lüge, Heidelberg 1966.

–, Semantik der Metapher, Folia linguistica 1 (1967), 3–17.

–, [Thesen und Diskussionsbeiträge] in: Die Metapher (Bochumer Diskussion), Poetica 2 (1968), 100–130.

–, Münze und Wort. Untersuchungen an einem Bildfeld (urspr. Fassung 1958), in: ders., Sprache in Texten, Stuttgart 1976, 276–290.

–, Streit um Metaphern (Erstabdruck), in: ders., Sprache in Texten, Stuttgart 1976, 328–341.

Weizsäcker, C. F. von, Sprache als Information, in: Die Sprache. Hrsg. von der Bayerischen Akademie der schönen Künste, Darmstadt 1959, 33–53.

Wotjak, G., Untersuchungen zur Struktur der Bedeutung. Ein Beitrag zu Gegenstand und Methode der modernen Bedeutungsforschung unter besonderer Berücksichtigung der semantischen Konstituentenanalyse, Berlin 1971.

Wundt, W., Völkerpsychologie. Eine Untersuchung der Entwicklungsgesetze von Sprache, Mythus und Sitte. 2. Die Sprache. 2. Teil, 3. Aufl., Leipzig 1912.

Zgusta, L., Zwei Bemerkungen zu Ernst Otto's allgemeiner Sprachwissenschaft. 1. Zu dem Begriff und Termin »Beziehungsbedeutung«, ArOr 29 (1961), 660–663.

Register

Register der Autoren

Register über Begriffe und Sachen,
sofern sie nicht im Inhaltsverzeichnis angezeigt sind

BEIHEFTE ZUR ZEITSCHRIFT FÜR DIE
ALTTESTAMENTLICHE WISSENSCHAFT

GEORG FOHRER

Studien zu alttestamentlichen Texten und Themen

Groß-Oktav. X, 212 Seiten. 1981. Ganzleinen DM 84,–
ISBN 3 11 008499 6 (Band 155)

CHRISTA SCHÄFER-LICHTENBERGER

Stadt und Eidgenossenschaft im Alten Testament

Eine Auseinandersetzung mit Max Webers Studie
„Das antike Judentum"
Groß-Oktav. XII, 485 Seiten. 1983. Ganzleinen DM 108,–
ISBN 3 11 008591 7 (Band 156)

CLAUS PETERSEN

Mythos im Alten Testament

Bestimmung des Mythosbegriffs und Untersuchung
der mythischen Elemente in den Psalmen
Groß-Oktav. XVIII, 280 Seiten. 3 Tabellen. 1982. Ganzleinen DM 88,–
ISBN 3 11 008813 4 (Band 157)

PHILIP J. NEL

The Structure and Ethos of the Wisdom Admonitions in Proverbs

Large-octavo. XII, 142 pages. 1982. Cloth DM 74,–
ISBN 3 11 008750 2 (Volume 158)

GEORG FOHRER

Studien zum Buche Hiob (1956–1979)

Zweite, erweiterte und bearbeitete Auflage
Groß-Oktav. XII, 146 Seiten. 1983. Ganzleinen DM 72,–
ISBN 3 11 008967 X (Band 159)

Preisänderungen vorbehalten

Walter de Gruyter · Berlin · New York

BEIHEFTE ZUR ZEITSCHRIFT FÜR DIE
ALTTESTAMENTLICHE WISSENSCHAFT

OSWALD LORETZ

Habiru-Hebräer

Eine sozio-linguistische Studie über die Herkunft
des Gentilizismus ʿibriʾ vom Appellativum ḫabirū
Groß-Oktav. XV, 314 Seiten. 1984. Ganzleinen DM 106,–
ISBN 3 11 009730 3 (Band 160)

OTTO KAISER

Der Mensch unter dem Schicksal

Studien zur Geschichte, Theologie
und Gegenwartsbedeutung der Weisheit
Groß-Oktav. X, 292 Seiten. 1985. Ganzleinen DM 98,–
ISBN 3 11 010095 9 (Band 161)

Bibel und Alter Orient

Altorientalische Beiträge zum Alten Testament
von Wolfram von Soden
Herausgegeben von Hans-Peter Müller
Groß-Oktav. X, 320 Seiten. 1985. Ganzleinen DM 96,–
ISBN 3 11 010091 6 (Band 162)

WILLEM S. PRINSLOO

The Theology of the Book of Joel

Large-octavo. VIII, 136 pages. 1985. Cloth DM 74,–
ISBN 3 11 010301 X (Volume 163)

BEAT ZUBER

Das Tempussystem des biblischen Hebräisch

– Eine Untersuchung am Text –
Groß-Oktav. XII, 198 Seiten. 1985. Ganzleinen DM 84,–
ISBN 3 11 010402 4 (Band 164)

Preisänderungen vorbehalten

Walter de Gruyter Berlin · New York